S. FISCHER

JOHN DICKIE

Die Freimaurer – Der mächtigste Geheimbund der Welt

Aus dem Englischen
von Irmengard Gabler

S. FISCHER

Aus Verantwortung für die Umwelt hat sich der S. Fischer Verlag zu einer nachhaltigen Buchproduktion verpflichtet. Der bewusste Umgang mit unseren Ressourcen, der Schutz unseres Klimas und der Natur gehören zu unseren obersten Unternehmenszielen. Gemeinsam mit unseren Partnern und Lieferanten setzen wir uns für eine klimaneutrale Buchproduktion ein, die den Erwerb von Klimazertifikaten zur Kompensation des CO_2-Ausstoßes einschließt. Weitere Informationen finden Sie unter: www.klimaneutralerverlag.de

Für Iris, Charlotte und Elliot

FSC
www.fsc.org
MIX
Papier aus verantwortungsvollen Quellen
FSC® C083411

Deutsche Erstausgabe
Erschienen bei S. FISCHER
5. Auflage September 2021

Die Originalausgabe erschien 2020 unter dem Titel
»The Craft. How the Freemasons Made the Modern World«
im Verlag Hodder & Stoughton, an Hachette UK company

Satz: Dörlemann Satz, Lemförde
Druck und Bindung: CPI books GmbH, Leck
Printed in Germany
ISBN 978-3-10-397335-8

INHALT

1 LISSABON

John Coustos' Geheimnisse

Am 14. März 1743 wurde John Coustos, ein vierzigjähriger Juwelier aus London, beim Verlassen eines Lissabonner Kaffeehauses gepackt, an den Händen gefesselt und in eine Kutsche verfrachtet. Kurze Zeit später fand er sich in einem der meistgefürchteten Gebäude Europas wieder. Am nördlichen Ende des Rossio aufragend, beherbergte der Palácio dos Estaus den portugiesischen Sitz des Heiligen Offiziums der Inquisition.

Wie Hunderte Hexen, Ketzer und Juden, die vor ihm dorthin verschleppt worden waren, wurde auch Coustos einer Kopfschur unterzogen und bis auf die leinene Leibwäsche seiner Kleider beraubt. Im Verlies hatte er sich dann einer peniblen Ordnung zu unterziehen. Isolation und Stille wurden erbarmungslos durchgesetzt: Ein Mithäftling, den ein hartnäckiger Husten plagte, wurde in die Besinnungslosigkeit geprügelt. Erlaubt waren weder Besuche von Freunden und Verwandten noch Habseligkeiten oder Bücher – nicht einmal eine Bibel. Nichts durfte die Stimme des göttlichen Gewissens stören, nichts die allzu lebhaften Phantasien von den Schrecknissen ausblenden, die den Gefangenen im Autodafé der Inquisition erwarteten. Dieses großartige Spektakel kirchlicher Gerichtsbarkeit war eine Prozession, die in Gebeten kulminierte, in Beschwörungen und einer öffentlichen Hinrichtung. Hierbei kamen zwei Methoden zur Anwendung: Die Bußfertigen, die sich im letzten Augenblick zum katholischen Glauben bekehrten, erwartete die Gnade des Galgens, während die Verstockten den unsäglichen Qualen des Feuers entgegensahen.

Coustos erzählt, dass ihn die Inquisitoren anfangs in einem geistlich väterlichen Ton befragt hätten. Seine Antworten jedoch, er habe es genau gespürt, seien auf taube Ohren gestoßen. Schließlich sei er aus seiner Zelle gerufen und vor den Vorsitzenden des Heiligen Offiziums gebracht worden, der die Klageschrift verlesen habe, als spreche er gegen eine Wand:

> Ich hätte die Befehle des Papstes übertreten, da ich die Freymäuerey ausgeübet, welche eine abscheuliche und ungeheure Gesellschaft von Gotteslästerung, Sodomiterey, und mehr andern Abscheu erweckenden Lastern wäre, und daß das von denjenigen, woraus diese Gesellschaft bestünde, so heilig bewahrte Geheimniß, und denn die Ausschliessung der Frauenzimmer von ihren Versammlungen, nur gar zu überzeugende Beweißthümer dieser Wahrheit wären, wobey sie hinzugefüget hatten, daß besagter Coustos ein erschreckendes Aergerniß durchs ganze Königreich gegeben, indem er sich zu dieser Seckte bekennet, und die wahre Absicht und den Endzweck davon ihnen nicht offenbaret, sondern vielmehr darauf beharret hätte, zu behaupten, daß solche in sich selbst gut und Lobens werth wäre, deswegen begehrte der Promotor dieses heiligen Officii, daß man mit der äußersten Strenge gegen ihn verfahre, indem man diejenigen Mittel, welche die Inquisition in Händen hätte, ja auch alle Grade der Tortur anwenden sollte, um ihn zur Bekenntniß der Wahrheit desjenigen, wessen man ihn beschuldigte, zu zwingen. (Zitiert aus *Die grausamen Martern des Johann Coustos*, 1743–44)

Coustos wurde alsdann in ein quadratisches, fensterloses Turmzimmer verbracht. Matratzen umhüllten die Tür, um etwaige Schreie aus dem Inneren zu dämpfen. Ein Arzt und ein Barbier blickten aus dem Dunkel auf ihn. Die einzige Lichtquelle waren zwei Kerzen auf dem Schreibpult, an welchem der Sekretär des Tribunals sich bereithielt, Coustos' Bekenntnis niederzuschreiben.

Vier kräftige Männer ergriffen ihn, spannten ihn auf ein waagerechtes Gestell und legten ihm ein Halseisen an. Seine Füße umschlossen sie mit Ringen, an welchen Stricke befestigt waren, und zerrten ihm die Glieder, so lang es ging. Dann wurden acht Seilschlingen, zwei um jeden Arm und zwei um jedes Bein, durch Löcher in dem Gestell geführt und den Folterknechten in die Hände gegeben. Coustos spürte, wie die feinen Schlingen immer enger wurden und ihm bis auf die Knochen ins Fleisch schnitten. Blut spritzte auf den Boden unter ihm. Falls er unter der Pein zugrunde ginge, wurde ihm gesagt, sei nur seine eigene Verstocktheit daran schuld. Zwischen seinen Schreien hörte er den Inquisitor die Fragen stellen, die er schon viele Male gehört hatte. *Was ist die Freimaurerei? Worin bestehen ihre Statuten? Was geht in den Logenversammlungen vor sich?* Irgendwann verlor er die Besinnung und wurde in sein Verlies zurückgebracht.

Sechs Wochen später unternahmen die Inquisitoren einen neuerlichen Versuch mit einer anderen Methode: dem gefürchteten *Strappado*. Coustos musste diesmal in aufrechter Körperhaltung die Arme nach hinten ausstrecken, die Handflächen nach außen gedreht, bis seine Handrücken sich berührten. Dann wurden seine Arme langsam nach oben gezogen, bis seine Schultern aus ihren Gelenkpfannen sprangen und ihm das Blut aus dem Mund floss. Als er den Himmel um Geduld anflehte, beharrten die Inquisitoren auf ihren Fragen: *Ist die Freimaurerei eine Religion? Warum werden keine Frauen zugelassen? Weil ihr Sodomiten seid?*

Als die Ärzte seine Knochen wieder eingerenkt hatten und er sich zwei Monate erholt hatte, begann die Folter erneut. Diesmal wurde ihm eine Kette um den Leib gewunden und an seinen Handgelenken befestigt. Flaschenzüge zurrten die Kette so fest, dass seine Eingeweide zusammengepresst wurden, und kugelten ihm Handgelenke und Schultern aus. *Warum diese Geheimniskrämerei bei den Freimaurern? Was habt ihr zu verbergen?*

Coustos erzählt, er habe insgesamt sechzehn Monate in den Kerkern des Palácio dos Estaus verbracht und sei neunmal der Marter unterzogen worden, ehe er im Autodafé am 21. Juni 1744 durch die Straßen geführt werden sollte. Doch er hatte Glück. Während acht seiner Mitgefangenen zum Höhepunkt der Prozession bei lebendigem Leibe

verbrannt wurden, war er »bloß« zu vier Jahren als Galeerensträfling verurteilt worden. Dank der relativen Freiheit, die dieses Urteil ihm verschaffte, konnte er Freunde kontaktieren, die bei der britischen Regierung seine Freilassung erwirkten.

Als er am 15. Dezember 1744 in London eintraf, ging er sogleich daran, seine Geschichte niederzuschreiben. Doch er hatte kaum damit begonnen, als 1745 der Jakobitenaufstand losbrach. »Bonnie Prince Charlie« Stuart hisste seine Fahne in den Schottischen Highlands, in der Absicht, seinen katholischen Anspruch auf den Thron durchzusetzen, auf dem dereinst sein Großvater gesessen hatte. Die Armee der Jakobiten zog bis hinunter nach Derby, im Herzen Englands, und verbreitete Angst und Schrecken in der Hauptstadt. Obwohl der Aufstand schließlich niedergeschlagen wurde, entfachte er die Lust der Öffentlichkeit auf Bücher, in denen die Barbareien der katholischen Kirche dokumentiert waren. *Die grausamen Martern des Johann Coustos*, mit Radierungen von all den Qualen, die sein Autor erlitten hatte, erschien genau zur rechten Zeit. Coustos wurde berühmt. Das Buch wurde in viele Sprachen übersetzt und blieb bis weit ins 19. Jahrhundert in Druck. Es handelte schließlich von einem Märtyrer der Freimaurerei und deren »unbedingter Verschwiegenheit«.

Nur war die Sache ein wenig anders verlaufen, als Coustos behauptet hatte. Über zweihundert Jahre später tauchte im Lissabonner Archiv das Verhörprotokoll der Inquisition auf und brachte ans Licht, dass er die Geheimnisse der Freimaurerei, die zu bewahren er bei seinem Leben geschworen, sehr wohl preisgegeben hatte. Vernünftigerweise hatte er mit der Aussicht auf die Folterkammer und das Autodafé bereitwillig alles ausgeplaudert. Und das, noch bevor die Inquisitoren überhaupt ihre Fragen formuliert hatten.

Nicht dass ihn sein Geständnis vor der Folter bewahrt hätte. Portugiesische Inquisitoren brauchten keinen Vorwand, um die Marterinstrumente hervorzuholen. Sie spannten Coustos zweimal auf die Streckbank. Jeweils gut fünfzehn Minuten. Nur um sicherzugehen. Das Strappado jedoch oder die namenlose Folter mit der um den Leib gewundenen Kette hatte er kein einziges Mal ertragen müssen.

Noch etwas hatte Coustos seinen Lesern vorenthalten: dass die Inquisitoren in Lissabon, hätten sie nur gründlicher gestöbert, bereits veröffentlichte Quellen hätten finden können, die ihre Fragen erschöpfend beantwortet hätten. Wie Samuel Prichards 1730 in London erschienenes Pamphlet *Masonry Dissected*, Zergliederte Freimaurerei. Berichte über die Freimaurerei sind fast so alt wie die Freimaurerei selbst. Ihre Geheimnisse sind so geheim nie wirklich gewesen.

Coustos war schlicht der Versuchung erlegen, sich als Held zu gerieren. Kaum befand er sich wieder auf freiem Fuß, dachte er sich eine Geschichte aus, die einen betörenden Mythos aufrechterhielt: die Vorstellung, dass Freimaurer die Träger einer bedeutsamen oder gar gefährlichen Wahrheit seien, zu der nur wenige Auserwählte Zugang hätten, und die um jeden Preis zu bewahren sie ein Schwur binde.

Die »unbedingte Verschwiegenheit« der Freimaurerei ist trügerisch und mächtig. Aus ihr nährt sich die Aura von Faszination und Argwohn, die ihre Bruderschaft seit jeher umgeben hat. Sie befördert Loyalität und zieht Probleme an. Die Verschwiegenheit ist ein Spiel, und sowohl Coustos wie auch die Inquisitoren waren darin gefangen. Und doch hat John Coustos meiner Meinung nach sehr wohl verstanden, dass für die Freimaurerei die Geheimnisse selbst weniger wichtig sind als die Geschichten darüber. Die Geheimniskrämerei ist der Schlüssel zur Geschichte der Freimaurer. Und wenn wir sie durchdringen, erschließt sich uns ein reicher Fundus an Narrativen darüber, wie die Welt, in der wir leben, entstanden ist.

Was Coustos tatsächlich verriet, waren die seltsamen Rituale im Zentrum des masonischen Lebens und die Philosophie, die ihnen innewohnt. Um die Freimaurer zu verstehen, müssen wir ihre Rituale und deren Philosophie begreifen – die beide offiziell geheim sind. Die Geschichte der Freimaurerei besteht jedoch nicht nur aus Ritualen. Im zweiten Kapitel dieses Buches werde ich, zurückgreifend auf Coustos' Geständnis, die Leser im Schnellgang mit allem Geheimwissen über das Ritual ausstatten, das sie benötigen. Wie Coustos' Beispiel zeigt, sollten wir uns, bevor wir diese Kernmysterien erfahren, jedoch darauf einstimmen, was von der Geschichte der Freimaurerei und von der Geheimhaltung, die eine so wichtige Rolle darin spielt, zu erwarten ist.

Als John Coustos in Konflikt geriet mit der portugiesischen Inquisition, war die Bruderschaft, zuweilen auch die »Königliche Kunst« genannt, bereits in voller Blüte. In Coustos' Tagen sah die Mythologie der Freimaurerei deren Ursprung bei den Erbauern des Salomonischen Tempels. Dank intensiver wissenschaftlicher Forschung konnte der Beginn ihrer dokumentierten Geschichte fast einhundertfünfzig Jahre vor Coustos verortet werden. Kapitel drei wird ihre Genese beschreiben.

Zu der Zeit, als Coustos verhaftet wurde, war die Freimaurerei in mancherlei Hinsicht auch eine Neuheit. Inmitten heftiger Intrigen erhielt sie 1717 in London sowohl eine neue Organisationsstruktur als auch ein neues Regelwerk. Bald danach erfuhr sie rasenden Zuspruch und verbreitete sich mit erstaunlicher Geschwindigkeit auf der ganzen Welt. Sie ist eines der erfolgreichsten kulturellen Exportgüter Großbritanniens, vergleichbar in dieser Hinsicht mit Sportarten wie Tennis, Fußball und Golf. Von London aus trug John Coustos selbst dazu bei, sie nach Frankreich und auch Portugal zu verpflanzen. In Kapitel vier werde ich wieder auf Coustos' Zeit zu sprechen kommen und die Londoner Wurzeln dessen beschreiben, was sich dann im Rest des Buches zu einer weltumspannenden Geschichte auswachsen wird.

In ihrem Wesen hat sich die Freimaurerei seit Coustos' Zeit nicht verändert: Sie ist eine ausschließlich Männern vorbehaltene Gemeinschaft, deren Mitglieder sich einer Methode der Selbstveredelung verschworen haben. Diese Methode basiert auf Ritualen, die in der Abgeschiedenheit von der Außenwelt durchgeführt werden und deren Symbole dem Steinmetzhandwerk entstammen. Daher der Name »Freimaurer«, daher Winkelmaß und Kompass, Schurz und Handschuhe, die wir alle mit der Königlichen Kunst in Verbindung bringen.

Wären dies Anfang und Ende der Freimaurerei, wäre ihre Geschichte langweilig. Der Katalysator, der sie so ereignisreich und unwiderstehlich macht, ist die Verschwiegenheit. Zum einen haftet der Verschwiegenheit ein Reiz an, der schon Millionen Männer in die Bruderschaft gezogen hat. 1743 erklärte Coustos im Verhör, dass die Geheimhaltung zum Teil nur ein Köder wäre für neue Rekruten, »*daß das Geheimniß die Neugierigkeit anreitzte, und vermöchte, daß eine große Anzahl Personen sich in diese Gesellschaft aufnehmen liessen …*«, darunter die Großen und Edlen. Alle Freimaurer wären stolz auf die vielen herausragenden Persönlichkeiten, die schon ihre Brüder gewesen seien, so Coustos. Er selbst lasse es sich zur Ehre gereichen, dieser Gesellschaft anzugehören, die »*viele Könige, Prinzen und Große der Christenheit*« zu ihren Mitgliedern zählte. Der Reiz, ein Freimaurer zu sein, liegt zum Teil an dem Prestige, das mit der Zugehörigkeit zu einem derart exklusiven Bund einhergeht. Die Verschwiegenheit ist der Garant für diese Exklusivität: Der Besitz der masonischen Geheimnisse, worin sie auch bestehen mögen, unterscheidet einen Freimaurer von einem *Cowan*, einem Profanen (Nicht-Freimaurer).

Die Liste berühmter Freimaurer ist seit Coustos' Tagen immer länger geworden. Die Bruderschaft weist gern auf die berühmten Staatsmänner hin, die ihren Reihen entstammen: Giuseppe Garibaldi, Simón Bolívar, Motilal Nehru und George Washington, der sechs Jahre nach Erscheinen der *Grausamen Martern des Johann Coustos* initiiert wurde. Fünf englische Könige und mit Washington nicht weniger als vierzehn Präsidenten der Vereinigten Staaten von Amerika waren Freimaurer. Die Bruderschaft weist eine lange Reihe von Schriftstellern auf: So gehörten ihr Schottlands Nationaldichter Robert Burns an, ebenso der Autor der *Gefährlichen Liebschaften* (1782) Pierre Choderlos de Laclos, außerdem Arthur Conan Doyle, der Schöpfer des Sherlock Holmes, sowie der Gigant der deutschen Literatur Johann Wolfgang von Goethe. Zahlreiche Komponisten, darunter Wolfgang Amadeus Mozart, Joseph Haydn und Jean Sibelius, waren »Maurer« gewesen. Auch Sportler stehen auf der Liste, wie der Golfer Arnold Palmer, der Cricket-Gigant Clive Lloyd aus der Karibik, der Boxer Sugar Ray Robinson und der Basketballspieler Shaquille O'Neal. Sie enthält auch viele Unterhaltungskünstler, von Harry Houdini über Peter Sellers und Nat King Cole bis hin zu Oliver Hardy. Die Unternehmer in ihren Reihen sind Titanen wie der berühmte Automobilbauer Henry Ford, der Seifenfabrikant William Lever, und der Diamantminenmagnat Cecil Rhodes. Freimaurer haben sich in den unterschiedlichsten Branchen hervorgetan: Davy Crockett und Oscar Wilde; Walt Disney und Winston Churchill; Buzz Aldrin und »Buffalo Bill« Cody; Paul Revere und Roy Rogers; Duke Ellington und der Duke of Wellington.

Heute gibt es in Großbritannien 400 000 Freimaurer, in den Vereinigten Staaten 1,1 Millionen und etwa sechs Millionen weltweit. In der Vergangenheit war ihre Zahl weitaus größer.

Solche Namen und Zahlen zeugen von der Anziehungskraft der Verschwiegenheit sowie von dem gewaltigen und beständigen Einfluss der Bruderschaft. Viele berühmte Freimaurer werden die Seiten des vorliegenden Buches bevölkern. Ihre Geschichten, und der individuelle Stil, in dem ein jeder seine Freimaurerei ausgelebt hat, faszinieren. Noch mehr fasziniert jedoch das allumfassende Narrativ der Freimaurerei selbst – es hat Männer in einer Bruderschaft verbunden, die sich dank der Kraft ihrer Mystik über Hunderte von Jahren über den ganzen Erdkreis verbreitet hat.

Wohin es die Freimaurerei auch verschlug, ihr Einfluss wirkte auf die Gesamtgesellschaft. Nur ein Beispiel: Die Aktivitäten, die sich im Geheimen abspielen, hinter verschlossenen Logentüren, haben gerade jenen Werten zum Durchbruch verholfen, die wir mit unserem modernen *öffentlichen* Leben assoziieren. Die Freimaurer streben seit langem nach religiöser und ethnischer Toleranz, nach Demokratie, Weltoffenheit und Gleichheit vor dem Gesetz.

Doch die Geschichte, die ich in diesem Buch erzählen werde, handelt nicht nur von den eben genannten aufklärerischen Werten. Denn wo Licht ist, ist auch eine Menge Schatten. Unsere Moderne, an deren Gestaltung die Freimaurer mitgewirkt haben, umfasst auch den Imperialismus, die Weltkriege, den Aufbau und Niedergang von Staaten und Nationen, Diktaturen und religiösen Fanatismus. Womit wir wieder bei den Inquisitoren wären, die Coustos foltern ließen. Wenn wir verstehen, wie die Freimaurer und ihre Geheimniskrämerei von ihren Feinden wahrgenommen wurden, begreifen wir vielleicht, warum sie für den Großteil der Welt des 18. Jahrhunderts eine solche Neuheit waren, was sie sogar heute noch ausmacht und warum ihre Geschichte es wert ist, erzählt zu werden.

1738 veröffentlichte Papst Clemens XII., auch bekannt als Auftraggeber des Trevi-Brunnens, die Bulle *In eminenti apostolatus specula* – sie untersagte die Freimaurerei, exkommunizierte ihre Mitglieder und beauftragte die Inquisition, ihre innersten Strukturen zu erkunden. John Coustos war nicht das einzige Opfer der Untersuchung.

Der Papst und seine Inquisitoren hatten gute, dringliche Gründe für ihren Argwohn. Die Freimaurerei war ganz offensichtlich eine Art finstere Religion. Bald wurde bekannt, dass die Gesellschaft ihren eigenen Namen für die Gottheit hatte: der Große Baumeister aller Welten. Ihre Mitglieder beteten, legten heilige Eide ab und hatten eigene Rituale. Und doch behaupteten sie, die Königliche Kunst sei *keine* Religion. Die Freimaurerei, so die Maurer selbst, versuche nicht, zwischen verschiedenen Gottesvorstellungen schiedsrichterlich zu urteilen; sie habe keine besondere theologische Richtlinie. Im Gegenteil, in der Loge sei es den Mitgliedern bei Strafe untersagt, wie Coustos den portugiesischen Inquisitoren beteuert, religiöse Themen abzuhandeln: Dieses Verbot solle Konflikte zwischen den Brüdern verhindern und Probleme vermeiden. Es dürfte kaum überraschen, dass für eine Kirche, die den alleinigen Anspruch auf die Wahrheit erhob, dieser von der Freimaurerei propagierten Gewissensfreiheit der Schwefelgeruch der Ketzerei anhaftete.

Auch ihre britischen Ursprünge machten die Freimaurerei verdächtig. Da sie von einem so seltsamen Land kamen mit seinem übermächtigen Parlament, seinen Wahlen und seinen Tageszeitungen, erschienen die Freimaurer notgedrungen wie eine außerirdische Bedrohung. Vielleicht waren sie ja Spione.

Oder gar ein weltweites Netzwerk von Umstürzlern. Nicht nur ihr Britischsein, auch ihr Internationalismus machte die Freimaurerei verdächtig. Maurer waren nirgendwo verortet und niemandem untertan.

Die Freimaurerei zog auch eine außergewöhnlich große Bandbreite von Mitgliedern an: Händler, Kaufleute, Anwälte, Schauspieler, Juden und sogar den einen oder anderen Afrikaner. Eine gesellschaftliche Menagerie. Es war auch nicht das übliche Gefolge von Günstlingen, abhängig von der Huld eines mächtigen Herrn. Obschon ihr viele Adelige angehörten, schienen diese nicht automatisch die Wortführer zu sein. Es war nicht einmal klar, ob überhaupt jemand das Sagen hatte. Für jene, die glaubten, die gesellschaftlichen Hierarchien seien von Gott dem Allmächtigen festgelegt, war dies beängstigend.

Natürlich beteuerten die Maurer stets, sie seien unpolitisch. Doch welcher Aufwiegler, so er auch nur ein Gran Vernunft besaß, würde etwas anderes behaupten? In einer Zeit, da der Absolutismus die Norm war, gab es in wenigen Ländern so etwas wie ein offenes politisches Leben, wie wir es kennen. Eine Gruppe von Männern, die sich aus welchem Grund auch immer zusammenfand, stellte eine potenzielle Gefahr dar für die etablierte Ordnung. Den Feinden der Freimaurerei war es einerlei, dass die Religion und aus denselben Gründen auch die Politik als Gesprächsthema innerhalb der Loge verboten war.

In den Augen der katholischen Kirche war die Freimaurerei also eindeutig gefährlich. Die Geheimniskrämerei der Bruderschaft befeuerte diese Bedenken. John Coustos hingegen beteuerte, dass seine Bruderschaft keine heimliche Agenda hätte, dass vielmehr »die Mildtätigkeit der Grund und die Seele dieser Gesellschaft wäre, weil dieselbe alle ihre Mitglieder, den einen mit dem anderen mit einer brüderlichen Liebe verknüpfte«. Ähnliches sagen die Freimaurer heute noch von sich. Auch die Entgegnung der Inquisitoren in Lissabon hört sich aktuell an: »Wenn diese Freimaurergesellschaft wirklich so tugendhaft wäre, hätte sie doch keine Veranlassung, ihre Geheimnisse so emsig zu verbergen.« Heutige Freimaurer wehren sich, wenn sie hören, dass ihre Bruderschaft als Geheimbund bezeichnet wird. »Wir sind keine Geheimgesellschaft«, protestieren sie. »Wir sind eine Gesellschaft mit Geheimnissen.« Diese Erwiderung dürfte kaum überzeugen. Sobald jemand eingesteht, er habe Geheimnisse, wird keine noch so große Menge an maßvoller Ehrlichkeit und Offenheit die Gemüter beruhigen: Jeder, dessen Haltung auch nur moderat misstrauisch ist, wird annehmen, dass ihm noch immer etwas Wesentliches verheimlicht wird. So erstaunt es nicht, dass der Vatikan seine ursprüngliche Feindseligkeit gegen die Freimaurerei niemals aufgegeben hat und nach wie vor der Überzeugung ist, dass die Logen schädliche Brutstätten atheistischer Einstellungen sind.

Die Gegner der Freimaurerei ergehen sich allesamt in Verschwörungstheorien, ein Denkmuster, das ohne die Furcht vor den Freimaurern erst gar nicht in die Welt gekommen wäre. Seit Beginn des 19. Jahrhunderts sind Ideen zu freimaurerischen Verschwörungen nie aus der Mode gekommen, und ihre Bandbreite reicht von gespenstisch plausibel bis hin zu vollkommen abwegig: Die Freimaurer haben Mozart vergiftet. Jack the Ripper war ein Freimaurer, und Freimaurer verwischten seine Spuren. Die Freimaurer waren die Strippenzieher der Französischen Revolution, der Vereinigung Italiens, des Zusammenbruchs des Osmanischen Reiches und der Revolution in Russland. Das Internet wimmelt von Seiten, die den Illuminaten gewidmet sind, einem Zweig der Freimaurer, dessen Mitglieder, darunter Bono, Bill Gates und Jay Z, einen okkulten Pakt geschlossen haben, einem schändlichen Plan folgend die Weltherrschaft anzustreben.

Einige dieser Mythen sind harmlos und eher im Stil der haarsträubenden Geistergeschichten, die sich Teenager gegenseitig erzählen, um sich genussvoll zu gruseln. Andere dagegen sind brandgefährlich. Mussolini, Hitler und Franco verdächtigten die Freimaurer der Verschwörung und ließen daher Tausende ermorden. Bei Kommunisten galt die Königliche Kunst schon immer als eine abwegige bourgeoise Fraktion und ist in der Volksrepublik China nach wie vor verboten. Auch die muslimische Welt kennt eine starke Tradition antimasonischer Paranoia.

Allein das Schweigegelübde, das die Freimaurer während ihrer Initiation ablegen, öffnet den Verschwörungsphantasien Tür und Tor. Die Verschwiegenheit der Freimaurer ist wie ein Brunnen. Die Männer, die ihn gegraben haben, wissen, wie tief er ist. Wir anderen können nur über den Rand nach unten spähen und Mutmaßungen anstellen.

Während wir auf das Wasser hinunterblicken und uns fragen, was darin lauern mag, spiegelt die schwarze Oberfläche unsere Ängste. Und genau deshalb hat die Freimaurerei auf Schritt und Tritt Missverständnisse, Argwohn und Feindseligkeit hervorgebracht. Keine Geschichte der Freimaurerei ist vollständig, wenn sie nicht auch deren Feinde miteinschließt.

Die Freimaurer sind die Erben einer altehrwürdigen Tradition. Man braucht heute nur einen von ihnen zu fragen, um etwas über die Geschichte der Gesellschaft zu erfahren. Vielen gilt die Geschichtsforschung als maßgebliches Werkzeug zur Vertiefung ihres Verständnisses der masonischen Geheimnisse.

Doch bis vor kurzem bestanden die Freimaurer darauf, ihre Geschichte als vertraulich zu behandeln – als eine Angelegenheit, die nur die Freimaurer selbst etwas anging. Profanen wurde der Zugang zu den Archiven und Bibliotheken der Großlogen verweigert. Eine Generation zuvor erkannten dann die klügsten Brüder, dass die masonische Geschichte zu wichtig ist, um ausschließlich den Eingeweihten vorbehalten zu sein. Weil die Freimaurer dazu beigetragen haben, unsere Welt zu gestalten, gehört ihre Geschichte uns allen. Heutzutage sind Geschichtsforscher, die keiner Loge angehören, ein vertrauter Anblick in den Archiven der Großlogen. Ihre Ergebnisse, die die Bemühungen der besten masonischen Historiker ergänzen und hinterfragen, haben ein spannendes und stetig wachsendes Forschungsfeld hervorgebracht. Eines der Ziele dieses Buches ist es, einen Teil dieser Forschung einem größeren Publikum nahezubringen.

Der Stolz der Freimaurer auf ihre eigene Geschichte veranlasst sie nicht selten dazu, Studien zu verfassen, die in Wirklichkeit Identitätsnarrative sind: Sie wollen weniger die Wahrheit entdecken als den Corpsgeist der Bruderschaft rühmen. *Die grausamen Martern des Johann Coustos* ist insofern ein exemplarischer Text für viele masonische Narrative, als er ein Schwarzweißbild zeichnet, das die Tradition von Toleranz, Weisheit und brüderlicher Liebe der Freimaurer gegen die zornigen, verständnislosen Kräfte des Antimasonismus ausspielt.

In der Königlichen Kunst geht es angeblich um Philanthropie, Kameradschaft, Ethik und Spiritualität – und oft trifft dies auch zu. Es gibt eine Regel, die besagt, dass jemand nicht der Bruderschaft beitreten darf, wenn er nur seine Karriere vorantreiben oder in anderer Hinsicht persönlich profitieren will. Solche Regeln haben Gewicht. Es wäre zynisch, sie einfach als Feigenblatt für zwielichtige Ziele abzutun. Ein Historiker, der die Macht der edleren Motive in der Bruderschaft nicht zu erkennen vermag, erzählt eine sehr einseitige Geschichte.

Die Freimaurer wiederum sind allzu zurückhaltend, wenn es um ein zweifellos wichtiges Thema in ihrer Geschichte geht: die Vernetzung. Wie alle anderen sind auch Freimaurer gut vernetzt. Unter den richtigen Umständen ist eine Loge der ideale Ort, um Netzwerke zu bilden, aus allen möglichen Beweggründen, guten wie schlechten. An dieser Stelle sollte man wohl eine Lanze brechen für die Freimaurer. In Großbritannien zum Beispiel vereinen Männernetzwerke üblicherweise Leute aus ähnlichen sozialen Verhältnissen: die richtige Privatschule oder die richtige Gruppe von Stammtischkumpeln. Genau wie diese anderen Kreise schließt auch die Freimaurerei normalerweise Frauen aus. Doch unterscheidet sie sich insofern, als sie einen Querschnitt durch sämtliche soziale Schichten abbildet – oder zumindest ein repräsentativeres Bild gesellschaftlicher Vielfalt. Der Grund, warum Freimaurer bei ihren Zeremonien Handschuhe tragen, bestehe darin, so ihre Erklärung, dass auf diese Weise keiner der Brüder die Hände eines Herzogs von denen eines Müllmanns unterscheiden könne. Abgesehen davon waren Logen in der Tat zuweilen zu Nestern von Vetternwirtschaft verkommen, in denen auch zwielichtige Intrigen gesponnen wurden. Nicht alle Verschwörungstheorien und Verdächtigungen hinsichtlich masonischer Machenschaften sind aus der Luft gegriffen. Außerdem erwies sich der masonische Gedanke – eine Blaupause für Männergemeinschaften, zusammengeschweißt durch Mythen, Rituale und Verschwiegenheit – von Beginn an als ansteckend und für die

Freimaurer selbst schwer zu kontrollieren: Er wurde unzählige Male adoptiert und adaptiert, gebraucht und missbraucht. Sowohl die sizilianische Mafia als auch der Ku-Klux-Klan teilen wichtige Stränge der Freimaurer-DNA.

Ich habe dieses Buch nicht zuletzt deshalb geschrieben, weil ich vielfältigere Strukturen menschlicher Erfahrung wiedergeben wollte als jene, die im Identitätsnarrativ der Freimaurerei enthalten sind oder in der obsessiven Kritik der Zyniker an masonischer Vetternwirtschaft. Anstatt diese Strukturen zu verflachen, indem man die weite Landschaft der masonischen Geschichte aus der Luft betrachtet, habe ich mich dazu entschlossen, in besonders signifikante Zeiten und Orte rund um die Welt einzutauchen. Dabei folge ich der Leitlinie, dass die Freimaurerei nie imstande war, sich von der Gesellschaft abzuschotten. So wie die Königliche Kunst unter den besonderen Bedingungen des siebzehnten und achtzehnten Jahrhunderts in Großbritannien entstand, wusste sie sich allen Bedingungen anzupassen, auf die sie in der Folge stoßen sollte – wobei sie dennoch erkennbar sie selbst blieb. Es ist die Interaktion zwischen der Freimaurerei und der Gesellschaft, die mich interessiert. Die Freimaurerei hat dabei geholfen, die modernen Männer zu schaffen, mit all ihrem Idealismus und all ihrer Klüngelei. Was die Frauen anbelangt, so werde ich später auf sie zu sprechen kommen. (Dasselbe gilt für die von den Inquisitoren als »Sodomiten« bezeichneten Personen.)

Unsere Neugier bleibt. *Was geht in den Logentreffen vor sich? Was genau habt ihr zu verbergen?* Wenn es um die Freimaurer geht, haben die meisten von uns etwas mit den Inquisitoren in Lissabon gemein. Abgesehen von ihrer Sodomie-Besessenheit bleiben ihre Fragen auch die unseren. Durch das Internet sind die Geheimnisse der Freimaurer mittlerweile so wenig geheim wie noch nie. Nichtsdestoweniger lernen wir Profanen offenbar nie dazu. Es folgt immer noch eine TV-Dokumentation in der Warteschlange, die beispiellose Einblicke in das Allerheiligste verspricht. Das Genre der Enthüllungen zu diesem Thema scheint nie zu versiegen.

Das Geheimnis der Freimaurerei ist reicher als alles, was sich sonst enthüllen ließe. Die Forschungsarbeit dazu ist komplizierter, subtiler und, wie ich meine, auch weitaus unterhaltsamer. Die Freimaurerei hat viele Stränge und ist so eng mit Mythen und aberwitzigen Vorstellungen verknüpft, dass sie Teil ihres Gefüges geworden sind. Doch in ihrem Kern liegt, wie John Coustos gestand, ein heiliges Drama, das an der Tür eines Tempels beginnt, außerhalb von Zeit und Raum …

2 NIRGENDWO

Der merkwürdige Tod von Hiram Abiff

Ein Mann mit einem Schurz, ein gezücktes Schwert in der Hand, nimmt dir Geld, Schlüssel und Handy ab – alles Metall, das deine Person in der Außenwelt verankert. Er verbindet dir die Augen. Du spürst, wie dein linker Ärmel hochgekrempelt wird, dann das linke Hosenbein, bis das Knie freiliegt. Der Arm wird aus dem linken Ärmel gezogen und die Brust entblößt. Dann legen sie dir eine Schlinge um den Hals.

Du tust einen Schritt nach vorn. Dein Leben als Freimaurer hat begonnen.

Im Folgenden wird skizziert, was ein angehender Freimaurer auf sich nehmen muss, nachdem er in genannter Weise darauf vorbereitet wurde, zum ersten Mal die Schwelle einer Loge zu überschreiten. Die Zeremonien, die ich hier beschreibe, gleichen jenen, die auch John Coustos im Rainbow Coffee House in der Fleet Street erlebte. Aufeinanderfolgende Riten bestimmen die Initiation eines Mannes und seinen Übergang von einem Status innerhalb der Bruderschaft zum nächsten. Diese Statuskennzeichen nennt man Grade. Geheimnisse sind ein wesentlicher Bestandteil des Schauspiels masonischer Gradrituale.

Die Lissabonner Inquisitoren bezeichneten die Rituale als »lächerlich«. Über die Jahrhunderte haben viele Satiriker dem beigepflichtet. Es wäre daher sehr einfach, über das maurerische Ritual zu lachen, originell jedoch wäre es nicht. Je mehr ich über die Freimaurerei erfahren habe, desto unbehaglicher ist mir dieses Gelächter, weil es unser Interesse an den Geschichten der Maurer zügelt, und uns daran hindert, zu erkennen, wie sehr sie uns gleichen.

Wenn wir über die Rituale von anderen lachen, vergessen wir, wie ritualisiert unser eigenes Leben doch ist, ohne dass wir uns dessen bewusst sind: Wir klatschen jemandem Beifall, geben uns bei der Begrüßung die Hand oder erheben die Gläser und prosten einander zu. Wir können noch so materialistisch oder computerisiert sein, noch so sehr an die natürliche Selektion und den Urknall glauben, unser Bedürfnis nach dem strukturierenden Einfluss von Ritualen werden wir niemals abschütteln. Geburten, Hochzeiten und Todesfälle: Keiner von uns fühlt sich bei diesen einschneidenden Erfahrungen ohne das dazugehörige Zeremoniell richtig begleitet.

Der durchschnittliche Freimaurer weiß mehr als die meisten von uns um die Magie eines würdevoll durchgeführten Ritus. Initiationsrituale sagen uns auf suggestivere Weise als jede andere Erfahrung, dass wir ein neuer Mensch geworden sind. Vertraute Rituale vereinen die Menschen, weil sie eine geteilte Erfahrung innerhalb eines geteilten Bezugsrahmens sind. Doch Zeremonien können auch dazu führen, dass man Menschen mit Argwohn begegnet, die andere Rituale haben. Obwohl ich überhaupt nicht gläubig bin, bin ich doch innerhalb einer anglikanischen Kultur aufgewachsen. Werden Menschen wie ich daher mit dem muslimischen Haddsch, der Pilgerfahrt nach Mekka, einer jüdischen Brit Mila, der Beschneidungszeremonie, oder einem hinduistischen vedischen Opfer konfrontiert, sind wir zunächst merkwürdig berührt. Wer zum ersten Mal mit dem masonischen Ritual und seiner Terminologie konfrontiert wird, findet es bestenfalls undurchsichtig. Während Freimaurer bei ihrer sogenannten Arbeit Unmengen von Zeit aufwenden müssen, um die vielen Formeln und Bewegungen zu verinnerlichen, brauchen wir zum Glück nur weniges darüber zu wissen, um uns an der masonischen Historie zu erfreuen.

Sobald der Anwärter mit verbundenen Augen die Loge betreten hat, wird er aufgefordert, niederzuknien und ein Gebet zu sprechen. Sodann wird er dreimal um den Saal herumgeführt, ehe man ihn den ranghöheren Logenbrüdern vorstellt, die sich vergewissern, dass er mindestens einundzwanzig Jahre alt ist, »von tadellosem Leumund« und »frei geboren«.

Nach Aufforderung des Logenmeisters legt der Kandidat eine Reihe von Gelübden ab, insbesondere, dass er an einen Gott glaubt und dass sein Wunsch, Freimaurer zu werden, nicht von »Gewinnsucht oder ähnlich niederträchtigen Motiven« geleitet wird.

Danach folgt das Gehen. Der Kandidat tritt in drei Schritten nach vorn, einer immer größer als der vorausgehende, wobei der Absatz des einen Fußes im rechten Winkel den Rist des anderen so berührt, dass die Füße einen rechten Winkel bilden (also das Winkelmaß). Unmittelbar nach dem Gehen bildet der Kandidat einen weiteren Winkel, diesmal mit den Beinen: Er kniet vor einem Altar nieder, das nackte linke Knie aufgesetzt, die rechte Fußspitze nach vorn gerichtet. Dann wird er gebeten, die Hand auf das Heilige Buch seiner Wahl zu legen, eine Bibel, einen Koran oder was immer er möchte, und zu geloben, die maurerischen Geheimnisse, die er erfahren wird, niemals zu Papier zu bringen. Die Strafen, die ihm drohen, sollte er die Geheimnisse verraten, lassen das Blut gefrieren: »Ich verspreche alles dieses bei Strafe, dass mir die Kehle abgeschnitten, die Zunge bis auf die Wurzel aus dem Munde geschnitten, das Herz aus dem Leibe gerissen, und dieses alles in der Tiefe des Meeres begraben, mein Körper zu Asche verbrannt und die Asche in den Wind geworfen werde, damit weder unter den Menschen noch unter den Maurern das geringste Andenken von mir übrig bleibe.« Kaum hat er diese Worte ausgesprochen und seinen Schwur mit einem Kuss auf das Buch des geheiligten Gesetzes besiegelt, ist er ein »Neophyt«, ein Neugeweihter, geworden. Entsprechend wird ihm die Augenbinde abgenommen. Nun sagt man ihm, es gebe in der Freimaurerei drei große »emblematische Lichter«. Das erste liege offen auf dem Altar vor ihm und werde mit den großen Weltreligionen geteilt: das Geheiligte Buch des Gesetzes, das den Weg zum Glauben weise. Das zweite und dritte seien die Insignien der Freimaurerei, die weltweit auf Gebäuden, Schurzen und Reversabzeichen prangten: das Winkelmaß, das für Rechtschaffenheit stehe; und der Zirkel, ein Symbol für Selbstbeherrschung.

Nun hilft man dem eingeführten Bruder auf die Füße und lässt ihn zur Rechten des Logenmeisters stehen, von wo aus er den feierlich wohlwollenden Blick der Brüder erwidern kann, die rings um den Altarraum sitzen. Er kann auch das rechteckige Innere der Loge betrachten mit dem berühmten Schachbrettboden. Zu Coustos' Zeiten war das Schachbrettmuster üblicherweise mit Kreide gezeichnet – wie er es den Inquisitoren erzählte.

Die Einrichtungsgegenstände der Loge erregen die Neugier des Initiierten. Zum Beispiel die beiden freistehenden Säulen mit den Globen darauf, beide etwa schulterhoch. Dazu stehen um den Altar herum, auf dem das Heilige Gesetzbuch aufgeschlagen liegt, drei Kerzen auf Säulenleuchtern. Jede Säule hat eine andere Form. Die eine weist das kunstvoll geschnitzte Blattwerk des korinthischen Architekturstils auf, die beiden anderen sind eine ionische und eine dorische Säule. Natürlich ist dies alles von masonischer Symbolik. Doch in dieser Phase erklärt der Meister lediglich, was die Kerzen zu bedeuten haben (die »Kleinen Lichter«, wie sie im Jargon der Maurer heißen): Sie stehen für die drei Führer, die den Initiierten in seinem Freimaurerleben begleiten: Sonne, Mond und Logenmeister. Denn wie die Sonne den Tag und der Mond die Nacht erhelle, so Coustos in seinen Enthüllungen, müsse der Meister seine Beamten und Lehrlinge regieren und lenken.

Der Meister fährt mit der Lektion fort. Die Freimaurerei kennt mehrere Grade, von dem dieser, der des Lehrlings, nur der erste ist. Der neugeweihte Bruder kann also davon ausgehen, dass er weitere Zeremonien durchlaufen wird. Vorerst ist ihm erlaubt, *Zeichen*, *Griff* und *Wort* zu erlernen, wie die Maurer sagen.

Das *Zeichen*, eine Erinnerung an die Strafe, die denjenigen erwartet, der die masonischen Geheimnisse verrät, ist (wie Coustos gestand), »die rechte Hand vor der Kehle, als trachte man danach, sie durchzuschneiden«.

Der *Griff*, wie ihn die Freimaurer nennen, ist für uns Normalsterbliche der masonische Händedruck. Coustos zufolge liegt sein Zweck darin, überall auf der Welt von den anderen Brüdern als Freimaurer erkannt zu werden, und imstande zu sein, sich vor denen zu schützen, die nicht dazugehören. Der Meister demonstriert den Griff, indem er seinen Daumen auf das erste Zeigefingergelenk des Initiierten legt.

Das geheime *Wort* schließlich lautet *Boaz*. So heißt eine der beiden Säulen am Eingang zum Tempel Salomos, wie im *Ersten Buch der Könige* beschrieben. Viele Symbole der Freimaurer sind dem Salomonischen Tempel und seinen Erbauern entnommen. Das Wort *Boaz* ist so geheim, dass Freimaurer es nur untereinander aussprechen dürfen und niemals ganz. Coustos verriet seinen Häschern natürlich alles darüber. Auch *Boaz* hat symbolische Bedeutung: Es steht für Stärke.

Der Neophyt muss sich daraufhin erneut den Anwesenden in der Loge präsentieren, wobei er ein jedes Mal das Zeichen, den Griff und das Wort mit ihnen tauscht. Dies alles berechtigt ihn schließlich dazu, den freimaurerischen Lammfellschurz entgegenzunehmen.

Sobald er versprochen hat, einen Beitrag zu leisten zum Wohlergehen von Freimaurern in Not und ihren Familien, darf der Neueingeweihte hoffen, dass die Prozedur sich allmählich ihrem Ende zuneigt.

Zuvor jedoch muss er sich noch die symbolischen Werkzeuge erklären lassen, die dem Lehrlingsgrad eigen sind: Ein vierundzwanzigzölliger Maßstab, ein Maurerhammer (oder Schlegel) und ein Meißel erinnern den Freimaurer metaphorisch an die Wichtigkeit, seine Zeit gut zu nutzen und hart und ausdauernd zu arbeiten. Er erfährt noch andere Symbole und abstrakte Begriffe und hört von Wahrheit, Ehre und Tugend. Von Klugheit, Mäßigung und Stärke. Von Güte und Nächstenliebe. Schließlich von Treue, Gehorsam und – natürlich – Verschwiegenheit. Dann erklärt man ihm weitere Regeln, wie zum Beispiel die Pflicht, keinesfalls »den Frieden und die gute gesellschaftliche Ordnung umzustürzen«.

Zu guter Letzt folgt ein langer Ritus, der das Schließen der Loge markiert und weitere Zeichen, Gebete, Klopfzeichen, feierliche Äußerungen und würdevolle Choreographien beinhaltet. Anschließend, nach gut einer Stunde zeremonieller Handlungen, begeben sich die Brüder zu einem Festmahl.

Während der neueingeweihte Bruder isst und trinkt, fragt er sich wahrscheinlich, wozu das ganze Getue eigentlich gut war. Die ernsten Versprechen und grässlichen Mahnungen sollten ihm einen Platz in einer Bruderschaft zuweisen, die sich als Hüterin lebensverändernder Geheimnisse verstand. Er ist eingetreten, aber wo sind die Geheimnisse? Er hat nichts weiter erfahren als Geheimnisse *über* Geheimnisse. Er kennt jetzt das Zeichen, den Handgriff, das Passwort und so weiter. Doch das alles mündet lediglich in die Forderung, er möge versuchen, ein anständiger Kerl zu sein.

Vielleicht, überlegt er, kommt die Erleuchtung mit den höheren Graden. Doch als es irgendwann so weit ist, bestehen die Initiationszeremonien, die seine Aufnahme in den zweiten und dann den dritten Grad der Freimaurerei kennzeichnen – den Gesellen- und den Meistergrad – aus just denselben Handlungen, mit lediglich geringfügigen Abwandlungen.

In der Zeremonie für den zweiten Grad, den des Gesellen, wird der Kandidat vorbereitet, indem man ihm das *rechte* Knie und die *rechte* Brust entblößt – vor dem ersten Grad war es die linke Seite. Der zweite

Griff oder masonische Händedruck beinhaltet das Drücken mit dem Daumen auf das Gelenk des Mittelfingers statt des Zeigefingers. Die moralischen Botschaften sind genauso schlicht wie beim ersten Grad, wenn auch ein klein wenig anders: Der Kandidat erfährt, er solle nicht nur versuchen, ein anständiger Kerl zu sein, sondern die Welt erkunden. Der Initiierte gelobt es bei der Strafe, die Brust aufgeschlitzt, das Herz herausgerissen und von Geiern gefressen zu bekommen. Das Wort lautet JACHIN – wie die zweite Säule vor dem Tempel Salomons.

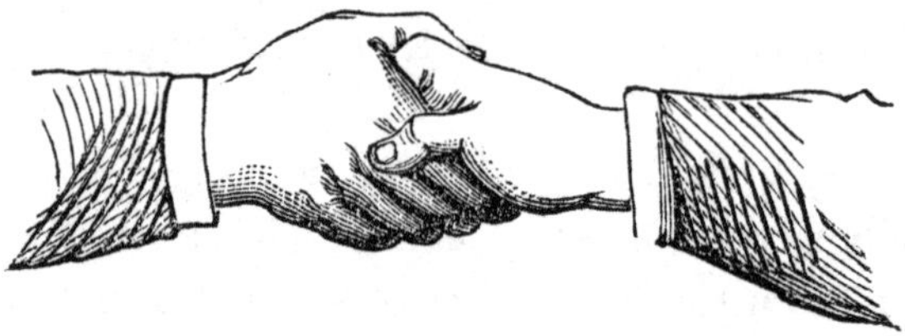

Ein Kandidat für den dritten Grad, den des Maurermeisters, wird vorbereitet, indem man ihm das Hemd ganz auszieht und beide Knie entblößt. Der Meister-Händedruck beinhaltet ein Spock'sches Teilen der Finger zwischen Mittel- und Ringfinger. Die Strafe für den Eidbrüchigen ist das Zweiteilen des Körpers, das Verbrennen der Eingeweide, deren Asche alsdann über den Grund der Erde verstreut wird. Das Wort lautet MAHABONE; seine Bedeutung ist ungewiss, aber einige sagen, es heiße in irgendeiner Sprache »Die Logentür steht offen«.

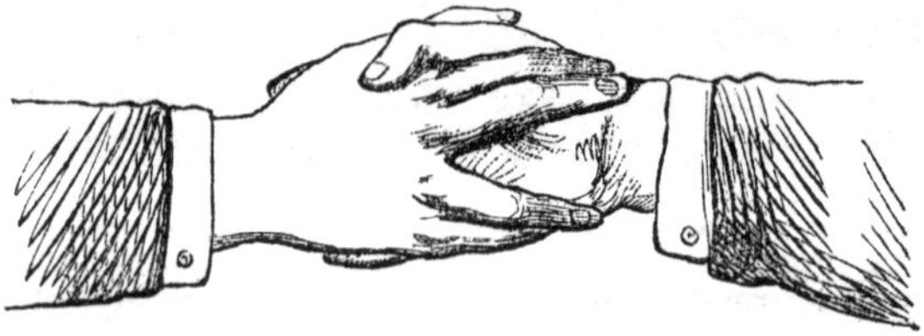

Die Zeremonie für den Meistergrad ist die wichtigste von den dreien, der Höhepunkt des Prozesses, ein Freimaurer zu werden. Sie ist viel länger als die zwei vorhergehenden und hat den Tod zum Thema. Und doch wirkt sie eher spaßig. Die Brüder haben ein Miniaturstück aufzuführen, bei dem sie die Ermordung von Hiram Abiff nachspielen, dem Architekten des Salomonischen Tempels. Weil er sich weigerte, die Geheimnisse eines Maurermeisters zu verraten, wurde er durch mehrere Schläge auf den Kopf getötet. Der Kandidat spielt die Rolle des Hiram: Er wird angebrüllt, sanft verprügelt und schließlich in einem Leinentuch »begraben«, das in einer Prozession um die Loge herumgetragen wird. Am Ende wird Hiram Abiff dank der Magie des masonischen Händedrucks und einer speziellen lebensspendenden masonischen Umarmung wieder zum Leben erweckt.

Ein Kandidat für den Meistergrad wird bei dem Versuch, ihm die masonischen Geheimnisse zu entreißen, rituell verprügelt.

Die Verschwiegenheit ist dreifach in die Rituale der Grade eingebunden, die den Zugang eines Mannes zu einer Freimaurerloge markieren: Die Existenz des Rituals ist geheim, mehrere furchterregende Schweigegelübde werden abgelegt, und die Geheimnisse selbst verbergen sich hinter Symbolen. Die Zeremonie zum Meistergrad erreicht ihren Höhepunkt, wenn das tiefste und entsetzlichste Mysterium offengelegt wird. Und das ultimative Geheimnis der Freimaurerei besteht darin, dass der Tod eine ernste Angelegenheit ist, die alles andere relativiert.

Mehr steckt nicht dahinter. Bei allen mysteriösen Schichten und Windungen erweist sich das Versprechen der Freimaurerei, geheimes Wissen zu enthüllen, nur als der Vorhang vor ein paar bitteren Wahrheiten. Wie das Ritual für den zweiten Grad erklärt, ist die Königliche Kunst im Grunde nichts weiter als »ein seltsames Moralsystem, allegorisch verschleiert und durch Symbole veranschaulicht«.

Was immer man über die Mitglieder des dreiunddreißig Grade umfassenden Schottischen Ritus und ihresgleichen gehört haben mag, es gibt in der Freimaurerei keine höheren Grade als den des Meisters, den dritten Grad. Im Laufe der Zeit haben enthusiastische Brüder jedoch eine Menge »Seitengrade« entwickelt: Der Schottische Ritus mit seinen dreißig zusätzlichen Graden ist der komplizierteste. Vorerst genügt es zu wissen, dass diese Seitengrade lediglich Variationen sind, die den oben beschriebenen drei Kerngraden entspringen. Als ich einen Maurer fragte, warum er so begeistert möglichst viele Seitengrade angestrebt habe, sagte er einfach nur: »Es macht süchtig.« Sie bringen nicht viel Neues, gründen allesamt auf der gleichen Mischung aus Allegorie, Allerweltsmoral und einem feierlichen Gefühl der Zusammengehörigkeit. Allerdings bieten sie enorm viel Spielraum für den phantasievollen Einsatz von Symbolen und prachtvollen Kostümen.

Wir sollten weder unterschätzen, wie fesselnd Freimaurerrituale sein können, noch die Moral und Philosophie, die Freimaurer durch ihre Rituale zum Ausdruck bringen, als banal abtun. Die Bedeutungen hinter all der Symbolik mögen für sich genommen wenig beeindrucken: Sei ein guter Mensch, versuche, Wissen zu erlangen, sei religiös tolerant. Doch im Vergleich zu den gefährlich skurrilen Vorstellungen, mit denen manch eine orthodoxe Religion hausieren geht – verbrennt die Hexen, tötet die Ungläubigen, brandmarkt die Sünder –, sind die Patentrezepte der Freimaurer geradezu herzerwärmend.

Freimaurer werden betonen, dass ihre Bruderschaft *keine* Religion sei. Andere mögen dagegenhalten, sie habe doch Zeremonien und Symbole wie eine Religion und belege denselben moralischen und spirituellen Bereich wie diese, weshalb die Behauptung, sie sei keine Religion, schlicht Haarspalterei sei. Vielleicht genügt es, die Freimaurerei als eine Art Religion zweiter Ordnung zu beschreiben: Sie garantiert Gewissensfreiheit, erlaubt jedem Einzelnen, bezüglich theologischer Feinheiten seine eigenen Entscheidungen zu treffen, während sie gleichzeitig einen Rahmen bietet für ein Zusammenleben in einem spirituell konstruktiven Frieden. Man könnte sich darüber lustig machen, aber schwerlich darüber herziehen. Viele Freimaurer engagieren sich nämlich auch für wohltätige Zwecke.

Als John Coustos dies alles den portugiesischen Inquisitoren gestand, versicherten diese wiederholt, sie fänden ihn »glaubwürdig«. Bis sie seine Antwort auf die Frage hörten, worin eigentlich der Sinn all der Rituale bestünde. Und die Inquisitoren notierten das Folgende:

> »[Coustos] sagte, dass der einzige Zweck [der Rituale] darin bestünde, die Geheimnisse zu wahren, die alle Mitglieder wahren müssten.
> Frage: Wenn der einzige Grund für besagte Regeln und andere Zeremonien die Durchsetzung der Verschwiegenheit ist, wie er sagt, worin bestehen dann letztlich Ziel und Zweck dieser Verschwiegenheit im Hinblick auf die schweren und ungewöhnlichen Strafen, mit denen gedroht wird [...]?
> Der Zweck solchen Verfahrens, so Coustos, sei die Verschwiegenheit.«

Der Zweck masonischer Verschwiegenheit ist also die Verschwiegenheit. Der ausgeklügelte Verschwiegenheitskult innerhalb der Freimaurerei ist eine rituelle Fiktion. All die grauenerregenden Strafen für Wortbrüchige sind nur Theater – und finden niemals Anwendung. Es überrascht nicht, dass die Inquisitoren diesen Teil von Coustos' Geständnis für »allzu kurz, ausweichend und verlogen« befanden. Aus diesem Grund unterzogen sie ihn der Folter: weil die Wahrheit über die Freimaurerei so absolut banal war.

Auch wenn Coustos nicht der Held war, für den er sich ausgab, ist es ihm doch hoch anzurechnen, dass er sich nicht irgendeine Gruselgeschichte ausdachte, um die Erwartungen der Inquisitoren zu erfüllen. Er hätte beispielsweise ein abscheuliches Sakrileg erfinden und damit den Folterknechten das Gefühl vermitteln können, ihre Zeit nicht verschwendet zu haben. Als ein italienischer Freimaurer, Tommaso Crudeli, etwa zeitgleich von der Inquisition in Florenz inhaftiert wurde, beruhte der Fall gegen ihn auf den Behauptungen eines Eingeweihten, die Rekruten würden von einem ranghöheren Bruder mit der Hand befriedigt und müssten dann mit ihrem eigenen Sperma einen haarsträubenden Schwur unterzeichnen: Sie verpflichteten sich vermutlich zu jedem Verbrechen – mit Ausnahme von Sodomie. In gewisser Weise war Coustos also tatsächlich ein Held: nämlich der Untertreibung. Doch seit damals sind Freimaurer wie er und ihre Feinde wie die Inquisitoren dem Drang erlegen, weitaus mehr in die masonische Verschwiegenheit hineinzugeheimnissen, als wirklich in ihr ist. Dies ist die Ironie, die sich durch viele der nachfolgenden Geschichten zieht. Da die masonische Verschwiegenheit an sich kaum der Rede wert ist, geht es letzten Endes wohl eher um das, was die Maurer und ihre Feinde im Laufe der Geschichte und weltweit daraus gemacht haben.

3 EDINBURGH

Ars Memoriae

G steht für …

Die signifikantesten Symbole, welche die Freimaurer in ihren Ritualen verwenden – Schurze und Säulen, Winkel und Kellen – entstammen dem Arbeitsumfeld der Steinmetze. Die Freimaurer glauben, dass diese Dinge nicht nur moralische Bedeutung haben, sondern auch erklären, wie die Freimaurerei im Leben mittelalterlicher Handwerker ihren Ursprung nahm. Die Geschichte, die in zahllosen Werken über die Freimaurer dargelegt wird, ist ihr Entstehen aus mittelalterlichen Steinmetzgilden. Der englische Begriff *Craft*, »Gewerk, Gilde«, für die Freimaurerei bringt diesen Glauben auf den Punkt. Den Freimaurern gefällt der Gedanke, sie seien die direkten Nachfahren mittelalterlicher Steinmetze: Er verbindet sie mit den Erbauern der großen Kathedralen wie Salisbury, Lincoln und York Minster; er riecht nach *»Merrie England«*, der guten alten Zeit.

Versucht ein Historiker jedoch darzulegen, wie sich aus den Gilden die Freimaurerlogen entwickelt haben, sieht er sich unüberwindlichen Schwierigkeiten gegenüber, weil mittelalterliche Steinmetze sich kaum in Gilden zusammenschlossen. Im England des vierzehnten und fünfzehnten Jahrhunderts hatte so ziemlich jedes achtbare Gewerbe in den Städten seine eigene Gilde. Die Metzger hatten ihre Gilde, die Bäcker auch, ebenso die Zinngießer. Jedes noch so kuriose Gewerk aus vergangener Zeit hatte seine fest etablierte Gilde: Corduaner und Sattler, Kürschner und Weißgerber … nur nicht die Steinmetze.

Grund dafür war, dass es nicht genug für sie zu tun gab. Die meisten

Gebäude im mittelalterlichen England waren nicht aus Stein gebaut, sondern aus Lehmfachwerk, einem unedlen Gemenge aus Zweigen, Halmen, Lehm und Dung. Es gab nicht annähernd so viel Bedarf an Steinmetzen wie beispielsweise an Zimmerleuten und Dachdeckern. Infolgedessen gab es in den meisten Städten nicht einmal genügend Steinmetze, um ein anständiges Würfelspiel zu veranstalten, geschweige denn, um eine Gilde zu gründen. Hatten sich Steinmetze tatsächlich zu Gilden zusammengeschlossen, waren sie üblicherweise mit anderen Handwerkern aus dem Baugewerbe vermischt, vor allem mit den Zimmerleuten und Schreinern.

Steinmetze führten ein unstetes Wanderleben, es verschlug sie mal hierhin, mal dorthin, an jene seltenen Orte, wo aus Stein eine Brücke oder ein Haus erbaut werden sollte. In vielen Fällen gab es einen feinen Unterschied zwischen einem Steinmetz und einem gewöhnlichen Handwerker. Bei umfangreichen Projekten – einer Burg, Abtei, Kathedrale – wurden Steinmetze in großer Zahl und von weit her angeworben. Oft war die Rekrutierung obligatorisch – so etwas nannte man Pressen. Die Männer unterstanden einem Baumeister, der wiederum beim König oder Bischof unter Vertrag war. Diese elitären Steinmetzmeister waren ebenfalls nicht fest ortsansässig, aber als Einzelpersonen sehr mächtig. So war es einer herkömmlichen Gilde oft unmöglich, sowohl ihre Interessen als auch die der übrigen Arbeiter zu vertreten.

Die unwiderlegbare Tatsache ist, dass die Steinmetze von allen Handwerkern des englischen Mittelalters am wenigsten wahrscheinlich ihre Zunftorganisation über die Jahrhunderte bewahren und in eine Bruderschaft wie die der Freimaurer umwandeln konnten. Über mehrere Generationen bemühte sich die Forschung vergeblich, einen Zusammenhang aufzuzeigen zwischen denen, die man als *operative Steinmetze* bezeichnet – Männer mit Meißeln und Lotschnüren, Muskeln und Schwielen –, und den *spekulativen Freimaurern* von heute, deren Werkzeuge eher eine philosophische Bedeutung haben als einen praktischen Nutzen.

Falls nicht die mittelalterlichen Gilden das Bindeglied zwischen den operativen und den spekulativen Maurern sind, was dann? Wir können uns einer Antwort nur schrittweise annähern, wenn wir, anstatt uns mit der Realität des Arbeitsalltags mittelalterlicher Steinmetze zu befassen, ihre Kultur und ihre Geschichten betrachten, aus denen später einige Elemente in die Freimaurerei übernommen wurden.

Das Gemeinschaftsleben aller mittelalterlichen Gewerke war von strengen Regeln, Ritualen und Mythen gekennzeichnet. Man hatte sich Initiationsriten zu unterziehen, musste feierliche, furchterregende Schwüre leisten, die Zunftgeheimnisse zu wahren, was den Gemeinsinn stärkte. Es galt, Gesetze und Passwörter zu verinnerlichen, von denen einige dazu gedacht waren, Betrüger zu entlarven, die auf der Suche nach Arbeit am Stadttor um Einlass baten. Es gab feierliche Feste, und es gab Legenden: So glaubten etwa die Corduaner, die exklusives Schuhwerk fertigten, die Gebeine des heiligen Hugo, ihres Schutzpatrons, seien nach seinem Märtyrertod in Schusterwerkzeuge verwandelt worden.

Die Steinmetze in Großbritannien machten die Schwäche ihrer Gilde durch einen besonders reichhaltigen Schatz an Regeln, Symbolen und Mythen wett. Bekannt als die *Old Charges*, die »Alten Pflichten«, wurde dieses Steinmetzwissen auswendig gelernt und mündlich weitergegeben. Da aber das menschliche Gedächtnis nun einmal fehlbar ist, variierte der Inhalt der *Alten Pflichten* beträchtlich, da hier etwas hinzugefügt, dort etwas fortgelassen, verdreht und vergessen wurde. Die eine oder andere Version der *Alten Pflichten* wurde auch niedergeschrieben. Das erste schriftliche Zeugnis, das diesen willkürlichen Prozess überlebte, ist in Reimen gehalten, wodurch seine 826 Verse leichter im Gedächtnis blieben; Freimaurer auf der ganzen Welt kennen das Gedicht als *Regius-Poem*. Herkunft und Entstehungszeit sind ungewiss: wahrscheinlich die Grafschaft Shropshire um 1430.

Die in den *Alten Pflichten* aufgezählten Regeln sind Standardvorschriften für mittelalterliche Handwerker. Sie reichen von allgemeinen Benimmratschlägen (fluche nicht in der Kirche, schnäuze nicht in deine Serviette) bis hin zu Regeln, die speziell auf den geordneten Handwerkeralltag abzielen. So musste ein Meister seine Männer angemessen entlohnen und die Qualität der Arbeit gewährleisten. Was jedoch die *Alten Pflichten* der Steinmetze wirklich unterscheidet und uns auf die Spur dessen bringt, woraus sich die Freimaurerei entwickeln sollte, ist die Mythologie der Steinmetze – die Geschichte, wie zu Beginn der Zeit das Steinmetzhandwerk entstand und wie es von großen Steinmetzen über die Jahrtausende weitergegeben wurde.

Die Akteure dieser Geschichte sind allen möglichen Quellen entnommen: Gelehrte aus dem antiken Griechenland stehen Schulter an Schulter mit mehreren Rauschebärten aus der *Genesis* und dem *Buch der Könige*. Einige dieser Persönlichkeiten sind wirklich relevant, weil sie später in die Legenden der Freimaurerei verwoben werden. Einer davon ist Hermes Trismegistos, ein Gelehrter, der nach der Sintflut die geometrischen Maurerregeln wiederentdeckte. Diese waren von vorsintflutlichen Maurern in weiser Voraussicht in zwei Steinsäulen gemeißelt worden. Der griechische Mathematiker Euklid ist der nächste große Steinmetz in dieser Linie, weil er die alten Ägypter alles lehrte, was sie über die Steinmetzkunst wussten: daher die Pyramiden. Dann folgt Salomon, der zum Bau seines Tempels, jener mächtigen Kulmination von maurerischem Geschick und Wissen, vierzigtausend Steinmetze beschäftigte. Sein bedeutendster Baumeister stammte aus Tyrus und würde in späteren Versionen der Geschichte den Namen Hiram Abiff erhalten. Derselbe Hiram Abiff sollte im Ritual für den dritten Grad der Freimaurer eine Hauptrolle spielen.

Die Mythologie der Steinmetze hat etwas Erhabenes: Eine zusammengewürfelte Schar von Handwerkern verlieh sich selbst eine ebenso alte wie mächtige Abstammungslinie wie die Königsdynastien. Sie hatten auch sehr ernste intellektuelle Ambitionen. Die *Alten Pflichten* assoziieren das Steinmetzgewerbe mit der Lehre der Geometrie: Aus diesem Grund war der griechische Mathematiker Euklid, bekannt als der »Vater der Geometrie«, so wichtig. Nach Auffassung der Steinmetze liefen Steinmetzhandwerk und Geometrie auf dasselbe hinaus; und die Geometrie war eine sehr ernsthafte Betätigung. Neben Grammatik und Logik, Rhetorik und Arithmetik, Musik und Astronomie gehörte die Geometrie zum Kerncurriculum mittelalterlicher Universitäten. Die *Alten Pflichten* betonten sogar, dass die Geometrie in der Baukunst das angesehenste von allen Gebieten des menschlichen Wissens sei. Noch heute verehren die Freimaurer die Geometrie als eine Metapher für die grundlegende Ordnung des Universums. Der Großbuchstabe G, der oft bei den masonischen Insignien Winkelmaß und Zirkel erscheint, steht sowohl für die Geometrie als auch für Gott.

Wenn wir all dies berücksichtigen, sind wir noch immer weit davon entfernt, eine tatsächliche historische Verbindung zwischen den *Alten Pflichten* und der Freimaurerei herzustellen. (Weiter kam die masonische Forschung nicht bei ihrem Versuch, die mittelalterlichen Maurer mit den heutigen Freimaurern zu verknüpfen.)

Nach Jahrhunderten der Mystifikation (die hauptsächlich den Freimaurern des achtzehnten Jahrhunderts geschuldet ist, wie wir sehen werden) gibt es erst seit jüngerer Zeit überzeugende Theorien zu den Ursprüngen der Freimaurerei: Der Durchbruch kam mit einer akademischen Forschungsarbeit, die 1988 erschienen ist. Mittlerweile wissen wir, dass die Wurzeln der Freimaurerei nicht im Mittelalter zu suchen sind. Sie liegen vielmehr in der Zeit, als die Welt des Mittelalters zerfiel und die Moderne heraufdämmerte. Mehr noch, die Königliche Kunst nahm nicht im mittelalterlichen England der Gilden und der gotischen Kathedralen ihren Anfang, sondern am Renaissance-Hof von Schottlands Hauptstadt Edinburgh.

Schottlands Salomon

Die Reformation hat Europa gespalten. Bis zum Jahr 1517 war die Heilige Römische Kirche der einzige Weg zu Gott und der einzige Garant für die Autorität der Könige. Rom saß fest im Zentrum der Christenheit. Allerorten in Europa kündeten die großen gotischen Kathedralen in ihrer hoch aufragenden Unvergänglichkeit von einer gottgegebenen Ordnung in menschlichen Belangen.

Dann erfolgte Luthers Angriff und die Geburt des Protestantismus. Das Christentum war unwiderruflich gespalten. Monarchen brachen mit Rom. Eine Ära religiöser Kriege begann. Überall dürsteten die

Menschen nach neuen Ideen und nach dem bedruckten Papier, das sie kommunizierte. In der einen Hälfte Europas galten jetzt bis dato unangefochtene Aspekte des Glaubens, wie die Doktrin des Fegefeuers und die Anbetung von Reliquien und Ikonen, als das Werk des Teufels.

In Schottland schlug die Reformation spät und heftig ein. Ab 1560 bekamen religiöse Gebäude die volle Wucht des neuen Eifers zu spüren. Schottische Protestanten waren berüchtigt für die Raserei, mit der sie die götzendienerischen Statuen, Buntglasfenster und Steinornamente des Teufels zertrümmerten. Die Kathedrale St Andrews, der größte Kirchenbau im Land und das erhabene Ergebnis aus eineinhalb Jahrhunderten Arbeit, wurde mutwillig verwüstet und schließlich aufgegeben. In Edinburgh plünderte und zerschlug ein Pöbelhaufen die Abtei Holyrood, die letzte Ruhestätte der Könige. Die Anhänger der neuen *Protestant Kirk* glaubten, dass Gott sich für Seine Gebetshäuser äußerste Kargheit wünschte – ein schlichtes Rechteck mit unverputzten Mauern mochte genügen. Die schottischen Steinmetze hatten daher mehr Grund als alle anderen, die Reformation abzulehnen. Keine Kathedralen, keine Klöster und keine kunstvollen Kirchen mehr, die es zu errichten oder zu erhalten gab. Wenn ein Auftraggeber wie die Kirche wegbrach, war dies ein kapitaler Schaden.

Zu allem Übel setzte der Zusammenbruch der Autorität der Krone größeren königlichen Bauprojekten ein Ende. König Jakob VI. von Schottland war in jeder Hinsicht ein Kind der Reformation und erfuhr eine selbst für damalige Verhältnisse turbulente Erziehung. Seine Mutter war die katholische Maria Stuart, die ins Exil getrieben wurde. Grund dafür war ihre Vermählung mit dem Earl of Bothwell, dem mutmaßlichen Drahtzieher bei einem Mordkomplott, das mit dem Tod von Jakobs Vater endete. Es folgten sechs Jahre Bürgerkrieg, und der dreizehn Monate alte Jakob wurde entführt und in einer Pfarrkirche in Stirling hastig gekrönt. Der kleine König wurde von tyrannischen Hauslehrern, die ihm eintrichterten, seine Mutter sei eine Hexe, protestantisch erzogen. Unterdessen fochten gierige Fraktionen bei Hofe um die Vorherrschaft. Mit ihren Fehden und Raubzügen gebärdeten sich die schottischen Edelleute wie blaublütige Banditen.

Jakob war erst neunzehn Jahre alt, als er 1585 die letzten seiner aristokratischen Mitregenten abschüttelte und die Zügel der Regierung selbst in die Hand nahm. Geduldig und klug bändigte er in den folgenden eineinhalb Jahrzehnten die religiösen Extremisten und praktizierte eine Politik der Toleranz. Er gewann die Unterstützung des Adels, so dass die Gewalttätigkeit der Aristokraten allmählich zurückging. Er war zudem schlau genug, um nur formell zu protestieren, als Elisabeth I. von England im Jahr 1587 seine Mutter enthaupten ließ. Mit jedem Jahr, das verging, wurde immer wahrscheinlicher, dass Jakob der kinderlosen Elisabeth I. auf den Thron folgen und die Königreiche Schottland und England vereinen würde.

Abgesehen von seinen politischen Erfolgen war Jakob auch ein Geistesmensch: ein Dichter und Theologe und der Autor von Werken zur Theorie und Praxis des Königseins. Sein Buch *Daemonologie* über Hexerei, das er 1597 verfasste, sollte Shakespeare als wichtigste Quelle für die Hexen in *Macbeth* (1606) dienen. Der gelehrte König Jakob ließ das höfische Leben in Schottland wieder erblühen und öffnete es weiter dem Einfluss der europäischen Renaissance. Edelleute reisten nach Frankreich und Italien und kehrten mit einem Interesse an der gesamten Bandbreite der internationalen Geisteskultur zurück: von Poetik und Medizin über Militärtechnik und Alchemie bis hin zur Astrologie und Magie.

Aus den Reihen des Landadels und der Intellektuellen baute Jakob sich eine Verwaltung auf, die nur ihm zur Treue verpflichtet war. Einer dieser neuen Männer war William Schaw, ein weltläufiger und gebildeter Mann aus dem niederen Adel. Schaw wurde zum *Maister o' Wark* (Master of Works) ernannt und trug in dieser Funktion die Verantwortung für die Errichtung, Renovierung und Instandhaltung sämtlicher Bauwerke des schottischen Königs. Er arrangierte außerdem königliche Zeremonien.

Wie andere nordeuropäische Geistesmenschen faszinierte Schaw die Art und Weise, wie die Renaissance sich an klassischen Vorbildern inspirierte. Der Schlüsseltext für ihn war die Schrift *De architectura*, im ersten vorchristlichen Jahrhundert von Vitruv verfasst, einem Mi-

Der Hexerei verdächtigte Personen werden vor König Jakob VI. von Schottland geführt (1566–1625). Aus Jakobs eigenem Traktat, Daemonologie.

litäringenieur und Baumeister, der unter Julius Cäsar Dienst tat. Vitruv argumentierte, dass die Männer, die Gebäude entwarfen, nicht nur Baumeister, sondern auch Intellektuelle sein müssten. Unter seinem Einfluss schwand das Ansehen der alten Baumeister, und ein neuer Held betrat die kulturelle Landschaft Europas während der Renaissance: der Architekt. William Schaw war der erste Mann in Schottland, der je als Architekt bezeichnet wurde.

Im Februar 1594 nahm der Hof mit Freuden zur Kenntnis, dass in Stirling Castle ein königlicher Erbe geboren war. König Jakob war fest entschlossen, bei der Tauffeier des kleinen Knaben vor allen Anwesenden seine Kultiviertheit und Frömmigkeit zur Schau zu stellen. Zu diesem Zweck ordnete er den raschen Bau einer neuen Schlosskapelle an. Schaw sollte den Entwurf übernehmen, und anschließend holte man aus allen Landesteilen Steinmetze herbei, die sich an dem Projekt beteiligten. Mit ihren gebogenen Fenstern im Florentiner Stil ist die Chapel Royal in Stirling das früheste Renaissance-Gebäude seiner Art in Großbritannien. Wie die in den 1470er Jahren errichtete Sixtinische Kapelle im Vatikan sind die Dimensionen und der Entwurf der Chapel Royal der Beschreibung des Salomonischen Tempels im *Ersten Buch der Könige* nachempfunden. Ein englischer Gesandter am schottischen Hof bezeichnete das Bauwerk als den »großen Tempel Salomons«. Als alttestamentlicher Inbegriff königlicher Weisheit gab König Salomon ein schmeichelhaftes *Alter Ego* ab für einen gelehrten Monarchen wie Jakob, und schottische Hofdichter zögerten nicht, ebenfalls diesen Vergleich zu ziehen. Auch bei diversen königlichen Festzügen wurde Jakob VI. mit Salomon gleichgesetzt.

Vier Jahre später setzte sich Schaw in Holyrood Palace in Edinburgh an den Verhandlungstisch und führte im Auftrag seines Salomon vertrauliche Gespräche. Ihm gegenüber saß eine Gruppe Steinmetzmeister, von denen mehrere am Bau der Chapel Royal in Stirling beteiligt gewesen waren. Bei dieser Zusammenkunft würden einige der aufregendsten Ideen, die in der Renaissance-Kultur am Hof Jakobs VI. zirkulierten, in das überlieferte mittelalterliche Wissen arbeitender Steinmetze einfließen, wie es die *Alten Pflichten* verkörperten. Das Ergebnis wäre die Freimaurerei.

Genau wie in England fehlte es auch den Steinmetzen in Schottland an organisatorischer Stärke: Auch ihre Gilden beinhalteten Zimmerer. Die Reformation hatte sie noch mehr geschwächt. Doch sobald König Jakob VI. fest im Sattel saß, erhöhte sich die Zahl prestigeträchtiger Bauprojekte. Das Klima für eine Neubelebung des Steinmetzhandwerks war günstig. Vor der Zusammenkunft mit Schaw hatten Steinmetze hier und da lokale Bruderschaften gegründet, unabhängig von den Gilden und ohne deren Wissen. Diese Gruppierungen nannten sie *Lodges,* Logen – nach den behelfsmäßigen Hütten auf den Baustellen.

Doch nun bezog sich der Begriff zum ersten Mal nicht mehr auf eine Bauhütte, sondern wurde der Name einer Organisation.

Dem Treffen mit dem *Maister o' Wark*, dem Werkmeister, im Jahr 1598 lag eine ehrgeizige Absicht zugrunde. Schaw sah in den aufkommenden Steinmetzbruderschaften eine Chance, dem König einen bedeutenden Tross von Gefolgsleuten zuzuführen. Er wollte sich als landesweiter Gönner gerieren, als ein »*General Warden*« der Steinmetze. Im Zuge dessen würden die Bauhütten beziehungsweise Logen der Steinmetze Teil einer dauerhaften überregionalen Struktur werden, regelmäßige Treffen abhalten und schriftliche Protokolle führen. Dies war ein System, das auf lokaler Ebene parallel zu den städtischen Gilden bestünde, aber im Gegensatz zu diesen ausschließlich den Steinmetzen vorbehalten und direkt mit dem König verbunden wäre.

Schaws Logen waren geheim, vor den Augen der Gilden und lokalen Obrigkeiten verborgen. Obwohl die Logentreffen protokolliert werden sollten, durften Außenstehende keinerlei Einblick erhalten; und schon damals sollten nur die praktischen Belange der Maurerzunft niedergeschrieben werden. Dabei hatten Schaws Logen weit mehr zu bieten. Wie ein Dokument aus einer schottischen Loge des siebzehnten Jahrhunderts es ausdrückte, gab es darin »Geheimnisse, die niemals aufgeschrieben werden durften«. Doch wir entdecken Hinweise auf diese ungeschriebenen Geheimnisse – und der erste findet sich in der Übereinkunft zwischen Schaw und den Steinmetzen.

Als ein Kenner des höfischen Lebens wusste Schaw um die Wirksamkeit von Schmeicheleien. Also nährte er den kollektiven Stolz der Steinmetze, indem er das Treffen für den 27. Dezember anberaumte, der dem Evangelisten Johannes geweiht war und den die Steinmetze aus unerfindlichen Gründen als Feiertag ihres Gewerkes betrachteten. (Der Tag des Evangelisten ist den Freimaurern auch heute noch heilig, genau wie der Johannistag im Juni.) Schaw zitierte in der Übereinkunft, die er aufsetzte, auch ausführlich aus den *Alten Pflichten*: Sein Versprechen an die Steinmetze bestand darin, dass das neue Logensystem es ihnen erlauben würde, diese seit langem streng gehüteten Regeln zu bekräftigen. Schaw konnte den Steinmetzen auch versichern, dass ein

König, der sich selbst als Schottlands Salomon stilisierte, für ihre Bedürfnisse nur Verständnis haben konnte.

Es war ein mächtiger Wurf. Doch Schaw ging noch weiter: Er schöpfte aus der Renaissance-Kultur, weil er darin Dinge entdeckte, die den Steinmetzen gefielen. Er schlug vor, dass sämtliche Steinmetze und Lehrlinge einer »Gedächtnisprüfung« unterzogen werden sollten. Es war Schaws innovativster Schachzug. Als Steinmetz musste man sich natürlich eine Menge merken, nicht zuletzt die *Alten Pflichten*. Schaw erklärte jetzt den um ihn herum versammelten Steinmetzen, dass sie nicht nur Dinge im Gedächtnis behalten, sondern die *Ars Memoriae* praktizieren würden, die Kunst und Wissenschaft des Memorierens.

Es bedarf eines kleinen Abstechers in die Peripherie des Renaissance-Denkens, um hier das gewaltige Ausmaß von Schaws Schmeichelei zu begreifen. Die Mnemonik war eine der liebsten Anleihen der europäischen Kultur aus der klassischen Vergangenheit. Der altrömische Redner Cicero war der berühmteste Vertreter dieser Kunst und bediente sich ihrer in jeder seiner Ansprachen. König Jakob VI. ließ sich bekanntermaßen von einem seiner Hofdichter darin unterrichten. Der Trick besteht darin, sich eine festgelegte Route durch ein großes Gebäude vor Augen zu führen. Jeder Raum steht für einen Absatz in der Rede, jeder Gegenstand in dem betreffenden Raum (eine Säule, ein Altar, ein Fliesenmuster auf dem Boden) für ein bestimmtes Argument, das man vorbringen möchte. Wer in der Gedächtniskunst bewandert war, vermochte jedes einzelne Wort einer langen Rede abzuspeichern und aufzurufen.

In der Renaissance assoziierten einige Philosophen die Gedächtniskunst mit der Suche nach Weisheit. Gott persönlich, so ihre Vorstellung, praktiziere die Gedächtniskunst, indem er die ultimativen Geheimnisse des Universums in der Welt, die er schuf, encodiert habe.

Die kleine gelehrte Elite, welche sich in der Gedächtniskunst übte, waren die theoretischen Physiker ihrer Zeit. Was sie in Aussicht stellten, war beglückend, aber potenziell gefährlich. Würde die Menschheit das Ungeheuerliche dessen, was sie jeden Augenblick enthüllen konnten, überhaupt handhaben können? Und wenn die wiederentdeckte

Wahrheit den Inhalten der Bibel widersprach? Aus diesen Gründen betrieben einige Geistesmenschen der Renaissance ihre Forschungen in exklusiven Akademien und Geheimgesellschaften. Sie verbargen ihre Entdeckungen vor profanen Blicken und verwendeten geheime Codes und Symbole. In ihrer Suche nach okkultem Wissen hegten die Männer in solchen Gruppen besondere Sympathien für eine Reihe von Schriften, die dem sagenumwobenen Weisen der Antike Hermes Trismegistos zugeschrieben wurden. Seinetwegen bezeichnete man sie auch oft als Hermetiker. Großbritanniens führender Hermetiker, der enigmatische Alexander Dicsone, war in den 1590er Jahren regelmäßig am schottischen Hof zugegen. Jakob VI. setzte ihn häufig als Gesandten und Propagandisten ein.

Schaw konnte die schottischen Steinmetze überzeugen, dass auch sie Hermetiker waren. Ohne sich dessen bewusst zu sein, waren sie bei dem erhabensten philosophischen Bestreben der Menschheit an vorderster Front. Wie es Vitruv in seinem Traktat über die Architektur angeregt hatte, waren sie Gelehrte und Maurer zugleich. Die Hermetik harmonierte hervorragend mit vielen folkloristischen Details, die bereits in den *Alten Pflichten* der Steinmetze gegenwärtig waren. Geometrie. Geheimes Wissen, seit undenklichen Zeiten überliefert. Hermes Trismegistos: derselbe weise Mann, der nach der Sintflut das Steinmetzwissen auf einer Säule eingeritzt fand, wie es in den *Alten Pflichten* hieß. Geheimgesellschaften widmeten sich der Suche nach okkulter Wahrheit. Große Gebäude als Speicher heiligen Wissens. Die Gedächtniskunst. Und dann natürlich die Symbole. Sie waren allgegenwärtig. Die Energie, die bei diesem Zusammenfluss aus dem mündlich überlieferten Wissen der mittelalterlichen Steinmetze und dem gelehrten, hermetischen Strang einer höfischen Renaissancekultur freigesetzt wurde, war elektrisierend. Die Möglichkeiten, die sich dadurch eröffneten, waren unendlich. Eine Konsequenz war, dass die Loge der Steinmetze schon bald nicht nur eine Vereinigung war, sondern ein Ort, ebenso imaginär wie real, an dem Maurer die Gedächtniskunst gemeinsam ausüben konnten. Die Wahrheiten, denen man in der allegorischen Aufmachung und Ausstattung der Loge – Säulen, ein gemusterter Boden und so weiter – ein Denkmal setzte, trugen dazu bei, dass aus der Durchführung von Handwerkerritualen etwas ungeheuer Bedeutsames, ja nahezu Magisches wurde. Die heutigen Freimaurerlogen sind Theater, in denen die Gedächtniskunst vorgeführt wird.

Unter Schaws Einfluss waren die Logen auch weiterhin voller *operativer* Steinmetze. Doch wurden sie insofern auch *spekulativ*, als sie Rituale mit einem philosophischen Ziel durchführten – um die Begriffe zu verwenden, die von masonischen Historikern verwendet wurden.

Schaws Verhandlungen mit den Steinmetzen erreichten keinen zufriedenstellenden Abschluss. Er verfasste noch Statuten für die Logen, verstarb jedoch im Jahr 1602. Das neue Amt des *Warden General*, das ihm vorgeschwebt hatte, hat ihn nicht überlebt. Von nun an machte der politische Wandel jedes stabile Abkommen zwischen den Steinmetzen und dem Machtzentrum in Edinburgh zunichte. 1603 starb Elisabeth I. Jakob VI. von Schottland wurde Jakob I. von England, und die beiden Kronen waren vereint.

Nichtsdestoweniger überlebte Schaws Netzwerk aus ortsgebundenen Logen und weitete sich aus. 1710 gab es bereits um die dreißig solcher Logen in Schottland. Es gibt keine englische Freimaurerloge, die auf ein dokumentiertes Geburtsdatum verweisen könnte, das vor 1716 liegt. Und doch existieren 80 Prozent der schottischen Logen, die wir aus Schaws Zeiten kennen, noch heute. Kilwinning, Edinburgh, Stirling: Dies sind die ältesten masonischen Logen weltweit, und sie bestehen mittlerweile seit mehr als vier Jahrhunderten. Schottische Maurer sind sehr stolz auf diese lange Kontinuität.

Im Rückblick sehen wir, dass die höfische Kultur der Renaissance unter Jakob VI. dank Schaw innerhalb der Bauhütten eine Kettenreaktion auslöste. Über die folgenden Jahrzehnte zog das Prestige, das Schaw erschuf, allmählich auch Edelleute an.

Eine wichtige Triebfeder für diese Ausweitung der Mitgliedschaften war das Geld. Wenn die Neuankömmlinge keine Handwerker waren, sondern Edelleute, waren ihre großzügigen Beiträge zum gemeinschaftlichen Festtags- oder Begräbnisfonds überaus willkommen. Außerdem flatterte auf diese Weise gelegentlich auch ein Bauauftrag ins Haus.

Die heftigen religiösen und politischen Spannungen, die durch die Reformation entfesselt wurden, trugen ebenfalls dazu bei, dass die Logen auch für Außenstehende attraktiv wurden. Die Steinmetze von Schottland wurden durch ihre Kunst vereint, nicht durch ihren Glauben; es gab sowohl Protestanten als auch Katholiken in ihren Reihen. Die Reformation hatte sie gelehrt, die Karriere vor den Glauben zu stellen. Schaw selbst war Katholik, besaß aber die notwendige Diskretion und Demut, um an einem protestantischen Hof zu überleben und zu gedeihen. Die Loge war ein Hafen, und das ist sie bis heute. Wenn die Freimaurerei dazu beigetragen hat, die Moderne zu gestalten, dann nicht zuletzt deshalb, weil sie eine Zuflucht bietet vor den Turbulenzen in der Welt draußen.

William Schaws Zusammenkunft mit den Steinmetzen im Jahr 1598 hatte ein System aus Logen geschaffen, die jeweils in einem bestimmten Territorium gründeten. Ihre Mitglieder inszenierten geheime Rituale, die auf der Gedächtniskunst basierten, und pflegten eine Mischung aus mittelalterlicher Handwerkerweisheit und Versatzstücken aus dem Gelehrtenwissen der Renaissance. Sie praktizierten gegenseitige Hilfe, Brüderlichkeit und eine nicht an Konfessionen gebundene Form der Frömmigkeit. Doch die Mitglieder dieser Logen waren noch nicht die Freimaurer, wie wir sie kennen: Erstens hätten sie das Etikett »Freimaurer« gar nicht verstanden, weil es in Schottland so gut wie unbekannt war; zweitens war ihre Organisation nicht zentralisiert; und drittens waren die Logen noch immer eng mit den Bedürfnissen der arbeitenden Steinmetze verknüpft.

Die Umwandlung der Schaw-Logen schottischer Prägung zur modernen Freimaurerei würde erst einsetzen, als sie sich in südlicher Richtung nach England verbreiteten, wo sie unter dem Überbegriff *Acception* bekannt wurden.

Freie und Angenommene Maurer

Freimaurer bezeichnen sich selbst oft formeller als »Freie und Angenommene Maurer«. Wenigen von ihnen dürfte bekannt sein, was es mit dem »angenommen« im Titel auf sich hat. Doch von den zwei Eigenschaftswörtern »frei« und »angenommen« ist letzteres weitaus hilfreicher beim Aufspüren der englischen Phasen in der Entstehungszeit der Königlichen Kunst.

»Freimaurer« bezeichnete ursprünglich einen Maurer, der den »freien Stein« bearbeitete, einen feinkörnigen Sand- oder Kalkstein. *Freestone masons* oder *Free-masons* waren im englischen Sprachraum die Handwerker, die den Stein zurechtschnitten, im Gegensatz zu den weniger geschickten *Setters,* den Steinsetzern, die den bearbeiteten Stein lediglich in die Mauer einfügten. Im Laufe der Zeit bezeichnete man jeden höherstehenden Handwerker, der Steine bearbeitete, als *»free mason«*. Die Leute verwendeten diesen Begriff auch noch zu einer Zeit in diesem Zusammenhang, als es längst das gab, was wir heute unter der Freimaurerei verstehen – eine terminologische Überschneidung, die für Historiker große Schwierigkeiten bereithält.

Erst als in England historische Dokumente die »angenommenen Maurer« erwähnen, oder eine Geheimorganisation mit Namen *Acception,* können wir aufgrund der starken Ähnlichkeiten zwischen ihren Ritualen und denjenigen, die sowohl von den Schaw-Logen praktiziert wurden als auch bei modernen Freimaurern üblich sind, die unmittelbaren Vorläufer der heutigen Logenbrüder identifizieren. Als sich die *Acception* verbreitete, sickerten weitere Hinweise auf die »Geheimnisse, die niemals aufgeschrieben werden dürfen«, nach draußen. Es waren angenommene beziehungsweise *akzeptierte* Maurer in England, die sich im Laufe der Zeit den Namen Freimaurer aneigneten.

Die schrecklichen Ereignisse während der Regierungszeit von Karl I., König Jakobs Sohn, waren wesentlich für die Verbreitung der Schaw-Logen nach England. Die Kriege der Drei Königreiche waren 1638 in Schottland durch einen Disput über ein Gebetbuch ausgelöst worden und erst 1651 endgültig überstanden. Sie stürzten Großbritannien in den schwärzesten Höllenschlund. Geschätzte 800 000 von insgesamt 7,5 Millionen Einwohnern fanden den Tod. In Irland starben etwa 40 Prozent der Bevölkerung. Dies alles machte die Steinmetzversion der »hermetischen Suche nach Erhellung durch Symbole« umso mehr zu einer spirituellen Zuflucht.

Elias Ashmole, der ursprünglich aus Staffordshire in den West Midlands stammte, wurde im Oktober 1646 zu einem Angenommenen Maurer – der Tagebucheintrag, der seine Initiation schildert, ist einer der ersten Hinweise auf eine derartige Zeremonie in England. Sowohl der Ort von Ashmoles Initiation, Warrington in Lancashire, als auch seine Erfahrungen, sind bezeichnend: Er weilte dort bei seiner angeheirateten Verwandtschaft, um sich von seinen schmerzvollen Erlebnissen als Soldat der besiegten Royalistenarmee zu erholen. Während des Bürgerkriegs wurde Lancashire längere Zeit von einer schottischen Armee belagert. Diese Armee, so wird vermutet, war einer der Hauptkanäle für die Verbreitung der Glaubensinhalte und Praktiken der schottischen Logen. (In den Dokumenten der Schaw-Loge in Edinburgh gibt es einen Verweis darauf, dass im Mai 1641 Maurer, die in der schottischen Armee in Nordengland gedient hatten, andere Bürgerkriegsoffiziere initiiert hätten.)

Ashmoles Rolle beim Militär machte ihn zu einem besonders geeigneten Kandidaten: Er war ein Artillerieoffizier. Da sie Vitruv kannten, dürften sich die Logenmitglieder daran erinnert haben, dass der verehrte Verfasser des Traktats *De architectura* selbst in den Legionen des Julius Cäsar Spezialist für schwere Kriegswaffen gewesen war und alle Arten von Wurfmaschinen konstruiert und bedient hatte. Mit ihrem Wissen über Geschossbahnen und andere Aspekte der Geometrie gaben Artilleristen durchaus achtbare Steinmetze ab.

Ashmole entwickelte sich zu einem Mann mit vielfältigen und (in unseren Augen) sehr eigentümlichen Interessen. Er war ein Antiquar, der von alten Münzen bis hin zu ungewöhnlichen zoologischen Spezimina so ziemlich alles studierte, katalogisierte und sammelte; sein Name ist heute vor allem deshalb ein Begriff, weil seine Artefakte die Grundlage für das Ashmolian Museum in Oxford bildeten. Er widmete sich mit Leidenschaft dem Studium der Heraldik, und seine astrologischen Einsichten wurden von König Karl II. sehr geschätzt. Er erforschte magische Sigillen und Alchimie und glaubte fest, seine geistigen Fähigkeiten rührten von den Bewegungen des Planeten Merkur her.

Genau solche esoterischen Bestrebungen lockten Edelleute zu den Logen. Ein Beispiel war Ashmoles Interesse am Rosenkreuzertum: Geheimgesellschaften und okkultes Wissen waren damals groß in Mode. So war die europäische Kulturwelt um 1615 fasziniert von Berichten aus Deutschland, die von der Entdeckung einer jahrhundertealten geheimnisvollen und heiligen Bruderschaft kündeten. Bekannt als Orden des Rosenkreuzes oder Rosenkreuzerorden, verdankte sie ihren Namen dem Gründer, einem Mystiker und Gelehrten mit Namen Christian

Elias Ashmole (1617–1692)

Rosencreutz, der auf seinen Reisen in den Orient große Geheimnisse erfahren hatte. Rosencreutzers Schriften wiesen eine völlig neue Mischung aus hermetischen und christlichen Ideen auf und verkündeten das bevorstehende Heraufdämmern eines neuen spirituellen Zeitalters.

Nur leider existierte der Rosenkreuzerorden so wenig wie sein Gründer: Es handelte sich um eine Allegorie und möglicherweise sogar um einen ausgemachten Schwindel. Doch hielt dies die Menschen nicht davon ab, der Bruderschaft beitreten zu wollen oder von ihren Ideen fasziniert zu sein. Einige der Edelleute, die es in Schottland und England zu den Logen hingezogen hatte, mögen geglaubt haben, dem Rosenkreuzerorden oder etwas in der Art beizutreten. Und selbst wenn dem nicht so war, half ihnen dessen Mythos dabei, der Freimaurerei weitere Formen ritueller Symbolik hinzuzufügen. So soll zum Beispiel das Ritual von Hiram Abiffs Tod und Auferstehung der Totenbeschwörung der Rosenkreuzer entstammen.

Ashmole blieb bis zum Ende seines Lebens ein Mitglied der *Acception*. 1682 besuchte er ein Treffen Angenommener Maurer in London. Sein Tagebuch verrät uns: »Ich war der Älteste Geselle unter ihnen (es ist 35 Jahre her, dass ich aufgenommen wurde)«, und anschließend »dinierten wir alle gemeinsam in der Halfe Moone Taverne in Cheapside«. Das vornehme Mahl sei von den unlängst angenommenen Maurern ausgerichtet worden.

Der ausführlichste Bericht über die Rituale der Acception, die bereits ausgeprägte Ähnlichkeiten mit denen der Freimaurer erkennen lassen, stammt aus der Grafschaft Staffordshire, in der Ashmole das Licht der Welt erblickte. 1686 veröffentlichte Robert Plot, Chemieprofessor an der Universität Oxford, einen Bericht über die Grafschaft, in dem er mehrere Seiten den Angenommenen Maurern widmet. Professor Plot selbst war kein Mitglied. Jedoch hatte er nicht nur einen Lehrstuhl inne, sondern war auch Aufseher im neugegründeten Ashmolean Museum der Universität, also könnte Ashmole sehr wohl seine Insider-Quelle gewesen sein.

Plot misstraute der Geheimniskrämerei der Brüder zutiefst und schloss daraus, dass sie vermutlich »Übles« im Schilde führten. Nichtsdestoweniger hatte er genug über sie in Erfahrung gebracht, um wichtige Hinweise zu geben. Angenommene Maurer würden »bei einer Zusammenkunft (oder *Loge*, wie sie dergleichen mancherorts nennen) initiiert, die mindestens aus fünf oder sechs *Ancients* des *Ordens* bestehen muss, welchen sich die *Kandidaten* mit *Handschuhen* vorstellen …« Das Initiationsritual, erklärte er, »besteht in der Hauptsache aus der Übermittlung gewisser *geheimer Zeichen*, anhand derer sie einander im ganzen Lande erkennen«. Es gebe zwei Wege, um der Acception beizutreten: Entweder man war ein Steinmetz oder aber ein Nichtmaurer von hohem Ansehen, der »angenommen« beziehungsweise »akzeptiert« werde – daher der Name Acception.

Abgesehen vom Bürgerkrieg beförderten noch andere gesellschaftliche Veränderungen in ganz Großbritannien den Reiz der Logen. Die Anfänge der Renaissance im Italien des fünfzehnten Jahrhunderts entstanden aus dem Bedürfnis, das Wissen der Antike neu zu entdecken. Um die Mitte des siebzehnten Jahrhunderts war die Antike dann überholt. Konnte denn Aristoteles seine Entdeckungen schon in gedruckten Büchern verbreiten? Hatten die Phönizier etwa Amerika entdeckt? Hatten Cäsars Legionen Kanonen aufzubieten? Massenweise hilfreiche Erfindungen – von Mikroskopen bis zu Taschenuhren, von Musketenkartuschen bis zu Luftpumpen – übertrafen nicht nur alles, was die klassische Welt zu bieten hatte, sondern priesen auch die Geschicklichkeit und das Wissen technisch versierter Menschen. Eine neu entdeckte Lust an Technischem verkleinerte die Kluft zwischen dem Geistesleben und einem praktischen Umgang mit der Welt. Es schien nicht mehr länger geschmacklos, dass ein Gentleman mit geistigen Neigungen auch etwas von einem Handwerker lernen könnte. Die Vorstellung von Gott dem Allmächtigen als Großem Baumeister aller Welten war keine herabwürdigende Analogie mehr.

Als gegen Ende des siebzehnten und zu Beginn des achtzehnten Jahrhunderts immer mehr Gentlemen in die Schaw-Logen und die Acception aufgenommen wurden, tauchten auch immer mehr Informationen über ihre Rituale und Überzeugungen auf. Die Logen selbst hielten mehr Inhalte schriftlich fest, sogar die Geheimnisse, »die niemals aufgeschrieben werden durften«, als Handreichungen für vornehme Beitrittskandidaten. Sowohl die Schaw-Logen als auch die Angenommenen Maurer verfügten über eine bunte Mischung aus Schwüren, Geheimnissen, Zeichen und Mythen, die in vielem den masonischen Ritualen glichen, wie John Coustos sie der Inquisition in Lissabon im Jahr 1743 beschrieb und wie sie auch in den heutigen Freimaurerlogen durchgeführt werden. Wer initiiert wurde, musste Verschwiegenheit geloben. Brach er den Schwur, »sollte er im Sande des Meeres bei niedrigem Wasserstande begraben werden, wo niemand es erfahren würde«. Es gab geheime Zeichen zu erlernen, einschließlich einer Halsdurchschneidegeste, und einen bestimmten Händedruck: »ein geheimes Erkennungszeichen, von einer Hand zur anderen weitergegeben«. Die Maurer absorbierten eine mythische Geschichte von den Ursprüngen der Organisation im Tempel Salomons und lernten die Passwörter BOAZ und JACHIN (die Namen der zwei Säulen am Eingang zum Tempel).

Bis jetzt hatte sich die Freimaurerei langsam entwickelt. Um 1700 herum, hundert Jahre nach William Schaws katalytischem Treffen mit den schottischen Steinmetzmeistern, war sie zwar weitverbreitet, aber immer noch nicht zentralisiert und nach wie vor mit dem Arbeitsalltag der Steinmetze verbunden. Außerhalb von Schottland, beispielsweise in Staffordshire und Cheshire oder in Städten wie York und London, gab es bereits größere Gruppen von Angenommenen Maurern.

Um jedoch die endgültige Geburt der Freimaurerei einzuleiten, war mehr nötig als Zeit: allem voran die umwälzende Katastrophe, die am 2. September 1666 bekanntermaßen mit einem Funken in Thomas Farriners Bäckerei in der Pudding Lane in London begann. Binnen fünf Tagen vernichtete eine Feuersbrunst die Londoner City. Der Wiederaufbau sollte fünfzig Jahre dauern und die Fertigkeiten der großartigsten Steinarbeiter Englands erfordern.

4 LONDON

Unter dem Schild von Gans und Bratrost

Richtfest

Am 26. Oktober 1708 betrat eine kleine Gruppe von Männern die obersten Planken des Gerüstes rings um die Kuppel der St Paul's Cathedral, die mit dem feinsten Blei aus Derbyshire frisch verkleidet war. Wieder zu Atem gekommen, erfreuten sie sich aus gutem Grund an der Aussicht.

Weit jenseits der beiden Westtürme der Kathedrale erhob sich stolz Windsor Castle über die Landschaft. Gen Norden blickten die Männer auf die bewaldeten Hügel von Hampstead und Highgate. Und in östlicher Richtung konnten sie der mäandernden Themse, in deren Wassern sich Schiffe und Bargen tummelten, voll beladen mit Schätzen aus Boston, Barbados und Bengalen, bis an die See folgen. Obwohl die umgebenden Straßen aus dieser Höhe in Stille gehüllt waren, stieg Londons charakteristischer Rußgestank auch hier in die Nase. Dort, wo die offene Landschaft endete und die Bebauung begann – in Piccadilly im Westen und bei White Chapel im Osten –, war ein Großteil der Aussicht von Kohlerauch verhüllt. Nichtsdestoweniger offenbarten sich zwischen den schrägen Rußfahnen die vielen Turmspitzen der Stadt. Die Männer kannten sie wie die Gesichter ihrer Kinder. Die Kirche St Bride's in der Fleet Street mit ihren schlanken, gestaffelten Pagoden. Der zylindrische Glockenturm von St Michael in der Crooked Lane mit seinen elegant geschwungenen Gewölbepfeilern. Unverwechselbar auch die Kirche St Benet in Paul's Wharf, deren roter Backsteinturm mit Ecksteinen gefasst war und bekrönt von einer hübschen Kuppel mit Laterne. Jede Kirche war neu, jede einzigartig, und jede zeugte in ihrer Erhabenheit vom Ruhme Gottes, von der Geschicklichkeit der Männer, die hoch auf dem Gerüst versammelt standen, und von den vielen Jahren, die sie darauf verwendet hatten, London nach dem verheerenden Brand von 1666 wieder aufzubauen.

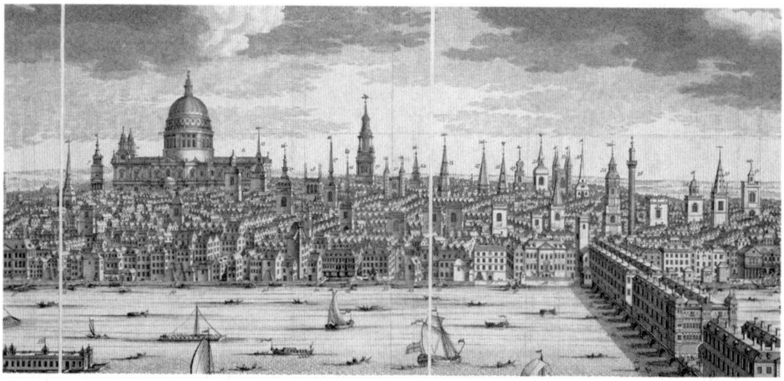

St Paul's Cathedral und die Wren-Kirchen zum Zeitpunkt der Geburt der modernen Freimaurerei, von Süden aus gesehen.

Sir Christopher Wren war der führende Kopf hinter dieser Auferstehung: der Chefarchitekt sowohl der Kathedrale als auch der einundfünfzig neuen Kirchen, welche die Stadt zierten. Wren war an diesem Tag ebenfalls in der Kathedrale. Doch die Last seiner sechsundsiebzig Jahre hielt ihn davon ab, den Aufstieg zu wagen. Er wartete stattdessen weiter unten, während die Gruppe, allen voran sein Sohn, die Richtfestzeremonie vollführte: den kurzen, aber feierlichen Moment, da der letzte Stein in die Laterne eingefügt wurde, welche die Kuppel der Kathedrale krönte.

Mit dem Setzen des Schlusssteins kam die verdiente Gewissheit, ein Werk vollendet zu haben. Sir Christopher Wren war der erste Architekt in der Geschichte, der den gesamten Entstehungsprozess einer Kathedrale vom Anfang bis zum Ende beaufsichtigt hatte. Doch damit nicht genug: Mehrere Familien, einschließlich der seinen, waren mit der Geschichte der neuen St.-Pauls-Kathedrale eng verwoben. Als im Juni 1675 die Grundsteinlegung stattgefunden hatte, war Wrens Sohn Christopher erst vier Monate alt gewesen. Dreiunddreißig Jahre später war aus dem Säugling von einst die rechte Hand seines Vaters geworden, der Ehre würdig, die Richtfestzeremonie zu leiten. Auch Thomas Strong, Wrens verlässlichster Steinmetzmeister, war bei der Grundsteinlegung im Jahr 1675 dabei gewesen. Nach Strongs Tod trat sein jüngerer Bruder Edward in seine Fußstapfen und nahm jetzt an der Richtfestzeremonie teil. An der Seite Edward Strongs stand sein Sohn, der ebenfalls Edward hieß und mit Christopher Wren junior eng befreundet war. Edward Strong junior hatte die große Laterne konstruiert, die jetzt vollendet wurde.

Doch war es mehr als nur das Band von Familie, Freundschaft und der gemeinsamen Mühe über die Dauer einer ganzen Generation, was die Männer an diesem Tag auf dem Gerüst über dem Dom vereinte. Eine Denkschrift der Familie Wren hielt den Moment für die Nachwelt fest und macht deutlich, dass die kleine Gruppe, die das Richtfest veranstaltete, aus Logenbrüdern bestand: »Der höchste und letzte Stein auf der Spitze der Laterne wurde im Auftrag des Bauleiters von dessen Sohn gesetzt, Christopher Wren, in Gegenwart jenes ausgezeichneten Handwerkers Mr. Strong, seines Sohnes und anderer Freier und Angenommener Maurer, die maßgeblich an den Arbeiten beteiligt gewesen waren.« *Freie und Angenommene Maurer.* Die Strongs waren Mitglieder der *Acception.* Als Edward Strong Senior 1724 verstarb, würdigte ihn eine Wochenzeitung als »einen der ältesten Steinmetze und FREIMAURER in England«. Im darauffolgenden Jahr wurde Strongs Sohn Edward junior in der Liste einer Freimaurerloge geführt, die in Greenwich zusammentraf.

Christopher Wren senior und sein Sohn waren ebenfalls Angenommene Maurer. Sir Christopher wurde am 18. Mai 1691 »als Bruder in die Acception« aufgenommen, bei »einer großen Zusammenkunft der Bruderschaft Angenommener Maurer in der St.-Pauls-Kathedrale«. Als Wren starb, würdigten ihn mehrere Zeitungen in ihrem Nachruf als

Freimaurer, was nur bedeuten kann – zumal der große Mann definitiv keine Steine behauen hatte –, dass er ein Mitglied der *Acception* gewesen war. Christopher Wren junior war mit Sicherheit Mitglied: 1729 fungierte er als Meister seiner Maurerloge.

Wir wissen noch von weiteren Angenommenen Maurern, die am Wiederaufbau Londons mitgewirkt haben. Thomas Wise (1618–85) war ein Steinmetzmeister, der Aufträge für einige der frühen Arbeiten an der St.-Pauls-Kathedrale übernahm; man weiß von ihm, dass er 1682 bei einem Treffen der Acception den Vorsitz hatte. John Thompson (?-1700) war ein Angenommener Maurer und Auftragnehmer für mehrere von Wrens Kirchen in der City, darunter St Vedast's, St Mary-le-Bow und All Hallows in der Lombard Street.

Als Architekten fühlten sich die Wrens unverkennbar mit den Steinmetzmeistern verbunden, die das Rückgrat der *Acception* bildeten. Abgesehen von den Wrens gab es noch andere führende Figuren im öffentlichen Leben, ohne Verbindung zum Bauhandwerk, die Angenommene Maurer waren. Im Jahr 1708, als auf der St.-Pauls-Kathedrale das Richtfest zelebriert wurde, nannte ein Dokumentar des Londoner Lebens die *Acception* eine »Bruderschaft vieler Persönlichkeiten aus der Welt der Aristokratie und des Landadels«.

Die *Acception* in London bestand zunächst als eine Gruppierung innerhalb der Company of Masons: In deren Archiv, das bis ins Jahr 1630 zurückreicht, finden sich nur wenige Hinweise auf sie. Die London Company of Masons war eine der seltenen Steinmetzgilden, die Mitte des vierzehnten Jahrhunderts gegründet wurden und 1481 das Recht zugesprochen bekamen, Uniformen zu tragen. Doch im Gegensatz zu den Gilden anderer Gewerke war die Company ein Club, der ausschließlich der Elite aus der Baubranche vorbehalten war und deren bevorzugten Handwerkern. Die Mitgliedschaft in der *London Acception* war nur auf Einladung möglich. Der Beitritt war zudem teuer – die Gebühren waren doppelt so hoch wie die bereits kostspieligen Abgaben für den Beitritt zur London Company, in der sie gedieh. Die *Acception* wurde von einem der bedeutendsten Experten auf diesem Gebiet als »eine exklusive Zelle innerhalb der London Company« beschrieben.

Gegen Ende des siebzehnten Jahrhunderts wurde sie zu einem unabhängigen Bund.

Angenommene Maurer waren in London daher eine Elite innerhalb der Elite – und die Strongs gehörten ganz eindeutig in diese Kategorie. Edward senior erbte von seinem Vater, einem Steinmetz, in zwei Grafschaften Steinbrüche. Zu den Einkünften aus diesen Steinbrüchen kamen die beträchtlichen Gelder, die den Strongs für die Ausführung großer Aufträge zum Bau von Teilen der St.-Pauls-Kathedrale und der Wren-Kirchen gezahlt wurden. Sie organisierten die vielen Steinmetze, die zur Ausführung der Arbeiten gebraucht wurden, und waren auch an vielen anderen prestigeträchtigen Projekten beteiligt – darunter das Royal Naval Hospital in Greenwich und Blenheim Palace, der Sitz der Familie Churchill in Oxfordshire. Die Strongs verfügten über ein beachtliches Vermögen: Wann immer die Regierung es versäumte, ihre Auftragnehmer pünktlich zu bezahlen, mussten sie gewaltige Summen für Löhne und Materialien vorstrecken. Einmal liehen sie der Regierung sogar Geld, um zu gewährleisten, dass die Arbeiten in der Kathedrale fortgesetzt werden konnten. Edward Strong senior war nebenbei auch in Grundstücksspekulationen involviert und würde seinem Sohn mehrere Landgüter hinterlassen. Kurzum, die Strongs waren ganz und gar nicht die bescheidenen mittelalterlichen Handwerker aus den Freimaurerlegenden. Sie und andere Mitglieder der *Acception* wurden durch die öffentlichen Gelder, die nach der Großen Feuersbrunst in den Wiederaufbau der englischen Hauptstadt flossen, enorm vermögend.

Das Richtfest auf der St.-Pauls-Kathedrale signalisierte den Anfang vom Ende des Londoner Wiederaufbaus – und das Versiegen des Geldflusses. Ein Großteil der Mittel stammte aus einer Steuer auf Kohle. Sie war der Brennstoff, dessen Rauch das Panorama über die Stadt verhüllte. Die letzte der drei Regierungsabgaben auf Kohle erlosch im September 1716, und das Budget für den Wiederaufbau war zu Beginn des Folgejahres aufgebraucht. Die Auferstehung Londons war vollbracht.

Die London Acception war zwar eine exklusive und prestigeträchtige, aber dennoch relativ unbekannte Gesellschaft. Das Ende von Londons Wiederaufbau beschleunigte die Ereignisse, die sie zur berühmtesten Geheimgesellschaft der Welt machen würden.

Sir Christopher Wren war nicht nur ein Genie, sondern dem Vernehmen nach auch ein ausgesprochen netter Mensch. Er war von sanftem Gemüt, ein treuer Freund, widmete sich leidenschaftlich seinem Beruf und war gänzlich frei von Bestechlichkeit – und damit im England des achtzehnten Jahrhunderts fast schon ein Heiliger. Genügend Fakten, um ihn als die Verkörperung freimaurerischer Ideale zu feiern. Doch er war schon älter, seine Aufgabe erfüllt, und so wurde er zu einem leichten politischen Angriffsziel. Im April 1718 wurde er als Royal Surveyor entlassen, nachdem er dieses Amt in Anerkennung seines Lebenswerkes lange Jahre weitestgehend ehrenamtlich ausgeübt hatte. Ersetzt wurde er von einem politischen Karrieristen, der schon bald rachsüchtige Misswirtschaftsvorwürfe gegen ihn erhob.

Wrens Problem bestand nicht nur darin, dass die Kohlesteuer abgelaufen war: Er befand sich plötzlich – und das war noch weitaus schlimmer – auf der falschen Seite der politischen Spaltung seiner Zeit. Die britische Geschichte im siebzehnten und frühen achtzehnten Jahrhundert kreiste um Glaubensfragen und um die Beziehung zwischen Parlament und Monarchie, wie in der sogenannten Glorreichen Revolution von 1688–89 deutlich wurde. Jakob II., aus der Stuart-Dynastie, zeugte mit seiner katholischen Frau einen katholischen Thronfolger. Er träumte außerdem davon, den Absolutismus des katholischen Europas nachzubilden, der den König von Gottes Gnaden mit uneingeschränkter Macht ausstattete. Im Zuge der Glorreichen Revolution ersetzten daher jene, für die Katholizismus und Absolutismus ein Gräuel waren, König Jakob durch seine protestantische Tochter Maria und deren protestantischen holländischen Ehemann William. Die Könige und Königinnen, die von nun an regierten, bedurften dazu der Billigung von Lords und Commons, um Gesetze zu verabschieden. Doch selbst nach der Glorreichen Revolution schwelten dieselben religiösen und politischen Themen weiter und mündeten schließlich in die Auseinandersetzung zwischen Tories und Whigs.

Die Tories waren Befürworter der monarchischen Macht und der anglikanischen Kirche. Ihr Konservatismus verschmolz an seinen Rändern mit dem Pro-Katholizismus und dem Jakobitentum. Letzteres war das Vorhaben, einen katholischen männlichen Nachfahren Jakobs II., dessen man sich in der Glorreichen Revolution entledigt hatte, wieder auf den Thron zu bringen. Die Jahrzehnte nach der Glorreichen Revolution waren daher von einer ganzen Reihe von jakobitischen Aufständen geprägt.

Die Whigs dagegen plädierten für eine Monarchie, deren Beschlüsse der Billigung des Parlaments bedurften, und für ein gewisses Maß an religiöser Toleranz innerhalb eines anglikanischen Staates, über den ein protestantischer Monarch herrschte.

1714, als Königin Anne ohne einen Thronerben verstarb, erreichte der Kampf zwischen den beiden Parteien eine kritische Phase. Anne hatte der Stuart-Dynastie angehört, war konservativ anglikanisch und politisch den Tories zugeneigt gewesen. Der einzige in Frage kommende protestantische Nachfolger war Georg, der Kurfürst von Hannover in Deutschland, der ein Lutheraner und den Whigs zugeneigt war. Als der Kurfürst als Georg I. den Thron bestieg und somit das Haus Hannover begründete, begaben sich die Whigs auf einen hemmungslosen Raubzug nach Macht und Ämtern. Sie drängten die Tories aus jeder einflussreichen Stellung im öffentlichen Dienst, den Berufsverbänden, den Streitkräften, den Universitäten und der Kirche. Sir Christopher Wren geriet ins Visier, weil er bekanntermaßen ein Tory war: Die Loyalität seiner Familie gegenüber dem Hause Stuart reichte bis in die Zeit vor dem Englischen Bürgerkrieg zurück, als Wrens Vater im Dienst Karls I. gestanden hatte. Nun übernahm ein Whig seinen Posten. Wren wurde ein Jahr später rehabilitiert und sein Nachfolger wegen Unfähigkeit und Bestechlichkeit entlassen. Doch die Verletzbarkeit des großartigen Architekten war deutlich geworden.

Dieser dramatische Wandel im Machtgleichgewicht zwischen Tories und Whigs sowie das Ende des Londoner Wiederaufbaus durchtrennten die Netzwerke der Tory-Mäzene, die den Auftragnehmern aus der Londoner *Acception* in den vorausgegangenen fünfzig Jahren dabei geholfen hatten, reich zu werden. Es war an der Zeit, dass die Whigs das Ruder übernahmen und die *Acception* in ein eigenes Mäzenaten-Netzwerk verwandelten.

Dr. Desaguliers

Die Bierschänke »Zur Gans und zum Bratrost« *(Goose and Gridiron)* stand am St Paul's Churchyard, der an der Südseite der großen Kathedrale entlangführte und dessen Schänken und Buchverkäufer schon lange vor dem Großen Feuer ein Zentrum des kulturellen Lebens in London gewesen waren. Das Wirtshaus »Zur Gans und zum Bratrost« hatte einen besonderen Stellenwert für Freie und Angenommene Maurer. Der endgültige urkundliche Nachweis fehlt, aber es ist wahrscheinlich, dass Sir Christopher Wren 1691 just in dieser Schänke »initiiert« wurde.

Am 24. Juni 1717, dem Johannistag, versammelten sich Männer aus vier verschiedenen Freimaurerlogen in der »Gans«. Jede der Logen trug den Namen der Schänke, in der sie ihre Versammlungen abhielt. »Zur Krone« in der Parker's Lane, unweit der Drury Lane, »Zum Apfelbaum« in der Charles Street in Covent Garden, »Zum Römer und den Trauben« in der Channel Row in Westminster und »Zur Gans und zum Bratrost«.

Hauptgrund für das Treffen war die Wahl eines ansonsten unauffälligen adeligen Buchhändlers namens Anthony Sayer auf einen neuen Posten innerhalb der Gesellschaft: Er wurde Großmeister. Die Konsequenzen dieser Versammlung waren gewaltig. Eine Großloge konstituierte sich, die fortan die Regeln der gesamten Bruderschaft festlegen und in Kraft setzen würde. Die moderne Freimaurerei datiert ihre Anfänge auf diesen Tag im Jahr 1717; 2017 feierten die Brüder auf der ganzen Welt den dreihundertsten Jahrestag ihres Bestehens.

Die berühmte Zusammenkunft in der »Gans« war ein Wendepunkt in der Geschichte der Königlichen Kunst. Aus diesem Grund ist es so verwunderlich, dass wir so wenig darüber wissen. Keinerlei materielle Spuren sind uns erhalten: Das *»Goose and Gridiron«* und auch die anderen drei Wirtshäuser, in denen die Gründungslogen sich zusammenfanden, sind längst abgerissen worden. Noch kurioser ist, dass die Freimaurer, die über ihre eigenen Aktivitäten normalerweise penibel Buch führen, keinerlei schriftlichen Beleg aus der Zeit zu diesem Treffen haben. Wie wir sehen werden, gibt es Gründe für die Annahme einer Vertuschung. Die Jahre zwischen 1717 und 1723 waren die wichtigsten in der gesamten Geschichte der Freimaurerei, und gleichzeitig sind sie auch die rätselhaftesten: Man sollte sie daher genauer unter die Lupe nehmen.

Die Geburt der künftigen Großloge fand just zu dem Zeitpunkt statt, da das Geld für den Wiederaufbau Londons zur Neige ging und das neue Whig-Regime sich etablierte. Die Gründer der Großloge waren ehrgeizig, ausgezeichnete Netzwerker und allesamt Whigs. Aufschlussreich ist ein kurzer Blick auf ihren wichtigsten Mann, der die Zusammenkunft in der »Gans« in die Wege leitete: Dr. John Theophilus Desaguliers.

Dr. Desaguliers hat Geschichte, Rituale und Werte der Gesellschaft nachhaltig geprägt. Er war nicht nur maßgeblich an der Gründung einer Großloge beteiligt, sondern führte auch Bildungsvorträge in den Logentreffen ein und half dabei, einen Wohlfahrtsfonds einzurichten. Auf seinen Reisen würde er dazu beitragen, dass die Königliche Kunst auch in Europa Verbreitung fand.

Wie eine ansehnliche Zahl der frühen Freimaurer, darunter auch John Coustos, entstammte Desaguliers einer Familie protestantischer Flüchtlinge aus Frankreich – sein Vater war Hugenotte. Wie viele Einwanderer war Desaguliers ehrgeizig, arbeitsam und eifrig darauf bedacht, sich einzufügen. Trotz des Elends, das er als Kind erlebt hatte, besuchte er später die Universität in Oxford und strebte eine geistliche Laufbahn an. Aber das Priestertum scheint für Desaguliers nur ein Mittel zum Zweck gewesen zu sein, seine ermüdenden Predigten waren gefürchtet.

Sein wahres Interesse galt der Wissenschaft: Er hielt öffentliche Vorträge und betätigte sich als Unterhaltungskünstler. Während seines Studiums in Oxford hatte ihn Sir Isaac Newton in seinen Bann geschlagen, und er entwickelte viel Ehrgeiz dabei, Newtons Theorien in spektakulären Experimenten anschaulich darzustellen. Das Publikum im aufklärerischen England, vor allem in London, zahlte gern und gut für derlei Unterhaltung. Dank Newton durfte Dr. Desaguliers, ohne die übliche Mitgliedschaftsgebühr entrichten zu müssen, der Royal Society beitreten, in der Commoners und Aristokraten gemeinsam nach wissenschaftlichen Erkenntnissen strebten und nach dem Ansehen, welches damit einherging. Desaguliers wurde sogar dafür bezahlt, Experimente durchzuführen. Er sollte Newtons bedeutendster Demonstrator werden und der angesehenste Dozent auf einem hart umkämpften Gebiet. 1717, im Jahr des Logentreffens in der Bierschänke »Zur Gans und zum Bratrost«, wurde der »erfindungsreiche Mr Desaguliers« gebeten, seine Experimente König Georg vorzuführen. Es sollte der erste von mehreren königlichen Aufträgen dieser Art werden, die ihm erhebliche finanzielle Mittel einbrachten. Desaguliers tat sich auch als technischer Berater hervor, und beschäftigte sich mit praktischen Herausforderungen wie dem Bierbrauen, dem Trockenlegen von Kohleminen, der Veranstaltung von Feuerwerken und der Reparatur der rauchenden Kamine im House of Commons.

Der vielseitig begabte John Desaguliers hätte nicht halb so viel zuwege gebracht ohne vor allem ein Talent: Er war geschickt darin, einflussreiche Whig-Freunde zu gewinnen. 1716 wurde er der Hauskaplan von James Brydges, dem späteren 1. Herzog von Chandos, einem Whig-Granden, dessen Gönnerschaft wesentlich sein würde für Desaguliers' Aufstieg. Sein Netzwerk aus Kontakten erstreckte sich bald bis tief in die Gemeinschaft der Wissenschaftler und ihrer Gönner aus der Aristokratie. Dies lässt sich nicht zuletzt aus der Reihe der Paten ablesen, die er in den 1720er Jahren für seine Kinder gewinnen konnte. Abgesehen von Sir Isaac Newton beinhaltete sie den Marquis von Carnarvon, den ältesten überlebenden Sohn des Herzogs von Chandos, und den Earl of Macclesfield – ein märchenhaft reicher Whig-Höfling und Lordkanzler, der sich später wegen des Vorwurfs, gewaltige Bestechungsgelder angenommen zu haben, vor Gericht zu verantworten hatte. Es war höchst beeindruckend, wie Desaguliers als Sohn eines Flüchtlings in den höchsten Kreisen Fuß fassen konnte.

John Theophilus Desaguliers (1683–1744).
Die Inschrift enthält den stolzen Hinweis auf seine Verbindung zu dem Herzog von Chandos.

Desaguliers *lebte* von Vernetzung und Selbstvermarktung. Die Freimaurerei war ebenfalls Teil seiner persönlichen Strategie. In einer Gesellschaft, in der Macht und Reichtum sich größtenteils noch immer in den Händen von Grundherren und Adeligen konzentrierten, blieb denjenigen, die ihre Lage verbessern wollten, nichts anderes übrig, als einflussreiche Freunde zu gewinnen. Wir sollten also nicht glauben, Desaguliers habe aufgrund seiner emsigen Vernetzungsbemühungen weniger ehrlich die freimaurerischen Werte hochgehalten. Im Gegenteil, er nahm die Freimaurerei zutiefst ernst und machte in der Großloge seinen Einfluss geltend, um das Possenspiel zu beenden, zu dem die Rituale der Logen mancherorts verkommen waren: Ein Manuskript aus den 1690er Jahren spricht von der Art und Weise, wie man

Beitrittskandidaten mit »eintausend lächerlichen Posen und Grimassen« zu erschrecken pflegte. Nach Desaguliers wurden die masonischen Arbeiten weitaus festlicher.

Es sollte uns auch nicht seltsam anmuten, dass ein Mann der Wissenschaft wie Dr. Desaguliers sich zu einer Bruderschaft hingezogen fühlte, die derart eng mit vorwissenschaftlichen Überzeugungen verbunden war wie die der Freimaurer. Zwar führte er berühmte Experimente durch, um die Torheit von Mythen wie dem der Perpetuum-mobile-Maschine nachzuweisen, war aber dennoch das Kind einer Zeit, in der die Grenze zwischen Wissenschaft und Aberglaube bei weitem noch nicht klar gezogen war. Sir Isaac Newton selbst glaubte an die erfolgreiche Suche der Alchemisten nach dem Stein der Weisen und dem Lebenselixier; der große Mann war kein Angenommener Maurer, brütete aber, auf der Suche nach alten Wahrheiten, über dem Entwurf von Salomons Tempel.

Für Desaguliers ging die Freimaurerei Hand in Hand mit seinem persönlichen Bestreben, seiner Politik und seinen geistigen Passionen. Er war nicht wie die machthungrigen Karrieristen, die das hässliche Gesicht der Whig-Herrschaft darstellten. Seine Freimaurerei atmete den erlesensten Geist der Whig-Philosophie: Er schrieb sogar ein Gedicht, in dem das Newton'sche System, maurerische Symbole und die Monarchie der Hannoveraner zu einer einzigen Vision universeller Harmonie verschmolzen. Dennoch war Desaguliers' politisches Geschick ein wesentlicher Faktor bei der Gründung der Großloge. Hinter den Kulissen waren einige einflussreiche Whig-Netzwerke mit ihm im Bunde und maßgeblich an der Gründung der Großloge beteiligt und der in der Folge raschen Ausweitung der Freimaurerei. Sie konzentrierten sich besonders an zwei Orten: unter den Naturphilosophen der Royal Society zum einen – sämtliche Sekretäre der Royal Society von 1714 bis 1747 waren Freimaurer –, zum anderen in der Gerichtsbarkeit. Die Richterschaft war verantwortlich für Recht und Gesetz in London und hatte außerdem noch eine Reihe anderer Pflichten wie die Genehmigung von Schänken. Nach neuesten Studien stellten »viele Londoner Freimaurer just den Typus Mensch dar, den die Whig-Regierung als konformistische und konventionelle Aufrechthalter des Status Quo auf der Richterbank bevorzugt haben dürften«. Im London der Whigs bot die Freimaurerei als Gegenleistung für politische Loyalität Zugang zu Ansehen und Einfluss und hatte wenig zu tun mit dem Baugewerbe. Die Übernahme durch die Whigs zerriss endgültig das Band zwischen den »Operativen« und den »Spekulativen«, also zwischen Steinmetzen und Freimaurern.

Die Macht der Whigs prägte die gesamte Freimaurerei, wie sie nach der schicksalhaften Zusammenkunft im *Goose and Gridiron* 1717 in Erscheinung trat. Doch die nachfolgende Geschichte der Bruderschaft sollte auch von einer Krise beeinflusst werden, die beinahe zum Sturz des Regimes geführt hätte. Die politische Stimmung, die den Whigs nach der Thronübernahme durch Georg I. zur Macht verholfen hatte, währte nur kurz. 1720 zeigte die Südseeblase auf unheilvolle Weise die Schwäche des Staates. Whigs und Tories gleichermaßen waren zuhauf in den Betrugs- und Bestechungsskandal verwickelt, der die Aktienkurse der South Sea Company nach oben schnellen ließ, und mussten zumeist hohe Verluste hinnehmen, als die Blase platzte. Plötzlich galt der Schutz der etablierten Elite vor den negativen Auswirkungen der Krise als oberste politische Priorität. Sir Robert Walpole, an der Spitze einer versöhnlicheren Form des »Whiggismus«, legte einen Plan vor, der die schlimmsten Konsequenzen des Skandals abwenden sollte. Walpole pflegte zudem ein System der Protektion und Korruption in noch nie gesehenem Ausmaß. Der allererste britische Premierminister, wie er heute im Allgemeinen genannt wird, sollte über zwei Jahrzehnte das Sagen haben.

Wie eng diese Entwicklungen mit der Freimaurerei verknüpft waren, erkennt man auch daran, dass Walpole, obwohl das Datum seiner Initiation ungewiss ist, spätestens 1731 Freimaurer geworden war. Unter Freien und Angenommenen Maurern, wie in der britischen Politik allgemein, war man infolge der Südseeblase geradezu frenetisch darum bemüht, etwaige Kriegsbeile zu begraben. Die Whigs blieben im Sattel, aber ihre Arroganz hatte sich gelegt. Die Freimaurerei strebte um jeden Preis nach innerem Frieden und musste sich eng an das Whig-Regime binden. Desaguliers nutzte seine Kontakte, um 1721 den Herzog von Montagu, einen Anhänger der Whigs und Mitglied der Royal Society, als den ersten blaublütigen Großmeister der Freimaurer anzuwerben.

Auf Drängen von Desaguliers ließ der Herzog von Montagu ein masonisches Regelwerk schreiben, um auf diese Weise die Autorität der Whig-Großloge zu zementieren. Dieses Regelwerk würde auch die erste offizielle Geschichte der Freimaurerei enthalten – dazu gedacht, alles politisch Kontroverse über die Entstehung der Großloge zu begraben, auch das, was sich wirklich im Wirtshaus »Zur Gans und zum Bratrost« ereignet hatte.

Harmonie und Historie

Das bei weitem wichtigste Buch in der Geschichte der Freimaurerei ist das *Book of Constitutions.* Erstmals erschienen 1723, wurde es 1738 in einer überarbeiteten Fassung neu aufgelegt, als die Freimaurerei und in ihr der herausragende Platz der Großloge bereits fest etabliert waren.

Kern des Buches sind die »Pflichten eines Freimaurers«: das Regelwerk, das die Freimaurerei zu dem macht, was sie ist. Die *Constitutions* enthalten neue Gesetze über die Handhabung von Belangen der Loge, die offenbar dabei helfen sollen, die Autorität der Großloge zu festigen; beispielsweise soll jeder, der eine nicht autorisierte Loge gründet, als ein »Rebell« gelten. Es gibt auch die traditionelleren Grundregeln, die von den Maurern oft als ihre »Landmarken«, ihre Meilensteine, bezeichnet werden. Von den anderen »Landmarken« wissen wir schon einiges, weil sie uns in John Coustos' Geständnis begegnet sind und in den Geboten, die noch heute bei den Initiationsritualen erklärt werden: Maurer müssen den bestehenden Mächten Respekt erweisen und die Geheimnisse der Bruderschaft wahren. Die Brüder sind alle gleich, begegnen einander »auf Augenhöhe«. Untereinander muss religiöse und ethnische Toleranz herrschen: »Wir sind aus allen Nationen, Zungen, Stämmen und Sprachen.« Sie sollen keine »törichten Atheisten« sein oder uneins wegen ihrer religiösen Überzeugung, da sie alle an den

»Großen Baumeister aller Welten« glauben. Über Religion soll in der Loge nicht diskutiert werden. Frauen sind nicht erlaubt, ebenso wenig Leibeigene – also streng genommen auch keine Sklaven. (Dieses Verbot sollte im Laufe der Geschichte der Freimaurerei noch eine Menge Ärger verursachen.) Und vor allem waren Maurer aufgerufen – was irgendwie scheinheilig anmutet im Hinblick auf die Art und Weise, wie die Großloge entstanden war –, einhellig jeder Parteipolitik abzuschwören.

Abgesehen von den »Landmarken« enthalten die *Konstitutionen* auch eine Geschichte der Freimaurerei, die zum großen Teil der Phantasie entspringt – genauso wie die *Alten Pflichten* der mittelalterlichen Steinmetze, eine ihrer wichtigsten Quellen. Die Titelseite des Buches behauptet, es sei *Anno Domini 1723* erschienen beziehungsweise im *5723. Jahr der Freimaurerei.* Die Freimaurer waren sich ihres Platzes in der ewigen Ordnung so sicher, dass sie sich für die Hüter einer Weisheit hielten, die bis zum Beginn der Welt 4000 Jahre vor Christi Geburt zurückreichte. So beginnt die maurerische Geschichte mit dem ersten Menschen: Ihm, Adam, war die Maurerei zweifellos »ins Herz geschrieben«, weil er sie an seinen Sohn Kain weitergab, der eine Stadt erbaute – und demnach ein Steinmetz war. Adams direkter männlicher Nachfahre Noah war ebenfalls Steinmetz, weil seine Arche, auch wenn sie nicht aus Stein, sondern aus Holz gebaut war, »eindeutig nach geometrischen Gesetzmäßigkeiten und demnach gemäß den Regeln der Steinmetzkunst konstruiert war«. Die Israeliten, welche die Kunst während ihrer Gefangenschaft in Ägypten erlernten, »waren ein ganzes Königreich aus Steinmetzen, gut instruiert unter der Weisung ihres Großmeisters MOSES, der sie oft in eine reguläre und *allgemeine Loge* berief, während sie in der Wildnis waren«. Und so weiter und so fort. Diese Form der Geschichtsschreibung ist keineswegs ungewöhnlich zum Beginn des achtzehnten Jahrhunderts. Der anachronistische Kunstgriff ist einfach: Ein jeder, der in der Vergangenheit irgendetwas auch nur entfernt Denkwürdiges zuwege gebracht hatte, war just aus diesem Grund ein Freimaurer. Kaiser Augustus zum Beispiel galt »vernünftigerweise« als der »Großmeister der Loge in Rom«. So erstaunt es nicht, dass diese erfundene maurerische Tradition ihren Höhepunkt im Bau des salomonischen Tempels in Jerusalem fand und ungebrochen bis zum heutigen Tag fortbesteht.

Die »Historie«, wie sie in den *Constitutions* dargelegt wird, ist wenig mehr als eine Parade von Freimaurern, die Brüderlichen Frieden und Harmonie verströmt. Nur wenige Passagen verraten ihre whiggistische Absicht: vor allem jene, die den Tory Sir Christopher Wren verunglimpfen.

In der ursprünglichen Ausgabe von 1723 der *Constitutions* wird Wren tatsächlich einige Male erwähnt. Doch wenn man bedenkt, wie stolz die frühen Freimaurer auf Großbritanniens klassizistische Architektur und deren Platz in der masonischen Tradition waren und dass Wren ein klassizistischer Architekt war, der die britische Architektur absolut dominierte, fallen diese Erwähnungen demonstrativ kurz und missgünstig aus. Die *Constitutions* erweisen Wren nicht einmal die kleine Ehre, ihn als Freimaurer zu bezeichnen: Die von den Whigs dominierte Königliche Kunst wollte ihn offenbar nicht in ihren Reihen haben.

Die Ausgabe von 1738 der *Constitutions* ist mitteilsamer, was Wren anbelangt, aber auch vernichtender. Zugegebenermaßen erhält Wren mittlerweile den Platz im Pantheon großer Baumeister, der ihm gebührt. Er wird auch als Freimaurer anerkannt und als Stellvertretender Großmeister der Freimaurerei von 1666 und einige Jahre später als Großmeister bezeichnet. (Die Daten und Titel mögen bedeutungslos sein angesichts der Tatsache, dass die *Constitutions* von Augustus bis König Karl I. jeden als Großmeister bezeichneten.) Doch als es 1717 im »*Goose and Gridiron*«, dem Wirtshaus »Zur Gans und zum Bratrost«, zur Gründung der Großloge kam, erwähnen die *Constitutions* von 1738 mehrmals, dass die Londoner Logen zu diesem Schritt gezwungen waren, weil sie sich von Wren »vernachlässigt« fühlten. Es wird zudem behauptet, Wren sei von dem Moment an, da sein Sohn 1708 den letzten Stein in die Laterne der St.-Pauls-Kathedrale gesetzt hatte, seinen Pflichten als Großmeister nicht mehr nachgekommen.

In der Welt des Friedens und der Harmonie, wie die *Constitutions* die Freimaurerei beschreiben, war Nachlässigkeit so ziemlich der gröbste Vorwurf, den man gegen einen Bruder erheben konnte. Wren durfte wegen seines Alters und seiner Gebrechlichkeit keinerlei Nachsicht erwarten: Er war fast fünfundachtzig Jahre alt zum Zeitpunkt der Zusammenkunft im *Goose and Gridiron* und verstarb im Veröffentlichungsjahr der *Constitutions*. Bei Erscheinen der zweiten Auflage war die Großloge bereits fest etabliert und Wren seit fünfzehn Jahren tot. Dennoch wurde er wegen seiner Tory-Zugehörigkeit noch immer verunglimpft.

Die Seitenhiebe gegen Wren sind nicht die einzigen Hinweise darauf, dass hinter den Kulissen etwas Undurchsichtiges vor sich ging. Die *Constitutions* erwähnen die Zerstörung von höchst bedeutsamen historischen Dokumenten über diverse Themen aus der jüngeren Geschichte der Freimaurerei. Vor allem 1720, im Jahr der Südseeblase, »wurden in einigen *Private Lodges* mehrere sehr wertvolle Manuskripte (man hatte sie noch nicht in Druck gegeben) über die Bruderschaft, ihre Logen, Regeln, Pflichten, Geheimnisse und Gebräuche (…) von einigen überängstlichen Brüdern allzu eilig verbrannt«. Rätselhafterweise ist die einzige Erklärung, die für diese drastische Vernichtung historischer Belege geboten wird, »eine Angst vor Entdeckung«, und die Notwendigkeit, zu verhindern, dass die Papiere »in fremde Hände gerieten«. Offenbar hatte jemand ein großes Interesse daran, die jüngste Vergangenheit auszulöschen, und die *Constitutions* wollten partout nicht preisgeben, warum dem so war.

Es waren nicht die letzten Eingriffe in den Text. Ganze Kapitel der freimaurerischen Geschichte, wie ich sie bislang zusammengefasst habe, wurden aus den *Constitutions* gestrichen. Das maßgebliche Treffen von 1717 in der Schänke »Zur Gans und zum Bratrost« wird in der Ausgabe von 1723 überhaupt nicht erwähnt. In der Ausgabe von 1738 erhalten wir einen kurzen Bericht über die Zusammenkunft und ihre Rolle bei der Gründung der Großloge. Doch abgesehen von einer Schilderung dessen, was sich bei dem Treffen ereignete, und einer Auflistung der vier anwesenden Logen verrät das Buch schlechterdings gar nichts. Aus diesem Grund werden wir niemals genau wissen, was an diesem speziellen Tag in der Schänke vor sich ging. Wir können allenfalls mutmaßen, dass Dr. John Desaguliers und die übrigen Gründer der modernen Freimaurerei gegen eines der großen maurerischen Tabus verstoßen hatten, als sie die Großloge ins Leben riefen: Sie ergingen sich in nichtswürdiger, machthungriger Parteipolitik.

Auch die Acception wird von den *Constitutions* aus der Geschichte der Freimaurerei herausgeschnitten. Wir können nur vermuten, dass es an ihrer Torylastigkeit lag.

Auch Schottland und die von dem *Maister o' Wark* William Schaw beeinflussten Logen werden regelrecht ausgelöscht. Die *Constitutions* vermitteln uns ein schamlos anglisiertes Narrativ, das wenig mehr enthält als ein paar nichtssagende Bezüge zu den ehrwürdigen »Urkunden und Traditionen« der schottischen Logen.

Die Nichterwähnung der Schaw-Logen ist umso bemerkenswerter, als der Mann, der die *Constitutions* unter der strengen Aufsicht von Dr. Desaguliers tatsächlich verfasste, ein Gelehrter namens James Anderson war. Und Anderson war der Inbegriff eines schottischen Freimaurers: ein rothaariger, unangepasster Geistlicher, dessen eigener Vater ein ranghohes Mitglied einer Schaw-Loge in Aberdeen war.

Mehrere Dinge erklären, warum Schottland von den *Constitutions* aus der freimaurerischen Geschichte herausgestrichen wurde. Da wäre als Erstes die Voreingenommenheit. Zu einer Zeit, da viele Schotten wie Anderson nach London umsiedelten, hatten die Engländer ein ziemlich stereotypes Bild von ihnen: ein merkwürdiger Akzent, rotes Haar, Unwissenheit, wie sie den Lokus richtig benutzen sollten, und so weiter. Überdies gab Schottland wegen seines religiösen Extremismus Grund zur Sorge: Nördlich der Grenze waren sowohl das katholische Jakobitentum als auch protestantische Unangepasstheit stark vertreten. Und schließlich war Schottland die Heimat des Hauses Stuart, dem die Tories und Jakobiten sich verpflichtet fühlten. Schottland bedeutete Streitigkeiten, und diese wollten die Whig-Freimaurer rings um die Großloge unbedingt vermeiden. Die maßgebliche Rolle, die Schottland in der Frühgeschichte der Freimaurerei gespielt hatte, wurde daher kurzerhand ausgespart. Schaw hatte die Mitglieder in Edinburgh in der Gedächtniskunst unterwiesen, doch die *Constitutions* lehrten sie in

London die Kunst des Vergessens. Kein Wunder, dass sich die Freimaurer seitdem so schwertun, ihre wahre Herkunft aufzuspüren.

Doch 1722, als die ausweichende, geschönte Geschichte der Freimaurerei, wie sie in den *Constitutions* enthalten ist, zwar fertiggestellt, aber noch nicht erschienen war, kam es zu einem Sturm der Entrüstung, der sich fast als desaströs erweisen sollte.

Fechten wir es aus

Zwei Männer stehen einander im Halbprofil gegenüber. Sie tragen Kronen und Perücken auf dem Kopf und sind in Samt und Hermelin gewandet, so dass an ihrer vornehmen Herkunft kein Zweifel bestehen kann. Sie befinden sich innerhalb eines mit quadratischen Fliesen gepflasterten klassischen Säulenganges, der in perspektivischer Verjüngung einem Torbogen zustrebt. Zwischen ihnen schwebt, untertitelt von dem griechischen Wort »Heureka!«, ein Diagramm, das Euklids 47. Proposition veranschaulicht: Bei rechtwinkligen Dreiecken entspricht der Flächeninhalt des Quadrats über der Hypotenuse der Summe aus den Flächeninhalten der beiden Kathetenquadrate. Am Himmel über ihnen steigt der Sonnengott Apollo in seinem Wagen zum Mittag der Weisheit auf. Der Mann zu unserer Linken – er scheint etwas älter zu sein als der andere – überreicht anmutig zwei Gegenstände: einen maurerischen Zirkel und eine Schriftrolle, auf der das Wort CONSTITUTIONS steht. Zu unserer Rechten deutet der zweite Mann mit dem Ansatz einer Verbeugung seine ehrerbietige Zustimmung an. Die gesamte Szene strahlt Maß und Harmonie, Würde und Weisheit aus: Es ist eine der vielen Traumvorstellungen der Freimaurerei von sich selbst.

Die Radierung, die ich gerade beschrieben habe, wurde speziell als feierliches Titelbild für die Ausgabe der *Constitutions of the Freemasons* von 1723 ausgeführt. Dies ist der Band, der im Zentrum der Radierung durch die Schriftrolle dargestellt wird, die das Wort CONSTITUTIONS trägt. Auch wenn sie im hohen Maße idealisiert ist, bildet die Radierung dennoch ein reales Ereignis ab. Der Edelmann links im Bild – der Zirkel und Schriftrolle präsentiert – ist John Montagu, 2. Herzog von Montagu, der erste aristokratische Großmeister der Freimaurer und der Mann, der im September 1721 die *Constitutions* niederschreiben ließ. Die Veröffentlichung folgte 1723, als die Großloge von ihrem zweiten adeligen Großmeister Philip Wharton, dem 1. Herzog von Wharton, geleitet wurde, der in der Radierung Zirkel und Schriftrolle entgegennimmt.

Was uns die Radierung suggerieren möchte, ist eine elegante Machtübergabe in der Großloge, und die unaufgeregte Einbindung der *Constitutions* in das Geflecht freimaurerischen Lebens. Was uns die Radierung dagegen vergessen machen möchte, ist die Tatsache, dass der 1. Herzog von Wharton ein Libertin, Trunkenbold, politischer Hasardeur, Gotteslästerer, Verschwender und Verräter war, der die moderne Freimaurerei beinahe zugrunde gerichtet hätte, bevor sie überhaupt die ersten Schritte tat.

Wharton war erst im Sommer 1721 initiiert worden, nur wenige Wochen nachdem Montagu Großmeister geworden war. Er war noch sehr jung, damals erst einundzwanzig Jahre alt, weshalb die Großloge wohl gehofft hatte, dass er lernfähig genug wäre, sich die Inhalte der Kunst anzueignen. Falls dem so war, wurde die Hoffnung recht bald zerstört: Gleich nach der Zeremonie verstieß Wharton gegen das Protokoll, indem er in seinem neuen Schurz und den Handschuhen nach Hause in die Pall Mall stolzierte. Die Probleme folgten auf dem Fuß.

Wer immer Wharton für die Aufnahme in die Freimaurerei vorgeschlagen hatte, wollte wahrscheinlich die Whig-Fraktion um Dr. John Desaguliers provozieren, die die Großloge leitete. Wharton war ein zutiefst unsteter Charakter. 1715, mit gerade erst sechzehn Jahren, war er mit der Tochter eines Generalmajors durchgebrannt. Der Tod seines Vaters einige Wochen später verschaffte ihm ein Herzogtum, was ihn hemmungslos über die Stränge schlagen ließ. Im darauffolgenden Jahr verriet er die Whig-Gefolgschaft seiner Familie, indem er in Frankreich James Francis Edward Stuart aufsuchte – den katholischen Thronprätendenten, »*Old Pretender*« genannt, den die Verschwörung der Jako-

Die Darstellung auf dem Umschlag der Constitutions of the Freemasons (1723) zeigt die zwei adeligen Großmeister, die eine zentrale Rolle spielten bei den Intrigen hinter der Gründung der modernen Freimaurerei.

biten auf den Thron bringen wollte. Das politische Establishment der Whigs unternahm geduldige Versuche, Wharton wieder in den Schoß der Familie zu holen. Doch 1719 gründete er den Hellfire Club mit dem Ziel, Blasphemie und Sakrileg zu pflegen. Obendrein war Wharton ein Spieler und Säufer. Schlimmer noch, er war zu diesem Zeitpunkt bereits hoffnungslos verschuldet, weil er einen Großteil des Geldes, das von jakobitischen Geldverleihern stammte, in der Südseeblase investiert hatte. Beim Zusammenbruch von 1720 verlor er die gewaltige Summe von 120 000 Pfund (was heute ungefähr 14 Millionen Pfund entspräche) und gab der Whig-Regierung im Oberhaus die Schuld. Ende 1721 gab er seine Stimme wieder der Regierung – doch erst nachdem er eine mächtige Bestechungssumme eingesteckt hatte.

Whartons Wankelmütigkeit wurde nur durch seinen Ehrgeiz in den Schatten gestellt. Im Juni 1722, nur zehn Monate nach seiner Aufnahme in die Freimaurerei, erhob er Anspruch auf die Großmeisterschaft. Am Tag vor dem alljährlichen Fest, bei dem der Duke of Montagu im Amt bestätigt werden sollte, berief Wharton ein Treffen einer Tory-Fraktion innerhalb der Bruderschaft ein und ließ sich selbst als Großmeister feiern. Bei den Feierlichkeiten tags darauf in der Stationers' Hall arrangierten die Whigs einen allerletzten Kompromiss: Wharton wurde als Großmeister bestätigt, der verbündete Whig Dr. Desaguliers zu seinem Stellvertreter ernannt. Nichtsdestoweniger kam es zu einem betrunkenen Schlagabtausch. Die Tories stimmten »*When the King Enjoys his Own Again*« an, ein jakobitisches Marschlied, das mit ziemlicher Sicherheit in jeder Schänke im Land eine Rauferei entfachen würde. Die Whigs erhoben ihrerseits die Gläser auf König Georg und die »gegenwärtige Regierung«.

Nach einer langen Verzögerung, die all dem politischen Geschachere geschuldet war, während die fragile Waffenruhe innerhalb der Großloge anhielt, wurden die *Constitutions* im Januar 1723 endlich zur Veröffentlichung freigegeben – mit dem Umschlagbild, das eine fiktionalisierte Version der Übergabe zwischen dem vorausgehenden und dem gegenwärtigen Großmeister zeigte. Die Veröffentlichung der *Constitutions* sollte die einzige Errungenschaft der Regierung des Duke of Wharton als Großmeister bleiben. Wer etwa gehofft hatte, der Herzog ließe sich im Zaum halten, wurde bald eines Besseren belehrt, denn Wharton bekannte sich immer unverblümter zu den Jakobiten – und dies zu einer Zeit, da Truppen im Hyde Park lagerten, um einen drohenden Aufstand abzuwehren. Eine erschreckende Aussicht tat sich auf: Die Freimaurerei war anfällig für Verrat und Intrige.

Die Gelegenheit, Wharton abzusetzen, bot sich erst am Johannistag, im Juni 1723. Desaguliers schlug als angenehm harmlosen Ersatz den Earl of Dalkeith vor, einen politisch inaktiven Whig. Wharton mochte seinem Plan zunächst zugestimmt haben, doch als er erfuhr, dass Dr. Desaguliers als Stellvertretender Großmeister wiedergewählt werden sollte, verlangte er eine Neuauszählung der Stimmen und stürmte dann aus dem Saal.

Wharton blieb auch weiterhin ein Störenfried. 1724 zog er die Aufmerksamkeit der Presse auf sich, als er die Gormogons gründete, einen kurzlebigen Geheimbund, der als eine Parodie auf die Freimaurerei gedacht war. Im folgenden Jahr flüchtete er vor seiner Frau, seinen Gläubigern und seinen politischen Feinden ins Exil, schmiedete einen undurchführbar dummen Plan für eine jakobitische Revolte und bekehrte sich zum Katholizismus. Doch sein unzüchtiges Verhalten und seine Liebe zum Branntwein ruinierten bei den Jakobiten in Europa schon bald seine Glaubwürdigkeit. Des Hochverrats für schuldig befunden, ging er auch seiner Titel verlustig. Völlig verarmt, trank er sich 1731 zu Tode.

Nun, da Wharton aus dem Weg war, hatte die Freimaurerei ihre Geburtswehen überwunden. Die *Constitutions* hatten fast alle Spuren interner Querelen verwischt und für die Nachwelt ein Narrativ von Frieden und Harmonie erfunden. Die Königliche Kunst war im Begriff, rasch zu wachsen. Doch dafür brauchte sie flüssigen Brennstoff.

Trinkt Wein, ihr Maurer, er macht euch frei

Seit Montagu und Wharton war jeder einzelne englische Großmeister ein Lord, Viscount, Earl, Marquess, Duke oder Prince. Die Freimaurerei nannte sich nicht ohne Grund die »Königliche Kunst«. Bei allem Gerede der Freimaurer von Brüderlichkeit war das System des Protegismus, der dem Bund durch die Oberen der Gesellschaft zuteilwurde, doch zu verlockend. Nur ein Hinweis: Zusammenkünfte der Großloge waren zunächst in Privaträumen über Schänken abgehalten worden; nachdem der Duke of Montagu Großmeister geworden war, füllten sie einige der geräumigsten öffentlichen Versammlungssäle in London.

Dank der Schirmherrschaft von Adel und Königshaus erschlossen sich Männer aus vielen unterschiedlichen Gesellschaftsschichten, die zum ersten Mal über die Schwelle einer Loge traten, auch den Zugang zu einer großen Fülle nützlicher Beziehungen. Schriftsteller und Künstler zum Beispiel fanden Kunden und Sponsoren. Der englisch-schottische Maler Jeremiah Davidson erhielt den Auftrag, James Murray zu porträtieren, den 2. Duke of Atholl, nachdem er ihm in einer Loge begegnet war; ähnliche Aufträge folgten. Gegen Ende des Jahrhunderts lernte der schottische Dichter Robert Burns bei einem Logentreffen James Cunningham kennen, den 14. Earl of Glencairn. Der Dichter würde den Earl später als »meinen ersten und teuersten Gönner und Wohltäter« bezeichnen. 1786 stellten die Freimaurer Mittel bereit, um die Gedichtsammlung zu veröffentlichen, die Burns' Karriere in Gang brachte: Die Kilmarnock-Loge und einzelne wohlhabende Brüder erklärten sich im Vorfeld bereit, eine Ausgabe zu kaufen. Im Gegenzug war die Begeisterung für das freimaurerische Leben, die in Burns' Dichtung zum Ausdruck kam, ein PR-Coup für die Bruderschaft.

Was die Freimaurerei neben dem Knüpfen von Beziehungen so attraktiv machte, war nicht zuletzt ihre Wohltätigkeit. In einer Zeit, in der es weder staatliche Sozialleistungen gab noch Krankenversicherungen, waren Familien letztlich auf die Güte von Verwandten und Freunden angewiesen. Wer der Bruderschaft beitrat und Beiträge leistete, der war gegen schwere Zeiten gefeit.

Auch wenn sich die Freimaurerei gern im pompös-altertümlichen Gewand präsentierte, war sie doch aufregend modern – und modern in einer Weise, die einige Besonderheiten des Londoner Lebens destillierte und für den Export in Flaschen füllte. So hat die Freimaurerei des achtzehnten Jahrhunderts, obwohl die Idee des adeligen Gönners nicht modern ist, dieses Mäzenatentum eindeutig modern umdefiniert. Im November 1737 initiierten die Brüder in einer eigens einberufenen Loge in Kew den ersten Kandidaten aus der königlichen Familie: Frederick, Prince of Wales. Obwohl Frederick kein maurerisches Amt innehatte, verhalf allein die Tatsache, dass der Thronerbe sich wie alle anderen dazu herabließ, das Spektakel des Augen-Verbindens, Knie-Entblößens und Schurz-Tragens auf sich zu nehmen, den Logen zu gewaltigem Ansehen. Die Geste implizierte, dass zumindest innerhalb der symbolischen Arena der Loge ein gewisses Maß an Gleichheit zwischen Mitgliedern des Königshauses und dem gemeinen Mann bestand, eine gemeinsame Ehrfurcht vor den masonischen Idealen.

Diese besondere Kameradschaft zwischen Adeligen und Angehörigen aus niedrigeren Gesellschaftsschichten hätte wohl nirgendwo sonst in Europa erfunden werden können. Zum einen besaß Großbritannien mehr gesellschaftliche Beweglichkeit als viele andere Länder: Neues Geld aus dem Handel und alter Landbesitz verschmolzen allmählich miteinander. Ausländische Beobachter Großbritanniens im achtzehnten Jahrhundert bemerkten, wie schwierig es war, die verschiedenen gesellschaftlichen Klassen voneinander zu unterscheiden. Während in Europa die Kleidung eines Mannes seinen sozialen Status und den Beruf verriet, den er ausübte, neigten in Großbritannien die mittleren und unteren Schichten dazu, dem Kleidungsstil der Oberschicht nachzueifern. In einer Freimaurerloge unterschieden Schurze und Ornat die Männer nach ihrem Status innerhalb der Bruderschaft, nicht aber nach ihrem Vermögen und ihrer Macht draußen. Ein förmlicher Egalitarismus wurzelt in der freimaurerischen Psyche: Den *Constitutions* zufolge waren die Freimaurer allesamt »Brüder auf Augenhöhe«.

Die Liebe der Freimaurer zu Zeremonien und zur Fairness der konstitutionellen Regeln war auch typisch für die damalige Zeit. Ein beliebtes politisches Schlagwort verwies auf die »englische Freiheit«. (Damals wie heute unterschieden die Engländer nicht klar zwischen England und Großbritannien.) Die Freimaurer nahmen die konstitutionelle Ideologie der Whigs auf, bekannt unter dem Begriff der »englischen Liberalität«, und entwickelten daraus einen Kameradschaftscode.

Die Abgeschiedenheit der Logentreffen erlaubte es den Freimaurern zu experimentieren, Verhaltensregeln und -stile zu entwickeln, die die Grenzen dessen sprengten, was in der Außenwelt möglich war. Die Freimaurerei ist demokratisch: Ihre Mitglieder werden unter den Anwärtern ausgewählt, genau wie die Logenbeamten unter den Mitgliedern. Die Macht innerhalb der Loge wechselt. Jeder Amtsinhaber dient nur ein oder zwei Jahre, bevor er abgelöst wird. In anderen Worten, die frühen Freimaurer versuchten, das konstitutionelle Schlagwort der »englischen Liberalität« in eine lebendige Utopie umzuwandeln.

Die Freiheit des Gewissens war wesentlich für die englische Liberalität. In England galt die von den Whigs erzielte politische Schlichtung auch auf religiösem Gebiet – durch sie wurde der Toleranzbegriff der Freimaurer wieder relevant. Natürlich war diese englische Liberalität stets mehr ein Schlagwort als eine Beschreibung des tatsächlichen Zustandes der Gesellschaft. Der Anglikanismus war Staatsreligion. Wenigstens 40 Prozent der britischen Bevölkerung gehörten nicht den in der Schlichtung abgehandelten etablierten Kirchen an. Juden und extremere protestantische Sekten wie die Unitarier waren ausgeschlossen. Die Katholiken wurden wie ein Feind im eigenen Land behandelt. Trotz all dieser Beschränkungen war die Verbindung zwischen Staat und Kirche in den meisten Landesteilen Großbritanniens lockerer als anderswo in Europa. Eine instabile Form gegenseitiger Duldung entstand im Zusammenleben zwischen dem offiziellen anglikanischen Bekenntnis und diversen Formen des nonkonformistischen Protestantismus, wie den Baptisten und den Quäkern. Politische Loyalität wurde sachte von religiöser Konformität entkoppelt.

Die religiöse Vielfalt galt einigen Intellektuellen auch als philosophische Bereicherung. Genau wie die Strömung des Deismus, ein vager Begriff, der den Glauben an einen Schöpfergott bezeichnete, dessen Wohlwollen sich nicht durch eine spezielle Kirche manifestierte, sondern in der Harmonie der Natur.

Die Freimaurerei war in der glücklichen Lage, diese neuartige Haltung absorbieren und vorantreiben zu können. Seit der Zeit von William Schaw im Edinburgh Jakobs VI. waren die Logen Orte der Zuflucht vor konfessionellen Konflikten. Getreu dieser Tradition mussten Brüder im achtzehnten Jahrhundert zwar gläubig sein, konnten den Großen Baumeister des Universums aber so anbeten, wie ihr Gewissen es ihnen vorgab. Das Klima innerhalb der Logen war wohlwollend. Es gab darin eine Reihe von Deisten. Sogar Juden traten in London bereits in den 1720er Jahren den Freimaurern bei; 1730 hatte eine Londoner Loge sogar schon einen jüdischen Meister. Bemerkenswerterweise wurde im Januar 1730 Thomas Howard, der 8. Duke of Norfolk, zum ersten katholischen Großmeister der Freimaurerei bestimmt.

Die Standes- und Glaubensunterschiede innerhalb der Bruderschaft im achtzehnten Jahrhundert wurden zudem tüchtig in Alkohol ertränkt. Freimaurer genehmigten sich gern ein Glas. Selbst in einer unverbesserlich trinkfreudigen Kultur wie der im damaligen London hoben sich die Freimaurer durch die Unmengen ab, die sie wegkippten. Bereits 1723 hatte Albert-Henri de Sallengre den »erlauchten Säufern« in ihren Reihen mit seinem *Lob der Trunkenheit* ein komisches Denkmal gesetzt.

> Trinkt Wein, so werdet ihr bereits auf dieser Erden
> In eine göttliche Natur verwandelt werden

Ein sturzbetrunkener Freimaurer wurde 1736 in einer Radierung verewigt. *Nacht* beschreibt eine chaotische Szene: ein Meister vom Stuhl (identifiziert durch seinen Schurz und das Winkelmaß-Bijou) wankt voll wie eine Haubitze und gestützt auf seinen Tiler (auch er ein Logenbeamter) die Charing Cross Road hinunter. Über den Köpfen der beiden leert jemand seinen Nachttopf aus. Obwohl es ein satirisches Bild ist, trägt es dennoch einige bedeutende Wahrheiten über die frühe Freimaurerei in sich. Schließlich war der Künstler, der es schuf, selbst ein Freimaurer: der große William Hogarth. Der Meister vom Stuhl im Zentrum des Bildes war Thomas de Veil, ein fanatischer Anhänger der Whigs, der 1729 zum Richter ernannt wurde. De Veil hatte bei vielen Prozessen den Vorsitz, die Verstöße gegen den umstrittenen Gin Act von 1736 zur Senkung des Alkoholkonsums verhandelten – daher der Spott. Zu gegebener Zeit würde die Regierung seine loyalen Dienste mit einer lukrativen Pfründe belohnen und ihn in den Ritterstand erheben.

Geselliges Trinken unter Männern war demnach ein wesentlicher Bestandteil der Logenerfahrung: Man klopfte sich gegenseitig auf den Rücken und legte dem anderen den Arm um die Schultern. Dasselbe trifft auch heute noch zu. Doch die Freimaurerei ist in puncto Alkohol nie eine regelfreie Zone gewesen. Masonische Feste (im Bruderschaftsjargon »Tafellogen« genannt) haben ihre eigenen Gesetze und

Nacht von William Hogarth, aus dem Zyklus Die vier Tageszeiten (1736–38). Man sieht einen betrunkenen Freimaurer, der einen Schurz und ein Winkelmaß-Bijou trägt.

Zeremonien. Von einem Freimaurer, und sei er in der Außenwelt noch so hochstehend, wird erwartet, dass er seine Brüder bei Tisch bedient, wenn die Reihe an ihn fällt. Es gilt, freimaurerische Lieder zu singen und freimaurerische Trinksprüche zu tätigen. Im achtzehnten Jahrhundert pflegten die Brüder jeweils ein Glas auf die Gesundheit des Königs, die Bruderschaft, den Meister, den Großmeister, die Beamten und die Lehrlinge zu leeren. Die ritualisierte Schwelgerei der Tafellogen war eine wirkungsvolle Art und Weise, das Gemeinschaftsgefühl der Männer zu fördern.

Es war eindeutig kein Zufall, dass so viele frühe Freimaurerlogen sich nach einer Herberge oder Schänke benannten wie dem *Goose and Gridiron*. Doch die Lust am Bier ist bei weitem nicht alles. Im frühen achtzehnten Jahrhundert stand das *Public House* im Zentrum einer gesellschaftlichen Revolution. Indem sie ihre Versammlungen in einem Pub abhielten, trieben die Freimaurer in einer der schnellsten Strömungen der Moderne.

Das ausgehende siebzehnte Jahrhundert erlebte einen gewaltigen Zuwachs an Pubs in England, besonders in den Städten. Kaffeehäuser, einige davon umfirmierte Schänken, die auch weiterhin Alkohol servierten, entstammten demselben Trend. Es gab bereits erstaunliche zweitausend von ihnen in London, als die Großloge gegründet wurde. Diese Sitzungsorte, weder ganz privat noch ganz öffentlich, stillten ein Bedürfnis der Menschen, auf eine neue Art und Weise miteinander zu interagieren. Die Städte wurden größer, und ihr gesellschaftliches Leben erlangte eine beispiellose Lebendigkeit. Die Großstadtgesellschaft wurde zunehmend reicher, mobiler und vielfältiger. Ob Journalist oder Politiker, Architekt oder Kaufmann, Händler oder Rechtsanwalt, jeder frequentierte die Schänken oder Kaffeehäuser, um sich zum Vergnügen oder zum eigenen Vorteil mit anderen zu vernetzen.

Wirtshäuser generierten ihre eigenen Formen gemeinschaftlicher Unterhaltung, die von Hahnenkämpfen über Vorführungen mit Laternae magicae bis hin zu Konzerten und wissenschaftlichen Vorträgen reichten. Doch der wichtigste Trend, der in den Londoner Pubs seinen Anfang nahm, war das leidenschaftliche Interesse an Clubs und Gesellschaften. Auswärtige bestätigten immer wieder, dass die Hauptstadt »zahllose CLUBS oder SOCIETIES zur Verbesserung der Bildung und zur Aufrechterhaltung von guter Laune und Frohsinn« aufzuweisen hatte.

Ganz gleich, ob man sich für Geschichte oder Gartenkunst begeisterte, für Glücksspiel oder Debattierkunst, Medizin oder Sport, in London fand sich für jede Neigung der passende Club. Die Leidenschaft im achtzehnten Jahrhundert für Geselligkeit wurde gern parodiert. Ned Warfs Burleske *A Compleat and Humorous Account of All the Remarkable Clubs and Societies in the Cities of London and Westminster* erklärte die Praktiken imaginärer Vereine wie dem No-Nose Club (dem Keine-Nase-Club für Menschen, die von der Syphilis entstellt waren), dem Yorkshire Club (dessen Mitglieder sich benahmen wie in Monty Pythons Four-Yorkshiremen-Sketch) und dem Furzerclub, der sich allwöchentlich in einem Wirtshaus in Cripplegate traf, um »die umgebende Luft mit ihren widerwärtigen *Geräuschlichkeiten* zu vergiften«.

Es gab einen ganzen Schwung von Clubs, die aus Jux gegründet worden waren, und andere mit seltsamen Namen, deren Zweck absolut undurchsichtig war: die Purple Society, die Potentisignittarians, die Brüder des Wacut … Gleichzeitig verband man mit einigen Clubs enormes Prestige. Die Royal Society, 1660 als »Gelehrtengesellschaft zur Wissenschaftspflege«, gegründet, trug viel dazu bei, die moderne wissenschaftliche Methode zu etablieren. Einige der politischen Clubs wurden von einer Vielzahl einflussreicher Männer frequentiert. Viele Gesellschaften verfügten über Initiationsrituale, und einige behaupteten, sie hätten Zugang zu esoterischem Wissen. Die Freimaurer waren das bei weitem erfolgreichste Beispiel.

Die Bruderschaft fing die Stimmung der Zeit ein. Die Myriaden von Clubs, die von der Regierung unbehelligt agierten, zeigten, dass Großbritannien eine liberalere Gesellschaft war als viele in Kontinentaleuropa. Es gab auch eine lärmende Presse, die sich ungeniert zu Wort melden konnte. Die Verlage, Zeitungen, Kaffeehäuser und Schänken im London des achtzehnten Jahrhunderts waren gleichsam Politiklaboratorien. Dasselbe galt für die Freimaurerlogen. Die Freimaurerei unterstützte nicht notgedrungen ein spezielles politisches Programm oder bot einen Ort, wo unterschiedliche Ideologien frei geäußert werden durften. Wie wir bereits festgestellt haben, missbilligte man in den Logen politische Debatten. Was die Freimaurerei jedoch bot, war eine Schulung in der praktischen Umsetzung von Politik. Die formalisierten Rituale und Protokolle der Königlichen Kunst eröffneten Männern aus unterschiedlichen gesellschaftlichen Schichten eine Möglichkeit, die vielfältigen Fertigkeiten zu erlernen, die sie brauchten, um in modernen Institutionen zu arbeiten: diskret sein, Vorträge halten, konstitutionelle Regeln deuten, jüngere Brüder beraten und ihren Charakter beurteilen. Die Fähigkeiten, die für eine offene Gesellschaft erforderlich waren, konnten innerhalb des geschlossenen Raums einer Freimaurerloge erworben werden. Außerdem bildete sich der verhältnismäßig kleine Zirkel von Männern, die solche Logen frequentierten, selbstgefällig etwas darauf ein, im Namen universeller Werte zu sprechen. Denken wir nur an John Coustos. Die Mitschriften der Inquisition von seiner Befragung zeigen, wie gefasst und redegewandt er auftrat: Ich möchte wetten, dass er diese Eloquenz seiner freimaurerischen Schulung verdankte. Das Buch von seinen Martern zeigte außerdem, wie schlau er es verstand, mit den universellen Werten der Freimaurer Winkelzüge zu veranstalten.

Die Freimaurer waren überrascht

Was hatten die frühen Freimaurer gegen Frauen einzuwenden?

Der Ausschluss von Frauen ist das augenfälligste Loch im Kodex universeller Inklusivität der Freimaurer. Die *Constitutions* von 1723 waren das erste masonische Schriftstück, welches das weibliche Geschlecht explizit mit einem Bann belegte: »Die als Mitglieder einer Loge aufgenommenen Personen, müssen gute und aufrichtige Männer sein, von freier Geburt, in reifem und gesetztem Alter, keine Leibeigenen, *keine Frauen*, keine sittenlosen und übel beleumundeten Menschen, sondern nur solche von gutem Ruf.« Eine Erklärung fehlt. Mit unbekümmertem Sexismus gingen die frühen Mitglieder der Großlogen davon aus, dass die *Constitutions* lediglich die bestehende, den Männern vorbehaltene Ordnung der Dinge bestätigten.

Heute lautet die offizielle Antwort auf die Frage hinsichtlich des Sexismus in der Anfangszeit der Freimaurerei üblicherweise, er spiegle eben den Zeitgeist. Den Frauen des achtzehnten Jahrhunderts war der Zugang zu allen Orten öffentlichen Einflusses verwehrt, sie waren von Besitz und Politik ausgeschlossen, von der Regierung und der Rechtsprechung, von Geschäft und Handel. Es wäre eine Überraschung gewesen, hätten sich zu den Brüdern in der Kunst auch Schwestern gesellt.

Die Frauen im England des achtzehnten Jahrhunderts rannten ihrerseits den Logen nicht gerade vor lauter Begeisterung die Türen ein. Die Männer, die in der Freimaurerei das Sagen hatten, entstammten dem niederen Landadel, den gewerbetreibenden und merkantilen Klassen. Ihre Frauen hatten andere Möglichkeiten, um Kontakte zu pflegen. Suchte die Dame nach höflicher, gemischter Gesellschaft, konnte sie ins Theater gehen, in den Lustgarten, das Gesellschaftszimmer oder an den Kurort reisen. Diese neuen und unverkennbar britischen Schauplätze weiblichen Gesellschaftslebens hatten eines gemein: Sie vermieden sorgfältig jede Gefährdung für Sitte und Anstand einer Dame. Freimaurerlogen hingegen waren wohl Orte, die eine Frau in Verruf brachten, sobald sie ihre Schwelle überschritt. Die geheimniskrämerische Aura um die Vorgänge in den Logen regte zu Klatsch und Tratsch an. Trinkfreudige Feste wären jeder vornehmen Lady vulgär erschienen. Den meisten feinen Damen wäre es gar nicht in den Sinn gekommen, eine Loge zu betreten. Ebenso gut hätten sie mit einem Gockel unter dem Arm und einer Flasche Bier in der Hand in einen Hahnenkampf platzen können.

Freimaurerische Historiker haben also nicht ganz unrecht, wenn sie dem achtzehnten Jahrhundert die Schuld geben am Fehlen der Frauen in der Bruderschaft. Wir können sie dennoch nicht ganz freisprechen. Denn wie lässt sich erklären, warum der Ausschluss der Frauen auch vielen Maurern im achtzehnten Jahrhundert bereits merkwürdig aufstieß.

Eine bedeutsame Strömung in der Philosophie der Aufklärung brachte die Freimaurer in die Defensive. Wie weithin angenommen wurde, übten Frauen einen mäßigenden Einfluss auf Männer aus. Männer in abgesonderten Gruppen wie den Freimaurerlogen liefen Gefahr, zu Lümmeln zu verkommen, wenn ihre barbarischen Instinkte nicht von Frauen gebändigt wurden. Als Reaktion errichteten die Freimaurer eine wackelige Palisade aus Argumenten um ihr Prinzip, Frauen auszuschließen. In zahlreichen Reden und Pamphleten beteuerten sie, wie sehr sie das schönere Geschlecht doch verehrten. Nur neigten eben alle Männer, einschließlich der Freimaurer, in erotisch aufgeladener Gesellschaft zu Rivalität und Eifersucht, dann sei ihnen nicht mehr zuzutrauen, dass sie die maurerische Harmonie bewahrten. Aber wie auch immer – fuhren sie fort –, den Brüdern seien durch die verehrten Traditionen die Hände gebunden. Der Ausschluss der Frauen sei im Mittelalter vorgegeben worden, daran sei nicht zu rütteln. Es gab regelmäßige Versuche, die Ehefrauen der Freimaurer milde zu stimmen, indem man sie einlud, Festessen und Bälle zu eröffnen und sich Reden darüber anzuhören, wie glücklich sich eine Frau doch schätzen dürfe, einen Freimaurer zum Manne zu haben.

Frauen seien Klatschmäuler und würden die Geheimnisse der Bruderschaft ausplaudern, so das Argument, mit dem man üblicherweise die Geschlechterpolitik der Logen zu rechtfertigen pflegte. Indem sie diesen Gedankengang weiterspannen, redeten sich die Freimaurer ein, dass alle Frauen nur allzu gern gewusst hätten, was in den Logen vor sich ging – eine Ansicht, die ein anzüglicher Druck veranschaulicht, der in der Mitte des achtzehnten Jahrhunderts zur Erbauung der Freimaurer im Umlauf war: *Die überraschten Freimaurer* (1754?).

Ein Logentreffen wird unterbrochen. Brüder bringen sich in Deckung, und maurerische Gegenstände liegen über Tisch und Boden

verstreut. Einer der Brüder feuert gar mit einer Flinte auf die Ursache der Störung: die Beine einer Frau, von den Knien aufwärts nackt, die von der Decke baumeln. Die Bildunterschrift weist uns darauf hin, dass die fragliche Frau, eine Magd namens Moll, in die Dachkammer über dem Logenraum gestiegen war, um die Versammlung der Brüder zu bespitzeln und ihre Geheimnisse zu erfahren. Doch »unglücklicherweise« war sie ausgeglitten und durch die Decke gebrochen. So endete ihr Plan, die Geheimnisse der Freimaurer zu entdecken, darin, dass ihr eigenes »Geheimnis«, das sie unter den Röcken verbarg, einem Saal voller Männer preisgegeben war. In der Tat beglotzten die meisten Freimaurer, allen voran der Meister und seine Wardens in ihrem Ornat, die entblößte Scham der Frau. Die Geschichte war sowohl eine Warnung für allzu »neugierige Jungfern« als auch ein Hinweis auf das Ellbogengerangel unter den Brüdern.

Die Rechtfertigung der Freimaurer in den *Constitutions* von 1723, warum sie Frauen ausschließen, war absolut fadenscheinig. Sie macht deutlich, dass der rein männliche Umgang von Anfang an der Freimaurerei eigen war. Selbst zur damaligen Zeit fanden Außenstehende es merkwürdig, mit welcher Strenge die Logenbrüder Frauen ausschlossen. Aus diesem Grund machten sich Satiriker nicht selten einen Spaß daraus, mit der Vorstellung von weiblichen Freimaurern zu spielen. Eine der frühesten Parodien, die in London erschien, war ein Zeitschriftenartikel aus dem Jahr 1724. Er verspottete die *Constitutions*, indem er von den Regeln und der Historie einer fiktiven »Schwesternschaft Freier Näherinnen« berichtete. Auch Mutmaßungen über Homosexualität waren weitverbreitet.

Die Alchemie des internationalen Erfolges

Vor der Zusammenkunft 1717 im Wirtshaus »Zur Gans und zum Bratrost« ließ wenig darauf schließen, dass die Freimaurerei jemals eine Bewegung von großer Tragweite sein würde. Nach 1717 gedieh sie prächtig. Bei der Versammlung, die 1721 den Großmeister bestimmte, waren zwölf Londoner Logen vertreten. 1725 konnte die Großloge in London einundsechzig »reguläre« Logen verzeichnen – also solche, die ihre Autorität anerkannten. Das System setzte sich durch: Irland erhielt im selben Jahr seine eigene Großloge; viele von Schottlands Logen akzeptierten die Autorität einer 1736 gegründeten Großloge. 1738 verzeichnete die Großloge in London bereits 106 Logen in der Hauptstadt und weitere 47 im ganzen Land, von Norwich in Norfolk bis nach Chester an der walisischen Grenze und von Plymouth im Südwesten bis nach Newcastle upon Tyne im Nordosten.

Das Regelwerk *The Constitutions of the Freemasons*, das die Frühgeschichte der Freimaurerei erfolgreich bereinigt hatte, war ein Triumph. Es wurde bald in alle bedeutenderen europäischen Sprachen übersetzt, so dass sich das masonische Evangelium weiterverbreiten konnte. 1730 trat in Philadelphia ein wissbegieriger junger Drucker einer unlängst gegründeten Freimaurerloge bei. Vier Jahre später wurde er ihr Meis-

Bernard Picarts Radierung, 1736 erschienen, feiert die rasante Ausbreitung der Freimaurerei im In- und Ausland. Jede Tafel an der Wand steht für eine Loge.

ter vom Stuhl und gab die *Constitutions* für seine Brüder neu heraus: Es war die erste masonische Veröffentlichung in Amerika. Der Name des Druckers lautete Benjamin Franklin, und seine Ausgabe der *Constitutions* sollte dazu beitragen, dass sich Nordamerika als fruchtbarster Boden für die Freimaurerei erwies.

1738, im Jahr der zweiten Auflage der *Constitutions*, konnte sich die Großloge in London zudem offiziell anerkannter Außenposten in Bengalen, Spanien, Frankreich, Russland, Deutschland, der Schweiz, Portugal, Italien, Südamerika, der Karibik und Westafrika rühmen. Die erste Freimaurerloge in Istanbul wurde in den 1720er Jahren gegründet, die erste in Aleppo in den 1730er Jahren. Die Weltoffenheit, wie die Königliche Kunst sie vertrat, war eine Lebensart für Männer, die auf den Handels- und Machtrouten in nahezu jeden Winkel der Welt gelangten.

Die Freimaurerei konnte nicht ignoriert werden – zumal sie zunehmend lauter und auch sichtbarer wurde. Festzüge wurden bald schon zum Hauptbestandteil des masonischen Kalenders. Am 28. April 1737 zogen die Beamten der Großloge und viele andere Brüder, allesamt »geziemend gekleidet« mit ihren Handschuhen und Schurzen, »in höchst feierlicher Manier« vom Sitz ihrer neuen Großloge in der Pall Mall quer durch die Stadt bis zur Fishmonger's Hall unweit der London Bridge, wo das Treffen der Großloge stattfand. Sie wurden auf ihrem Weg von »drei Musikkapellen mit Kesselpauken, Trompeten und französischen Hörnern« begleitet. Acht Monate später endete im mehr als viertausend Meilen entfernten Charleston, South Carolina, eine ganz ähnliche Parade mit fröhlichen Böllerschüssen im Hafen und mit »Tanz und Unterhaltung für die Damen«.

In vielen der neuen freimaurerischen Logen auf der ganzen Welt war die Vorliebe der Bruderschaft für draufgängerischen Übermut ein wesentlicher Bestandteil ihrer Anziehungskraft. Im Wien der 1780er Jahre zum Beispiel veranstalteten Wolfgang Amadeus Mozart und seine Freimaurerbrüder in der Loge »Zur wahren Eintracht« rauschende Feste, bei denen anzügliche Lieder gesungen und mit einer zeremoniellen Maurerkelle gewaltige Portionen in aufgerissene Münder geschaufelt wurden. Sogar »Papa« Joseph Haydn, der ein Mitglied derselben Loge war, nahm offenbar daran teil.

Die Freimaurerei befand sich auf halbem Wege zwischen einer religiös dominierten Welt hin zu einer weniger frommen, dafür aufgeklärteren und beweglicheren Welt. Die Art und Weise, wie die Brüder miteinander auskamen, machte die Freimaurerei zu einer internationalen Schule dessen, was wir heute als Säkularismus bezeichnen: das Prinzip, dass die Kirche sich in heilsamer Weise vom Staat fernhielt. Viele ausländische Logen, wie die in Lissabon und Florenz, die in den 1740er Jahren von der Inquisition ins Visier genommen wurden, vereinten Protestanten und Katholiken. Religiöse Toleranz war das Erfolgsgeheimnis der Freimaurerei in Nordamerika, wo die britischen Kolonien ihren Ursprung religiösen Unstimmigkeiten verdankten.

Generationen von Freimaurern fanden innerhalb der Bruderschaft einen Weg, sich einzugliedern, sich weithin zu vernetzen und einflussreiche Freunde zu gewinnen. Respektable, ehrgeizige Männer aus der Mittelschicht waren für die Freimaurerei von Beginn an der Schlüssel zum Erfolg. Wenn wir heute von uns sagen können, wir leben in einer männlich geprägten Welt der Mittelschicht, ist dies zum großen Teil das Verdienst – aber auch die Schuld – der Freimaurer.

Indem wir in den nachfolgenden Kapiteln dieses Buches dem Schicksal der Freimaurerei durch die Geschichte folgen, spüren wir auch einigen Windungen der verschiedenen universellen Ideale nach, die britische Freimaurer des achtzehnten Jahrhunderts in konzentrierter Form aus der sie umgebenden Gesellschaft zogen: brüderliche Liebe, Säkularismus und religiöse Toleranz, Weltoffenheit, Egalitarismus und so weiter. Doch ist das gesamte masonische Projekt von Anfang an von Widersprüchen durchdrungen. Obwohl in der Theorie egalitär, richtete die Bruderschaft in der Praxis finanzielle Zugangsbarrieren ein: Mitgliedsbeiträge waren hoch. Das Verlockende einer Mitgliedschaft waren auch immer schon die kostbaren Sammelobjekte: Abzeichen, Schärpen, Schurze und Schmuck. (Als Juwelier wusste John Coustos, dass er an seinen Logenbrüdern auch potenzielle Kunden hatte.) Überdies werden die universellen Werte der Freimaurerei paradox, wenn sie von einer selbsternannten moralischen Elite im Geheimen propagiert werden: Diese Demokratie ist nur für Mitglieder, ihre Weltoffenheit ein hermetischer Club. Und das Ungeheuerlichste ist, dass dieser Bund freier Menschen Frauen ausschließt und so dazu beiträgt, ihren Ausschluss in jeder anderen Sphäre des Lebens zu zementieren, mit der er in Berührung kommt. Die masonische Utopie steht allen offen. Nur nicht den Unerwünschten.

Innere Widersprüche wie diese machen die Freimaurerei überaus empfänglich für den sozialen, politischen und religiösen Druck der drei Jahrhunderte, die der Zusammenkunft von 1717 im Wirtshaus »Zur Gans und zum Bratrost« folgten. Das Faszinierende an der Geschichte der Freimaurerei ist tatsächlich gerade die Interaktion zwischen diesen gesellschaftlichen Strömungen und dem Ethos, das die Freimaurer untereinander zu schaffen versuchten.

Wie in irgendeinem nicht wiederholbaren alchemistischen Experiment, durchgeführt im lärmenden Getriebe der Londoner Wirtshäuser, wurde aus einer instabilen Verbindung von Ingredienzien die moderne Freimaurerei erzeugt: der Durst nach Wein und Bier. Die aufregend neue Geselligkeit der Clubs. Die Gier nach den Früchten des sozialen Aufstiegs. Eine Mischung aus Standesdünkel und exklusiver Burschenherrlichkeit, aus Ehrgeiz und Philanthropie. Eine Vorliebe für Rituale und Mysterien, die Hand in Hand ging mit der Freude am rationalen Diskurs und der klugen Neigung zum politischen und religiösen Kompromiss. Eine Bereitschaft, die Geschichte im Interesse der Harmonie auszulöschen. In Form gebracht zwischen 1717 und 1723 von der sehr eigentümlichen Politik der Hannoveraner auf dem Thron und der Vormachtstellung der Whigs, wurde die Bruderschaft zur Trägerin von Werten, die über ihre Ursprünge hinauswiesen.

So erreichte die Freimaurerei, aus wenig erfolgversprechenden Anfängen, allmählich jeden Winkel des Erdballs. Doch sie hatte gerade erst den Ärmelkanal überschritten, als sie schon auf erste Schwierigkeiten stieß.

5 PARIS

Krieg dem Christ und seiner Verehrung; Krieg den Königen und ihren Thronen

Der Blick von der Edgware Road

1796 war Frankreich nicht wiederzuerkennen.

Wegkreuze und -altäre waren zerschlagen worden. Viele Kirchen waren ihrer Heiligenbilder und Statuen beraubt oder schlicht den Elementen preisgegeben worden. Mönchs- und Nonnenklöster waren zu Lagerhäusern, Ställen oder Kasernen umfunktioniert, die Kathedrale in Rouen eine Schießpulverfabrik. Vielerorts waren die Priester und Ordensbrüder, die sich noch vor wenigen Jahren unter die Bevölkerung gemischt hatten, allesamt verschwunden. Zurück blieben einsam und verlassen die Armen, die ihr Leben nun ohne den Schutz der kirchlichen Wohltätigkeit fristeten. Die Sonntage waren gespenstisch still, da man die Kirchenglocken eingeschmolzen hatte, um aus ihnen Kanonen zu gießen.

Viele einstmals prächtige Schlösser waren nur noch rußgeschwärzte Gerippe. Auf den Feldern arbeiteten hauptsächlich die ganz jungen und die alten Männer. Alle übrigen waren eingezogen und auf die Schlachtfelder Europas geschickt worden; einige waren auch desertiert und unter die Räuber gegangen, die an den holprigen Straßen den Reisenden auflauerten.

In Paris waren die Spuren des Aufstands ebenso deutlich zu sehen. Die dräuenden Mauern der Bastille waren verschwunden. An ihrer Stelle befand sich ein Holzplatz. Fast der gesamte Bois de Boulogne war abgeholzt worden. Reiche Viertel wie der Faubourg Saint-Germain waren entvölkert, ihre Straßen von Unkraut überwuchert, während die größten Prachtvillen mit Schildern versehen waren, die sie zum »Staatseigentum« erklärten. Statuen aus Marmor und Bronze waren von ihren Postamenten gerissen und durch Platzhalter aus Holz und Gips ersetzt worden. Von den Bögen und Torwegen hatte man die königlichen Insignien und aristokratischen Wappen geschlagen. Stattdessen prangten an vielen Gebäuden jetzt Parolen: »Das französische Volk anerkennt das höchste Wesen und die Unsterblichkeit der Seele«; »Freiheit, Gleichheit, Brüderlichkeit oder Tod«. Doch selbst diese waren umgeschrieben oder teilweise ausgelöscht worden. Die Straßen wirkten bedrohlich; Geschichten von Raub und Mord waren in aller Munde. So tief waren Furcht und Misstrauen in die kollektive Psyche gesickert, dass ein jeder, der keine dreifarbige Kokarde am Hut stecken hatte, Gefahr lief, schikaniert zu werden.

Die Revolution, die diese Verheerung angerichtet hatte, war noch nicht vorbei; Frankreichs gewaltige und zunehmend erfolgreiche Armeen waren wild entschlossen, sie zu exportieren. Nichtsdestoweniger blieb es 1796 vergleichsweise ruhig in Frankreich. So konnte Europa sich von den Schrecken erholen und nach einer Erklärung suchen. Die Französische Revolution entzog sich jeder Logik. Historiker streiten bis heute über ihre Ursachen. Ein Mann jedoch, ein Priester, hatte bereits eine überzeugende Erklärung gefunden.

In der Ruhe seiner Residenz in der Edgware Road 25 am Stadtrand von London sann der Abbé Augustin de Barruel über die verwüstete Revolutionslandschaft nach. Von seinem Schreibtisch aus hörte er das Muhen der Kühe, die die Stadt mit Milch versorgten. Unser einziges Bild von ihm zeigt einen kleinen, kahlköpfigen Mann mit einer langen Nase zwischen tieftraurigen Augen. Sie spiegelten den Kummer angesichts der Schrecknisse, deren Zeuge er geworden war. Die beiden vornehmen Schlösser, in denen er als Hauslehrer gedient hatte, waren von plündernden Bauern in Schutt und Asche gelegt worden. Sein geistlicher Mentor, Pater Antoine de Nolhac, war 1791 von Revolutionären in einem Gefängnis in Avignon niedergemetzelt worden. Elf Monate später war Abbé Barruel aus Angst, in die Massaker zu geraten,

Abbé Augustin de Barruel (1741 – 1820)

nach England geflüchtet, um sich dort mit Inbrunst dem Schreiben zu widmen.

Im Jahr 1797, auf den ersten Seiten seiner *Denkwürdigkeiten zur Geschichte des Jakobinismus*, die sich zu einer erschöpfenden fünfbändigen Analyse der Entstehung der Revolution entwickeln würden, stellte Barruel folgende These auf:

> »In der französischen Revolution … ist alles, bis auf ihre entsetzlichsten Verbrechen, vorhergesehen, überlegt, kombiniert, beschlossen, vorgeschrieben worden; alles war die Wirkung der tiefsten Verruchtheit, weil alles von Männern vorbereitet und eingeleitet war, die allein den Faden der Verschwörung hielten, der seit langer Zeit in geheimen Gesellschaften gesponnen wurde.« (Barruel I, S. 6)

Die Französische Revolution war also das Ergebnis einer heimtückischen Verschwörung der Freimaurer.

Barruel hatte eine Warnung für all jene, die vom Ausland aus beobachteten, wie die Verschwörung sich entwickelte. Sie sollten sich nicht einbilden, die Gefahr wäre gebannt, nur weil die Jakobiner, die radikalsten unter den Revolutionären, 1794 ihre Macht eingebüßt hätten. Die Verschwörung sei international, sie nehme gerade erst an Fahrt auf, und sie giere nach ihren Kindern: »*Sobald der Jakobinismus siegt, … so ist's um eure Religion und euer Priestertum, um eure Regierungsform und eure Gesetze, um euer Eigentum und eure Obrigkeit geschehen. Eure Reichtümer, Eure Felder, Eure Häuser, Eure Hütten und selbst Eure Kinder sind dann nicht mehr euer.*«

Die vielen Leser des Abbé Barruel waren fasziniert von seinem Buch. Der britische Parlamentarier und Politiktheoretiker Edmund Burke war ein begeisterter Anhänger Barruels und schrieb ihm in einem Brief, dass »die Gesamtheit dieses wunderbaren Narrativs mit juristischer Ordnung und Genauigkeit anhand von Dokumenten und Beweisen gestützt sei«. Sogar der Dichter Percy Shelley, dessen politische Überzeugungen Welten von denen Burkes entfernt lagen, verschlang geradezu die *Denkwürdigkeiten zur Geschichte des Jakobinismus*. Es war eine Zeit, in der offenbar keine Institution, keine Tradition, kein Denkmal der politischen Katastrophe standzuhalten vermochte. Mit Barruel ergab plötzlich alles einen Sinn: Er hatte eine Ursache ausgemacht, eine Gruppe, der man die Schuld zuschieben konnte.

So kam die moderne Verschwörungstheorie in die Welt.

Barruels Buch war natürlich blanker Unsinn. Es trägt nicht das Geringste zum besseren Verständnis der Ursachen der Französischen Revolution bei. Dennoch können wir daraus lernen, wie Verschwörungstheorien komplexe Zusammenhänge ganz simpel erscheinen lassen und wir uns dank dieser übermäßigen Vereinfachung unglaublich schlau fühlen.

Der offensichtlichste Haken an Barruels Argumentation ist, dass es keiner Autorität gelungen wäre, die französischen Freimaurer für sich zu gewinnen, geschweige denn, sie für ein bestimmtes politisches Vorhaben einzuspannen. Ein Blick in das vorrevolutionäre Frankreich wird zeigen, dass die Königliche Kunst dort eine unbeherrschbare Vielfalt an Formen hervorbrachte. Die französische Freimaurerei des achtzehnten Jahrhunderts war von einer großen Bandbreite von Charakteren bevölkert, von denen uns viele nicht nur einmal begegnen werden. Wir treffen sie zunächst so, wie sie wirklich waren – und zwar vor, während und nach der Revolution. Gegen Ende des Kapitels sehen wir sie dann in der verschwörerischen Rolle, die Barruel ihnen zuwies, und werden sie kaum wiedererkennen. Bemerkenswerterweise lässt sich aus Barruels Schriften ersehen, wie viele Informationen über die Geschichte der Freimaurerei er gesammelt hatte, ehe er sie für seine *Denkwürdigkeiten* auspresste, verdrehte und zurechtstutzte, um sie seiner monomanen Sichtweise anzupassen.

Das unentwirrbare schottische Durcheinander

Die erste masonische Loge in Frankreich soll 1725 oder 1726 in Paris entstanden sein – also nur wenige Jahre nach dem Erscheinen der *Constitutions* für die englischen Freimaurer. Eine Handvoll weiterer Logen folgte. Die Gründer waren Briten, und sie taten sich zunächst schwer damit, französische Mitglieder anzuwerben, weil sie untereinander – die einen Whigs, die anderen Tories – völlig zerstritten waren. Um des lieben Friedens willen wurde schließlich ein unparteiischer französischer Herzog zum Großmeister ernannt. Die Anzahl der Franzosen in Schurzen begann zu wachsen.

Die Geopolitik sorgte dafür, dass die Trennung zwischen der britischen Freimaurerei und ihrem französischen Ableger auch weiterhin bestehen blieb: Nach 1744 befanden sich die beiden Länder fast bis zum Ende des Jahrhunderts im Krieg. Die Anzahl der Logen nahm zu, und ihre Mitglieder waren zunehmend Franzosen. Bis zum Ende der 1780er Jahre waren bereits an die tausend Logen entstanden, deren Mitgliederzahl sich nicht exakt ermessen lässt. Es mögen zwischen fünfzig- und hunderttausend gewesen sein. Die Freimaurerei wurde zu einem Bestandteil des französischen Lebens. Das Resultat war »ein unentwirrbares schottisches Durcheinander«, wie ein Historiker es formulierte.

Weil Drama und Miteinander des Rituals das Herzstück der Bruderschaft ausmachen, sind Freimaurer oftmals der Versuchung erlegen, ihre Rituale zu verfeinern, weiter auszubauen und neue zu erfinden. Als 1723 die *Constitutions* erschienen, musste ein Freimaurer nur zwei Grade durchlaufen, um die volle Mitgliedschaft zu erlangen: Lehrling und Geselle. Als 1738 die zweite Auflage der *Constitutions* erschien, war ein neuer Grad hinzugefügt worden, der des Meistermaurers. Diese drei grundlegenden Grade – manchmal auch als »blaue Grade« oder »Johannisgrade« bezeichnet – gelten bis heute; ich habe sie im ersten Kapitel bereits erläutert. Doch der Erfindungsgeist der frühen Freimaurer gab sich damit nicht zufrieden. In den 1740er Jahren trat ein neuer Grad in Erscheinung, der des Royal Arch. Er stand nur Brüdern offen, die bereits als Logenmeister gedient hatten. (Wohlgemerkt, den Meistergrad zu erlangen ist nicht dasselbe, wie das Amt eines Meisters vom Stuhl zu bekleiden. Letzterer wird in verschiedenen masonischen Traditionen als Worshipful oder Venerable Master bezeichnet und dazu erwählt, die Loge zu leiten.) Die Einführung des Royal-Arch-Grades führte schon bald zur Gründung einer rivalisierenden Großloge, und diese Spaltung in der englischen Freimaurerei würde über sechzig Jahre bestehen bleiben, in denen beide Seiten sich gegenseitig der maurerischen Ketzerei bezichtigen würden.

Streitigkeiten wie diese sind Erbkrankheiten der Freimaurerei. Ein Ritual, sei es nun masonisch oder nicht, hat keinen großen Reiz, wenn es nicht eine weithin akzeptierte Form aufweisen kann, eine Tradition, die es heiligt, und eine Institution, die es stützt. Die Teilnehmer eines allzu neumodisch anmutenden Ritus tun sich schwer damit, sich dessen Zauber hinzugeben. Wann immer ein neuer Grad erfunden wird, stellt sich die Frage, wer die frisch geprägten Sakramente autorisieren und legitime von gefälschten Versionen unterscheiden wird. Die Gemüter erhitzen sich, weil viele Freimaurer meinen, ihre Identität hänge just an der korrekten Einhaltung der maurerischen Arbeiten.

Das Fieber verbreitet sich oft über Landesgrenzen hinweg. Ranghohe Freimaurer verbringen unverhältnismäßig viel Zeit mit Verhandlungen darüber, welchen der vielen verschiedenen Stränge der Freimaurerei in anderen Ländern sie offiziell als mit dem ihren vereinbar anerkennen sollen.

Keine Großloge, sie mag sich noch so sehr bemühen, ist imstande, die maurerische »Marke« zu kontrollieren. Kaum war die Marke nach Frankreich gelangt, geriet sie auch schon außer Kontrolle.

Im Dezember 1736 hielt ein bekannter Freimaurer und jakobitischer Denker namens Andrew Michael Ramsay eine Rede vor einer Versammlung der Pariser Logen, die in der gesamten masonischen Welt Widerhall finden sollte. Einige Monate später sandte er eine überarbeitete Version der Rede an Kardinal Fleury, Premierminister unter Ludwig XVI., um ihn von der Tatsache zu überzeugen, dass die Freimaurerei mit dem Katholizismus vereinbar sei. Ramsays Rede wurde mit Vorsicht aufgenommen: Wahrscheinlich war sie es, die den Kardinal dazu bewog, Polizeirazzien in Pariser Logen anzuordnen. Der betagte Ramsay zog sich daraufhin aus Angst, dem Kardinal noch mehr zu missfallen, aus allen masonischen Aktivitäten zurück.

Obwohl sie in ihren kurzfristigen Zielen verheerend versagt hatte, schlug Ramsays Rede, als sie 1738 veröffentlicht wurde, die französische Bruderschaft in ihren Bann. Vieles darin war altbekannt: eine Zusammenfassung von Mythos und Philosophie der Gesellschaft, wie sie in den *Constitutions* dargelegt waren. In einer Hinsicht jedoch wich Ramsay vom Narrativ der *Constitutions* ab: Er wob die Kreuzfahrer mit ein. Diese hätten im Heiligen Land die Geheimnisse des Salomonischen Tempels und der Bruderschaft neu entdeckt und dazu benutzt, jenen Sinn der christlichen Botschaft wiederzubeleben, der sie überhaupt dazu bewogen hatte, Jerusalem für Christus zu erobern. Die masonischen Kreuzfahrer, so Ramsay, hätten gelobt, den Tempel wiederaufzubauen und es den Israeliten gleichzutun: »Während diese in der einen Hand Kelle und Mörtel handhabten, hielten sie in der anderen Schwert und Schild.«

Mit diesem Verweis auf die Kreuzfahrer und die mittelalterliche Ritterkultur zapfte Ramsay eine schier unerschöpfliche Quelle an Bildern und Mythen an, die schon bald einen ganzen Komplex von masonischen Graden generieren würden, bekannt als der Schottische Ritus. Warum *schottisch*? Die Tatsache, dass Ramsay Schotte war, dürfte als Begründung wohl nicht ausreichen. Ramsays neuer Kreuzritter-Mythos verlieh seiner Heimat eine Schlüsselrolle in der Erhaltung und Weitergabe der masonischen Tradition. Als das Heilige Land schon fast verloren war, so seine Behauptung, habe 1286 ein hoher Ritter die Geheimnisse der Bruderschaft zurück nach Schottland gebracht, um sie zu bewahren. Enger ist die Verbindung nicht. In Wirklichkeit sind die Ursprünge des Schottischen Ritus rein französisch. Doch Schottland ins Spiel zu bringen hatte zweifellos den geopolitischen Vorteil, London und seine Großloge zu umgehen. So feierte Schottlands reale Rolle bei der Entwicklung der Freimaurerei, nachdem sie von den *Constitutions* aus dem Gedächtnis getilgt worden war, in Frankreich ihr Comeback – allerdings in einer gänzlich mythischen Gestalt.

Ramsay löste unter den französischen Freimaurern eine kreative Raserei aus. 1743 konnten sie drei neue schottische Grade durchlaufen, jeder mit eigenen komplizierten Symbolen, Zeremonien und moralischen Allegorien. 1755 gab es in Paris bereits fünf hierarchische Grade und sieben in Lyon und anderswo. Die Zunahme verlief exponentiell und gänzlich konfus: Bald gab es Riten mit Dutzenden Graden. Die maßgeblichste Geschichte der französischen Freimaurerei sprach gar von einem »tropischen Urwald« aus Graden, der ab den 1750er Jahren wucherte. Einige von ihnen erinnerten an die ursprüngliche ritterliche Inspirationsquelle des schottischen Ritus, wie der »Ritter von König Arthurs Tafelrunde«, der »Erhabene Auserwählte Ritter«, der »Ritter des Argonautenordens« und der »Ritter Kadosch«. Französische Brüder trugen gern auch exotisch anmutende Titel wie »Schotte der schottischen Akademie«, »Schotte von Messina«, »Schotte des Himmlischen Jerusalem«, und sogar »Schottischer Engländer«. Es gab auch noch obskurere, esoterisch angehauchte schottische Grade: »Meister Theosoph«; »Meister von Esmeraldas Tafel« oder »Gefährte von Paracelsus« …

Als die Freimaurerei nach Frankreich kam, hatte sie bereits einen großen Schatz an Symbolen im Gepäck. Der schottische Ritus setzte nun mit allen möglichen Kombinationen aus Zeichen und Codes, Mythologien und Ritualen noch gewaltig eins drauf: das Rittertum, die Bibel, das Okkulte, das Rosenkreuzertum, die Alchemie, griechische und ägyptische Legenden, der Tierkreis, die Kabbala. Der Manichäismus, ein Glaubenssystem, gegründet von einem iranischen Propheten aus dem dritten Jahrhundert, nach dessen Lehre Gut und Böse, Geist und Materie, Licht und Dunkel um das Universum kämpften, war eine besonders ergiebige Quelle für dramatische Rituale. Die einzelnen Grade ließen sich zu einer Myriade von übereinander gelagerten und inkompatiblen Ritualsystemen kombinieren, die je nach Ort und Fraktion variierten: der Ritus des Gleißenden Sterns; die Erleuchteten Theosophen; die Architekten Afrikas.

So ist es nicht verwunderlich, dass der Geist brüderlicher Harmonie in den 1760er Jahren stark unter Druck geriet. Im Juni 1764 in Reims hauten zwei Fraktionen einer lokalen Loge einander wüste Beschimpfungen um die Ohren und lieferten sich dann auf der Straße vor den Augen verblüffter Schaulustiger ein Gefecht mit ihren Gehstöcken. Im Februar 1767 schloss die Regierung die Großloge selbst, nachdem eine Zusammenkunft in einen Faustkampf ausgeartet war.

Unter dem heftigen Druck verlor die Großloge ihre Macht, und die höheren Strukturen der französischen Freimaurerei zerfielen. Erst 1773, mit der Errichtung eines neuen nationalen Führungsgremiums, kehrte wieder Frieden ein: Dem Grand Orient de France stand kein Geringerer vor als der Cousin des Königs, Louis-Philippe, der spätere Herzog von Orléans. Theoretisch fielen die Grade des Schottischen Ritus unter die Rechtsprechung des Grand Orient, aber es bedurfte eineinhalb Jahrzehnte oftmals quälender Verhandlungen, um die wichtigsten Strömungen der französischen Freimaurerei ansatzweise zu einen. Die Grade wucherten weiter. Die Büchse der Pandora war offen.

Was führte zu dieser Überinflation an masonischen Graden? Die Antwort lautet schlicht: Snobismus. In Frankreich waren die sozialen Klassen festgelegter als in England und juristisch in Stände unterteilt: Der erste Stand umfasste die Geistlichkeit, der zweite den Adel, der dritte den Rest. Auch innerhalb der einzelnen Stände gab es tiefverwurzelte Unterschiede. Der Adel war im Verhältnis zu seiner Zahl innerhalb der französischen Gesamtgesellschaft in den Logen überrepräsentiert. Ein Großteil des Erfolges der Freimaurerei, aber auch ihr Snobismus, war ihm geschuldet. Aristokraten waren erpicht darauf, auf andere Weise miteinander in Kontakt zu treten als innerhalb der streng reglementierten Umgebung des Versailler Hofes. Sie witterten auch die Vorteile, die es mit sich brachte, mit einer breiteren Gruppe von Menschen zu kommunizieren als man sie in den aristokratischen Akademien und Salons vorfand. Insofern bot die Freimaurerei eine praktikable Möglichkeit, einige Standesgrenzen zwischen den Betuchten und Gebildeten zu lockern. Doch masonische Werte konnten *niemals* als ein Freibrief gelten, die gesamte Hierarchie aufzulösen. So mussten sämtliche Abstufungen der sozialen Klasse in der entrückten Atmosphäre der Loge neu erfunden werden. Indem man immer noch höhere Grade schuf, mit immer strikteren Auswahlverfahren und immer kostspieligeren Insignien, diente der Schottische Ritus dazu, die Krämer und Kaufleute auf die niedrigeren Ränge zu verweisen. Das Rittertum bot dazu eine Rechtfertigung. Während in Großbritannien die Verbindung zwischen Freimaurern und mittelalterlichen Steinmetzen der gesamten Bruderschaft eine handwerkliche Anmutung verlieh, war Ramsays Märchen vom Ursprung der Freimaurerei bei den Kreuzrittern und ihrem Tugendkodex beruhigend aristokratisch.

Religiöse und ethnische Vorurteile beeinflussten auch den rasanten Zuwachs an Schottischen Ritusgraden. Frankreich besaß nicht denselben politischen Impetus zur Toleranz wie Großbritannien. Auch hatte der Papst in Rom nicht genügend Autorität, um seine Exkommunikation der Freimaurer von 1738 im Reich des französischen Königs durchzusetzen. So verliehen viele der neuen Grade im Schottischen Ritus der Freimaurerei einen starken katholischen Beigeschmack. Viele französische Freimaurer brachten traditionelle Formen von katholischem Chauvinismus zum Ausdruck. 1767 schrieb die Loge »Parfaite Sincérité de Marseille« Regeln nieder, die besonders unverblümt waren:

»All jene Profanen (d.h. Nicht-Freimaurer), die das Pech haben, Juden, Mohammedaner oder Neger zu sein, kommen als Mitglieder nicht in Frage.« Vielerorts wurden die toleranten Ideale der Königlichen Kunst schlicht ignoriert.

Les Neuf Soeurs, die »Loge der Philosophen«

In Frankreich wie in England traten viele Brüder aus Vergnügen oder der Freundschaften und Kontakte wegen den Freimaurern bei: In das Kaleidoskop Schottischer Hochgradriten zu starren, galt ihnen als Zeitverschwendung. Einer, der damals häufig nach Frankreich reiste, war der venezianische Abenteurer und Schwerenöter Giacomo Casanova. Er legte die Bruderschaft allen rastlosen Männern ans Herz: »In diesen Zeiten sollte sich jeder junge Reisende, der die weite Welt erfahren und sich anderen nicht unterlegen oder von der Gesellschaft seinesgleichen ausgeschlossen fühlen möchte, in die sogenannte Freimaurerei einführen lassen.« Casanova machte seinem Ruf alle Ehre und nutzte seine maurerischen Kontakte, um sich durch ganz Europa zu verlustieren.

Die Freimaurerei eignete sich aber auch für höhere Bestrebungen. Die ersten französischen Brüder wurden vor allem von dem philosophischen Ethos der Logen angezogen: von der brüderlichen Einhaltung konstitutioneller Regeln, von der religiösen Freiheit und der gerade in Mode gekommenen Vorliebe für Wissenschaft, Vernunft und alte Wahrheiten. Gegen Ende des Jahrhunderts wurden einige Freimaurerlogen Teil einer wachsenden intellektuellen Landschaft aus Salons, Cafés, Clubs und Gesellschaften. Großbritannien entwickelte sich zu einer immer offeneren und beweglicheren Gesellschaft, wogegen Frankreich erst ab der Jahrhundertmitte allmählich mit ihm gleichzog. Die Zensur wurde lockerer. Das umfangreiche Werk Diderots und auch d'Alemberts große Bilanz des menschlichen Wissens, die *Encyclopédie*, erschienen ab 1751; Letztere bot den *Philosophes* Plattform und Arena, um aufklärerisches Gedankengut ins Zentrum der öffentlichen Wahrnehmung zu bringen. Voltaires Kampagnen gegen religiöse Verfolgung in den 1760er Jahren machten ihn zu einer Galionsfigur der Aufklärungsbewegung.

Eine berühmte Pariser Loge verstand sich ausdrücklich als ein Vehikel der Aufklärung: die *»Neuf Soeurs«* – nach den griechischen Musen benannt, die zu Literatur, Wissenschaft und Kunst inspirierten. Der Gründer der Loge, und ihr erster Meister, war der führende Astronom Jérôme Lalande. Sein Ziel war es, die geistige Elite in die Freimaurerei zu ziehen und dem kulturellen Leben der Hauptstadt ein maurerisches Zentrum zu bieten.

1776 gegründet, feierten die »Neun Schwestern« einige Erfolge, besonders im Hinblick auf die Rekrutierung von Berühmtheiten. Ein namhaftes Mitglied war Benjamin Franklin, der in Paris weilte, um sich die Unterstützung Frankreichs im Kampf der Amerikaner gegen England zu sichern; er löste sogar Lalande als Meister vom Stuhl ab. 1778 wurde auch Voltaire, der berühmteste aufklärerische Geist seiner Zeit, gestützt auf seinen Freund Franklin, in einer mit Rücksicht auf seine angeschlagene Gesundheit verkürzten Zeremonie in die Bruderschaft initiiert. Voltaire hatte sich zuvor nicht für die Freimaurerei begeistern können und ihre Rituale gar als Symptome der menschlichen Anfälligkeit für Hokuspokus betrachtet. Doch 1778 akzeptierte er gnädig die Mitgliedschaft, mit der seine Bewunderer ihm Tribut zollten. Er verstarb sieben Wochen später, ohne einem weiteren Logentreffen beigewohnt zu haben.

Es gab noch weitere berühmte Freimaurer in der Loge der Philosophen. Der Arzt Dr. Joseph-Ignace Guillotin, nach dem später eine Enthauptungsmaschine benannt werden sollte, war einer der Redner bei Voltaires Initiation. Auch die Brüder Montgolfier waren Maurer: Sie machten 1783 mit den ersten Vorführungen ihrer »aerostatischen Maschine«, eines Heißluftballons, international Furore.

Doch insgesamt förderte die Freimaurerei kein topaktuelles aufklärerisches Denken. Von den 272 Männern, die einen Beitrag zur *Encyclopédie* leisteten, waren nur siebzehn Freimaurer. Man hätte doch eine weitaus höhere Zahl erwartet, wenn die *Philosophes* die Bruderschaft als Teil ihrer Mission angesehen hätten. Die *Neuf Soeurs* stand auch nicht für die Freimaurerei als Ganzes. Als Lalande die Loge gründete, hatte er große Schwierigkeiten, vom Grand Orient die Erlaubnis dafür zu erlangen. Dessen konservativere Mitglieder machten sich Sorgen, was wohl die Obrigkeit davon halten mochte. Die *Neuf Soeurs* war außerdem sehr exklusiv und hatte kein Interesse daran, ihre Diskussionen in einer Zeitschrift öffentlich zu machen. So war Lalandes Loge so wenig charakteristisch für die Aufklärung wie für die Maurerei.

Doch in einigen ihrer Variationen boten die gewöhnlichen Logen ihren Mitgliedern durchaus eine Möglichkeit, »die Aufklärung zu leben«. Man brauchte als Freimaurer also kein Geistesmensch vom Format eines Montesquieu zu sein, um die Meinung zu vertreten, dass gewisse aufklärerische Thesen wie Weltoffenheit und offizielle Gleichheit aller Menschen in die Grundregeln masonischen Lebens aufgenommen werden sollten.

Die **Élus Coens de l'Univers,** *die »Auserwählten Coens des Universums«*

Die französische Freimaurerei hatte mindestens so viele Mystiker in ihren Reihen wie Wissenschaftler. Viele Männer neigten zu der Überzeugung, dass die uralten überlieferten Geheimnisse der Freimaurerei tatsächlich die bedeutsamsten esoterischen Wahrheiten waren und nicht nur ein biederes Kompendium moralischer Vorschriften. Niemand verkörpert die Begegnung zwischen der Bruderschaft und dem Okkulten besser als Jean-Baptiste Willermoz. 1730 geboren, war dieser leutselige Seidenfabrikant aus Lyon für sein wohltätiges Engagement bekannt, sein untadeliges Berufsethos und die Freude, die es ihm bereitete, in seiner Loge mit höherstehenden Personen Umgang zu pflegen. Was die braven Leute aus Lyon nicht wussten: Willermoz sog begierig die mystischsten maurerischen Überlieferungen in sich auf und korrespondierte fortwährend mit esoterischen Maurern und Philosophen, von denen manche gar aus dem fernen Russland, aus Schweden oder Italien stammten. Mit Mitte dreißig war er schon in über sechzig masonische Grade initiiert worden und schuf sich eine eigene, äußerst geheime Version der Bruderschaft: Die »Ritter des Schwarzen Adlers« suchten nach einem Stein, der universelles Glück verhieß und schlichtes Metall in Gold verwandeln konnte – sowohl in fester wie auch in trinkbarer Form.

Willermoz' jährliche Geschäftsreisen nach Paris gaben ihm die Möglichkeit, sich dem anzunähern, was er als den Kern der Freimaurerei betrachtete. 1767 begegnete er in der Hauptstadt dem maurerischen Seher und kabbalistischen Visionär Martinès de Pasqually, der sich neuen Erkenntniswelten öffnete. Pasqually glaubte, alle Menschen seien ursprünglich Halbgötter gewesen und das maurerische Ritual könne wenigen Auserwählten dabei helfen, diesen verlorenen Status wiederzuerlangen. Er gründete daher den »Orden der Auserwählten Coens des Universums«, um mit Hilfe von magischen Kreisen, von Engeln und Astrologie Manifestationen des Göttlichen heraufzubeschwören. Besonders stark wirkte die Magie zur Mitternacht des Frühlingsäquinoktiums, wenn sich die qualifiziertesten Brüder des Ordens nach ausgiebiger spiritueller Vorbereitung barfuß auf den Boden legten, die Köpfe auf geschlossenen Fäusten ruhend, um in einer Form von Transzendenz, die er als Reintegration oder Wiedereinsetzung bezeichnete, von der Höchsten Ursache Botschaften zu empfangen.

Willermoz wurde ein Anhänger Pasquallys und war bald der Anführer der *Élus Coens* in Lyon. Er hielt auch dann noch an seinem Glauben fest, als ein Frühlingsäquinoktium nach dem anderen verstrich, ohne dass die Reintegration eingetreten wäre. Einige Anhänger Pasquallys verloren irgendwann die Geduld, weil dieser immer wieder Ausflüchte fand, um nicht nach Lyon kommen und die masonischen Séancen korrekt durchführen zu müssen. Willermoz indes hielt ihm selbst dann noch die Treue, als Pasqually 1772 Frankreich den Rücken kehrte, um ein Erbe in der Karibik anzutreten.

Unterdessen absorbierte Willermoz auch das jüngste Gedankengut aus Deutschland – ein neuer Trend im Schottischen Ritus, der in der gesamten masonischen Welt zunehmend an Einfluss gewann. Wie sich nämlich herausstellte, waren es nicht nur irgendwelche alten Kreuzfahrer gewesen, die im Heiligen Land die Freimaurerei wiederentdeckt und nach Schottland gebracht hatten, sondern die Tempelritter. Die Tempelritter waren ein im zwölften Jahrhundert gegründeter Orden von Rittermönchen. Im Zuge der Kämpfe um das Heilige Land erlangten sie finanzielle Macht, und als die Kreuzzüge zu Ende waren, erzeugte ihr Reichtum Neid und Missgunst. 1307 befahl der Papst die Ergreifung der Anführer des Ordens und legte ihnen abscheuliche Verbrechen wider Gott und die Natur zur Last, darunter Sodomie, Kindesmord und die Anbetung eines ziegenköpfigen Götzen namens Baphomet. Der Anführer der Templer, Jacques de Molay, wurde schließlich vor der Kathedrale Notre-Dame in Paris auf dem Scheiterhaufen verbrannt.

Die Tempelritter waren noch Jahrhunderte nach ihrer Auflösung umstritten. Für fromme Katholiken waren sie Ketzer, die ihre wohlverdiente Strafe erhalten hatten. Für andere waren sie Märtyrer, die der Gier und Grausamkeit der Kirche zum Opfer gefallen waren. Doch hatten sie Initiationsrituale, und ihre ranghöchsten Beamten waren Meister und Großmeister. Solche zufälligen Übereinstimmungen genügten Willermoz und vielen anderen Brüdern, sie als Freimaurer zu betrachten. 1774 gründeten Willermoz und eine ausgewählte Gruppe seiner Anhänger eine Ortsgruppe der Templer in Lyon. Vier Jahre später vereinte er die Templer und die Élus Coens im »Berichtigten Schottischen Ritus der Wohltätigen Ritter der Heiligen Stadt«.

In den 1780er Jahren entzündete sich Willermoz' rastlose Phantasie an einer weiteren Neuheit. Wenige Jahre zuvor hatte der in Wien ausgebildete Arzt Franz Mesmer eine epochale Entdeckung gemacht: Er behauptete, dass dieselbe Schwerkraft, welche die Bewegung der Planeten verursachte, auch durch lebende Organismen strömte, und zwar in Form eines Fluidums, das er als »animalischen Magnetismus« bezeichnete. Bei Menschen rief eine Blockade des animalischen Magnetismus schlechte Gesundheit hervor. Zum Glück für die Betroffenen besaß Mesmer die Gabe, das Fluidum zu lagern und zu lenken, und vermochte, indem er die Patienten in magnetischen Zonen ihres Körpers berührte, heilsame Krämpfe oder Trancen auszulösen – er »mesmerisierte« sie. Mesmer kam 1778 nach Paris und erregte große Bewunderung, indem er seine Heilungen auf immer spektakulärere Art öffentlich demonstrierte.

Herausragende Anhänger des Mesmerismus fanden sich zu einer »Loge der Harmonie« zusammen – eine der Freimaurerei ähnliche Gruppierung, die es sich zum Ziel gemacht hatte, von dem großen Mann zu lernen und seine höchsten Geheimnisse zu hüten. Bald entstanden Ableger davon im ganzen Land, und Willermoz integrierte die lokale Mesmeristenzelle in den *»Berichtigten Schottischen Ritus der Wohltätigen Ritter der Heiligen Stadt«*.

Jean-Baptiste Willermoz würde seine Suche nach spiritueller Erleuchtung durch die Freimaurerei bis zu seinem Tod 1824 fortführen. Er war nur das eklektischste und enthusiastischste Beispiel für die vielen mystischen Maurer des ausgehenden achtzehnten Jahrhunderts. Die okkulte Freimaurerei war so beliebt, dass auch viele Scharlatane ihr Unwesen trieben. Der berüchtigtste von allen war Giuseppe Balsamo – man kennt ihn vor allem unter seinem Pseudonym Graf Cagliostro. Im Jahr 1743 als Sohn armer Eltern in Palermo geboren, reiste Cagliostro durch Europa, wobei er immer wieder Dokumente fälschte und seine Frau prostituierte. Als er nach einer Haftstrafe in einem Londoner Gefängnis 1777 in einem Pub in Soho in die Freimaurerei eingeführt wurde, erwarb er sich einen neuen Satz Fälscherwerkzeuge. Er ging erneut auf Reisen, diesmal als der »Groß-Kophta« seiner eigenen Freimaurerei-Version, des Ägyptischen Ritus, zu dessen höchsten Geheimnissen die physische Verjüngung der Alten gehörte.

Allzu leicht betrachtet man aus heutiger Sicht die okkultistische Freimaurerei des ausgehenden achtzehnten Jahrhunderts nur mit verwunderter Neugier – als wären Charaktere wie Pasqually, Willermoz, Mesmer und Cagliostro groteske Unfälle der Geschichte. Doch wer dies tut, ist der Vergangenheit gegenüber herablassend. Der Mesmerismus zum Beispiel wurde von vielen gebildeten und vernünftigen Beobachtern als gänzlich plausibel empfunden, weil der animalische

Magnetismus nur eine von vielen obskuren Kräften war, die damals entdeckt wurden. Dank Newton und Franklin wussten die Menschen zwar, was Schwerkraft und Elektrizität *bewirkten*, aber was sie *waren*, erschloss sich ihnen trotzdem nicht so leicht.

Esoterische Spielarten der Freimaurerei wie jene, die Willermoz erforschte, sagen auch viel über den Niedergang der institutionellen Religion im Frankreich der zweiten Hälfte des achtzehnten Jahrhunderts aus. Die Orden lichteten sich, und man hinterließ weniger Geld für das Lesen von Messen. Statt katholischen Gemeinschaften beizutreten, rannten die braven Bürger von Frankreich den masonischen Logen die Türen ein, in denen sie im Grunde nahezu dasselbe taten, nur außerhalb der Kirche und ihrer hierarchischen Lehre: Sie tauschten sich aus, engagierten sich in wohltätiger Arbeit und teilten mystische Erfahrungen. Wie in England erleichterte die Freimaurerei auch hierzulande den Übergang zu einer säkulareren Welt.

Viele Geistliche gehörten der Bruderschaft an – auch wenn der Papst dies missbilligte. Einer Untersuchung zufolge waren in den Bezirken Angers und Le Mans im Südwesten von Paris außergewöhnliche 35 Prozent der Brüder Priester oder Kuraten. Wie alle Brüder lebten Kirchenmänner ihre Freimaurerei auf mannigfaltige Weise aus. 1778 waren 13 der 150 Mitglieder der angesehenen Loge Neuf Soeurs Geistliche. Bereits im Jahr 1752 schloss Casanova in einer Pariser Loge mit einem beleibten Bonvivant aus Bologna Freundschaft, der zufällig auch ein Kardinal war, und zwar kein Geringerer als der päpstliche Legat; gemeinsam genossen sie »köstliche Diners in Gesellschaft hübscher Mädchen«.

Dies alles bringt uns zu dem offensichtlichen Schluss, dass die französische Freimaurerei die Vielfalt der Gesellschaft im Ganzen spiegelte – zumindest deren gehobenen, männlichen Anteil. Sie war in der Tat vielfältig genug, um einen der rätselhaftesten und ungewöhnlichsten Freimaurer aller Zeiten in ihren Reihen zu führen.

»*Es*«

Charles de Beaumont, bekannt als der Chevalier d'Éon, war ein respekteinflößender französischer Anwalt, Soldat, Diplomat und Spion. 1763 traf d'Éon in England ein und machte dort Furore. Der Chevalier pflegte schamlos mit Geld um sich zu werfen und sich zu duellieren, wann immer sich eine Gelegenheit bot. So geriet er sowohl mit Londoner Gläubigern in Konflikt als auch mit einer mächtigen Fraktion in Versailles. Im Oktober 1764 nahm der bis an die Zähne bewaffnete d'Éon Zuflucht in einem verbarrikadierten Haus im Londoner Stadtteil Soho und machte sich anschließend aus dem Staub, nachdem er der Verleumdung für schuldig befunden und geächtet worden war. Die französische Obrigkeit rehabilitierte ihn erst dann, als d'Éon sie mit kompromittierenden Geheimdokumenten erpresste. Bemerkenswerterweise währte seine tollkühne Karriere auf Londons diplomatischem Parkett weitere dreizehn Jahre.

Was d'Éon wirklich von den vielen anderen skandalträchtigen Charakteren in London abhob, war die Tatsache, dass er – oder sie – sich oft als Frau verkleidete und gezielt Zweifel hinsichtlich seines / ihres Geschlechts nährte. Einem befreundeten französischen Spion gestand der Chevalier unter vier Augen, biologisch eine Frau zu sein. In der Öffentlichkeit, wann immer gewaltige Wetten zu dem Thema abgeschlossen wurden, beteuerte er / sie dagegen entrüstet, sämtliche Attribute eines Mannes vorweisen zu können. Und weigerte sich dann, den Beweis zu liefern.

1768, auf dem Höhepunkt der Spekulationsmanie, wurde der Chevalier in dem am Strand gelegenen Crown and Anchor in die Freimaurerei eingeführt. Etwa achtzehn Monate später diente er / sie als einer der Logenbeamten. Indem er Freimaurer wurde, lieferte d'Éon genügend Beweise seiner Männlichkeit, um die Spekulationen eine Weile einzudämmen. Vermutlich wies seine / ihre Brust, als sie für die Initiationszeremonie entblößt wurde, keine eindeutig weiblichen Attribute auf.

Es gab ein großes Gelächter in London, als publik wurde, dass d'Éon

N° 2

A Deputation from Jonathan's and the Free-Masons

Miß Epicæne D'Eon is discover'd in close consultation with its Wine Merchant & Privy Counsellor. The Free-Masons beg the Secret of its Sex may be kept inviolable; the Committee of Under-writers on the other hand Petition for the Discovery, & propose that Mons: A shall explore the sexual Signature manually after the manner used on the election of a new Pope, for which purpose the Doctor is seen introducing his new invented Night-Chair.

Pub^d. as the Act directs July 17. 1771.

unter die Freimaurer gegangen war. Satirische Radierungen erschienen, um aus der Demütigung der Bruderschaft Kapital zu schlagen. Eine davon zeigt, wie der Chevalier (im Begleittext als »Es« bezeichnet) zwei Abordnungen empfängt. Die erste, bestehend aus verlegenen Freimaurern, bekniet d'Éon, *»es«* möge seine biologische Identität für sich behalten. Die zweite Abordnung, bestehend aus Buchmachern, will dagegen erreichen, dass die Auseinandersetzung ein für alle Mal beigelegt werde. Sie schlägt daher vor, dass d'Éon sein Geschlecht einer ähnlichen manuellen Begutachtung unterziehe, wie sie angeblich ein Papst nach seiner Wahl über sich ergehen lassen muss. Man sieht zwei Teufel, die den Stuhl herbeibringen, der im Vatikan für diesen Test verwendet wird (er hat in der Mitte des Sitzes ein Loch), und ein Priester steht bereit, um d'Éon unter die Röcke zu fassen.

Der Chevalier gab verständlicherweise einer anderen, schmeichelhafteren Abbildung den Vorzug – von der er / sie zehn Kopien kaufte. Sie porträtiert eine Figur unbestimmten Geschlechts, die zwar ein Kleid trägt, zugleich aber mit männlichen Requisiten wie einem Schwert, einem Spazierstock und masonischen Insignien ausgestattet ist. Im Hintergrund sind berühmte Hochstapler abgebildet.

Die Spekulationen zu d'Éons Geschlecht flammten erneut auf, bis 1777 schließlich jene, die gewettet hatten, dass der Chevalier weiblich war, vor Gericht zogen – und siegten. Es waren die Aussagen zweier Zeugen, die den Fall entschieden: ein Wundarzt, der den Chevalier angeblich von einem Frauenleiden befreit hatte, und ein französischer Journalist, der schwor, mit dem Chevalier geschlafen zu haben. Trotzdem blieben Zweifel: Die zwei Hauptzeugen im Londoner Fall konnten bestochen worden sein. Nichtsdestoweniger erklärte sich d'Éon nicht lange nach dem Urteil im Alter von neunundvierzig Jahren – Gesichtszüge und Gestalt waren plumper geworden – endlich zur Frau und ließ sich fortan Chevalière d'Éon nennen. Dann schmiedete sie Pläne, nach Frankreich zurückzukehren.

Die Chevalière nahm die Freimaurerei durchaus ernst, wie aus der Tatsache hervorgeht, dass sie viele Bücher über die Bruderschaft und deren Geschichte las. Ihre masonischen Kontakte kamen ihr auch zugute, als sie nach einer kurzen Phase im Pariser Rampenlicht in die provinzielle Versenkung ihrer Heimat Burgund abtauchte. Ihr Cousin und etliche Freunde waren Freimaurer, wie auch die meisten Handwerker, die sie beschäftigte, einschließlich ihres Perückenmachers.

Noch bemerkenswerter ist die Tatsache, dass die Loge ihrer Vaterstadt Tonnerre sie als eine der Ihren zu akzeptieren bereit war. Im August 1779, als der Grand Orient de France ihre Aufnahme verhinderte, protestierten die Mitglieder in Tonnerre, indem sie mitleidige Gründe vorbrachten, die es ihnen unmöglich gemacht hätten, sie abzulehnen: »Trotz ihrer Verwandlung (in eine Frau) hätten wir nicht nur unsere patriotischen Gefühle und unsere Bande des Blutes und der Freundschaft verraten, wir hätten das Recht verwirkt, uns Brüder zu nennen.« Die Chevalière d'Éon mag eine Frau gewesen sein, aber sie war trotz alledem ein Bruder.

Was erklärt diese Aufgeschlossenheit der Freimaurer in Tonnerre?

Vielleicht waren sie der Chevalière gegenüber unterwürfig – schließlich war sie eine lokale Berühmtheit und ein Spross des niederen Adels. Loyalität einer Verwandten und alten Freundin gegenüber mag auch eine Rolle gespielt haben. Möglicherweise hielten die Brüder d'Éon auch schlicht für einen Mann in Frauenkleidern. Doch auf jeden Fall gab es auch weniger eigennützige Gründe. In England waren weibliche Freimaurer nicht mehr als ein Hirngespinst der satirischen Vorstellungskraft, eine groteske Parodie der steifen Nur-für-Männer-Haltung der Bruderschaft. In Frankreich dagegen waren sie eine lebende, atmende, Schurz tragende Realität.

Sublime Schottinnen und englische Amazonen

> Eine Frau, die initiiert werden möchte, muss gesund sein, darf nicht schwanger sein und nicht menstruieren. Bevor sie die Loge betritt, wird sie in einen abgedunkelten Raum geführt, in dem es eine einzige Kerze gibt und einen Totenschädel. Dort trifft sie eine Dame, die sie fragen wird, ob sie bereit sei, schrecklichen Prüfungen unterzogen zu werden. Sie wird gebeten, ihren rechten Ärmel und Handschuh abzustreifen, dann das linke Strumpfband abzulegen, das sie mit einem langen blauen Band ersetzt. Sobald sie eine Augenbinde trägt, ist sie bereit, an die Tür der Loge zu klopfen.
> *Adoption. Oder Frauenfreimaurerei*, Paris 1775

Weibliche Freimaurer gab es nicht nur in Frankreich, aber sie waren dort zweifellos ein charakteristisches Merkmal: Nirgendwo sonst gab es so viele Schwestern. Kaum hatte die Bruderschaft den Ärmelkanal überquert und ihre Unabhängigkeit von London etabliert, erlaubte dasselbe Chaos, das die Überfülle Schottischer Hochgrade zugelassen hatte, auch die Aufnahme von Frauen. Die ersten *Maçonnes*, von denen wir wissen, tauchten in den 1740er Jahren auf. Sie verbreiteten sich daraufhin auf ungleichmäßige Weise im ganzen Land: Größere Zentren masonischer Aktivität wie Montpellier, Marseille, Toulouse und Toulon hatten nach unseren Kenntnissen keine organisierte weibliche Freimaurerei. Nichtsdestoweniger waren masonische Schwestern in Städten wie Paris und Bordeaux 1774 bereits so fest etabliert, dass der Grand Orient keine andere Wahl hatte, als sie anzuerkennen. Von nun an nahm ihre Zahl sogar noch weiter zu, wie auch die Bandbreite der Handbücher, die sie bei ihrer masonischen Selbstinszenierung unterstützten. In ihrer Blütezeit dürfte es an die tausend *Maçonnes* gegeben haben.

Genau wie ihr männliches Pendant stellte die Frauenfreimaurerei das Zeremonielle ins Zentrum ihres kollektiven Lebens. Wie für die Männer markierten auch für Frauen Riten die Geburt eines edleren Selbst; sie waren der Passierschein in ein Land, in dem die Freundschaft König war.

In jeder Freimaurerloge in Frankreich, die Frauen zuließ, galt dieselbe rituelle Formel: die Adoptionsloge. Adoptionslogen ließen sowohl Frauen als auch Männer zu, und sie erkundeten in ihren Riten alttestamentliche Themen.

Die frühesten Historiker weiblicher Freimaurerei, ob Anhänger der Kunst oder nicht, gingen davon aus, dass die Adoptionsriten neugierige Frauen abschrecken sollten, während sie es den Männern ermöglichten, sich weiter in Ruhe den wesentlichen Dingen zu widmen. Historikerinnen betrachteten sie als misogyn: die Geschichte von Evas Versuchung durch Satan, die sich in vielen Initiationsritualen wiederfindet, ist in etwa so alt wie der männliche Chauvinismus selbst.

Doch jüngere Studien haben ergeben, dass die Adoptionslogen tatsächlich einen würdevollen Stammbaum hatten. Dieser basierte auf einer wenig bekannten regionalen Tradition englischer masonischer Arbeiten, die möglicherweise von Jakobiten nach Frankreich gebracht worden war. Während daher die Initiation von Frauen eine in Frankreich entstandene Neuheit war, waren es die Rituale dafür nicht.

Der Misogynie-Vorwurf gegen die Adoptionsrituale muss ebenfalls relativiert werden, weil sie den alttestamentlichen Geschichten oftmals eine gewisse Tendenz verleihen. In vielen ihrer Logenarbeiten biss Eva zum Beispiel in den Apfel, lehnte aber seine Kerne ab. Übersetzt bedeutete dies, dass Eva zwar das Wissen um Gut und Böse annahm, aber das Übel, das daraus keimen konnte, von sich wies. Aus der Frau im Alten Testament, deren Neugier die Sünde in die Welt brachte, wurde die Eva im masonischen Kontext als jemand umgedeutet, der wie Christus zum Wohle aller die Last der Sünde auf sich nahm.

Mit der Zeit erreichten einige der *Maçonnes* einflussreichere Positionen, leiteten Adoptionszeremonien und erfanden für sich sogar höhere Grade. Im Zuge dessen dachten sie schließlich darüber nach, was die Aufklärung für die Frauen bedeuten könnte. Einige nahmen sich die Freiheit, emanzipatorische Ansichten zu äußern, die sehr aktuell anmuten. Als Beispiel folgt die Rede, die eine Freimaurerin in Dijon nach ihrer Initiation zum Vortrag brachte: »Liebe Schwestern! Welche Freude ist es für mich, diese Anrede zu verwenden! … Lasst uns die Ehre genießen, die unser Geschlecht für die vielen Beleidigungen entschädigt, die wir so lange erdulden mussten.« Der Historiker, der uns die Welt weiblicher Freimaurer am besten erschlossen hat, konstatierte: »Es steht außer Frage, dass innerhalb der [Adoptions-]Logen feministische Ideen aufkeimten.«

Dennoch stellten sich den angehenden Feministinnen innerhalb der Adoptionslogen ernsthafte Hindernisse in den Weg. Dass man Frauen in die Bruderschaft aufnahm, sollte hauptsächlich dem Vorwurf entgegenwirken, die reinen Männerlogen dienten der homosexuellen Ausschweifung. Besonders hartnäckig hielt sich dieser Vorwurf in Frankreich, wo weithin der Glaube herrschte, das berüchtigte Geheimnis der Bruderschaft sei die Homosexualität und ihr Ritus eine unverhüllte Einführung in die Sodomie. Die Tatsache, dass in Paris die Mitglieder der schwulen Subkultur geheime Handzeichen und Codewörter benutzten, um einander unbehelligt begegnen zu können, erhärtete noch den Verdacht. Homosexuelle verwendeten untereinander sogar die Terminologie der Freimaurer, sprachen sich gegenseitig zum Beispiel mit »Bruder« an. Die Adoptionslogen sollten die Freimaurerei vor dieser beschämenden Verbindung bewahren.

Adoptionslogen blieben konstitutionell untergeordnet, existierten nur als Anhängsel einer »ordentlichen« männlichen Loge. Diese Unterordnung wurde 1774 durch den Grand Orient in Stein gemeißelt, als er die Adoptionsverfahren billigte, einschließlich des kränkenden Vorbehaltes, dass Frauen während ihrer Menstruation nicht initiiert werden könnten. Adoptionslogen, genau wie die vielen weiblichen Attribute zur Freimaurerei, die andernorts und zu anderen Zeiten ins Leben gerufen wurden, änderten nichts an dem Grundsatz, dass die Bruderschaft ausschließlich den Männern vorbehalten war.

Zweiundachtzig Prozent der Frauen, die den Adoptionslogen angehörten, waren Aristokratinnen; die übrigen entstammten ausnahmslos führenden Familien: Diese Tatsache allein erklärt vieles, was wir über die weiblichen Freimaurer wissen müssen. Es waren Frauen, dazu geboren, über den Gesetzen zu stehen, die für den Rest der Gesellschaft galten. Seit mehreren Generationen hatten sich geistig interessierte französische Adelige beiderlei Geschlechts an die Kultur der Salons gewöhnt – private literarische oder künstlerische Zirkel, die oft von einem tonangebenden weiblichen Impresario ausgerichtet wurden. Im typischen Salon lag der Schwerpunkt auf der geistreichen und höflichen Konversation, an der Männer wie Frauen teilhatten. Vielen Aristokraten wäre es um die Mitte des achtzehnten Jahrhunderts herum merkwürdig erschienen, Frauen aus einer Gruppe wie den Freimaurern auszuschließen, die doch von sich behaupteten, die Tugend und das soziale Miteinander fördern zu wollen.

In der gesamten Freimaurerei blieben Adoptionslogen umstritten. Viele der Argumente gegen die Initiation von Frauen, die in Großbritannien vorgebracht worden waren, fanden auch in Frankreich weiterhin Beachtung: Frauen behielten kein Geheimnis, Männer ihre Hosen nicht oben.

Die weibliche Freimaurerei gab den masonischen Obrigkeiten unentwegt Grund zur Sorge. 1777 fand man heraus, dass einige Brüder die Adoptionsformel missbraucht hatten, um Prostituierte zu ihren Feiern einzuladen.

Etwa um dieselbe Zeit ersuchten die Intellektuellen der Loge Neuf Soeurs die Chevalière d'Éon, einer ihrer feierlichen Zusammenkünfte beizuwohnen. Den folgenden Brief von den Neuf Soeurs fand man unter ihren Papieren: »Anbei sende ich Ihnen eine Einladung zu dieser Zeremonie, in der Sie einen herausragenden Platz einnehmen als Freimaurerin, Autorin und als eine Frau, die nun die Zierde ihres Geschlechtes ist, nachdem sie zuvor dem unseren soviel Ehre erwiesen hat.« Der Brief ist zwar schmeichelhaft, aber dennoch mehrdeutig. Wurde sie als Frau eingeladen? Die früher ein Mann war? Als ein Freimaurer, geschlechtsunabhängig? Oder machte die recht zweifelhafte Natur ihrer Identität sie zu einem Sonderfall? So wie der Brief weitergeht – »Mademoiselle d'Éon *allein* hat das Recht, die Grenze zu überschreiten, die das schöne Geschlecht von unseren Arbeiten ausschließt« –, gewinnt man den Eindruck, dass die arme Chevalière bloß aus amüsierter Neugier eingeladen wurde. Manche Freimaurer betrachteten sie eher als Witzfigur denn als eine Bedrohung für die masonischen *Constitutions*. In einigen Logen wurde ein recht schlüpfriges

Lied über die Chevalière gesungen – die Melodie war der bekannten Weise »Der Stab des heiligen Barnabas« entnommen:

> Wir Maurer haben einen eifrigen Bruder
> Der kennt unser Geheimnis und ist ein Luder.
> Weil es heißt, er wär ein Weib,
> muss er uns zeigen seinen Leib.

Es ist nicht schwer, für d'Éon moderne Kategorisierungen zu finden. Doch wäre ihre Geschichte historisch weit weniger interessant, wenn eine davon passen würde. Wir wissen einfach nicht, inwieweit ihre Wahl von Kleidung und Geschlecht ihre Identität zum Ausdruck brachte. Voltaire zum Beispiel glaubte fest, dass ihre Metamorphose nur eine Ausflucht war – eine drastische, aber wirksame Möglichkeit, die Feinde und Verantwortlichkeiten abzuschütteln, die sie während ihres stürmischen Lebens als Mann angesammelt hatte: »Sein – oder ihr – Kinn ziert ein sehr dichter, drahtiger schwarzer Bart, also kann ich kaum glauben, dass diese d'Éon eine Frau sein soll.«

Viele andere Intellektuelle, die ihr begegneten, waren genauso verwirrt wie Voltaire über den frappanten Unterschied zwischen ihrem tatsächlichen und dem sozialen Geschlecht. Die Chevalière kehrte in den 1780er Jahren nach London zurück und stiftete weiterhin Verwirrung. James Boswell, der eines Abends auf einer Party mit ihr plauderte, kommentierte später: »Ich war schockiert, sie erschien mir wie jemand, der sich in ein Ungeheuer verwandelt hatte. Wie ein Mann in Frauenkleidern.« Viele Betrachter hielten sie für eine Art Amazone. Das Rätsel um die Chevalière d'Éon würde ungelöst bleiben. Zumindest zu ihren Lebzeiten.

Die Illuminaten

Gibt man den Begriff »Illuminati« bei Google ein, erhält man über 39 Millionen Treffer. Die meisten thematisieren den geheimen Plan einer globalen Elite, eine Neue Weltordnung zu schaffen, und zwar mittels des strategischen Einsatzes von Gedankenkontrolle, Attentaten und Dreiecken. Wie der Header einer dieser Webseiten, *The Vigilant Citizen*, proklamiert: »Nicht Worte oder Gesetze regieren die Welt, sondern Symbole.« Hinter der Welt der Erscheinungen, in der wir leben, gibt es unheimliche Machenschaften. Hat man das erst erkannt, fällt es einem wie Schuppen von den Augen, dass Lady Gaga eine Marionette der Illuminaten ist. Warum sollte sie wohl sonst in einem ihrer Videoclips mit ihren Schenkeln ein Dreieck bilden und ein Auge bedecken? Mehrere Rapper verwiesen Mitte der 1990er Jahre in ihren Texten auf die Verschwörung der Illuminaten. Deren berüchtigter Ruf war jedoch zwei Jahrhunderte zuvor entstanden und zum Großteil der Tatsache geschuldet, dass der Abbé Barruel in seinen *Denkwürdigkeiten zur Geschichte des Jakobinismus* die Illuminaten als die maßgeblichen Strippenzieher des freimaurerischen Komplotts hinter der Französischen Revolution identifiziert hatte.

Dies alles ist meilenweit von der wahren Geschichte der Illuminaten entfernt, die in Deutschland ihren Ursprung hatten, wo sich die Freimaurerei ähnlich entwickelte wie in Frankreich. Berlin, die preußische Hauptstadt, war die Heimat eines der internationalen Galionsfiguren der Bruderschaft: König Friedrichs II. von Preußen, eines Freundes von Voltaire. Ende der 1730er Jahre, als die Freimaurerei im Verruf stand, subversiv zu sein, hatte sich der damalige Prinz Friedrich dafür begeistert. Und nachdem er König geworden war, verhalf er ihr zu Ansehen. Doch Friedrichs Interesse schwand, als die Freimaurerei zur Modeerscheinung wurde und immer mehr Menschen in die Logen drängten. Genau wie in Frankreich stürzten die Einführung des Schottischen Ritus und der Kult um die Tempelritter die Deutsche Freimaurerei in ein Chaos von »Absonderlichkeiten, Widersprüchen und Rätseln«. Brüder ließen sich wegen imaginärer masonischer Befehlsstrukturen, wegen Bänder und Orden, die in der Außenwelt keinerlei Bedeutung hatten, zu Eifersucht, Hass und Intrigen hinreißen. Die Logen fingen an, Brüder, die keiner oberen Schicht angehörten, von den höheren Graden auszuschließen, erlaubten sich finanzielle Eskapaden und gaben weitaus mehr Geld für ihre Feste aus als für wohltätige Zwecke. Einem gut informierten Beobachter zufolge überschwemmten vermeintliche Wunderwirker und regelrechte Hochstapler die deutsche Freimaurerei mit den »Verrücktheiten aus Asien und China, mit Allheilmitteln, der Kunst, Gold oder Diamanten herzustellen, Unsterblichkeitstränken und so weiter«.

In den 1780er Jahren war die Freimaurerei in Deutschland bereits weitverbreitet. Genau wie in Frankreich war sie jedoch auch eine herbe Enttäuschung für all jene, die gehofft hatten, dass all das masonische Gerede von Bruderschaft, Toleranz und Vernunft tatsächlich einen positiven Einfluss auf die Welt als Ganzes haben würde. Das politische Klima brodelte in ganz Europa, und einige gewannen den Eindruck, dass die Logen sich vor ihrer Verantwortung im Kampf der Aufklärung gegen Aberglauben und Despotismus gedrückt hätten. In Deutschland wie in Frankreich sah es ganz danach aus, als hätte die Freimaurerei ihre Blütezeit bereits hinter sich. Ein Mann, der diese Meinung teilte, war Adam Weishaupt, ein junger Universitätsprofessor aus dem bayerischen Ingolstadt. Als Reaktion gründete er einen Geheimbund, dessen Einfluss bescheiden und dessen Lebensspanne kurz war, der aber die berüchtigtste Variante der Freimaurerei aller Zeiten werden sollte.

Weishaupt hatte sich vor nicht allzu langer Zeit zu den radikalsten Ideen der Französischen Aufklärung bekehrt und träumte seitdem von einer Geheimgesellschaft, die dem Despotismus und dem Aberglauben ein Ende setzen würde. 1776 nahmen seine Pläne Gestalt an, als er seine Lieblingsstudenten in den Bund aufnahm, der bald der Illuminatenorden werden sollte. Die neue Gruppe bestand zwar nur aus fünf Mitgliedern, aber sie hatte nichts weniger im Sinn als die Schaffung eines Reiches der Freiheit, Gerechtigkeit und Vernunft für die ganze Welt. Leider gab es Widersprüche in Weishaupts Plan, welche die Gruppe für die gesamte Dauer ihrer kurzen Existenz behindern sollte. Ihre universellen Ziele vertrugen sich schlecht mit der Tatsache, dass ihre eigentliche Botschaft nur einem ausgewählten inneren Zirkel bekannt war. Überdies sollte Weishaupts idealer Illuminatus einen extrem unabhängigen kritischen Geist mit dem unbedingten Gehorsam gegenüber der Ordenshierarchie in Einklang bringen.

Adam Weishaupt (1748–1830),
Gründer der berüchtigten Illuminaten

Weishaupt strebte eine dreistufige Organisation an. Die jungen Lehrlinge ganz unten wurden von den Anführern bei ihren ersten Schritten überwacht. Auf der zweiten Stufe, der »Minerva« geweiht, sollten die Anhänger ein intensives und breitgefächertes Studium durchlaufen. Nur die klügsten und besten würden die dritte Stufe erreichen, den Areopagus (nach einem Ältestenrat im antiken Athen benannt), auf der sie die wahren Absichten der Illuminaten erfahren und eine Strategie ausarbeiten würden.

Doch dieses Organisationsschema blieb kaum mehr als ein Plan. Die Illuminaten wuchsen in den frühen Jahren quälend langsam. Weishaupt verabscheute die Freimaurerei und tat ihre Rituale und Symbole verächtlich als »blanken Unsinn« ab. Und doch erkannte er, dass die Illuminaten genau solchen Unsinn brauchten, wenn sie künftig Mitglieder der Oberschicht anziehen wollten. Nachdem er in München einer Templerloge beigetreten war, kam er auf die Taktik, die seinen Geheimbund endlich über Bayern hinaus und auch mehr als ein paar Dutzend Mitgliedern bekannt machen würde: Die Illuminaten würden Freimaurerlogen unterwandern und sie ihren Absichten unterwerfen.

Kurz nachdem die Illuminaten ihre erste Loge unter ihre Kontrolle gebracht hatten, im Januar 1780, wurde ein adeliger Journalist aus dem Hause Hannover für die Sache gewonnen. Knigge war ein Demokrat, ein produktiver Autor und ein mystischer Freimaurer. Allerdings war er zutiefst enttäuscht gewesen, als seine ehrgeizigen Pläne für einen völlig neuen Ritus, der darauf abzielte, einen höheren Seinszustand zu erlangen, von den masonischen Obrigkeiten abgelehnt wurden. Die Illuminaten stellten für Knigge just den radikalen Bruch dar, den er brauchte; ihr rationalistisches, emanzipatorisches Programm bot ihm eine neue Möglichkeit, seinen Traum zu verwirklichen: Er würde die Freimaurerei erneuern und einem erhabenen Ziel zuführen. Knigges umfangreiches Netzwerk aus freimaurerischen und gesellschaftlichen Kontakten öffnete den Illuminaten eine Pforte in den Norden Deutschlands. Täglich arbeitete er sechzehn Stunden in seinem Bockenheimer Büro und verpfändete sogar sein Silber, um Portogebühren bezahlen zu können. Dass die Illuminaten zu ihrer Blütezeit grob geschätzt sechshundert bis tausend Mitglieder zählten, ist größtenteils ihm zu verdanken.

Nichtsdestoweniger war es eher die Qualität der Mitglieder, die zählte, als ihre Quantität. Nach diesem Kriterium war die Leistung des Ordens beachtlich. Mehrere Prinzen und Herzöge traten ihm bei, wie auch eine ganze Reihe Angehörige des niederen Adels. Den Großteil der Mitglieder bildeten Regierungsbeamte, Journalisten und Akademiker. Geschäftsleute schreckte das außerordentlich anspruchsvolle Curriculum des aufklärerischen Bildungsprogramms ab. Der berühmteste Illuminat von allen war dem Studium weniger abgeneigt: der Schriftsteller und Geheime Rat des Großherzogs Karl August von Sachsen-Weimar-Eisenach, Johann Wolfgang von Goethe. Es ist allerdings möglich, dass Goethe dem Orden nur beitrat, um für den Herrscher ein Auge auf die Gesellschaft zu haben.

Die Illuminaten wuchsen, obwohl sie sich in einem Zustand des Wandels befanden. Knigge, der offiziell nur der zweiten Stufe der Organisation angehörte, schrieb verzweifelte Briefe an Weishaupt, er wolle mehr erfahren. Er war gezwungen gewesen, seine Mitglieder hinzuhalten, sobald sie verlangten, für ihre Studien belohnt zu werden und Zugang zu höheren Graden und mehr Wissen zu erlangen. Weishaupt entgegnete beschämt, der Illuminatenorden sei noch immer im Aufbau begriffen, und lud Knigge 1781 nach Bayern ein, um mit ihm gemeinsam ein angemessenes Programm auszuarbeiten.

Die sich daraus ergebenden Diskussionen bestätigten Weishaupt in seinen endgültigen Zielen: Über die Freimaurerlogen würden die Illuminaten die höchsten Ränge der verschiedenen deutschen Staaten infiltrieren, indem sie deren Regenten Berater zur Seite stellten, die die Regierung in eine aufklärerische Richtung lenken sollten. Hätten die Massen erst ihr eigenes Potenzial zur Selbstverwirklichung entdeckt, prophezeite Weishaupt, würden »Fürsten und Nationen friedlich vom Erdboden verschwinden, werde die Menschheit eine Familie und die Welt ein Hafen aus vernünftigen Menschen« sein. Die Illuminaten waren eine gewaltlose Verschwörung. Das Problem war nur, dass ihren Mitgliedern weder bewusst war, wie die Gesellschaft, die zu schaffen sie sich verschworen hatten, genau aussehen, noch, mit welchen Methoden sie eigentlich entstehen sollte.

Das Ganze währte nicht lange. Knigge schied Ende 1783 aus, erschöpft von den endlosen Streitereien mit dem anmaßenden Weishaupt. Einige konservative Mitglieder wurden im Frühjahr 1784 abtrünnig und informierten die bayerische Obrigkeit. Geheimgesellschaften wurden im Juni desselben Jahres verboten, und die Illuminaten im darauffolgenden März explizit als »verräterisch und der Religion feindlich gesinnt« verurteilt. Weishaupt flüchtete aus Bayern, und seine Organisation zerfiel.

Als der Skandal aufflog, waren die meisten ehemaligen Illuminaten verblüfft über so viel Aufhebens. Nur eine kleine Minderheit war zum Areopagus vorgedrungen, dem innersten Heiligtum der Bruderschaft. Für die Mehrheit war der Orden nur ein besserer Buchclub gewesen.

Es mag Illuminaten in einflussreichen Positionen an den deutschen Höfen gegeben haben, doch hatten sie nicht genügend Einfluss, um Weishaupts Programm umzusetzen – vor allem, weil sie keine Ahnung hatten, dass es überhaupt so etwas wie ein Programm gab.

Es ist wohl Ironie des Schicksals, dass ausgerechnet ein so glückloser Verschwörer wie Adam Weishaupt unabsichtlich einem der umfassendsten aller Verschwörungsmythen zur Geburt verholfen und dazu beigetragen hatte, dass die Verschwörungstheorie heutiger Prägung überhaupt entstehen konnte. Die Geschichte der Illuminaten befeuerte die Phantasie konservativer Geistlicher und Akademiker, die im Handumdrehen eine regelrechte Illuminatenpanik zusammenbrauten, indem sie Weishaupts Anhänger als gottlose »Sodomiten« und mordgierige Feinde der Gesellschaft porträtierten. Autokratische Regierungen hatten nunmehr das Stichwort, das sie brauchten, um mit aller Härte gegen die Freimaurer und liberale Ideen jedweder Art vorzugehen. Die ursprüngliche Illuminatenangst wuchs sich zu einem tiefsitzenden Schrecken vor subversiven Geheimgesellschaften aus. Plötzlich meldete sich allerorten eine Idee zurück, die seit den 1740er Jahren vergessen schien: Die Freimaurer seien die Hüter gefährlicher Geheimnisse. Dank der Illuminaten wurden die Ängste vor masonischer Geheimniskrämerei um ein Vielfaches heimtückischer. Vergeblich versuchten die Freimaurer, den Vorwürfen, ihre Bruderschaft sei subversiv und verschwörerisch, mit dem Hinweis auf die große Zahl guter Freimaurer und ihre grundsätzliche Treue zur etablierten Obrigkeit entgegenzuwirken. Nur die Dummen, hieß es im Gegenzug, nähmen die Freimaurerei für bare Münze, weil sie nämlich wie ein teuflisches System chinesischer »Geheimniskästchen« funktionierte – ineinandergeschachtelte Fächer, ein jedes geheimer und unheilvoller als das vorhergehende. Hinter den Logen Geheimlogen. Hinter den Geheimlogen die Illuminaten. Und hinter den Illuminaten ein bösartiger Drahtzieher, der seine Anhänger in geradezu mesmerischer Weise unter Kontrolle hatte. Die panische Angst vor den Illuminaten trug dazu bei, dass die Verschwörungstheorien zu den Freimaurern jedem Gegenbeweis trotzten. Gleichzeitig bewirkte die Zersplitterung der Freimaurerei, veranschaulicht durch den

Schottischen Ritus, dass sie keine einheitliche Stimme mehr besaß, die sich selbst gegen die ungeheuerlichsten Vorwürfe wirksam hätte zur Wehr setzen können. Und dies ausgerechnet zu einem Zeitpunkt, da ein politisches Erdbeben in Frankreich die Vorwürfe umso ungeheuerlicher machte.

Der Abbé Barruel

Die Französische Revolution nahm 1789 ihren Anfang, als sich das Gerangel zwischen König und Adel um Steuern unversehens zu einem Flächenbrand auswuchs, befeuert durch den euphorischen Wunsch nach einer neuen Ära der Freiheit. Nicht mehr die Monarchie, sondern die Nation sollte fortan die Souveränität innehaben. Die Regierung sollte der öffentlichen Meinung verpflichtet sein, nicht mehr Cliquen aus Adel und Geistlichkeit. Das Recht sollte über die Privilegien triumphieren. Noch nie zuvor hatte sich eine Gesellschaft so umfassend neu erfinden wollen.

Doch angesichts einer aufsässigen Opposition im In- und Ausland brachte der Versuch, die Träume von 1789 zu verwirklichen, den Aufruhr. Gewalt begleitete die Revolution auf Schritt und Tritt. Das Volk übte Vergeltung an den Vertretern des alten Regimes und wehrte sich gegen die Unbeholfenheit des neuen. Radikale, die aus Leibeskräften danach schrien, die Revolution voranzutreiben, stießen auf brutale Unterdrückung seitens derer, die sie einzudämmen suchten. Das neue Frankreich zog gegen seine ausländischen Feinde in den Krieg, und der Krieg trieb die Revolution zum Äußersten. Die Republik wurde ausgerufen, und König Ludwig XVI. hingerichtet. Gegner wurden immer häufiger als Verräter gebrandmarkt, während in jedem Schatten Spione und Intriganten zu lauern schienen. Das Blutvergießen war oft von theatralischer Grausamkeit: Gewehre und Kartätschen, die in Menschenmengen feuerten; abgetrennte Köpfe, auf Piken und Torpfosten gespießt; zerstückelte Leichen.

Unter den Jakobinern geriet Frankreich in einen Kampf auf Leben und Tod, die »Terrorherrschaft« von 1793–94. Die konstitutionelle Regierung wurde abgeschafft. Im Westen des Landes löste ein Ruf zu den Waffen eine Rebellion aus: Über hunderttausend Menschen fanden im Zuge heftiger Kämpfe den Tod. In Paris wurden sogenannte Konterrevolutionäre zu Dutzenden enthauptet. Doch selbst als sich die militärische und ökonomische Situation verbesserte, nahmen die Hinrichtungen weiter Fahrt auf, weil die Jakobinerführer untereinander Rechnungen zu begleichen hatten.

Je mehr der Schrecken zunahm, desto verbissener wurde die Suche der Revolutionäre nach ideologischer Reinheit. Für einige war der Terror die Pforte zu einem Reich der Tugend. Die Revolutionäre hatten bereits die Religionsfreiheit proklamiert, das Eigentum der Kirche konfisziert und die Kirche dem Staat untergeordnet. Jetzt suchten sie die Religion durch ein gänzlich neues Credo zu ersetzen, den Kult des Höchsten Wesens oder den Kult der Vernunft.

Den Feinden der Revolution kam es so vor, als hätte sich ein Kult der Geisteskrankheit Bahn gebrochen. Der Terror förderte die wahre Bedeutung der optimistischen Schlagworte von 1789 zutage. Und wenn der Terror für die Revolution stand, dann stand ein Gerät für den Terror: die Guillotine. Joseph-Ignace Guillotin, Arzt, Freimaurer und Mitglied der Loge Neuf Soeurs, träumte von einer »mechanischen Enthauptung«, obschon er das Modell, das dann zum Einsatz kam, nicht selbst entwickelte. Wie viele seiner Mitbrüder war er im Zuge der idealistischen Frühphase der Revolution von aufklärerischem Denken inspiriert. Während des alten Regimes wurden Delinquenten auf das Rad geflochten oder gehängt, ausgeweidet und gevierteilt. Im neuen Zeitalter der Vernunft, so das Argument des Dr. Guillotin, sollte eine Hinrichtung dagegen schnell und schmerzlos vonstattengehen. Am 25. April 1792 war ein bewaffneter Räuber der erste Mensch, der unter dem Fallbeil starb.

Im folgenden Jahr, während der Schreckensherrschaft, raffte das »nationale Rasiermesser« Tausende Opfer dahin und führte Dr. Guillotins humanitäre Idee ad absurdum. Die Geschichten und Bilder von der Place de la Révolution in Paris, auch wenn sie wahrscheinlich über-

Bruder Dr. Joseph-Ignace Guillotin (1738–1814) demonstriert seine Idee zu einer Enthauptungsmaschine. Aus einer späteren Darstellung.

trieben waren, sollten noch jahrzehntelang durch Europas Albträume spuken: Menschenmassen, die warnend riefen, wenn die Karren vorüberrumpelten; alte Frauen, die seelenruhig strickten, während das Beil niederfuhr; das Blut, das über die Pflastersteine spritzte und große Lachen bildete, an denen die Hunde leckten.

Am 10. August 1794 wurde schließlich die Galionsfigur des Terrorregimes, der Jakobinerführer Maximilien de Robespierre selbst geköpft. Und bald nahm man an den Jakobinern blutige Rache.

Für den Abbé Barruel, der in der Sicherheit seines Hauses in der Edgware Road über masonischen Schriften brütete, waren die Ursprünge der Französischen Revolution bereits sehr alt: Sie reichten zurück zu den Anfängen von Satans Feldzug gegen die Kirche Christi im Babylonien des dritten Jahrhunderts: Der Manichäismus, die früheste vieler teuflischer Häresien, lehre, dass es in der großen Schlacht zwischen Gut und Böse Erleuchtung zu suchen gelte, indem alle Religionen sich zu einem allumspannenden Credo vereinten. Christus wäre demnach nicht länger der Weg, die Wahrheit und das Leben, sondern nur ein spirituelles Vorbild unter vielen. In anderen Worten, das Christentum sollte in einer giftigen synkretistischen Suppe ertränkt werden, so Barruel. Ihren Meistern, den Manichäern, folgend, würden die Freimaurer ihren Anhängern nun dieselbe Suppe vorsetzen unter dem irreführenden Etikett der »religiösen Toleranz«.

Später hätten die »monströsen«, »unfrommen« Templer, die dem ziegenköpfigen Götzen Baphomet huldigten, den Plan der Manichäer weitergesponnen. Nachdem sie durch den Papst und den König von Frankreich zurückgedrängt worden seien, hätten die Überlebenden geschworen, sich an allen Monarchen, Päpsten und Erscheinungsformen des Christentums zu rächen. Sie hätten Zuflucht in Schottland genommen, wo sie sowohl ihre Mysterien als auch ihren Rachedurst in die Freimaurerei einbrachten.

Doch diese schrecklichen Geheimnisse im Herzen der masonischen Überlieferungen, so der Abbé Barruel, seien teuflisch gut verhüllt. Das zentralisierte System der Freimaurer aus Schwüren und Graden diene zweierlei Zielen: Zum einen solle es die finsteren Absichten der Bruderschaft verbergen, zum anderen neue Mitglieder dazu verführen, sich immer noch stärkere Dosen der süchtig machenden Ideologie einzuverleiben. Gutgläubige Freimaurer würden so immer tiefer in das System hineingezogen, bis sie schließlich jede Fähigkeit, ihm zu widerstehen, verloren hätten. Von den gewöhnlichen Logen stiegen sie zu den okkulten Logen auf. Ausgehend von den Einführungsgraden gelangten sie Stufe um Stufe bis hinauf zum Ritter Kadosch-Grad. Dort erfolge dann die haarsträubende ultimative Offenbarung: Die masonischen Losungen von Bruderschaft und Freundschaft, so traulich und sanft, wenn man sie zum ersten Mal vernehme, bedeuteten in Wahrheit nichts weniger als den »Krieg dem Christ und seiner Verehrung«, und

Sir Christopher Wren mit der St.-Pauls-Kathedrale, seiner großartigsten Schöpfung. Wrens engste Mitarbeiter waren Mitglieder einer geheimen Bruderschaft namens Acception. Die Fertigstellung der Kathedrale im Jahr 1710 und die Übernahme des Thrones durch das Haus Hannover 1714 beschleunigten den Wandel der Acception zur Freimaurerei, wie wir sie heute kennen.

Schottlands Salomon, König Jakob VI. 1598 wurden schottische Bauhütten neu strukturiert und die Steinmetze von der Renaissancekultur an Jakobs Hof inspiriert – ein wesentlicher Schritt in der Entwicklung der Freimaurerei.

Interieur einer typischen Loge. Unter Jakob VI. wurden aus den bescheidenen Bauhütten der Steinmetze zum ersten Mal Gedächtnistempel, in denen auf einem Schachbrettboden mit Symbolen Rituale dargestellt werden. Dieser besondere Logenraum in Paris wurde 1948 eingeweiht und nach Franklin Delano Roosevelt benannt.

Poesie und Musik hatten schon immer einen besonderen Stellenwert in der Kultur der Freimaurer. 1787 feiern Freimaurer Robert Burns als ihren Poeta Laureatus. Die Szene, die in Edinburghs Loge »Canongate Kilwinning« spielt, dem ältesten eigens erbauten Logentempel der Welt, ist eine zum Teil fantastische Rekonstruktion aus dem Jahre 1846.

Die Loge »Zur wahren Eintracht« in Wien in den 1780er Jahren. Sie war eine der Logen, die Wolfgang Amadeus Mozart frequentierte. Viele Freimaurer behaupten, dass die Figur unten rechts Mozart darstelle.

Diplomat, Spion, Fechtmeister und leidenschaftlicher Freimaurer: die Chevalière d'Éon auf einem Porträt des Jahres 1792. Diskussionen über d'Éons Geschlecht brachten englische Freimaurer in große Verlegenheit.

Herzog Philippe d'Orléans, gemalt 1781 als Großmeister des Grand Orient de France. Der Herzog, Vetter König Ludwigs XVI., war ein Befürworter der Französischen Revolution und legte sich später den Namen Philippe Égalité zu. Er starb 1793 durch die Guillotine.

Der Freimaurer als Scharlatan. James Gillrays Karikatur eines Logentreffens von 1786 zeigt den sizilianischen Erzbetrüger Graf Cagliostro, rot gekleidet. Cagliostro reiste durch Europa und ging dabei mit seiner okkulten »ägyptischen Maurerei« hausieren.

Eine Schwester wird in die Freimaurerei eingeführt. (Napoleonisches Kaiserreich, um 1810.) Adoptionslogen, die Brüder und Schwestern willkommen hießen, kamen im Frankreich des achtzehnten Jahrhunderts auf.

Napoleon und Joséphine als Objekte eines freimaurerischen Kultes (Mitte des 19. Jahrhunderts). Obwohl Bonaparte selbst kein Freimaurer war, nutzte er als Kaiser die Bruderschaft, um sein Regime zu stärken. Seine Gemahlin Joséphine de Beauharnais wurde 1792 in eine Adoptionsloge initiiert.

Joachim Murat, Napoleons Schwager, 1812, prächtig als König von Neapel dargestellt. Murat war Großmeister des Grande Oriente di Napoli. Während seiner Herrschaft entstand der revolutionäre Geheimbund der Carbonari, eng verwandt mit den Freimaurern.

Zwei Aufrührer des Köhler-Aufstands von 1820, Michele Morelli und Giuseppe Silvati, werden nach der Niederschlagung des Aufstands in Neapel hingerichtet. Sie galten in Italien bald als patriotische Märtyrer, wie in dieser Illustration von 1889.

Als Präsident nutzte George Washington die Freimaurerei wie eine zivile Religion. Er sollte daher von Generationen amerikanischer Freimaurer verehrt werden. Die beiden Logenbrüder in den oberen Ecken dieser Komposition aus den 1860er-Jahren sind Lafayette und Präsident Andrew Jackson.

Der blutige Angriff auf Fort Wagner 1863 machte die Männer des 54. Massachusetts, des ersten afroamerikanischen Regiments aus dem Norden, das im Amerikanischen Bürgerkrieg kämpfte, zu Helden. Freimaurer der Prince-Hall-Tradition übernahmen die Rekrutierung für das 54., und viele seiner Unteroffiziere waren Freimaurer.

Der Sklavereigegner Martin Delany, bekannt als Vater des schwarzen Nationalismus, war ein hochrangiger Prince-Hall-Freimaurer.

den »Krieg den Königen und ihren Thronen«. Dies sei die böse Mission, die in der Französischen Revolution erfüllt werden sollte.

Doch die Freimaurerei sei nicht die einzige Verschwörung gewesen, die in die Revolution gemündet war. Barruel erklärte, dass die mörderische Herrschaft der Jakobiner, des fanatischsten Flügels der Revolution, ihren Anfang genommen habe, als die Freimaurerei mit zwei weiteren großen Intrigen verschmolzen sei.

Die erste sei jene der *Philosophes* gewesen, der Denker und Reformer, die in der Ära der Aufklärung das Christentum zu vernichten trachteten. In ihren Reihen gebe es drei Drahtzieher: Jean d'Alembert, den Mathematiker und Herausgeber der *Encyclopédie*, jenes großen Kompendiums rationalistischer Häresie; den Preußenkönig Friedrich II., der die Zensur abgeschafft, die Religionsfreiheit eingeführt und sich mit gottlosen Intellektuellen umgeben habe; und schließlich den unseligsten von allen, den produktiven Ungläubigen Voltaire. Indem sie der Vernunft und Toleranz das Wort geredet hätten, so Barruel, hätten diese Männer zu Atheismus und Sittenlosigkeit angestiftet. Die *Philosophes* hätten sich zu den Logen hingezogen gefühlt und ihre Verschwörung gegen das Christentum mit den Umsturzplänen der Freimaurer verbunden. Der letzte *Philosophe*, der sich der Bruderschaft anschloss, sei zugleich auch der einflussreichste gewesen. Voltaire sei zwar lange Zeit ein Monarchist gewesen, räumte der Abbé Barruel ein. Aber insgeheim, mit zunehmendem Alter, sei er immer fanatischer geworden, bis er sich 1778 in die Loge der Neuf Soeurs habe initiieren lassen.

Der letzte Funke, der noch gefehlt habe, um die Französische Revolution zu entfachen, erklärt uns Barruel, sei das Erscheinen des dritten und tödlichsten Zweiges der Verschwörung. Er führe einen schwarzen Kreuzzug gegen jede Form von Religion, Regierung, Eigentum und Gesetz – kurzum, gegen jegliche Art von sozialer Ordnung: der Orden der Illuminaten. Er sei im Deutschland der 1780er Jahre nur zum *Schein* aufgelöst worden. In Wirklichkeit habe er metastasiert, indem er eine Abordnung nach Frankreich entsandt habe, getarnt als Anhänger von Mesmers Theorie des animalischen Magnetismus. In Paris angekommen, hätten diese Illuminaten unverzüglich die hochrangigsten

Freimaurer und *Philosophes* in ihre Reihen gelockt und die gesamte masonische Gesellschaft zu ihrem anarchischen Programm der allgemeinen Auflösung bekehrt. Es sei die Geburtsstunde der Jakobiner gewesen und Frankreichs Schicksal damit besiegelt.

Barruel behauptete, über Insiderwissen zu verfügen, weil er selbst einmal Freimaurer gewesen sei. Wohl wissend, wie argwöhnisch die Bruderschaft sei, habe er Ausflüchte gefunden, wann immer die Eide, die er habe schwören müssen, allzu kompromittierend geworden seien. Seine Quellen, die er aus Sicherheitsgründen nicht enthüllen könne, hätten ihm die verborgenen Absichten der Hauptverschwörer zugetragen. Bedauerlicherweise habe er die verfänglichsten verschwörerischen Briefe verloren, aus denen er zitiere.

In unseren Augen ist diese Beweisgrundlage genauso fadenscheinig wie die Theorie, die sie vertritt. Doch nur wenige Monate nach Veröffentlichung von Barruels Schrift erhielt sie Unterstützung durch John Robison, einen führenden Physiker und Mathematiker an der Universität von Edinburgh. Dieser veröffentlichte ein Buch, in dem er auf weitreichende subversive Machenschaften der Freimaurer und Illuminaten verwies. Barruel und Robison hatten völlig unabhängig voneinander gearbeitet. Dank der auffälligen Ähnlichkeiten zwischen ihren Schlussfolgerungen war ihre Theorie bald in Stein gemeißelt. Die Vereinigten Staaten hatten 1798 panische Angst vor den Illuminaten. Sogar Großbritannien wurde von der Angst vor Geheimbünden erfasst. 1799 verabschiedete das Parlament den Unlawful Societies Act, der sämtliche Verbindungen untersagte, die ihre Mitglieder ein Gelübde ablegen ließen; die Freimaurer mussten alle Register ziehen, um nicht verboten zu werden.

Die Schwachstellen in den *Denkwürdigkeiten zur Geschichte des Jakobinismus* lohnen nicht die Mühe, sie im Einzelnen zu widerlegen. Viele der Männer, die Barruel für Mitglieder hielt, waren nichts dergleichen. Die Verbindungen der Bruderschaft zu den Manichäern und Templern, die Barruel als eine verdammenswerte Realität darstellte, waren in Wahrheit die von den Maurern des Schottischen Ritus selbst gesponnenen Mythen. Das höchste Zugeständnis, das ein moderner

Historiker in Sachen Französische Revolution Barruels Analyse einzuräumen bereit wäre, ist die Tatsache, dass das Gleichheitsprinzip innerhalb der Logen auf die Entstehung der politischen Clubs Einfluss hatte, auch den der Jakobiner, die für die Ereignisse der 1790er Jahre so bedeutend war. Um die Idiotie der Behauptung zu entlarven, die Französische Revolution sei einer masonischen Verschwörung geschuldet, braucht man sich nur zu vergegenwärtigen, was nach 1789 mit vielen Logenbrüdern geschah.

Gleichstellung der Bürger

Mit der Freimaurerei ging es rasch bergab, als der Wind der Revolution durch die Lande fegte. Einige Brüder wurden in den politischen Sturm hineingezogen, andere in die Verbannung getrieben. 1793 betrachtete das Jakobinerregime die Bruderschaft längst mit tiefem Misstrauen: Ihre Geheimniskrämerei schien mehr denn je eine Bedrohung für den Staat zu sein, und ihre aristokratischen Anführer galten aus demselben Grund als tatsächliche oder potenzielle Konterrevolutionäre. Bald würde der Grand Orient, der zwei Jahrzehnte zuvor so sorgfältig ausgeklügelt worden war, seine Funktionsfähigkeit verlieren.

Es gab zahlreiche Jakobiner, die keine Maurer waren – allen voran Robespierre –, und zahlreiche bedeutende Maurer, die keine Jakobiner wurden. Der aristokratische Bruder Augustin-Jean-François Chaillon de Jonville, der in den 1760er Jahren die Pariser Großloge geleitet hatte, flüchtete nicht nur – wie Barruel – vor der Revolution ins Ausland, sondern schrieb auch ein Buch, in dem er das gesamte revolutionäre Geschehen anprangerte.

Der namhafteste Freimaurer der damaligen Zeit war Louis-Philippe, Herzog von Orléans. Er diente über zwanzig Jahre lang als Großmeister des Grand Orient und stürzte sich begeistert in die Revolution, trat sogar den Jakobinern bei und nannte sich fortan »Bürger Philippe Égalité«. Im Januar 1793 sprach er sich in der Nationalversammlung dafür aus, seinen Cousin, König Ludwig XVI., auf die Guillotine zu schicken.

Damit leitete er freilich Wasser auf Barruels Mühlen, der schrieb, der Herzog sei vom Würgeengel persönlich geschaffen worden, um den blutigen Plan der Freimaurerei durchzuführen. Doch wie immer lässt Barruel Fakten beiseite, die mit seiner Verschwörungstheorie nicht im Einklang sind. Zum Ersten war Louis-Philippe eher eine Galionsfigur als ein begeisterter Maurer und ließ sich erst vier Jahre nach seiner Ernennung dazu herab, einer Zusammenkunft der Großloge beizuwohnen. Zum Zweiten hatte er der Todesstrafe gegen Ludwig XVI. nur unter Druck zugestimmt. Und drittens verleugnete er seine masonischen Verbindungen schon kurz nach der Hinrichtung des Königs: Im Vergleich zu der wirklichen Gleichstellung, die durch die Revolution herbeigeführt worden sei, sagte er, wäre die Bruderschaft nur ein »Phantom«. Und viertens wurde der arme »Bürger Gleichheit« im November 1793 von den Jakobinern guillotiniert. Die große freimaurerische Verschwörung ging für ihn also nicht gerade gut aus.

Auch viele andere von Barruels Freimaurern bekamen den Zorn der Revolution zu spüren. Der Politikwissenschaftler Nicolas de Condorcet steht ganz oben auf Barruels Liste von Verschwörern. Dabei verfasste er sein bekanntestes Werk im Untergrund, nachdem er von Robespierre und seinen Freunden als Verräter gebrandmarkt worden war. Nach neun Monaten wurde Condorcet gefasst und starb im Gefängnis, wo er seiner Hinrichtung entgegengesehen hatte.

Der Marquis de Lafayette, der französische Freimaurer und Held der Amerikanischen Revolution, unterstützte schon bald die Ideale von 1789; er war tatsächlich einer der maßgeblichen Autoren der *Erklärung der Menschen- und Bürgerrechte*, des Wertekanons der Französischen Revolution. Doch im August 1792 bewahrten ihn diese Referenzen nicht vor dem Haftbefehl, der ihn zwang, außer Landes zu fliehen.

Dr. Joseph-Ignace de Guillotin wäre um ein Haar durch die Enthauptungsmaschine gestorben, die seinen Namen trug. Er wurde von den Jakobinern ins Gefängnis gesperrt, aber nach Robespierres Tod wieder freigelassen. Tief enttäuscht von der Politik, widmete er sich für den Rest seines Lebens der Medizin und dem Versuch, die Guillotine umbenennen zu lassen.

»Der Märtyrer der Gleichheit« – Satirischer Blick Großbritanniens auf die Enthauptung von Philippe Égalité, ehedem bekannt als Louis Philippe II., Herzog von Orléans und Großmeister des Grand Orient von Frankreich (1747–1793).

Der Mystiker Jean-Baptiste Willermoz überlebte die Revolution in Lyon, musste aber zum Höhepunkt der Unruhen 1793 untertauchen. Sein Archiv okkultistischer Schriften nahm er mit.

Den aristokratischen Freimaurern erging es schlecht. Da die weiblichen Freimaurer größtenteils dem Adel entstammten, hatten *sie* überproportional zu leiden. Ehefrau und Schwester des Louis-Philippe Égalité, die beide in Adoptionslogen aufgenommen worden waren, wurden während der Schreckensherrschaft inhaftiert. Erst nach Robespierres Tod ermöglichte man ihnen die Flucht nach Spanien. Ein besonders entsetzliches Schicksal ereilte Marie-Thérèse-Louise de Savoyen-Carignan, die Fürstin von Lamballe. Diese namhafte *Maçonne* hatte als Intendantin des königlichen Haushalts und Hofdame der Königin Marie Antoinette eine Schlüsselposition inne. Sie wurde 1777 in eine Adoptionsloge initiiert und 1781 zur Großmeisterin der Schottischen Mutterloge gewählt. Fest entschlossen, nach dem masonischen Freundschaftscode zu leben, wich die Fürstin Marie Antoinette nicht von der Seite, selbst als die Königin nach der Revolution zu einer Hassfigur wurde. Ihre Loyalität sollte sie teuer zu stehen kommen. Der Historiker, der die Freimaurerei der Fürstin sehr genau studiert hat, beschreibt, was ihr im September 1792 widerfuhr: »Sie wurde inhaftiert und nach einem kurzen Schauprozess exekutiert. Ihren enthaupteten Leib schleifte man, entsetzlich verstümmelt, durch die Straßen und legte ihn vor Marie Antoinettes Kerkerfenster ab, um die Königin zu schikanieren. Ihr Kopf wurde auf eine Pike gespießt und umhergetragen.«

Schließlich wäre noch der einzigartige Fall der Chevalière d'Éon zu nennen, die ihre letzten Jahre im sicheren England verbrachte. Der Sturz der Monarchie setzte jedoch der königlichen Apanage ein Ende, die ihr einziger Lebensunterhalt war. Damit begann ihr langsamer Abstieg in die Würdelosigkeit: Sie war gezwungen, mit Vorführungen ihrer Fechtkunst und dem Verkauf ihrer Habseligkeiten Geld zu sammeln. Als sie 1810 verstarb, war sie völlig verarmt. Eine Leichenschau bestätigte, dass sie biologisch ein Mann gewesen war. Natürlich tragen diese anatomischen Fakten wenig dazu bei, ihr Rätsel zu lösen. Doch reichten sie aus, um die britischen Freimaurer die Peinlichkeit vergessen zu lassen, die durch die d'Éon-Affäre entstanden war, und eine Verschleierungsgeschichte ins Leben zu rufen – auch wenn sie nicht mit den Tatsachen übereinstimmte. Der irische Freimaurerhistoriker W. J. Chetwode Crawley stellte 1903 folgende Überlegung an: »Einmal angenommen, dass der Chevalier d'Éon aufgrund der gehässigen Gerüchte, die jahrelang über sein wahres Geschlecht kursierten, nicht mehr im vollen Besitz seiner geistigen Kräfte war und unter der Halluzination litt, er sei tatsächlich weiblichen Geschlechts, so wäre alles erklärt.« Für Chetwode Crawley war d'Éon geisteskrank und verdiente daher brüderliches Mitgefühl.

Obwohl sie so grundlegend falsch waren, sorgten die *Denkwürdigkeiten zur Geschichte des Jakobinismus* des Abbé Barruel dafür, dass das bedeutendste Vermächtnis der Geschichte der Freimaurerei aus der Ära der Französischen Revolution der Mythos von einer masonischen Verschwörung war. Als Pulverdampf und Parolen der Französischen Revolution auch auf andere Teile Europas übergriffen, entdeckten ironischerweise viele Verschwörer die Freimaurerei als ein Strickmuster für ihre eigenen Intrigen. In Italien mutierte der Verschwörungsmythos wie nirgendwo sonst zur Wirklichkeit.

6 NEAPEL

Eine wütende Seuche

Freimaurerei im Reich Napoleons

Wir wissen nicht, ob Napoleon Bonaparte je bei den Freimaurern war. Falls er initiiert wurde, dann 1798 oder 1799, als er noch General Bonaparte war. Zu dieser Zeit lebte die Freimaurerei nach dem Ende des Jakobinerterrors wieder auf, wenn auch unter dem wachsamen Auge der Polizei, und ihre Zukunft war weiterhin ungewiss. Im November 1799 riss Napoleon im Zuge eines Putsches die Macht an sich. 1804 krönte er sich selbst zum Kaiser. Er sah sich einer Entscheidung gegenüber, die schon viele Herrscher vor ihm hatten treffen müssen: Sollte er die Freimaurer dulden oder ächten? Er tat weder das eine noch das andere. Die französischen Logen, die einst mit einer an Wildwuchs grenzenden Ideenvielfalt die Arkana des Schottischen Ritus erforscht hatten, wurden nun zu Steigbügelhaltern eines autoritären Regimes.

Napoleons Kaiserreich war zweifellos autoritär, aber der Kaiser selbst kein Konservativer: In jedem Land, das Bonaparte eroberte, war er bemüht, einen Staatsapparat aufzubauen, wie er ihn auch in Frankreich geschaffen hatte. Sein wichtigstes und vorrangigstes Ziel war es, die gewaltigen Armeen zu unterhalten, die für seine fortwährenden Feldzüge vonnöten waren. Die neue Modelladministration umfasste Neuerungen aller Art, von Gesetzeskodices und Polizeiapparaten bis hin zum metrischen System und den Hausnummern. Sie wurde zentralisiert, standardisiert und von Sachkundigen geleitet und nicht von aristokratischen Posteninhabern. In Frankreich wie in den Ländern, die es eroberte, bildete sich eine Klasse von Administratoren und Armeeoffizieren heraus, die den Staat am Laufen hielt: Diese Männer glaubten voller Stolz, dass sie wie der Kaiser ihre Positionen dem eigenen Talent verdankten, nicht dem Zufall ihrer Geburt.

Napoleons Bürokraten und Soldaten mussten sich vernetzen, und die Freimaurerei entsprach diesem Bedürfnis. 1803 wurde Napoleons Schwager Joachim Murat, obwohl er erst seit zwei Jahren Mitglied der Bruderschaft war, zum Großaufseher des Grand Orient in Frankreich gewählt. 1804, als Napoleon sich selbst die Kaiserkrone aufsetzte, wurde sein älterer Bruder Joseph Bonaparte zum Großmeister des Grand Orient bestimmt, und hochrangige Staatsmänner wie der gefürchtete Polizeiminister Joseph Fouché, wurden Großbeamte. Sogar die Kaiserin Joséphine trat dem Orden bei. Ihre masonischen Referenzen waren tatsächlich besser als die der übrigen Mitglieder des Bonaparte-Clans: Sie war 1792 in eine Strassburger Adoptionsloge initiiert worden. 1805, als Kaiserin, kehrte sie nach Straßburg zurück, um Hof zu halten. Sie besuchte ihre Mutterloge und ließ dort eine ihrer Ehrendamen initiieren. Es war eine öffentliche Angelegenheit, wie ein Bericht bezeugte: »Vielleicht gab es niemals zuvor eine so glanzvolle Adoptionsloge; die ganze Stadt nahm an diesen masonischen Feierlichkeiten teil.« In ihrer neuen, gezähmten Form wuchs und gedieh die französische Freimaurerei – vor allem die Militärlogen, die so gut darin waren, einen Korpsgeist zu schaffen. 1802 gab es gerade einmal vierzehn Logen in Frankreich. 1806 waren es schon wieder 624. Zu einer Zeit, da die Revolution die aristokratischen Protektionsnetzwerke zerrissen hatte, bot die Königliche Kunst eine Möglichkeit, hilfreiche Kontakte zu knüpfen. In diesem Prozess wurden die Logen auch zu Tempeln, in denen der Kaiserkult zelebriert wurde, und zu Informantenreservoirs für die Polizei.

Napoleon wertete die Kunst der Staatsführung in einer Art und Weise auf, die Europas Gesellschaften noch beeinflussen würde, wenn er längst von der Bühne abgetreten wäre. Sogar die Sprache seiner britischen Feinde bekam den Einfluss seiner Reformen zu spüren; das Französische *carrière* verlieh dem alten englischen Wort *career* für

»Weg« oder »Kurs« eine neue Bedeutung: *career* als beruflicher Aufstieg. Freimaurer fanden mühelos ihren Platz unter den militärischen und zivilen Karrieremännern in den Staaten des neunzehnten Jahrhunderts.

Die folgenden Seiten stellen dar, was geschah, als Napoleons Reichssystem, einschließlich seiner zahmen Version der Freimaurerei, dem Königreich Neapel aufoktroyiert wurde. Das Ergebnis war alles andere als zahm. Die Königliche Kunst geriet in einen Strudel aus Polizei, Spionen und Doppelagenten, aus Patrioten, Verschwörern und Revolutionären, aus Fanatikern, Banditen und Gangstern. Im Kielwasser der Französischen Revolution entstanden in vielen Unruheherden Europas pseudomasonische politische Bruderschaften. Beispiele sind unter anderem die Society of United Irishmen, der griechische Geheimbund Filiki Eteria und die russischen Dekabristen. Doch nirgendwo sonst blühte die Begeisterung für Geheimgesellschaften derart wie in Süditalien. Sie war, wie ein Beamter verzweifelt bemerkte, »gleich einer wütenden Seuche, die das ganze Volk erfasst hat«.

Großmeister Joachim Murat

Süditalien wurde durch die Französische Revolution grundlegend verändert. Ende des Jahres 1798 flüchtete König Ferdinand aus der Bourbonen-Dynastie angesichts eines französischen Vorstoßes aus der Hauptstadt Neapel. Zu Beginn des folgenden Jahres wurde mit Unterstützung einer französischen Armee eine Republik etabliert; geleitet wurde sie jedoch von neapolitanischen Intellektuellen, die beseelt waren von Freiheit, Gleichheit und Brüderlichkeit. Bereits nach wenigen Monaten, als die französischen Truppen abzogen, wurde die Republik mit einer Grausamkeit beseitigt, die sich als eine bittere Hypothek erwies. König Ferdinand kehrte auf seinen Thron zurück.

1806 flüchtete Ferdinand erneut vor der Streitmacht der Franzosen und fand Unterschlupf auf Sizilien – jenem Teil seines Königreiches, das unter dem Schutz der Royal Navy stand. Süditalien wurde Teil des Napoleonischen Kaiserreiches und von zwei französischen Königen regiert, denselben, die in Frankreich auf Anweisung des Kaisers die Domestizierung der Freimaurerei vorgenommen hatten. Zuerst trug Napoleons älterer Bruder Joseph die Krone. Zwei Jahre später, als Joseph König von Spanien wurde, war Napoleons Schwager Joachim Murat an der Reihe, sein kühnster Kavalleriekommandant.

Mit einem zuversichtlichen Lächeln im gutaussehenden Gesicht ritt Joachim am 6. September 1808 zum ersten Mal in Neapel ein. Gemäß den Wünschen des Kaisers war er nicht wie ein König gekleidet, sondern trug eine prächtige Version seiner Kavallerieuniform. Die Neapolitaner hatten die Botschaft der Kleidung sogleich entschlüsselt: Ihr neuer Regent war ein mächtiger Militär. Süditalien sollte, falls nötig unter vorgehaltenem Säbel, seine wichtigste Funktion aufrechterhalten und Geldmittel, Rekruten und *matériel* in die Kriegsmaschinerie des Kaisers pumpen.

Murats Auftritt sollte seinen Herrschaftsanspruch demonstrieren, von einem *élan* künden, von dem er annahm, er werde die Einheimischen beeindrucken. 1811, auf dem Gipfel seiner Macht, gab er ein Porträt in Auftrag, das jeden Betrachter sogleich in seinen Bann schlug. Weder das Schauspiel des rauchspeienden Vesuvs am Horizont, noch die hysterische Pose von Murats sich aufbäumendem Streitross vermögen von seinen Kleidern abzulenken. Anstelle des Sattels liegt ein Tigerfell ausgebreitet. Der König trägt spitze rote Stiefel und eine die Schenkel umspielende aprikosenfarbene Nankinghose mit zwei seitlichen scharlachroten Streifen. Eine schier panzerartige Ansammlung von Orden und Tressen ziert seine Brust. Sein seidener Tschako hält sich irgendwie auf seinen üppigen dunklen Locken, trotz des schweren Gehänges silberner Quasten an der Seite und der extravaganten weißen Federn, welche die Vorderseite schmücken.

Imagepflege war nicht die einzige Taktik während Murats Regierung. Genau wie in Frankreich sollte die Freimaurerei auch in Neapel eine Säule des bonapartistischen Regimes werden. Vor der Französischen Revolution waren die Freimaurer von den italienischen Regierungen mehr oder weniger geduldet worden. Als sich im Zuge der

Revolution die Furcht vor dem Umsturz in ganz Europa verbreitete, wurde die Bruderschaft verboten und musste fortan im Geheimen agieren. Im napoleonischen Italien hingegen wurde sie gleichsam offiziell. Nachdem Joseph Bonaparte 1806 den süditalienischen Thron bestiegen hatte, wurde er zum Großmeister des neapolitanischen Grand Orient erwählt – eine neue übergeordnete Instanz, die mit ähnlichen Gremien in Norditalien verbunden war, wo die Franzosen schon länger das Sagen hatten. 1808 hatte Joachim Murat sein Werk vollendet und die Freimaurerei in die napoleonische Monarchie implementiert: Er hatte die masonischen Hochämter Josephs übernommen und die Führungspositionen süditalienischer Logen mit ranghohen Regierungsbeamten besetzt. Viele von Murats ranghöchsten Beamten waren Großmeister.

Doch war in der napoleonischen Freimaurerei in Neapel nicht alles, wie es schien. Schon in seinem ersten Winter dort schrieb Murat an den Kaiser, er müsse ihn warnen, dass die Freimaurerlogen als »Korrespondenz-Stuben« für Verschwörer missbraucht würden. Masonische oder pseudomasonische Geheimgesellschaften, die sich gegen die Herrschaft Napoleons in Italien wehrten, waren nichts Neues. Im besetzten Norden Ende der 1790er Jahre erschienen franzosenfeindliche Bruderschaften wie die *Lega Nera* (»Schwarze Liga«) und die *Raggi* (»Strahlen«). Nach 1800 bildeten sich weitere Geheimgesellschaften: die *Adelfi* (vom altgriechischen Wort für »Brüder«); die *Guelfi* (nach den mittelalterlichen Guelfen, einer politischen Gruppierung); die *Spilla Nera* (»Schwarze Nadel«); und die *Decisi* (die Entschlossenen). Viele Freimaurer lehnten die Einmischung des französischen Staates in ihre geheiligten Rituale ab. Einige, die unter der Fremdherrschaft litten, suchten sich einen Ort, um sich zu treffen und in der Abgeschiedenheit der Logen ihren Unmut zu äußern, oder sie nahmen die masonische Blaupause und bildeten Bruderschaften mit politischer Zielsetzung. Doch das war noch längst nicht alles. Die französische Invasion hatte die Völker der italienischen Halbinsel unterdrückt und gedemütigt. Gleichzeitig hatte sie sie unter einer zentralen Herrschaft vereint und ihrer Kultur revolutionäres Gedankengut eingeflößt. Zum ersten Mal in der Geschichte wurde infolgedessen ein politisch geeintes Italien denkbar. Murats Agenten unter den Brüdern waren auf Hinweise gestoßen, dass gerade eine italienische nationale Identität entstand. Freimaurer waren mit die Ersten, die von dieser Welle erfasst wurden. Wie Murat an Napoleon schrieb: »Ich sage es Ihnen noch einmal, Sire: Sie träumen von der Einigung ganz Italiens.«

Unter Murat war die Welt der Freimaurerei von Anfang an von widerstrebenden politischen Schlagrichtungen in Mitleidenschaft gezogen. Noch komplizierter wurde die Gemengelage, als Murat selbst Napoleons Einflussnahme auf sein Königreich als lästig empfand und nach mehr Autonomie strebte.

Am 24. Juni 1811, dem Johannistag, hatte er den Vorsitz bei einer großen masonischen Tafelloge für eineinhalbtausend Brüder aus dem ganzen Land. Das Fest wurde ostentativ inmitten der barocken Pracht des Klosters Santi Apostoli gefeiert, das unlängst seiner Theatinermönche verlustig gegangen war, da Murat viele religiöse Orden abgeschafft hatte. Leider ist uns nichts über die extravagante masonische Aufmachung bekannt, in der er erschien.

Unter den Freimaurern, die ihr Mittagsmahl mit Kaffee, Speiseeis und *Rosolio* abrundeten, waren an jenem Tag Italiener, die wichtige Ämter innerhalb der napoleonischen Administration und des Militärs bekleideten und die für Murat eine wesentliche politische Anhängerschaft darstellten. Natürlich waren die Einheimischen, die für seine Regierung arbeiteten, in einer Zwickmühle, weil sie ihre Macht von einem ausländischen Invasor erhalten hatten. Doch waren viele von ihnen Reformer und begeistert von der Art und Weise, wie das Regime die Ideen der Aufklärung bis tief in die süditalienische Gesellschaft hinein vorantrieb, indem es die feudalen Privilegien des Adels und der Geistlichkeit abschaffte, Kirchenland privatisierte und die Administration mit frischem Talent versah. Die französische Herrschaft wies vielen Brüdern eine Rolle bei der Modernisierung ihrer Heimat zu, im Einklang mit den Idealen der Vernunft, die sie in ihren Logen entwickelt hatten. Manch einer hegte gar die Hoffnung, Murats moderner Staat werde einem geeinten, demokratischen Italien den Weg ebnen. Einige von Murats italienischen Administratoren hatten frankreichfeindlichen Geheimgesellschaften im Norden angehört, bevor sie nach der Besetzung durch Napoleon Regierungsämter im Süden übernommen hatten. Solche radikalen Geister würden Murat auf der Stelle folgen, falls er seine Verbindungen zu Paris lockern und stattdessen selbst zur Galionsfigur eines unabhängigen Königreiches werden sollte.

Das volle Ausmaß der Unbilden, die sich in den Freimaurerlogen Süditaliens zusammengebraut hatten, sollte erst im schicksalhaften Jahr 1812 offenkundig werden. In diesem Sommer rückte die 600 000 Mann starke *Grande Armée* Napoleons weit nach Russland vor. Wie immer ritt Murat an der Seite des Kaisers. Bis Dezember war die Mehrheit ihrer Soldaten in der Steppe erfroren oder verhungert. Der Kaiser, dessen Autorität katastrophal beschädigt war, kehrte nach Paris zurück und ließ seine sich auflösende Armee in Murats Händen.

In Neapel zerbrach man sich unterdessen die Köpfe, was geschehen würde, falls das Kaiserreich zerfiele. Just zu diesem Zeitpunkt machte eine gefährliche neue Mutation der Freimaurerei von sich reden. Im Dezember 1812, während sich Joachim Murat noch in Polen aufhielt, trafen sich seine Minister in Neapel, um eine Strategie auszuarbeiten, wie man mit einer Geheimgesellschaft verfahren sollte, die die unverwechselbare Prägung des masonischen Gedankens in sich trug: brüderliche Liebe, Schwüre, Rituale, Symbole und – natürlich – Geheimnisse. Ihre Mitglieder nannten sich nicht »Freimaurer«, sondern *Carbonari* – Köhler.

Die Köhler waren ein weitaus problematischeres Unterfangen als frühere Geheimgesellschaften. Sie redeten einander nicht als »Brüder« an, sondern als »Gute Vettern« und nannten ihre Logen *Vendite*, nach den Waldlichtungen, auf denen Kohle gebrannt und verkauft wurde. Ihre Rituale hoben die niedere Herkunft ihrer Mitglieder hervor, ihr Engagement für eine gemeinsame Sache und christliche Hingabe durch Leid. Jesus nahm eine zentrale Rolle ein im Mythos der Guten Vettern. So gelang es ihnen, ihre hochfliegenden Ideale dem gemeinen katholischen Volk Italiens zugänglich zu machen. Die Bewegung sprach besonders Mönche an, deren religiöse Grundlagen von der napoleonischen Obrigkeit zerschlagen worden waren. Freimaurer, die mit der Unterwürfigkeit ihrer Bruderschaft dem französischen Regime gegenüber unzufrieden waren, fanden sich ebenfalls in den ersten Zellen. Tatsächlich hielten viele *Vendite* Kontakt zu den Freimaurerlogen.

In der Anfangszeit hatten die Köhler nur zwei Grade. Ähnlich den Illuminaten enthüllten die Guten Vettern ihre wahren Absichten nur den Inhabern des zweiten Grades. Das wahre Ziel der Sekte war »die Säuberung des Waldes von den Wölfen«, die Beseitigung der Tyrannen und all jener, die den natürlichen Menschenrechten im Weg standen. Jesus wurde als ein Feind der Tyrannei dargestellt, der den Märtyrertod gestorben war. Mit einer Revolution wollte man Italien einen und eine Republik errichten.

Hier wurde die masonische Idee neu geboren, mit weniger Anmaßung, auf einem bescheideneren Archetypus gründend. Es war ein Erfolgsmodell. Da Napoleons Herrschaftsanspruch in Italien mittlerweile angezweifelt wurde, gediehen die Ränge der *Carbonari*. Man schätzt die Zahl ihrer Mitglieder in Italien in ihrer Blütezeit auf 300 000 bis 642 000, die Hälfte davon im Süden. Die *Carbonari* wurden der meistgefürchtete Geheimbund des neunzehnten Jahrhunderts.

Die *Carboneria* war ein Ungeheuer, das der napoleonische Staat wahrscheinlich selbst hervorgebracht hatte. Der wichtigste Mann in diesem Zusammenhang war Pierre-Joseph Briot, Freimaurer und napoleonischer Administrator, zuständig für zwei neapolitanische Provinzen, die später zu Brutstätten der Carbonari-Aktivitäten wurden. Briot kam von den bewaldeten Hügeln und Ebenen des französischen Jura. Diese Gegend beheimatete eine rudimentäre Waldarbeiter-Bruderschaft, die als *Charbonniers* – Kohlenbrenner – bekannt waren und den italienischen *Carbonari* mit ziemlicher Sicherheit als Vorbild dienten. Mitglieder beider Bruderschaften redeten einander mit *Bon Cousin*, »Guter Vetter«, an. Die symbolische Einrichtung ihrer Zusammenkünfte war dem Alltagsleben von Waldarbeitern nachempfunden. Der Vorsitzende in einer Zusammenkunft hatte vor sich ein Kreuz, ein Bündel Stöcke (eine Metapher für Stärke durch Einigkeit) und einen Ofen (der für das Licht und das Feuer des Glaubens stand). Sowohl für die italienischen Köhler als auch für deren Vorbilder, die *Charbonniers* des französischen Jura, war die Verwandlung von Holz in Kohle eine Metapher für die Veredelung der Seele dank eines transformativen Feuers. Pierre-Joseph Briot war ein *Charbonnier*, und die Wahrscheinlichkeit liegt nahe, dass er das Gedankengut dieses Geheimbundes nach Italien importierte, um von den politischen Spaltungen innerhalb der Freimaurerei zu profitieren und einen radikalen Geheimbund zu gründen.

Dabei hatte Briot fast sicher die Zustimmung seines Vorgesetzten, Antonio Maghella, der bis März 1812 Murats Polizei- und Spionagenetzwerk unter seiner Ägide gehabt hatte. Caroline Bonaparte, Murats Ehefrau und die Schwester des Kaisers, teilte die Ansicht derer, die Maghella im Verdacht hatten, hinter der Entstehung der *Carbonari* zu stecken. Geboren war er in der Nähe von Genua, jetzt aber ein Bürger des französischen Kaiserreiches. Er war ein schmucker Mann mit Ansatz zur Glatze, den Zeitgenossen und Historiker gleichermaßen als »undurchsichtig« beschrieben haben. Er war ein Freimaurer, der den Franzosen in seiner Vaterstadt treu gedient hatte, doch viele argwöhnten, er würde wie Pierre-Joseph Briot mit demokratischen, republikanischen Ideen liebäugeln. Für Maghella und Briot war die *Carboneria* ein politisches Werkzeug gegen Konservative im Königreich Neapel und innerhalb von Murats Administration und ein Schwert, das man Murat reichte, um ihn zu einer radikaleren, italienfreundlichen Politik zu bewegen. Darüber hinaus waren die Köhler ein nützlicher Weg, potenzielle Umstürzler zu überwachen, indem man sie an einem Ort konzentrierte und Spione in ihre Mitte setzte. Bald sollte sich jedoch zeigen, dass Maghella und Briot sich auf ein gefährliches Spiel eingelassen hatten, bei dem der napoleonischen Obrigkeit keineswegs der Sieg gewiss war. In einer zunehmend instabilen geopolitischen Lage nach Napoleons desaströsem Russlandfeldzug drohte der neue Geheimbund, ja das gesamte masonische Umfeld außer Kontrolle zu geraten. Vor allem in der Provinz, wo man dem wachsenden Einfluss Neapels misstraute, wurden die *Carbonari* zu einem Sammelbecken für Gegner jeder Couleur.

Pierre-Joseph Briot (1771–1827) und Antonio Maghella (1766–1850), die Freimaurer, die wahrscheinlich für die Entstehung der Köhler im Königreich Neapel verantwortlich waren.

Aufstieg der Köhler

Am 4. Februar 1813 kehrte König Joachim, sein Gesicht braun gegerbt vom grellen Licht des russischen Schnees, in feierlichem Pomp nach Neapel zurück. Nicht einmal er vermochte den Schein aufrechtzuerhalten, dass es sich dabei um einen ähnlich triumphalen Einzug handelte wie fünf Jahre zuvor. Als er durch die Straßen paradierte, bemerkte jeder die Tränen, die ihm zu beiden Seiten seiner langen Nase über die Wangen liefen.

Die Spannung im Königreich war immens. Die Wirtschaft war im Niedergang begriffen. Die Steuerlast, die dem Land aufgedrückt wurde, um den Krieg zu finanzieren, war weit jenseits des Erträglichen. Einberufungen stießen auf Widerstand. In der Provinz trieben Räuber ihr Unwesen.

Anfang März schlug der Militärkommandant in Cosenza Alarm,

dass in den Bergen von Kalabrien, an der »Spitze« des italienischen »Stiefels«, geheime Köhler-Treffen »demokratischen Prinzipien huldigten«. Der Kommandant fügte hinzu, er könne für etwaige Schwierigkeiten, die daraus erwuchsen, keine Verantwortung übernehmen, da die Garnison der Stadt anderweitig verpflichtet sei.

Zu Beginn scheint Murat in Erwägung gezogen zu haben, die Anführer der Sekte kurzerhand beseitigen zu lassen. Doch klügere Köpfe in seiner Regierung erkannten, dass es töricht wäre, ihr Aufmerksamkeit zu verschaffen, indem man öfter oder grausam gegen sie vorgehe. Während viele Köhler den Reihen der Freimaurer entstammten, kamen einige auch aus den unteren Rängen der Armee und aus weniger gebildeten Schichten. Vielleicht konnte man daher die Freimaurer dazu benutzen, die Guten Vettern in aller Stille wieder unter Kontrolle zu bekommen. Im April riefen Regierungsbeamte in den Provinzen Süditaliens die bekannten *Carbonari*-Anführer zu sich und forderten sie förmlich auf, den Bund aufzulösen. Es gebe doch die Freimaurerei, erklärte man ihnen, und sie werde vom Staat gefördert und beschützt, wozu bedürfe es noch einer weiteren Geheimgesellschaft?

Die Köhler gaben sich überzeugt; einige überreichten sogar unterzeichnete Erklärungen, dass sie den Bund verlassen hätten. Doch die Regierung hatte kaum aufgeatmet, als ihr zu Ohren kam, dass die *Carbonari* ihre Aktivitäten unbeirrt fortsetzten. In Städten wie Cosenza änderten die Guten Vettern lediglich die Örtlichkeiten für ihre Treffen. So hatte selbst dieser diskrete Versuch, die Sekte loszuwerden, lediglich bewirkt, dass sie nun noch geheimer war und noch entschlossener in ihrer Opposition zur Regierung.

In der Augusthitze des Jahres 1813 reiste Joachim Murat erneut nach Deutschland, um sich dort den Streitkräften seines Schwagers anzuschließen, da sich eine neue europäische Allianz gebildet hatte mit dem Ziel, Napoleon ein für alle Mal zu besiegen. Der König hatte kaum Italien verlassen, als in Cosenza die *Carbonari* eine Rebellion entfachten. Der regionale Anstifter und Anführer der Sekte war ein stämmiger blonder Grundherr, der in der Gegend als »Weißhaupt« bekannt war. Seine Anhänger überfielen die Häuser der Reichen, versuchten Regierungskassen zu stehlen und lieferten sich Schießereien mit den Soldaten. Die *Carbonari*-Revolte in Cosenza verlief zwar chaotisch, war aber dennoch zutiefst beunruhigend. Das Gebiet war ein bekannter Krisenherd. »Weißhaupt« aber war zuvor ein Anhänger der französischen Regierung gewesen und hatte deren jüngstes Vorgehen gegen Banditen unterstützt. Offenbar wendeten sich jetzt schon Regierungstreue gegen das Regime.

Der politische Kontext verschärfte die Lage. Im Jahr zuvor hatten die Bourbonen auf Betreiben der Briten Sizilien eine Verfassung garantiert. Eine wie immer geartete konstitutionelle Regierung war genau, was viele auf dem französisch kontrollierten Festland sich erhofft hatten. Die Bourbonen erschienen jetzt wie eine fortschrittliche Alternative zur napoleonischen Monarchie, die sich ihrer 1806 entledigt hatte. Britische Agenten in Süditalien trugen diese Botschaft in die Logen der Freimaurer und die *Vendite* der Köhler; wahrscheinlich hatte britisches Gold dabei geholfen, den Aufstand zu finanzieren. »Weißhaupt« verkündete, dass die Aussicht auf eine konstitutionelle Version der Bourbonenmonarchie den *Carbonari* in die Hände spielte.

Es konnte nun keinerlei Zweifel mehr bestehen über die revolutionären Absichten der »Guten Vettern«. In einem Regierungsrundschreiben steht, »diese heimlichen Verbindungen bedienen sich der brüderlichen Liebe, um das Volk aufzuwiegeln«. Doch die schwer angeschlagene Regierung verfügte nicht über genügend Männer, die sie für ein hartes Durchgreifen gebraucht hätte. Während die Cosenza-Revolte noch im Gange war, befleißigten sich erfahrene Minister einer neuen Teile-und-herrsche-Strategie: Die Rädelsführer jeder Revolte wurden streng bestraft; die gewöhnlichen Köhler indes sollten verwarnt, überprüft und der offiziellen Freimaurerei zugeführt werden.

Kurz darauf wurde »Weißhaupt« von einem seiner Anhänger verraten, umgehend verurteilt und noch am selben Abend auf der Piazza enthauptet. Die Hinrichtung wurde von Fackeln erleuchtet, um den Einwohnern Cosenzas auf grässliche Weise vor Augen zu führen, welches Risiko Verschwörer eingingen. Der General, der dem Aufstand ein Ende bereitete, verkündete, dass alle Mitglieder von »Geheimbünden«, die sich ohne die ausdrückliche Zustimmung der Regierung träfen, in Haft gesetzt würden.

Die neue Taktik brachte selbst die offiziell gebilligten Freimaurer in eine prekäre Lage. Waren sie Teil der Regierungsantwort auf das Köhler-Problem? Oder waren sie ein »Geheimbund«, den es zu verwarnen und zu beobachten galt? Wenige Tage nach »Weißhaupts« Hinrichtung wurden die Oberen des Grand Orient in Neapel zum Polizeipräsidium gerufen und einer Standpauke unterzogen.

Bevor die Widersprüchlichkeiten dieser neuen Strategie sichtbar werden konnten, brachten die Ereignisse auf den Schlachtfeldern weiter nördlich in Europa schon zwei Wochen nach »Weißhaupts« Hinrichtung erneut harsche Veränderungen nach Süditalien. Nach einem gewaltigen, vier Tage währenden Hauen und Stechen unweit der Stadt Leipzig im Oktober 1813 wurde Napoleons Streitmacht zurückgedrängt. Im Nachspiel der Schlacht begann das napoleonische Kaiserreich in Deutschland und den Niederlanden allmählich zu bröckeln, und die Alliierten, die gegen ihn Stellung bezogen hatten, rückten vor, um den Krieg auf französischem Boden weiterzuführen.

Murat, dessen waghalsige Kavallerieattacken gegen Leipzig sich als fruchtlos erwiesen hatten, schlich nach Neapel zurück; diesmal machte er keinerlei Anstalten, eine öffentliche Zeremonie abzuhalten. Von nun an unternahm er, angestachelt von seinen radikalen Ministern, immer aussichtslosere Versuche, seinen Thron zu retten, indem er sich die italienische Unabhängigkeit auf die Fahnen schrieb. Es steckte offensichtlich eine gewaltige Portion Zynismus in diesem Schritt, der dennoch Widerhall fand auf einer Halbinsel, die nach fast zwanzig Jahren Besatzung, Krieg und Blockade absolut erschöpft war. Außerdem deutete er an, eventuell eine Verfassung gewähren zu wollen. Murat war jetzt der potenzielle König eines unabhängigen, geeinten Italiens: Es sah ganz danach aus, als würden die Köhler endlich den Murat bekommen, den sie wollten. Dieser wandte sich folglich an Antonio Maghella, der die Köhler ins Leben gerufen hatte, und forderte ihn auf, sein Ansinnen, König von Italien zu werden, zu unterstützen.

Im Januar 1814 verbündete sich Murat mit Österreich und entsandte eine Streitmacht gen Norden, die sich am Krieg beteiligen sollte – diesmal *gegen* Frankreich. Der raffinierte Maghella versuchte daraufhin, Köhler-Einheiten zu bilden, die als eine fünfte Kolonne den Vorstoß der neapolitanischen Armee durch Rom unterstützen sollten. In Mailand, der Hauptstadt napoleonischer Macht in Norditalien, wurden lokale Köhler und Freimaurer mobilisiert, um Murats Einsatz für die Einigung Italiens zu unterstützen.

Maghellas Operation war bestenfalls ein Teilerfolg, und Murats Pläne, sein Reich nach Norden hin auszuweiten, gingen nicht auf. Jedenfalls wirkte er auf viele Freimaurer und Köhler wenig vertrauenerweckend. Einige Wochen nach Beginn der Gefechte trat innerhalb der neapolitanischen Freimaurerei die Opposition gegen Murat voll zutage. Ein gewisser Orazio de Attellis hatte eine neue Loge des Schottischen Ritus gegründet. Er stand exemplarisch für diejenigen Italiener, die früher Anhänger der französischen Regierung auf dem Stiefel gewesen waren und in Napoleons Armee schon diverse Schlachten geschlagen hatten. Mittlerweile jedoch war de Attellis unzufrieden mit Murats Herrschaft. Die Obrigkeit reagierte, indem sie seine Loge auflöste und ihn selbst tief in den Süden in die Verbannung schickte.

Im April 1814, nach monatelangen verzweifelten Gefechten in Frankreich, unternahm Napoleon Bonaparte einen Selbstmordversuch. Als dieser misslang, dankte er ab. Bald danach trat er sein erniedrigendes Exil als »Kaiser und Souverän« der verarmten kleinen italienischen Insel Elba an. Französische Streitkräfte in Norditalien ergaben sich den Österreichern und Neapolitanern.

Murat hatte dabei geholfen, seinen eigenen Schwager zu besiegen, und hoffte auf einen Anteil an der Beute. Aber die Köhler in den Provinzen Süditaliens gönnten ihm keine Atempause. Es kam zu schweren Unruhen in den Abruzzen, an der nördlichen Grenze des Königreichs Neapel. In der Nacht zum 27. März 1814 hissten die Köhler dort ihre Rebellenflagge: eine Trikolore aus schwarzen, roten und himmelblauen Querstreifen. Die Unruhen breiteten sich rasch durch die übrige Provinz aus, und die lokalen Institutionen des napoleonischen Staates zerfielen.

Murats stark in Bedrängnis geratene Regierung blieb nichts weiter übrig, als diesmal hart durchzugreifen. Die *Carbonari* wurden geächtet: Das Gesetz behandelte sie fortan wie Banditen oder Deserteure, die bei Sichtkontakt erschossen werden durften. Im Vorfeld sandte man einen Brief an alle Freimaurerlogen und forderte sie auf, von jetzt an jede Verbindung zu den Rebellen abzubrechen.

Mitte April 1814 zogen dreitausend Soldaten und fünfhundert Kavalleristen in Zweierreihen durch die engen Gassen von Città Sant'Angelo, dem Zentrum des *Carbonari*-Aufstands in den Abruzzen, und brachten auf dem Marktplatz zwei Kanonen in Stellung. Die Soldaten waren von Murat zu einer Strafexpedition ausgeschickt worden. Nach diesem einschüchternden Aufmarsch blieb ihnen jedoch nicht mehr viel zu tun. Auf die Nachricht hin, dass die Armee anrückte, war die Köhlerrevolte untergetaucht. Im Vorfeld hatte die ängstlich unverbindliche Reaktion seitens des einfachen Volkes ihr bereits den Wind aus den Segeln genommen. Er hätte den Aufstand unterstützt, wenn dieser mehr Zuspruch gefunden hätte, ließ der italienische General an der Spitze der Armee die lokalen Würdenträger wissen, die ihm entgegeneilten. Da er sehr wohl wusste, dass es auch in den Reihen der Armee eine Menge Köhler gab, und er die Unzufriedenheit im Land spürte, verzichtete er darauf, in der Gegend mit Feuer und Schwert Vergeltung zu üben, wie Murat es von ihm erwartete.

Murat reagierte, indem er den italienischen General durch einen französischen Kommandanten ersetzte, der Order hatte, an den maßgeblichen Köhlern ein Exempel zu statuieren. Es folgte eine rücksichtslose Menschenjagd. Weibliche Angehörige der Rebellen wurden in die übelsten Kerker geworfen in der Hoffnung, ihnen Informationen zu entlocken. In Basciano wurde einer jungen Frau, der Schwester eines Köhlers, eine Kugel durch den Kopf gejagt, als Soldaten ihr Haus plünderten. Als all diese Bemühungen nur zwei Verdächtige zutage förderten, begann die Obrigkeit mit Massenverhaftungen: Zielpersonen waren nicht nur die Köhler selbst, sondern auch die Staatsdiener, die sich entschieden hatten, nicht gegen sie vorzugehen: Männer, Frauen und Kinder wurden abgeführt und in Chieti in den Kerker gesperrt.

Immer mehr Gute Vettern tauchten unter, um dem Schleppnetz zu entgehen. Einige Dörfer wurden auf diese Weise nahezu entvölkert. Im Sommer wurden drei Männer, die aufgrund ihrer Beteiligung am Aufstand zum Tode verurteilt worden waren, in ihre Vaterstadt zurückgebracht, um auf der Piazza hingerichtet zu werden; einer von ihnen, ein Priester, musste erst öffentlich seines Amtes enthoben werden, ehe er vor das Erschießungskommando trat. Anschließend hackte man den Dreien die Köpfe ab und stellte sie zur Schau. Ihre Angehörigen wurden gezwungen, sie anzusehen und Beifall zu klatschen.

Die Kunde von diesen und anderen Märtyrern der *Carbonari* verbreitete sich wie ein Lauffeuer. Der Rest an Unterstützung, den Murats Monarchie in den Abruzzen noch gehabt hatte, löste sich in Luft auf. Alles in allem kündeten der Aufstand und die törichte Brutalität, die ihm folgte, nur von Murats Schwäche. Als der letzte Rebell im Dezember 1814 öffentlich enthauptet wurde, lag auch das Regime in den letzten Zügen. In Wien hatten die Großmächte, als sie gemeinsam die politische Landkarte eines postnapoleonischen Europas skizzierten, es überdeutlich gemacht, dass für Joachim Murat in ihren Plänen kein Platz war.

Im Februar 1815, als Napoleon Bonaparte von Elba flüchtete, wechselte Murat ein letztes Mal die Seiten. Wieder marschierte er nach Norden – diesmal jedoch, um im Auftrag seines Schwagers gegen die Österreicher zu kämpfen in der Hoffnung, Napoleon werde Italien zur Belohnung in die Unabhängigkeit entlassen. Als Teil seiner Strategie würde Murat eine Splittergruppe der Köhler gründen, die ihn ohne Wenn und Aber unterstützen würde. Die neue Sekte sollte »Die Landwirtschaft« heißen, ihre Logen »Heuschober« und die Mitglieder »Bauern«. In einem letzten Coup plante Murat, die Köhlerlegende neu aufleben zu lassen.

Es war aussichtslos: Murats Armee, unterversorgt und aufmüpfig, bröckelte bereits, als sie in der Schlacht von Tolentino im Mai besiegt wurde. Murat flüchtete daraufhin nach Korsika.

Doch die ein Jahrzehnt währende napoleonische Ära in der Geschichte Süditaliens war noch nicht vorüber. Zumindest nicht ganz.

Am Sonntag, dem 8. Oktober 1815, sahen die Einwohner des Küstenstädtchens Pizzo in Kalabrien, Hunderte Kilometer südlich von Neapel, was sie zunächst für eine Halluzination hielten. Ein kleiner Trupp französischer Soldaten marschierte auf die Piazza und rief: »Lang lebe König Joachim!« Daraufhin erschien Murat selbst in ihrer Mitte, den Kopf tadellos geschoren, mit seiner engen Nankinghose, einem blauen Rock mit goldenen Epauletten und einem Dreispitz, verziert mit seidenen Posamenten und einer riesigen, juwelenbesetzten Kokarde. Zwölf Tage zuvor war er in Korsika in See gestochen mit dem Ziel, in einer Köhlerhochburg eine Rebellion anzuzetteln, die ihn wieder auf den Thron brachte.

Die Sache endete in einem Desaster. Murat wurde schnell gefasst und von einer Bande Bauern tüchtig verprügelt; sie rissen ihm die goldenen Epauletten von den Schultern und stahlen ihm die Kokarde. In der Festung vor Ort eingesperrt, phantasierte er vor seinen Männern, dass die Köhler sich erheben und sie befreien würden. Nach einem hastig einberufenen Militärtribunal führte man ihn auf die schmale Esplanade der Festung. Es heißt, er habe eine Augenbinde abgelehnt und dann dem Erschießungskommando einen letzten Befehl erteilt: »Zielt auf das Herz. Verschont mein Gesicht.«

Die *Carboneria* unter Murat bot für jeden Interessierten etwas an, mit dem er sich identifizieren konnte. Sie begann als ein republikanischer Geheimbund, der einer Gruppe im Herzen des napoleonischen Staates nahestand. Doch im Laufe der Zeit, als die politische Situation mehr und mehr ins Wanken geriet, wurde sie immer uneindeutiger. Rekruten vieler unterschiedlicher politischer Schattierungen traten ihr bei: Es gab italienische Patrioten darunter, die auf Murats Potenzial als nationalem Führer setzten, Radikale, Befürworter einer konstitutionellen Monarchie (ob Murat'scher oder bourbonischer Prägung); es gab auch Katholiken, die sich an Murats kirchenfeindlicher Politik stießen, und sogar reaktionäre bourbonische Royalisten, die am liebsten die Uhr

Ein geheimes Treffen der Köhler in Süditalien, abgebildet in einer Zeichnung von 1821.

zurückgedreht hätten bis zu einer Zeit, als von Revolution noch keine Rede war. Unter dem autoritären napoleonischen Regime wurde die *Carboneria* der einzige Ort außerhalb des Hofes, wo über Politik debattiert werden konnte. Die Köhler waren nun tief verwurzelt in der Gesellschaft Süditaliens, und die Intrigen um sie herum sollten noch verworrener werden.

Kesselschmiede

Am 17. Juni 1815, am Tag vor Napoleons endgültiger Niederlage in der Schlacht von Waterloo, ritt König Ferdinand an der Spitze seiner Armee gebeugten Hauptes zurück nach Neapel. Entlang des Wegs, gesäumt von österreichischen und britischen Soldaten, gekleidet in weiße beziehungsweise rote Waffenröcke, wurde der Mann, den die Leute »*Il Re Nasone*« nannten, König Langnase, mit wildem Jubel begrüßt. Die Erleichterung in der Stadt war greifbar. Trotz des Rückhalts, den Murats Regime in einigen Kreisen genossen hatte, war die Rückkehr der Bourbonen eine gänzlich unblutige Angelegenheit – hauptsächlich dank der Köhler. Es war ihnen versichert worden, unter anderem durch britische Spione, dass Ferdinand ihnen zum Dank für ihre Loyalität eine Verfassung gewähren würde.

Da Ferdinand nun wieder auf dem Thron saß, war das Angebot einer Verfassung ein politischer Kompromiss, dem die meisten der verschiedenen Fraktionen unter den *Carbonari* zustimmen konnten. Aber nicht für lange Zeit.

Der bonapartistische Staatsapparat, den Ferdinand übernahm, stattete ihn mit weitaus wirksameren Hebeln zentraler Macht aus: Niemand mochte sich jetzt vorstellen, ohne sie zu regieren. Doch die französische Administration hatte auch politischen Zwiespalt gesät, und dieser Zwiespalt würde sich noch verschärfen. Wie sollten zum Beispiel in Neapel die Minister König Ferdinands die Adeligen, die während der französischen Dekade der Bourbonendynastie die Treue gehalten und infolge dieser Loyalität oftmals ihr Land verloren hatten, mit den Soldaten, Bürokraten und neuen Grundherren versöhnen, die aus dem napoleonischen Regime so viel Nutzen gezogen hatten? Es gab auch noch andere Probleme. Eine schlechte Ernte brachte 1816 den Großteil der Bevölkerung an den Rand einer Hungersnot. Weil Ferdinands Herrschaft außerdem von einem großen Kontingent österreichischer Truppen beschützt wurde, kam es vielen früheren Gegnern Murats so vor, als hätte Neapel lediglich einen ausländischen Lehnsherrn gegen einen anderen ausgetauscht. Das Königreich beider Sizilien, wie das Königreich Neapel jetzt umbenannt worden war, hatte kein Geld übrig, um diese Probleme zu lösen, da enorme Schulden auf ihm lasteten.

Ferdinand machte schon bald alles noch weitaus schlimmer. Nicht nur versäumte er es, auf dem süditalienischen Festland eine Verfassung einzuführen; er schaffte auch jene ab, die ihm die Briten in Sizilien aufoktroyiert hatten.

Die Regierung schloss außerdem Freimaurer und Köhler von Regierungsposten aus. Es wurde keine Gewalt gegen sie ausgeübt, und die Mitglieder der Bruderschaften erfuhren auch keine Sanktionen, wenn sie sich loyal verhielten. Das Ziel war vielmehr – ähnlich der Taktik von Joachim Murats Regierung –, die Guten Vettern zu spalten und Unruhestifter zu isolieren.

Es funktionierte nicht. Oder zumindest nicht annähernd gut genug, um den Groll über den Betrug zu neutralisieren, den König Ferdinands Unfähigkeit, eine Verfassung zu gewährleisten, in den Köpfen der Köhler eingebrannt hatte. Gesetzlosigkeit verbreitete sich im ganzen Land, und dies war umso verstörender, als viele Institutionen des Staates, einschließlich der Armee, von der Geheimgesellschaft unterwandert waren. Die Polizei in der Hauptstadt schien nichts gegen die aufwieglerischen politischen Plakate unternehmen zu wollen, die jeden Tag an den Mauern hingen. Im Januar 1816 berichtete ein General aus Kalabrien, dass die Richterschaft gänzlich außerstande sei, Recht zu sprechen. »Handelt es sich bei den Angeklagten um Köhler, ist keine Drohung oder Strafe furchterregend genug, um Zeugen gegen sie aufzutreiben. Und wagt sich doch einer vor, sind sogleich tausend Köhler bereit, gegen einen Unschuldigen Zeugnis abzulegen.« Die Guten Vettern stellten sich über das Gesetz.

Als Antwort auf die Krise gab Ferdinand die Polizei in die Hände eines fanatischen Verschwörungstheoretikers: Antonio Capece Minutolo, Fürst von Canosa. Unter dem Einfluss der paranoiden Schrift des Abbé Barruel, *Denkwürdigkeiten zur Geschichte des Jakobinismus*, war Canosa zu dem Schluss gekommen, dass die Französische Revolution eine absolute Katastrophe sei, hervorgerufen »durch diverse Sekten und eine perverse Philosophie«.

Kaum hatte Canosa im Januar 1816 das Kommando über Ferdinands Polizeinetz erhalten, ordnete er gezielte Verhaftungen von Freimaurern und Köhlern an. Doch er wusste, dass er die Sekten auf diese Weise nicht bezwingen konnte. Und so kam er auf die denkbar unbesonnenste Strategie: Er plante die Bedrohung der Köhler und Freimaurer mit einer weiteren, aber reaktionären Geheimgesellschaft zu bekämpfen, den *Calderari* – den Kesselschmieden.

Die Kesselschmiede entstanden wahrscheinlich aus der Geheimgesellschaft der *Trinitari* (Trinitarier – weil sie dem Vater, Sohn und Heiligen Geist verpflichtet waren). Die Trinitarier wiederum waren das

Ergebnis einer politischen Spaltung innerhalb der Köhler in der Endphase von Joachim Murats Regime. Daher waren Rituale und Struktur dieser neuen Bruderschaft ein Spiegelbild der Rituale und Struktur der Köhler. Einer damaligen Schätzung zufolge hatten zu dem Zeitpunkt, als Murat fiel, 23 000 Männer den Trinitariereid auf die Kirche und die Bourbonendynastie abgelegt. Ein Glaubensartikel der Trinitarier umfasste die Ablehnung der Freimaurer und Köhler. Es waren in der Tat die Feinde der Trinitarier unter den Freimaurern und *Carbonari*, die sie herabsetzend als »Kesselschmiede« bezeichneten – weil in einem der ersten Zentren der Trinitarier, der Stadt Rivello, viele Handwerker lebten, die Töpfe und Pfannen herstellten. Der Spitzname blieb an ihnen haften.

Canosa hatte Großes vor mit den Kesselschmieden. Er hatte die Geschichte der Freimaurerei studiert – wenn auch mehr schlecht als recht. Er glaubte, sie sei vor etwa fünftausend Jahren gegründet worden, um die Menschen auf dem wahren Weg der Christenheit zu ermutigen. Mit Hilfe der Kesselschmiede, glaubte Canosa, werde er die Maurerei zu den »göttlichen Prinzipien« zurückführen, die sie vor Tausenden von Jahren befeuert hatten. Wenn der Papst ihr Oberhaupt wurde und Rom ihre Hauptstadt, hätte diese neue »katholische Freimaurerei« das Potenzial, sich um die ganze Welt auszubreiten. In Süditalien, dachte Canosa, konnten die Kesselschmiede auch eine Art politische Partei gründen, die langsam die Freimaurer und Köhler in ihrer Vorherrschaft in den öffentlichen Ämtern ablösen würde. Dementsprechend entsandte er Agenten in die Provinz, um die Kesselschmiede in ihrer Entschlossenheit zu stärken und sie der Unterstützung seitens der Regierung zu versichern.

In vielen Ortschaften Süditaliens waren unterdessen heftige Richtungskämpfe entbrannt. Nach über dreißig Jahren politischer Unruhen, des Hin und Hers zwischen Reform und Reaktion, der sukzessiven Invasionen und Restaurationen, war die Lage nun gefährlich instabil. Und indem sie den Kesselschmieden den Rücken stärkte, schüttete die Regierung zusätzlich Öl ins Feuer.

Als Canosa das Kabinett über seine Strategie informierte, entflammte ein wütender Streit, und seine politischen Gegner ergriffen die Initiative. Ende Mai 1816 enthob ihn der König widerstrebend seiner Pflichten. Die Frage war nur, ob es nicht schon zu spät war.

Dokumenten zufolge, die sein Nachfolger enthüllte, benutzte Canosa die Kesselschmiede wie eine Privatarmee: Für Außenstehende sah es so aus, als habe er einen Bürgerkrieg zwischen den Geheimgesellschaften anstiften wollen. In den wenigen Wochen zwischen April und Mai 1816 hatte er nicht weniger als 16 000 Waffenscheine ausgegeben. In einer der Provinzen erstellten die Kesselschmiede eine Liste von Freimaurern und Köhlern, die es zu eliminieren galt, und ein Bericht schloss mit der Feststellung, dass der reaktionäre Geheimbund »vor keiner Grausamkeit zurückschrecken« werde. Die Kesselschmiede hatten das Potenzial, noch zerstörerischer zu handeln als die Köhler, die sie doch eigentlich hätten zügeln sollen.

Die Waffenscheine, die Canosa ausgestellt hatte, wurden zurückgenommen und viele Kesselschmiede verhaftet. Der Fürst selbst wurde in die Toskana verbannt. Solch ein rauer Absturz war eine Demütigung für die treuen Anhänger der Bourbonen, die wie Canosa erst unlängst aus dem sizilianischen Exil zurückgekehrt waren. Insgeheim spuckten sie Gift und Galle gegen die Freimaurer, die nach ihrer Ansicht hinter den Kulissen die Regierungsfäden in den Händen hielten. Was in einem Fall auch zutraf.

Eine dunkle Gasse unweit des Königspalastes, die Strada Solitaria, beherbergte sowohl das Justizministerium als auch das Innenministerium – die Schaltzentrale eines nervösen Königreiches. Seinem Bewohner, Donato Tommasi, oblag die Aufgabe, das Chaos zu lichten, das der Fürst von Canosa angerichtet hatte. Er verfügte über die notwendige Erfahrung, um das beispiellose Problem des Königreiches mit seinen Geheimgesellschaften anzugehen. In seiner Jugend, vor der Französischen Revolution, hatte er aufklärerisches Gedankengut gepflegt und war ein eifriger Freimaurer gewesen; 1786 hatte er sogar zu den Gründern eines neapolitanischen Zweiges der Illuminaten gehört – zwei Jahre nachdem der Orden in seinem Ursprungsland Bayern zerschlagen worden war. Doch für Tommasi, wie für viele Freimaurer, gab es

Wichtigeres im Leben als die Bruderschaft: seine Karriere und die Loyalität seinem König gegenüber.

Im August 1816 erließ Tommasi ein Edikt, das alle Geheimgesellschaften gleichermaßen verbot – Freimaurer, Köhler und Kesselschmiede. Aber die umfangreichen Berichte, die aus den Provinzen auf seinem Schreibtisch landeten, sagten ihm, dass ein schlichtes Verbot wenig gegen Süditaliens Geheimbundfieber auszurichten vermochte. Der Fall des Don Ciro Annicchiarico – ein Geistlicher, der gregorianischen Gesang lehrte und ein bewaffneter Räuber, vielfacher Mörder, Revolutionär und Guru der *Carbonari* war – gibt ein eindrückliches Beispiel.

Don Ciro Annicchiarico wurde 1775 oder 1776 als Sohn armer Eltern in Grottaglie geboren, einer Stadt in Apulien, der Provinz am Absatz des italienischen Stiefels. Obwohl sich alle einig waren, dass er eine bewundernswerte Statur und ein ernstes Gesicht besaß, gehen die Meinungen darüber, wie er nun wirklich aussah, doch weit auseinander. Beschreibt ihn ein Freund, so besaß er durchaus angenehme Züge und war ein gewandter Redner; für seine Feinde hingegen hatte er ein finsteres, grüblerisches Wesen, während sein Gesicht eine gewisse Wildheit ausstrahlte. 1803 hatte Don Ciro bereits die geistlichen Weihen empfangen. Er trat außerdem den Freimaurern bei und wurde politisch radikal. Im selben Jahr wurde er nach einem tödlich endenden romantischen Disput des Mordes angeklagt und verurteilt. Die napoleonische Invasion des Königreichs Neapel kam gerade zur rechten Zeit, um ihm seine Freiheit zu sichern: Er entkam aus dem Gefängnis, sammelte eine Schar Raubeine um sich und trat der örtlichen Polizeimiliz bei. 1808, infolge einer Beschwerde durch den Vater des Mannes, den Don Ciro getötet hatte, wurde Haftbefehl gegen ihn erteilt. Doch zu diesem Zeitpunkt war Don Ciros Ruf bereits so furchterregend, dass niemand es wagte, ihn zu vollstrecken. Erst 1813 wurde ein Versuch unternommen, ihm bei einem festlichen Abendessen aufzulauern. Als das Obst aufgetragen wurde (das Signal, das Feuer gegen ihn zu eröffnen), wurde Don Ciros Bruder getötet, während er selbst entkommen konnte. Er floh aufs Land und scharte eine Bande von Drückebergern und Deserteuren um sich, die allesamt schworen, das Unrecht zu rächen, das ihrem Anführer geschehen war. Eine blutige Reihe von Überfällen folgte. Don Ciro wurde daraufhin zum Geächteten erklärt, zum *bandito*, was bedeutete, dass man sich eine Belohnung verdienen konnte, wenn man ihn tötete.

Nach Murats Sturz 1815 versuchte Don Ciro von der Amnestie zu profitieren, die König Ferdinand allen versprach, die gegen das napoleonische Regime gekämpft hatten, auch wenn sie dabei Verbrechen begangen hatten. Doch die Kommission, die seinen Fall bewertete, lehnte seinen Antrag ab. Er entzog sich daraufhin erneut der Justiz und bot seine Dienste den Köhlern an.

Unter Murat hatte man die Köhler am Ende wie Banditen behandelt. Unter der wiederhergestellten Bourbonen-Monarchie holte man sich nun diese Banditen ins Boot. Ziel war es, sich mit Schurken wie Don Ciro gegen die Bedrohung durch die reaktionären Kesselschmiede zu wappnen.

In Don Ciros Heimat Apulien hatten sich lokale Banden schnell als Geheimbünde getarnt, und im Jahr 1815 gab es angeblich etwa 6000 Kesselschmiede. Die Anzahl der Bruderschaften schnellte in der folgenden Zeit rasant nach oben; neben den *Calderari* und den *Carbonari* gab es Gruppen wie die Philadelphen, die Europäischen Patrioten, die Reformierten Europäischen Patrioten und die Einsamen Griechen. Sie nannten sich »philanthropische Gesellschaften«, aber in Wirklichkeit waren sie politisch-kriminelle Banden, die ein verblüffendes Panoptikum von Menschen umfassten. Dort gesellten sich Handwerker mit rauen Händen zu Herzögen und Baronen, Mörder und Räuber zu Soldaten und Polizisten, Hunger leidende Bauern zu gerissenen Anwälten. Don Ciro war bei weitem nicht der einzige Priester im Bunde. In einigen Gemeinden war die Spannung so gewaltig, dass es nirgendwo neutralen Boden gab: Auf der Suche nach Schutz steuerte ein jeder den Hafen einer Sekte an.

Don Ciro trat der radikalsten regierungsfeindlichen Geheimgesellschaft bei, den *Decisi* (zu deutsch »die Entschlossenen«). Er stieg bald zu einer Führungsposition auf und erreichte eine Allianz mit allen

Bruderschaften, die sich gegen Canosas *Calderari* formierten. Für seine Anhänger ersann er die Utopie einer Großen Europäischen Republik, in der die Christenheit, dank der Unterstützung des »Großen Baumeisters aller Welten« zu ihrer ursprünglichen Reinheit zurückfinden würde. Die Bruderschaft schrieb ihre Schwüre mit Blut, verzierte sie mit Totenköpfen, gekreuzten Knochen und masonischen Symbolen und traf sich nachts zu Militärübungen. Wer gegen die Regeln verstieß, hatte tödliche Konsequenzen zu fürchten. Don Ciro erklärte 1817 zum Jahr eins eines neuen Zeitalters.

Es war in hohem Maße Don Ciro geschuldet, dass dieser apulische Bürgerkrieg so gewalttätig verlief. Ein Sektenmitglied, das gegen die Regeln verstoßen hatte, wurde zerstückelt, die Leichenteile an Hunde verfüttert. Ein Gegner wurde niedergemetzelt und sein Körper über der Eingangstür seines Vaterhauses aufgeknüpft. Man schlitzte den Leuten öffentlich die Kehlen auf oder erschoss sie, zuweilen völlig grundlos. Dutzende Frauen wurden nackt an Bäume gefesselt und / oder vor den Augen ihrer Männer vergewaltigt. Keiner der für diese Gewaltakte Verantwortlichen wurde zur Rechenschaft gezogen, da auch die Mitarbeiter des Polizei- und Rechtsapparates den Geheimbünden angehörten.

Die sexuelle Gewalt, die in dieser Zeit von den Geheimbünden verübt wurde, ist ein Armutszeugnis in Anbetracht der Tatsache, dass es im südlichen Apulien auch Frauen unter den Köhlern gab. Die den männlichen *Vendite* angeschlossenen weiblichen Logen waren als »Gärten« bekannt, ihre Mitglieder als »Gärtnerinnen«. Allerdings hatten Frauen offenbar keine Gelegenheit, in den Gärten auf ihre Unabhängigkeit zu pochen, wie es die französischen Frauen zuweilen in den Adoptionslogen getan hatten. Von der pflichtbewussten Gärtnerin wurde zwar Freiheits- und Vaterlandsliebe erwartet, ansonsten aber hatte sie sich in die Rolle zu fügen, die ihrer weiblichen Natur entsprach, und ihrem Gatten treu ergeben zu sein. Die Guten Vettern wiederum gelobten, die Ehre ihrer »Schwestern« zu respektieren. Doch nach den Vergewaltigungen und Übergriffen von 1817 zu urteilen, nahmen einige Gute Vettern es mit der Ehre *anderer* Frauen offenbar nicht so genau.

Unterdessen standen die Köhler im gesamten Süden Italiens in revolutionärer Opposition zur Bourbonenmonarchie. Im Mai 1817, vor der pittoresken Kulisse der Ruinen von Pompeji, hielt die Führungsriege der Bruderschaft eine nächtliche Besprechung ab. Die österreichischen Truppen wurden aus dem Königreich abgezogen: der richtige Zeitpunkt für einen Aufstand. Doch weil es an der Koordination haperte, wurde der Aufstand immer wieder verschoben.

In Apulien erklärte die Regierung Don Ciro erneut für vogelfrei. Als Reaktion veröffentlichte er eine *Rechtfertigung* seiner Aktionen. Er sei zu Unrecht verfolgt worden, behauptete er, und daher gezwungen, das Leben eines Verbrechers zu führen, ähnlich wie Robin Hood. Nun war das Maß voll: Im November 1817 wurde der irische General Sir Richard Church in Don Ciros Reich geschickt, an der Spitze einer kleinen neapolitanischen Armee.

Während General Church noch im Anmarsch war, trafen sich die Anführer sämtlicher Geheimbünde in der Region in einem einsam gelegenen Turm außerhalb von Galatina, um ihre Differenzen beizulegen und den Gegenschlag zu planen. Sie ernannten eine Anzahl von Anführern, zumeist Aristokraten, zu einer *Alta Vendita* der Köhler – ein Führungsgremium für verschwörerische Aktivitäten. Don Ciro sollte die militärische Offensive gegen die heranrückende Armee leiten. Mit fünfzig Männern ritt er kreuz und quer durchs Land und verkündete der Bevölkerung, die Revolution stünde unmittelbar bevor.

Kaum hatte General Church seine Truppen in der Stadt Lecce stationiert, berief er die Anführer der Köhler zu sich und erklärte, er würde ihnen ihre politischen Vergehen verzeihen und sie gegen die Kesselschmiede unterstützen – *sofern* sie ihm dabei halfen, Don Ciro zu fassen, tot oder lebendig. Der Vorschlag wurde freudig angenommen: Don Ciros Todesurteil war so gut wie besiegelt.

Der Bandit streifte auf verzweifelter Flucht rastlos durch die Lande. Als seine Kumpane gefasst wurden, machte man kurzen Prozess – so hatten sie praktischerweise keine Gelegenheit mehr, vor Gericht über ihre Verbindungen zu den höheren Gesellschaftsschichten auszusagen. Bis auf seine loyalsten Anhänger ließen alle Don Ciro voller Angst im Stich. Erschöpft, hungrig und zerlumpt, wurde er schließlich in einem

Bauernhaus in der Nähe von Francavilla umzingelt, wo er sich nach einem heftigen Schusswechsel ergab. In ihrer panischen Angst vor Vergeltungsmaßnahmen verließen die Beamten auf den Türmen für die optische Telegraphie ihre Posten, anstatt pflichtgemäß die Nachricht zu übermitteln, dass Don Ciro gefasst war. Am darauffolgenden Nachmittag, nachdem er vor ein Schnellgericht gestellt worden war, wurde er als Zeichen der Schande von hinten erschossen. Dann schlug man ihm den Kopf ab und stellte ihn in einem Eisenkäfig zur Schau.

Wie überall in Italien schwand 1817 auch in Apulien die Bedrohung durch die reaktionären Kesselschmiede, doch die revolutionären Köhler hatten mittlerweile so tiefe Wurzeln geschlagen, dass Minister Tommasi und das übrige Kabinett nicht viel mehr tun konnten, als über sie Informationen zu sammeln und sich zu ärgern. Die Geheimbund-Seuche verbreitete sich überall, wie es schien. Im Sommer 1818 wurde Tommasi darüber informiert, dass anhand konfiszierter Dokumente in zwei neapolitanischen Gefängnissen ein Köhlernetzwerk aufgedeckt worden war, mit weitreichenden Verbindungen in die Freiheit. Viele der Mitglieder waren keine politischen Gefangenen, sondern zu lebenslanger Haft verurteilte Kriminelle, »verroht auf dem Pfad des Verbrechens«. Der Verfasser des Berichts schlug vor, die Rädelsführer auf die verschiedenen Gefängnisinseln vor der Küste Siziliens und auf dem Festland zu verteilen. Was er dabei offenbar nicht bedacht hatte, war die Tatsache, dass sich das Netzwerk über die Gefängnisstruktur nur noch weiter verbreiten würde.

Am Ende waren es erneut internationale Entwicklungen, die eine Krise in Neapel beschleunigten. Im Jahr 1820 war der König in Spanien infolge einer Rebellion gezwungen, eine Verfassung zu garantieren. Diesem Beispiel gedachten die Guten Vettern zu folgen – zumal der spanische König wie Ferdinand ein Bourbone war.

Als der langersehnte Köhleraufstand endlich losbrach, war er eine überstürzte Angelegenheit statt das Ergebnis zentraler Planung. In der Nacht auf den zweiten Juli 1820 überredeten etwa dreißig Carbonari in Nola, einem Marktflecken östlich von Neapel, die dort stationierten Soldaten zur Desertion. Kokarden in den Köhlerfarben Blau, Schwarz und Rot an den Hüten, und Parolen rufend wie »Lang lebe die Freiheit und die Verfassung«, marschierten die Männer im Anschluss die fünfundzwanzig Kilometer nach Avellino, wo die Bruderschaft sehr aktiv war, und legten dabei an Stärke zu. Von dort aus verbreitete sich die Kunde von dem Aufstand über Boten und Leuchtfeuer auf den Hügeln. Die Heeresleitung, wohl wissend, dass ihre Einheiten von Köhlern unterwandert waren, ließ den Ereignissen mehr oder weniger ihren Lauf. Der General Guglielmo Pepe lief zu den Rebellen über und übernahm dort das Kommando. Binnen weniger Tage wurde König Ferdinand gezwungen, ein Edikt zu erlassen, das eine Verfassung in Aussicht stellte; Tommasi und die übrigen Minister dankten ab.

Am Sonntag, dem 9. Juli, zogen die rebellischen Soldaten in Neapel ein, um mit Lorbeerkränzen gekrönt zu werden; es folgten ihnen Musikkapellen und die dicht gedrängten Reihen der Köhler. Die blau-schwarz-rote Fahne wurde über der Stadt gehisst. Mit dem Ruf »Lang leben die Köhler!«, versammelte sich die Prozession vor dem Königspalast. Während der König vorgab, krank zu sein, erschien die übrige Königsfamilie auf dem Balkon. In einem wenig überzeugenden Versuch, sich der gegenwärtigen Stimmung anzubiedern, trugen sie Köhler-Rosetten.

Sekten

Nach den seltsamen Drehungen und Wendungen der Geschichte der Köhler nimmt es vermutlich nicht wunder, dass ihre Revolution scheiterte. Sie hatten sich untereinander verkracht, noch bevor im März 1821 eine österreichische Armee eintraf, um noch ein weiteres Mal die Autorität König Ferdinands wiederherzustellen. Im restlichen Italien – im Piemont, im Kirchenstaat – trug die Köhler-Verschwörung noch weniger Früchte. In Ravenna, in der Region Romagna, ebenfalls Teil des Kirchenstaates, waren die Guten Vettern nur deshalb beachtenswert, weil sich ihnen bald nach der neapolitanischen Revolution vom Juli 1820 der Dichter Lord Byron zugesellte. Er war nicht sonderlich beeindruckt, und das trotz seines revolutionären Eifers, und schrieb im Januar 1821, dass die »C[arbonari] augenscheinlich keinerlei Plan haben – keiner von ihnen weiß, wie was wann zu unternehmen sei.«

Viele *Carbonari* flüchteten ins Ausland. Einer von ihnen war der Gelehrte Gabriele Rossetti; seine Kinder, darunter die Dichterin Christina Rossetti und ihr malender Bruder Dante Gabriel, würden in London auf die Welt kommen. Ein weiterer Exilant der *Carbonari* in England war Antonio Panizzi aus Norditalien. Er würde Englands erster Italienischprofessor werden und am University College in London, wo ich das Glück habe, einen Lehrstuhl innezuhaben, eine Dienstwohnung beziehen. Auch Lord Byrons Sekretär, Antonio Lega Zambelli, ebenfalls Köhler, landete in London, wo er mit Pasta Handel trieb.

Das Scheitern des Aufstands von 1820 war nicht das Ende der Geschichte. Die Bewegung der Carbonari war mittlerweile längst nach Frankreich exportiert worden. Sizilien, das bis zu diesem Zeitpunkt weitgehend immun gewesen war gegen das Geheimbundfieber, steckte sich danach umso schlimmer damit an. In einigen Provinzen des süditalienischen Festlandes, blieben die Carbonari über ein Jahrzehnt lang aktiv. Gelegentlich kam es zu örtlich begrenzten Aufständen. 1828, infolge einer konstitutionellen Erhebung, wurde das Bergdorf Bosco mit Kanonen dem Erdboden gleichgemacht und seine Bewohner in verschiedene Richtungen vertrieben. Auch in anderen italienischen Staaten blieben die Köhler aktiv. Sie waren maßgeblich an vielen der Revolutionen beteiligt, die in den 1830er Jahren aufflammten. Doch bald danach schwand ihr Einfluss. Ihre widersprüchliche Mischung aus ritualisierter Verschwiegenheit und Offenheit für Mitglieder mit sehr unterschiedlichen politischen Ideen hatte sich als Fehlschlag erwiesen. Das Neapel der Jahre 1820–21 erwies sich als ihre Blütezeit. Weder die Carbonari noch irgendeine der anderen italienischen Geheimgesellschaften nach ihnen würden bei den Ereignissen, die vierzig Jahre später zur Einigung Italiens führten, noch eine größere Rolle spielen.

Doch die Seiten der Geschichte, die die Guten Vettern mit Kohle beschrieben hatten, würden von den kommenden Ereignissen nicht gänzlich ausgelöscht werden. Die *Carbonari* waren die erste Geheimgesellschaft, die eine größere europäische Revolution angeführt und damit einen mächtigen Präzedenzfall geschaffen hatte. Die weitreichenden und einzigartigen Verschwörungen während der napoleonischen Ära und der Restaurationszeit hinterließen einen tiefen Eindruck, und zwar in mehrfacher Hinsicht.

Zum einen beeinflussten sie künftige revolutionäre Bewegungen in Europa und darüber hinaus. Die typisch moderne Rolle des Revolutionärs, der sich im Geheimen mit anderen verschwört, um mit Gewalt eine bessere Welt zu schaffen, war zunächst ein Nebenprodukt der Freimaurerei im Zeitalter der Romantik. Wie ein Historiker argumentiert hat: »Die moderne revolutionäre Tradition, wie sie unter Napoleon und der Restauration internationalisiert werden sollte, erwuchs aus der okkulten Freimaurerei.«

Das zweite Vermächtnis, da nun *reale* Verschwörer die reaktionären Träume des Abbé Augustin de Barruel bevölkerten, bestand darin, einen heiligen Schrecken vor Geheimgesellschaften zu befeuern. Eines aber waren die Köhler definitiv *nicht*, nämlich eine disziplinierte subversive Verschwörung, obwohl man sie oft als solche zitieren würde.

Ein dritter Einfluss war auf Italien begrenzt: Trotz der masonischen Regeln gegen die Einmischung in die Politik, wie sie in den Konstitutionen der Königlichen Kunst festgelegt waren, entwickelte Italien dank Napoleon und den *Carbonari* die am meisten politisch geprägte masonische Tradition in Europa.

Das vierte Vermächtnis, ebenfalls auf Italien begrenzt, war der Umstand, dass das Geheimbundfieber sich im Königreich Neapel zu einer endemischen Seuche auswuchs. Um dieses besondere Vermächtnis der verschiedenen Geheimgesellschaften aus der Köhlerzeit zu verstehen, ist es hilfreich, die schiere Bandbreite ihrer Aktivitäten zu betrachten. Sie infiltrierten die Kommunalpolitik und trugen dazu bei, dass in ihr ein habgieriger und manchmal gewalttätiger Richtungskampf erwuchs. Sie erhoben sich in einem Maße über das Gesetz, dass sie mancherorts einen Staat im Staate bildeten. Sie waren in aufständische Verschwörungen und Gewalttätigkeiten verwickelt, wurden aber auch vom Staat benutzt, um politische Gegner zu bekämpfen. Ihre Netzwerke kontrollierten Staatsämter und Ressourcen. In ihren Reihen übten Erpresser und Mörder den Schulterschluss mit der Elite. Sie kontrollierten das Gefängnissystem von innen.

In den Jahren nachdem der Süden 1860 Teil eines geeinten Italiens wurde, stieß die Polizei in Neapel und vor allem in der sizilianischen Hauptstadt Palermo auf kriminelle Geheimbünde, die sich auf Erpressung spezialisierten. Die meisten ihrer Mitglieder waren an der politischen Gewalt beteiligt, die in die Gründung des geeinten italienischen Staates mündete. Viele waren Spitzel für die bourbonische Polizei gewesen und hatten Beziehungen geknüpft zu Elementen innerhalb der italienischen Polizei. Sie nutzten ihre Kontakte, um Einfluss zu nehmen auf die Wirtschaft und die örtliche Regierung. Sie hatten mächtige Freunde innerhalb der Elite, die sie vor Verfolgung schützten. Ihre Kontakte reichten tief in die Gefängnisse. Als in einem Regierungsbericht der 1870er Jahre Informationen über eine Geheimgesellschaft im westlichen Sizilien auftauchten, beschrieb der Korrespondent der Londoner *Times* sie als »eine unentwirrbare Sekte, deren Organisation ebenso perfekt ist wie die der Jesuiten oder Freimaurer, deren Geheimnisse aber undurchschaubarer sind«. In der Tat sprachen die ersten italienischen Ermittler, einer bewährten Praxis folgend, oft von einer »Sekte«, um dieses unheimliche Phänomen zu beschreiben. Sie benutzten aber auch ein anderes Wort, und tun es bis zum heutigen Tag: Mafia.

Die prägendsten Männer der Freimaurerei im achtzehnten Jahrhundert waren weltoffene Intellektuelle gewesen. Während des Napoleonischen Kaiserreichs und der Restauration verschob sich der ideologische Schwerpunkt der Freimaurerei. Die prägendsten Brüder, ob sie nun Bonapartes Bürokraten und Beamte waren oder die Verschwörer, die das französische Kaiserreich hervorbrachte, waren jetzt patriotische Staatengründer. Dies sollte für das gesamte neunzehnte Jahrhundert gelten – und nirgendwo mehr als in den Vereinigten Staaten von Amerika, wo die Freimaurerei gleichsam zur Staatsreligion wurde.

7 WASHINGTON

Eine Loge für die Tugenden

Während des amerikanischen Unabhängigkeitskrieges sammelte George Washington die barfüßigen Streitkräfte von dreizehn ungleichen und einander argwöhnisch beäugenden Kolonien um sich und führte sie nach nahezu acht Jahren Krieg zum Sieg über die meistgefürchtete Militärmaschinerie der Welt. Im Dezember 1783 widerstand er der Versuchung, in der neuen Republik die Macht zu ergreifen, quittierte den Dienst, schied aus dem öffentlichen Leben aus und kehrte auf seine Plantage in Virginia zurück. Drei Jahre später wurde er mit sichtlichem Widerwillen erneut in die Politik hineingezogen: Er sollte den Konvent leiten, der die Verfassung der Vereinigten Staaten entwerfen würde. 1789 wurde er einstimmig zum ersten Präsidenten der Vereinigten Staaten gewählt – ein Amt, dessen Befugnisse und Pflichten er auf die eigene Person zuschneiden durfte. Doch statt Macht anzuhäufen, rekrutierte er talentierte Minister, delegierte Verantwortung und trug die Bürden seines Amtes mit aufopfernder Würde. 1792 wurde er gegen seinen ausdrücklichen Wunsch für eine zweite Amtszeit wiedergewählt – auch diesmal einstimmig.

Der Triumph am Ende des Krieges hatte George Washington zu einem unantastbaren Helden gemacht. Die Bescheidenheit danach verlieh ihm geradezu die Aura eines Heiligen. Seine politische Karriere tat seinem Ruf keinen Abbruch, sondern bestätigte noch seine sprichwörtliche Integrität, Weisheit und Pflichterfüllung. Seine gesamte berufliche Laufbahn hindurch bewahrten ihn eine kluge Imagepflege und ein zurückhaltender Elan davor, dass seine eindrucksvolle Reputation in vermeintliche Arroganz oder Anmaßung umschlug. Washington wurde zum großen amerikanischen Patriarchen, zu einem Inbegriff republikanischer Tugend. Ohne jemals allzu ehrgeizig zu wirken, wurde er zum berühmtesten Mann der Welt. Schon zu Beginn seiner ersten Amtszeit wurde sein Geburtstag im ganzen Land zu einem Nationalfeiertag. Seine Legende, gewürdigt in Malerei, Architektur und Literatur, half dabei, eine Nation aufzubauen.

So ehrerbietig war das Vertrauen in Washington, dass man ihm 1790 nahezu uneingeschränkte Autorität verlieh, die zunächst als *Federal City* bezeichnete Hauptstadt der neuen Nation zu entwerfen und aufzubauen – den Regierungssitz, der am Potomac River entstehen sollte, nur wenige Meilen von seinem Anwesen Mount Vernon entfernt. 1791 bestimmten die Kommissare, die das Projekt beaufsichtigten, dass die amerikanische Hauptstadt Washington heißen sollte. Ein anderer Name stand auch gar nicht zur Diskussion. Die architektonischen Pläne beinhalteten ein augenfälliges Reiterstandbild des großen Mannes und ein monumentales Grab, vor dem eine ehrfürchtige Nachwelt die Erinnerung an ihn pflegen würde.

Die Umrisse von Washington D.C. entstanden gerade erst an den schlammigen Ufern des Potomac River, als die Stadt am Vormittag des 18. September 1793 »eine der großartigsten MASONISCHEN Prozessionen« erlebte, »die bei einem so bedeutenden Ereignis jemals stattgefunden hatte«, wie die Presse schwärmte.

Allen voran schritten in Zweierreihen die zivilen Obrigkeiten: Vermessungsbeamte und City Commissioners. Hinter ihnen folgte in Reih und Glied eine Kompanie Artilleristen mit wehenden Fahnen. Als Nächstes spielte eine Kapelle Musik von »höchst feierlichem Ernst«. Der Kapelle folgte eine Schwadron von Steinmetzen und Ingenieuren; sie waren verantwortlich für die Gerüstbauten und Erdarbeiten, denen die Prozession zustrebte. Dann kamen die Freimaurer der Logen von Virginia und Maryland mit makellosen Handschuhen und Schurzen. Vorneweg schritten ihre Schwertträger, danach die verschiedenen Ränge: Brüder der ersten, zweiten und dritten Grade, begleitet von ihren Beamten in voller Montur; von den Aufsehern mit ihren Stäben bis hin zu den Schatzmeistern mit ihren Kleinodien, den Schlüsseln. Gleich hinter ihnen kamen die Freimaurer, die für die besondere Ehre auserkoren waren, das erforderliche Aufgebot an zeremoniellem Werkzeug zu tragen: eine Freimaurerbibel auf einem Samtkissen; eine Silbertafel mit Gravur; eine silberne Kelle mit Elfenbeingriff; Winkelmaß und Wasserwaage aus Nussholz; ein Hammer und schließlich die goldenen Becher mit heiligem Korn, Wein und Öl.

Für das Ereignis hatte man im Vorfeld tüchtig geworben – nicht zuletzt deshalb, weil es das erlahmende Interesse am Erwerb von Parzellen in dem zur Bebauung ausgewiesenen Gebiet neu beleben sollte. Die große Menschenmenge, die das eigentliche Motiv für die Darbietung kaltließ, schwenkte Fähnchen und klatschte begeistert Beifall.

Der Zug erreichte sein Ziel auf Jenkings Heights (dem späteren Capitol Hill) und teilte sich dort in zwei Reihen, die eine flache Grube umzingelten. Im Zentrum der Grube, von einem Stativ aus Baumstämmen hängend, schimmerte ein makelloser Steinkubus.

Ein donnernder Ehrensalut brachte das Gezwitscher der Vögel und das Geplauder der Zuschauer zum Verstummen. In der ehrfürchtigen Stille schritt der großgewachsene Mann in Freimaurermontur, der sich im hinteren Teil des Zuges befunden hatte, in die Grube: Großmeister George Washington, damals seit sechs Monaten zum zweiten Mal in Folge Präsident der Vereinigten Staaten.

Washington nickte ernst, und drei Handwerker ließen den Stein zu Boden. Man reichte ihm die Requisiten, und er legte sie eine nach der anderen in den hohlen Kubus. Das Winkelmaß, Sinnbild für die Tugend, um sicherzugehen, dass jeder Winkel exakt geschnitten war. Die Wasserwaage, Symbol für Gleichheit, um zu prüfen, ob die Platzierung stimmte. Daraufhin verstreute Washington das Korn, träufelte Öl und Wein darauf, die Wohlstand, Freundschaft und Frieden verhießen. Als Nächstes folgte die silberne Tafel: die Inschrift darauf besagte, dass der Grundstein des Kapitols im dreizehnten Jahr der amerikanischen Unabhängigkeit und im Jahr 5793 der Freimaurerei gelegt worden war. Washington platzierte sie auf dem Kubus, ehe er die Silberkelle zur Hand nahm, um einige Spritzer Zement aufzustreichen. Dann griff er sich den Maurerschlegel und klopfte mehrmals in schneller Folge auf den Stein.

Als er lächelnd aufblickte, brach jubelnder Beifall los. Das Kapitol, das Thomas Jefferson als den »ersten der Souveränität des Volkes geweihten Tempel« bezeichnete, hatte seine unerschütterliche Grundsteinlegung im maurerischen Ritual erhalten.

Es lässt sich leicht begreifen, warum Washington so ein ausgezeichnetes Symbol dessen abgab, was die neue Nation sein wollte: Für seine Zeitgenossen schien sogar sein hoher Wuchs Beweis seiner Erhabenheit zu sein. Weniger offensichtlich ist, warum bei dermaßen bedeutsamen Gelegenheiten wie der Grundsteinlegung für das Kapitol ausgerechnet die Freimaurerei ausgewählt wurde, um der Republik eine zeremonielle Sprache zu geben. Einer internationalen Geheimgesellschaft, die während ihrer kurzen Geschichte stets Verdächtigungen und Kontroversen ausgelöst hatte, kam jetzt die Rolle zu, den Institutionen der Vereinigten Staaten Glaubwürdigkeit zu verleihen.

Die Freimaurerei begleitete George Washington durch sein gesamtes Erwachsenenleben. Er wurde am 4. November 1752, noch nicht einundzwanzigjährig, in die Fredericksburg Lodge in Virginia initiiert. Der junge Washington strebte danach, sich innerhalb der Plantagenelite Geltung zu verschaffen. In Virginia, wie in den anderen amerikanischen Kolonien, war der Beitritt zur Königlichen Kunst eine Möglichkeit, den Adelsstatus und Ansehen zu erlangen. Doch waren innerhalb der Freimaurerei bereits Veränderungen im Gange, die dem Schicksal Washingtons und dem Amerikas zuspielten: Die Kunst wurde sowohl demokratischer als auch martialischer.

Es ist kein Zufall, dass im selben Jahrhundert, in dem die Freimaurerei erstaunlich schnell internationale Verbreitung fand, auch der Krieg zu einer globalen Angelegenheit wurde. Die Freimaurerei zog viele Armeerekruten an. Es entstanden Militärlogen, deren Mitglieder ihre Logenarbeiten fortführen durften, wo immer sie stationiert waren. Eine lange und innige Verbindung zwischen der Freimaurerei und dem militärischen Leben wurde hiermit zementiert. Seit dieser Zeit haben Soldaten und Veteranen aller Nationen in der Königlichen Kunst eine zelebrierte Kameradschaft gefunden, die Entwurzelung und Kriegstraumata zu lindern vermochte. Nach 1753 zum Beispiel zog der Siebenjährige Krieg eine große Zahl britischer Soldaten in die amerikanischen Kolonien, wo die Regimentslogen die masonische Praxis unter den örtlichen Milizionären verbreiteten.

Zwanzig Jahre später brachte der Unabhängigkeitskrieg die Unruhe gespaltener Loyalitäten in die amerikanische Freimaurerei. Viele Logen hörten schlicht auf, sich zu treffen. Die kämpfenden Armeen wurden für die Dauer des Konflikts zum Fokus freimaurerischer Kultur: Es gab auf beiden Seiten Regimentslogen. Doch in Washingtons Kontinentalarmee erwies sich die Freimaurerei als besonders wichtig für die Moral der Truppe. Die Meister sprachen mit einer Gewissheit, mit der sich die Armeegeistlichen, gehemmt durch die Vielzahl unterschiedlicher Konfessionen in Amerika, nicht messen konnten. Patriotische Offiziere wurden in rauen Mengen initiiert: Es gab zehn Militärlogen, die größte mit mehreren hundert Mitgliedern, und 42 Prozent der Generäle unter Washington waren Freimaurer. In Militärlogen wurde sowohl auf gefallene Brüder als auch auf den Oberbefehlshaber, Bruder George Washington, angestoßen.

Washington wiederum, der seine erste militärische Erfahrung im gewalttätigen Grenzkonflikt während des Siebenjährigen Krieges erlangt hatte, ermutigte seine Soldaten zur Freimaurerei. Das Umfeld der Militärloge erlaubte es ihm, mit seinen Offizieren zu fraternisieren, ohne seine Autorität zu untergraben. Er pflegte Treffen beizuwohnen, als wäre er ein Bruder wie alle anderen, »auf Augenhöhe« mit seinen Waffenbrüdern.

Während des Unabhängigkeitskrieges fiel auf die amerikanische Freimaurerei der Abglanz von Washingtons Ruhm. Im Dezember 1778 besuchte der General die Stadt Philadelphia, wo der Kontinentalkongress tagte. Die Großloge von Pennsylvania wies ihm bei seiner Prozession anlässlich des Johannisfestes den Ehrenplatz neben dem Großmeister zu. Ein masonisches Gedicht wurde veröffentlicht, um den Anlass zu feiern:

> Seht WASHINGTON, den Zug er führt,
> er ist's, dem unser Dank gebührt;
> Oh seht, wie unsere Zunft ihm folgt,
> dem gottgleichen Bruder Achtung zollt.

Als sich die Briten 1781 in Yorktown ergaben, hatte sich die Freimaurerei dank ihrer Verbindung mit der Kontinentalarmee bereits glanzvollen patriotischen Ruhm erworben. Washington verknüpfte seine Präsidentschaft gern mit der Königlichen Kunst: Im April 1789 legte er den Amtseid auf eine Bibel ab, die er sich eigens für diese Gelegenheit von der St John's Lodge geborgt hatte, der ältesten Freimaurerloge in New York. Danach setzte er sich dafür ein, das öffentliche Leben Amerikas mit masonischen Insignien zu schmücken.

Das Amerika, das aus dem Unabhängigkeitskrieg siegreich hervorging, war ein Laboratorium der politischen Kommunikation. Im Moment, da die Republik die monarchische Herrschaft abschüttelte, ließ sie auch all die Rituale und Embleme hinter sich, die die europäischen Throne mit einer beweihräucherten Aura versehen hatten. Keine Zepter mehr und keine Kronen; keine Krönungen in Kathedralen und kein Tedeum. Um das Vakuum zu füllen, schufen sich die Vereinigten Staaten den George-Washington-Kult; und George Washington wiederum verwandelte die Freimaurerei in eine patriotische Liturgie.

Der Unabhängigkeitskrieg hatte Unruhen entfacht: Bürgerkonflikte wüteten; Arbeiter im Norden versuchten ihre eigenen radikalen Versionen von Freiheit und Gleichheit zu verwirklichen; Sklaven im Süden warfen ihre Werkzeuge fort und flüchteten; Frauen gingen auf die Straßen; Menschenmengen fanden sich zusammen, um Symbole königlicher Autorität niederzureißen. Die Politik war unwiderruflich zu einem Massenphänomen geworden. Das explosionsartige Aufkommen von Zeitungen in den 1780er und 1790er Jahren schürte im Volk die Begeisterung für Politik immer weiter und schuf für jede lokale Parade oder Demonstration eine nationale Aufmerksamkeit. Nach dem Krieg wuchs die Wirtschaft, und es folgte eine ungebremste Ausweitung nach Westen: Amerika wurde schnell zu einer draufgängerischeren, unbändigeren Gesellschaft, als die Gründer es sich noch vor wenigen Jahren hätten träumen lassen.

Die Freimaurerei lieferte eine gleichmütige Antwort auf solchen Wildwuchs. Niemand veranstaltete Prozessionen wie die Freimaurer: Reihen von Brüdern, angeordnet nach ihrem Status und flankiert von ihren Logenbeamten, gaben ein locker hierarchisches Bild ab, das den politischen Instinkten von Männern wie Washington zupasskam, die sich als die natürlichen Anführer der Gesellschaft betrachteten.

Die Bruderschaft spielte ihre neue Rolle zum Teil auch deshalb so gut, weil Amerika ein religiöses Mosaik war. Puritaner, die vor der Diskriminierung geflüchtet waren, hatten in den 1630er Jahren die Kolonien Neuenglands gegründet. Nachfolgende Einwanderer brachten allesamt ihre eigenen religiösen Überzeugungen in die Neue Welt mit: nicht nur Anglikaner, Katholiken und Juden, sondern auch eine ganze Palette von protestantischen Sekten wie den Quäkern, Baptisten und Presbyterianern. Dazu kamen noch diverse deutsche Glaubensgemeinschaften wie die der Mährer, Mennoniten, Tunker und Schwenkfelder. Die koloniale Gesellschaft brachte eigene Formen von Frömmigkeit hervor, besonders die evangelikalen Glaubensbekenntnisse, die während des sogenannten *First Great Awakening*, des ersten großen Erwachens der 1730er und 1740er Jahre aufkamen. Mit der Revolution kappten sogar jene Staaten, in denen die Church of England die etablierte koloniale Religion gewesen war, ihre Verbindung zwischen den Regierungsinstitutionen und dem Glauben jeglicher Ausprägung. Während Washingtons erster Amtszeit als Präsident verankerte die *Bill of Rights* die Religionsfreiheit und die Trennung von Kirche und Staat in der Verfassung.

Die Freimaurerei öffnete ihre Pforten Männern aller Glaubensrichtungen; sie zelebrierte nur »die Religion, in der alle Menschen einig sind« – in der sinnvollerweise vagen Formulierung der *Constitutions*. Washingtons eigene religiöse Überzeugungen machten ihn zum spirituellen Gravitationszentrum der Freimaurerei. Er galt als ein »lauwarmer Episkopale«, der niemals zur Kommunion ging und im Allgemeinen eher die »Vorsehung« und das »Schicksal« beschwor als Gott; er war weniger um die persönliche Frömmigkeit besorgt als um die Rolle der Religion als Garantin für sittliches Verhalten.

Die völlige Übereinstimmung zwischen den Freimaurern und den Gründern der amerikanischen Republik ging sogar noch tiefer als die Religion. Die Prinzipien der Freimaurerei waren allgemeingültig: Selbstveredelung und brüderliche Liebe zwischen allen Menschen, ungeachtet ihrer Geburt oder ihres Standes. Solche Ideale harmonierten mit dem Selbstverständnis der Vereinigten Staaten, für etwas Größeres zu stehen als die eigene nationale Identität, Träger jener universellen Wahrheiten zu sein, wie sie in der Unabhängigkeitserklärung als grundlegend proklamiert wurden.

Die jungen Vereinigten Staaten brauchten noch etwas anderes, das die Freimaurerei ihnen bieten konnte: Tugend. Der Republikanismus, die Ideologie, der Washington und die anderen Gründer anhingen, hatte eine Geschichte voller harter Lektionen. Überall, von der griechischen und römischen Antike über das Italien der Renaissance bis hin zum Commonwealth Oliver Cromwells, war der Versuch, ein Regierungssystem ohne Monarchen zu errichten, letztlich gescheitert. Damit eine moderne Republik wie die der Vereinigten Staaten gelingen konnte, musste die Bevölkerung, insbesondere die herrschende Klasse, sich mit genügend Tugend ertüchtigen, um einem Abgleiten in die Tyrannei widerstehen zu können.

Seit ihren Anfängen hatte sich die Freimaurerei der Welt als eine Lehranstalt tugendhafter Männer präsentiert. Während seiner Amtszeit erhielt Washington eine Flut von hochfliegenden Grüßen und Widmungen von Freimaurerlogen, die ihn als ein Vorbild an masonischer und ziviler Rechtschaffenheit priesen. 1790 schrieb die King David Lodge in Newport, Rhode Island, dem Präsidenten die folgenden holprigen Zeilen:

> Mit unsagbarer Freude beglückwünschen wir Sie, der Sie nun, unter dem Beifall zahlreicher erleuchteter Menschen, auf dem Präsi-

> dentschaftsstuhl Platz nehmen; gleichzeitig schätzen wir uns selbst glücklich, dass unserer Bruderschaft dank Ihrer vielen beispielhaften Tugenden so viel Ehre zuteilwird und ihr aus einem Herzen, würdig, die alten Mysterien unserer Kunst zu besitzen, so viel Güte entgegenströmt.

Auf solches Lob fand Washington stets huldvolle Erwiderungen, in denen er den republikanischen bürgerlichen Diskurs mit masonischem Jargon mischte. 1791 schrieb er an eine Großloge in Charleston, South Carolina, folgende Zeilen: »Das Gefüge unserer Freiheit gründet auf der beständigen Tugend des Volkes und wird, wie ich zärtlich hoffe, noch lange den Wohlstand seiner Erbauer bewahren. Ich werde bei jeder Gelegenheit mit Freuden meiner Wertschätzung für die Bruderschaft Ausdruck verleihen.«

Als Washington 1796 seine Absicht kundtat, sich zur Ruhe zu setzen, erhielt er einen Dankesbrief der Großloge von Pennsylvania mit den besten Wünschen. Sein Antwortschreiben beinhaltete die Hoffnung, die Vereinigten Staaten möchten weiterhin »ein Zufluchtsort für Brüder und eine Loge für die Tugenden« sein.

Viele solcher masonischen Briefwechsel mit dem Präsidenten wurden gleich nach dem Verfassen veröffentlicht. Dem Vorbild des Präsidenten folgend, verkündete ein neues literarisches Genre, die Freimaurerei sei die Schule von Tugend und Wissen und werde gewährleisten, dass die Republik ihr Versprechen erfüllen werde.

Für Washington war die eigene Imagepflege eine fortwährende und sensible Aufgabe, bei der die Freimaurerei zu einer wichtigen Ressource wurde. Indem er ihren Kult der brüderlichen Liebe befürwortete, diesen formellen Egalitarismus, der auf ihre historischen Wurzeln im Handwerk zurückging, bemühte sich Washington, die Angst zu beschwichtigen, er könne sich zum König aufschwingen.

Washington führte nicht nur die Initiative an, aus der Freimaurerei eine Zivilreligion zu machen; er war zugleich ihre schillernde Galionsfigur. Bald nachdem er den Grundstein des Kapitols gelegt hatte, saß er mit seiner Schärpe und dem Altmeisterorden bei William J. Williams

Präsident George Washington (1732–1799). Eine Zeichnung, basierend auf dem einzigen Porträt von ihm mit den Insignien der Freimaurer, das zu seinen Lebzeiten entstand.

Modell für ein Porträt. Zahllose Darstellungen von Washington mit Freimaurerinsignien sollten im Laufe des Jahrhunderts reproduziert werden.

Die Zeremonie auf Capitol Hill, über die landesweit mit großer Begeisterung berichtet worden war, war nur eine von vielen masonischen Weihungen. Am 4. Juli 1795 legten zwei masonische Helden der Revolution, Großmeister Paul Revere und Gouverneur Samuel Adams, gemeinsam den Grundstein des Massachusetts State House. Sie legten ihm eine Zeitkapsel aus Kupfer bei, die im Jahr 2014, im Zuge von Restaurierungsarbeiten, zutage gefördert wurde: Sie enthielt, unter anderem, eine George-Washington-Münze. Freimaurer in wichtigen

Positionen führten auch feierliche Grundsteinlegungen bei Gebäuden durch wie dem Virginia State Capitol (1785) und der University of North Carolina, Chapel Hill (1798), von der Einweihung zahlreicher Brücken und Grenzsteine und dergleichen ganz zu schweigen.

Washington starb im Dezember 1799 an einer Kehlkopfentzündung. Sein Begräbnis auf seinem Landsitz Mount Vernon wurde von der Loge 22 in Alexandria arrangiert. Der episkopale Geistliche, der den Vorsitz über die Begräbnisriten übernahm, war ebenfalls ein Bruder. Ein masonischer Schurz und zwei gekreuzte Schwerter wurden auf den Sarg gelegt. Es gab sechs Sargträger – allesamt ehemalige Offiziere in der Kontinentalarmee und zumindest fünf von ihnen Freimaurer. Masonische Riten wurden vor der Gruft vollzogen, und unmittelbar vor der Beisetzung legten Brüder immergrüne Akazienzweige auf den Sarg – ein masonisches Symbol für die Unsterblichkeit der Seele.

In den folgenden Wochen der Staatstrauer gaben Freimaurer den Ton an: Man schätzt, dass sie in offizieller Funktion an etwa zwei Dritteln der Gedenkparaden teilnahmen, die im ganzen Land abgehalten wurden. Die Massachusetts Grand Lodge organisierte im Februar 1800 eine prächtige Prozession, bei der über 1600 Brüder durch die Straßen von Boston schritten. Sechs Sargträger, darunter Paul Revere, trugen auf einem Sockel eine goldene Urne, die eine Locke von Washingtons Haar enthielt und von einer weinenden Statue gekrönt war, den »Genius der Freimaurerei« darstellend.

In den darauffolgenden Jahren, als die Revolution allmählich aus den Erinnerungen der einen Generation in die Gedenkfeiern der nächsten überging, bewahrte sich die Freimaurerei ihre zeremonielle Autorität. Die Freimaurer arbeiteten in der Tat regelmäßig mit lokalen Behörden zusammen, um Grundsteinlegungen und andere Zeremonien zu organisieren. Ein Beispiel, vom 4. Juli 1815, war Baltimores Washington Monument. Mit den Bürgern und Würdenträgern, die um die Grube versammelt waren, in der der Grundstein zu liegen käme, verkündete der Großmeister von Maryland:

> Verehrte Anwesende, im Namen der freien und angenommenen Maurer dieses Staates nehme ich Ihre Einladung mit Freuden an, und es wird uns eine besondere Genugtuung sein, zu tun, was in unserer Macht steht, dass dieser Stein gemäß den alten Gepflogenheiten des Ordens gut zu liegen komme, zumal das Ziel des zu errichtenden Gebäudes darin besteht, die Tugenden und den Patriotismus des größten aller Männer an die Nachwelt weiterzugeben, der in seinem kostbaren Leben unserem Orden die Ehre erwies, ein eifriges und treues Mitglied der Bruderschaft zu werden.

Offenbar machte niemand der Bruderschaft das Recht streitig, in ihren feierlichen öffentlichen Auftritten an den Platz zu erinnern, den sie im Leben George Washingtons eingenommen hatte, und an die führende Rolle, die sie in der Entstehungsgeschichte der Vereinigten Staaten für sich forderte.

Ähnliche Riten wurden im ganzen Land abgehalten. Besonders viele gab es 1824–25 während der triumphalen Reise des Marquis de Lafayette durch die Staaten. Lafayette war ein französischer Aristokrat, der mit nur neunzehn Jahren als Freiwilliger für Amerikas Unabhängigkeit gekämpft hatte. Er war wahrscheinlich über eine Militärloge in die Freimaurerei eingeführt worden, kurz nachdem er sich der Kontinentalarmee angeschlossen hatte. Seine Heldentaten während des Krieges und seine späteren Leiden während der Französischen Revolution festigten seinen Ruf als Paladin der Freiheit. Als er von Präsident James Monroe (auch er ein Freimaurer) eingeladen wurde, in die Vereinigten Staaten zurückzukehren, jubelten ihm die Menschen begeistert zu, weil er ein noch lebender Zeitzeuge des Unabhängigkeitskrieges war und George Washington ihn überdies wie einen Sohn behandelt hatte. Während einer dreizehnmonatigen Reise in der Postkutsche und im Dampfer durch alle vierundzwanzig Staaten wurde Lafayette überall mit Lorbeerkränzen, Feuerwerken, Abendessen und feierlichen Ansprachen begrüßt – und gebeten, die Grundsteine zahlreicher Monumente nach masonischer Manier mit Korn zu bestreuen und mit Wein und Öl zu besprengen.

Die Freimaurer waren zu Amerikas Impresarios der Feierlichkeit geworden, Spezialisten der nationalen Erinnerung. Immer wenn das Amerika des beginnenden neunzehnten Jahrhunderts sich an die Nachwelt richten wollte, tat es dies über die guten Dienste der Bruderschaft.

Das hohe öffentliche Ansehen der Freimaurerei, bestätigt durch illustre Persönlichkeiten wie Washington und Lafayette, sandte eine klare Botschaft an ehrgeizige und patriotische Amerikaner: Willst du vorankommen im Leben, dann hol dir einen Schurz. Ein schneller sozialer Wandel spielte ebenfalls den Freimaurern in die Hände. Die Grenze wurde immer weiter nach Westen verschoben; der Handel boomte; Städte und Dörfer schossen wie Pilze aus dem Boden; Familienbande lockerten sich. Amerikanische Männer aus bescheidenen Verhältnissen machten sich auf, ihr Glück zu suchen, und wurden wohlhabender und selbstsicherer, wenn sie es fanden. Die Bruderschaft bot ihnen ein nationales Netzwerk aus zuverlässigen Kontakten und die Sicherheit wechselseitiger Unterstützung.

Die Freimaurerei verbreitete sich nirgendwo sonst und zu keiner Zeit so rasant wie in den Vereinigten Staaten. Im ersten Viertel des neunzehnten Jahrhunderts verdreifachte sich die Zahl der Mitglieder von fünfundzwanzig- auf achtzigtausend – ungefähr ein weißer Erwachsener von zwanzig. Zum Zeitpunkt von Lafayettes Reise gab es in Amerika mehr Logen als ein halbes Jahrhundert zuvor im gesamten Rest der Welt. In New York City bestanden 1825 bereits vierundvierzig Logen, doppelt so viele wie noch 1812. Im Staat New York ging die Verbreitung sogar noch schneller: Allein zwischen 1806 und 1810 wurden siebzig Logen bestätigt. 1825 gab es republikweit fast fünfhundert Logen. Die Zahlen spiegeln, wie gut die Freimaurerei mit dem Leben der Republik harmonierte. Sie lassen auch die Katastrophe ermessen, die bald folgen sollte.

An dem Freimaurerorden klebt Blut

Das Johannisfest 1825: ein weiterer folgenschwerer Tag für die Vereinigten Staaten und eine weitere Demonstration von rituellem *savoir faire* durch die Freimaurer.

Die Gemeinde Lockport, etwa zwanzig Meilen von den Niagarafällen entfernt, war drei Jahre zuvor in den Wäldern entstanden; ihre Freimaurerloge war erst im vorausgehenden Februar offiziell anerkannt worden. Doch am 24. Juni 1825 versammelte sich bereits eine Menge von vier- bis fünftausend Menschen, um den Freimaurern von Lockport und Umgebung dabei zuzusehen, wie sie das Tor zu einer neuen Zukunft öffneten. Ihre Zeremonie feierte die Schlusssteinsetzung auf der Reihe von fünf Zwillingsschleusen, denen der Ort seine Existenz verdankte und die den Eriekanal sechzig Fuß unter das Niveau des Niagara River trugen. Die Schleusen beseitigten das letzte größere Hindernis vor einem direkten Wasserweg vom Atlantik in New York über den Hudson River bis hin zu den Great Lakes. Was ein Einheimischer etwas exaltiert als »amerikanisches Mittelmeer« bezeichnete, war nun für den Handelsverkehr geöffnet.

Wer an jenem Tag die Zeremonie beobachtete, war der unlängst gewählte Marschall von Niagara County, Hiram B. Hopkins. Sein Interesse an der Bruderschaft war zunächst von der Andeutung des Sheriffs vor Ort geweckt worden, dass die Unterstützung durch die Loge seiner politischen Karriere zuträglich wäre. Bei der feierlichen Schlusssteinsetzung beeindruckte Hopkins der Anblick einiger seiner jungen Kollegen, die Schurze und Schärpen trugen und sich mit einflussreichen Männern unterhielten. Er fand auch die Ansprache eines presbyterianischen Geistlichen sehr spannend: Die Freimaurerei sei »zu jeder Zeit, von den Anfängen des Salomonischen Tempels bis zur Gegenwart von den klügsten und tüchtigsten Männern« unterstützt worden. Unmittelbar nach der Zeremonie stellte sich Hopkins der Lockport Lodge vor. Binnen kurzer Zeit hatte er die drei ersten Grade durchlaufen und war begierig darauf, mehr zu erreichen. Mitte August des Jahres 1826 unterzog er sich einer vierstündigen Initiation, um ein Royal Arch Mason zu werden, ein Grad, den Maurer als »ungleich erhabener, sublimer und bedeutender« ansahen als die vorausgehenden ... die höchste Vollkommenheit der *Ancient Masonry*. Hopkins wurde zudem versichert, dass er es als Royal Arch Mason mit jedem seiner Altersgenossen aufnehmen könne, wenn er ein politisches Amt anstreben sollte.

Bevor er am Abend seiner Royal Arch »Exaltation« die Ortsgruppe verließ, sagte man Hopkins im Vertrauen, dass es Ärger geben würde. Ein unzufriedener Maurer namens William Morgan aus dem nahen Batavia sollte demnächst eine Schrift veröffentlichen, die alles über die Freimaurerei verraten würde, bis hinauf zum Royal-Arch-Grad. Hopkins würde später behaupten, seine Brüder dabei belauscht zu haben, wie sie »über geeignete Maßnahmen, wie man Morgan aus dem Weg schaffen könnte«, nachsannen. Er teilte die Empörung über Morgans entrüstende Tat und gestand: »Ich fand, er hatte den Tod verdient.«

Worauf Hopkins da gestoßen war, waren die Anfänge der berüchtigtsten masonischen Verschwörung in der Geschichte Amerikas.

William Morgan, etwa um die Zeit der Unabhängigkeitserklärung geboren, war ein Steinmetz auf der Walz und ein verlogener Säufer. Er scheint der Bruderschaft hauptsächlich deshalb beigetreten zu sein, um seine Brüder um wohltätige Spenden anbetteln zu können. 1825 gelang es ihm, in Le Roy, zehn Meilen östlich von seinem Heimatort, in den Royal-Arch-Grad aufgenommen zu werden. Doch seine *Companions* in Batavia wollten ihn nicht in ihren Reihen haben, und als sie Anfang 1826 eine neue Ortsgruppe des Royal Arch bildeten, erwirkten sie seinen Ausschluss. Morgan war entrüstet und schwor lauthals Rache. Gemeinsam mit seinem Saufkumpan, einem klammen Drucker namens David C. Miller, beschloss Morgan, sämtliche Geheimnisse der Bruderschaft an die Öffentlichkeit zu bringen. Zum Sommeranfang 1826 verkündeten die beiden Männer der Welt ihren Plan.

Die Freimaurer taten ihren Ärger sofort kund. Warnungen an andere Brüder wurden auch in den Lokalzeitungen abgedruckt: »Morgan gilt als Schwindler und als gefährlich.« Sie sprachen den Abtrünnigen direkt an und glaubten, ihn genügend eingeschüchtert zu haben, damit er sein Manuskript herausrücke. Doch es wurde bald klar, dass er ihnen nur einen Rohentwurf ausgehändigt hatte und dass die Veröffentlichung noch nicht vom Tisch war.

Die Bemühungen, die Publikation zu verhindern, eskalierten. Freimaurerische Vollzugsbeamte ließen sowohl Morgan als auch Miller wegen geringfügiger Schulden verfolgen. Morgans Haus wurde ohne richterlichen Beschluss durchsucht, während er selbst in Untersuchungshaft saß. Eine Menschenmenge, die Freimaurer aus dem fernen Buffalo und sogar aus Kanada umfasste, versammelte sich, um Millers Druckerei zu stürmen; sie zerstreuten sich wieder, als sie erfuhren, dass Miller, ein ehemaliger Soldat, über »zwei Drehbassen, fünfzehn oder zwanzig Gewehre und mehrere Pistolen« verfügte, um sich zu verteidigen. Bald darauf erfolgte ein nächtlicher Brandanschlag auf die Druckerei, bei dem mit Terpentin getränkte Lumpen zum Einsatz kamen; Miller schlug Alarm und erhielt genügend Hilfe, um die Flammen zu löschen.

Am folgenden Morgen, dem 11. September 1826, war Morgan an der Reihe: Aus einem benachbarten Bezirk erging ein Haftbefehl gegen ihn, weil er angeblich ein Hemd und eine Krawatte gestohlen hatte. Zuversichtlich, dass er würde beweisen können, die Kleidung nur geborgt zu haben, begab sich Morgan mit seinen Häschern nach Canandaigua, etwa fünfzig Meilen östlich von seinem Zuhause in Batavia. Als er ankam, wurden die Vorwürfe gegen ihn umgeändert, und er wurde aufgrund einer Schuld von zwei Dollar ins Gefängnis gesperrt.

Am darauffolgenden Abend kamen zwei Männer, um ihn zu befreien. Sie hätten seine Schuld bezahlt, behaupteten sie. Morgan war misstrauisch, folgte ihnen aber trotzdem. Minuten später, gleich vor dem Gefängnis, hörte man ihn »Mörder! Mörder! Mörder!« schreien, während er in eine Kutsche verfrachtet wurde.

An Orten wie den Außenbezirken des Staates New York, wo die Autorität der Regierung Lücken aufwies, konnte die Einwohnerschaft ihre Ängste in sogenannten *Committes of Vigilance* kanalisieren, Bürgerwehren, die von öffentlichen Gremien bestimmt wurden. Am 25. September wurde eine solche Bürgerwehr in Batavia beauftragt, Morgans Verschwinden zu untersuchen; ihre Mitglieder führten viele der ersten Verhöre mit Verdächtigen und Zeugen. Sie kamen zu dem Schluss, dass Morgan, nachdem er aus dem Gefängnis in Canandaigua geholt worden war, in das dreißig Meilen entfernte Handford's Landing gebracht wurde, in nordwestlicher Richtung am Ufer des Genesee River gelegen. Dann folgte seine Spur der Ridge Road weitere fünfundachtzig Meilen nach Westen, bis nach Niagara. An diversen Stellen entlang dieser Strecke wurden die Pferde, der Kutscher und sogar die Kutsche gewechselt, ein Beweis, dass eine große Anzahl von Personen involviert gewesen sein musste. Berichte über Morgans Aufenthaltsorte von dort an waren verschwommen und widersprüchlich.

Bald sollten sich fünf *Committees* Morgans Fall annehmen. Es war folgerichtig unvermeidlich, dass die Freimaurerei auf den Prüfstand gestellt würde. Jeder wusste, wer für die Schikanen gegen den Drucker David Miller verantwortlich war. Etliche Freimaurer hatten aus ihrer Abneigung gegen Morgan keinen Hehl gemacht: Er habe bekommen, was ihm zustünde, ließen einige die Presse wissen. Mit jedem Tag, der verstrich, ohne dass Morgan wiederauftauchte, wuchs die Überzeugung, dass die Freimaurer sich in ihrem Hass zu einem Mord hatten hinreißen lassen. In der Bevölkerung wuchs der Zorn. Die Brüder wiederum hielten zusammen und bezichtigten die Bürgerwehren antimasonischer Vorurteile. Lag es nicht auf der Hand, dass Morgan und Miller ihr Verschwinden selbst inszeniert hatten, um für ihr Buch die Werbetrommel zu rühren? Die Meinungsfronten polarisierten unaufhaltsam zwischen den Freimaurern und ihren Gegnern. Als der Herbst in den Winter überging, eskalierte Morgans Verschwinden zu der »Morgan-Affäre«.

Morgans Buch erschien wenige Wochen nach seinem Verschwinden. Am Ende enthielt es nur die ersten drei Grade – und ein Versprechen, dass die höheren Grade in einem weiteren Band folgen würden. Die aufgeheizte Polemik, die den Fall umgab, schuf einen Markt für weitere Enthüllungen, wahre wie falsche. Doch wie immer erwies sich das Misstrauen gegen die Bruderschaft als wahrheitsresistent und gebar auch weiterhin die schrägsten Theorien zu dem, was William Morgan zugestoßen sein könnte. Angesichts der Spannungen jener Zeit konnte man schwerlich argumentieren, dass die haarsträubenden Schwüre, die den Initiierten abverlangt wurden, lediglich Teil eines harmlosen moralischen Dramoletts waren. Viele Beobachter kamen zu dem Schluss, dass die masonischen Gelübde den Männern ihr Gefühl für Recht und Unrecht raubten.

Schnell kamen Gerüchte in Umlauf, was Morgan zugestoßen sein könnte. Einige Zeugen behaupteten, er sei zu einem kanadischen Hafen verschleppt worden, um in die britische Marine zwangsrekrutiert zu werden. Andere behaupteten, er sei im Fort Niagara zu Tode gefoltert worden, wieder andere, man habe ihm Schweigegeld bezahlt, damit er für immer nach Übersee verschwinde. Einigen Theorien zu Morgans Verbleib lag nichts weiter zugrunde als ein Hang zum Melodramatischen. So erzählte man sich, er sei einem Häuptling der Mohawk ausgeliefert worden, um mit »wilder Grausamkeit hingerichtet« zu werden. Zwangsläufig gab es auch jene, die felsenfest behaupteten, der arme Mann sei, an ein Kanu gefesselt, den Niagara hinuntergetrieben, um in den gewaltigen Horseshoe Falls zu Tode zu kommen. Viele Antifreimaurer meinten, Morgan habe just das Ende gefunden, das im Initiationsritual der Bruderschaft beschrieben werde, und man habe ihm *»die Kehle durchgeschnitten, die Zunge herausgerissen, und den Leib bei Ebbe im Meeressand vergraben, eine Seillänge vom Ufer entfernt, wo binnen vierundzwanzig Stunden sich Ebbe und Flut zweimal abwechseln«*. Die Freimaurer hielten dagegen, dass Morgan einfach nur vor seinen vielen Gläubigern geflüchtet war.

Während die *Committees* ihre Untersuchungen fortsetzten, begann eine lange Reihe von Ermittlungen und Strafprozessen durch die Bezirksgerichte. Bei der ersten Verhandlung, im Januar 1827, trotzten die Menschenmengen den Hinterlassenschaften des größten Schneesturms seit Menschengedenken, um in einem Gerichtssaal, der mit Büsten von Franklin, Washington und Lafayette geschmückt war, den Ontario County Assizes beizuwohnen. Was die Öffentlichkeit dort zu hören bekam, befeuerte die Spannungen noch weiter und zwang die Freimaurer im ganzen Land in die Defensive. Drei der vier Angeklagten plädierten auf schuldig. Einer von ihnen war Nicholas G. Cheseboro, Meister der Canandaigua Lodge. Cheseboro war der Coroner, der den Haftbefehl gegen Morgan wegen Diebstahls erwirkt hatte; er führte dann die Meute von Freimaurern an, die Morgan in Batavia festnahmen und ihn nach Canandaigua ins Gefängnis steckten. Die Verhaftung war gelinde gesagt juristisch zweifelhaft. Ungeachtet der Tatsache, dass der vermeintliche Diebstahl fast fünf Monate zuvor stattgefunden hatte, wurde der Haftbefehl in ungewöhnlicher Eile erwirkt – an einem Sonntag. Der Staatsanwaltschaft zufolge hatte Cheseboro die Frau des Gefängniswärters überredet, Morgan den Männern auszuliefern, die behaupteten, seine Schuld von zwei Dollar beglichen zu haben. Er hatte dann dabeigestanden, als Morgan in eine Kutsche verfrachtet wurde.

Wie die anderen Angeklagten wurde Cheseboro für schuldig befunden. Später sollte ein anderes Gericht nachweisen, dass er Morgan ein Taschentuch in den Mund gestopft hatte, um seine Schreie zu dämpfen.

Die einzig mögliche Schlussfolgerung war, dass Morgans Entführung durch einen Trupp Freimaurer masonische Gründe hatte. In seinen abschließenden Bemerkungen lobte Richter Enos T. Throop die Leute aus Ontario für ihre »tugendhafte Entrüstung«. Solche Gefühle konnten die Wut der Antifreimaurer nur befeuern.

Richter Throop verwies sodann auf ein juristisches Problem, das viele nachfolgende Verfahren erschweren würde. Ohne Morgans Leiche oder andere eindeutige Beweise, dass er tot war, konnte kein Mordprozess stattfinden. Dementsprechend lautete der Vorwurf Entführung. Damals galt Entführung im Staat New York als ein geringfügiges »Vergehen«, nicht als Kapitalverbrechen. Verdächtige, die dieses Vergehen gestanden, erhielten kurze Haftstrafen – in Cheseboros Fall ein Jahr. Sie konnten kein zweites Mal verurteilt werden. Es war auch nicht auszumachen, ob sie ihre Geständnisse auf das geringere Vergehen hin abgestimmt hatten, anstatt eine Mordanklage zu riskieren, falls Morgans Leiche jemals auftauchen sollte.

Die Bandbreite einleuchtender Szenarien machte es schlicht unmöglich nachzuprüfen, wer was getan hatte. Vielleicht wussten die meisten der Verschwörer nicht, dass der Gefangene letztlich ermordet werden sollte – falls dies tatsächlich sein Schicksal gewesen war. Vielleicht war sein Tod aber auch ein Unfall gewesen.

Weil sich die Morgan-Affäre von Anfang an als schwierig erwies, stand durch sie das Justizsystem selbst auf dem Prüfstand. Die Spaltung zwischen Freimaurern und ihren Gegnern warf offenbar die Frage auf, ob die *Vigilance Committees* auch wirklich unparteiisch waren. Sie einfach als eine Bande von Freimaurerhassern abzutun, wäre sicher zu kurz gegriffen. Viele ihrer Erkenntnisse wurden von dem allseits geachteten Gouverneur New Yorks, DeWitt Clinton, einem ehemaligen Großmeister von New York und einem der ranghöchsten Brüder im Land, auf Anhieb als berechtigt akzeptiert. Clinton gab eine Erklärung ab, in der er alle Bürger dazu aufforderte, die Ermittlungen zu unterstützen, und stellte für Informationen, die zur Entdeckung Morgans oder seiner Kidnapper führten, eine Belohnung in Aussicht. Er war einer von vielen Freimaurern in wichtigen institutionellen Ämtern, die in der Morgan-Affäre mit tadelloser Unparteilichkeit verfuhren.

Das Verhalten von Zeugen und Verdächtigen verursachte weitere juristische Schwierigkeiten. Mehrere ergriffen die Flucht, einige, nachdem sie von Freimaurerbrüdern gewarnt worden waren. Viele verweigerten die Aussage, um sich nicht selbst zu belasten. Einige wurden belangt, weil sie absichtlich etwas verschwiegen hatten. Andere gaben vor unterschiedlichen Gerichten unterschiedliche Versionen der Ereignisse wieder. Ein Zeuge, der behauptet hatte, Morgans Häscher hätten das Los entscheiden lassen, wer von ihnen den Mord zu begehen hätte, verfiel bald danach dem Wahnsinn. Einige Gerichte bemühten sich tagelang, eine Jury zu bilden: Sobald die Verteidigung verlauten ließ, dass Freimaurer unter den Geschworenen waren, folgten endlose Debatten darüber, ob ihre masonischen Eide sie davon abhielten, zu einem unparteiischen Urteil zu kommen. Andernorts wurden dagegen

Geschworene entfernt, weil sie die Ansicht geäußert hatten, alle Freimaurer seien schuldig, ungeachtet der Beweislage.

In dem Durcheinander wurden viele der Angeklagten freigesprochen. Infolgedessen glaubte die Öffentlichkeit, was sie glauben wollte. Während die Freimaurer in den fehlgeleiteten Prozessen einen Beweis für die Voreingenommenheit gegen sich sahen, glaubten ihre Gegner klare Anzeichen einer zweifachen Verschwörung zu erkennen mit dem Ziel, Morgan zum Schweigen zu bringen und seine Mörder vor der Justiz zu bewahren. Das Mittelfeld neutraler Beobachter schrumpfte immer schneller.

Unklugerweise entschlossen sich die Freimaurer von William Morgans Heimatstadt Batavia dazu, den Johannistag am 25. Juni 1827 mit einem Festzug zu begehen, was zwangsläufig als eine Machtdemonstration aufgefasst werden musste. Prompt organisierte die antimasonische Zeitung, die William Morgans Partner David Miller betrieb, eine Gegendemonstration. Sein Leitartikel forderte die Öffentlichkeit auf, herzukommen und ihren Gefühlen beim Anblick der »in königliche Roben gewandeten Freimaurer, die mit Zeptern in den Händen und Kronen auf den Köpfen durch die Straßen eines republikanischen Landes stolzieren«, freien Lauf zu lassen. Die Lage spitzte sich zu, als dreihundert Brüder auf mehrere tausend Demonstranten stießen. Steine flogen, und ein Wagen wurde in die Reihen der Freimaurer gelenkt. Zum Glück gab es keine schweren Verletzungen, die Brüder ließen sich nicht provozieren, und so konnte Schlimmeres verhindert werden.

Dennoch brachte der Vorfall in Batavia die sozialen Spannungen zum Vorschein, die der immer unüberbrückbareren Kluft zwischen den Freimaurern und ihren Gegnern entsprangen. Die Statistik erklärt, warum Millers Worte, die den Freimaurern aristokratische Arroganz vorwarfen, in Batavia und dem Bezirk Genesee so viel Anklang fanden. 90 Prozent der Arbeiter im Bezirk waren in der Landwirtschaft tätig, während 80 Prozent der Freimaurer in Batavia und den umliegenden Städten höher qualifizierte Berufe ausübten. Überdies belegten die Freimaurer, die allenfalls fünf Prozent der Bevölkerung ausmachten,

60 Prozent der öffentlichen Ämter im Bezirk. Die Bruderschaft bot ein unschätzbar wertvolles Netzwerk für Kaufleute, Anwälte und Ärzte, die auf natürliche Weise die politische Klasse des Bezirks darstellten: In einer ländlich geprägten Gesellschaft waren sie die Einzigen, die über genügend Zeit, Geld und Bildung verfügten, um für ein öffentliches Amt zu kandidieren. Aber für die antimasonischen Demonstranten hatte es den Anschein, als hätte eine zwielichtige Clique in ihrer Welt das Sagen.

Die gesellschaftlichen Spaltungen wurden von religiösen Unterschieden noch verschärft. 84 Prozent von den Mitgliedern der Batavia Lodge Nr. 433 gehörten der etablierteren Episkopalkirche an, die aus der Church of England hervorgegangen war mit ihrem undogmatischen Glaubensansatz. Doch in den westlichen Bezirken des Staates New York gediehen evangelikale Glaubensgemeinschaften. Für viele Evangelikale war die Freimaurerei nicht etwa der »Handlanger der Religion«, wie die Freimaurer behaupteten, sondern zielte darauf ab, den Glauben zu untergraben: Sie war die Schlange in Amerikas Garten Eden, »eine Entweihung und Verhöhnung der heiligen Riten«. In der wachsenden antimasonischen Bewegung taten sich besonders die Baptisten hervor. Die Baptistenpfarrer Elder John G. Stearns und Elder David Bernard veröffentlichten zwei äußerst erfolgreiche antimasonische Traktate. Sie sprachen mit der spirituellen Intensität reuiger Sünder, denn beide waren Brüder gewesen. Bernards Buch, *Light on Masonry*, das ausführliche Enthüllungen über die gesamte Bandbreite von Graden mit einer Schilderung der Morgan-Affäre kombinierte, sollte als die »Bibel der Antifreimaurerei« bekannt werden. Die Kampagne gegen die Bruderschaft wurde mit missionarischem Eifer geführt, und bald hieß es: »Auf dem Orden der Freimaurer klebt Blut.«

Am Vormittag des 7. Oktober 1827, einem Sonntag, fast dreizehn Monate nach Morgans Entführung, stießen drei Männer, die am Ufer des

Ontariosees entlangwanderten, auf einen Leichnam, der mit dem Gesicht nach unten im Schlamm lag. Erst als der Bericht des Coroners veröffentlicht wurde, schellten sämtliche Alarmglocken: Der Kiefer des Toten wies eine doppelte Reihe von Frontzähnen auf, genau wie bei Morgan; und mit seinen fünf Fuß acht Zoll und geschätzten fünfundvierzig bis fünfzig Jahren hatte er die richtige Größe und das richtige Alter. An einer Schwellung auf der kahlen Stirn und den vielen grauen Haaren in den Ohren erkannten Freunde die geschwärzte und aufgedunsene Leiche als die von Morgan. Morgans Ehefrau Lucinda bestätigte diese Merkmale. Die Coroner schlossen daraus, dass solch ein unverhoffter Durchbruch ein Fingerzeig Gottes war. Menschenmengen strömten aus den Städten und Dörfern der Umgebung herbei, um dem Toten bei seinem Begräbnis in Batavia die letzte Ehre zu erweisen: Die antimasonische Bewegung hatte jetzt ein offizielles Ziel für ihre Wut und erhob William Morgan zum Märtyrer.

Es war nicht seine Leiche. Einige Tage später wurde sie wieder ausgegraben, als von einem Kanadier die Rede war, der vor kurzem im Niagara River verschollen war. Die neuerliche Obduktion war kategorisch: der Kanadier hatte bestätigtermaßen die gleichen Doppelzähne, und auch seine Kleidung stimmte mit der an der Leiche überein.

Das Rätsel um Morgan würde nie gelöst werden; weitere Sichtungen wurden berichtet, aber keine davon bestätigt. Die Prozesse wegen Entführung und anderer geringfügiger Vergehen wurden fortgesetzt und zogen sich bis in das Jahr 1831. Insgesamt waren es achtzehn, dazu zwei Sonderermittlungen, die vom Amt des Gouverneurs angeordnet waren. Nur die gewissenhaftesten Journalisten oder die besessensten Kämpfer konnten den verschiedenen Fragmenten des Falls folgen, während sie ihrer erratischen Geschossbahn durch das juristische und politische System nachspürten. Die zu Beginn der Ermittlungen entstandenen Vorurteile konnten durch weitere Neuigkeiten nicht erschüttert werden. Unterdessen wurde das Land von Scharlatanen heimgesucht, die ein Journalist als »marktschreierische antimasonische Freimaurereiexperten« bezeichnete, die versuchten, mit skurrilen Vorführungen vermeintlicher Tempelarbeiten ein paar Dollar zusammenzukratzen.

Ein Prozess erhob sich tatsächlich aus dem Getöse, um den masonischen Einfluss auf das juristische Verfahren zu beleuchten und die öffentliche Entrüstung neu anzuheizen. Viel Argwohn schlug den Sheriffs in den Bezirken entgegen, die direkt von der Morgan-Affäre betroffen waren, weil sie allesamt Freimaurer waren. Zu den Pflichten des Sheriffs gehörte die Zusammenstellung der *Grand Jury,* die im Vorfeld untersuchte, ob genügend Verdachtsmomente für ein Verbrechen vorlagen. Es gibt stichhaltige Beweise, dass in den *Grand Juries* der Morgan-Affäre sehr viele Logenbrüder saßen. Der bekannteste Fall war das Verfahren gegen den Sheriff von Niagara County, Eli Bruce. Hauptzeuge war Hiram B. Hopkins, der ehrgeizige junge Konstabler, der 1825 noch so fasziniert gewesen war von der Schlussstein-Zeremonie in Lockport. Vor dem Ontario County Court of Sessions im Juni 1827 gab Hopkins zu, auf Bruce' Anweisung Freimaurer für die Grand Jury ausgewählt zu haben.

Sheriff Bruce, der von den vielen Freimaurern, die ihn während des Prozesses besuchten, als ein unschuldiges Opfer gefeiert worden war, wurde schließlich zu zwei Jahren und vier Monaten Gefängnis verurteilt. Der Gouverneur ließ ihn daraufhin feuern.

Alle Männer, die im Zusammenhang mit der Morgan-Entführung entweder verurteilt worden waren oder im Verdacht standen, etwas damit zu tun zu haben, waren Freimaurer. Dennoch weigerten sich die masonischen Oberen, das Problem zuzugeben, und befeuerten damit die schlimmsten Verdächtigungen. Im Juni 1827 sprach die New Yorker Großloge dem umstrittenen Sheriff Bruce 100 Dollar zu angesichts seiner »Verfolgung« durch Antifreimaurer. Im darauffolgenden Juni trat die Großloge erneut zusammen, und man hätte erwartet, dass sie sich nun endlich vom Fall Morgan distanzieren würde, um sich stattdessen der öffentlichen Furcht vor der Zersetzung rechtsstaatlicher Strukturen anzuschließen. Doch das tat sie nicht. Zudem wurde keiner der Freimaurer, die im Zuge der Morgan-Affäre für schuldig befunden worden waren, ausgeschlossen oder gerügt.

Ehemalige Freimaurer zählten zu den eifrigsten Antifreimaurern. Aus Protest gegen den Morgan-Skandal veranstalteten viele Freimaurer ein großes Aufsehen um die Aufkündigung ihrer Mitgliedschaft und die Auflösung ihrer Logen. Im Februar 1828 fand in Genesee County ein Konvent sogenannter abtrünniger Freimaurer statt. Sie wetterten gegen die Anmaßung der Freimaurerei, moralisches Handeln zu lehren, befürworteten Enthüllungen masonischer Mysterien und traten in die Reihen der Antifreimaurer-Bewegung ein.

Im Laufe des Jahres 1827 bis hinein ins Jahr 1828 entwickelte sich die Antifreimaurerei aus einer örtlich begrenzten moralischen Kampagne zu einer politischen Bewegung, die sich auf viele andere Staaten ausweitete. Die Bewegung brachte Zeitungen hervor. Es war ein Credo unter Antifreimaurern gewesen, dass masonische Redakteure Teil der Verschwörung waren; Neuigkeiten über das ganze Ausmaß des Morgan-Skandals waren unterdrückt worden. Die Lösung war eine »unparteiische« und »unabhängige« antifreimaurerische Presse. Ende 1827 gab es 22 solcher Zeitungen im Staat New York; viele andere sollten folgen.

Die Morgan-Affäre ließ zahlreiche beliebte Drucke, Zeitungen und Almanache entstehen. Die Illustration zeigt angeblich den Moment von Morgans Entführung.

Von ihrer Presse befeuert, griffen die Antifreimaurer nach der Macht. Im Herbst 1827 wurden Nominierungsversammlungen abgehalten, um antimasonische Kandidaten für die Landtagswahl im Staat New York zu bestimmen. Kernstück des Programms war die Quasi-Abschaffung der Freimaurerei durch ein Verbot aller außergerichtlichen Eide.

Einschüchterung und Gewalt von beiden Seiten stachelten die politischen Spannungen weiter an. In Rhode Island jagte 1831 eine bewaffnete Meute von Freimaurern einen antimasonischen Wahlkämpfer aus der Stadt Providence und verfolgte ihn bis nach Massachusetts. Im Jahr darauf verwüstete in Boston ein antimasonischer Mob einen neuen Tempel und versuchte, ihn niederzubrennen.

Zu einer Zeit, da nationale Parteiorganisationen im ständigen Wandel waren und politische Gruppierungen der einzelnen Bundesstaaten sich oft nicht mit den nationalen Kampflinien deckten, besaß die Antifreimaurerbewegung tatsächlich politisches Gewicht. Ihre Anziehungskraft wurde von der Tatsache unterstrichen, dass der führende Staatsmann der Ära, Präsident Andrew Jackson, ein ehemaliger Großmeister der Grand Lodge of Tennessee war. Der Mann, der 1832 ebenfalls für das Präsidentenamt kandidierte, Henry Clay, war der ehemalige Großmeister von Kentucky.

Alles in allem jedoch war der politische Einfluss der Antifreimaurerei kurzlebig. Ihre Schwäche wurde durch William Wirts erbärmlichen Wahlkampf 1832 offenkundig: Er versuchte, von der Nominierung zurückzutreten, nachdem er sie bereits angenommen hatte, und gab seiner Wählerschaft die Schuld an seinem schlechten Auftritt. Während Jackson mit Leichtigkeit siegte, landete Wirt, abgeschlagen, auf dem dritten Platz und konnte lediglich die antifreimaurerische Festung Vermont halten. Die Antifreimaurerei verwickelte sich in die eigenen Widersprüche, war gespalten zwischen den monothematischen Idealisten, die der festen Überzeugung waren, dass das gesamte System von der Freimaurerei durchsetzt war, und den politischen Realisten, die einen guten Handel abschließen wollten, um Antifreimaurer ins Amt zu bringen. Am Ende konnte man die Gesetze nicht einmal in jenen Staaten durchsetzen, in denen außergerichtliche Eide verboten waren.

Das grundlegende Problem war, dass die Antifreimaurerei am Ende überflüssig zu sein schien: Ihr großer Feind wich von selbst.

Die Freimaurerei brach zunächst im Staat New York zusammen: Dort traten die Logenbrüder in Scharen aus. Die triumphale Schlusssteinzeremonie in Lockport von 1825 schien jetzt in eine andere Zeit zu gehören. Damals hatte es in New York 480 Logen mit etwa 20000 Mitgliedern gegeben. 1832 waren nur noch zweiundachtzig Logen übrig mit knapp dreitausend Mitgliedern. In Lockport war die noch verbliebene Loge gezwungen, ihre Handvoll Brüder im Geheimen zu versammeln, auf einem Dachboden.

Zwischen den späten 1820er Jahren und der Mitte der 1830er Jahre sank die Anzahl der Logenmitglieder landesweit um etwa zwei Drittel. In Philadelphia, wo Benjamin Franklin der frühen Freimaurerei so viel Schwung verliehen hatte, war die Pennsylvania Grand Lodge gezwungen, ihren Hauptsitz zu veräußern. Wie ein Beobachter 1832 kommentierte: »Ebensogut könnte man in diesem aufgeklärten Land daran denken, den Mohammedanismus zu etablieren, als der Idee anzuhängen, man könnte die Freimaurerei wieder einführen.« Die Grundsteinlegungszeremonien hörten auf.

Der Fall Morgan spaltet die Meinungen bis zum heutigen Tag. Historiker ohne Verbindung zur Freimaurerei neigen dazu, auf die Berichte der objektivsten Beobachter der damaligen Zeit zurückzugreifen: Zu welchen Exzessen der Antifreimaurerwahn auch immer geführt haben mochte, so ihr Fazit, war an der Freimaurerei der westlichsten Bezirke New Yorks zweifellos etwas Verdorbenes. Freimaurerhistoriker von heute wiederholen üblicherweise, was ihre New Yorker Brüder nach der Entführung sagten: Sie betrachten die ganze Affäre als klassisches Beispiel für antimasonische Hetze und glauben lieber, dass Morgan sein Verschwinden als Werbegag inszeniert hatte. Das stärkste Argument, das die Maurer zu ihren Gunsten haben, führt uns zu dem grundlegenden Thema masonischer Verschwiegenheit zurück. Die vermeintlich bedeutungsschweren Geheimnisse im Zentrum des masonischen Rituals sind in Wahrheit Theaterdonner. Als solches sind sie kaum wert, dass man für sie tötet.

Die Antwort auf das Rätsel von William Morgans Verschwinden liegt in den Royal-Arch-Ortsgruppen im Westen des Staates New York, wie dem in Lockport, dem sowohl Hiram B. Hopkins als auch Sheriff Eli Bruce angehörten. Bis auf zwei der Männer, die für ihre Komplizenschaft in der Verschwörung verurteilt oder angeklagt wurden, waren alle Royal-Arch-Maurer.

Das Ritual der Royal-Arch-Grade hat seine eigenen graphischen Vergeltungsdrohungen gegen jene, die seine Geheimnisse verraten: Jedem Verräter wird »der Kopf abgeschlagen« und »sein Gehirn den sengenden Strahlen der Sonne ausgesetzt«. Was jedoch die öffentliche Meinung zum Zeitpunkt der Morgan-Affäre am meisten verstörte, waren die Versprechen, die frisch initiierte Royal-Arch-Maurer ablegen mussten – zumindest nach den Versionen der Zeremonie, die von abgesprungenen Brüdern beschrieben worden waren. Die alarmierendste Verpflichtung war die folgende:

> Ich schwöre bei allem, was mir heilig ist … dass ich die politische Bevorzugung eines R[oyal] A[rch]-Bruders gegen einen anderen Kandidaten gleicher Qualifikation voranbringen werde. Des Weiteren gelobe ich, dass die Geheimnisse eines Logenbruders, die mir als solche anvertraut sind und die ich als solche erkenne, so sicher und unantastbar in meiner Brust verbleiben wie in der seinen, *Mord und Verrat nicht ausgeschlossen*.

Falls diese Worte wirklich das meinten, was sie zu bedeuten scheinen, waren die Royal-Arch-Maurer eine verschworene Gemeinschaft, deren Interessen über dem Gesetz standen. In den Augen vieler lieferte der Royal-Arch-Grad das Skript für den Mord an Morgan.

Natürlich ist es möglich, dass sich die abtrünnigen Maurer diese Version der Royal-Arch-Verpflichtungen schlicht ausgedacht hatten, um sich bei den Antifreimaurern anzubiedern. Es gibt keinen Beweis dafür, dass solche Regeln in den meistverbreiteten Vorlagen der Royal-Arch-Rituale enthalten waren. Denkbar ist aber auch, dass in *einigen* Royal-Arch-Ortsgruppen und in der oft zersplitterten und auf Eigennutz bedachten politischen Kultur im Amerika des frühen neunzehnten Jahrhunderts zynische Politiker versuchten, das Regelwerk des Royal-Arch-Grades zu benutzen, um ihre Verbündeten vor Ort zu disziplinieren. Einzelne Royal-Arch-Ortsgruppen hatten sicherlich genügend Spielraum, um ganz nach Belieben an den Ritualen herumfeilen zu können. Die Freimaurerei in den Vereinigten Staaten war sehr vielfältig und von Ort zu Ort verschieden. Übergeordnete Gremien wie das Grand Royal Arch Chapter of New York taten sich enorm schwer damit, die Brüder dazu zu bringen, die autorisierten Rituale zu verwenden.

Noch etwas mochte ein Klima geschaffen haben, in dem ein Kreis von Royal-Arch-Maurern auf die Idee verfallen konnte, William Morgan zu entführen und zu ermorden: eine evangelische Erneuerungsbewegung, bekannt als das *Second Great Awakening*, die Zweite Große Erweckung. Die westlichen Bezirke des Staates New York waren für den Eifer der christlichen Sekten bekannt, die dort gediehen und von denen einige behaupteten, zu alten Wahrheiten zurückzukehren. In dem als *»Burned-over District«* bekannten Bezirk loderte das evangelikale Feuer so heftig, dass fast niemand davon unberührt blieb. Propheten, Prediger, Wunderheiler und Menschen, die in Zungen redeten, schossen wie Pilze aus dem Boden. Aus diesem Grund gab es so viele Antifreimaurer, die in den masonischen Gelübden Ketzerei vermuteten: weil sie sie wörtlich nahmen und nicht als Teil eines *Tableau vivant*. Bei so viel Glaubenseifer mochte das biblische Narrativ des Royal-Arch-Grades auch unter Freimaurern wörtlich verstanden worden sein. Hatten Morgans Entführer ihre Schwüre womöglich todernst genommen, als es um die Frage ging, wie man den Verrat bestrafen sollte?

Ob die Männer, die Morgan entführt hatten, von festem politischem Zusammenhalt, religiöser Inbrunst oder einer giftigen Mischung aus beidem motiviert waren, ist nicht mehr zu ergründen. Wir bewegen uns im Reich der Spekulation – dem einzigen Reich, in dem das Rätsel um Morgan gelöst werden kann.

Maurer und Mormonen

Der Erweckungsglaube war nicht der einzige Ausdruck spirituellen Eifers im *Burned-over District*. Auch der Aberglaube war weitverbreitet. In der Not klammerten sich Bauern an Amulette und Talismane; sie glaubten an Hexer und Wahrsager, verwendeten Wünschelruten, um verlorene Gegenstände zu finden, und kannten Beschwörungsrituale, um einander von Krankheiten zu heilen. Die Hügel selbst, die sie bepflügten, bargen mysteriöse Geheimnisse. Verlassene Indianerfestungen und Hunderte Grabhügel lagen in der Landschaft verstreut. Nicht selten förderte die Pflugschar menschliche Knochen zutage, Topfscherben oder irgendein anderes Artefakt aus Kupfer, Stein oder gar Silber. Die Eingeborenen waren zu solch raffinierten Arbeiten nicht imstande – dachten zumindest die weißen Siedler –, also musste das Land dereinst von einer edleren, älteren Rasse bewohnt worden sein, deren Abkömmlinge gewaltige Schlachten ausgefochten und ihre Gefallenen in riesigen Haufen bestattet hatten. Es bestand durchaus die Chance, dass sie auch Gold und Silber vergraben hatten. Die Suche nach vergrabenen Schätzen wurde zu einer Obsession in den westlichen Bezirken des Staates New York. Bauern konnten einen der vielen spirituell begabten Schatzgräber dazu anheuern, Reichtümer zu lokalisieren, die sie aus einem Leben voller Plackerei befreien würden.

Im März 1830 veröffentlichte Joseph Smith jr., ein vierundzwanzigjähriger Farmer und Schatzsucher aus Palmyra, eines der einflussreichsten amerikanischen Bücher des Jahrhunderts. Palmyra war nur neun Meilen von Canandaigua entfernt, wo William Morgan eine Nacht im Gefängnis zugebracht hatte, ehe er für immer verschwand. Smiths Buch, das zur gleichen Zeit entstand, als die Morgan-Affäre in den umliegenden Städten und Dörfern wütete, war die tausendjährige Geschichte einer alten amerikanischen Zivilisation. Ihre Gründerväter, die Familie Lehi, waren Israeliten, die nach der Zerstörung des Salomonischen Tempels im sechsten Jahrhundert vor Christus aus dem Heiligen Land geflüchtet waren. Ihr kollektives Epos ist eine Geschichte von Gläubigen und Abtrünnigen, von Propheten und Engeln, von Feuersäulen und göttlichen Geißeln. Zwei Gruppierungen gehen daraus hervor und kämpfen um die Vorherrschaft: auf der einen Seite die rechtgläubigen Nephiten, die den Tempel erbaut haben, auf der anderen die Lamaniten, wilde Ungläubige, die Gott verflucht, indem er ihre Haut schwarz werden lässt. Nach seiner Auferstehung unternimmt Christus eine vor langer Zeit prophezeite Reise nach Amerika, um sein Evangelium zu predigen und von einer Ära des Friedens und des Wohlstands zu künden. Als zwei glückliche Jahrhunderte vergangen sind, entstehen erneut blutige Auseinandersetzungen zwischen den Nephiten und den Lamaniten. Die Nephiten, vom rechten Weg abgekommen, unterliegen und werden zuhauf niedergemetzelt. Doch vor dem Ende vergräbt der letzte Prophet Moroni einige goldene Tafeln, in die die Geschichte seines Volkes eingeritzt wurde – durch den großen Nephitenführer Mormon.

Joseph Smith jr. bestand darauf, dass sein Buch, dem er den Titel *The Book of Mormon* gab, keine bloße Erfindung sei. Er war sich dessen gewiss, weil ihm tausendvierhundert Jahre nach der Dämmerung der Nephiten der Prophet Moroni als ein Engel erschienen war, um ihm zu sagen, dass die goldenen Tafeln in einer steinernen Truhe zu finden seien, auf einem kleinen Hügel nur wenige Meilen von seinem Zuhause entfernt. Mit den Tafeln begraben waren die Sehersteine Urim und Thummim, die zusammengebunden eine magische Brille bildeten, welche es dem Träger ermöglichte, die alte Sprache zu verstehen, in der das *Buch Mormon* verfasst war. Smiths bedeutsame Aufgabe, die ihm in mehreren Heimsuchungen durch den Propheten Moroni erläutert wurde, bestand darin, die Tafeln ins Englische zu übertragen und eine neue Religion zu gründen. Joseph Smith jr. war ein Prophet im Stil der großen Seher des verschwundenen Volkes der Nephiten – ein neuer Moses oder gar ein neuer Christus – und sein Buch war eine neue Bibel.

Die Kirche der Mormonen, die Joseph Smith jr. gründete, offiziell als Kirche Jesu Christi der Heiligen der Letzten Tage bekannt, umfasst heute nach eigenen Angaben sechzehn Millionen Mitglieder. Für sie ist das *Buch Mormon* die Heilige Schrift. Für alle anderen liest es sich auf befremdliche Weise wie die Art von Geschichte, die ein armer junger Farmer mit überbordender Phantasie erfunden haben könnte, indem er aus der Volkskultur der westlichen Bezirke des Staates New York in den späten 1820er Jahren schöpfte und sich dabei bemühte, das vornehme Englisch der King-James-Bibel nachzuplappern. Die Prosa ist dermaßen schwulstig, dass Mark Twain sie berühmtermaßen als »gedrucktes Chloroform« bezeichnete. Die Wendung »und es begab sich« taucht über zweitausendmal darin auf.

Die Antifreimaurerei aus der Morgan-Affäre hinterließ einen tiefen Abdruck in Joseph Smiths Werk. Seine Geschichte von den vergrabenen Goldplatten ist teilweise der Royal-Arch-Zeremonie entnommen – zumindest in der Form, in der die Zeremonie in den antimasonischen

Der Engel Moroni zeigt Joseph Smith (1805–1844), wo sich die Goldplatten befinden, auf denen das Buch Mormon eingeprägt ist. Eine schmuckreiche Darstellung aus den 1880er Jahren.

Almanachen der Zeit dargestellt wurde. Wie die meisten Freimaurergrade stellt auch der Royal Arch ein Narrativ dar. Die Geschichte spielt in diesem Fall nach dem Einsturz der Mauern von Jerusalem und der Zerstörung des Salomonischen Tempels. Drei Meister nehmen inmitten der Trümmer die Arbeit auf und entdecken eine unterirdische Gruft. Sie enthält eine goldene Truhe, die sich als die Bundeslade erweist. In ihr befindet sich der Pentateuch – die ersten fünf Bücher des Alten Testaments, die bis dato verschollen waren.

Es gibt noch andere Spuren von Antifreimaurerei im *Buch Mormon*: Die »Gadianton-Räuber« sind eine alte Geheimgesellschaft, die genauso viel Verantwortung trägt an der Zerstörung der Nephiten wie die dunkelhäutigen Lamaniten. Es bedarf keines außergewöhnlichen Scharfsinns, um herauszufinden, woher die Idee kam:

> Und es begab sich, dass [die Gadianton-Räuber] ihre Zeichen erhielten, ja, ihre geheimen Zeichen, und ihre geheimen Worte; und dies, damit sie einen Bruder, der dem Bunde beigetreten war, erkennen sollten und damit der Bruder, welche Bösartigkeit er auch begehen mochte, weder von seinem Bruder verletzt werde noch von jenen, die zu seinem Bund gehörten.

Die Gadianton-Räuber »belegen die Richterposten – nachdem sie die Macht und Autorität im Lande an sich gebracht haben«. Sie haben auch »ein Lammfell um ihre Lenden« – eine offensichtliche Anspielung auf die weißen Lammfellschurze, die von Freimaurern getragen wurden. Unter vielen anderen Verbindungen zwischen Joseph Smith und der Antifreimaurerei befand sich Martin Harris, ein wohlhabender Farmer, der die Veröffentlichung von Smiths Werk finanziert hatte, in einem antimasonischen Gremium in Palmyra.

Das *Buch Mormon* schließt mit schrecklichen Lehren aus dem Schicksal der Nephiten: Vermeidet »geheime Verbindungen« und finstere Schwüre, denn jede Zivilisation, die dergleichen zulässt, wird unweigerlich zugrunde gehen. Was sich als Ironie erweist, angesichts des gewaltigen Einflusses, den die Freimaurerei auf die spätere Entwicklung des Mormonentums haben würde.

Die neue Religion des Joseph Smith jr. hatte eine stürmische Entstehungsgeschichte. Seine Anhänger wanderten nach Ohio, Missouri und dann Illinois, auf der Suche nach ihrem Neuen Jerusalem. Doch bei jedem Aufenthalt zog ihr Stammesgefühl heftige Feindseligkeiten aus den umliegenden Gemeinden auf sich, und sie waren gezwungen weiterzuziehen. Entlang des Wegs heiratete der Prophet Lucinda, die Witwe des antimasonischen Märtyrers William Morgan. Falls sie wirklich eine Witwe war. Wie sich herausstellte, zählte wenig, ob ihr verschwundener erster Ehemann tot war; ebenso wenig zählte, dass sie bereits einen zweiten Mann hatte (kurioserweise einen Freimaurer), als der Prophet Joseph Smith ihr dritter wurde; zu Beginn der 1840er Jahre propagierten die Anführer der Mormonen bereits Polygamie, und sie wurde die erste von Joseph Smiths zahlreichen Ehefrauen – achtundvierzig ist eine konservative Schätzung. Die Polygamie der Mormonen war einer der Gründe, warum ihre Gegenwart vielerorts nicht erwünscht war.

Im Jahr 1842 trat Joseph Smith in Illinois einer masonischen Loge bei. Seine Motive liegen im Dunkeln, aber der Kontext spielte zweifellos eine gewisse Rolle: Mittlerweile hatte sich die Bruderschaft mancherorts wieder erholt, da der Schaden durch die Morgan-Affäre allmählich verblasste. Wir wissen nur, dass der Prophet von der reichen Symbolik und zeremoniellen Sprache der Freimaurerei beeindruckt war und sie in seiner Kirche zur Anwendung zu bringen gedachte. Er arbeitete das masonische Ritual in eine Mormonenversion um – die Tempelzeremonie –, ein hochheiliger Segen, der schon bald auch Frauen offenstand. Die Wände der Mormonentempel sollten masonische Symbole zur Schau stellen, wie Winkelmaß und Zirkel und das allsehende Auge. Wer sich der mormonischen Tempelzeremonie unterzog, wurde mit neuer Leibwäsche präsentiert, die über der linken und der rechten Brust Winkelmaß und Zirkel aufwies. Das Tempelritual beinhaltete diese und andere Elemente, die von masonischen Grad-Ritualen bekannt waren: ein als »Griff« bekannter geheimer Händedruck, bei dem der Daumen die Stelle zwischen den Knöcheln von Zeigefinger und Mittelfinger drückte; das Umbinden von Schurzen; Geheimhaltungsschwüre, bekräftigt durch die Androhung blutiger Strafen, was durch Gesten veranschaulicht wurde (zum Beispiel die quer über die Kehle gezogene Hand, um ein Aufschlitzen zu imitieren). Einer der Gründe, warum Smith diese Schwüre einführte, mochte das Polygamie-Geheimnis gewesen sein, das es unbedingt zu wahren galt, denn auch die »himmlische Hochzeit«, oft polygam, war Teil der Tempelzeremonie.

Dank der Fürsprache des Propheten strömten seine Anhänger aus ganz Illinois zu den Freimaurerlogen; 1843 gab es bereits mehr Mormonen als Nicht-Mormonen unter den Brüdern im Staat. Die Freimaurer vor Ort waren besorgt angesichts dieser Ausweitung und gekränkt, weil Smith sich ihrer Rituale bemächtigt hatte. Die Liste seiner Feinde wurde zusehends länger.

Smith war von der amerikanischen Demokratie allmählich enttäuscht, weil sie sich als unfähig erwiesen hatte, ihn und seine Auserwählten vor dem zu beschützen, was er als Pöbelherrschaft ansah. Im Januar 1844 verkündete er, dass er für das Präsidentenamt kandidieren werde. Unterdessen hatte er insgeheim einen neuen Rat von fünfzig Mormonenführern um sich versammelt, um eine Verfassung für eine Theokratie zu entwerfen, in der er selbst die gesamte irdische Autorität verkörpern würde. Der Rat bewilligte einstimmig den folgenden Antrag: »Dass diese ehrenwerte Versammlung von nun an und für alle Zeit Joseph Smith als unseren Propheten, Priester und König begrüßt und ihn in dieser Funktion erhält, in die Gott ihn berufen hat.« Dies war ein ausgewachsener Staatsstreich. Es war außerdem Verrat. Die Nachricht von Smiths Bedrohung der demokratischen Ordnung sickerte an die Presse durch, und der Mormonenhass erreichte in Illinois seinen kritischen Höhepunkt.

Im Jahr 1844 ließ Smith die Druckerpresse eines abtrünnigen Mormonen zerschlagen. Er und sein Bruder wurden ins Gefängnis gesperrt. Doch bevor sie verurteilt werden konnten, drang ein Lynchmob in das Gefängnis ein und erschoss beide. Eine von Smiths Frauen sagte später, er habe, als die Meute ihn umzingelt hatte, den masonischen Hilferuf ausgestoßen: »Zu mir, ihr Söhne der Witwe!« Nach dem Tod des Propheten zog der Großteil seiner Anhänger mit einem neuen Führer, Brigham Young, nach Westen, in das heutige Utah.

Die Tempelzeremonie ist noch immer weitgehend so, wie Joseph Smith jr. sie entworfen hat – allerdings wurden 1990 die schrecklichen masonischen Strafen (Kehle aufschlitzen etc.) in aller Stille gestrichen. Die meisten orthodoxen Mormonen sind genauso unbeeindruckt wie ihr Prophet von den Ähnlichkeiten zwischen ihrer Religion und der Freimaurerei. Smith präsentierte seine Tempelzeremonie als eine getreue Wiederaufnahme der von den Israeliten praktizierten Rituale, von Salomon bis zurück zu Adam. Die masonischen Grad-Zeremonien, erklärte er, seien dagegen nur eine spätere, degenerierte Version jener ursprünglichen israelitischen Rituale. Allenfalls hätten die Maurer die Mormonen nachgeahmt, nicht umgekehrt.

8 CHARLESTON

Die Gründer dieses schönen mysteriösen Ordens waren Afrikaner

Keine Unfreien

Der Schottische Ritus hatte im Frankreich des 18. Jahrhunderts ein »unentwirrbares Gestrüpp« aus Ritualen und masonischen Regeln hervorgebracht. Zu Beginn des 19. Jahrhunderts wurde dieser anarchische Wildwuchs in einen vereinheitlichten Ritus aus dreiunddreißig Graden umgewandelt, ein jeder mit eigenen Geschichten und Geheimnissen. Dieser Prozess war international und von dem bemerkenswerten masonischen Gesandten Graf Alexandre François Auguste de Grasse-Tilly in Gang gesetzt worden.

De Grasse-Tilly begann nach den 1780er Jahren eine weltumspannende Militärlaufbahn. Von Frankreich über die Karibik und die Vereinigten Staaten bis nach Italien, Spanien und den Niederlanden erlebte er Ruhm und Triumphe, aber auch Gefangenschaft und mittellose Verbannung. Wo immer er sich aufhielt, half er die vielfältigen üppigen Schottischen Systeme in einen einzigen aus 33 Graden bestehenden Ritus zu ordnen, und setzte als Regulativgremien die Obersten Räte ein. In Port-au-Prince, im heutigen Haiti. In Napoleons Paris, in Mailand, in Murats Neapel, in Madrid und schließlich in Brüssel.

Allen voran ging der Oberste Rat des Alten und Angenommenen Schottischen Ritus, der in der blühenden Hafenstadt Charleston, South Carolina, gegründet worden war und fortan als höchste Instanz galt. De Grasse-Tilly war 1793 dort angekommen. Er wurde eingebürgert und tauchte in das etablierte Freimaurerleben der Stadt ein. 1801 gründete er mit zehn Brüdern den Obersten Rat. Der hochklingende Titel, den der Oberste Rat des Schottischen Ritus in Charleston heute trägt, als Mother Council of the World, ist de Grasse-Tilly zu verdanken.

Obwohl der Oberste Rat in Charleston überaus erfolgreich darin war, sich im Ausland zu klonen, hatte er in den Vereinigten Staaten Mühe, Angelegenheiten, die den Schottischen Ritus betrafen, in den Griff zu bekommen. Ein Streit mit einem rivalisierenden Gremium in New York wurde beispielsweise erst 1815 beigelegt, als Charleston ihm den Status eines Obersten Rates für die Nördliche Jurisdiktion der Vereinigten Staaten verlieh und damit den Schottischen Ritus Amerika in die zwei Bereiche trennte, die ihn bis heute kennzeichnen. Die antifreimaurerische Welle, die 1826 dem Verschwinden von William Morgan im Staat New York folgte, verdammte den Obersten Rat zwischen den Jahren 1832 und 1842 praktisch zur Tatenlosigkeit. Als er die Arbeit wiederaufnahm, war er eine provinzielle Runde, deren Beamte fast alle aus Charleston stammten. Viele der berühmten dreiunddreißig Grade waren zu diesem Zeitpunkt noch immer kurz und wenig dokumentiert. Erst ab den 1840er Jahren sollten zwei Legenden des Schottischen Ritus gemeinsam ein gewaltiges Korpus masonischer Gesetze, Historien, Lehren, Liturgien und Symboliken zusammentragen, das den Schottischen Ritus in das reichste und vielsagendste masonische System der Welt verwandelte. Durch ihr selbstloses Engagement für die Gesetze der Königlichen Kunst und die westliche Esoterik machten Albert Mackey und Albert Pike den Schottischen Ritus nicht nur zu dem, was er heute ist, sie stemmten sich auch jenen Kräften entgegen, die die amerikanische Gesellschaft spalteten und drohten, dasselbe mit der Freimaurerei zu tun.

Dr. Albert Mackey wurde 1841 in Charleston eingeweiht und stieg schnell über die vielen Grade und Ämter bis zum Generalsekretär auf. In dieser Funktion führte er von 1844 bis zu seinem Tod im Jahr 1881 die Alltagsgeschäfte des Obersten Rates des Schottischen Ritus. Er war »hochgewachsen, aufrecht, von schlanker, aber kraftvoller Statur«, und wirkte mit seinem nackenlangen grauen, nach hinten gekämmten Haar und den »augenfälligen von Klugheit erfüllten Zügen« wie der Inbe-

Albert Mackey (1807–1881), masonischer Gelehrter, Jurist und führende Kapazität des Schottischen Ritus.

griff des edel gesinnten Gelehrten. 1854, mit nur sechsundvierzig Jahren, gab er eine erfolgreiche Medizinerkarriere auf, um sich mit ganzer Kraft den masonischen Studien zu widmen. Die umfangreiche *Encyclopedia of Freemasonry* (1874) ist das bekannteste seiner dreizehn Bücher. Er wurde einer der größten Gesetzgeber der Freimaurerei.

In Charleston verlieh Dr. Mackey am 20. März 1853 sämtliche Grade des Schottischen Ritus bis auf einen Albert Pike. In Boston geboren, hatte Pike sich in den Westen begeben, um seinen Liebeskummer zu vergessen. Seine Abenteuer gipfelten in einer waghalsigen 650-Meilen-Wanderung durch das Gebiet der Komantschen in das sichere Arkansas, wo er sich auf den Dampfer-Routen durch die Staaten Mississippi und Arkansas als reisender Rechtsanwalt ein Vermögen verdiente. Pike und sein Mentor Mackey hätten unterschiedlicher nicht sein können: Pike war auf joviale Weise charismatisch, mit langem Haar und wallendem Bart und einem gewaltigen Appetit. Er aß und trank gern, arbeitete viel, schrieb romantische Gedichte, war Inhaber und Herausgeber von Zeitungen und kommandierte eine Truppe Freiwilliger aus Arkansas im Mexikanisch-Amerikanischen Krieg (1846–48).

Als Mackey Pike initiierte, arbeiteten sie sich an einem einzigen Abend durch sämtliche Grade des Schottischen Ritus bis auf den dreiunddreißigsten. Mackey erkannte in seinem Protegé einen Mann mit dem nötigen geistigen Durchhaltevermögen, um die Arbeit zu erledigen, deren der Schottische Ritus dringend bedurfte: eine systematische Neufassung der Grad-Zeremonien sowie eine grundlegende Überarbeitung der Lehre, die die Ausführung dieser Rituale ordnete. Der Schottische Ritus sollte nichts weniger werden als eine Summe aller Weisheit, die den menschlichen Kulturen zugrunde lag.

Mit Mackeys Unterstützung erhielt Pike 1859 die höchsten Würden des Schottischen Ritus und wurde zum obersten Großkommandeur des höchsten Rates der südlichen Jurisdiktion gewählt – ein Amt, das er bis zu seinem Tod 32 Jahre später bekleiden würde. Weil die amerikanische Freimaurerei von Staat zu Staat unterschiedlich organisiert war, kam Pike einer überregionalen Autorität gleich. Nachdem er die Grade vervollkommnet und dafür gesorgt hatte, dass sie zur Anwendung kamen, machte er sich an die gewaltige Aufgabe, aus der sein berühmtestes Werk erwachsen sollte: *Morals and Dogma of the Ancient and Accepted Rite of Scottish Freemasonry*, das um 1871 erschien.

Albert Pikes freimaurerische Begabungen bestanden darin, dass er ein leidenschaftlicher Leser und ein überschäumender Erfinder von Ritualen war. Sein größter Fehler dagegen war sein Rassismus, und dieser hatte einen grundlegenden Einfluss auf seine Brüderlichkeit. 1859 schrieb Pike: »Auch der kultivierteste Neger ist in seinen Gelüsten und Instinkten immer noch ein wildes Tier, das jederzeit in seine ursprüngliche Rohheit zurückfallen kann. Insbesondere sein sexueller Appetit ist nur durch Furcht einzudämmen; und nicht einmal die Androhung der schlimmsten Strafen wird ihn mäßigen.« Obwohl er als ein Yankee geboren war, hatte Pike den Wertekanon der Baumwollplanta-

Albert Pike (1809–1891), oberster Großkommandeur des Schottischen Ritus der südlichen Jurisdiktion von 1859 bis zu seinem Tod.

genbesitzer im südlichen und östlichen Arkansas, seiner Wahlheimat, übernommen. Sklavenhalter waren seine Klienten, seine Freunde und seine Brüder; er rauchte ihre Zigarren, trank ihren Whiskey und saß mit ihnen an den »Tafellogen«. In seinen Leitartikeln äußerte er seinen Unmut über die Einmischung des Nordens in die Belange des Südens, wetterte gegen »fanatische Sklavereigegner« und verkündete seine Überzeugung, dass es den Lohnarbeitern im Norden weitaus schlechter ging als den »Negern« im Süden.

Pikes Engstirnigkeit bekamen auch andere zu spüren. Mitte der

1850er Jahre trat er voller Enthusiasmus einer kurzlebigen antikatholischen Partei bei, die normalerweise als die »*Know-Nothings*, die Nichtswisser« bezeichnet wurden – weil ihre Mitglieder schwören mussten, schon die schiere Existenz der Gruppierung zu leugnen. Die Nichtswisser-Partei, deren Wahlspruch lautete: »Amerika den Amerikanern!«, wehrte sich gegen die Einwanderung aus katholischen Ländern wie Irland. Ihre Propaganda behauptete, der Papst plane insgeheim eine Invasion, um das protestantische Amerika unter das Joch der römisch-katholischen Kirche zu zwingen. Mit ihren Gelübden, Graden, Handgriffen und Losungswörtern trug die Nichtswisser-Partei deutlich den Abdruck der masonischen Vorlage.

Angesichts seiner Haltung gegenüber anderen Rassen überrascht es vielleicht, dass Pike eine gewisse Sympathie für die indianischen Ureinwohner hegte. Eine Generation früher waren etliche indianische Völker vom Südosten der Vereinigten Staaten in das »Indianerterritorium« umgesiedelt worden, das jenseits der westlichen Grenze von Arkansas im heutigen Oklahoma lag. In den 1850er Jahren hatte Pike sein juristisches Können und sein Geschick als Lobbyist darauf verwendet, für die Völker der Creek und der Choctaw Entschädigungen herauszuschlagen.

Pikes Freimaurerei war ein wesentlicher Faktor bei den Beziehungen, die er mit der indianischen Elite pflegte. Indianer waren schon seit längerem in den Logen willkommen. Der Mohawk-Häuptling Thayendanega (alias Joseph Brant, 1743–1807) galt als der erste Indianer, der in die Königliche Kunst eingeführt wurde. Die Briten hatten ihn eingeweiht, um im Amerikanischen Unabhängigkeitskrieg auf seine Unterstützung zählen zu können. Solche Beispiele des Dialogs und der Kompromissfindung über die Freimaurerei setzten Kontrapunkte in der grausamen und beschämenden Geschichte von der Art und Weise, wie die indianischen Völker entrechtet wurden. Das Indianerterritorium der 1840er und 1850er Jahre erlebte so etwas wie einen Freimaurer-Boom unter den sogenannten Fünf Zivilisierten Stämmen (Cherokee, Chickasaw, Choctaw, Creek und Seminolen). Die erste Loge dort, Cherokee Lodge Nr. 21, wurde 1848 von der Großloge von

Arkansas autorisiert. 1852 gründeten Choctaw-Indianer die Doaksville Lodge, und drei Jahre später folgte die Muscogee Lodge, gegründet von Creek-Indianern.

Die Elite der Indianervölker Amerikas fand in der Freimaurerei dieselben Dinge wie die Freimaurer aus anderen Teilen der Welt: Gemeinschaft, Status und alles, was dazugehörte. Als zusätzlichen Bonus erhielten sie in den Logen Gelegenheit, mit einflussreichen weißen Brüdern wie Albert Pike Umgang zu pflegen.

Viele amerikanische Indianerstämme, hieß es damals, und heißt es auch heute noch, hätten kulturell mit den Freimaurern einiges gemeinsam: die Ehrfurcht vor Zahlen und geographischer Orientierung, die Sonnensymbolik, geheime magische Worte und heilige Insignien. Ein Körnchen Wahrheit könnte darin enthalten sein, denn zweifellos erkannten einige indianische Freimaurer solche Übereinstimmungen. Andererseits hatte die Freimaurerei bis zum Beginn des neunzehnten Jahrhunderts bereits so viele verschiedene Mythen und Motive aus der ganzen Welt in sich aufgenommen, dass es kaum überrascht, wenn sich darin mehr oder minder zufällige Ähnlichkeiten mit indianischen Glaubenssystemen entdecken ließen.

Der oft bemühte Mythos vom edlen Wilden verrät mehr darüber, was Pike und andere weiße Maurer von ihren indianischen Mitbrüdern hielten. Die amerikanische Freimaurerliteratur des neunzehnten Jahrhunderts konnte sich besonders für Geschichten begeistern, die ein klischeehaftes Bild zeigten. Ein Krieger, den Tomahawk zum tödlichen Schlag erhoben, steht triumphierend über einem verwundeten weißen Soldaten. Dieser presst vor Schmerz und Verzweiflung die Zähne aufeinander und setzt einen masonischen Hilferuf ab. Wundersamerweise, aus dem kollektiven Unterbewussten seines Volkes schöpfend, erkennt der Krieger das Signal, und statt seinen Gefangenen zu skalpieren, behandelt er ihn mit allem Respekt, der einem Bruder gebührt. Legenden wie diese schmeichelten der Vorstellung der Freimaurer, sie seien die Erben uralter Wahrheiten, die der gesamten Menschheit gemein wären – Wahrheiten, die die edelsten der Wilden in Amerika irgendwie in ihren Knochen spürten. In anderen Worten: Im Denken des weißen Maurers wurzelte eine zutiefst arrogante Annahme: Die Königliche Kunst als höchster Ausdruck menschlicher Weisheit war in Erfüllung der tiefsten spirituellen Neigungen der Ureinwohner nach Amerika gelangt. Die Freimaurer unter den Kolonisatoren sahen sich, wie der führende Historiker zum Thema der indianischen Freimaurerei es elegant ausdrückte, »als Speerspitze einer historischen Bewegung, die vorherbestimmt war, da ihre Ankunft denjenigen, die zu enteignen sie gekommen waren, irgendwie bereits bekannt gewesen war«.

Albert Pikes Mentor Dr. Albert Mackey war kompromisslos, wenn es galt, zwischen dem, was masonisch war, und dem, was nicht, eine Grenze zu ziehen. Sogar seine Brüder bemerkten: »Wie dies bei Männern mit starkem Willen und sicheren Überzeugungen unumgänglich ist, machte er sich Feinde«; »er war unversöhnlich, besaß kein versöhnliches Naturell.« Diese widerborstige Eigenschaft kam besonders dann zum Vorschein, wenn Mackey die Haltung der Freimaurerei bezüglich der Sklaverei formulierte und verteidigte.

Mackeys Vaterstadt Charleston, Hauptstadt des Schottischen Ritus, war auf einer Halbinsel in der Bucht errichtet worden, in der drei Flüsse in den Atlantik mündeten. Sie war eine Stadt mit breiten Straßen, eleganten Villen und Strandpromenaden, deren Veranden und schmiedeeisernen Tore allesamt mit den Geldern aus der Sklavenhaltung finanziert worden waren. Sie war ein etablierter Sklavenmarkt und im Sommer Ziel der reichen Sklavenhalter aus South Carolina, die der feuchten Hitze ihrer Reisplantagen zu entfliehen suchten und verschwenderische Bälle und Gartenpartys veranstalteten.

Sklaven durften nun einmal keine Freimaurer werden. Das Prinzip war ein Erbe aus den Alten Pflichten mittelalterlicher Steinmetze, die der Meinung waren, Hörige oder »Leibeigene« seien juristisch außerstande, Arbeitsverträge abzuschließen. 1723, zu Beginn der modernen Freimaurerei, wurde dieselbe Landmarke in die *Constitutions,* die *Alten Pflichten* eingearbeitet: »Die als Mitglieder einer Loge aufgenommenen Personen müssen gute und aufrichtige Männer sein, *von freier Geburt*, in reifem und gesetztem Alter, *keine Leibeigenen*, keine Frauen, keine sittenlosen und übel beleumundeten Menschen, sondern nur solche von gutem Ruf.« In einer Stadt wie Charleston in den 1840er und 1850er Jahren, wo die weiße Bevölkerung sich zunehmend durch das Recht definierte, andere Menschen zu besitzen, konnte eine solche Regel niemals nur eine Formalität oder ein blutleeres Relikt aus längst vergangener Zeit sein. In ihren Gründungswerten stand die Freimaurerei der gesamten männlichen Menschheit offen, ungeachtet ihrer religiösen oder politischen Überzeugungen oder ihrer ethnischen Zugehörigkeit. In den Vereinigten Staaten rangen die Freimaurer mit der Frage, ob schwarze Männer, vor allem schwarze Sklaven, ebenfalls zu dieser Menschheit zählten.

Dr. Albert Mackeys autoritäres Urteil in dieser Frage entsprach zwar den Regeln, legte diese aber denkbar streng aus. In *The Principles of Masonic Law*, erschienen 1856, setzte er Folgendes fest: »Der Sklave beziehungsweise der in Knechtschaft geborene Mann ist durch die alten Vorschriften von der Initiation ausgeschlossen – auch wenn er nachträglich seine Freiheit erlangt.« Das Prinzip war klar: Kein Sklave oder freigelassener Sklave konnte je in die Königliche Kunst eingeweiht werden. Die große Mehrheit der schwarzen Bevölkerung der Vereinigten Staaten blieb damit außen vor. Es versteht sich von selbst, dass diese Regel der Weltsicht der Sklavenhalter von Charleston zupasskam. Mackeys Rassismus mochte weniger grob sein als der von Pike, hatte aber dennoch prägenden Einfluss auf seine Freimaurerei.

Am 12. April 1861, fünf Jahre nachdem Mackey diese Worte veröffentlicht hatte, wurde Fort Sumter, eine Unionsfestung auf einer Insel im Hafen von Charleston, von konföderierten Küstenbatterien beschossen. Nach eineinhalb Tagen ergab sich der Kommandant des Forts, ein Freimaurer namens Major Robert Anderson, seinem Gegner General Pierre G. T. Beauregard, der ebenfalls Freimaurer war. Der Beschuss kennzeichnete den Beginn eines Bürgerkrieges, der mehr Menschenleben fordern würde als alle anderen Kriege Amerikas zusammen. Er begann als ein Bemühen, den uralten Widerspruch der

Republik zwischen der Autonomie der Individualstaaten und der Autorität der Bundesregierung beizulegen – ein Widerspruch, der durch die Sklavenfrage zum Pulverfass geworden war. Doch der Bürgerkrieg trieb auch einen endgültigen Keil zwischen die weiße Freimaurerei von Mackey und Pike und eine rein amerikanische Tradition der schwarzen Freimaurerei, die in den Anfängen der Vereinigten Staaten ihren Ursprung hat.

Sie schämen sich, mit ihnen gleichgestellt zu sein

Der Gründungsvater der afroamerikanischen Freimaurerei war ein freigelassener Sklave aus Boston, ein Sattler, Gastronom und Hausierer namens Prince Hall; die Tradition der sogenannten Prince-Hall-Freimaurerei ist nach ihm benannt.

Am 6. März 1775, nur wenige Wochen vor den ersten Gefechten des amerikanischen Unabhängigkeitskrieges, wurden Prince Hall und vierzehn weitere freigelassene Sklaven in Boston in eine britische Militärloge initiiert und damit Amerikas erste schwarze Freimaurer. Einige Zeit später erhielten Hall und seine Brüder die offizielle Erlaubnis, eine eigene Loge zu gründen: Damit war die African Lodge Nr. 1 geboren.

Aus welchem Grund genau Hall und seine Brüder sich entschieden, ihre masonische Reise bei den Briten zu beginnen, ist unklar. Boston war eine Stadt im Belagerungszustand, deren 17 000 Einwohner die Bürde von 3500 britischen Soldaten trugen. Es besteht der Verdacht, dass sich die Briten bei der schwarzen Bevölkerung anbiedern wollten, um sich im bevorstehenden Machtkampf um die amerikanischen Kolonien ihre Unterstützung zu sichern. Doch auch wenn dem so war, kämpfte Hall im Krieg höchstwahrscheinlich aufseiten der Amerikaner.

Hall engagierte sich zeit seines Lebens gegen die Ungerechtigkeiten, die Afroamerikaner erdulden mussten. Er und weitere schwarze Freimaurer reichten im Januar 1787 in der Massachusetts-Versammlung eine Petition ein, in der sie das Ende der Sklaverei »inmitten eines freien, christlichen Landes« forderten. Ihre Wünsche gingen in Erfüllung, als am Ende des Unabhängigkeitskrieges in Massachusetts die Sklaverei abgeschafft wurde. 1788 wurden drei Freigelassene aus Boston verschleppt und auf einem Sklavenschiff zum Verkauf in die Karibik gebracht. Entrüstet angesichts ihrer misslichen Lage, reichte Prince Hall erfolgreich eine Petition ein, um Sklavenhändler aus dem Hafen fernzuhalten. Auch die Geschichte von den entführten Freigelassenen sollte ein glückliches Ende finden, weil einer von ihnen zufällig ein Freimaurer aus Prince Halls Loge war. Als er einem Sklavenhändler zum Verkauf angeboten wurde, der ebenfalls ein Freimaurer war, machte er seine Mitgliedschaft bekannt, woraufhin der Kaufmann dafür sorgte, dass die drei Gefangenen nach Boston zurückgebracht wurden. Bei ihrer Ankunft empfing man sie mit einer großen öffentlichen Feier, angeführt von Prince Hall und seinen Logenbrüdern.

Einige von Prince Halls Kampagnen endeten mit einem Triumph, doch von seinem Kampf um Anerkennung innerhalb der Freimaurerei lässt sich dies leider nicht sagen. Weiße Freimaurer wollten Afroamerikanern weder gestatten, Mitglieder bereits existierender Logen zu werden, noch durften sie eigene Logen gründen. Ironischerweise musste Prince Hall in der Hoffnung, als Freimaurer vollständig legitimiert zu werden, sich mit einem Schreiben an die einstige Kolonialmacht wenden. 1787 sprach die Großloge in London der African Lodge Nr. 1 ihre Ortsgruppe zu und gab ihr den neuen Namen African Lodge Nr. 459 als Zeichen, dass sie fortan auf gleicher Ebene mit den anderen 458 Logen unter Londons Jurisdiktion stand.

Gegen Ende seines Lebens sollte sich Prince Hall vergeblich um eine Versöhnung mit der weißen Freimaurerei in den Vereinigten Staaten bemühen. Wie ein weißer Geistlicher 1795 bemerkte, nachdem er sich als Vermittler vergeblich bemüht hatte, weiße Freimaurer zum Einlenken zu überreden: »Die Wahrheit ist, dass sie sich *schämen*, mit Schwarzen *gleich*gestellt zu werden.« Prince Hall wurde als herausragender Bürger des schwarzen Bostons anerkannt, ein Mann mit Integrität und Autorität, der dabei geholfen hatte, dass sich auch in anderen Städten Logen etablieren konnten. Doch als er 1807 starb, hatte sich im

Prince Hall (ca. 1735 – 1807), Gründer der afroamerikanischen Freimaurertradition. Es gibt kein Porträt von ihm. Konventionelle Darstellungen wie diese finden sich in allen Prince-Hall-Logen in den Vereinigten Staaten.

Herzen der amerikanischen Freimaurerei eine dauerhafte Rassentrennung durchgesetzt.

Freimaurer sind seit jeher aufgerufen, sich von der Politik fernzuhalten. Wie Prince Hall selbst es ausdrückte, »verpflichtet uns die Freimaurerei, uns als friedfertige Bürger der Zivilmacht des Landes zu fügen«. Doch in ihrem Bestreben, edlere Menschen zu werden, stießen Prince Hall und die vielen schwarzen Freimaurer, die seinem Beispiel folgten, unweigerlich auf die Diskriminierung, die tief in dieser »Zivilmacht« verwurzelt war. Und so war die Prince-Hall-Freimaurerei von Anfang an politisch. Als es neunzig Jahre nach ihrer Gründung zum Bürgerkrieg kam, sollte es uns nicht überraschen, dass unter den schwarzen Abolitionisten viele Freimaurer waren. Einer von ihnen war der vielleicht größte afroamerikanische Freimaurer des neunzehnten Jahrhunderts, ein Bruder, der das politische Potenzial der Freimaurerei gründlicher auslotete als jeder andere: Martin Robinson Delany.

Moses

Als freier Mann in Virginia geboren und weitgehend Autodidakt, entwickelte sich Martin Delany im Ruß und Rauch von Pittsburgh zu einem Agitator gegen die Sklaverei und betätigte sich als Journalist. Von 1839 bis 1840 begab er sich allein auf eine riskante Entdeckungsreise durch den Süden und erkundete dort die ganze Bandbreite schwarzer Lebenswelten und Kulturen, von den geprügelten Plantagensklaven bis hin zu den *gens de couleur libres* in New Orleans.

Wieder in Pittsburgh, ließ Delany sich zum Wundarzt ausbilden und kurierte mit Schröpfköpfen, Blutegeln und Aderlässen. Außerdem heiratete er und gründete eine Familie, die bald sieben Kinder zählen würde. Toussaint L'Ouverture, sein Erstgeborener, kam 1846 zur Welt: Seinen Namen verdankte der Junge dem großen Anführer des haitianischen Sklavenaufstands von 1791. Delanys andere Kinder sollten ebenfalls nach herausragenden schwarzen Männern benannt werden, wie nach Alexandre Dumas, dem Autor der *Drei Musketiere* und Enkel einer haitianischen Sklavin, oder nach St Cyprian, dem aus Nordafrika stammenden christlichen Märtyrer aus dem dritten Jahrhundert.

Delany gründete eine sklavereifeindliche schwarze Zeitung namens *Mystery* und unternahm Vortragsreisen, um seine Botschaft zu verbreiten. Erst mit zunehmendem Alter würde die Reiselust allmählich nachlassen. 1847 begegnete Delany dem entkommenen Sklaven Fredrick Douglass. Dieser hatte eine erfolgreiche Autobiographie verfasst, die ihn zu einer internationalen Galionsfigur der Abolitionismus-Bewegung machte. Gemeinsam gründeten die beiden eine ambitioniertere Zeitung, den *North Star*.

Nachdem Delany zwei Jahre lang unermüdlich an diesem Projekt gearbeitet hatte, kehrte er zu seinen medizinischen Büchern und Instrumenten nach Pittsburgh zurück. 1850 war er einer der ersten drei schwarzen Studenten, die zum Medizinstudium in Harvard zugelassen wurden, musste aber einige Monate später aufgrund von Protesten seiner weißen Kommilitonen das Institut wieder verlassen. Er hielt weiter Vorträge über vergleichende Anatomie und fand dabei noch die Zeit, eine Vorrichtung zu erfinden, mit deren Hilfe Lokomotiven leichter Steigungen überwinden konnten. Sein Patentantrag wurde allerdings aus rassistischen Gründen abgewiesen.

Mittlerweile war Delany bereits seit mehreren Jahren ein leidenschaftlicher Prince-Hall-Freimaurer. Im November 1846 war er Gründungsmitglied der St Cyprian's Lodge Nr. 13 in Pittsburgh. Seine erste Zeitung verdankt ihren Namen masonischer Terminologie: *Mystery*, ein Synonym für die Freimaurerei. Delany trug dazu bei, die Freimaurerei 1847 nach Cincinnati zu bringen. Historikern zufolge ernannte ihn im selben Jahr die National Grand Lodge of Prince Hall Freemasonry zu ihrem District Deputy of the Western District (der das gesamte Territorium westlich von Pennsylvania umfasste).

Sein Leben lang bemühte sich Delany, wie es im Gründungsmanifest seiner Zeitung *Mystery* hieß, um die »sittliche Veredelung der afroamerikanischen und afrikanischen Rasse, in bürgerlicher, politischer, und religiöser Hinsicht«. *Veredelung* sollte sein Leitstern bleiben; dabei konzentrierte er seine Sicht der Welt auf drei mächtige Botschaften: Seid stolz darauf, schwarz zu sein, arbeitet unermüdlich und tretet für eure Rechte ein. In der Prince-Hall-Freimaurerei fand Delany einen Weg, eine schwarze Elite zu versammeln, die der Veredelung den Weg bereiten und als Vorbilder agieren würden. Sie verstärkte auch seinen »nahezu mystischen Glauben an sein Potenzial als schwarzer Anführer«, wie es von ihm heißt.

Die 1850er Jahre, für Afroamerikaner ein äußerst trostloses Jahrzehnt, begannen mit dem Fugitive Slave Act, einem Gesetz, das landesweit die Rechte von Afroamerikanern unterminierte. Delany war wie viele andere Prince-Hall-Brüder in dem Netzwerk Underground Railroad aktiv, das entflohenen Sklaven Schutz gewährte und sie bei der Flucht nach Kanada unterstützte. 1852 veröffentlichte er das Buch *The Condition, Elevation, Emigration, and Destiny of the Colored People of the United States* – eine bahnbrechende politische Analyse. Darin wurden Schwarze als ein Staat im Staate bezeichnet, deren einzige Hoffnung darin bestand, den Vereinigten Staaten scharenweise den Rücken zu kehren und sich anderswo niederzulassen. Gleichzeitig forderte Delany schwarze Amerikaner in seiner Schlussbemerkung auf, ihr Leben in den Vereinigten Staaten zu verbessern, indem sie sich bildeten und ihre Unterwürfigkeit abschüttelten.

Im Jahr 1853 packte Delany seine politische Vorstellung von der Freimaurerei in einen Vortrag. Allein das Aussehen des Mannes, der an diesem Tag vor seinen Brüdern der St Cyprian's Lodge stand, war eine Botschaft. Er war stämmig, kahlköpfig und besaß furchteinflößend breite Schultern. Delany beteuerte stets seinen Stolz, hundertprozentig afrikanisch zu sein: Seine schimmernde dunkle Hautfarbe trotzte dem Vorurteil, das sogar unter einigen Afroamerikanern den gemischtrassigen »Mulatten« einen höheren Status einräumte. Der Vortrag, den er hielt und der die erste Studie zur Prince-Hall-Freimaurerei werden sollte, die jemals in Druck ging, war außerordentlich ehrgeizig. Indem er sich auf eine Mischung aus alttestamentlicher Überlieferung und der jüngeren Historie stützte, beabsichtigte Delany, die gesamte Freimaurertradition den Händen der Weißen zu entreißen.

Die Freimaurerei, erzählte er seinen Brüdern, habe nach der Sintflut begonnen, als die Söhne Noahs sich auf der ganzen Welt verbreiteten und dabei Dynastien und Städte gründeten. Einer dieser Söhne, Ham, hatte schwarze Haut, und seine Nachkommen bevölkerten Afrika. Äthiopier und Ägypter entwickelten eine Religion, die im Wesentlichen mit dem Christentum vereinbar war: Sie entdeckten als Erste, dass der Mensch nach dem Ebenbild Gottes geschaffen war, und sie hatten eine Vorstellung von der Dreifaltigkeit. (Wie Delanys Zuhörer nur allzu gut

Martin Delany (1812–1885), Prince-Hall-Freimaurer, Anti-Sklaverei-Agitator und Vater des schwarzen Nationalismus.

wussten, sind die masonische Mythologie und Symbolik vollgepackt mit Dreifaltigkeiten, Dreiecken und der Zahl drei). Um den Zwecken dieser Religion zu dienen und sie für die Gesellschaft brauchbar zu machen, erfanden die alten Äthiopier und Ägypter etwas, das später als Freimaurerei bekannt werden sollte. Es bestünde daher keinerlei Zweifel, so Delany: »Die Urheber dieses mysteriösen und schönen Ordens waren Afrikaner.«

Auch Moses sei in die afrikanische freimaurerische Lehre eingetaucht, fuhr Delany fort. Denn stehe in der Apostelgeschichte 7:22 nicht geschrieben, dass »Moses in aller Weisheit der Ägypter ausgebildet war«? Heiße es nicht in *Exodus* 2:15, dass Moses nach Midian floh, ein äthiopisches Königreich, und dort Zippora zur Frau nahm, die Tochter eines afrikanischen Herrschers?

Salomon habe die Mysterien von Moses geerbt und in Jerusalem einen großen Tempel errichtet, um ihnen eine Gestalt zu geben: Seine Fundamente lägen in einem unverkennbar afrikanischen Wissen. Die Implikation war klar: Logen wie St Cyprian Nr. 13 waren nicht nur ein legitimer Ausdruck masonischer Werte und Landmarken; sie waren *legitimer* als die der weißen Freimaurer.

Aus heutiger Sicht erstaunt der Einfluss dieser Rede auf die Prince-Hall-Freimaurer. Doch im Amerika des neunzehnten Jahrhunderts wurde eine bibelgestützte Argumentationsweise gemeinhin, und erst recht in der Freimaurerei, sehr ernst genommen. Delany diente sie dazu, seiner »Entrüstung« über die Ablehnung Ausdruck zu verleihen, die seine Brüder durch die weißen Großlogen erfuhren, wann immer sie sich um deren Anerkennung bemühten. Die maurerischen Werte von universeller Bruderschaft ließen derlei Diskriminierung nicht zu. Wie Delany es ausdrückte: »Jedem Mann (von untadeligem Ruf) stehen die Pforten der Freimaurerei offen, ungeachtet seiner Herkunft, seiner Hautfarbe und seiner Stellung.« Weiße Maurer verhüllten ihre Vorurteile mit den Seiten masonischer Gesetzbücher, indem sie das ehrwürdige Prinzip zitierten, demzufolge jene, die unfrei an Leib und Geist seien, es nicht verdienten, Mitglieder zu werden. Delanys Analyse der Geschichte von Moses, einem Freimaurer, der als Sklave geboren und viele Jahre als Sklave gelebt hatte, sollte diese Auslegung der Regeln zerschlagen: »Will man bestreiten, dass der Mann, der vor den Pharao hintrat und in der Lage war, auf *mystische* Weise all das zu leisten, was die Weisesten der Weisen dieser geheimnisvoll weisen Nation zu leisten vermochten, ein Freimaurer war?«

Nach diesem Vortrag vor der St Cyprian's Lodge in Pittsburgh versuchte Delany zehn Jahre lang, seine Vision von einem schwarzen Exodus zu verwirklichen – mit ihm in der Rolle des schwarzen Moses. Als sich die Hoffnung auf eine zentralamerikanische Heimat als illusorisch erwies, forschte er nach anderen Optionen, die auch Kanada umfassten, wo ehemalige Sklaven in Chatham, Ontario, eine blühende neue Gemeinschaft geschaffen hatten. Delany zog 1856 mit seiner Familie dorthin.

Während seiner Zeit in Kanada empfing Delany im Mai 1858 einen Besucher von historischer Bedeutung: John Brown, den abolitionistischen Guerillaführer, der gerade im Begriff war, Männer und Mittel zu sammeln, um einen Sklavenaufstand im Süden zu organisieren. Unter dem Deckmantel eines vorgetäuschten Logentreffens beriefen Delany und Brown einen Verfassungskonvent ein. Dieser sollte eine Gründungsurkunde für die revolutionäre Republik befreiter Sklaven zeichnen, die er in den Bergen Virginias errichten wollte. Im Oktober des folgenden Jahres würde Brown, seine vorläufige Verfassung in der Tasche, mit seiner kleinen Bande das Waffenarsenal der US-Armee in Harpers Ferry überfallen, um einen Aufstand zu provozieren. Die Aktion scheiterte bekanntermaßen – allerdings verschärfte diese Episode enorm die Spannungen, die sich bald im Bürgerkrieg entladen würden. John Brown wurde hingerichtet und zum Märtyrer der Abolitionismus-Bewegung. Mit dem berühmten Marschlied der Unionsarmee wurde ihm ein Denkmal gesetzt.

Als John Brown sein Ende fand, war Delany bereits wieder auf Reisen, um nach einem geeigneten Siedlungsgebiet im heutigen Nigeria zu suchen. Er wagte sich ins Landesinnere, erkundete das Potenzial für den Baumwollanbau und schloss Verträge mit einheimischen Herrschern. Was ihm vorschwebte, war eine große transatlantische Verschmelzung von schwarzer Erfahrung und Expertise, wenn die Afrikaner aus Amerika in ihr Mutterland zurückkehrten. Auf dem Rückweg besuchte Delany London und hielt einen Vortrag vor der Royal Geographical Society, ehe er sich auf eine Rundreise durch Großbritannien begab, um vor Anhängern der Abolitionisten zu sprechen. (Und auch vor Baumwollbaronen, die nach einer neuen Rohstoffquelle in Westafrika Ausschau hielten.) Wieder zurück in Amerika, hielt Delany von Kanada aus weitere Vorträge, wobei er die Tugenden der afrikanischen Zivilisation rühmte und Kleider trug, die er aus dem Nigertal mitgebracht hatte.

Delanys Afrikaplan fand bei den schwarzen Sklavereigegnern keine breite Unterstützung. Endgültig begraben musste er ihn 1861, als elf Südstaaten sich von der Union abspalteten, die Konföderation bildeten und auf diese Weise den Bürgerkrieg lostraten. Jetzt sah sich Delany vor einer neuen Aufgabe: Es galt sicherzustellen, dass der Krieg nicht nur dazu diente, die Autorität der Bundesregierung wiederherzustellen. Er sollte der Sklaverei ein für alle Mal ein Ende setzen und damit den Traum von der Gleichheit aller Bürger verwirklichen.

Ihr habt euch nicht als Soldaten bewährt

Um den 15. September 1863 herum zog ein abgerissener Trupp Unionsinfanteristen durch die Sümpfe von Morris Island, in der Bucht von Charleston. Sie schleppten Planken und Werkzeuge. Die Palmen ringsum waren von Explosionen zerfetzt worden. Trotz der Meeresbrise lag noch immer der Gestank von Verwesung in der warmen Luft und zog scharenweise Fliegen an. Über dem Light-House Creek im Westen schossen zwei Konföderiertenbatterien weiterhin Granaten ab. In der Hafeneinfahrt pulverisierten im Gegenzug Panzerschiffe der Union methodisch Fort Sumter.

Der Trupp Unionssoldaten wurde von First Sergeant William H. W. Gray geführt, der sich noch von einer Verwundung erholte. Als die Männer den trockenen Platz fanden, nach dem sie gesucht hatten, errichteten sie unter Grays Anleitung aus Holz einen rechteckigen Schutzraum, den sie sorgfältig auf einer Ost-West-Achse ausrichteten. Dann holten sie eine Bibel, dazu Winkelmaß und Zirkel aus den Rucksäcken. Sergeant Gray beziehungsweise Meister vom Stuhl Gray hatte ein Logenpatent bei sich, das er in Boston erhalten hatte; es ermächtigte ihn, eine neue Militärloge zu gründen. Der Schutzraum sollte ihr Tempel sein: Hier würden sie ihr erstes Logentreffen abhalten, neue Mitglieder einführen, der gefallenen Kameraden gedenken und kostbare Momente teilen, um über die leidvolle Erfahrung, die hinter ihnen lag, zu reflektieren.

Der Akt hatte eine besondere Schärfe. Denn die besagten Unionssoldaten entstammten dem legendären 54. Regiment der Massachusetts Freiwilligeninfanterie. Der Ruhm der Truppe war natürlich der Tapferkeit geschuldet, die sie unlängst bewiesen hatte. Doch wie die *New York Tribune* am Ende des Krieges kommentierte, war weitaus wichtiger, dass das 54. Massachusetts »das erste im Norden organisierte farbige Regiment war. Von seinem tadellosen Verhalten hing lange Zeit der Erfolg des Experiments ab, schwarze Bürger zur Verteidigung der Republik zu bewaffnen«.

Nur neun Monate vor der Gründung von Sergeant Grays Prince-Hall-Loge war am 1. Januar 1863 Abraham Lincolns Emanzipations-Proklamation in Kraft getreten, in der es hieß, »dass alle Menschen«, die in den rebellierenden Staaten »als Sklaven gehalten werden, fortan und für immer frei sein sollen«. Mit jedem Schritt der Unionsarmee in das Territorium der Konföderierten gewann die Freiheit an Boden. Die Proklamation regte zudem an, dass Afroamerikaner, sowohl entlaufene als auch freigelassene Sklaven, in die Unionstruppen rekrutiert werden konnten. Seit der römischen Antike hatte der Armeedienst automatisch den Erhalt der Bürgerrechte mit sich gebracht – wie jeder gebildete Amerikaner sehr wohl wusste.

Bewaffnete Schwarze waren der Albtraum für die Sklavenhalter, und so reagierte die Konföderiertenregierung mit Wut auf Lincolns Anstiftung zum »Sklavenaufstand«. Gefangene schwarze Soldaten würden hingerichtet, drohte Jefferson Davis, Präsident der Konföderierten Staaten. Und ihre weißen Offiziere würden dasselbe Schicksal erfahren.

Bei den Prince-Hall-Freimaurern erkannte man sofort die Dringlichkeit, schwarze Einheiten zu bilden. In Massachusetts fand die Rekrutierung für das 54. Freiwilligenregiment unter der Ägide des Großmeisters der Prince-Hall-Freimaurerei statt, des ehemaligen Sklaven Lewis Hayden, der später Sergeant Gray die Stiftungsurkunde für seine Militärloge ausstellen würde. Martin Delany, der Möchtegern-Moses des Abolitionismus, übernahm mit Begeisterung die Pflicht, im Auftrag der Bundesregierung auch in anderen Staaten Soldaten zu rekrutieren. Sein ältester Sohn Toussaint L'Ouverture meldete sich mit nur siebzehn Jahren freiwillig in das 54. Infanterieregiment, ebenso zwei von Frederick Douglass' Söhnen.

Bereits wenige Wochen nach der Einberufung sangen die Männer des 54. Regiments, während ihr Schiff von Boston ablegte, das Kampflied »*John Brown's Body*«. Bald darauf belagerten sie eines der mächtigsten Symbole der Ungerechtigkeit, die sie bekämpften: Charleston – den Ort, an dem der Bürgerkrieg seinen Anfang genommen hatte. Sergeant Gray und einigen seiner Brüder dürfte bewusst gewesen sein, dass Charleston noch aus anderen Gründen wichtig war: Es war das Zentrum der Hochgradfreimaurerei nach dem Schottischen Ritus, aus dem Albert Mackey, Generalsekretär des Obersten Rates, und Albert Pike, Souveräner Großkommandeur des Obersten Rates, Männer mit afrikanischen Wurzeln auszuschließen gedachten. Für die Unionsarmee war die Stadt ein strategischer Hafen in einem Konflikt, der fast in gleichem Maße durch Seeblockaden wie durch Feldzüge ausgefochten wurde. Die Batterie, die den aus- und einlaufenden Schiffsverkehr in Charleston überwachte, erhielt Rückendeckung durch Fort Wagner, eine weitläufige, mit Palisaden versehene Sandbastion, die den Hafen umspannte. Diese Festung galt es zu erobern, und die Männer des 54. Massachusetts-Infanterieregiments sollten den Angriff anführen.

Während des entsetzlich blutigen Sturmes auf Fort Wagner, nur einen Steinwurf von der Stelle entfernt, wo Sergeant Gray seinen bescheidenen Prince Hall-Tempel errichten würde, zerstörte das 54. Massachusetts den rassistischen Mythos, demzufolge ein »Neger« nicht zum Soldaten taugte. Erst mit dem Sturm auf Fort Wagner wurde der amerikanische Bürgerkrieg wirklich zu einem Kampf gegen die Sklaverei.

Am 18. Juli 1863, als die Sonne hinter den Dünen versank, begann der Angriff. In einer breiten Kolonne, deren rechte Flanke sich durch die hereinbrechenden Wogen vorankämpfte, rückte das 54. eine Dreiviertelmeile die Küste entlang vor. Der Strand verjüngte sich kurz vor der Festung zu einem schmalen Durchgang, so dass Fort Wagner, wie ein Überlebender berichtete, »zu einem Feuerhügel wurde, von dem es Gewehrschüsse und Granaten regnete … Eine Flammenwand, die über die Schanze wogte, gefolgt von einem Funken sprühenden Lauffeuer.«

Trotz entsetzlich hoher Verluste steigerte das 54. sein Tempo und schwenkte nach links, wo die Verteidigungsanlage niedriger war. Gefochten wurde mit dem Bajonett, dem Gewehrlauf, dem Schwert und der Eisenstange. Das stroboskopartige Mündungsfeuer ließ die Grimassen auf den schwarzen und weißen Gesichtern aufblitzen. Der kommandierende Offizier des 54. Regiments, Colonel Robert Gould Shaw, entstammte einer der führenden abolitionistischen Familien in Boston und war Absolvent der Harvard University. Er wurde ins Herz getroffen, während er mit seinen Männern vorwärtsstürmte.

Von einer überwältigenden Übermacht zurückgedrängt, hielt das 54. Massachusetts die Stellung, obschon Granaten und Gewehrkugeln auf sie niederprasselten. Ihre Hoffnung, einer weiteren Angriffswelle standzuhalten, erwies sich jedoch als vergeblich. Die einzige Option war der Rückzug – ein Rückzug, der noch schrecklicher war als der Angriff: ein blindes Stolpern durch vernichtendes Feuer und über die sich windenden Leiber gefallener Kameraden.

Als der Morgen anbrach, begann das Zählen. Über ein Drittel der sechshundert Männer, die das Fort gestürmt hatten, waren zu Tode gekommen oder verwundet. Weitere sechzig waren dem Feind in die Hände gefallen. Die Konföderierten weigerten sich, die verwundeten schwarzen Soldaten in einen Gefangenenaustausch einzuschließen. Ihr Schicksal würde erst nach Kriegsende bekannt werden. (Vergeltungsdrohungen seitens der Bundesregierung retteten am Ende denjenigen das Leben, die die auszehrende Gefangenschaft nicht getötet hatte.)

Mit dem missglückten Sturm auf Fort Wagner war das Leiden nicht zu Ende. Es folgte eine Belagerung, die achtundfünfzig Tage währte. Die Soldaten des 54. Massachusetts und anderer afroamerikanischer Einheiten (die meisten bestanden aus freigelassenen Sklaven) waren, wie es hieß, der schweren körperlichen Arbeit besser gewachsen als die weißen Soldaten, weshalb man sie Geschützstellungen graben ließ, die immer näher an das Fort heranrückten. Infolge der Hitze und der Plackerei bestanden die Männer bald nur noch aus Haut und Knochen, gepeinigt von Sandflöhen. Heckenschützen und Bombardierungen waren eine konstante Bedrohung. Um die Belagerungsarbeiten zu erschweren, hatten die Konföderierten »Torpedos« gelegt – Minen vergraben. Als die Unionstruppen sich dem Fort schließlich auf 200 Meter genähert hatten, lagen so viele Soldaten im Sterben, dass die Kommandanten bei den Begräbnissen die Trauermusik untersagten, aus Angst um die Moral der Überlebenden.

Erst in den frühen Morgenstunden des 7. September 1863 gaben die Konföderierten endlich das Leichenhaus auf, zu dem Fort Wagner geworden war. Die Belagerung war zu Ende.

Während der relativen Ruhe, die folgte, gründeten Sergeant Gray und die übrigen Prince-Hall-Maurer ihre Militärloge in den Sümpfen. Keiner von ihnen kann sich der Illusion hingegeben haben, dass sie der ersehnten Gleichheit, innerhalb wie außerhalb der Freimaurerei, einen großen Schritt näher gerückt waren. Wie um diesen Punkt noch zu bekräftigen, kam einige Tage später ein Streit um ihren Sold auf. Man hatte ihnen schon mehrmals gesagt, dass sie monatlich nur zehn Dollar bekämen, nicht dreizehn wie ihre weißen Kameraden. Das 54. hatte sich einhellig geweigert, das Geld anzunehmen. Als das Angebot wiederholt wurde, nachdem Fort Wagner kapituliert hatte, blieben die Soldaten beharrlich. Schließlich intervenierte der Brigadekommandant, um eine Lösung zu finden. Colonel James Montgomery war ein Abolitionist, der in den blutigen Zusammenstößen in Kansas zwischen Banden aus Befürwortern der Sklaverei und ihren Gegnern im Vorfeld des Bürgerkriegs eine führende Rolle eingenommen hatte. Der hochgewachsene Mann, ein wenig vornübergebeugt, redete den Soldaten mit seiner sanften Stimme ins Gewissen:

> Ihr habt euch noch nicht als Soldaten bewährt, vergesst das nicht … Ihr könnt auch nicht erwarten, mit den Weißen auf dieselbe Stufe gestellt zu werden. Wer euch schreien und singen hört, sieht doch sofort, wie entsetzlich unwissend ihr seid. Ich bin euer Freund, der Freund aller Neger. Und ich war auch der Erste im Land, der Neger in die Armee der Vereinigten Staaten gebracht hat … Wenn ihr euch weigert, den Sold anzunehmen, den man euch zahlt und auf den ihr ein Recht habt, kann euch das als Befehlsverweigerung und Meuterei ausgelegt werden. Ihr könnt vor ein Kriegsgericht gestellt und erschossen werden.

Ein Augenzeuge kommentierte, dass dem Colonel offensichtlich nicht bewusst gewesen sei, wie beleidigend seine Bemerkungen waren. Noch dazu waren die meisten der Männer, die er vor sich hatte, frei geboren. Die Soldaten des 54. Massachusetts lehnten den Sold weiterhin ab und sollten dies noch ein Jahr lang tun, bis die Ungerechtigkeit der unterschiedlichen Besoldungsgruppen durch ein Gesetz aus der Welt geschafft wurde.

Der Angriff des 54. Infanterieregiments auf das Fort Wagner kam in die Zeitung und ging schon bald in die Volkskunde ein; seitdem ist die Geschichte fest im kollektiven Bewusstsein verankert. 1989 wurde daraus *Glory*, ein handwerklich solide gedrehter Kinofilm mit Matthew Broderick, Denzel Washington und Morgan Freeman, der mit mehreren Oscars ausgezeichnet wurde. Die Legende vom 54. Infanterieregiment beruhte auf einem der bewegendsten patriotischen Mythen des neunzehnten Jahrhunderts: Es war die Geschichte einer vom Krieg geformten Männlichkeit und eines Blutopfers. Der weiße Norden hingegen stellte das Martyrium des Regimentskommandanten Colonel Robert Gould Shaw in den Mittelpunkt. Die Konföderierten hatten die Erinnerung an diesen »blauäugigen Glücksjungen« beschmutzen wollen, indem sie ihn zusammen mit seinen schwarzen Soldaten verscharrten – eine Geste rassistischer Verächtlichkeit, die nur dazu diente, seinen Mythos mit Pathos zu vergolden. Die gewöhnlichen Soldaten des 54. Infanterieregiments blieben vergleichsweise anonym und Opfer einer hinterhältigen Einstellung. Die Sentimentalität rings um den Angriff auf das Fort Wagner beruhte zum großen Teil auf der Vorstellung, dass sich Afroamerikaner ihre Freiheit erst *verdienen* mussten; sie hätten sich der Bürgerrechte *würdig* zu erweisen, indem sie der phantastischen Forderung von Selbstlosigkeit gerecht würden, die die Gefallenen des 54. Massachusetts erfüllt hatten. Diese Einstellung würde ihre schädliche Wirkung erst richtig entfalten, wenn der Krieg vorüber wäre.

Etwa sechzehn Monate nachdem Fort Wagner am 18. Februar 1865 gefallen war, bestand Charleston nur noch aus zertrümmerten Häusern, Granattrichtern, leeren Anlegeplätzen und Straßen, auf denen das Hab und Gut verängstigter weißer Familien verstreut lag. Der letzte Befehl, ausgeführt von den zurückweichenden Konföderierten, hatte gelautet, alle bedeutsamen Besitztümer abzufackeln. Jetzt breitete sich das Feuer immer weiter aus. Fast alle verbliebenen Einwohner waren Afroamerikaner, die abseits der Gefahr voller Zuversicht auf ein neues Zeitalter warteten.

Passenderweise waren die ersten Unionssoldaten, die in Charleston landeten, eine Abteilung des 54. Massachusetts-Infanterieregiments. Ebenfalls passenderweise war einer der Ersten, die sie begrüßten, Dr. Albert Mackey, Generalsekretär des Obersten Rates des Alten und Angenommenen Schottischen Ritus für die Südliche Jurisdiktion der Vereinigten Staaten. Er ersuchte die Unionssoldaten, die Flammen zu ersticken. So kam es, dass ausgerechnet Männer aus dem ersten schwarzen Regiment die Reste einer Stadt für die Nachwelt bewahrten, die ein Monument der Sklaverei war.

Auch Martin Delany würde sich demnächst nach Charleston aufmachen. Nur wenige Tage zuvor hatte er sich nach Washington begeben, um Präsident Lincoln die Idee einer Expedition in die Südstaaten zu unterbreiten mit dem Ziel, eine schwarze Guerillatruppe zusammenzutrommeln. Er hatte den Plan bereits in seinem Roman *Blake; Or the Huts of America* ins Auge gefasst. Darin reiste ein Held, Delany nicht unähnlich, durch die Südstaaten, um dort ein geheimes Netzwerk zu knüpfen, der Prince-Hall-Maurerei nicht unähnlich, und einen Sklavenaufstand vorzubereiten. Während er und Lincoln redeten, erreichte sie die Nachricht von der Kapitulation Charlestons. Delany wurde rasch zum Major befördert – der höchste Rang, der von einem Afroamerikaner während des Bürgerkriegs je erreicht worden war – und erhielt den Befehl, weitere schwarze Soldaten zu rekrutieren, damit diese den Krieg zu Ende brächten. Diese Abmachung verwandelte ihn in eine Ikone: Die Zeitung *Anglo-African* verkaufte reproduzierte Porträts von ihm in Uniform. Mit patriotischem Heiligenschein reiste er in den Süden.

Martin Delany erinnerte sich später an seine ersten Eindrücke, als er in Charleston eintraf:

> Ich betrat die Stadt, die ich von frühester Kindheit an mit der größten Abneigung betrachtet hatte – diesen Ort, an dem Schwarze die unerträglichste Anmaßung und Grausamkeit erdulden mussten, wo die Peitsche am Schandpfahl und der Hammer des Sklavenauktionators einander in erschütternder Eintracht das Wort redeten; jenen Ort, den ein arrogant anmaßender Despotismus schon immer vor der Freiheit verschlossen hatte … in den erst wenige Tage zuvor im Triumph der galante [General] Schimmelfennig eingezogen und dabei mit wilden Rufen dem 54. Massachusetts-Infanterieregiment vorangestürmt war, in dessen Reihen einige der besten und edelsten jungen Abkömmlinge der schwarzen Unionsbürgerschaft zu finden waren. Einen Moment lang hielt ich inne – dann, getrieben vom Impuls meiner Mission, stürmte ich in gewaltigen Sätzen weiter durch die Stadt, wie unter dem Zwang, den bereits niedergerungenen Feind erneut zu attackieren.

Für Delany hatte eine Phase des Triumphes begonnen. Tausende frisch befreiter Männer und Frauen versammelten sich, um den berühmten Major sprechen zu hören.

Im Frühjahr wurden die Soldaten, die Delany rekrutiert hatte, bereits nicht mehr gebraucht, weil die Konföderation kapituliert hatte. Nach dem tödlichen Attentat auf Präsident Lincoln am 14. April 1865 trug Delany wesentlich dazu bei, dass wieder Ruhe in der Stadt einkehrte. Mittlerweile war das 54. Infanterieregiment in der Citadel stationiert, Charlestons opulentem, stuckverziertem Militärcollege, in dem die Soldaten erst zum zweiten Mal ihre 13 Dollar Sold erhielten.

Direkt gegenüber der Citadel, in einem dreistöckigen Bürgerhaus, versammelte Meister vom Stuhl Sergeant William Gray seine Prince-Hall-Militärloge erneut um sich. Sie bestand aus ungefähr fünfundzwanzig bis dreißig Prince-Hall-Freimaurern, die meisten davon Unteroffiziere. Mit ihrer Autorität, im moralischen wie auch im militärischen Sinn, waren diese Männer – eine aufstrebende schwarze Mittelschicht in Uniform – das Rückgrat des Regiments gewesen. Einem von ihnen können wir ein Gesicht geben: Sergeant-Quartiermeister Peter Vogelsang, neunundvierzig, ein Gemeindevorsteher aus New York und der älteste Mann im 54. Massachusetts. Vogelsangs Organisationstalent war seinen Offizieren auf Anhieb aufgefallen. Er besaß auch Mut: Zwei Tage vor dem Angriff auf Fort Wagner im Juli 1863 überlebte er einen Lungenschuss. Obwohl sich innerhalb der Militärhierarchie und seitens weißer Stabsoffiziere Widerstand regte gegen die Beförderung schwarzer Soldaten, wurde Vogelsang Oberleutnant und Regimentsquartiermeister.

In Charleston war Martin Delany wieder mit den Leuten vereint, die er aus dem Regiment kannte, einschließlich seines Sohnes Toussaint L'Ouverture. Bei einem Gefecht verwundet, war Toussaint dem Blutbad am Fort entgangen, wurde aber später ein zweites Mal verwundet. Er und ein Unteroffizier aus dem 54. Regiment wurden die Burschen seines Vaters. In den Folgejahren zeigte er Symptome einer Kriegsneurose.

Delany traf auch den Freund wieder, den er den »tapferen Vogelsang« nannte. Wochen nach seiner Beförderung zum Oberleutnant hatte Vogelsang seine Pflicht erfüllt, war ins Zivilleben zurückgekehrt und hatte seine Arbeit im Zollhaus in Lower Manhattan wiederaufgenommen. Doch unterdessen hatte seine Militärloge in Charleston die Zukunft der schwarzen Freimaurerei begründet. Noch vor Ende des Jahres 1865 hatte sie sich zu einer permanenten Loge entwickelt, autorisiert in Massachusetts. In South Carolina, wie allerorten in der ehemaligen Konföderation, gewann die Prince-Hall-Freimaurerei neue Konvertiten, viele von ihnen durch das Beispiel schwarzer Bürger aus dem Norden wie Vogelsang inspiriert. Man hegte die Hoffnung, dass die neuen Logen des Südens eine neue Elite hervorbringen könnten, so wie die alten Logen des Nordens dabei geholfen hatten, die schwarze Elite zu formen, die der Sklaverei ein Ende setzte – lebende Beispiele tugendhafter schwarzer Bürger. Der kosmopolitische Geist der Freimaurerei konnte außerdem dabei helfen, die Spaltung zwischen Schwarz und Weiß zu überwinden.

Im selben Jahr trat Martin Delany dem Freedmen's Bureau bei, einer von Abraham Lincoln eingerichteten Bundesagentur zur Unterstützung ehemaliger Sklaven. Seine Hoffnungen waren klar, und sie waren dieselben wie die von drei Millionen befreiten Afroamerikanern: volle Bürgerrechte, einschließlich einer unvoreingenommenen Justiz, des Rechts auf Bildung, wirtschaftlicher Möglichkeiten, des Wahlrechts und des Zugangs zur politischen Macht. Die Vorzeichen schienen günstig für dieses beispiellose Experiment, dessen Ziel es war, die Demokratie neu zu erfinden. Amerikas wachsende Wirtschaft finanzierte ein gewaltiges Eisenbahnbauprogramm, das zum Teil darauf abzielte, die Unterstützung der Weißen für das neue Regime im Süden zu gewinnen. Die Armee der Vereinigten Staaten stand bereit, den Forderungen befreiter Sklaven den nötigen Rückhalt zu geben. Der Wiederaufbau war bereits im Gange. Delany, der in Charleston eine Arztpraxis eröffnete, um seinen Lebensunterhalt zu bestreiten, hatte die Absicht, seinen Beitrag zu leisten.

Der Aussatz der »Negervereinigung«

Bei Ausbruch des Bürgerkriegs wurde Albert Pike, der oberste Großkommandeur des weißen Schottischen Ritus im Süden, auf eine diplomatische Mission in das Indianerterritorium geschickt, um sich die Unterstützung der Zivilisierten Stämme für die Konföderation zu sichern. Seine Aufgabe wurde ihm durch die Freimaurerverbindungen, die er mit vielen Häuptlingen teilte, und durch die Tatsache, dass die meisten dieser Häuptlinge sich schwarze Sklaven hielten, um einiges leichter gemacht. Pike wurde mit der Aufgabe betraut, indianische Soldaten zu rekrutieren und sie im März 1862 in die Schlacht gegen die Unionsstreitmacht in Pea Ridge zu führen. Das Unternehmen war ein Desaster. Es endete nicht nur mit einer Niederlage der Konföderierten, man entdeckte hinterher auch, dass mehrere Unionssoldaten skalpiert worden waren – was als barbarisch angesehen wurde. So kam es zu einer heftigen Auseinandersetzung zwischen Pike und seinen Vorgesetzten, die schließlich zu seiner Abdankung führte. Er kehrte nach Arkansas zurück, um bis zum Ende des Krieges in einer abgeschiedenen Blockhütte den Schottischen Ritus weiterzuentwickeln.

Pikes *Morals and Dogma* ist eine Reihe von Essays, die das Denken hinter jedem Gradritual beleuchten. Vieles davon ist, wie Pike selbst einräumt, aus unzähligen heiligen Schriften und philosophischen Werken übernommen. All dies durchdringt Pikes lebhafte Überzeugung, dass das Wesen aller Glaubenssysteme auf allgemeine Grundsätze herunterzubrechen sei. Ob die klassische Rhetorik oder die jüdische Mystik, ob östliche Religionen oder mittelalterliche Literatur, Alchemie oder Heraldik, alles lasse sich auf dieselben einfachen Wahrheiten reduzieren. Er habe jahrelang gierig und eklektisch gelesen, so Pike, und dabei zwischen allem und jedem eindrucksvolle Entsprechungen festgestellt. Das Resultat hatte auf Freimaurer eine große Wirkung. Für alle anderen war es schier unlesbar:

> Die bedeutenden Dokumente der Geheimüberlieferung sind im Zeitraum der Templerkatastrophe entstanden; seit Jean de Meung oder Jean Chopinel, Zeitgenosse des alten Dante, die besten Jahre seines Lebens am Hofe Philipps des Schönen verbrachte. Der *Roman de la Rose* ist *die* epische Dichtung des alten Frankreichs … Es ist dies unter bedeutungslosen Äußerlichkeiten ein tiefes Werk … eine Darstellung der Mysterien der Geheimlehre, ebenso wissend wie die des Apulejus. Die Rose von Flamel, die von Jean de Meung und die Dantes sind auf demselben Stock erblüht. Swedenborgs System war nichts anderes als die Kabbala, ohne das hierarchische Prinzip. Es ist der Tempel, ohne Schlussstein und Fundament.

In seinem Blockhaus füllte Pike in diesem Stil 861 einschläfernde Seiten. Das einzig Klare in seiner Neufassung des Schottischen Ritus sind die zahllosen Binsenweisheiten: »Was auf dieser Welt wert ist, getan zu werden, das sei *wohl* getan«; »wahrhaftig, gerecht und aufrecht zu sein, ist die Basis aller Tugend.«

Pike verdankt seinen großen und anhaltenden Erfolg wohl eher seinem Sinn für Theatralik als seinen Ideen. Der dreißigste Grad des Schottischen Ritus ist dafür ein lebhaftes Beispiel. Er verleiht den Titel eines Knight Kadosh – vermutlich an das hebräische Wort für »heilig« angelehnt.

Der Ritter-Kadosch-Grad führt durch eine Abfolge von vier Zimmern oder »Gemächern«, ein jedes mit Tüchern in verschiedenen Farben verhängt: Schwarz, Weiß, Hellblau und Blutrot. Der Höhepunkt, das blutrote Zimmer, hat außerdem kontrastierende weiße Säulen, und seine östliche Wand ist mit schwarzem, silberbesticktem Samt verhüllt. Eine große Sammlung rätselhafter Requisiten ist in diesen farbigen Räumen ausgelegt: ein Grab, ein Altar und ein Mausoleum; Kränze und Kronen; eine Leiter und eine Treppe; Vorhänge, Fahnen und Bänder; Urnen, Flammen und Parfüm; Dolche; verschiedene Kreuzarten; ein Hirtenstab und eine römische Freiheitsmütze; ein Krug und ein Laib Brot; mehrere Totenschädel. Die Kostümierung ist nicht weniger faszinierend: Zwei »Herolde« tragen eine mittelalterliche Rüstung, »mit Handschuhen, Schwert, Streitaxt, Helm und Visier«, erläutert Pike. Der Eingeweihte erhält auch eine knielange weiße Tunika mit weiten Ärmeln, einen schwarzen Lackledergürtel, ein langes Cape aus scharlachrot gefüttertem schwarzem Samt, einen breitkrempigen Hut mit einer roten Straußenfeder, gelbe Saffianlederstiefel, verziert mit Goldlitzen und weißen Troddeln, und goldene Sporen. »Es wird kein Schurz getragen«, schließt Pike enttäuschend.

Obwohl er Sklaven und ehemaligen Sklaven den Zugang zur Freimaurerei kategorisch verweigerte, blieb Dr. Albert Mackey für die Dauer des Konflikts als ein Unterstützer der Union in Charleston. Aus diesem Grunde war er im Februar 1865 dort, um die Delegation des 54. Massachusetts-Infanterieregiments zu empfangen und zu beschwören, die Stadt vor dem Feuer zu retten. Er wurde für seine Loyalität mit einem hervorragenden Posten als Collector of the Port belohnt – seine überregionale Berühmtheit innerhalb der Freimaurerei scheint ihm dabei geholfen zu haben, die Stelle zu bekommen. Mackey, ein gerissener Stratege, spielte im Wiederaufbau eine aktive Rolle als sogenannter

Albert Pike in einer seiner extravaganten Kostümierungen des Schottischen Ritus

Scalawag – der Name wurde im Süden den weißen Unterstützern der sklavereifeindlichen Republikanischen Partei durch ihre demokratischen Feinde verpasst. 1868 sollte Dr. Mackey Präsident der South Carolina Constitutional Convention werden, die ins Leben gerufen worden war, um Landesgesetze im Hinblick auf eine Rückkehr in die Union radikal umzuschreiben. 73 der 124 Delegierten der Convention waren Schwarze. Die demokratische Presse schmähte vorhersehbarerweise den »Negerverein«, wie sie es nannte, und schimpfte Mackey einen geldgierigen Betrüger.

Während der *Reconstruction*-Ära, der Phase des Wiederaufbaus, hielt Dr. Mackeys masonischer Schützling Albert Pike, der noch immer am Schottischen Ritus schrieb, an den Überzeugungen fest, die ihn während des Bürgerkriegs in die Konföderation geführt hatten. Nachdem er sich in Memphis, Tennessee, niedergelassen hatte und seine Ehe zu Bruch gegangen war, nahm er seine journalistische Tätigkeit wieder auf. Während der Präsidentschaftswahl 1868 verkündete er in seiner eigenen Zeitung: »Wir sind der Meinung, dass die weiße Rasse, und nur sie, dieses Land regieren soll. Sie ist die einzige, die dazu imstande ist, jetzt und auch in Zukunft.«

In den Jahren nach dem Ende des Bürgerkriegs kam es im Süden in zunehmendem Maße zu Folterungen, Verstümmelungen, Züchtigungen, Vergewaltigung und Mord durch Banden weißer Marodeure gegen Schwarze und *»Scalawags«*. Die berüchtigtste dieser Banden war der Ku-Klux-Klan (KKK), den ehemalige Soldaten der Konföderierten Ende 1865 oder 1866 in Pulaski, Tennessee, gegründet hatten. Ihre karnevalesken Kostüme und Riten sowie die bizarren Titel, die ihre Anführer sich gaben (Großmächtiger Zyklop, Kobold, Großer Zauberer etc.), ließen erahnen, dass sie in grotesker Weise die vielen Freimaurerbünde karikierten, die in den Staaten noch immer großen Zulauf fanden. Sie wurden anfangs wohl eigens gegründet, um schwarzen Menschen mit bösen Streichen Angst einzujagen. So gaben sie beispielsweise vor, die Gespenster von Soldaten der Konföderierten zu sein. Je brutaler der Konflikt über den Wiederaufbau wurde, desto brutaler wurde auch der KKK. 1868 war er zu einem losen Netzwerk von Banden geworden, die in vielen Südstaaten einen Feldzug der Gewalt und Einschüchterung führten. Es kam zu einem landesweiten Skandal.

Ein hartnäckiges Gerücht besagt, dass Albert Pike ein Anführer des KKK gewesen sei. Obwohl es keine konkreten Beweise gibt, die diese Theorie stützen, lässt sich kaum bezweifeln, dass er ideologisch ein Mitläufer war. Im April 1868 schrieb er einen vorsichtig formulierten Leitartikel über den Klan für den *Memphis Daily Appeal,* dessen Herausgeber er war. Nach einer Verbalattacke gegen die Presse im Norden, weil diese das Klan-Problem angeblich entsetzlich aufgebauscht habe, erklärte er, dass der Ku-Klux-Klan ursprünglich aus »Jux und Tollerei« gegründet worden sei, um »abergläubige Neger« zu erschrecken. Er sei »zu explizit und viel zu sehr um seinen schlechten Ruf bemüht, um ernst genommen zu werden«. Deshalb wäre abzusehen, »dass er es mit seinem ursprünglichen Plan nicht weit bringen wird. Um etwas zu bewirken, muss er sich grundlegend ändern.« Das Wahrheitsferne an dieser Aussage ist, dass die Mitglieder des Ku-Klux-Klans schon längst von ihrem »ursprünglichen Plan« abgewichen waren und es ihnen mittlerweile mitnichten nur um »Jux und Tollerei«, sondern um handfesten politischen Terror ging. Was meinte Pike dann mit seiner Vorstellung, der KKK müsse sich ändern, um etwas »zu bewirken«?

Pike begann seine Antwort auf die Frage, die er aufgeworfen hatte, indem er die immer unerträglicher werdenden »Unterdrückungen« und »Demütigungen« beklagte, die dem Süden durch das Freedmen's Bureau und das »Negergesindel« auferlegt würden. »Wenn Neger als Zeugen und Geschworene auftreten, wird die Rechtsprechung zu einer gotteslästerlichen Farce.« Aus diesem Grund

MISSISSIPPI KU-KLUX IN THE DISGUISES IN WHICH THEY WERE CAPTURED.
[FROM A PHOTOGRAPH.]

> findet das entrechtete Volk im Süden, aller Garantien der Verfassung beraubt … keinerlei Schutz ihres Eigentums und ihrer Lebensfreiheit, nur in geheimer Zusammenkunft. Nicht um Torheiten und Gewalttaten zu begehen, sondern zu einer gegenseitigen, friedlichen, legalen Selbstverteidigung. Stünde es in unserer Macht … würden wir alle weißen Männer im Süden, die gegen ein Wahlrecht der Neger sind, in einem großen Orden der Südlichen Bruderschaft vereinen, mit einer vollständigen, aktiven, kraftvollen Organisation, in der einige den gebündelten Willen aller aktivieren. Die Existenz dieses Bundes müsste allen verborgen sein, nur nicht seinen Mitgliedern.

Pike träumte demnach von einer Geheimgesellschaft, die eine Verschwörung der Eliten herbeiführen und das Gesetz in die eigenen Hände nehmen sollte. Es galt weiße Interessen zu verteidigen und befreiten Sklaven das Wahlrecht zu entziehen. Vielleicht war der Ku-Klux-Klan nicht die »wirkstarke« rassistische Bruderschaft, wie Pike sie anstrebte. Doch kann man es den Schlägern des Klans nicht verübeln, wenn sie seinen Artikel als Bestätigung auffassten.

Nach dem Sezessionskrieg bemühte die Prince-Hall-Freimaurerei sich erneut um die Anerkennung durch das weiße Establishment. Pike im Gegenzug bestand unerschütterlich auf seiner verächtlichen Haltung gegenüber der Vorstellung, Schwarze und Weiße könnten sich in den Freimaurerlogen als Brüder begegnen. Im September 1875 schrieb er an einen gleichgesinnten Bruder des schottischen Ritus, um seine Position klarzumachen. Er habe keine Zeit für die juristischen und geschichtlichen Winkelzüge, die Leute wie Dr. Albert Mackey ins Feld führten, um ihre ablehnende Haltung gegen die schwarze Freimaurerei zu rechtfertigen. Pike war der Ansicht, dass eine »Prince-Hall-Loge ebenso den Regeln entsprach wie alle anderen und wie diese das Recht hatte, weitere Logen zu gründen«. Stattdessen drang er darauf, dass weiße Freimaurer sich von ihren Vorurteilen leiten lassen sollten: »Ich habe mich weißen Männern verpflichtet, nicht schwarzen. Wenn man mich vor die Wahl stellt, Neger als *Brüder* zu akzeptieren oder die Freimaurerei aufzugeben, dann gebe ich sie auf. Ich habe ein Interesse daran, dass der Alte und Angenommene [Schottische] Ritus zumindest in *unserem* Land nicht mit dem Aussatz einer Negervereinigung verpestet wird.«

Mittlerweile rückte auch Dr. Albert Mackeys eigener Rassismus in den Vordergrund. Seine Stellung als Collector of the Port verlieh nicht nur ihm selbst, sondern auch seinen Verwandten und Freunden die Basis für eine ungehemmte Vetternwirtschaft. Er ging dazu über, nur Weiße zu beschäftigen, darunter ehemalige Soldaten der Konföderierten und andere, die sich geweigert hatten, der Republik einen Treueeid zu leisten. Er wurde schließlich von einer Allianz aus dem Amt gedrängt, der auch schwarze Politiker angehörten, die seine rassistischen Einstellungskriterien ablehnten.

Wann immer von schwarzen Freimaurern die Rede war, beharrte Mackey stur auf einer wörtlichen Auslegung der masonischen Regeln, wie er sie wahrnahm. Ende 1875 beschloss die Großloge von Ohio, die Prince-Hall-Freimaurerei anzuerkennen. Als Reaktion darauf versuchte Mackey in der Zeitschrift *The Voice of Masonry* über sechs Monate lang, bei einer verwirrenden und zuweilen hysterischen Debatte unter weißen Brüdern den Schiedsrichter zu spielen. Wer Schwarze in die Logen aufnehme, könne auch Frauen zulassen, beschwerte sich ein Leser, es würde auf das Gleiche hinauslaufen. Ein Bruder erwähnte, dass Prince-Hall-Freimaurer, die in den Vereinigten Staaten abgewiesen würden, bei vielen Großlogen in Europa Anerkennung fänden. Irgendwann verlor Mackey die Geduld und veröffentlichte einen gereizten Leitartikel mit dem Titel: »Die Frage der Hautfarbe«. Im Prinzip, schrieb er, habe er nichts dagegen einzuwenden, Schwarze in die Kunst einzuführen. Schließlich »erkenne die Freimaurerei im Hinblick auf die Eignung eines Kandidaten keinerlei Unterschied bezüglich der Rasse oder Hautfarbe«. Nur sei die Prince-Hall-Freimaurerei in zweifacher Hinsicht illegal. Erstens sei die ursprüngliche Prince-Hall-Loge, historisch gesehen, nicht ordentlich konstituiert worden. Zweitens stehe die Vorstellung einer exklusiv schwarzen Freimaurerei den universalistischen Gründungsprinzipien entgegen. »Nun gut, ich lege den Fall nieder und sage dem Thema Lebewohl.«

Mackeys verdrehte Logik vermochte seinen Hass kaum zu verhehlen. Eigentlich sagte er nichts anderes, als dass Prince-Hall-Freimaurer keine richtigen Logenbrüder sein konnten, weil die Intoleranz ihrer weißen Brüder sie seit jeher von den amerikanischen Logen ausgeschlossen hatte. Andererseits konnten sie auch keine *eigenen* schwarzen Logen gründen, weil dies gegen die masonischen Toleranzregeln verstieß. Sie waren so und so die Dummen.

Mackeys gelehrte Hinweise auf Präzedenzfälle im masonischen Recht sollten nicht etwa die »Frage der Hautfarbe« lösen. Sie sollten vielmehr die weiße Freimaurerei, insbesondere seinen geliebten Schottischen Ritus, davor bewahren, sich wegen der Rassenfrage selbst zu zerstören. Mackey musste geahnt haben, dass Albert Pikes Ansichten von sehr vielen Maurern im Süden und auch anderswo geteilt wurden. Einige Großlogen beharrten auf einem expliziten Verbot der Aufnahme von Schwarzen. Mackey hatte eine Möglichkeit erkannt, wie sich mittels der masonischen Gesetze und Traditionen das Thema unter seinen weißen Brüdern entschärfen ließ, und er würde sich daran halten, komme, was wolle. Er und viele tausend andere weniger offen rassistische weiße Maurer redeten sich ein, dass ihre Bruderschaft im Prinzip jedem offenstand, ungeachtet seiner Rasse. Sie konnten somit munter darüber hinwegsehen, dass kein Schwarzer, der bei klarem Verstand war, sich über ihre Schwelle wagen würde, weil im Inneren Brüder mit Albert Pikes Gesinnung den Ton angaben.

Der Bitte wird nicht stattgegeben

1874 kandidierte Martin Delany zum ersten Mal für ein politisches Amt. Gleichzeitig versuchte er, sich wieder den Prince-Hall-Freimaurern anzuschließen. Seine Mitgliedschaft in der St Cyprian's Lodge in Pittsburgh war abgelaufen. Inmitten seiner rastlosen Reisen und Aktivitäten hatte er wahrscheinlich die Zahlungserinnerungen nie erhalten. Jedenfalls war die Freimaurerei um ihrer selbst willen in Delanys Leben keine Mission gewesen: Seine Berufung war die Befreiung der Schwarzen.

Die Episode sagt uns viel über das traurige Ende von Delanys Karriere als politischer Organisator, über den Zusammenbruch der Reconstruction und über die eigennützigeren Ziele, für die sich masonische Verbindungen missbrauchen lassen.

Die Reconstruction ruhte auf zwei Pfeilern, wie sich herausstellte: leicht verdientes Geld und die Art von sentimentaler Sklavereifeindlichkeit, die nach dem Angriff auf Fort Wagner durch das 54. Massachusetts-Regiment in den Unionsstaaten aufgekommen war. Als Delany sich zur Wahl stellte, waren diese Pfeiler in fataler Weise brüchig geworden.

1873 stürzte der Eisenbahn-Boom in eine tiefe finanzielle und wirtschaftliche Krise, so dass dem Wiederaufbau die benötigten Geldmittel fehlten.

Der Optimismus von 1865 war die Hoffnung gewesen, geheiligt von den Freiwilligen des 54. Massachusetts und von dem Blutzoll von fast zweihunderttausend schwarzen Soldaten im Sezessionskrieg. Doch unter den weißen Nordstaatlern war die sentimentale Erinnerung an die Männer, die im Sturm auf Fort Wagner so edel gefallen waren, in dem Moment verflogen, als die ehemaligen Sklaven des Südens sich der schmutzigeren Mechanismen der amerikanischen Demokratie bedienten: Vetternwirtschaft und Parteigeist; Korruption und Doppelspiel; billiges Gerede und dreckige Kompromisse. Ein nicht unerheblicher Teil der Öffentlichkeit im Norden hatte schon immer Bedenken gehabt, ehemaligen Sklaven demokratische Rechte zuzugestehen. In den Boom-Jahren des Wiederaufbaus hatten Überfälle des Ku-Klux-Klans und andere rassistische Angriffe durch Weiße sowohl die Erinnerung an den Krieg aufrechterhalten als auch das Einsehen der Öffentlichkeit im Norden, dass im Süden Truppen benötigt wurden, um Afroamerikaner zu beschützen. Doch das Verständnis der Bevölkerung für diese Maßnahme wurde nach und nach durch eine stete Zufuhr wohldosierter Propaganda untergraben, die schwarze Politiker, Beamte und Wähler als ungebildet und korrupt hinstellte. South Carolina, das von allen Staaten den höchsten Prozentsatz afroamerikanischer Bürger aufwies, wurde als abstoßendes Beispiel für die Sinnlosigkeit aufgeführt, den

»Wilden« die Macht anzuvertrauen. Ein vielgelesener Bericht aus dem Jahr 1873 bezeichnete South Carolina als eine »Anhäufung schwarzer Barbarei … die dümmste Demokratie, die die Menschheit je gesehen hat«.

Als Delany, der sich immer nach politischer Verantwortung gesehnt hatte, 1874 für das Amt des Vizegouverneurs von South Carolina kandidierte, machte er sich einen Logenbruder politisch zum Feind. Der amtierende Vizegouverneur, Richard H. Gleaves, hatte fast drei Jahrzehnte zuvor mit Delany die St Cyprian's Lodge Nr. 13 in Pittsburgh gegründet. Er war mittlerweile Großmeister derselben South Carolina Grand Lodge, die aus der Militärloge des 54. Massachusetts-Regiments hervorgegangen war. Gleaves war in der Tat der einflussreichste Prince-Hall-Freimaurer im Land und zum Vorsitzenden der National Grand Lodge gewählt worden, ein Gremium, das seine Autorität über die schwarze Freimaurerei in ganz Amerika geltend zu machen versuchte. Und das im kritischen Moment, da in den ehemaligen Sklavenstaaten allenthalben neue Prince-Hall-Logen errichtet wurden. Gleaves war nach dem Bürgerkrieg weit in den Süden gereist und hatte dabei mehrere Logen feierlich eröffnet. Doch während sich die afroamerikanische Freimaurerei auf diese Weise unter den frisch Emanzipierten und Befreiten verbreitete, wurde sie zu einem Werkzeug politischer Vernetzung und Vetternwirtschaft. Gleaves war eine umstrittene Person in der Prince-Hall-Freimaurerei, und die National Grand Lodge zerbrach, weil man seine Leitung als diktatorisch kritisierte. Man warf ihm vor, die Prince-Hall-Bewegung im Süden zu missbrauchen, um sich sein eigenes politisches Gefolge zu schaffen – und sich mit den Beiträgen aus den vielen neuen Logen, die er gründete, die Taschen zu füllen. Gleaves erwiderte mit dem Vorwurf, dass seine Kritiker innerhalb der Prince-Hall-Freimaurerei für die Demokraten die Drecksarbeit erledigten, indem sie alle schwarzen Republikaner als korrupt denunzierten. So ergab sich ein deprimierend unbrüderliches Spektakel.

Delany versuchte verzweifelt, den Einfluss seines Gegners zu schmälern, und wandte sich mit der Bitte an die Prince Hall Grand Lodge of Pennsylvania, sie möge seine Mitgliedschaft erneuern. Man erwiderte mit einer unverblümten Ablehnung: Die Großloge sehe sich »veranlasst, der Bitte M.R. Delanys nicht stattzugeben«. Schlimmer noch, seine ehemaligen Brüder in Pittsburgh berichteten, er habe sich fünfzig Dollar von ihnen geborgt und nicht zurückgegeben. Der Bericht wurde an Gleaves persönlich weitergeleitet mit der Bitte, er möge in der Großloge von South Carolina verlesen werden.

Delany war abgewiesen und gedemütigt worden. Was von seiner masonischen Glaubwürdigkeit noch übrig gewesen war, war ausgelöscht. Richard H. Gleaves hingegen konnte auf eine Menge Freunde unter den Freimaurern zurückgreifen und gewann die Wahl mit Leichtigkeit. (Im Juli 1877 würde Gleaves aus South Carolina fliehen. Kurz darauf würde Anklage gegen ihn erhoben werden, weil er angeblich Ausgaben in Höhe von 4000 Dollar veruntreut hatte; der nachfolgende Prozess sollte seine politische Karriere beenden.)

Vielleicht wurde Delanys Urteilsvermögen von gestörtem Ehrgeiz getrübt. Vielleicht ahnte er aber auch, dass das Ende der Reconstruction bevorstand, und glaubte, dass eine Art Übereinkunft mit der etablierten weißen Macht die einzige Hoffnung für Afroamerikaner war. Was immer seine Beweggründe sein mochten, Delany wandte sich von den Republikanern ab, der Partei Lincolns und der Reconstruction, und näherte sich stattdessen immer mehr den Demokraten an, der Partei der Konföderation. Dieses letzte politische Wagnis erwies sich als verhängnisvoll. 1876 unterstützte er öffentlich den berüchtigten Gouverneurskandidaten der Demokraten Wade Hampton III., einen konföderierten Kriegshelden aus einer Plantagendynastie mit Sklavenarbeitern. Hampton gab hohle Versprechen ab zur Aufrechterhaltung schwarzer Rechte, falls er gewählt würde – und Delany bezeichnete diese öffentlich als glaubwürdig. Doch während des Wahlkampfes wurde Hampton auf Schritt und Tritt von paramilitärischen Einheiten begleitet. Überall im Staat spannten diese sogenannten *Red Shirts*, Rothemden, bei republikanischen Treffen demonstrativ ihre Pistolen und säten Angst und Schrecken unter den schwarzen Wählern auf dem Land.

Afroamerikanische Republikaner reagierten verständlicherweise mit Wut auf Delanys Verrat. Während einer Kundgebung wurde auf ihn geschossen. Anderswo wurde er als »verfluchter Nigger-Demokrat« beschimpft.

Hamptons umstrittener Wahlsieg markierte das Ende der Reconstruction-Ära. Die Bundesregierung in Washington wandte sich wieder anderen Themen zu, und die Demokratie in den Staaten der ehemaligen Konföderation wurde unerbittlich in ein weißes Regime verwandelt, basierend auf Wahlmanipulation, Wahlfälschung und dem Galgen.

Nachdem seine Träume zunichtegemacht und seine politischen Energien erschöpft waren, erwog Delany noch einmal eine Rückkehr nach Afrika. Doch seine Expedition endete in einem kommerziellen und politischen Fiasko. Er starb, von allen vergessen.

Albert Mackeys Argumentation gegen die Prince-Hall-Freimaurerei wurde unter weißen Freimaurern die Regel und blieb es auch. Ungeachtet ihrer Verbeugung vor dem masonischen Glauben, dass alle Menschen Brüder seien, blieb die etablierte Freimaurerei in den Vereinigten Staaten weiterhin ausschließlich weiß.

Albert Pike widmete sich für den Rest seines Lebens in stiller, aber energischer Hingabe dem Schottischen Ritus. Im Jahr 1869, zunehmend unzufrieden mit Mackeys Führungsschwäche, verlegte er den Sitz der Südlichen Jurisdiktion des Schottischen Ritus von Charleston nach Washington, D.C. 1876 bezog er, völlig verarmt, das Gebäude des Supreme Council, 602 D Street NW, wodurch er Gelegenheit hatte, jede wache Stunde mit Belangen des Schottischen Ritus zu verbringen. Doch die globalen Strömungen der masonischen Historie würden es Pike nicht gestatten, einen friedvollen Lebensabend zu genießen. Kurz bevor er 1891 verstarb, würde er in Frankreich, wo der Schottische Ritus seinen Anfang nahm, Berühmtheit erlangen als freimaurerischer Gesandter des Teufels auf Erden.

9 ROM – PARIS

Der Teufel im 19. Jahrhundert

Pandemonium

Im nördlichen Querschiff von St. Peter war es schon drückend schwül, als sich am Morgen des 18. Juli 1870 ein gebrechlicher, fülliger und würdevoller Papst auf seinen Thron setzte. Von eigens errichteten Sitzreihen blickten etwa sechshundert ältere Kirchenmänner auf Pius IX.; sie waren aus der ganzen katholischen Welt herbeigerufen worden und diskutierten monatelang über die höchsten Lehren der Kirche. Aber an diesem Tag stand nicht eine weitere theologische Debatte an, da alle Bedenken bereits verworfen worden waren. Als die Töne des *Veni Creator* verklungen waren, verlas die schrille Stimme des Sekretärs des Konzils das Dogma, das verkündet werden sollte: Der Papst »besitzt … jene Unfehlbarkeit, mit der der göttliche Erlöser seine Kirche bei der Definition der Glaubens- oder Sittenlehre ausgestattet sehen wollte«. Aussagen des Papstes in Sachen des Glaubens und der Moral sind über Irrtum und Anfechtung erhaben.

Als ihre Namen verlesen wurden, drückten die Kardinäle und Bischöfe, einer nach dem anderen, ihre Zustimmung aus. Doch bevor mehr als eine Handvoll ihr Placet gesprochen hatte, wurde es im Petersdom dunkel, und ein heftiger Donnerschlag erschütterte die Luft über den Köpfen. Bald spielten Blitze um die Kuppel, und es ging Regen in alttestamentlichen Strömen nieder. Der Korrespondent der *Times*, ein anglikanischer Geistlicher, der aus Rom berichtete, bemerkte in seiner Reportage zur Erklärung der päpstlichen Unfehlbarkeit: »Der schon

Papst Pius IX. proklamiert die päpstliche Unfehlbarkeit im Jahr 1870. Abbildung aus der London Illustrated News.

den ganzen Morgen drohende Sturm brach jetzt mit aller Gewalt los, und viele dürfte ihr Aberglaube auf den Gedanken gebracht haben, er sei ein Ausdruck göttlichen Zorns.«

Das Papsttum brauchte keine Lektionen hinsichtlich der Zeichen göttlichen Zorns. Denn war der Unmut des Herrn die menschlichen Angelegenheiten betreffend nicht allzu deutlich, seit die Französische Revolution von 1789 eine Flut zersetzender moderner Ideen ausgelöst hatte? Waren nicht Rationalismus, konstitutionelle Verfassung, bürgerliche Freiheiten, Demokratie und Pressefreiheit als solche Zeichen dafür, dass die Menschheit eine Bestrafung verdiente? Die Päpste spürten im Leiden für ihre Herde persönlich die ganze Wucht des Umbruchs. 1798 wurde der Vatikan von französischen Soldaten verwüstet, und Pius VI. in Gefangenschaft abgeführt. Zehn Jahre später erduldete Pius VII. nach Napoleons Gutdünken sechs Jahre Haft. Pius IX. selbst musste 1848, zwei Jahre nach seiner Wahl, aus Rom fliehen, nachdem Revolutionäre seinem Ministerpräsidenten vor dem päpstlichen Palast die Kehle durchgeschnitten hatten. Auch nachdem Pius im April 1850 auf seinen Thron zurückgekehrt war, gab es keine Atempause. 1859 zog das neu gebildete Königreich Italien einen Großteil des Territoriums ein, das die Papstkönige seit tausend Jahren regiert hatten, und überließ dem Papst nur die Region um Rom.

Die Antwort des Heiligen Stuhls bestand darin, das Königreich Italien als einen gottlosen Staat zu brandmarken, der die Kirche »beraubt« hatte; die Gläubigen wurden angewiesen, Wahlen zu boykottieren. Pius drehte daraufhin den Kalender zurück ins Mittelalter. 1864 listete der *Syllabus errorum* (dt. *Verzeichnis der Irrtümer*) achtzig Thesen auf, die vom Lehramt als Irrtümer und Verstöße gegen Gottes offenbarte Wahrheit verurteilt wurden, darunter die religiöse Toleranz, die Trennung von Kirche und Staat und, als These Nr. 80, der Satz: »Der Papst kann und soll sich mit dem Fortschritt, mit dem Liberalismus und mit der modernen Kultur versöhnen und anfreunden.«

Die Erklärung der Unfehlbarkeit vom Juli 1870 war somit Teil eines anhaltenden regressiven Trends. Doch es gab darüber mehr als einen Anflug von Hoffnungslosigkeit, schien es doch, dass Pius IX. seine absolute Kontrolle über die spirituelle Sphäre gerade dann behaupten wollte, als die Welt sich weit über sein Verständnis hinaus beschleunigte. Die »moderne Kultur« hatte noch mehr Ungeheuerlichkeiten auf Lager.

Drei Tage vor der Erklärung der Unfehlbarkeit hatte Frankreich, die wichtigste katholische Macht in Kontinentaleuropa, selbstbewusst Preußen den Krieg erklärt. Es folgte eine Kette von Katastrophen. Frankreich wurde in der Schlacht besiegt. Die kleine französische Garnison in Rom – die verhinderte, dass das, was von den Ländern des Papstes übrig geblieben war, im Königreich Italien aufging – wurde abgezogen. Am 20. September 1870, weniger als zwei Monate nachdem Pius sich für unfehlbar erklärt hatte, nahmen italienische Truppen die Mauern Roms unter Beschuss. Die Ewige Stadt wurde die Hauptstadt Italiens. Ab jetzt sollte der Heilige Vater kein irdisches Reich mehr außer dem Vatikan haben.

Am Rande der Niederlage gegen Preußen wurde Frankreich eine

Republik. Paris revoltierte gegen eine geschwächte französische Regierung. Im Frühjahr 1871 wurde in der Stadt eine sozialistische Kommune ausgerufen, und es begann ein Karneval des Sakrilegs. Priester und Nonnen wurden schikaniert und eingesperrt. Kirchen wurden geschändet und religiöse Embleme von öffentlichen Gebäuden abgerissen. Im Mai, als sich das Ende der Kommune abzeichnete, wurde der Erzbischof von Paris exekutiert und die Kathedrale Notre-Dame in Brand gesetzt.

In den folgenden zwanzig Jahren gab es in Europa einen unbarmherzigen Anstieg des Antiklerikalismus. Die Regierungen führten Maßnahmen wie weltliche Bildung, standesamtliche Eheschließung, Scheidung und nicht religiöse Beerdigungen ein. Beeinflusst von Charles Darwin, versuchten neue Trends in Wissenschaft und Philosophie, Gott aus der physischen und gesellschaftlichen Welt herauszuschneiden. Als die Bauern dem Sog in die Städte und Fabriken folgten, verloren sie den Kontakt zu ihrem althergebrachten Glauben. Gefährliche neue Ideologien wie Sozialismus und Anarchismus ergossen sich in die geistige Leere. Eine ganze Reihe patriotischer Monumente – Statuen nationaler Märtyrer, imposante Ministerien, riesige weltliche Altäre – stellte die traditionelle Dominanz der Kirche im europäischen Stadtbild in Frage. Als sich die 1880er Jahre ihrem Ende näherten, kamen in literarischen Kreisen Nekromantie, Spiritismus und schwarze Magie zunehmend in Mode.

Doch das Papsttum war angesichts dieses Ansturms alles andere als wehrlos. In Frankreich hielten viele Gläubige ihr Land noch immer für die »älteste Tochter der Kirche« und sahen in einem Bündnis von Thron und Altar die einzige sichere Grundlage für politische Autorität. Darüber hinaus führte die Säkularisierung zu einer entgegengesetzten religiösen Wiederbelebung: Es war eine Zeit der Wallfahrten und Prophezeiungen, Offenbarungen und Reliquien. Es gab einen neu auflebenden Kult der Jungfrau Maria. 1858 behauptete Bernadette Soubirous, eine Hirtin aus den französischen Pyrenäen, Visionen der Jungfrau Maria zu sehen. Die Grotte in Lourdes, in der Bernadette die Jungfrau erschienen war, wurde bald zu einem Schauplatz der Wunder.

Auch um Pius IX. entstand ein Kult. Neue Medien – billige populäre Drucke, Zeitungen und Bücher – machten ihn zu einer Ikone für die Gläubigen.

In diesem Kulturkampf zwischen Religion und Säkularismus im katholischen Europa erregte das Gerede von Verschwörungen und geheimen Agenden mehr Aufmerksamkeit als je zuvor. Für die Jesuiten waren die Freimaurer der katholische Feind Nummer eins. Im Jahr 1850 hatte Pius IX. der Gesellschaft Jesu eine Vorreiterrolle übertragen, indem er sie mit der Leitung der *Civiltà Cattolica* betraute, einer neuen Zeitschrift, die die Botschaft des Heiligen Stuhls an eine möglichst große Leserschaft verbreiten sollte. In den nächsten vier Jahrzehnten widmete die *Civiltà Cattolica* sich einer obsessiven Berichterstattung über die Freimaurerei, indem sie die Ängste vor einer Freimaurerverschwörung wieder aufkochte und aktualisierte, die der Abbé Augustin de Barruel erstmals 1797 geschürt hatte.

Die *Civiltà Cattolica* startete mit einer in Fortsetzungen veröffentlichten Trilogie antimasonischer Romane von Pater Antonio Bresciani: *L'Ebreo di Verona* (Der Jude von Verona), *Della Repubblica Romana* (Die Römische Republik) und *Lionello o delle Società Segrete* wurden zu Bestsellern. Sie dramatisierten, wie Freimaurerei und verwandte Sekten im Verborgenen arbeiten, um Anarchie, die Zerstörung des Christentums und Satans Triumph herbeizuführen. »Die Seele all der unerwarteten und raschen Veränderungen in den europäischen Staaten ist das Pandemonium der Geheimgesellschaften.« Es war dieses »Pandemonium«, das die Leser die Seiten von Brescianis Romanen verschlingen ließ: eine beängstigende, fast halluzinatorische Kavalkade von masonischen Intrigen, moralischer Korruption, sexueller Devianz und politischen Unruhen. Trotz der berüchtigten Verächtlichmachung der Frauen in der Freimaurerei zeigen Brescianis Romane vorwiegend die böswilligen Schwestern der gottlosen Sekte. Niemand ist böswilliger als die transvestitische kommunistische Attentäterin Babette von Interlaken, zu deren vielen Verbrechen die Anbetung Satans und starkes Rauchen gehören. Die göttliche Gerechtigkeit holt sie schließlich in einem Gefängniskrankenhaus ein, von Nonnen geführt, deren Frömmigkeit in Babette eine solche Wut der Selbstverachtung und der dämonischen Besessenheit bewirkt, dass sie zu bluten beginnt und in ihrem eigenen Blut ertrinkt.

So teuflisch sind die Freimaurer, dass sie laut Bresciani ihre Organisation als invertiertes Spiegelbild der Kirche Christi gestaltet haben:

> In seiner falschen Kirche [d. h. der Freimaurerei] hat der Teufel eine Hierarchie geschaffen, ein Priestertum, Sakramente, einen Kult, Reliquien, einen Kalender, Feste, Werktags-Übungen, begeisterte Anhänger [...], seine eigenen Tempel, seine eigenen Missionare, religiöse Gelübde, eigene Anordnungen, Gemeinden, eine Bibel, Dogmen, Gebote, Empfehlungen, Liturgie, Ritual und liturgische Sprache. Alles; aber alles mit einer Bedeutung und mit Zielen, die denen der Kirche Gottes diametral entgegengesetzt sind.

Säkularisten boten hinsichtlich der Verschwörungstheorien Paroli, wobei es oft um die Jesuiten ging. Die Kirche sah sich einer kleinen Armee professioneller antiklerikaler Polemiker gegenüber. In Frankreich war der infamste Léo Taxil, der ab den späten 1870er Jahren pro Jahr ein paar Bücher und ein halbes Dutzend Broschüren herausgab mit Titeln wie *La Bible amusante* (1881), *Les amours secrètes de Pie IX* (1881) und *Un Pape femelle* (1882). Taxil wurde 1879 von Leo XIII., dem Nachfolger von Pius IX., exkommuniziert – eine beachtliche Leistung für einen Mann, der erst 26 Jahre alt war. Aber dieser Freifahrtschein in die Hölle ermutigte ihn nur. Seine vollste Verachtung behielt er den Jesuiten vor, etwa in den halbpornographischen Romanen *Le Fils du Jésuite* (1881 / *Der Sohn des Jesuiten*) und *Les débauches d'un confesseur* (1883 / *Der ausschweifende Bekenner*). Taxil war ein leidenschaftlicher Kulturkämpfer, aber er war auch skrupellos und geldgierig, und er hatte eine Reihe von Zusammenstößen mit dem Gesetz aufgrund von Plagiaten und Verleumdungen.

Im Jahr 1884 veröffentlichte Leo XIII. die Enzyklika *Humanum genus,* die schnell zur Hauptwaffe des Kulturkampfes wurde: Sie war zur Gänze den Übeln der Freimaurerei gewidmet. Von den vielen Verurteilungen der Freimaurerei, die der Heilige Stuhl seit der ersten im Jahr

Antikatholik und Polemiker Léo Taxil (1854–1907), der im Jahr 1885 eine bekannte Wandlung durchlebte.

1738 erlassen hat, war *Humanum genus* die extremste. Leo XIII. stellt die Freimaurerei als das Werkzeug Satans gegen das Reich Gottes auf Erden dar. Die Geheimhaltungspflicht der Bruderschaft zeige, dass keiner ihrer öffentlichen Beteuerungen geglaubt werden könne: Ihr Wesen sei Täuschung. So sei es denn gekommen, dass die Sekte der Freimaurer im Laufe der Jahrzehnte große Ausbreitung gewann, und »indem sie keck und listig in alle Ordnungen des Gemeinwesens sich eindrängte, erlangte sie eine solche Macht, dass sie nahezu die Oberherrschaft in den Staaten zu haben scheint«. Durch ihre Eide und Rituale »fesselt sie Menschen wie Sklaven an sich« und an ihr ultimatives Ziel, nämlich die völlige Zerstörung der Kirche und die Rückkehr zum Heidentum.

Um diese »unreine Seuche« auszurotten, müsse der Klerus bestrebt sein, »dass … den Maurern die Larve heruntergenommen« wird; und »es muss das Verderbliche ihrer Lehren, das Schändliche in ihrem Treiben aufgedeckt werden«.

Humanum genus war eine fast schon wahnhafte Überreaktion auf die Tatsache, dass die Freimaurerei in den 1880er Jahren tatsächlich einen viel größeren Einfluss und größere Sichtbarkeit gewonnen hatte. Die Freimaurerei war jetzt eine Massenbewegung der Mittelschicht und integraler Bestandteil des Lebens von zunehmend demokratischen und kapitalistischen Nationalstaaten. In Italien war die Freimaurerei vor der Vereinigung verboten worden, aber in den 1860er Jahren trat sie wieder zutage, um in den kommenden Jahrzehnten regelrecht zu florieren; in den 1870er Jahren gab es um die 100 Logen, 1923 waren es viermal so viele. Die italienische Freimaurerei war politisiert und eng verbunden mit einem Staat, von dem der Vatikan glaubte, dass er ihm sein Land gestohlen habe. Bei häufigen Meinungsverschiedenheiten über ideologische Fragen hatten die italienischen Freimaurer eines gemeinsam: Der typisch italienische Bruder war sehr patriotisch und instinktiv für säkularistische Anliegen wie Scheidung, Einäscherung und nicht religiöse Erziehung. Der freimaurerische Antiklerikalismus konnte tief sitzen: Ein Großmeister verwies auf den Kampf der Freimaurerei gegen die »Pfaffenpest«.

Vieles davon galt auch für Frankreich, wo die Freimaurerei offen für die demokratische, säkulare Ideologie der Dritten Republik warb, die sich nach der Niederlage gegen Deutschland 1870 bildete. 1877 vollzog der Grand Orient eine radikale Abweichung, als er dafür stimmte, die Verpflichtung für Freimaurer, an Gott zu glauben, aufzuheben. Lokale Freimaurerkongresse wurden zu einem Forum für politische Diskussionen. Es gab große Überschneidungen zwischen der Freimaurerei und den einflussreichsten Netzwerken in Wirtschaft und Politik des Landes – rund 40 Prozent der zivilen Minister der Dritten Republik gehörten zum Winkelmaß. Es wurde in der Freimaurerei als selbstverständlich angesehen, dass die Kirche der Feind der Republik sei. Später, als die Bedrohung durch den politischen Katholizismus in den 1890er Jahren wuchs, war die Antwort der *Parti radical*, dessen Gründungskongress im Juni 1901 von Repräsentanten von 155 Logen besucht wurde.

Es überrascht daher nicht, dass Brüder überall auf der Welt mit einer Mischung aus Spott und Empörung auf die antimasonische Enzyklika *Humanum genus* von 1884 reagierten. In den Vereinigten Staaten bezeichnete Albert Pike – ehemaliger Offizier der Armee der Konföderierten Staaten von Amerika und oberster Großkommandeur des Schottischen Ritus der südlichen Jurisdiktion von Nordamerika – die Enzyklika als »Kriegserklärung gegen die Menschheit«.

Für den Vatikan bestätigten solche Reaktionen nur, dass die Botschaft des Papsttums über die Freimaurerei ins Schwarze getroffen hatte. Tatsächlich sollte *Humanum genus* schon bald die scheinbar wundersame Bekehrung eines der bösartigsten Feinde des Katholizismus herbeiführen. Der prominente Konvertit sollte sich an die Forderung von Leo XIII. halten, »den Maurern die Larve« herunterzureißen. Die Kirche hatte so etwas noch nie zuvor gesehen.

Der übernatürliche Sinneswandel von Léo Taxil

Am 14. Juli 1885 veröffentlichte *L'Univers*, das Sprachrohr der konservativsten Stimmen der französischen Kirche, Gerüchte, dass der berüchtigte militante Atheist Léo Taxil zum katholischen Glauben konvertiert sei. *L'Univers*, das oft seinen Zorn über Werke von Taxil wie *Les soutanes grotesques* (1879) und *Les Maîtresses du Pape* (1884) zum Ausdruck gebracht hatte, behielt sich das Urteil über seine Bekehrung zunächst vor: Die Berichte wurden eher mit Erstaunen als mit Glauben aufgenommen, bemerkte *L'Univers*.

Neun Tage später meldete sich ein kleiner Mann mit aufgedunsenem Gesicht, einem Kneifer auf der Nase und ungepflegtem schütterem Haar unangemeldet im Büro von *L'Univers*. Es war niemand Geringerer als Léo Taxil, der einen Brief bei sich hatte, in dem er sein Denken darlegte: Er habe wirklich bereut und schäme sich zutiefst für alles, was er während siebzehn Jahren als Freidenker getan habe. Aufgeregt, aber bestimmt erzählte Taxil dem Herausgeber, dass er sich in die Hände der Kirche begeben habe.

Verblüfft gab der Herausgeber von *L'Univers* Taxil eine öffentliche Zusicherung, dass alle guten Christen seine Bekehrung mit Mitgefühl und Gebet begrüßen würden. Tatsächlich drückten viele ihre Freude über die Erlösung dieses verlorenen Sohnes aus. Der Paris-Korrespondent der britischen *Catholic Times* interviewte Taxil und war von seinem »übernatürlichen Sinneswandel« gerührt. Es gab dennoch Zweifler. Immer misstrauisch, warnten einige Jesuiten, dass der Klerus eine Giftschlange an seine Brust drücke. Seine ehemaligen Genossen – Materialisten, Atheisten, Republikaner und Freimaurer – beschuldigten ihn, sich nur deshalb bekehrt zu haben, weil seine antiklerikalen Bücher sich nicht mehr verkauften oder weil er bestochen worden sei. Seine verstörte Frau dachte, dass er einen Zusammenbruch erlitten habe.

Taxil scherte sich nicht um die skeptischen Stimmen und schien zunächst entschlossen, sich aus der Welt zurückzuziehen und mit seiner Familie zu brechen. Er wurde Erzbischof Camillo Siciliano di Rende, dem päpstlichen Nuntius in Paris, vorgestellt, der ihm von solch drastischen Schritten abriet und ihm vorschlug, seine spirituelle Reise mit ein paar Tagen Abgeschiedenheit zu beginnen. Ende August 1885 verbrachte Taxil in einem Kloster der Jesuiten außerhalb der Stadt drei quälende Tage damit, seine Sünden zu bekennen, bevor er schließlich enthüllte, dass er einen vorsätzlichen Mord begangen hatte. Es versteht sich von selbst, dass das Siegel des Bußsakraments den entsetzten Priester daran hinderte, Taxils Verbrechen zu melden, aber er konnte dieser gefolterten Seele zumindest die Absolution erteilen und vor höheren Geistlichen für seine Aufrichtigkeit bürgen.

Taxil war entschlossen, für seine Sünden zu sühnen, und logischerweise konnte seine Sühne nur in literarischer Form erfolgen. Binnen weniger Tage nach seiner Bekehrung hatte er das Vertrauen zahlreicher Pariser Priester gewonnen, eine Stelle in einer katholischen Buchhandlung erhalten, mit einem katholischen Verleger einen Handel getätigt, einen Prozentsatz der Gewinne aus dem Verkauf seiner zukünftigen Bücher vereinbart und freie Werbung in der katholischen Presse zugesagt bekommen. Er konnte nun seine Feder einer heiligen Sache leihen und der Ermahnung von *Humanum genus* folgen, der Freimaurerei die Larve vom Gesicht zu reißen.

Confessions d'un ex-libre-penseur (dt. *Bekenntnisse eines ehemaligen Freidenkers*), Taxils Autobiographie, erschien 1887. Im Jahr 1854 in der Nähe von Marseille als Gabriel-Antoine Jogand-Pagès geboren, wurde er auf Geheiß seiner konservativen Eltern von Jesuiten erzogen. Seine Reise in das »unentwirrbare Labyrinth des Bösen« begann im Alter von vierzehn Jahren, als er auf ein Freimaurerhandbuch stieß; infolgedessen wurde er von der Freimaurerei geradezu besessen und verlor das Interesse am Religionsunterricht. Im Alter von sechzehn Jahren, als er gegen seinen Vater rebellierte und von zu Hause weglief, nahm er den Namen Léo Taxil an. In der folgenden Zeit entwickelte er sich zu einem politischen Hitzkopf, der sich mit Kleinkriminellen und Prostituierten zusammentat. Mehrmals drohte ihm Gefängnis; unter anderem wegen des Verkaufs von aphrodisierenden Pillen. Letztendlich blieb er nicht lange in der Sekte, weil er sich als zu unabhängig erwies. 1881 zog er sich dann völlig von der Freimaurerei zurück. Aber die Zeit war lang genug gewesen, um die tiefsten Geheimnisse der Bruderschaft zu erfahren. Freimaurer waren geheime Teufelsanbeter, die bereit waren, alle anderen Religionen als Deckmantel für ihre böse Mission zu benutzen. Die vielen geduldigen und weisen Forscher, die sich bereits mit der Freimaurerei befasst hatten, hatten noch vieles im Dunkeln gelassen, insbesondere die »grotesken und verhassten« Rituale der Bruderschaft. Taxils zukünftige Veröffentlichungen würden diese Lücke füllen.

Innerhalb von zwei Jahren nach seiner Bekehrung legte er, über viele hundert Seiten und in vier Bänden, alle 33 Grade des Schottischen Ritus und verschiedene weniger bekannte Riten offen. Er benannte die Vorsteher aller freimaurerischen Großlogen und die Obersten Räte auf der ganzen Welt und rechnete vor, dass es insgesamt 1 060 005 Brüder gebe. Es sei klar, erklärte Taxil, dass der »Große Baumeister aller Welten« nur ein Freimaurer-Codewort für den Teufel sei und dass die Struktur und Liturgie der Freimaurerei die Struktur und Liturgie der einen wahren Kirche nachäfften. Die Freimaurer hätten auch einen

Ableger geschaffen, die *Carbonari*, bei denen die Brüder ihrem politischen Eifer Luft machen konnten. Während die Carbonari im Moment weithin schliefen, stünden sie bereit, sich zu erheben, sobald die unheilvolle masonische Sache es erfordere.

Ehrlich gesagt, war vieles von dem, was in Taxils frühen Werken über die Freimaurerei stand, bereits von den Freimaurern selbst veröffentlicht worden. Aber die schiere Menge an Informationen zeigte die aufrichtige Frömmigkeit seiner Absicht. Er warnte alle Leser, die Freimaurergeheimnisse langweilig oder gar komisch fanden: »Lachen Sie nicht. Glauben Sie nicht, dass die Freimaurerei scherzt. Die Sache ist sehr ernst.« Wer konnte da noch an der Glaubwürdigkeit des Konvertiten zweifeln?

Die erfolgreichste von Taxils ersten Arbeiten als reuiger Freimaurer war *Les soeurs maçonnes* (1886), die sich mit den *Adoptionslogen* beschäftigte, an denen sowohl Männer als auch Frauen teilnahmen. In einem Eröffnungsbeitrag an seine Leser erklärte Taxil, dass er trotz seines eigenen überwältigenden Ekels zeigen würde, wie scheinbar unschuldige Adoptionslogen in Wirklichkeit ein rituelles Instrument waren, um die Menschheit auf bestialische Formen der Fleischeslust und Prostitution herabzuziehen, wie zuletzt im alten Babylon. Angesichts dessen, was moralisch auf dem Spiel stand, nimmt es nicht wunder, dass die letzten Worte seines Vorworts derart eindringlich waren: »Französische Mütter! Schließt Eure Töchter weg! Die Freimaurer kommen!«

Glücklicherweise war Taxils Sinn für Sittlichkeit größer als seine Leidenschaft für die Wahrheit. Obwohl er am Ende eines jeden Kapitels erklärte, dass das nächste weitere schockierende Beispiele von freimaurerischer sexueller Verworfenheit offenlegen würde, enthielt er sich klugerweise jeder Obszönität. Stattdessen zeigte er schlüssig, dass die Sprache, die bei Adoptionszeremonien verwendet wurde, systematisch unmoralische Absichten unter einer tugendhaften Verkleidung verberge. Wenn die Freimaurer ein Wort wie »Wahrheit« benutzten, meinten sie »Unwahrheit«; »gut« bedeutete »böse«; »Freundschaft« bedeutete »Ausschweifung«. Und so weiter. Hatte man den Code verstanden, wurde alles abstoßend klar. Erst auf den letzten Seiten seines Buches wurde Taxils Enthüllung anatomisch. Er lieferte einen Schlüssel zur Freimaurer-Symbolik, der zeigte, dass die Freimaurerei in Wirklichkeit ein Sexualkult war, voller harmlos aussehender ritueller Gegenstände, die in Wirklichkeit Phallus- und Vulvasymbole waren. Um solch schmutziges Wissen nicht in die Hände von Unschuldigen gelangen zu lassen, wurden die betreffenden Seiten in lateinischer Sprache veröffentlicht.

Auch dank seines Taktgefühls gewann Taxil das Vertrauen und sogar die Bewunderung vieler Kirchenmänner. Siebzehn Kardinäle, Erzbischöfe und Bischöfe bekundeten ihm ihre Zustimmung. Einer der glühendsten Unterstützer Taxils war der Bischof von Grenoble Amand-Joseph Fava, der 1884 die Monatszeitschrift *La Franc-maçonnerie démasquée* gegründet hatte. Lob kam auch von vielen einfachen Geistlichen. Ein Schweizer Kanoniker kam den weiten Weg von Freiburg, um Taxil zu treffen, und bejubelte ihn als Heiligen. Kurz nach seiner Rückkehr in die Schweiz schickte der Kanoniker einen riesigen Laib Gruyère mit frommen Sprüchen in der Rinde. Taxil berichtete, er habe jede Scheibe mit großem Respekt verspeist.

Im Juni 1887 unternahm Taxil eine spontane Reise in den Vatikan in der scheinbar naiven Hoffnung, er würde den Papst treffen können. Er wurde in der Tat mit Freude empfangen, und es wurde ihm für den nächsten Morgen eine Audienz bei Seiner Heiligkeit gewährt. Taxil verbrachte eine Dreiviertelstunde mit Leo XIII. und freute sich zu hören, dass der Papst alle seine antimasonischen Traktate vom Anfang bis zum Ende gelesen hatte.

Die Anerkennung und sogar Zuneigung Leos XIII. brachte mehr Kirchenmänner auf Taxils Seite. Die Jesuitenzeitschrift *Civiltà Cattolica* zitierte ihn von nun an als Autorität in Sachen Freimaurer. Übersetzungen seiner Arbeit in mehrere Sprachen machten ihn international bekannt.

Seine nächste Aufgabe war es, eine Reihe mysteriöser Todesfälle aufzuklären, die in Wirklichkeit Morde waren – wie der Titel seines 1889 erschienenen Buches *Les assassinats maçonniques* (dt. *Der Meu-*

chelmord in der Freimaurerei) verkündete. Eines der Ziele der aufsteigenden Grade der Freimaurerei war es, langsam absoluten Gehorsam zu erzeugen. Sobald die Mitglieder den dreißigsten Grad des Ritters Kadosch erreichten, war ihr Wille gebrochen, und sie wurden zu gedungenen Mördern der Freimaurerei. Die Ritter Kadosch hatten eine Reihe von hochkarätigen Morden verübt, darunter jenen an William Morgan, dem amerikanischen Freimaurerverräter, der 1826 in der Nähe der Niagarafälle verschwunden war.

Doch keine von Taxils Enthüllungen über die Freimaurerei hatte eine ähnlich nachhaltige Wirkung wie sein folgendes Buch. Wieder auf das Thema der Adoptionslogen zu sprechen kommend, enthüllte *Y a-t-il des femmes dans la Franc-Maçonnerie?* (dt. *Gibt es Frauen in der Freimaurerei?*) Gräuel, die selbst den höchsten Rängen der katholischen Kirche unbekannt gewesen waren. Die geheimnisvollste Form der gemischtgeschlechtlichen Freimaurerei war der Palladium-Orden; und die geheimnisvollste Obedienz des Palladium-Ordens, die verborgenste seiner verborgenen Logen, praktizierte sexuelle Orgien und Satanismus in Reinform. Bekannt als *New Reformed Palladian Rite,* verkleidete der Orden seine Luzifer-Anbetung nicht mehr hinter harmlosen Codewörtern. Ein Ehrenplatz in seinen »Triangles«, wie die Logen genannt wurden, nahm eine Statue von Baphomet ein – jener ziegenköpfige Teufel, der von den häretischen Templern des Mittelalters verehrt worden war. Frauen, die den höchsten Palladium-Grad der Tempel-Herrin erreicht hatten, führten ihre Rituale durch, die das Durchstoßen der geweihten Hostie und das Spucken in einen Kommunionkelch beinhalteten. Der *New Reformed Palladian Rite* war von Albert Pike gegründet worden, den Taxil als den Anti-Papst der freimaurerischen »Anti-Kirche« bezeichnete.

Tapfer veröffentlichte Taxil ein Profil einer der führenden Templerinnen, der »Inkarnation des Satanismus, als würde Luzifers Blut in ihren Adern fließen«. Schwester Sophia-Sapho war eine erstaunlich frühreife Teufelsverehrerin. Noch als Teenager war sie von Albert Pike selbst in die fünf höchsten Palladium-Grade eingeführt worden. Sie war sehr hübsch, aber ihre sirenenartige Stimme erhielt einen nervigen männlichen Ton, wenn sie wütend war. In der Öffentlichkeit vermittelte sie den Eindruck, als führe sie das makellose Leben einer alten Jungfer. In der Adoptionsloge jedoch zeigte sie, dass sie eine »glühende Lesbierin« war, die kühl an Freimaurerorgien teilnahm und auf den Moment wartete, eine Schwester mit nach Hause nehmen zu können. Sophia-Saphos wahre Leidenschaft, die Sache, die ihre »katzenähnlichen Augen« aufleuchten und ihre Stimme rau werden ließ, war das Sakrileg. Sie spuckte auf die geweihte Hostie, gab sich aber nicht damit zufrieden, sondern zwang so manche neu eingeweihte Schwester zum Sex, wobei sie ihr das sakramentale Brot in die Vagina schob.

Taxil hatte eindeutig Insiderquellen. Nun spürten diese Quellen, durch seine Kühnheit ermutigt, dass sie direkt mit der Öffentlichkeit über die Hölle sprechen konnten, die sie durchlebten. Der Durchbruch erfolgte schrittweise, beginnend im November 1892 mit der Veröffentlichung der Serie *Le Diable au XIXe siècle* (dt. *Der Teufel im 19. Jahrhundert*). Der Autor, der sich zu seinem eigenen Schutz hinter dem Pseudonym »Dr. Bataille« versteckte, war ein Schiffsarzt, der Léo Taxil bald in den Schatten stellen würde, so schockierend und weitreichend war seine Entdeckung einer wahrhaft globalen satanischen Verschwörung. (Es gab einige Zyniker, die behaupteten, »Dr. Bataille« existiere überhaupt nicht, der eigentliche Autor von *Le Diable au XIXe siècle* sei Taxil. Aber zahlreiche Hefte der Serie enthielten kategorische Dementis.)

Dr. Batailles Geschichte versetzte die Leser mehr als ein Jahrzehnt zurück und fügte dem bereits von Taxil gemalten Bild erschreckende neue Details hinzu. 1880 hatte er in Ceylon einen alten italienischen Freund getroffen, Gaetano Corbuccia. Einst von kräftiger Statur, war Corbuccia nun ruhelos und knochendürr. Er habe gesehen, gestand er Dr. Bataille, wie sich der Teufel in einem palladianischen Dreieck in Kalkutta gezeigt habe.

Als Mann der Wissenschaft und gläubiger Katholik beschloss Dr. Bataille, der Sache nachzugehen; er gab sich als hochrangiger Freimaurer aus und verwendete Losungswörter, die Corbuccia ihm verraten hatte. In Indien entdeckte er, dass so bekannte orientalische Praktiken wie Hinduismus, Schlangenbeschwörung und Affenhochzeit in Wirklichkeit verschleierte Formen des Satanismus waren, gesteuert von britischen Freimaurern, die zum *New Reformed Palladian Rite* gehörten.

In Kalkutta wurde Dr. Bataille Phileas Wilder vorgestellt, einem Abgeordneten aus Charleston, der zu Besuch in Indien war. Dieser Wilder – ehedem ein lutherischer Pastor, dann Anabaptist, dann Mormone und schließlich Satanist – war einer von zehn Anti-Kardinälen der Anti-Kirche. (Seine Tochter Sophia sollte später von Léo Taxil als Schwester Sophia-Sapho identifiziert werden, die glühend lesbische Templerin.) Dank Phileas Wilder begann Dr. Bataille seinen Aufstieg auf der Leiter der Palladium-Grade und begab sich auf eine immer tiefere Erkundungsreise in die Geheimnisse der globalen freimaurerischen Teufelsverehrung.

In Shanghai zum Beispiel betäubte sich Dr. Bataille in einer Opiumhöhle, um Zugang zu den dämonischen Riten der San-ho-hoeï-Triade zu erhalten. Deren Mitglieder waren auf die Ermordung von Jesuitenmissionaren spezialisiert.

Auf Gibraltar wurden ihm die tiefen Höhlen gezeigt, in denen der *New Reformed Palladian Rite*, geschützt von Freimaurern in der britischen Regierung, seine Fabriken errichtet hatte. In Schmieden, direkt von den Feuern der Hölle angetrieben, sah Dr. Bataille mit eigenen Augen, wie Arbeiter, rauchgeschwärzt und muskelbepackten Tieren gleich, allerlei Kultobjekte schufen – Schwerter, magische Lampen, Pentagramme. Gibraltar beherbergte auch Laboratorien, in denen einundzwanzig Wissenschaftler arbeiteten, die sich der Sache des Bösen zugewandt hatten. Sie produzierten Gifte, die ihre Opfer töteten, dabei aber die Symptome von Herzinfarkten und Hirnblutungen vortäuschten. »Der Teufel hat sich jetzt in einen Bakteriologen verwandelt«, schlussfolgerte ein bestürzter Dr. Bataille.

Aber diese Wunder waren nichts im Vergleich zu dem, was Dr. Bataille entdeckte, als er nach Charleston kam, wo er Albert Pike, Albert Mackey und die junge Sophia-Sapho traf. Albert Mackey präsentierte stolz die *Arcula Mystica*. Sie sah aus wie ein kleines Spirituosenkabinett und öffnete sich auf Knopfdruck, um eine silberne Kröte, ein trompetenartiges Mikrophon, eine glockenförmige Hörmuschel und sieben goldene Statuetten zu enthüllen, die jeweils eines der Hauptzentren des palladianischen Kultes in Charleston, Rom, Berlin, Washington, D. C., Montevideo, Neapel und Kalkutta darstellten. Wann immer Albert Pike mit seinen Abgesandten kommunizieren wollte, von denen ein jeder über eine *Arcula Mystica* verfügte, drückte er einfach auf eine Statuette – und sogleich loderten auf der anderen Seite der Erde Flammen aus dem Maul der Silbernen Kröte, um den Empfänger auf eine eingehende Nachricht aufmerksam zu machen. »Mit einem Wort«, schrieb Dr. Bataille erstaunt, »die *Arcula Mystica* ist nichts anderes als ein diabolisches Telefon.« Die weltweite Freimaurer-Verschwörung war straffer koordiniert, als irgendjemand sich vorstellen konnte.

Dr. Bataille wurde in den Haupttempel des *New Reformed Palladian Rite* geführt, den Petersdom des Satanismus. In einem unscheinbaren Gebäude an der Ecke der Straßen King und Wentworth verbarg sich ein unterirdisches Labyrinth, in dessen Zentrum sich das trianguläre *Sanctum Regnum* befand, wo sich Satan einmal pro Woche – üblicherweise freitags – materialisierte.

Die vielleicht dramatischste Offenbarung während Dr. Batailles Aufenthalt in Charleston erreichte ihn, als er eines Abends mit Sophia-Sapho spazieren ging. Sie sprach mit ihm gerade über die dämonischen Legionen, als ihr entschlüpfte, dass sie selbst dazu bestimmt sei, die Urgroßmutter des Antichrist zu sein, der am 29. September 1962 auf die Welt kommen würde.

Auf jeder Station seiner Reise – der Bericht darüber sollte schließlich fast 2000 Seiten füllen – war Dr. Bataille bemüht, Fakten vom Hörensagen zu unterscheiden. Einiges, wie die *Arcula Mystica*, hatte er mit seinen eigenen Augen gesehen. Anderes war ihm nur erzählt worden: so der Dämonenzwerg, der mitten in einer weißen Flamme erschien, um Botschaften für Albert Pike zu überbringen; oder das geflügelte, Klavier spielende Krokodil, das sich bei einer palladianischen Séance in England einstellte. Solche Dinge konnten auch erfunden sein: Wenn der Teufel es wolle, erklärte Dr. Bataille, könne er in seinen Palladianern eine »verblüffende Leichtgläubigkeit« bewirken.

Trotz dieser Sorgfalt sollte Dr. Bataille als Autorität für den Palladismus in den Hintergrund gedrängt werden, so wie er selbst Léo Taxil in den Hintergrund gedrängt hatte. Die neue Quelle kam direkt aus der Mitte des bösen Kultes selbst. Der Kampf zwischen der Kirche und dem Palladismus, zwischen Gut und Böse, spitzte sich zu.

Im Herbst 1893 wurden Dr. Batailles Memoiren auf sensationelle Weise aktuell, als mehreren katholischen Zeitungen Nachrichten von einem Schisma auf der Geheimkonferenz des *New Reformed Palladian Rite* in Rom zugespielt wurden. Die Spaltung ergab sich aus der Wahl eines Nachfolgers für Albert Pike, der 1891 verstorben war. Eine Interessengruppe wurde von einer Templerin namens Diana Vaughan angeführt.

Eifrige Leser von *Le Diable au XIXe siècle* kannten Diana Vaughans Vorgeschichte bereits. Halb Französin und halb Amerikanerin, war sie unter Dämonenverehrern eine Anomalie. Bei ihrer Initiation zum Grad der Templerin, einer Zeremonie, die Sophia-Sapho in Paris durchgeführt hatte, versetzte sie der palladianischen Orthodoxie einen Schlag ins Gesicht, indem sie sich weigerte, auf die konsekrierte Hostie zu

Satanistischer Schabernack in masonischen Logen in Paris und Zürich, wie beschrieben in Dr. Batailles Werk Der Teufel im 19. Jahrhundert.

spucken. Diana glaubte, dass Luzifer ein guter Gott sei. Adonai hingegen, wie die Palladisten die christliche Gottheit nannten, sei eine Kraft des Bösen und nicht fähig, in einer Hostie Fleisch zu werden. Dianas Fall löste eine wütende Debatte in der satanistischen Gemeinschaft aus. Aber sie wurde von ihrem persönlichen Dämon und Verlobten Asmodeus davor geschützt, bestraft zu werden; er hatte ihr einen magischen Löwenschwanz gegeben, der jeden auspeitschte, der sich gegen sie aussprach. Diana und Sophia-Sapho wurden zu erbitterten Rivalinnen, und Diana tauchte zu ihrem eigenen Schutz unter.

Der Januar 1894 brachte neues Erstaunen. Trotz des Geheimnisses, das normalerweise masonische Belange umhüllte, vereinbarte Diana mit einem führenden katholischen Journalisten an einem geheimen Ort in Paris ein Interview. Die Diana, die zum Gespräch erschien, war eine große, attraktive Frau von 29 Jahren, mit heiterer Ausstrahlung und jungenhaftem Haarschnitt. So offen und rein waren ihre Züge, dass der Journalist sich selbst und seine Leser daran erinnern musste, dass sie, obwohl Jungfrau, eine überzeugte Luziferianerin war, die langandauernde Stunden höllischer Ekstase genoss. Im Anschluss an das Interview, das in der katholischen Zeitschrift *L'Echo de Rome* veröffentlicht wurde, erhielt Diana Tausende von Briefen, von denen viele sie aufforderten, dem Teufel abzuschwören. Sie verfasste höfliche Antworten an alle Absender, die sie auf einem Papier mit Freimaurer-Symbolen im Briefkopf niederschrieb.

Ende 1894 wurde bekannt, dass Diana einen neuen Freimaurerorden gegründet hatte: das Regenerierte und Freie Palladium. Im März des folgenden Jahres unternahm sie den außergewöhnlichen Schritt, erneut an die Öffentlichkeit zu gehen, mit einer preisgünstigen Monatszeitschrift, die ihre Überzeugungen verbreiten sollte.

Nach nur drei Ausgaben kam die Nachricht, für die viele prominente Katholiken schon lange gebetet hatten: Diana hatte zum Glauben gefunden. In Rom sprach die *Civiltà Cattolica* für die kirchliche Hierarchie, als sie sich darüber freute, wie die göttliche Gnade »im Herzen eines der unerbittlichsten Feinde Gottes und seinen Christus« Reue bewirkt hatte.

Diana, die jetzt in einem nur einem kleinen Kreis bekannten Kloster untergebracht war, änderte den Titel ihres Magazins in *Mémoires d'une ex-palladiste*. Von nun an würde sie darin ihrem neu gefundenen Christentum Ausdruck verleihen, ihre vergangenen Sünden bekennen und die Machenschaften des Palladismus von innen entlarven. Sie veröffentlichte ein Foto von sich im männlichen Gewand eines Generalinspekteurs des Palladiums und erzählte die intime Geschichte ihrer Beziehung zum Dämon Asmodeus. Eine Artikelreihe mit der Überschrift »Die Urgroßmutter des Antichrist« enthielt viele aufschlussreiche Anekdoten über Sophia-Sapho, darunter den Vorfall, als sie nach dem Trinken von Weihwasser Flammen erbrochen hatte. Es wurde vorhergesagt, dass Sophia-Sapho nach Jerusalem gehen würde. Dort würde sie am 29. September 1896 von einem kleinen Mädchen entbunden werden, dessen Bestimmung es war, die Großmutter des Antichrist zu werden. Als Beleg der Prophezeiung diente ein Brief in lateinischer Sprache, verfasst von dem Dämon Bitru, dem Vater des Kindes.

Diana Vaughans Tun schien unter Gottes Segen zu stehen: Im September 1895 berichtete eine junge Frau, sie sei von einem schweren Leiden geheilt worden, nachdem sie sich in Dianas Namen auf eine Pilgerreise nach Lourdes begeben hatte. Dementsprechend stießen die *Mémoires d'une ex-palladiste* auf die Zustimmung einiger der maßgeblichsten Stimmen des Katholizismus, insbesondere der *Civiltà Cattolica*, die ihre »wertvollen« Memoiren wiederholt zitierte und schrieb, ihre Arbeit sei so genau, dass sie »dem gelehrtesten Historiker zur Ehre gereichte«.

Im Gegensatz dazu reagierten Freimaurer, wie sich annehmen lässt, entweder mit Empörung oder gequältem Lachen auf Diana Vaughan. Ein deutscher Bruder, Autor einer unter Freimaurern viel bewunderten Abhandlung über die Freimaurerei, prangerte ihre ganze Geschichte als eine jesuitische Fälschung an, die darauf abzielte, die Leser gegen die Bruderschaft aufzuhetzen.

Aus Sicht der Kirche haftete solchen Reaktionen der Ruch von Panik an. Der Kampf der Kirche gegen die Sekte, die für alle Übel der modernen Welt verantwortlich war, nahm an Fahrt auf. Im Frühjahr

Diana Vaughan, Anführerin des Palladiums.

1896 verkündet Dianas Tagebuch die aufregende Nachricht, dass ein September-Termin für den von der Kirche gesponserten Internationalen Antifreimaurer-Kongress festgelegt worden sei. Es war ein gutes Vorzeichen, dass dieser »Neue Kreuzzug« gegen die Freimaurerei genau 800 Jahre nach dem Ersten Kreuzzug ins Heilige Land beginnen würde.

Gerade in diesem Moment, als die luziferische Freimaurerei in der Defensive war und der Antifreimaurer-Kongress näher rückte, kamen an Diana Vaughans Geständnissen allmählich Zweifel auf. Einige katholische Zeitungen, vor allem in Deutschland, verbreiteten wilde Unterstellungen: dass die Frau überhaupt nicht existiere; oder auch, dass die ganze Enthüllungswelle zur Freimaurerei, die auf die Bekehrung von Léo Taxil folgte, nur ein gigantischer Plan gewesen sei, die

Kirche unter einer Lawine der Lächerlichkeit zu begraben. Zunehmend wurden die in *Mémoires d'une ex-palladiste* zitierten Beweisstücke in Frage gestellt. So wurde beispielsweise darauf hingewiesen, dass der Brief des Dämons Bitru, der die Geburt der Großmutter des Antichrist ankündigte, viele grammatikalische Fehler enthalte. (Als ob Luzifers Engel sich die Mühe machen würden, in makellosem Kirchenlatein zu schreiben!)

Viele katholische Organe und hochrangige Geistliche bildeten eine breite Unterstützerfront für Diana Vaughan. Einer der Sekretäre des Papstes ermunterte sie in einem Brief, ihr heiliges Werk ungeachtet aller Kritik weiterzuführen. Im September 1896 beteuerte die *Civiltà Cattolica* erneut ihren Glauben an Vaughan als ein Werkzeug der Vorsehung.

Die Kontroverse sollte jedoch nicht abreißen. Ende September 1896 versammelten sich etwa tausend Menschen, darunter sechsunddreißig Bischöfe und die Delegierten von etwa fünfzig weiteren, in Trient zum Ersten Internationalen Antifreimaurer-Kongress. Der Name in aller Munde war der von Diana Vaughan.

Für die Diskussion der Fragen, die sich aus ihren Memoiren ergaben, war eine Sondersitzung des Kongresses geplant. Einige Zweifler fragten nach Beweisen. Wer waren ihre Beichtväter? Wer waren die Paten bei ihrer Taufe? Léo Taxil, einer der wenigen, denen man zutraute, Diana Vaughans Aufenthaltsort zu kennen, betrat die Rednerbühne, um auf das Offensichtliche hinzuweisen: Die Veröffentlichung solcher Informationen würde Diana Vaughans Leben gefährden.

Da die Meinungen auf dem Kongress geteilt blieben, wurde eine Sonderkommission mit der weiteren Untersuchung des Themas beauftragt. Aber als der Bericht der Kommission etwa drei Monate später herauskam, hieß es darin vage, dass es nicht genügend Indizien gebe, um den Wahrheitsgehalt der *Mémoires d'une ex-palladiste* beurteilen zu können. Gerüchte wurden laut, dass der Vatikan nun ernste Bedenken im Hinblick auf Diana hege und Druck auf die Kommissare ausgeübt habe, ihre Schlussfolgerungen zu mäßigen, aus Angst, Dianas Enttarnung als Schwindlerin könnte ungemein kompromittierend sein.

Die Kontroverse wurde daraufhin nur noch schriller. Die Presse behauptete nun, Diana sei nur eine Marionette in den Händen von Léo Taxil. Noch beunruhigender war, dass »Dr. Bataille« sein Pseudonym offenlegte – sein richtiger Name war Dr. Karl Hacks – und gestand, für die Mitarbeit an *Le Diable au XIXe siècle* bezahlt worden zu sein. Sein Zahlmeister, und der wirkliche Autor, sei Léo Taxil. »Ich habe die Katholiken lächerlich gemacht«, sagte Dr. Hacks. »Was ich geschrieben habe, war alles Schwindel.«

Auch Diana spürte den Druck. Sie hatte nur noch eine Möglichkeit, den Sieg der Freimaurer über sie zu verhindern: Was auch immer das Risiko war, sie schuldete es Gott, der Kirche und ihren vielen treuen Unterstützern, sich zum ersten Mal in der Öffentlichkeit zu zeigen.

Anfang April 1897 kam die Ankündigung heraus, dass Diana den bevorstehenden Ostermontag für eine öffentliche Stellungnahme ausgesucht hatte. Veranstaltungsort sollte der Tagungsraum der renommierten Geographischen Gesellschaft am Boulevard Saint-Germain sein. Léo Taxil sollte das Procedere mit einem Vortrag einleiten, der den Titel »Zwölf Jahre unter dem Banner der Kirche« trug. Anschließend würde Diana über das Thema des »zerschlagenen Palladismus« referieren und mittels des neuesten Projektors mit Gasentladungslampe 55 Bilder zeigen, die einen fotografischen und dokumentarischen Beweis für ihre Behauptungen liefern würden. Dies war als erste Veranstaltung einer Tour gedacht, die in vielen Städten Europas und Amerikas gastieren würde. Um ein zahlreiches Publikum zu gewährleisten, war eine Verlosung geplant: Der Gewinner sollte eine erstklassige Schreibmaschine erhalten, die großzügigerweise von Diana Vaughan persönlich zur Verfügung gestellt würde.

Als der betreffende Abend kam, drängten sich Hunderte von geladenen Gästen in den Räumen der Geographischen Gesellschaft: Freimaurer und Freidenker, Kleriker und Katholiken; die meisten waren Journalisten aus beiden Lagern des Kulturkampfes und aus dem Niemandsland dazwischen. Draußen auf der Straße drängten sich noch viel mehr Menschen. Auf die Wand hinter der Tribüne wurden die Gesichter der heiligen Katharina und Jeanne d'Arcs projiziert, die von dort in den Raum blickten. Der Gewinner der Schreibmaschine wurde bekannt gegeben: Es war Osman Kemal, der junge Korrespondent der Konstantinopeler Tageszeitung *Ikdam* (und Urgroßvater des amtierenden britischen Premierministers Boris Johnson). Dann, endlich, richteten sich aller Augen auf Léo Taxil, der die Bühne betrat. Dieser räusperte sich und wandte sich mit einem breiten Lächeln an das Publikum: »Ehrwürdige Väter, meine Damen und Herren …«

Es war natürlich ein Schwindel.

Und zwar alles: Léo Taxils Bekehrung und der Mord, den er gestanden hatte. Den *New Reformed Palladian Rite* hatte es nie gegeben. Die satanische Freimaurerei war nichts weiter als ein Märchen. Dr. Batailles Reisen waren ebenso eine Erfindung wie Diana Vaughans Memoiren.

Als Taxil zu sprechen begann, war das Publikum zunächst verdutzt. Doch dann, als die Wahrheit allmählich einsickerte, breitete sich im Saal murrender Zorn aus. Die Claqueure, die Taxil mitgebracht hatte, lachten demonstrativ. Der erste Schrei, der sie übertönte, war: »Du bist nur ein schäbiger Schurke!« Von da an begleiteten die Rufe »Schurke!« und »Halunke!« jedes Wort des Redners und zwangen ihn hin und wieder innezuhalten, bis sich der Lärm gelegt hatte. Die anwesenden Kirchenmänner sahen einander an, unsicher, was zu tun sei. Einige weinten. Oder stierten ungläubig vor sich hin. Einige machten Anstalten, den Saal zu verlassen. Andere hielten sie zurück, damit sie weiter protestierten. Als der Ruf laut wurde: »Di-a-na!« »Di-a-na! Wo ist Diana?«, schlug sich Taxil auf die Brust und antwortete: »Ich bin Diana.«

Mit unverhohlener Freude nannte er einige der Leute, die er getäuscht hatte, und erzählte die Geschichte von seiner Audienz beim Papst. Er sprach über die vielen Male, da der Vatikan die Chance verpasst hatte, seinen Schwindel zu durchschauen. Zum Beispiel, als der katholische Bischof von Charleston den weiten Weg in den Vatikan unternommen hatte, um zu erklären, dass die Freimaurer, die *er* kannte, mitnichten Teufelsanbeter waren, sondern anständige Leute. Oder als ein Priester aus Gibraltar bestätigte, dass die von Dr. Bataille beschriebenen Höhlen überhaupt nicht existierten, geschweige denn, eine teuflische Giftfabrik beherbergten.

Taxil nannte seine Komplizen. »Dr. Bataille« war ein alter Freund aus Marseille, ein Schiffsarzt, der Taxils lächerlichen Geschichten eine gewisse Seemanns-Authentizität verleihen sollte. Diana Vaughan war Sekretärin im französischen Büro eines amerikanischen Schreibmaschinenherstellers; sie hatte sich bereit erklärt zu helfen, indem sie die Briefe, die an die berühmte Templerin gerichtet waren, beantwortete. Beide waren Freidenker, die bei Taxils Komplott mitgemacht hatten, um etwas Geld zu verdienen und ein wenig Spaß zu haben.

Hinter dem seltsamen Treiben von Léo Taxil steckte mehr als nur Zynismus. Er hatte zwölf lange Jahre von der panischen Angst der katholischen Kirche vor der Freimaurerei profitiert und dabei seine Ehe riskiert und Freundschaften verloren. Taxil gestaltete auch den Moment der Enthüllung sehr schlecht. Das Publikum war dem ermüdenden Auftritt eines Mannes ausgesetzt, der selbstgefällig seinen eigenen geschmacklosen Witz feierte. Er betrachtete dieses »unterhaltsame und lehrreiche Täuschungsmanöver« als »den phantastischsten Schwindel der Neuzeit« und bat die anwesenden Geistlichen, nicht wütend zu sein, sondern mit ihm vergnügt zu lachen.

Einem anwesenden Journalisten zufolge war die überwältigende Reaktion im Saal Ekel. Als Taxil zu Ende gesprochen hatte, gab es Aufruhr. Ein Gutteil des Publikums, bei weitem nicht nur Katholiken, stürmte auf den Redner zu. Beleidigungen flogen, und er wurde bespuckt. Nur mit Hilfe seiner Freunde und der Polizei, die ihn zu einer Brasserie in der Nähe eskortierten, konnte Taxil dem Zorn der Menge entgehen.

Der Einsturz von Taxils Lügengebäude sorgte für Nachrichten, die sich nur ein paar Tage in den Schlagzeilen hielten – als stimmten alle stillschweigend überein, dass der Täter die ersehnte Berühmtheit nicht verdiente. Die Kirche ihrerseits bemühte sich nach außen um würdevolles Schweigen, sofern dies möglich war. Die *Civiltà Cattolica* hatte die Stirn zu behaupten, sie habe nie wirklich an Léo Taxil und Diana Vaughan geglaubt. Sie beteuerte ihren Lesern gegenüber die »große Gelassenheit« des Papstes, als ihm die Nachricht zu Ohren kam, und zitierte ihn mit den Worten, Taxils Betrug sei nur ein weiteres Beispiel dafür, wie unverschämt die Freimaurer sein könnten.

Dank des beträchtlichen Spargroschens, den der Palladismus ihm eingebracht hatte, genoss Léo Taxil einen komfortablen Vorruhestand. Wann immer sich die Gelegenheit ergab, sein Einkommen abzurunden, veröffentlichte er das eine oder andere Buch aus seinen antiklerikalen Tagen, wie *Les Amours secrètes de Pie IX* (1900) und *La Bible amusante* (1901). Taxil starb im März 1907 in provinzieller Versenkung.

10 ALLAHABAD

Mutterlogen des britischen Weltreichs

Brüder des britischen Weltreichs

Von zu Hause (Irland) bis zur anderen Seite des Planeten (Neuseeland) bedeckte das britische Weltreich zu seiner Blütezeit über ein Viertel der Erdoberfläche und umfasste über ein Fünftel der Weltbevölkerung. Seine Erschaffer waren so zahlreich wie unterschiedlich: Händler und Eroberer, Freibeuter und Missionare, Gelehrte und Kapitalisten, Soldaten und Siedler, Bürokraten und Entdecker, Monarchen und Demokraten, Ärzte und Rauschgifthändler. Die Gruppe der Menschen, die unter britischer Herrschaft lebten, war noch weitaus heterogener – wenn auch innerhalb der von den Briten auferlegten alles umspannenden Unterscheidung zwischen vorwiegend weißen Siedlergesellschaften auf der einen Seite und den nicht weißen indigenen Völkern auf der anderen. Auf der nicht weißen Seite des Grabens reichten die Untertanen des Empire von märchenhaft reichen, aber untergeordneten Partnern der britischen Obrigkeit, wie den Scheichs vom Golf und den indischen Fürsten, bis hin zu Jägern und Sammlern wie den San in Südafrika und den Urvölkern Australiens. Die britische Herrschaft brachte zwar Eisenbahnen und Rechtsstaatlichkeit, aber auch Sklaverei, Hungersnöte und Zerstörung. Das Empire gestaltete die Welt neu.

Wo immer das Empire war, war auch die Freimaurerei. Im Februar 1728, fünf Jahre nach Veröffentlichung der *Constitutions*, versammelten sich Angestellte der britischen Ostindien-Kompanie im Fort William (Kalkutta). Sie entwarfen ein Antragsschreiben an die Großloge in

London, sie möge die erste Loge in Indien autorisieren. Die erste Loge in den amerikanischen Kolonien wurde im Sommer 1733 im Bunch of Grapes gegründet, einer Trinkstube in Boston, Massachusetts. Fünf Jahre später folgte die erste Loge in der Karibik – die Parham Lodge auf der Insel Antigua. Zögerlich zunächst, gegen Ende des 18. Jahrhunderts dann mit immer größerem Selbstvertrauen und Organisationstalent, tastete sich die Freimaurerei weiter und tiefer in das Substrat des Empire vor.

Hinter der Ausbreitung der imperialen Freimaurerei verbarg sich kein großartiger Plan, geschweige denn eine Verschwörung. Es herrschten allzu oft Rivalität und Konfusion zwischen den verschiedenen Großlogen der Heimatländer England, Irland und Schottland. Doch Administratoren, Soldaten und Unternehmer fanden in der Bruderschaft ein gebrauchsfertiges Unterstützernetzwerk. Die Loge war das lokale Zentrum eines globalen Wohlfahrtssystems: Sah ein Freimaurer in einem entlegenen Winkel der Welt seinem Ende entgegen, hatte er zumindest die tröstliche Gewissheit, dass er selbst ein anständiges Begräbnis erhielte und seine Witwe die Unterstützung der Brüder. Das Empire erweiterte die Möglichkeiten für Freimaurer, Kontakte und Freunde zu gewinnen, auf die ganze Welt. Viele Männer traten der Bruderschaft bei, bevor sie in die Kolonien reisten, wo sich die Logen ständig vor Leuten mit gefälschten maurerischen Referenzen hüten mussten. Die Freimaurerei war ein »Passierschein in jeden Winkel der Erde«, wie die Grand Lodge of Scotland es 1896 ausdrückte. Indem sie eine willkommene Abwechslung in den eintönigen Alltag isolierter weißer Gemeinden brachte, wo Frauen Mangelware waren, fungierte die Masonic Hall, die Versammlungsstätte der Freimaurer, oft auch als Ersatz für Bar und Theater. Wo immer sie durchgeführt wurden, beschworen die vertrauten masonischen Rituale ein kleines Stück Heimat.

Auf diese Weise ölte die Freimaurerei das Getriebe imperialer Vorherrschaft. Sie verwandelte das Empire außerdem in ein Spektakel. Freimaurer errichteten nicht nur Logengebäude, von denen ein jedes stolz Winkelmaß und Zirkel über der Tür präsentierte; sie finanzierten auch Schulen, Waisenhäuser, Brücken, Gerichtsgebäude oder weihten sie ein. Sowohl für die Kolonisatoren wie für die Kolonisierten erschien die britische Herrschaft dank maurerischer Paraden und Monumente feierlich, beständig, mysteriös und sogar furchterregend. »In Indien war der übliche Begriff für die Versammlungsstätte der Freimaurer *Jadughar*, ›magisches Haus‹. Ebenfalls weitverbreitet – im Norden Indiens und in Bombay – war *Bhutkhana* oder ›Dämonenhaus‹.«

Wohin der Historiker auch blickt, entdeckt er lebendige und vielfältige Hinweise auf die Rolle der Freimaurerei innerhalb des britischen Weltreiches.

Auf Barbados zum Beispiel gab es im ausgehenden achtzehnten Jahrhundert eine rege Freimaurertätigkeit. Die Insel war üppig grün, fruchtbar und die hübschen Häuser und Kirchen darauf typisch englisch. Ihrem sagenhaften Reichtum haftete freilich der Ruch des Teufels an, da er auf den Schultern von Geknechteten erwirtschaftet worden war. Die Sklavenplantagen auf Barbados produzierten den Zucker, der das Wachstum des britischen Konsumismus anschob. Am 10. Juli 1781 trafen die Beamten der Provinzialgroßloge von Barbados unter freiem karibischem Himmel zusammen. Die masonischen Beamten waren zumeist Mitglieder der Plantagenelite auf der Insel. Am 10. Oktober des Vorjahres hatte der tödlichste Wirbelsturm aller Zeiten 4500 Menschenleben gefordert – ungefähr vier Prozent der Bevölkerung. Jeder einzelne Baum war entwurzelt worden. Den meisten hatte der Sturm sogar die Rinden weggeblasen. Fast alle Gebäude auf der Insel waren zerstört worden, einschließlich der Masonic Hall in Bridgetown, in deren Ruinen die Brüder jetzt standen. An Ort und Stelle entwarfen sie einen Brief an die Großloge von England mit der Bitte um finanziellen Beistand für den Wiederaufbau, damit sie sich erneut »in brüderlicher Liebe um das künftige Wohlergehen und Weiterbestehen der ältesten und ehrwürdigsten Gesellschaft bemühen« konnten. Spätestens im Februar 1783 war dank der brüderlichen Hilfe aus London eine neue Versammlungsstätte in Gebrauch. Die Sklavenhalter auf Barbados richteten somit der Freimaurerei wieder den zentralen Platz in ihrem gemeinschaftlichen Leben ein – neben der Pferderennbahn, dem Bowling Green und der literarischen Gesellschaft.

Kurz nach Weihnachten 1820 feierten die Mitglieder der Australian Social Lodge Nr. 260 ihren ersten Johannistag. In sengender Hitze schritten sie in vollem Ornat die George Street in Sidney entlang, die damals wenig mehr als ein Feldweg war und im Buschland endete. Die Loge – ihr Patent war erst sechs Monate zuvor per Schiff aus Irland eingetroffen – war die erste feste Loge auf australischem Boden. Bemerkenswerterweise war unter den Brüdern in der Prozession an diesem Tag zumindest ein »Emanzipist«: So nannte man ehemalige Strafgefangene, die entweder ihre Strafe abgesessen hatten oder wegen guter Führung vorzeitig entlassen worden waren. Seit 1788 die erste Flotte aus elf Schiffen mit etwa 700 Ex-Sträflingen in der Botany Bay gelandet war, um die Kolonie zu gründen, befeuerte die Kluft zwischen den Emanzipisten und den freien Siedlern einen ganz eigenen Klassenkonflikt in Australien. Die Freimaurerei stellte daher in Sidney vor aller Welt ihre Großherzigkeit zur Schau. In Australien wie überall sonst im Empire würde die Königliche Kunst auch weiterhin soziale Gräben überbrücken und Männern dabei helfen, ihren Status zu verbessern und die Gelegenheiten zu nutzen, die das neue Land ihnen bot. Unnötig zu erwähnen, dass die Urvölker für die Freimaurerei nie auch nur in Erwägung gezogen wurden.

Die Freimaurer der viktorianischen Zeit mochten nichts lieber als Bälle. Am Valentinstag des Jahres 1854 kamen sechshundert pelzgewandete Brüder mitsamt ihren Damen in der prächtigen, ufernahen Masonic Hall in Halifax, Nova Scotia, zu einem Kostümball zusammen; eine funkelnde Zurschaustellung ihres bürgerlichen, imperialen und brüderlichen Selbstbewusstseins in der verschneiten Dunkelheit. Im Inneren loderten an einer der Wände kleine Gasflammen, die eine Krone und die Lettern VR bildeten. Sie spiegelten sich in einem »großen und schön arrangierten Stern aus Bajonetten, Ladestöcken, Schwertern und Langdolchen – der geniale Einfall eines der Garnisonsoffiziere«. Die Kapelle der 72. Highlanders spielte eine wirbelnde Abfolge von »Quadrillen, Polkas, Walzern, Galoppaden und Volkstänzen«. Um den Musikanten gelegentlich eine Pause zu gönnen, wurden sie von den Dudelsackpfeifern des Regiments abgelöst, die schottische

Reels spielten. Was von diesem Abend jedoch am längsten im Gedächtnis bleiben sollte, waren die Kostüme. Die Brüder ergriffen die Gelegenheit, sich in den prachtvollen Schurzen, Schärpen und Ornamenten ihrer verschiedenen masonischen Ämter und Grade zu präsentieren, und genossen die Neugier, die ihre seltsame Gewandung bei den anwesenden Damen hervorrief. Erst als um sieben Uhr die Sonne aufging, begaben sich die Nachtschwärmer wieder hinaus in die beißende Kälte. Der Ball war der Höhepunkt einer persönlichen und gesellschaftlichen Erfolgsgeschichte. Der Provinzialgroßmeister war seit fünfzehn Jahren Alexander Keith, der gerade auch zum zweiten Mal zum Bürgermeister gewählt worden war. Er war fast noch ein Kind gewesen, als er 1817 aus Schottland hierhergekommen war, mit nichts weiter als einer abgeschlossenen Brauerlehre und den maurerischen Referenzen – jetzt war er ein Biermagnat. Die Freimaurerei hatte dazu beigetragen, dass sich Fort Halifax, ein aus Baumstämmen gebauter Vorposten des Empire an der Atlantikküste, in eine stolze Stadt verwandelt hatte, die von der Schifffahrt, vom Holzhandel, vom Dorschfang und von Keiths Porter- und India Pale Ale-Bieren lebte.

Als Königin Viktoria im Jahr 1887 ihr fünfzigstes Thronjubiläum feierte, erreichte ihr Empire allmählich den Zenit. Die Königliche Kunst und der Kult um die Monarchie, den erstere mit Verve unterstutzte, waren mit Großbritanniens Kronkolonien gewachsen. Viktorias Vater war ein begeisterter Maurer; er hatte unter anderem den Schlussstein der Masonic Hall in Halifax, Nova Scotia, gelegt. Fünf ihrer sechs Onkel waren ebenfalls Maurer. Sie hatte huldvoll den Titel einer Patroness of the Masonic Order angenommen. Drei ihrer Söhne setzten die masonische Familientradition fort. Ihr Thronfolger, Prinz Edward, war seit 1875 Grand Master of the United Grand Lodge of England gewesen. In jenem Jahr des Goldenen Thronjubiläums, 1887, richtete Viktoria über eine Abordnung der Großloge, angeführt von Edward, eine Botschaft an die Freimaurer im gesamten britischen Empire: »Die Gesellschaft der Freimaurer wächst und gedeiht proportional zu Wohlstand und Zivilisation meines Empire.«

Die englische Freimaurerei hatte noch nie zuvor so viel Ansehen genossen. In London wurde 1885 die Empire Lodge Nr. 2108 gegründet. Indem man die Brüder in Übersee mit den Freimaurern in der Metropole des Empire verknüpfte, wollte man die Bande stärken, »welche die Kronkolonien mit dem Mutterland vereinen«. Es folgten weitere kaiserliche Logen mit derselben Philosophie. Die United Grand Lodge in London bewilligte die Gründung von etwa 70 neuen Logen pro Jahr. 1914 würden in England und Wales bereits über 1700 bestehen und weitere 1300 englische Constitution Lodges in den Herrschaftsgebieten des Empire und den britischen Handelsposten, die vielen hundert irischen und schottischen Constitution Lodges noch nicht mitgezählt.

Wo immer Freimaurer sich zusammenfanden, in der Heimat oder im Empire, spielten Lieder und Gedichte in ihren masonischen Arbeiten eine große Rolle, als Gedächtnisstützen, aber auch als Ausdruck gemeinsamer Ideale in einem rhythmischen, fast zeremoniellen Stil. Die *Constitutions* von 1723 transportierten in langen vertonten Reimen die Geschichte und Werte der Maurerei. Die Blütezeit der imperialen Freimaurerei zwischen den 1880er Jahren und dem Ersten Weltkrieg brachte den Dichter hervor, der nicht nur die größte literarische Stimme der Freimaurerei war, sondern auch der »Poeta Laureatus des Empire«. Mit seinem Leben, seinem Werk und seinem Bild in der Öffentlichkeit gewährt uns Rudyard Kipling aufschlussreiche Einblicke in das Zusammenspiel von Freimaurerei und Empire.

Golf in Vermont

Rudyard Kipling verbrachte die ersten sechs Jahre seines Lebens in Indien; die erste Sprache, die er erlernte, war Hindi. Die nächsten zehn Jahre verlebte er in Südengland und entwickelte dort einen tiefsitzenden Hass auf das feuchte Klima. Als er 1883, im Alter von 16 Jahren, nach Indien zurückkehrte, um eine Journalistenlaufbahn zu beginnen, hatte er das Gefühl, wieder zu Hause zu sein. Auch wenn er 1889 wieder abreiste, um in London seinen literarischen Ruhm zu ernten und zu mehren, hatte Indien ihn doch nachhaltig geprägt – als Mensch und auch als Schriftsteller.

Kiplings Indien kam stets in weitaus lebhafteren Bildern daher als sein England. Die imperiale Heimat war für ihn weniger ein Ort als vielmehr eine Handlungsanweisung in dieser Phase seines Lebens: »Meine Liebe zu England gilt in erster Linie seiner Rolle als Hauptsitz des Empire. Ich kann nicht behaupten, dass das Land an sich mich mit Glück oder Freude erfüllt.« Er tauchte in Londons Literaturszene ein, betrachtete die Stadt aber weiterhin mit Argwohn, weil er ihre Gleichgültigkeit gegenüber dem Großprojekt eines britischen Weltreichs missbilligte. Er fasste daher einen Plan: Er würde die Briten etwas über die Welt lehren und ihre heilige Pflicht, sich große Teile davon untertan zu machen. »Und was sollten jene, die nur um England wissen, von England wissen?«, schrieb er im Gedicht *»The English Flag«* (1891). Wie er einem Bewunderer verriet: »Natürlich glaube ich, dass es in der ganzen Weltgeschichte noch kein Zivilisierungsexperiment gegeben hat, das sich mit der britischen Herrschaft in Indien vergleichen ließe.«

Im Jahr 1892 heiratete Kipling die Amerikanerin Caroline »Carrie« Starr Balestier. Das Paar ließ sich in Carries Heimat nieder, um eine Familie zu gründen, und baute sich ein Haus außerhalb von Brattleboro, in der »grobknochigen, gebirgigen, bewaldeten« Landschaft Vermonts. Hier, wo sich im Winter der Schnee auf dem Fenstersims seines Arbeitszimmers türmte, streckten sich Kiplings Sinne ganz nach dem Indien seiner Erinnerung aus: nach dem Geschmack von Chilischoten und Mangos; nach dem Flüstern des Windes in den Bananenblättern; nach dem Duft von Kurkuma und Cheroot-Zigarren; nach dem Gefühl von Hitze – endlos, entkräftend – und nach dem Opium, das er rauchte, um ihr entgegenzuwirken. *Das Dschungelbuch*, Kiplings zeitlose Sammlung von Kindergeschichten, die in Indien spielten, entstand in Vermont.

Auch das beliebteste Gedicht der Freimaurerei wurde in Vermont verfasst, als Ergebnis einer Begegnung zwischen Kipling und Arthur Conan Doyle, der wie sein Freund leidenschaftlich an das britische Empire glaubte. Im Herbst 1894, nachdem er gerade erst Sherlock Holmes in den Reichenbachfällen hatte sterben lassen, unterbrach Conan

Doyle seine Lesereise durch die Vereinigten Staaten, um ein paar Tage bei Kipling in Vermont zu verbringen und seinen Freund das Golfspiel zu lehren – wenngleich es vor Ort keinen Golfplatz gab.

Den Ball kreuz und quer durch die Landschaft schlagend, vertieften Conan Doyle und Rudyard Kipling ihre Freundschaft. Die beiden Schriftsteller plauderten angeregt über viele Themen, darunter auch die Freimaurerei. Conan Doyle war am 26. Januar 1887 unweit seines Hauses in Southsea, Hampshire, initiiert worden. Aufgrund des Arbeitsdrucks und der vielen Reisen schied er 1889 aus, trat aber später wieder bei; in seinen Geschichten tauchen immer wieder masonische Motive auf. Kipling war weitaus faszinierter von der Königlichen Kunst als Conan Doyle, liebte die »seelenreinigende Routine« des Rituals, wie einer seiner Biographen schrieb, und das Gefühl, »einem inneren Zirkel mit geheimen Losungswörtern anzugehören. Dort war er sicher vor den Frauen, die ihn zugleich fesselten und ängstigten, und konnte schräge Vögel treffen, die ihm als Inspiration dienten, ohne dass ihre Bekanntschaft ihn außerhalb der Loge kompromittierte.«

Kipling kam in seinen Werken wiederholt auf die Freimaurerei zu sprechen, wie in der Kurzgeschichte »Der Mann, der König sein wollte« (1888), die an der fernen Grenze Indiens spielte; sie sollte 1975 verfilmt werden, mit Sean Connery und Michael Caine in den Hauptrollen. Wie so vieles verknüpfte Kipling auch die Freimaurerei mit dem Subkontinent: Er war 1886 in die Lodge of Hope and Perseverance in Lahore eingeführt worden.

Die einzigartige Chemie jener Oktobertage mit Conan Doyle in Vermont – eine Kombination aus Freundschaft, ausgiebiger *Englishness*, Erinnerungen an Indien und Freimaurerei – inspirierte Kipling zu einem Gedicht: Und so schrieb er, in einem Rutsch, »Die Mutterloge«. Wie die *Barrack-Room Ballads* ist auch dieses Gedicht aus der Sicht und im Londoner Dialekt eines anonymen englischen Fußsoldaten geschrieben, den er als den Mörtel des Empire, das Inbild der Unbesungenen feiert. Dem Unruhestifter bleiben zu Hause die Türen der Kneipen verschlossen, doch in seinem zerschlissenen Rucksack bringt er das Licht der Zivilisation in die »finsteren Winkel der Erde«

(wie Kipling sie nannte). Der Soldat des Empire kennt die mögliche Belohnung für seinen selbstlosen Dienst: Tod in einem fernen Land, von der Ruhr dahingerafft oder aufgespießt vom Speer eines Wilden. Die Freimaurerei ist sein Trost und seine bescheidene Philosophie. In dem Gedicht »Mutterloge« erinnert er sich wehmütig daran, wo er in die Geheimnisse der Kunst eingeführt wurde, nämlich »dort draußen«, in Indien. Die Brüder seiner Mutterloge seien keine vornehmen Leute gewesen, ein Stationsvorsteher, ein Gefangenenaufseher, ein Krämer und ein kleiner Bürokrat, doch was ihnen an Mitteln fehlte, machten sie mit fleißiger Logenarbeit wett:

Unser Tempel war eigentlich dürftig,
Die Loge ein kahler Bau.
Doch unsere Alten Pflichten
Die nahmen wir haargenau.

Die Hauptsache aber war, wie der Soldat uns in der Schlüsselstrophe des Gedichtes und dem Refrain verrät, dass seine Logenbrüder Männer aller Ethnien und Glaubensrichtungen waren:

Der Rechnungsführer Bola,
Jud Saul, der Aden entstammt,
Der Zeichner Din Mohammed,
Vom Feldvermessungsamt,
Und Babu Chuckerbutty,
Und Amir Singh, der Sikh,
Und Schuppenverwalter Castro,
Ein römischer Katholik!

Draußen: »Herr!«, »Wachtmeister!«
Ein diensthefliessen Gesicht!
Doch drinnen nur: »Mein Bruder!«
Mit Rang- und Titelverzicht.
Die Waage und dazu der Winkel,
Macht alles Ungleiche gleich.
Und ich war zweiter Schaffner
in jener Loge Bereich!

Die Loge in diesem Gedicht scheint alle religiösen und ethnischen Gruppen in Indien einzuschließen, wie ein Historiker kommentiert: »ein Parsi, ein muslimischer Bauzeichner, ein Sikh, ein orientalischer Jude, ein Hindu oder Radschput vom Ganges, ein katholischer Goaner und ein bengalischer Babu«. Innerhalb der Loge ist die Kommandostruktur von Armee und Empire vorübergehend ausgesetzt, da diese unterschiedlichen Männer Brüder »auf Augenhöhe« waren.

Freimaurer in Großbritannien und weit darüber hinaus haben »Die Mutterloge« als eine Hymne an die weltumspannende Freimaurerei gelesen, weil sie Männern aus allen Kulturen, Religionen und sozialen Verhältnissen offenstand, Unterschiede akzeptierte und sie in brüderlicher Zuwendung miteinander vereinte. Genau so verstand auch der Autor seine Verse. Das Gedicht stellt Kiplings brüderliche Beziehung zu den Indern nach, die er in den späten 1880er Jahren kannte: ein freundschaftlicher Dialog zwischen Männern verschiedener Glaubensrichtungen. In der Mutterloge sind im Interesse der inneren Harmonie sogar die Konventionen des britischen masonischen Lebens außer Kraft gesetzt: Aufgrund der hinduistischen und der muslimischen Speisevorschriften konnte keine »Tafelloge« stattfinden.

Und schau ich träumend rückwärts,
Kommt immer mir's in den Sinn:
Wir lebten vielleicht wie die Heiden
Und doch war Gott mittendrin.

Im Monat eine Arbeit,
Dann saß man rauchend beisammen.
Ein festlich Mahl gab's höchstens,
Wenn einer Abschied nahm.
Dann saßen wir und sprachen
Von des einen Gottes Land.
Und jeder sprach von dem Seinen,
So wie er ihn verstand.

Ein jeder kam zu Worte,
Und keiner brach den Bann,

Bis mit dem Rufe der Flügel
Der neue Tag begann.
Ergötzlich war's. Wir gingen
Und tauschten noch zu Haus
Mit Gott, mit Mohammed und Schiwa
Im Bett die Gedanken aus.

»Die Mutterloge« war nicht autobiographisch. Doch als er in späteren Jahren auf seine Initiation in Indien zurückblickte, war Kiplings Erinnerung an seine ersten masonischen Erfahrungen von seiner Poesie gekapert worden: »Hier traf ich Muslime, Hindus, Sikhs, Mitglieder der Arya und Brahmo Samaj, und einen jüdischen Tiler, der für seine kleine Gemeinde in der Stadt Rabbiner und Metzger war.«

Eine intolerante Welt braucht so viele Gedichte über Toleranz, wie sie kriegen kann. »Die Mutterloge« ist zweifellos ein ergreifendes Idealbild allumfassender Brüderlichkeit und enorm schmeichelhaft. Allerdings wirft das Gedicht unweigerlich die Frage auf, wie eine solche Sicht mit dem strammen Imperialismus zu vereinbaren war, den sowohl die Freimaurerei als auch Kipling an den Tag legten. Es gilt daher herauszufinden, inwieweit »Die Mutterloge« der realen Geschichte der Freimaurerei in Britisch-Indien im Allgemeinen und Kiplings Erfahrung im Besonderen entspricht.

Mit Gott, mit Mohammed und Schiwa

»Die Mutterloge« ist eine von Sentimentalität umflorte Erinnerung. Und doch zeigen sowohl die Geschichte der Freimaurerei in Britisch-Indien als auch Kiplings erste Erfahrungen in der Bruderschaft, dass man dem Gedicht einen gewissen Realitätsgehalt nicht absprechen kann. Zumindest nicht ganz. Im gesamten Empire wurde der Schachbrettboden also zuweilen ein Ort, an dem die Briten in den Logen Einheimischen auf Augenhöhe begegneten. Nirgendwo waren diese Begegnungen häufiger, inniger und politisch aufgeladener als in Indien – dem Juwel in der kaiserlichen Krone und doch nie ein Land mit übermäßiger weißer Besiedelung.

Fast ein halbes Jahrhundert nach ihrer Ankunft in Indien initiierte die Königliche Kunst 1775 ihren ersten indischen Bruder. Es ist kein Zufall, dass er ein lokaler Potentat in Südindien war und ein Verbündeter der Briten: Umdat-ul-Umrah Bahadur, der Sohn und Nachfolger des Nawab der Karnatik. Einen einheimischen Herrscher mit dem masonischen Schurz zu gürten, konnte sich als günstige Möglichkeit erweisen, ihn als Verbündeten gegen die Feinde der Briten zu gewinnen. Die Londoner Großloge billigte die Initiation des künftigen Nawab: Sie übersandte ihm einen schmuckreichen Schurz und ein fein gebundenes Exemplar von Andersons *Constitutions*. Er antwortete ergebenst auf Persisch, dem eine englische Übersetzung beilag. Der Schritt passte hervorragend zur Strategie der Ostindien-Kompanie vom ausgehenden achtzehnten bis zum beginnenden neunzehnten Jahrhundert, die vom Handel zur Eroberung überging, indem sie rivalisierende europäische und indische Mächte verdrängte und ihren Einflussbereich von den Handelsstationen in Kalkutta, Bombay und Madras weit ins Landesinnere ausdehnte.

Jedoch waren solche Initiationen extrem selten und wurden von den weißen Maurern zuweilen auch angefochten. In Kalkutta weigerten sich 1812 zwei Brüder, der Initiation eines gewissen Meer Bundeh Ali Khan beizuwohnen, ungeachtet der Tatsache, dass sein Beitrittsgesuch von einem ehemaligen Generalgouverneur Indiens unterstützt wurde. Sie wären schließlich »nicht verpflichtet«, protestierten die Männer, »an der Initiation eines Türken, Juden oder Ungläubigen« teilzunehmen. Während der Zeremonie gebärdeten sich zwei weitere Maurer »im höchsten Maße ungebührlich und unfreimaurerisch, indem sie die mohammedanische Religion ins Lächerliche zogen«. Man muss den übrigen Anwesenden zugutehalten, dass sie den neuen Bruder in ihrer Verlegenheit besonders herzlich willkommen hießen.

Unterhalb der indigenen Elite trugen zwei Entwicklungen dazu bei, dass sich die Anzahl der Inder, denen Zugang zur Freimaurerei gewährt wurde, allmählich erhöhte. Zum einen taten sich in der Wirtschaft Nischen für indische Kaufleute und Unternehmer auf. Die Parsen-Gemeinde in Bombay profitierte außerordentlich davon. Die Parsen, ursprünglich zoroastrische Flüchtlinge aus dem muslimischen Persien, hatten seit dem 17. Jahrhundert eine enge Beziehung zur Ostindien-Kompanie aufgebaut und galten als verlässliche Zwischenhändler und Lieferanten. Zu gegebener Zeit wurden einige Parsen Bankiers und internationale Kaufleute. Ab den 1840er Jahren waren sie allmählich in den »indischen Logen« willkommen, die eigens ihnen vorbehalten waren. In den 1860er Jahren bekleideten sie Führungspositionen in der Freimaurerei in Bombay, an der Seite ihrer britischen Brüder. Parsen galten bei den Briten als besonders gesellig, weil sie Alkohol tranken.

Die zweite Entwicklung war die Verbreitung englischer Bildung bei einer kleinen, aber wachsenden Schicht von Indern und die zunehmende Zahl von Arbeitsstellen für gebildete Einheimische innerhalb des imperialen Staatsapparates. Vor allem bengalische Hindus, die in der Hauptstadt Kalkutta lebten, profitierten davon. Allerdings wurde der Hinduismus von den Freimaurern argwöhnisch beäugt. Die überwiegende Mehrheit der indischen Initiierten waren vor den 1870er Jahren Parsen, Sikhs und Muslime. Hindus waren anders. Der Hinduismus war ein Problem für das gesamte »muskulöse Christentum« des viktorianischen Imperialismus. Die Briten, Freimaurer oder nicht, klammerten sich an offensive Stereotype über die religiösen Gruppierungen in Indien. Sie zogen bei weitem die Muslime (maskuline, monotheistische Fleischesser) den Hindus vor (verdächtig schmächtige Vegetarier, von denen kein Mensch genau wusste, wie viele Götter oder Götzen sie eigentlich verehrten). Die freimaurerischen *Constitutions* legten fest, dass Vielgötterei für Freimaurer ebenso tabu war wie Gottlosigkeit. Man wusste außerdem nicht, welches hinduistische Buch als Äquivalent zur Bibel oder zum Koran gelten mochte – zumal ein wesentlicher Teil der Ausstattung für freimaurerische Rituale doch ein Buch des heiligen Gesetzes der jeweiligen Glaubensrichtung war. Das hinduistische Kastensystem erschien vielen Brüdern außerdem als ein schockierender Verstoß gegen das Ideal der Brüderlichkeit. (Einige Hindus empfanden ähnlich, nur aus entgegengesetzter Sicht.) Auch aufgrund solcher Vorurteile konnte in Bengalen keine Loge einen Inder initiieren, ohne sich zuvor die Zustimmung der Provinzialgroßloge einzuholen.

All diese Themen, und dazu noch der althergebrachte Rassismus, spitzten sich zu, als 1863 der unbezähmbare Prosonno Coomar Dutt, ein bengalischer Händler für landwirtschaftliche Güter und Hindu, in eine Loge in Kalkutta initiiert werden sollte. Der Meister vom Stuhl ersuchte den Provinzialgroßmeister um Erlaubnis, der sie ihm mit der pauschalen Begründung verweigerte, Hindus seien nicht zugelassen. Doch so einfach ließ Dutt sich nicht abspeisen: Er sandte den Bescheid an die Vereinigte Großloge in London, die prompt das große masonische Prinzip der Toleranz hochhielt. Hindus seien sehr wohl zugelassen, und kein Veto einer Provinzialgroßloge könne daran etwas ändern. Ein neun Jahre währendes Hin und Her folgte, da die Provinzialgroßloge von Bengalen auf stur schaltete und sich mit bornierten Argumenten (»unsere Rasse unterscheidet sich in jedem wesentlichen Punkt von der asiatischen«) aus der Regelung herauszuwinden versuchte. Am 22. August 1872 wurde Bruder Dutt endlich initiiert und öffnete dadurch in ganz Indien die Logentüren für seine hinduistischen Glaubensgenossen.

Zumindest im Prinzip. Niemand sollte sich der Illusion hingeben, dass nach der Dutt-Affäre die Freimaurerei auch tatsächlich allen Indern offenstand. Die einzelnen Logen hatten nach wie vor die Macht, jemanden nach Belieben und ohne Angabe von Gründen zuzulassen oder abzulehnen. Es gab nach wie vor genügend Spielraum für Rassendiskriminierung. Trotz alledem, in Anbetracht des politischen Klimas in Indien zu dieser Zeit ist das Ergebnis der Dutt-Kontroverse wirklich bemerkenswert. Sechs Jahre zuvor, im Mai 1857, hatten indigene Soldaten in der bengalischen Armee rebelliert. Die imperiale Obrigkeit verlor weitgehend die Kontrolle über das nördliche Indien, da zahlreiche unzufriedene Gruppen, Herrscher ebenso wie Bauern, zu den Waffen griffen. Den britischen Streitkräften war es erst gegen Ende des darauffolgenden Jahres gelungen, begleitet von einem großen Maß an willkürlicher Grausamkeit, die letzten Flammen der Revolte zu ersticken.

Im Nachhinein zog die Krone die gesamte Macht wieder an sich, die sie zuvor auf die Ostindien-Kompanie übertragen hatte. Gleichzeitig kippte die Stimmung bei den Briten. Vor dem sogenannten Indischen Aufstand hatten sie sich selbst gern als Zivilisationsbringer gesehen, die ihren indigenen Schützlingen den Weg in den Fortschritt wiesen. Jetzt betrachteten sie die indische Bevölkerung lieber durch die bei Intellektuellen in Mode gekommene Rassismusbrille. Die alten Stereotype über Indiens unterschiedliche Populationen nahmen eine schärfere Note an. Zu welcher Religion sich die Inder auch immer bekennen mochten, biologisch waren sie nun einmal unterlegen – und somit gegen eine Veredelung grundsätzlich resistent. Die freimaurerische Politik der offenen Tür gegenüber den Indern infolge der Dutt-Affäre stand also dem herrschenden ideologischen Trend entgegen. Die maurerische Toleranz war demnach schon damals keine leere Worthülse.

Die Königliche Kunst in Indien hatte einen langen, langsamen Weg der Anpassung hinter sich, als Rudyard Kipling ihr beitrat. Die im achtzehnten Jahrhundert angewandte Taktik der Einweihung wohlgesinnter Kleinfürsten hatte sich nach dem »Aufstand von 1857« erneut bewährt. Kiplings eigene Mutterloge Hope and Perseverance Nr. 782 in Lahore hatte ihr Patent 1859 erhalten. Bald danach initiierte sie den Sikh-Fürsten Sir Randhir Singh, Maharadscha von Kapurthala, der während des Aufstands eifrig bemüht war, den Briten seine Loyalität zu bekunden. Der Maharadscha verstarb 1870, aber sein jüngerer Bruder, Sardar Bikrama Singh Bahadur, war noch immer ein Mitglied, als Kipling am 5. April 1886 die Initiationszeremonie durchlief. In vielen Teilen Britisch-Indiens waren indische Fürsten jetzt Erfüllungsgehilfen der Briten oder gar deren Marionetten – ihrer wahren Macht beraubt, aber reich und ausgestattet mit zeremoniellen Insignien, die dem *Raj* eine traditionell indische Fassade verleihen sollten. Die Freimaurerei war Teil der Symbolik dieses Paktes mit der Krone. Bis zum Ausbruch des Ersten Weltkriegs gab es in Indien mindestens zehn Brüder, die im Logenregister als Beruf »Maharadscha« angaben.

Die Rekrutierungen waren um einiges zahlreicher geworden seit den Tagen, als man die ersten indigenen Kleinfürsten aufgenommen hatte. Die meisten Inder, mit denen Kipling in Lahore geheime Griffe und Passwörter tauschte, waren Kaufleute. Gelegentlich war auch ein Arzt oder Verwaltungsbeamter darunter. Sie entstammten zudem unterschiedlichen Ethnien: Neben dem oben erwähnten Sikh-Fürsten umfasste die Loge Männer wie den Parsi-Kaufmann E. C. Jussawalla, den muslimischen stellvertretenden Kommissar Mohammed Hayat Khan und den bengalischen Hindu und Anwalt P. C. Chatterjee. Doch die weißen Gesichter überwogen nach wie vor: Es gab damals allenfalls acht indische Brüder in der Loge, ein weiterer kam während Kiplings Aufenthalt hinzu. Demnach war die Loge Hope and Perseverance mitnichten die vielgepriesene multikulturelle Mutterloge des Gedichts.

Im November 1887 zog es Kipling wegen eines umfangreicheren Auftrags für eine größere Zeitung aus Lahore fort. Sein Ziel, 600 Meilen südöstlich von Lahore, war das Justiz- und Verwaltungszentrum Allahabad, auf einer Landzunge gelegen, wo die klaren Wasser der Yamuna in den trübgelben Ganges strömten. Hier trat er im April 1888 einer Loge bei, die seine Phantasie mehr befeuerte, als es die Loge Hope and Perseverance in Lahore getan hatte. Kiplings neue Loge, Independence with Philanthropy Nr. 391, durchlebte gerade einen indigenen Rekrutierungsschub. Vor 1883 fand sich in den Akten der Loge nur ein einziges indisches Mitglied. Als fünf Jahre später Kipling beitrat, gab es mindestens zwanzig, drei weitere kamen in den elf Monaten hinzu, in denen Kipling an den Treffen teilnahm, ehe er nach England zurückkehrte. Von den dreiundvierzig Männern, die der Loge Independence with Philanthropy 1887 und 1888 beitraten, stammten bemerkenswerte achtzehn aus Indien. Selbst wenn der ethnische und religiöse Hintergrund dieser Männer vielleicht nicht so pittoresk vielfältig war wie in dem Gedicht, das Kipling sechs Jahre später in Vermont verfassen sollte, waren natürlich sowohl Muslime als auch Hindus vertreten.

Einige dieser neuen indischen Brüder waren Kaufleute; auch ein oder zwei Ärzte oder Heiler waren darunter, außerdem Verwaltungsbeamte, vor allem *Tehsildars*, lokale Steuereintreiber. Doch nicht weniger als die Hälfte der indischen Freimaurer, die Kipling kannte, waren Rechtsanwälte oder Strafverteidiger, oft als *vakils* bezeichnet. Die Aufstiegschancen dieser Männer hingen von ihren Kontakten ab und ihrem guten Ruf innerhalb der britischen Anwaltschaft. Ihre Hauptmotivation, der Loge beizutreten, war daher nicht der spirituelle Austausch unter Brüdern unterschiedlicher Glaubensgemeinschaften, sondern eher die Tatsache, dass der Brite Sir John Edge auf der Mitgliederliste stand. Sir John Edge war im Dezember 1886 dazugestoßen – gleich nachdem er in Allahabad seinen Posten als Oberster Richter des Hohen Gerichts der nordwestlichen Provinzen Indiens angetreten hatte. Ungeachtet ihrer Religion wurden viele indische *vakils* aus demselben Grund Freimaurer wie viele Briten: um sich für den eigenen Vorteil bei anderen Mitgliedern beliebt zu machen.

Es wäre jedoch falsch, aus dieser gemischten Loge den Schluss zu ziehen, dass zwischen den Briten und der indischen Elite in der Stadt oder auch nur innerhalb der Freimaurerei völlige Harmonie herrschte. Allahabad war geprägt – und gespalten – vom Trauma des Aufstands.

Nach dem Großen Aufstand von 1857, im Zuge dessen fünfzig Weiße in der Stadt niedergemetzelt worden waren, fühlten die Briten sich gezwungen, ein von der indischen Bevölkerung möglichst abgesondertes Leben zu führen. Allahabad wurde zum Zentrum der Verwaltung und der Justiz, weil es leicht zu verteidigen war. Kaum hatte sich die Gewalt gelegt, als eine strategisch ungünstig gelegene Moschee aus dem siebzehnten Jahrhundert kurzerhand abgerissen wurde – ohne Entschädigung für die muslimische Gemeinde. Es war der Beginn der damals umfangreichsten Stadterneuerung in Britisch-Indien. Die East Indian Railway Company, deren Eisenbahn über eine imposante Trägerbrücke daherkam, zerschnitt die Stadt in zwei Teile. Im Norden befand sich die »Weiße Stadt« oder Civil Station, einschließlich eines neuen britischen Stadtviertels namens Cannington. Im Süden erstreckte sich die alte indische Stadt. Der Unterschied zwischen den zwei Bereichen war eklatant. Auf der einen Seite, in der die drei Prozent Europäer der Stadt lebten, gab es ein Netz aus breiten, kostspielig instand gehaltenen und von Teakbaumen beschatteten Straßen. Hier standen stattliche Amtsgebäude, Hotels, ein Krankenhaus und eine medizinische Hochschule. Für die Bewohner der stuckverzierten Bungalows mit ihren weitläufigen Grünflächen schlossen die Annehmlichkeiten eine anglikanische Kirche, eine Bibliothek, einen Club, einen Cricket-Pavillon, ein Polofeld und natürlich einen »geräumigen« masonischen Tempel mit ein, der 1875 in der Cutcherry Road (wo er auch heute noch steht) eröffnet wurde. Zur Sicherheit gab es zudem eine Infanteriekaserne, die von einem britischen Besucher als »palastartig« beschrieben wurde. Im Süden dagegen lag, was die Briten gerne als einen Sumpf undifferenzierten Elends betrachteten, von einem Abflusskanal durchzogen, der ein »widerlicher Graben mit krabbelndem, stinkendem Inhalt« war: Hier lebte die indische Bevölkerung mit all ihren mannigfaltigen Religionen, Kasten und Berufen. 1885, kurz vor Kiplings Ankunft in Allahabad, beschrieb der scheidende Kommissar für Hygiene die vorherrschende britische Haltung gegenüber der Gemeinde, die auf der falschen Seite der Schienen lebte, verzweifelt mit folgenden Worten: »Sie meinen, wenn die Einheimischen gern in dieser ungesunden Umgebung lebten, sei das ihre Sache.«

Das Niemandsland zwischen der Civil Station und der indischen Altstadt belegten zwei kleine Viertel. Das erste, neben dem Bahnhof, war für sechs- oder siebenhundert »Anglo-Inder-Mischlinge«. Im zweiten lebten gebildete Bengalen, von denen sich einige gelegentlich in die Civil Station wagten, um den Zusammenkünften ihrer Loge beizuwohnen, der Independence with Philanthropy.

Die Freimaurerloge war eine der wenigen gemischtrassigen Institutionen in Allahabad. Das Integrationsniveau in der Loge war ebenso außergewöhnlich wie überschaubar. In solch einer zweigeteilten Stadt wäre es illusorisch zu glauben, eine Begegnung zwischen den dunkelhäutigen Freimaurern »auf Augenhöhe« mit Rudyard Kipling und den anderen hellhäutigen Brüdern an jedem ersten und dritten Dienstag im Monat hätte irgendeine Ähnlichkeit mit einem aufrichtigen Miteinander. In der »Mutterloge« räumt Kipling still ein, dass die Gleichheit, die innerhalb der geheiligten Pforten der Loge herrschte, den normalen Hierarchien wich, sobald das Treffen vorüber war:

Draußen: »Herr!«, »Wachtmeister!«
Ein dienstbeflissen Gesicht!
Doch drinnen nur: »Mein Bruder!«
Mit Rang- und Titelverzicht.

Die Verbrüderung zwischen Weißen und Einheimischen war nur dann harmlos, wenn sie auf den masonischen Tempel beschränkt blieb.

Die Grenzen der masonischen Toleranz in Indien passten tadellos zu Kiplings eigenen widersprüchlichen Impulsen. Seine schriftstellerische Empathie war mühelos und allumfassend; er genoss es, in die Überfülle indischer Stimmen einzutauchen. Wäre er bloß ein Heuchler gewesen, hätte er niemals *Kim* schreiben können, sein großes Abenteuer in Britisch-Indien; es wäre für Kipling ein Leichtes gewesen, den gemischten Logen aus dem Weg zu gehen. Doch Kipling konnte auch hassen – und das höchst unmasonisch. Die Liste der Objekte seines Hasses, den er stets bissig zum Ausdruck brachte, wurde im Laufe seines Lebens immer länger. Amerika: »Barbarei – Barbarei plus Telefon, elektrisches Licht, Eisenbahn und Wahlrecht«. Die Deutschen: »der schamlose Hunne«, »der tief im Herzen den finsteren Göttern des Nordens folgt, mit der düsteren Wildheit seines Stammvaters, des Werwolfs.« Die Iren: »die Orientalen des Westens«. Die Orientalen: siehe vorangegangenes Zitat. Eines von Kiplings frühesten und beständigsten Hassobjekten, eine Erfahrung aus Lahore und vor allem aus dem überwiegend hinduistischen Allahabad, war der *Babu*. Der Begriff war ein abwertender Terminus der Briten für englisch erzogene hinduistische Bürokraten und Anwälte, die typischerweise aus Bengalen kamen. Für Kipling, wie für viele seiner Landsleute, war der Babu eine Kombination aus »männlicher Sturheit« und der »unvernünftigen Quengeligkeit kleiner Kinder, stets in krankhafter Angst, jemand könne sich über sie lustig machen«. Der Babu hatte Schliff und kleidete sich westlich. Doch just dieses *Savoir faire* machte ihn unglaubwürdig – als versuche er, britischer zu sein als die Briten. »Babu Chuckerbutty« war einer der indischen Charaktere, denen die »Mutterloge« mit Toleranz begegnete. Solch eine Toleranz mochte in der Loge durchgehen, doch sie war schnell erschöpft, sobald der fragliche Babu nach politischer Macht strebte.

In einer Erzählung, die er in Allahabad zu schreiben begann, zeichnete Kipling das sarkastische Porträt eines dreisten Babu. »Der Bezirksleiter« handelt von einem indischen Regierungsbeamten, besagtem Babu, der von einem wohlmeinenden liberalen Vizekönig dazu bestimmt wird, eine Grenzprovinz zu regieren. Ein blutiges Chaos ist die Folge. Kiplings Geschichte ist eine Parabel über die Gefahren indischer Selbstverwaltung. Indien sei ein so riesiges und heterogenes Völkergemisch, so das Argument, dass nur die feste Hand eines klugen ausländischen Herrschers das Land zusammenhalten könne.

»Der Bezirksleiter« entstand anlässlich der Ankunft in Allahabad von 1248 Delegierten, 455 davon Anwälte, zum vierten Indischen Nationalkongress im Dezember 1888. Die Kongresspartei war drei Jahre zuvor in Bombay gegründet worden, um für die Bevölkerung des Subkontinents ein größeres Mitspracherecht in der Regierung zu verlangen. Die britische Obrigkeit in Allahabad war nicht erbaut und versuchte, die Konferenz zu verhindern. Erst als ein Nawab, der ein leeres Anwesen mit großen Grünflächen in den Civil Lines besaß, sich einverstanden erklärte, dass man es für den Kongress benutzen dürfe, konnten die Delegierten kommen und ihre Zelte aufschlagen. Für Kipling und den Rest der weißen Einwohnerschaft musste sich das Ganze wie eine Babu-Invasion angefühlt haben.

Kiplings Zeitung, der *Pioneer*, maulte laut gegen den »aufwieglerischen« Kongress und sein »Unheil« und gab bengalischen Babu-Agitatoren die Schuld für den Ärger. Als anonymer Autor verfasste Kipling einen langen, verächtlichen Augenzeugenbericht über die »Exemplare«, die »aus allen Provinzen Indiens« als Delegierte angereist waren. Die Versammlung werde von »*Vakils*« überschwemmt, bemerkte er mit Abscheu: *Vakils*, die indischen Anwälte, die auf den unteren Stufen der indischen Kolonialverwaltung agierten, waren sozusagen eine nicht bengalische Version des Babu. Kiplings Bericht über den Kongress definierte die Delegierten als »Kielwasser des Bildungsministeriums«. »In einer Sprache, die sie [die Delegierten] nicht beherrschten, rangen sie mit Prinzipien jenseits ihres Begriffsvermögens. Sie waren gekommen, um lauthals die Gleichheit einzufordern, weil ihre eigene Vorgeschichte ihre Unterlegenheit verriet.«

Das Einzige, was ansatzweise geordnet verlief, war laut Kipling die Anwesenheit weißer und gemischtrassiger Delegierter. Er wies in der Tat beharrlich auf die »Halbkasten-Menschen«, die »Engländer zweiter Klasse«, die »weiß-braunen Männer«, und identifizierte sie als die Schiedsrichter des Kongresses: »[Die indischen Delegierten] erinnerten vorrangig an eine Herde Schafe, die im Begriff waren, in alle Richtungen auseinanderzustieben, aber von einer Handvoll »schwarzbrauner Collies« zusammengehalten und gezwungen wurden, eine geschlossene Front zu bilden.« Verständlicherweise erbost über den Bericht, schritt einer dieser »schwarzbraunen Kongressabgeordneten«, ein ehemaliger Armeeoffizier namens Andrew Hearsay, eine Pferdegerte in der Hand, geradewegs in die Redaktion des *Pioneer,* um dem Herausgeber eins überzuziehen. Er erfuhr nicht, dass Kipling den Artikel geschrieben hatte.

Ein weiterer Kongressabgeordneter, der sich von der Sprache im Artikel zu Recht persönlich hätte angegriffen fühlen können, war einer von Kiplings Logenbrüdern: Der scharfsinnige, gewandte junge Anwalt Motilal Nehru war eineinhalb Jahre vor Kipling der Loge Independence with Philanthropy beigetreten. Nehru war mit Sir John Edge befreundet, dem Obersten Richter am Distriktgericht in Allahabad, der viele weitere indische Rechtsanwälte in die Bruderschaft gezogen hatte. Sollte sich das Gedicht »Die Mutterloge« in irgendeiner Weise auf Kiplings Loge in Allahabad beziehen, war Nehru vielleicht einer der indischen Charaktertypen, die darin aufgelistet sind. Und doch brandmarkte Kiplings Artikel im *Pioneer* ihn als einen der verantwortungslosen *Vakils,* die den Kongress »überschwemmten«.

Aus einer hochkastigen Familie in Delhi stammend, die nach dem Indischen Aufstand in Not geraten war, lastete nach dem Tod seines älteren Bruders die Verantwortung für das Wohl seiner Familie allein auf Nehrus Schultern. Er sollte es weit bringen: Nach spektakulären Erfolgen vor Gericht würde er zum leuchtenden Stern im Indischen

Brüder der Loge Independence with Philanthropy in Allahabad: Rudyard Kipling (1865–1936) und Motilal Nehru (1861–1931). Zu Nehrus Füßen auf diesem Foto von 1894 sitzt sein Sohn Jawaharlal, der Indiens erster Premierminister werden sollte.

Nationalkongress avancieren und dort 1919 und erneut 1928 den Vorsitz übernehmen. 1947 würde sein Sohn Jawaharlal, der wenige Monate nach Kiplings Abreise in Allahabad geboren war, der erste Premierminister eines unabhängigen Indien werden. Seine Enkelin Indira Gandhi wurde Indiens erstes weibliches Staatsoberhaupt.

Kongressabgeordnete wie Motilal Nehru waren in den späten 1880er Jahren keineswegs Radikale. Die Treue zum Empire war für sie ebenso selbstverständlich wie die zur Königlichen Kunst. Im Spätfrühling des Jahres 1887 setzten Freimaurer aus mehreren englischen Konstitutionslogen im Nordosten Indiens ihre Namen unter eine »Ergebenheitsadresse«, in der sie Königin Viktoria »die herzlichsten und ergebensten Glückwünsche« zu ihrem goldenen Thronjubiläum sandten. Das Dokument war typisch für dieses Genre: Es nannte die Freimaurerei in einem Atemzug mit der Monarchie und dem »schicksalhaften« imperialistischen Streben des Empire. Zu den Unterzeichnern in Allahabad zählten die meisten – wenn nicht gar alle – indischen Brüder. Motilal Nehru unterzeichnete sogar zweimal – und das trotz der Tatsache, dass die eingezogenen Steuern, mit denen man die Jubiläumsfeiern zu finanzieren gedachte, eine der Kränkungen des indischen Selbstwertgefühls waren, gegen die Kongressmitglieder protestierten. Es müsste sich noch vieles ändern in Indien, bis sich der Kongress aus der »loyalen Opposition« der 1880er und 1890er Jahre zur Regierungspartei der 1940er Jahre mausern würde.

Nichtsdestoweniger ist es ein augenfälliger Zufall, dass der Erzimperialist Kipling zur gleichen Zeit Mitglied derselben Freimaurerloge war wie einer der Väter des indischen Nationalstaates; dass der Todfeind indischer Selbstbestimmung in brüderlicher Harmonie mit dem Begründer der herrschenden politischen Dynastie eines unabhängigen Indien beisammensaß. Doch die Verbindung war nicht ganz zufällig. Wie die Freimaurerei eine Rolle spielte im britischen Empire, spielte sie auch eine Rolle bei der Entstehung eines organisierten indischen Nationalismus.

Für ambitionierte anglisierte indische Intellektuelle wie Motilal Nehru war die Loge sicherlich eine Möglichkeit, sich mit einflussreichen Briten auszutauschen. Doch darüber hinaus war die Freimaurerei auch eine Schule der politischen Debatte und der konstitutionellen Organisationsform einer Regierung – wie sie dies bereits im 18. Jahrhundert in Großbritannien und Frankreich gewesen war. Das Losungswort der Königlichen Kunst von brüderlicher Gleichheit mochte aus dem Munde einiger Imperialisten hohl geklungen haben, doch das Leben in einer Loge konnte immer noch als praktisches Beispiel dienen für die Gleichheit zwischen gebildeten Indern und ihren britischen Kolonialherren. Masonische Werte suggerierten zudem, dass auch unter Indern Gleichheit möglich war. Weil sie tolerant, aber nicht profan war, modern und dennoch traditionsbewusst, bot die Freimaurerei eine Möglichkeit, ein wesentliches Hindernis vor der Verwirklichung indischer Nationalinteressen zu überwinden: die ausgeprägten kulturellen Unterschiede zwischen ihren Gemeinschaften, vor allem zwischen Hindus und Moslems. Es ist kein Wunder, dass sich unter den ersten Anführern des indischen Nationalkongresses so viele Freimaurer finden lassen: Zwischen 1885 und 1907 waren 43 Prozent seiner Vorsitzenden Brüder.

Die Loge Rising Star

Die Freimaurer liebten das Gedicht von der »Mutterloge« auf Anhieb, als es im Mai 1895 erschien, und sie lernten es in jedem Winkel der Dominions auswendig. »Es rührt das Herz eines jeden Maurers«, schwärmte die Zeitschrift *Masonic Illustrated*, »Gleichheit, brüderliche Liebe, das *summum bonum* der Freimaurerei, finden ihren Ausdruck im Refrain.« Die sentimentale Kraft des Gedichts bestand darin, dass es sowohl über Kiplings eigene Vorurteile hinwegtäuschte als auch über die engen Grenzen der masonischen Toleranz in Indien. Stattdessen ließ es die Eroberung und Beherrschung der rückständigen Regionen auf dem Planeten wie eine selbstlose Übung in brüderlicher Großzügigkeit und Weltoffenheit erscheinen. Im Laufe seiner schriftstellerischen Karriere sollte Kipling immer wieder zu der Vorstellung von der Freimaurerloge als einem Mikrokosmos des Empire und einem Zufluchtsort zurückkehren, in dem das gegenseitige Verständnis zwischen den Kulturen tonangebend war – freilich unter der Bedingung, dass die imperiale Herrschaft unangefochten blieb. Die Vorstellung hatte auch im öffentlichen Bewusstsein Bestand, weil sie zum Ausdruck brachte, wie die Briten sich selbst und ihre Besitzungen in Übersee wahrnahmen.

In den 1890er Jahren wurde Kipling schnell zu einer Berühmtheit, im Empire wie in der Freimaurerei. Seine Poesie und sein Bild in der Öffentlichkeit wurden von der Presse von einem Ende des britischen Weltreichs zum anderen getragen. Im 19. und beginnenden 20. Jahrhundert fanden masonische Zeitschriften von Dundee bis Delhi reißenden Absatz. Sie machten die Bruderschaft Nicht-Mitgliedern schmackhaft und schufen mit ihren Artikeln ein starkes Wir-Gefühl unter den Lesern – Maurern, Imperialisten, »Boten der Zivilisation«.

Sie ließen die großen masonischen Erbauer des Empire hochleben: Richard Wellesley, den Generalgouverneur von Indien, und seinen Bruder Arthur, den Herzog von Wellington; Stamford Raffles, den Gründer von Singapur; den Diamantenmagnaten Cecil Rhodes, den »*Koloss*« von Südafrika; und natürlich Rhodes' engen Freund Rudyard Kipling.

Kipling mochte in Indien gelernt haben, ein Imperialist zu sein, aber in den Jahren nach Erscheinen der »Mutterloge« galt ihm Südafrika als die wichtigste Mission des britischen Empire. Seine Vorstellung war grob gesagt die, dass Großbritanniens Rivalen aus den Industrieländern, zuvorderst Deutschland, sich gierig über das wenige noch verfügbare Land auf der Welt hermachen könnten. Sein Imperialismus war auch von der panischen Sorge getrieben, dass alles Land, über das Königin Viktoria bereits herrschte, im Handumdrehen wieder verlorengehen könnte. In seiner Poesie schlug er daher einen zunehmend beschwörenden, alttestamentlichen Ton an und appellierte in einigen seiner bekanntesten Gedichte mit erhobenem Zeigefinger an die patriotische Pflicht. Gedichte wie »Segenshymne« (1897) und »Die Bürde des Weißen Mannes« (1899) erschienen in der *Times*, als wären sie Leitartikel in Versform. Er wurde als der »Poeta Laureatus des Empire« gepriesen.

Die Freimaurer zur Zeit des Zweiten Burenkrieges (1899–1902) betrachteten ihre Bruderschaft durch eine Brille, deren Gläser dieselbe rosarote Tönung aufwies wie die Flächen des Empire auf den traditionellen britischen Weltkarten. Wie jedermann in Großbritannien verspürten auch sie, befeuert durch eine chauvinistische Presse, ein beispielloses Aufwallen patriotischer Gefühle. Die auf den Massenmarkt ausgerichtete *Daily Mail*, die erst 1896 gegründet worden war, hatte bis zum Ende des Konfliktes die Marke von einer Million Lesern erreicht und war damit die auflagenstärkste Tageszeitung der Welt. Wenn auch nicht ganz so streitbar wie die *Mail*, leisteten auch masonische Magazine ihren Beitrag in diesem Medienkrieg, wie aus ihrem Bericht über die beiden meistgefeierten Logentreffen der damaligen Zeit klar hervorgeht.

Bloemfontein war eine Stadt mit heiter anmutenden, blechgedeckten Bungalows, deren Blumengärten von afrikanischen Bediensteten gepflegt wurden; der Ort machte einen verlorenen Eindruck in dem endlos wogenden karamellbraunen Buschland Südafrikas. Und doch war er die Hauptstadt des Oranje-Freistaats, der an der Seite seiner Schwester, der Transvaal-Republik, im Herbst 1899 gegen das britische Empire in den Krieg zog, um unabhängig zu bleiben. Es war daher ein denkwürdiger Tag, als am 13. März 1900 eine Kolonne aus 30000 rotgesichtigen britischen Soldaten in abgenutzten Khakiuniformen und löchrigen Stiefeln auf den Marktplatz marschierte. Die Kapitulation Bloemfonteins schien wie der Anfang vom Ende des Krieges.

In London wurde derweil ekstatisch gefeiert. Die Mitglieder beider Parlamentskammern versammelten sich vor dem Buckingham Palace, um der Monarchin mit »*God Save the Queen*« ein Ständchen darzubringen. Freimaurer hatten allen Grund, diesen jüngsten Triumph britischer Kriegskunst in ihren Tafellogen mit einem Toast zu feiern: Der britische Kommandant in Südafrika, Lord Roberts, war Freimaurer und heroischer Veteran der Kriegszüge in Indien, Abessinien und Afghanistan.

Einige Wochen später wollte die Loge Rising Star in Bloemfontein zeigen, wie brüderliche Harmonie die Zwistigkeiten des Konfliktes überwinden konnte, indem sie ihre eigene »Mutterlogen«-Version gründete. Neunundzwanzig Mitglieder und siebenundvierzig Besucher drängten sich in dem kleinen, baufälligen masonischen Tempel der Stadt. Anwesend waren sowohl Afrikaander als auch Briten. Unter den Besuchern waren Soldaten aus dem gesamten britischen Empire. Während Lord Roberts sich wegen Krankheit entschuldigen ließ, waren andere militärische Berühmtheiten unter den Maurern anwesend. Unter ihnen war Lord Stanley, der Provinzialgroßmeister von Lancashire und Chefzensor der Armee. Der angesehenste von allen war der strenge Stabschef der britischen Streitkräfte in Südafrika und Bezirksgroßmeister von Ägypten und dem Sudan, Lord Kitchener. Kitchener war achtzehn Monate zuvor in der Schlacht von Omdurman zum Helden geworden: Seine Armee hatte mit Maxim-Maschinengewehren

Britische Truppen besetzen im März 1900 Bloemfontein. Vorneweg sieht man hoch zu Ross Feldmarschall Frederick Roberts (1832–1914), einen Freimaurer.

und neuen Hohlspitzgeschossen, die in Indien gefertigt wurden, dreizehntausend Derwische niedergemäht.

Logenmeister Ivan H. Haarburger hielt eine bewegende Rede, bei der er diesen »glanzvollen Ausdruck der Raison d'être der Freimaurerei« lobte. Ihr Ziel sei es, »auf dem gesamten Erdkreis die Not zu lindern« und selbst jenen, die der Krieg entzweit habe, eine gemeinsame Plattform zu bieten. Zur Rechten des Meisters sitzend, kam Kitchener auf die wichtigste Angelegenheit des Treffens zu sprechen; es gelte dankbar zu sein, dass Prinz Edward, zugleich Thronerbe und Großmeister der Vereinten Großloge von England, einen Mordanschlag überlebt hatte: »Seine Königliche Hoheit hat mehr für die Freimaurerei getan als irgendjemand sonst auf dieser Welt. Zweifellos würde er unserem Wunsche, dass wieder Friede und Harmonie in Südafrika herrschen möchten, aus vollem Herzen beipflichten.« Die versöhnliche

Stimmung, die aus dem Inneren der Loge Rising Star hervorglomm, befeuerte die Phantasie der masonischen wie auch der allgemeinen Presse. Sie schmeichelte der geliebten Vorstellung, Großbritannien wäre ein sanfterer Machthaber als andere europäische Großmächte, der seine eroberten Gebiete lieber zivilisiere, anstatt sie zu unterdrücken und auszubeuten.

Der Ruhm des Treffens in der Loge Rising Star war nicht zuletzt der Tatsache geschuldet, dass die zwei meistgefeierten Schriftsteller der Welt und Befürworter des Imperialismus unter den Anwesenden waren: Conan Doyle und Kipling. Die Zeitungsberichte stützten sich auf einige reale Fakten. Conan Doyle bot den Truppen, die durch den Oranje-Freistaat vorrückten, seine Dienste als Arzt an. Bald nach der Einnahme von Bloemfontein reagierte Kipling prompt auf eine Anfrage von Lord Roberts, ihm bei der Herausgabe des *Friend* zu helfen, einer Zeitung, die sich sowohl an die Soldaten als auch an die Stadtbevölkerung richtete. Wie hätte auch ein Logentreffen, das so sehr von den brüderlichen Idealen der Harmonie zwischen den Völkern des Empire erfüllt war, *ohne* den berühmten Autor der »Mutterloge« stattfinden können?

Neun Monate später, am 31. Januar 1901, veranstaltete die Loge Rising Star ein noch größeres Treffen: Neununddreißig Mitglieder und einundsechzig Besucher schrieben sich im Register ein. Diesmal waren keine Berühmtheiten darunter. Der Anlass war denkbar ernst: Es galt, der Trauer über das Hinscheiden von Königin Viktoria Ausdruck zu verleihen. Ein presbyterianischer Priester hielt eine volltönende Homilie auf die masonischen Tugenden von »Loyalität, Ehrerbietung und Liebe«, die Viktoria verkörperte: »Sie sind ewig. Wenn unsere Generation sie weiter in Ehren hält, wird der Thron nicht wanken und das Empire stark bleiben. Wir stehen geschlossen hinter unserem Herrscher und fördern die geistige Freimaurerei.« Angesichts der Berichte aus Bloemfontein meldeten die Freimaurer in der Hauptstadt des Empire sich wieder zu Wort. Wie eine masonische Zeitschrift berichtete: »Wir tun mit Freude kund, dass nicht nur viele burische Brüder anwesend waren, sondern sogar mehrere burische Gefangene ›auf Bewährung‹.

Es liegt auf der Hand, dass es in Südafrika keinen größeren Akteur in der Versöhnung der Rassen gibt, auf die wir alle hoffen, als die Loge Rising Star.« Doch in Bloemfontein war nicht alles Gold, was glänzte, weder in der freimaurerischen Presse noch in der Arbeit masonischer Historiker, die seitdem darüber berichtet haben.

Zum einen dürfte es kaum überraschen, dass sowohl Afrikaander als auch Briten sich in freundschaftlicher Eintracht in der Loge Rising Star zusammenfanden. Bloemfonteins Afrikaander-Bevölkerung war bei weitem nicht einhellig für eine Abspaltung vom britischen Empire, weil sie mit der britisch geführten Kapkolonie im Südwesten enge Handelsverbindungen pflegte. Als die Briten einmarschierten, waren jene Afrikaander, die tatsächlich erbitterte Feinde der Krone waren, längst über alle Berge. Überdies hatten Briten und Afrikaander ein grundlegendes gemeinsames Interesse daran, die nicht weiße Bevölkerung Südafrikas unterwürfig zu halten – wie der Friedensvertrag am Ende des Krieges beweisen würde. Dass von der schwarzen Bevölkerung Bloemfonteins niemand an den gefeierten Logentreffen teilgenommen hatte, versteht sich von selbst. So weit ging »die Versöhnung der Rassen« nun auch wieder nicht.

Zweitens war die Geschichte von Kiplings Anwesenheit beim ersten Logentreffen in Bloemfontein reine Fiktion. Er hätte am 23. April 1900 gar nicht vor Ort sein können, weil er drei Wochen zuvor nach England abgereist war, um seinen Roman *Kim* abzuschließen, die Geschichte eines Jungen, der in einem masonischen Waisenhaus in Indien aufgewachsen war.

Conan Doyle dagegen war mit Sicherheit dort: Er traf nur wenige Stunden nach Kiplings Abreise in Bloemfontein ein, und obwohl er offiziell kein Freimaurer mehr war, findet sich seine Unterschrift auf der gerahmten Kopie der Depesche der Loge an den Prince of Wales, die bis heute in der Masonic Hall in Bloemfontein an der Wand hängt. Und doch fällt auf, dass Conan Doyle dieses bekanntermaßen harmonische Logentreffen am 23. April in seinen Memoiren nicht erwähnt hat. Es lag wahrscheinlich daran, dass er zu diesem Zeitpunkt viel zu beschäftigt war, um nachhaltig davon beeindruckt zu sein. Wie er sich später erinnerte, kämpfte er mannhaft mit dem »Tod in seiner abscheulichsten, schmutzigsten Form«.

Das Problem war von Bruder Lord Roberts ausgelöst worden, der es in puncto Logistik und Versorgung der Truppen an der notwendigen Sorgfalt hatte fehlen lassen. Er hatte auch selbstgefällig die Bedrohung durch Buren-Freischärler unterschätzt, die bald nach Ankunft der Briten die Wasserversorgung Bloemfonteins kappten. Das Ergebnis waren Dreck, Elend und eine Typhus-Epidemie, die insgesamt fünftausend Menschenleben forderte. Das kleine Lazarett, in dem Conan Doyle arbeitete, im Pavillon des Cricket-Clubs eingerichtet, wimmelte von Fliegen und war völlig überlastet. Nicht masonische Harmonie entströmte der Stadt, sondern der »Übelkeit erregende Gestank der widerlichsten Ausdünstungen«, wie Conan Doyle es ausdrückte. Doch der Armeezensor, Bruder Lord Stanley, Provinzialgroßmeister von Lancashire, sorgte dafür, dass die Nachricht von der Katastrophe nicht an die Öffentlichkeit gelangte; im Gegensatz zu Kipling *war* er tatsächlich bei dem Logentreffen am 23. April zugegen gewesen.

Wherever Englishmen are to be found in any numbers there will assuredly be a club. The Ramblers' Club at Bloemfontein was a token of the large English element in the town. Before the war the British residents used to gather together in this bungalow. The building is now used by Langman's Hospital for housing the sick and the wounded. Our photograph is by F. J. Mayer

THE RAMBLERS' CLUB, BLOEMFONTEIN, NOW USED AS A HOSPITAL

Das Krankenhaus, in dem Arthur Conan Doyle (1859–1930) in Bloemfontein arbeitete. Aus der zeitgenössischen britischen Presse.

Am Ende des zweiten Treffens, im Januar 1901, der Trauerloge für Königin Viktoria, hatte sich der britische Feldzug in Südafrika zu einem kräftezehrenden Krieg gegen burische Freischärler ausgewachsen, die Chaos anrichteten, indem sie Eisenbahngleise in die Luft jagten und Versorgungslager zerstörten. Bruder Lord Kitchener griff zu einer Taktik von berüchtigter Grausamkeit – der Oppositionsführer der Liberalen sprach von den »Methoden der Barbarei«. Man steckte Burenfarmen in Brand. Burische Frauen und Kinder – die Familien von Soldaten und Kriegsgefangenen oder auch nur die Opfer der Brandstiftungen – wurden in Konzentrationslager gesteckt, vermutlich, um sie leichter versorgen zu können. Bis zum Ende des Krieges würden 25 000 der Insassen, zumeist Kinder, verhungern oder den Seuchen im Lager erliegen.

Bloemfontein beherbergte das größte Konzentrationslager im Oranje-Freistaat. Etwa zeitgleich zur Trauerloge inspizierte die Feministin Emily Hobhouse diese Anlage und stellte fest, dass sich in jedem der kleinen Zelte etwa zehn bis zwölf Personen drängten, ohne Matratzen, ohne Seife, mit Hungerrationen, unangemessenen Wasservorräten und – was das Schlimmste war – verdreckten Latrinen. Die Lage spitzte sich zu, als noch mehr Frauen und Kinder dort interniert wurden. Hobhouse fand die Schuld bei der »himmelschreienden männlichen Ignoranz, Dummheit und an Unfähigkeit grenzenden Hilflosigkeit«. Unter solchen Umständen sollte die blumige Erzählung seitens der britischen Freimaurer – damals und auch heute noch –, die Loge Rising Star habe zu ihrer feierlichen Erinnerung an das Leben Königin Viktorias und die Größe ihres Empire auch burische Kriegsgefangene begrüßt, als das verstanden werden, was sie ist: groteske Phantasie.

Die Freimaurerei entwarf für die Briten des Empire ein schmeichelhaftes Selbstbild, eine Ausprägung von Männlichkeit, die entschlossen war und selbstbewusst, dabei voller Mitgefühl für die besiegten Feinde und unterworfenen Völker. Im Gedicht »Die Mutterloge« und in Erzählungen, die aus Episoden wie den Logentreffen in Bloemfontein hervorgingen, sollte das Empire wie die Erfüllung des masonischen Ideals einer universellen Brüderlichkeit erscheinen, wie eine Vision von weltoffener Kameradschaft. Im ganzen Empire weiteten die Freimaurer ihre moralische Führungsposition aus, um eine Familie von Völkern aus jedem Winkel der Welt zu umschließen.

Embleme der Sterblichkeit

Nach dem Zweiten Burenkrieg begann Kipling den »Großen Krieg« gegen den »Hunnen« vorauszusehen, wie er ihn nannte. Angeblich ist es ihm geschuldet, dass beide Begriffe in den alltäglichen Sprachgebrauch übergingen. Der heraufziehende Konflikt wäre ein Kreuzzug, der die rechtmäßige Vormachtstellung Großbritanniens gegen einen barbarischen Herausforderer zu verteidigen hätte. Als der Große Krieg 1914 endlich kam, begrüßte ihn Kipling von ganzem Herzen. Er setzte alle Hebel in Bewegung, um seinem Sohn John, der wegen seiner Kurzsichtigkeit nicht zum Soldaten taugte, die ersehnte Einberufung zu verschaffen. Kiplings alter Freund, Feldmarschall Lord Frederick Roberts, der Held aus Bloemfontein und ein Mitbruder, intervenierte zu seinen Gunsten. Ende September 1915 hatte Lieutenant John Kipling von den Irish Guards inmitten der Abraumhalden und Kalksteinbrüche von Loos seinen ersten Einsatz. Vor wenigen Wochen hatte er seinen 18. Geburtstag gefeiert und war immer noch drei Jahre zu jung, um in eine Loge aufgenommen zu werden.

Seine Leiche sollte zu Kiplings Lebzeiten nie gefunden werden. Erst im Jahr 2016 würden Wissenschaftler seine sterblichen Überreste identifizieren.

Kipling begab sich mit seiner Frau Carrie auf eine verzweifelte, schier endlose Suche nach Informationen zu Johns Verbleib. Sie klapperten Lazarette, Militärbaracken und Begräbnisstätten ab, erhielten aber lediglich widersprüchliche Aussagen zu John. Trauer, quälende Zweifel und vielleicht auch Schuldgefühle zehrten an ihrer Gesundheit. Einziger Trost waren die Berichte von Kameraden, John habe tapfer gekämpft und auch Deutsche getötet. »Einen Mann großgezogen zu haben, ist schon nicht schlecht«, schrieb Kipling an einen Freund.

Der Dichter wurde allmählich alt, war krank und innerlich gebrochen. Nachdem sein Sohn als vermisst galt, schrieb er acht Jahre lang fast nichts. Doch anstatt mit seiner Schaffenskraft abzuschließen, richtete er sie jetzt auf ein neues Ziel, widmete sie einer feierlichen Pflicht, die sowohl ihn persönlich als auch das Empire betraf: die Trauer um die Toten des Großen Krieges und das Andenken an sie. Die Freimaurerei würde bei der Ausübung dieser Pflicht eine zentrale Rolle einnehmen.

Vieles in der Freimaurerei handelt vom Tod. Die Schlinge um den Hals, die Schwertspitze auf der Brust, die Totenköpfe, Knochen, Gräber, Urnen und Särge … Die Reise eines Mannes durch das masonische Ritual bringt ihn mit endlosen »Emblemen der Sterblichkeit« in Berührung, wie die Brüder sie nennen. Durch diese Embleme verleihen die Maurer einem universellen Mysterium eine erkennbare Gestalt. Die Logenarbeiten setzen den Tod als Impuls, in sittlicher Hinsicht zu wachsen; sich der Angst vor dem eigenen Tod zu stellen zeigt, dass man bereit ist, ein neues Leben innerhalb der Bruderschaft zu beginnen.

Der Tod selbst verwandelt sich, wenn er auf diese Weise ritualisiert wird. Die stille, furchterregende Aussicht auf den Fluchtpunkt des Lebens wird zu etwas, das mit Gleichmut betrachtet werden kann. Wie der Philosoph Bertrand Russell einmal schrieb: »Die kultiviertesten Religionen befassen sich mit dem Bezwingen der Angst.« Christi Tod und Auferstehung sind ein Paradebeispiel. Jede Form von Zugehörigkeit, die dem Tod einen Sinn verleihen kann, ist essenziell. Der Nationalismus funktioniert in ähnlicher Weise durch die Suggestion, für das eigene Land zu sterben. Masonische Zeremonien erhalten die Fiktion aufrecht, dass das Sterben keine einsame Erfahrung ist, sondern eine, der man sich gemeinsam stellt, Schulter an Schulter mit den Brüdern. In der Freimaurerei ist der Tod Männersache.

Am 23. September 1919 wurde ein schottischer Eisenbahner namens Joseph Dickie, seit einiger Zeit Corporal bei den Royal Engineers, in

Die Arbeitstafel (Tracing Board), die in den Logen während der Dritten-Grad-Zeremonie (der des Meisters) gezeigt wird. Sie fungiert als symbolische Gedächtnishilfe und als ein Memento mori.

Aberdeen in die Loge St George eingeführt. Dickie war Berufssoldat gewesen: Nachdem er sich 1907 verpflichtet hatte, kämpfte er im Ersten Weltkrieg. Kaum war er wohlbehalten wieder nach Hause gekommen, wäre er 1918 beinahe an der Spanischen Grippe gestorben. Die Familiengeschichte besagt, er sei im letzten Moment von einem großen Glas Whisky ins Leben zurückgeholt worden.

Ich erwähne meinen eigenen Großvater nur deshalb, weil er exemplarisch für die vielen tausend ehemaligen Soldaten steht, die nach dem Ersten Weltkrieg Freimaurer wurden. Männer wie Joseph Dickie hatten das Unvorstellbare erlebt. Vor ihrem Angriff bei Vimy Ridge zu Ostern 1917 bestanden einige kanadische Einheiten darauf, sich präventiv die eigenen Gräber zu schaufeln. Als die Überlebenden dieses industrialisierten Gemetzels demobilisiert wurden, suchten viele von ihnen nach einem Ersatz für die Kameradschaft der Schützengräben und fanden ihn in der Freimaurerei. Der Erste Weltkrieg führte zu einem beispiellosen Anstieg an masonischen Verbindungen in vielen am Krieg beteiligten Ländern. In England und Wales zum Beispiel wurden zwischen 1917 und 1929 über 1300 neue Logen gegründet, und die Mitgliederzahl verdoppelte sich. Die Königliche Kunst war noch nie zuvor so relevant gewesen. Masonische Rituale boten einen Ersatz für jene Routinen im Leben eines Soldaten, die es ihm erleichterten, die ständig präsente Todesangst zu bewältigen: von geteilten Zigaretten und dem Polieren der Stiefel mit Spucke bis hin zu den Liedern, dem Galgenhumor und der Erkennungsmarke. Die Loge konnte auch die notwendigen Kontakte liefern, um die zivile Karriere wieder anzustoßen.

Die Freimaurerei als Institution hatte schon seit langem Mitleid mit dem Schicksal der Soldaten und nahm ihre Rolle im Trauer- und Heilungsprozess feierlich ernst. Die imposante, sepulkrale Freemasons' Hall, die heute in Londons Covent Garden steht, wurde als eine Gedenkstätte für die Gefallenen im Ersten Weltkrieg errichtet. Um die vielen Invaliden nicht auszugrenzen, veröffentlichte die englische Freimaurerei auch eine Klarstellung zu einer ihrer alten »Landmarken«, die oft dazu benutzt worden war, behinderte Menschen auszuschließen. Unter Berufung auf ihre mittelalterlichen Quellen schrieben die *Alten Pflichten* aus dem 18. Jahrhundert vor, dass nur initiiert werden konnte, wer ein »völlig gesunder junger Mann« war, »keine Verstümmelung oder sonst ein körperliches Gebrechen« an sich hatte. Die Großloge stellte fest, dass sich diese Regel nur auf Verletzungen des Gehirns bezog, die es einem Kandidaten unmöglich machten, die Königliche Kunst zu erlernen.

Es waren jedoch nicht nur ehemalige Soldaten, die Trost in der Freimaurerei fanden, sondern auch die Trauernden. Unter ihnen war Rudyard Kipling.

Seit er Indien verlassen hatte, war er nie ein sehr aktiver Freimaurer gewesen. Sein fordernder Ruhm machte den regelmäßigen Besuch einer Loge unmöglich. Nichtsdestoweniger war die Freimaurerei stets ein wichtiger Bestandteil seiner imaginativen Werkzeugtasche geblieben. Ihm gefiel die Art und Weise, wie die Königliche Kunst erhabene moralische Belange durch bescheidene Symbole ausdrückte, die auf dem Steinmetzhandwerk basierten. Mit Hilfe der Freimaurerei konnte er Themen wie Trauer, Männlichkeit und die Ideale des Empire verfeinern und strukturieren. In dem Gedicht »Die Witwe in Windsor« (1890) salutiert Kiplings übliches lyrisches Ich, der Soldat, vor Königin Viktoria (die Witwe im Titel), ihrem Empire und den Truppen, die es errichteten, indem er es mit einer Maurerloge vergleicht:

Und weiter zur Loge der Witwe,
Die vom Pol zum Äquator sich streckt …

Im Gedicht »Der Palast« (1902) wurde ihm die Freimaurerei zum Mittel, um auf die Bedeutung von Tradition und geduldiger Arbeit für die Poesie und das gute Leben hinzuweisen; Kipling verfasste es nach dem Tod seiner sechsjährigen Tochter, die an einem Fieber gestorben war, dem er selbst um ein Haar erlegen wäre.

Eine der wenigen Geschichten, die Kipling während seiner langen Trauer um seinen Sohn John verfasste, erklärt, warum der Autor von da an schärfer und direkter über die Freimaurerei schreiben würde als je zuvor. »Im Interesse der Brüder« entstand im September 1917 – genau zwei Jahre nach John Kiplings Tod. Die zur Zeit des Krieges in London spielende Erzählung ist weniger Fiktion als ein kollektives Porträt von verstümmelten, traumatisierten Soldaten, die Trost und sogar Freude finden, indem sie eine Loge mit Namen »*Faith and Works*« aufsuchen. Wie immer brilliert Kipling in seinen Miniaturen. Die Brüder sind Männer aus allen militärischen Rängen und Lebensumständen. Ihre Bandbreite reicht von einem mit dicken Verbänden versehenen Schotten, der »nur sechs Zähne hatte und eine halbe Unterlippe, sich aber trotzdem zu jedem Thema äußerte«, bis zu einem beinlosen Hauptmann in der Landwehr, der auf die Orgelempore getragen wird, um dort Bach zu spielen. Einer der Brüder ist ein »Kriegszitterer«, der fortwährend weint; ein anderer kommt geradewegs aus dem Truppentransport hereingestolpert, die Uniform noch vom Schlamm Flanderns bedeckt.

Die Loge in Kiplings Geschichte tut sich auf, probt ihre Zeremonien, und endet dann mit einem Bankett bestehend aus Schinkenbroten. Unterdessen herrscht Ehrlichkeit, aber wenig feierlicher Ernst unter den Brüdern, die beiläufig darüber sprechen, was die Maurerei für sie bedeutet. Ein Offizier der Engineers zum Beispiel erzählt zur Belustigung aller, wie es ihm und seinen Waffenbrüdern gelungen war, ein gutes Logentreffen in einer ausgebombten Kirche abzuhalten. Sie hatten nur zweierlei zur Ausstattung ihrer Rituale. Erstens raue Quader. (Für Freimaurer sind Quader symbolische Steine, der eine unbehauen, der andere behauen und glatt. Doch in diesem Fall bezieht der Stein sich auf die Ruinen der Kirche.) Und zweitens »die Embleme von Sterblichkeit« – hier die Gebeine toter Kameraden, die überall herumlagen.

»In the Interests of the Brethren« transportiert Botschaften, die sich überschneiden. Die Freimaurerei, heißt es darin, biete die Art von Gemeinschaft, wie sie in der Religion zu finden sei, nur ohne das theologische Gehabe. Für Kipling war die Freimaurerei stets eine Art Miniaturglaube, ein Alltagscredo für Macher und Werkler, nicht für Denker. Sie bietet einen verträglichen, durchschnittlichen Lebensplan – eine vergnügliche Art und Weise, all die Widrigkeiten zu bewältigen, die kleinen wie die großen. Ein einfüßiger Unteroffizier der Sanitätstruppe der Royal Army äußert einen Kommentar, der Kiplings eigene Überzeugungen spiegelt: »Ich bin nicht sehr fromm, aber was ich vom Glauben weiß, hab ich in der Loge gelernt.«

Die Geschichte erteilt auch eine Lektion über die heilende Kraft der liebevollen, hingebungsvollen, gewissenhaften Arbeit. Die Brüder, die zu Besuch sind, erwidern die Gastfreundschaft, die man ihnen gewährt, indem sie wischen und schrubben, putzen und polieren. Jahre solchen Engagements haben die ehemalige Garage, in der die Loge

Faith and Works ihre Treffen abhält, in ein Schaustück masonischer Tugend verwandelt.

Kipling war ein viel zu guter Schriftsteller, als dass eines seiner Werke ausschließlich autobiographisch wäre. Dennoch besticht in der Erzählung »In the Interests of the Brethren« ein Charakter als das Spiegelbild seines eigenen Lebens. Wichtiger noch, der Charakter spiegelt auch, was Kipling nun als seine Pflicht als Schriftsteller erachtete. Lewis Burges ist der Meister vom Stuhl der Loge *Faith and Works*. Sein Name ist von Bedeutung, zumal *Lewis* in der Maurerei den Sohn eines Maurers bezeichnet. Burges' einziger Sohn, auch er ein »Lewis«, ist in Ägypten gefallen. Burges ist Tabakhändler und pflegt stille Hobbys wie das Angeln und das Züchten von Kanarienvögeln. Er weiß nur allzu gut, dass er keinen Erben hat, dem er sein Unternehmen und seine Tüchtigkeit hinterlassen könnte. Dennoch führt er alles, was er tut, mit Sachverstand, Großzügigkeit und Urteilsvermögen aus, so dass seine harte Arbeit die Qualität eines heiligen Ritus annimmt. »Alles Rituelle wirkt stärkend«, sagt er. »Das Ritual ist ein natürliches Bedürfnis der Menschen.« Es ist dieses Ethos, das Burges in seine Loge mit einbringt. Kipling wollte dasselbe Ethos in sein kulturelles Schaffen während und nach dem Ersten Weltkrieg einfließen lassen. Angesichts der persönlichen und kollektiven Tragödie verschmolz seine Freimaurerei mit seinem Schreiben.

Die Freimaurerei, wie Kipling sie auffasste, wird in der Erzählung »In the Interests of the Brethren« mehr als nur ein Trost. Sie bietet die Hoffnung, dass der Weltkrieg kein sinnloses Schlachten war, sondern der Weg in eine brüderliche Nachkriegswelt. Wie ein Charakter bemerkt: »Und wenn dieser Krieg uns nicht alle zu Brüdern gemacht hat, dann will ich – ein Hunne sein!« Es gibt Besucher aus Neufundland, Neuseeland, Rhodesien … Die fiktive Loge *Faith and Works* ist demnach »so gemischt wie das Empire selbst« und somit ein Kriegszwilling der »Mutterloge«.

Nur dass die Vertreter des Empire in Kiplings imaginärer Loge *Faith and Works* ausnahmslos weiße Siedler sind und mitnichten das religiöse und ethnische Gemisch, das er ein Vierteljahrhundert zuvor in der »Mutterloge« abgebildet hatte. Während und nach dem Ersten Weltkrieg verstand Kipling das Empire weniger als ein britisches Weltreich denn als eine Gemeinschaft weißer, aus Kolonien entstandener Nationen, wie Australien und Kanada, mit demselben Status wie das Mutterland. Der Hauptgrund für diesen Gesinnungswandel war der Zoll an Blut und Ressourcen, den die *Dominions* für den Krieg geleistet hatten. Die nicht weißen Völker des Empire hatten ebenfalls in großer Anzahl dazu beigetragen. Zum Beispiel zählten zu den 90 000 indischen Soldaten, die im Ersten Weltkrieg ihr Leben ließen, auch die über dreitausend Männer, die in der Schlacht bei Loos an der Seite von Kiplings Sohn John fielen. Doch diese nicht weißen Soldaten sind unsichtbar für die imaginierte imperiale Familie in Kiplings Erzählung, wie sie auch bei den Plänen in London keine Rolle spielten, einigen von Großbritanniens Kolonien mehr Selbstbestimmung zuzugestehen.

Innerhalb der Grenzen, die Kiplings Rassismus setzte, durchdringen die masonischen Werte von Gemeinschaft und sakramentaler Arbeit alles, was er in seiner von Trauer geprägten Lebensphase unternahm: Er versuchte, danach zu leben, und lobte sie in seiner Literatur.

»In the Interests of the Brethren« entstand kurz nachdem Kipling sich bereit erklärt hatte, der Imperial War Graves Commission, der Kriegsgräberfürsorge des britischen Empire, beizutreten. Die Einrichtung entstand auf Betreiben einer Freiwilligeneinheit des Roten Kreuzes unter dem Kommando von Fabian Ware – Lehrer, Beamter der Kolonialverwaltung und Journalist. Ihre Mitarbeiter begannen ihre Tätigkeit an der Westfront, indem sie die britischen Gefallenen in ein Register aufnahmen. Außerdem beschafften sie würdige Inschrifttafeln für die vielen tausend provisorischen Kreuze, die sie entlang des Frontverlaufs fanden, suchten geeignete Stätten für Soldatenfriedhöfe und setzten sich mit den vielen tausend Angehörigen der Toten in Verbindung, die die Gräber aufsuchen wollten. Als die Imperial War Graves Commission im Frühjahr 1917 ihre Königliche Satzung erhielt, war Wares

Organisation bereits in Thessaloniki, auf Gallipoli, in Mesopotamien, auf dem Balkan, in Ägypten und Ostafrika sowie in Frankreich und Belgien aktiv. Ihre Satzung basierte auf der imperialen Philosophie, die erklärt, warum sich die Kommission den Toten verpflichtet fühlte: »Um die Ideale am Leben zu erhalten, zu deren Verteidigung sie ihr Leben ließen, um das Band der Einigkeit zwischen allen Schichten und Rassen in unseren Dominions zu stärken und ein Gefühl der geteilten Staatsbürgerschaft und der Loyalität und Hingabe uns und dem Empire gegenüber zu befördern, dessen Untertanen sie sind.« Die Ehrerbietung vor den gefallenen Soldaten sollte die imperialen Bande in Stein meißeln.

Die Arbeit der Commission erforderte Geschick und Taktgefühl; sie war gewaltig und facettenreich. Es galt, jeden gefallenen Soldaten im Empire in ein Register einzutragen: Am Ende des Kriegs würde sich ihre Zahl auf über eine Million belaufen. Hinweise zu den Vermissten und zu nicht identifizierten Leichen mussten kompiliert und analysiert werden. Es galt, Entwürfe zu erstellen für die Grabsteine und Grabstätten – Entwürfe, die mit jeder Religionsgemeinschaft und Ethnie des Empire im Einklang sein mussten, die schließlich ihre Söhne für die gute Sache gegeben hatten. Und waren die Friedhöfe errichtet, galt es, sie zu bepflanzen und zu pflegen, bombenzerwühlte Schlachtfelder in Gedächtnisgärten zu verwandeln. Um sie durch diese Aufgabe zu geleiten, folgten Ware, Kipling und die übrigen Mitglieder der Kommission *einem* Leitkonzept: Die Gefallenen waren Waffenbrüder. Was immer ihre Stellung im Leben, was immer ihr Glaube sein mochte, vor dem Tod waren sie alle gleich. Offiziere und Zivilisten, Adelige und Niemande, sie alle sollten identische Grabsteine erhalten. Zu unterscheiden wäre der Einzelne allein durch seinen Namen, seinen Rang, sein Alter, den Todestag, ein Regimentsabzeichen und ein religiöses Symbol.

Kipling widmete seine Schaffenskraft der Kriegsgräberfürsorge bis zu seinem Tod im Jahr 1936. Er bereiste die Soldatenfriedhöfe der Westfront als Inspekteur. Er wurde der offizielle Sprecher der Kommission, entwarf ihre Veröffentlichungen und verfasste, als Ghostwriter,

Gedenkansprachen für die Mitglieder des Königshauses. Vor allem erdachte Kipling die schönen, wohlklingenden Inschriften für die Denkmäler der Kommission. Er wählte den Satz: »Ihre Namen leben ewig«, der auf dem zentralen Altar eines jeden Friedhofs eingraviert ist. Er schuf die Inschrift »Ein Soldat des Großen Krieges / Gott kennt ihn«, die die Gräber nicht identifizierter Soldaten kennzeichnet. Kipling widmete sein Leben nunmehr weniger dem Schreiben als dem Totengedenken. Man mag es ihm daher nachsehen, dass er eine Schreibmetapher wählte, um jener Gefallenen zu gedenken, die wie sein Sohn kein Grab erhalten hatten: »Ihr Ruhm wird nicht ausgelöscht.«

Dem Vernehmen nach fand Kipling Erfüllung in seinem Engagement für die Kriegsgräberfürsorge. Er schätzte das Teamwork und die Gewissheit, dass er seinem Land, seinem toten Jungen und seiner Schriftstellerzunft etwas Gutes erwies. Sobald sich die Türen zum Konferenzraum der Kommission hinter ihm schlossen, blieb sein Kummer draußen.

Die Arbeit der Kriegsgräberfürsorge war unverkennbar masonisch. Sie gehorchte einem Ideal von brüderlicher Gleichheit und erstreckte sich über das gesamte Empire. Sie hieß Menschen aller Glaubensrichtungen, Rassen und Lebensläufe in ihrer posthumen Gemeinschaft willkommen, der Mutterloge für die Gefallenen. Jede der endlosen, detailreichen Aufgaben der Kommission beruhte auf einer langen Tradition und verwies in einer liturgisch anmutenden Weise auf das Jenseits. Es überrascht daher kaum, dass im Januar 1922 im französischen St. Omer eine Freimaurerloge für die Mitglieder der Kommission und ihre Mitarbeiter gegründet wurde. Kipling war einer von drei Brüdern, die dabei federführend waren. Er hatte auch den Einfall für ihren Namen: *Builders of the Silent Cities*, Erbauer der Schweigenden Städte.

Städte und Throne und Mächte
Dem Auge der Zeit untersteh'n,
Beinahe so lange wie Blumen,
die doch täglich vergeh'n.

Kiplings Freimaurerei, so wie sie in seinem Einsatz für die Kriegsgräberfürsorge zum Ausdruck kam, umfasste Männer im gesamten Empire, unabhängig von ihrer Hautfarbe. Doch genau wie in der Mutterloge seines Gedichts war an diese Weltoffenheit eine Bedingung geknüpft: Die Toten des Ersten Weltkriegs sollten ein uraltes Lehensband besiegeln, das die Völker des Empire mit dem britischen Herrscherhaus verknüpfte.

Es sollte nicht sein. Die Kolonien sahen den Handel anders: Sie verlangten als Gegenleistung für den Dienst, den sie geboten hatten, größere Unabhängigkeit. Doch während die weißen Siedlergesellschaften (Australien, Neuseeland, Südafrika, Kanada) den Status von Dominions zuerkannt bekamen und damit Großbritannien gleichgestellt wurden, galt dies nicht für Indien. Der Drang nach Unabhängigkeit nahm unweigerlich Fahrt auf. Motilal Nehru wurde während des Krieges radikaler und gründete Anfang 1919 eine Zeitung in Allahabad, um die Interessen eines allmählich zur Nation heranreifenden Volkes zum Ausdruck zu bringen. Für Nehru, wie für so viele Inder, bedeutete das Massaker von Amritsar im April 1919 den Wendepunkt: Soldaten hatten den Befehl erhalten, so lange in eine friedliche Demonstration zu feuern, bis ihre Munition erschöpft war. Fast 400 Menschen waren dabei zu Tode gekommen. Nehru führte die Untersuchung der Kongresspartei zu dem Gemetzel, was ihn in die vorderste Front von Mahatma Gandhis Kampagne des zivilen Ungehorsams brachte. Die Ironie an Kiplings masonischer Gedächtnisarbeit bestand darin, dass das Schicksal des Empire, in dessen Namen er handelte, im Grunde längst besiegelt war.

In Kontinentaleuropa sah die Freimaurerei unterdessen ihrer größten Bedrohung entgegen.

11 HAMBURG

De Profundis

In einer reflektierteren Welt hätte die katholische Kirche aus dem Taxil-Schwindel der 1890er Jahre etwas gelernt. Leider war das nicht der Fall. Mehrere Kirchenmänner äußerten den Verdacht, dass der Mann, der den Schwindel in Paris aufgedeckt hatte, ein freimaurerischer Handlanger gewesen sei. Der echte Léo Taxil und mit ihm die echte Diana Vaughan wären am Tag davor von den Freimaurern ermordet worden. Natürlich waren nicht alle Katholiken so verbissen leichtgläubig. Aber selbst die klügeren Köpfe der Kirche blieben weiterhin zutiefst überzeugt, dass die Freimaurerei der Inbegriff von Häresie, Täuschung und Verruchtheit sei.

Im katholischen Antimasonismus schwang auch die Angst vor der Geschwindigkeit mit, mit der die von Dampf und Elektrizität angetriebene Globalisierung die europäische Heimat des Christentums aus dem Zentrum des Weltgeschehens verdrängte. Ein weiterer Grund für den Fortbestand der Antifreimaurerei, die vom späten 19. bis ins 20. Jahrhundert immer weiter um sich griff, liegt darin, dass sie die Wiederbelebung eines viel älteren und giftigeren religiösen Hasses förderte. Der offizielle Katholizismus hatte die Freimaurerei seit den 1730er Jahren verachtet; die Juden dagegen verachtete er schon weitaus länger, denn sie waren die Mörder Christi.

Zur Zeit des Taxil-Schwindels gehörte die Annahme, dass es eine böse Allianz zwischen Juden und Freimaurern gebe, zum üblichen Spektrum katholischer Schmähungen. Seit jeher begierig, aus den übelsten Phantasien der Kirchenhierarchie Profit zu schlagen, widmete

Taxil in der Studie *Der Teufel im 19. Jahrhundert* ein ganzes Kapitel den Juden in der Freimaurerei. Darin behauptete er, die jüdische Emanzipation sei das Werk der Freimaurer, der Schottische Ritus sei von Juden gegründet worden, das Trampeln auf ein Kruzifix sei Teil des Rituals für die Aufnahme in geheime jüdische Logen, und eine halbe Million jüdischer Freimaurer habe sich jetzt mit dem luziferianischen Palladismus verbündet.

Mit solchen Aussagen wurden im späten 19. Jahrhundert traditionelle antijüdische Themen wiederbelebt, einschließlich der Ritualmordlegende: die Vorstellung, dass Juden »ihr Ostern« heimlich mit der Opferung eines christlichen Kindes feierten, dessen Blut sie verwendeten, um Mazzen für das Pessachmahl herzustellen. Dem antijüdischen Repertoire wurden noch zwei neue Themen hinzugefügt: Erstens der Glaube, dass Juden die internationale Finanzwelt kontrollierten. (Die Finanziers des Papstes, die Rothschilds, spielten bei dieser Aktualisierung des gern bemühten Stereotyps vom raffgierigen jüdischen Geldverleiher eine zentrale Rolle.) Zweitens die Vorstellung, dass die Juden eine biologisch eigene Rasse, eine fremde und verderbliche Erscheinung wären.

Für konservative Katholiken bestand offensichtlich die Versuchung, ihren Antijudaismus mit der Antifreimaurerei zu verschmelzen: Geheimhaltung. Dunkle Rituale. Gier nach Weltherrschaft. Die Freimaurer und die Juden schienen viel gemeinsam zu haben. Geradezu auffällig waren die alttestamentlichen Themen im riesigen Arsenal freimaurerischer Symbole: Salomons Tempel und dergleichen. Dies alles war Beweis genug, dass die Freimaurer und die Juden miteinander im Bunde waren. Die antimasonische Verschwörungstheorie wurde zur Blaupause für den modernen Antisemitismus.

Der Glaube an eine jüdisch-masonische Verschwörung breitete sich auf Nicht Katholiken aus. Im deutschsprachigen Raum zum Beispiel wurde diese Verschwörungstheorie in eine örtlich begrenzte Variante des extremen Nationalismus integriert, die als völkische Ideologie bekannt ist: Sie kombinierte Antijudaismus, Hass auf die Demokratie und den »jüdischen Kapitalismus« mit der nostalgischen Sehnsucht nach einer sagenhaften germanischen Vergangenheit. In Wien wurde die Geschichte von der jüdisch-masonischen Verschwörung von Guido von List aufgegriffen, einem wildbärtigen Okkultisten, Rassenguru und Autor von Volkslegenden. Er entwarf einen Plan für ein neues alldeutsches Reich, in dem die »arische Rasse« den absoluten Vorrang haben sollte; alle Nicht-Arier würden ihr unterworfen sein. Jetzt waren die »Ario-Germanen« zu einem tödlichen Kampf gegen die »Internationalen« – Juden, Freimaurer und sogar die katholische Kirche – herausgefordert. Von List klammerte sich an das Hakenkreuz als Symbol des unbesiegbaren arischen Erlösers, eines *Führers*, der bald in Erscheinung treten sollte. Er gründete auch eine Geheimgesellschaft mit dem Ziel, die Ario-Germanen für den Kampf zu »reinigen«. Ironischerweise war die Gesellschaft der Freimaurerbruderschaft nachempfunden, die er so sehr verachtete. In Wien gab es eine Person, die sich bekanntermaßen für diese Ideen begeisterte: ein obskurer Student aus der Provinz, den man 1908 mehrere Wochen lang mit einem von Lists Büchern unter dem Arm herumlaufen sah. Der Name des Studenten war Adolf Hitler.

27 Jahre später, in Hamburg, zeigten sich die Ergebnisse von Hitlers Hass. Hamburg war die Wiege der Freimaurerei in Deutschland: Die Loge Absalom, die erste des Landes, war dort 1737 von englischen, niederländischen und schwedischen Kaufleuten gegründet worden. Unter den Nazis wurde sie zum Grab der deutschen Freimaurerei.

Am Abend des 30. Juli 1935, fünf Minuten vor acht, begann in der neoklassizistischen Großloge an der Moorweidenstraße der letzte Ritus mit dem Anzünden von drei symbolischen Kerzen. Ihr Schein fing sich im Kragenspiegel der schwarzen Uniformen, die in den schattigen Ecken des Tempels kaum sichtbar waren: Die Gestapo war gekommen, um sicherzustellen, dass die Freimaurer keinen ihrer Tricks versuchten.

Den Ton für die Zeremonie bestimmte eine Lesung aus Kapitel 13 des Ersten Briefes an die Korinther: »Für jetzt bleiben Glaube, Hoffnung, Liebe, diese drei; doch am größten unter ihnen ist die Liebe.« Großmeister Richard Bröse stellte den Antrag auf sofortige Auflösung der Großloge und schloss jede Diskussion aus. Nach einem einstimmigen Votum wurde der Großmeister zum Liquidator ernannt mit der rechtlichen Befugnis, alle Freimaurervermögen zu veräußern. Drei schreckliche Hammerschläge des Großmeisters besiegelten das Ableben der Bewegung. Tränen begannen zu fließen.

Dann erhob sich der berühmte Bariton Bruder Robert vom Scheidt und sang die große Arie des Sarastro aus Bruder Wolfgang Amadeus Mozarts Freimaureroper *Die Zauberflöte*: »In diesen heil'gen Hallen kennt man die Rache nicht!« Es war ein Lied der Vergebung, aus dem Mund des gütigen, aber missverstandenen Hohepriesters des Tempels von Isis und Osiris – der, wie jeder wusste, für die Freimaurerei stand. An der Schwelle zur Auflösung versicherten die Brüder sich gegenseitig unter hemmungslosem Weinen ihrer Werte.

Großmeister Bröse hielt daraufhin seine Abschiedsrede. Er erinnerte daran, dass der Zweck der Freimaurerei darin bestehe, »im Sinne des Schöpfers Liebe zu verbreiten und die Kunst des Selbsterkennens, der Selbstbeherrschung und Selbstveredelung zu lernen und zu üben«. Er führte die Helden der Nation an, die den Freimaurer-Eid abgelegt hatten: König Friedrich der Große, der erste und größte Patron der deutschen Freimaurerei; Feldmarschall Blücher, der Sieger über Napoleon bei Leipzig und Waterloo; Titanen der deutschen Literatur wie Goethe; und natürlich »der größte aller Freimaurer«, Mozart – ein Genie und in Glaubensfragen bekanntermaßen tolerant. Die Zeremonie endete mit einem Gebet: »Eine tiefe und schmerzliche Trauer hat sich nun auf uns niedergesenkt. Gib uns die Kraft, sie mit Standhaftigkeit und Würde zu tragen. In Glauben, Liebe und Hoffnung beschließen wir unser Werk.« Wenige Tage später konnten die Polizeibehörden verkünden: »Die Freimaurerei in Deutschland wurde völlig zerschlagen.«

Die Hamburger Großloge wurde von der Gestapo besetzt, die ihre Schätze plünderte und ihr Archiv für Nachforschungen abtransportierte. Im Anschluss wurde das Gebäude von der SS auf der Suche nach versteckten Beweisen komplett auf den Kopf gestellt, was ebenso wahnsinnig wie erfolglos war.

Im Oktober 1941 wurde das ehemalige Haus der Freimaurerei in Hamburg, weil es ganz in der Nähe des Hannoverschen Bahnhofs lag, als Sammelstelle für die jüdische Bevölkerung der Stadt genutzt, die in das Ghetto in Łódź deportiert werden sollte.

Nur wenige Nicht-Freimaurer wissen, dass die Freimaurerei seitens der Diktaturen des 20. Jahrhunderts in Europa zuweilen brutale Unterdrückung erlitten hat. Die folgenden Seiten erzählen die Geschichte dieser Unterdrückung in Mussolinis Italien, in Hitlers Deutschland und in Francos Spanien. Sie waren aber keineswegs die einzigen europäischen Staaten, die gegen die Freimaurerei vorgingen; es waren auch nicht allein rechte autoritäre Ideologien, und Judenfeindlichkeit ging nicht immer mit Antifreimaurerei Hand in Hand. Das 1917 an die Macht gekommene Sowjetregime war ideologisch zwar gegen die Freimaurerei positioniert, doch weil diese schon 1822 durch Zar Alexander I. verboten worden war, blieb für die Bolschewiken nur noch wenig zu tun. In Ungarn wurden die Freimaurer sowohl durch Béla Kuns kurzlebige Sowjetrepublik (1919) als auch durch die reaktionäre Regentschaft Miklós Horthys (1920–44) unterdrückt. 1935 kriminalisierte der portugiesische Diktator Antonio de Oliveira Salazar die Freimaurerei. Auch in Vichy-Frankreich wurden die Logen überfallen und geplündert. Die Liste könnte so fortgesetzt werden.

Dieses Schicksal der Freimaurerei, erlitten durch den Faschismus und Nationalsozialismus, ist inzwischen zum festen Bestandteil des kollektiven Gedächtnisses der Bruderschaft geworden. Wenn Freimaurer heute mit Argwohn konfrontiert sind, was oft der Fall ist, dann erinnern sie sich der Unterdrückung der Brüder im Faschismus und Nationalsozialismus. Aus diesem Grund nimmt die Schließung der Hamburger Großloge 1935 durch die Gestapo einen besonderen Platz in vielen Geschichtsbüchern der Freimaurer ein. Sie berichten dieses

Ereignis so, wie ich es gerade getan habe: als glanzvolles Beispiel für die Integrität der Freimaurerei angesichts schlimmster Not; als Beweis dafür, dass Freimaurerei und Faschismus an entgegengesetzten moralischen Polen standen. Die Freimaurer haben angeblich viele Märtyrer zu betrauern, vor allem im Nationalsozialismus – nach einigen Schätzungen sogar 200 000. »Freimaurer wurden verhaftet, eingesperrt und vernichtet«, heißt es in einem kürzlich erschienenen Handbuch zur Freimaurerei. Aussagen wie diese rufen unweigerlich Bilder der nationalsozialistischen Konzentrationslager und ihrer zum Skelett abgemagerten jüdischen Opfer wach.

Wie kam es dazu? Wie wahr sind die ergreifenden Geschichten, die Freimaurer über die Unterdrückung ihrer Bruderschaft in den 1920er, 30er und 40er Jahren berichten? Bildet die Schließung der Großloge in Hamburg alles ab, was wir über die Art und Weise wissen müssen, wie rechte Diktaturen die Freimaurerei zerschlagen haben?

Die Suche nach Antworten beginnt dort, wo der Faschismus begann – in Italien.

12 ROM

Das gerupfte Huhn braten

Mussolini und Gramsci

Am 27. April 1914 debattierte der Italienische Sozialistische Kongress in der adriatischen Hafenstadt Ancona über den Vorschlag, Freimaurer aus der Partei auszuschließen. Der Antragsteller – ein sehr eindrucksvoller Redner – war ein breitbrüstiger Hitzkopf mit schütterem Haar namens Benito Mussolini: »Es mag sein, dass der Masonismus zum Humanitarismus neigt. Aber es ist nun an der Zeit, gegen den übermäßigen Humanitarismus vorzugehen, der die Partei infiltriert hat.«

Mussolini, die führende Figur des revolutionären Flügels der Partei, sprach in enthusiastischem Telegrammstil. Über seine starke physische Präsenz trat er in eine unmittelbare Verbindung zu den Massen. Die energetische Mimik verlieh ihm angeblich das Aussehen eines Mannes, der gerade einen Albtraum durchlebt. Mit seiner Ancona-Rede konnte er eine überwältigende Mehrheit für ein Verbot der Freimaurerei gewinnen. Über die Parteizeitung *Avanti!*, deren Herausgeber Mussolini war, machte er unmissverständlich seine Botschaft klar: »Der Kongress hat die Freimaurernester zerstört, die sich in den letzten Jahren in den Ecken und Halbschatten der Sozialistischen Partei angesiedelt haben.« Für Mussolini hieß der demonstrative Bruch mit der Freimaurerei, dass er jedweden reformerischen Kompromiss mit einem korrupten, bürgerlichen System strikt ablehnte.

Sechzehn Monate zuvor hatte der Kongress der rechtsextremen Italienischen Nationalistischen Vereinigung in Rom einen Antrag verabschiedet, in dem er der Freimaurerei »den Krieg erklärte«. Die Nationalisten machten sie für die kleinkarierten, pazifistischen Mauscheleien der Demokratie verantwortlich, die sie stürzen wollten. Die Antifreimaurerei auf italienische Art ging Hand in Hand mit Systemkritik von rechts und links.

Die Freimaurerei war tatsächlich tief im italienischen System verwurzelt und integraler Bestandteil des politischen Lebens, wie es sich in den letzten fünfzig Jahren entwickelt hatte. Es gab zehn oder elf freimaurerische Ministerpräsidenten. Die Führung der italienischen Freimaurerei war ständig in der Versuchung, die Bruderschaft nach bestimmten politischen Ideologien und deren Köpfen auszurichten. Weil aber selten klar war, was die hochfliegenden Werte der Freimaurerei tatsächlich bedeuten könnten, wenn sie in die Realpolitik übersetzt würden, erwies es sich wiederholt als unmöglich, die Bruderschaft an das eine Ende des politischen Spektrums zu rücken, ohne bei den Brüdern am anderen Ende Widerspruch zu provozieren. Was in den Augen von Nicht-Freimaurern den Eindruck erweckte, als hätten Freimaurer einen unzulässigen Zugang zur Macht, hatte weniger mit Ideologie zu tun als mit der Tatsache, dass sich die Logen oft genau dort befanden, wo Politik betrieben wurde. In den ersten Jahrzehnten nach der Vereinigung kämpften die politischen Parteien darum, im italienischen Parlament und in den Stadträten Fuß zu fassen, so dass die Macht zwischen diversen Netzwerken und Cliquen hin und her geschoben wurde. Wie viele andere Vereine und Verbände, waren die Logen gute Orte, um jedwede Kontakte zu knüpfen.

Sich in die Politik zu begeben brachte für die Freimaurerei auch das Risiko der Rufschädigung mit sich. Dies zeigte sich deutlich, als der wohlhabende toskanische Geschäftsmann Adriano Lemmi Großmeister (1885–95) war. Lemmi war ein enger Freund der damals dominierenden politischen Figur, des Ministerpräsidenten Francesco Crispi, auch er ein Freimaurer. Lemmi versuchte, aus dem Grande Oriente d'Italia eine Lobbygruppe für Crispis Politik zu machen. Infolgedessen wurden er und die Freimaurerei auch in zwei große Skandale der Crispi-Ära verwickelt. 1889 stellte sich heraus, dass Großmeister

Lemmi dank Crispi und den fünf anderen Freimaurern im Kabinett einem amerikanischen Unternehmen, das er vertrat, zu einer einjährigen Lizenz für das staatliche Tabakmonopol verholfen hatte. Das betreffende Unternehmen erhöhte daraufhin den Tabakpreis – und damit Lemmis beachtliche Provision. Aus dem Inneren der Freimaurerei kamen Gerüchte, das Geld sei dazu gedacht gewesen, Löcher in den Finanzen des Grande Oriente zu stopfen. Sechs Jahre später wurde Lemmi aufgrund von Korruptionsvorwürfen zu Fall gebracht. Wie andere Freunde und Verwandte Crispis hatte er von einer kollabierten Bank einen Kredit zu extrem günstigen Konditionen erhalten. Dank dieses Vorfalls gelang es der Antifreimaurerei, aus den katholischen Kreisen, auf die sie bisher beschränkt gewesen war, auszubrechen und im Mainstream Fuß zu fassen. Große Zeitungen wie *La Stampa* würden der Freimaurerei fortan geheime Einmischung in die Politik vorwerfen.

Die Koexistenz von Freimaurerei und italienischem Staat geriet in den ersten Jahren des 20. Jahrhunderts in eine Krise. Das Problem war nicht nur, dass 1908 der Grande Oriente ein Schisma durchlief, das die eher rechte Grande Loggia d'Italia von dem demokratischen Grande Oriente d'Italia abspaltete. Das Land veränderte sich nun rasch. Die Städte im Norden wurden zu Industriezentren. Die Demokratie fasste Fuß. Während im Jahr 1900 nur 6,9 Prozent der Bevölkerung wahlberechtigt waren, fanden 1913 in Italien die ersten allgemeinen Wahlen statt, bei denen alle erwachsenen Männer mitbestimmen konnten. Die Katholiken betraten die politische Arena und brachten ihre furchtsame Feindschaft gegen die Freimaurerei mit ein. Politische Parteien entstanden, und diese Parteien neigten dazu, althergebrachte Handlungsweisen heftig anzuprangern: vom Partito Socialista Italiano (PSI), der einen mächtigen revolutionären Flügel hatte, bis zur rechtsextremen Associazione Nazionalista Italiana. Für diese Gruppen verkörperte die Freimaurerei alles Zwielichtige und Marode des bestehenden Systems.

Der Erste Weltkrieg drängte die italienische Politik in die Extreme. Benito Mussolini sollte bald in der Frage des Eintritts Italiens in den Krieg von ganz links nach ganz rechts wechseln. Als der Frieden kam, gründete er den Faschismus. Infolge des faschistischen »Marsches auf

Rom« 1922 wurde er Ministerpräsident. Seine Ansichten zur Freimaurerei änderten sich nicht.

In der zweiten Hälfte des Jahres 1924 befand sich Mussolinis Regierung in einem akuten Krisenzustand. Auslöser war die Entführung und Ermordung des PSI-Abgeordneten Giacomo Mateotti durch faschistische Schergen. Als die Opposition daran scheiterte, den Duce zu Fall zu bringen, ergriff dieser die Initiative. Am 3. Januar 1925 hielt er eine Drohrede vor der Abgeordnetenkammer, in der er seine Absicht bekundete, die Demokratie und ihre Freiheiten abzuschaffen. Schon eine gute Woche später, am 12. Januar, kündigte er den allerersten Schritt in diese Richtung an: ein Gesetz zur Unterdrückung »geheimer Vereinigungen« – gemeint war die Freimaurerei. Der Gesetzentwurf, den er am 12. Januar vorlegte, enthielt zwei Bestimmungen: Die eine sollte verbieten, dass Freimaurer eine Anstellung beim Staat erhielten; die andere sollte die Geheimgesellschaften zwingen, ihre Mitgliederlisten und Regelwerke auf Verlangen an die Behörden herauszugeben – unter Androhung drakonischer Strafen bei Zuwiderhandlung. In den kommenden zehn Monaten, als der Gesetzentwurf die Abgeordnetenkammer und den Senat durchlief, wurde sein Inhalt noch weiter verschärft: Es ging nun um die völlige und gewaltsame Auslöschung der Freimaurerei in Italien.

Die Freimaurerei war 1925 das perfekte Opfer für Benito Mussolini, und das aus mehreren Gründen. Die Freimaurer verkörperten alles, was er beseitigen wollte, als er seine Diktatur errichtete. Die meisten Oppositionellen hatten das Parlament im vergangenen Sommer aus Protest verlassen; ihre Abwesenheit wurde ausgenutzt, um ein Bild von ihnen zu zeichnen, das sie unehrlich, gemein und hinterhältig aussehen ließ, mit einem Wort: masonisch. Das Gesetz würde dem Duce auch ein praktisches Werkzeug an die Hand geben, mit dem sich die vielen Freimaurer in der Beamtenschaft in Schach halten ließen. Auf diese Weise hätte die Staatsbürokratie weniger Mittel, ihn zu behindern. Die Kirche war mit dieser Politik zufrieden; der faschistische Führer hatte sich schon eine Weile dem Vatikan angedient. Die verschiedenen Teile der Regierungskoalition stimmten ebenfalls zu: rechte Katholiken; und ehemalige Mitglieder der Associazione Nazionalista Italiana, die ihren »Krieg gegen die Freimaurerei« zum Steckenpferd gemacht hatten. Auf die Freimaurerei einzuschlagen kam auch den faschistischen »Squadristen« entgegen. Dabei handelte es sich um brutale paramilitärische Banden, die in der Stadt und auf dem Land auf jegliche Opposition einprügelten. Für sie war die Aussicht, Logengebäude zu plündern und Brüder zu verprügeln, geradezu köstlich.

Tatsächlich plünderten Squadristen seit dem Frühjahr 1923 zahlreiche Logen. Die Gewalt eskalierte stetig ab Januar 1924. Im ganzen Land kam es zu Zwischenfällen. Von Lucca in der Toskana bis nach San Severo in Apulien, wo das Archiv der Freimaurer gestohlen, das Mobiliar des Tempels auf den steinernen Schachbrettboden geworfen und in Brand gesetzt wurde. Bald darauf wurde im Nordwesten bei einem koordinierten Angriff nahezu alles Tragbare aus vier Logen in Turin erbeutet. Im Sommer 1924 kam es zu weiteren Zwischenfällen, und im Herbst erreichte die Gewalt einen Höhepunkt mit verheerenden Angriffen auf Logen in achtzehn Städten, darunter Mailand, Bologna, Venedig, Bari und Marsala. Nur ein Einsatz der berittenen Polizei hinderte einen faschistischen Mob daran, den römischen Sitz des Grande Oriente zu stürmen; beim Versuch, das Haupttor aufzubrechen, kam ein Rammbock zum Einsatz, und es wurden Schüsse auf das Gebäude abgefeuert. Zu Beginn des Jahres 1925 bereitete eine weitere Welle von Überfällen auf Freimaurer und ihre Gebäude im ganzen Land den Boden für Mussolinis antimasonisches Gesetz. Nachdem es ins Parlament gekommen war, gab es kein Halten mehr.

Der Gesetzentwurf wurde im Mai 1925 in der Abgeordnetenkammer diskutiert. Die Redner bezeichneten die Freimaurerei abwechselnd als »Camorra« und als »parasitäre Vergiftung« des öffentlichen Lebens. Die einzige Gruppe, die sich gegen das Gesetz aussprach, war die kleine Fraktion der Kommunisten, die im Unterschied zu den anderen Oppositionsparteien im Parlament dem Faschismus hartnäckig Paroli bot. So hielt der kommunistische Sprecher Antonio Gramsci die mit Abstand interessanteste Rede in der Debatte – und auch die mutigste: Viele von Gramscis Kameraden waren von Faschisten verprügelt, eingesperrt und ermordet worden; ein kommunistischer Abgeordneter war kurz zuvor von einem Faschisten in der Parlamentstoilette mit heftigen Schlägen traktiert worden.

Intellektuell und auch physisch war Gramsci die Antithese zu dem großspurigen Machismo der Faschisten. Eine Kinderkrankheit hatte seine Wirbelsäule gekrümmt und sein Wachstum gehemmt. Ein boshafter Zeitungsartikel nannte ihn salopp »einen kleinen Buckligen, ganz Haar und Brille, der kaum so groß war wie die Rückenlehne seines Stuhls, wenn er aufstand«. Er hielt seine lange, wortgewandte Rede mit leiser Stimme, die im Parlament kaum zu vernehmen war. Gramsci war tatsächlich so schlecht zu verstehen, dass viele Faschisten ihre Sitze rechts im Plenarsaal verließen und sich in die Bänke um den Redner ganz links drängten. Der Effekt war, gelinde gesagt, einschüch-

Antonio Gramsci (1891–1937).

ternd. Dabei wollten die Faschisten nur hören, was er zu sagen hatte. Denn entgegen aller Erwartung ignorierten sie Gramsci keineswegs und brüllten ihn auch nicht nieder. Mussolini hielt sogar die Hand an sein Ohr, um auch ja jedes Wort zu verstehen, und rief des Öfteren dazwischen. So wurde deutlich, dass Mussolini und Gramsci, obwohl sie eingeschworene politische Feinde waren, in puncto Freimaurer doch einiges gemeinsam hatten.

Gramsci argumentierte, die Freimaurerei sei »die einzig wahre und effiziente politische Partei, die Italiens Bourgeoisie je hatte«. Italiens schwache Kapitalisten müssten, weil sie nicht in der Lage seien, die Ressourcen zu generieren, um offen große Teile der Massen zu gewinnen, stattdessen hinter verschlossenen Türen mauscheln und die Strippen ziehen.

Die Intention des Faschismus sei nicht wirklich das Anliegen, die Freimaurerei zu vernichten, sagte Gramsci weiter, er wolle stattdessen ihre Position übernehmen, um staatliche Posten an seine Anhänger umzuverteilen. Die Freimaurerei sei jedoch ein so integraler Bestandteil des italienischen Staates, dass sich der Faschismus am Ende mit ihr arrangieren werde. Die beiden würden schließlich fusionieren. Gramsci schlug einen prophetischen Ton an: »Die Freimaurer werden massenhaft zur faschistischen Partei übertreten … Die Freimaurerei wird ein Flügel des Faschismus werden.«

Solange der kleine Kommunistenführer die Freimaurerei als perverse Manifestation der alten Ordnung verurteilt hatte, konnte der Duce ihm gut und gern folgen. Aber nun stellte Gramsci den Faschismus mit der Freimaurerei auf die gleiche Stufe. Mussolini erhob schnaubend Einspruch: »Wir Faschisten haben die Logen schon niedergebrannt, bevor wir das Gesetz eingebracht haben!«

Gramsci entgegnete, die Gewalt der Squadristen gegen die Freimaurer sei nur eine Phase in den Verhandlungen, und argumentierte: Weil der Faschismus dazu bestimmt sei, dieselbe Rolle wie die Freimaurerei zu erfüllen, sei das zur Diskussion stehende Gesetz in Wahrheit nicht gegen die Freimaurer gerichtet, sondern gegen die Kommunisten und die Arbeiterklasse.

Mittlerweile war der fragile Gramsci so erschöpft, dass er sich, um sein Resümee vorzutragen, auf einen hilfsbereiten Faschisten stützen musste. Er warnte Mussolini und seine Männer, sie könnten zwar den Staat unter ihre Kontrolle bringen, die bevorstehende proletarische Revolution aber nicht aufhalten.

Diese hohle Kampfansage war das passende Ende einer entmutigenden Rede. Gramsci stritt sich mit dem Duce darüber, wer von beiden die Ruinen der italienischen Demokratie erben würde und wer der aufrechtere Antifreimaurer war. Um das Problem der Freimaurerei wirklich anzugehen, deutete Gramsci an, müsse eine politische Bewegung die Arbeiterklasse vertreten, denn sie sei die Erzfeindin der Bourgeoisie und ihrer freimaurerischen »Partei«.

Gramsci hatte recht mit seiner Vermutung, dass der Angriff des Faschismus auf die Freimaurer erst der Anfang war. Er hatte auch recht mit seinem Hinweis, dass viele Faschisten korrupt seien und durch größere Macht nur noch korrupter würden. Seine Analyse war jedoch eine abenteuerliche Übertreibung des Einflusses der Freimaurerei im letzten halben Jahrhundert und ihrer Fähigkeit, dem faschistischen Angriff standzuhalten.

Was weder Gramsci noch Mussolini sahen: Die Freimaurerei war weit mehr, als sie aus ihrer eingeengten politischen Perspektive vermuteten. Niemand in der Abgeordnetenkammer an diesem Tag wusste einen Grund, warum die Freimaurerei es verdiente zu überleben. Niemand erkannte, dass das Hauptopfer des faschistischen Antifreimaurergesetzes ein Teil der italienischen Gesellschaft sein würde, der zwar schwach und fehlerhaft, aber auch wertvoll war: weder die Arbeiterklasse noch die Bourgeoisie noch die Kommunisten oder die korrupten Politiker – sondern die Zivilgesellschaft.

Mussolini beendete die Debatte damit, dass er an seine lange Erfolgsgeschichte der Antifreimaurerei erinnerte, die bis zu seiner sozialistischen Zeit zurückreiche. Die Freimaurerei sei nicht etwa ein Berg, der gesprengt werden müsse, wie Gramsci angedeutet habe, sondern lediglich eine Blase, die es aufzustechen gelte. Dieses Paradestück der Gesetzgebung beweise, so Mussolini, dass die Faschisten bereit seien,

»ihren Freunden das größtmögliche Wohl und ihren Feinden den größtmöglichen Schaden zuzufügen«. Es folgten Jubel und Applaus.

Dann geschah etwas sehr Seltsames. Um acht Uhr abends, als es an der Zeit war, über den Gesetzentwurf abzustimmen, schien das Plenum sich langsam aufzulösen. Schließlich waren nur noch 206 Abgeordnete im Saal – dreißig weniger als notwendig, um beschlussfähig zu sein. Die Abstimmung konnte daher nicht stattfinden. Der allgemeine Verdacht war, dass die vielen Freimaurer im Parlament – und das trotz der eigentlichen zahlenmäßigen Übermacht der Mussolini-Anhänger – stillschweigend der Freimaurerei die Treue gehalten hatten. Ein paar Tage später – nachdem die abwesenden Abgeordneten zusammengetrommelt und *ermuntert* worden waren, sich aufrichtig zu entschuldigen – wurde das Gesetz mit überwältigender Mehrheit verabschiedet.

Diese kleine Geste des Protestes zeigte, dass es unter den Faschisten viele Freimaurer gab und dass Mussolinis Schlag gegen die Freimaurerei noch zusätzlich den Effekt hatte, dass er seine eigenen Reihen schließen konnte.

Im Vorfeld zum Ersten Weltkrieg hatte sich der traditionelle Patriotismus der italienischen Freimaurerei in vielen Logen zu einem aggressiven Nationalismus ausgewachsen. Nach dem Krieg hatten sich Freimaurer aus den gleichen Gründen dem frühen Faschismus angeschlossen wie andere Italiener: die Erfahrung der Schützengräben, die Abscheu vor dem Bolschewismus und die Sehnsucht nach »Ordnung«. Aber zusätzlich zu dieser politischen Tendenz gab es auch speziell masonische Gründe, warum hochrangige Freimaurer – selbst diejenigen, die der faschistischen Partei nicht beitraten – Mussolini für einen nützlichen Erfüllungsgehilfen hielten. Die beiden größten politischen Kräfte der unmittelbaren Nachkriegsjahre, die Sozialisten und die Katholische Volkspartei, waren beide offen gegen die Freimaurerei. Die Freimaurer wussten zwar, dass auch Mussolini ihnen instinktiv feindlich gegenüberstand, aber er schien gefügiger zu sein – und die große Zahl der Freimaurer, die seit der Gründung von Mussolinis Bewegung auf seiner Seite standen, wirkte ebenfalls beruhigend. Vielleicht konnte man ihn in die richtige Richtung lenken. Wir sollten uns also nicht wundern, dass der Großmeister des Grande Oriente, Domizio Torrigiani, Mussolini bereits wenige Tage nach dem Marsch auf Rom ein Glückwunschtelegramm schickte. Er gratulierte dem faschistischen Führer »leidenschaftlich und aufrichtig« zu seinem Erfolg.

Der Duce hatte sich nicht sehr lange mit dem Gedanken aufgehalten, sich mit den Freimaurern gut zu stellen. Er brauchte eher die Katholiken und erkannte daher schon bald, dass es vorteilhafter für ihn war, die Freimaurer zum Feind zu haben. Die Führung der Freimaurer hatte gehofft, Mussolini manipulieren zu können; doch am Ende manipulierte er sie bis zu ihrer Zerstörung. Der erste formelle Schritt erfolgte im Februar 1923, als der Große Faschistische Rat, das Führungsgremium der Partei, entschied, dass es unvereinbar sei, zugleich Freimaurer und Faschist zu sein. Bei der Abstimmung saßen neunzehn Männer am Tisch: zwölf davon waren Freimaurer, von denen acht für den Antrag stimmten und sich vier ihrer Stimme enthielten. In der gesamten Geschichte des Großen Faschistischen Rates sollte dies die einzige Entscheidung sein, die nicht einstimmig getroffen wurde. Auch wurde die Verfügung nicht vollständig umgesetzt. Viele Freimaurer blieben in der Partei. Bizarrerweise gab es sogar Brüder unter den Überfallkommandos der Squadristen, die 1924 Freimaurertempel demolierten. In einigen Fällen – in Umbrien, in der Romagna und vermutlich auch in der Toskana – nahmen Freimaurer an Gewaltaktionen gegen Logen teil, um rivalisierenden Brüdern eins auszuwischen.

Fazit war, dass es den verschiedenen Strängen der Freimaurerei, selbst den Nicht-Faschisten, nicht gelingen wollte, der Kampagne gegen sie mit einer konzertierten Opposition zu begegnen. Sollte die Freimaurerei ihren Nationalismus hervorkehren und dem Faschismus die Treue erklären? Oder sollte sie sich im Namen ihrer aufklärerischen Werte offen und explizit gegen den Faschismus aussprechen? Vielleicht wäre die Antwort auch eine Verhandlung mit Mussolini, über persönliche Kanäle? All diese Optionen waren vor 1925 von unterschiedlichen Freimaurergruppen zu diversen Zeiten ausprobiert worden – und alle waren gescheitert.

Mussolinis Gesetzesvorlage sollte im November 1925 in der zweiten Kammer, dem Senat, debattiert werden. Als der Zeitpunkt näher rückte, verlagerte sich die Kampagne gegen die Freimaurerei wieder auf die Straße.

Der Untergang der Freimaurerei in Fascistopolis

Der zweitmächtigste Mann Italiens war zu dieser Zeit Roberto Farinacci, Generalsekretär der faschistischen Partei und berüchtigter Anführer der Squadristen. Er war außerdem einer der unverblümtesten Antifreimaurer des Faschismus. Farinacci war zunächst ein einfacher Eisenbahner in Cremona und wurde bekannt als Mitglied einer politischen Motorradstaffel, die durch Pöbeleien und Erpressung auffiel; er war auch ein habgieriger Anwalt, der sein juristisches Diplom mit einem Plagiat erschlichen hatte. Im Herbst 1925 war er bereits zu Einfluss und Reichtum gelangt, ein Meister der Bestechung mit engen Verbindungen zur Finanzwelt und zur Großindustrie. Immer noch strömte von ihm etwas Gewalttätiges aus: Er war es auch, der einen kommunistischen Parlamentarier in der Toilette verprügelt hatte; später verlor er beim Hantieren mit Handgranaten einen Arm. Für den Faschismus in der Regierung schuf Farinaccis extreme Einstellung gegen das Establishment Probleme zwischen Mussolini und den konservativen Verbündeten des Faschismus. Außerdem gefiel sich Mussolini als der Einzige, der in der Lage war, die Squadristen unter Kontrolle zu halten. Farinacci schloss sich begeistert der Kampagne gegen die Freimaurerei an. Im September 1925 tönte die Zeitung, die er herausgab, man solle »sämtliche Vaterlandsverräter kurzerhand erschießen«.

Kurz nach der Veröffentlichung dieses Artikels erschien in der Presse ein Bericht zur Untermauerung hartnäckiger Gerüchte, dass Farinacci Freimaurer gewesen sei: Er sei 1915 initiiert worden und bis 1921 Mitglied geblieben. Im Gegenzug behauptete Farinacci, er habe sich den Freimaurern nur deshalb angeschlossen, um sie von innen heraus auszuhöhlen. Das überzeugte niemanden. Man hielt es für weitaus wahrscheinlicher, dass er dem Bund beigetreten war, um in sei-

In der Mitte des Bildes ist Roberto Farinacci (1892–1945) zu sehen. Die Aufnahme entstand im Jahr 1925.

ner Heimatstadt Cremona in einflussreiche Kreise der Geschäftswelt und der Politik vorzudringen. Wenn Farinacci wirklich auf der Jagd nach geldgierigen Freimaurern war, brauchte er nur einen Blick in den Spiegel zu werfen. Es wurde jetzt sogar vermutet, dass er noch immer einer Loge angehörte und im Zentrum eines Komplotts faschistischer Freimaurer stand, um Mussolini zu stürzen. Was an diesen Verdächtigungen zutraf und was von einer rivalisierenden Fraktion innerhalb der faschistischen Partei erfunden war, ist unklar.

Squadristen reagierten wütend auf das, was sie bequemerweise für eine masonische Provokation hielten, die auf ihren charismatischen Anführer abzielte. Binnen einer Woche unternahm man in vielen Teilen des Landes Angriffe auf Freimaurer, auf ihre Tempel und ihr Besitztum. Die Gewalt fand ihren Höhepunkt in Florenz, das den Spitznamen »Fascistopolis« trug, weil es das Hauptzentrum der Squadristen war. Am 25. September kam es zu einer antimasonischen Menschenjagd, während die Polizei mit verschränkten Armen dabeistand – alles vor den Augen der zahlreichen britischen und amerikanischen Einwohner der Stadt. Nach einer kurzen Pause zwischen den Prügeleien veröffentlichte am 3. Oktober eine offizielle faschistische Wochenzeitung Folgendes: »Die Freimaurerei muss zerstört werden. Dieser Zweck rechtfertigt alle Mittel: ob Knüppel oder Revolver, zertrümmertes Glas oder das reinigende Feuer. Das Leben der Freimaurer muss unmöglich gemacht werden.« Am frühen Abend brachen vier Squadristen auf der Suche nach Mitgliederlisten der Logen in das Haus des betagten ehrwürdigen Meisters ein, schlugen ihn und versuchten, ihn zu entführen. Ein junger Nachbar und Logenbruder, Giovanni Becciolini, eilte hinzu, um den alten Mann in Schutz zu nehmen, und half ihm schließlich, über die Dächer zu entkommen. In dem Gerangel löste sich jedoch ein Schuss, der einen der Faschisten tötete. Wutentbrannt schleppten die Squadristen Becciolini zu ihrem Stützpunkt, wo er geschlagen und gefoltert wurde. In aller Öffentlichkeit vor dem zentralen Marktgebäude gaben sie ihm schließlich den Rest, indem sie seinen Körper mit Revolverschüssen durchlöcherten. Sein Haus wurde vor den Augen seiner Witwe und seines kleinen Kindes verwüstet.

Es folgte ein antimasonischer Tumult, der bis in die Nacht dauerte. Squadristen beschlagnahmten zwei Taxis und fuhren kreuz und quer durch die Stadt, um weitere Ziele auszumachen: Es war ein hemmungsloser Angriff auf jeden potenziellen Widerstand in der Mittel- und Oberschicht der Stadt. Auch auf der Straße wurden die Menschen willkürlich verprügelt; Cafés und Theater wurden überfallen, Büros, Geschäfte und Privathäuser verwüstet, geplündert und in Brand gesteckt. Kriminelle schlossen sich den Plünderungen an. Am nächsten Morgen sah man von den Hügeln rings um die Stadt Rauch über Brunelleschis Domkuppel. Die Gewalt endete erst später am selben Tag. Es wird angenommen, dass acht Menschen zu Tode gekommen sind.

Entsetzt über die Ausschreitungen in Florenz, erließ Domizio Torrigiani, Großmeister des Grande Oriente, dessen Landvilla fünfzig Kilometer von Florenz entfernt zerstört und niedergebrannt worden war, den Befehl, alle Logen in der Stadt zu schließen. In einer Maßnahme zur eigenen Absicherung der Brüder annullierte er auch ihre Mitgliedschaften.

Auf einer eilig einberufenen Sitzung des Großen Faschistischen Rates las Mussolini Farinacci die Leviten, weil er es unterlassen hatte, diese »groteske und kriminelle« Gewalt zu kontrollieren oder zu verurteilen. Es war der Anfang vom Ende von Farinaccis kurzer Zeit als Generalsekretär der faschistischen Partei. Da Mussolini zunehmend die Kontrolle über die Polizei innehatte, mussten die Extremisten diszipliniert werden. So hatte der Krieg gegen die Freimaurerei Mussolinis Plänen, eine Diktatur zu errichten und seine Kontrolle über die faschistische Partei zu verschärfen, weiteren Auftrieb gegeben.

Am 4. November 1925, wenige Tage vor der Abstimmung des Senats über das Antifreimaurergesetz, ereignete sich für Mussolini ein unglaublicher Glücksfall, als ein Freimaurer und sozialistischer Politiker namens Tito Zaniboni den Versuch unternahm, ihn zu ermorden. Zanibonis Anschlag war von Anfang an zum Scheitern verurteilt, weil er einem Informanten der Polizei von seinen Plänen erzählt hatte. Aber man ließ ihn gewähren, um für gute Propaganda zu sorgen. Er wurde schließlich auf seinem Hotelbett liegend festgenommen; am Fenster hatte er ein Scharfschützengewehr in Stellung gebracht. Dem Duce war damit der perfekte Vorwand für eine weitere autoritäre Wende in den Schoß gefallen. Die Sozialistische Partei wurde verboten. Die »Gleichschaltung« der Presse beschleunigte sich. Freimaurerlogen und andere Liegenschaften prominenter Freimaurer wurden von der Polizei besetzt. Faschistische Banden plünderten erneut Logen in Städten wie Brescia, Parma, Mantua, Reggio Emilia, Triest und Forlì.

Als schließlich ein paar Tage später die Debatte im Senat stattfand, gab es immer noch einige Stimmen, die bereit waren, Zweifel vorzubringen. Der Senator Francesco Ruffini beklagte, dass man »das grandiose und imposante Gebäude der Vereinigungsfreiheit niedergebrannt habe, nur um das schon gerupfte Huhn über dem Feuer zu braten, das die Freimaurerei mittlerweile war«. Selbstverständlich verabschiedete der Senat den Gesetzesentwurf mit großer Mehrheit. Vor Inkrafttreten des Gesetzes hatte das »gerupfte Huhn« sich bereits dem Unvermeidlichen gebeugt und mit der Selbstauflösung begonnen.

Großmeister Domizio Torrigiani wurde im Frühjahr 1927 verhaftet und in die Verbannung auf die Insel Lipari geschickt. Infolge der Misshandlung blind und schwer krank, wurde er kurz vor seinem Tod in eine überwachte Freiheit entlassen. Er starb am 31. August 1932.

13 MÜNCHEN

Die Bierkeller-Strategie

Protokolle und Politik

Die Vorstellung einer jüdisch-masonischen Verschwörung hätte sich, bei all ihrer offenkundigen Virulenz im späten 19. und frühen 20. Jahrhundert, leicht als Strohfeuer erweisen können – und als eine Randerscheinung der Hauptströmungen der säkularen europäischen Ideologien. Aber dann stürzten der Erste Weltkrieg und die Russische Revolution weite Teile des Kontinents ins Chaos: Die Politik wurde kompromissloser und gewalttätiger, der Nationalismus noch rasender in seinem Hass auf Gegner im eigenen Land und Feindbilder. Als der Erste Weltkrieg zu Ende ging, wurden weithergeholte, alarmierend finstere Intrigen, bei denen Freimaurer und Juden eine Rolle spielten, beherrschender als je zuvor – wie die berüchtigtste Version des jüdisch-masonischen Mythos zeigt, ein Buch, das eine ausgewachsene Verschwörungstheorie daraus formte. Erstmals 1905 in Russland veröffentlicht, kamen *Die Protokolle der Weisen von Zion* in Form einer Rede daher, gehalten auf einem geheimen Treffen jüdischer Anführer, die ihre Pläne zur Weltherrschaft ausbreiteten. In Wirklichkeit war diese Rede ebenso eine Fälschung wie Taxils Palladismus und aus einer Reihe von französischen Romanen der 1890er Jahre zusammengebraut. Die Freimaurerei wurde in den *Protokollen* an verschiedenen Stellen erwähnt. Wie die Presse, die internationale Finanzwelt, der Sozialismus und so ziemlich alles andere wurde die Freimaurerei als Werkzeug der großen und verabscheuungswürdigen jüdischen Verschwörung dargestellt: »Wir werden in allen Ländern der Welt freimaurerische Logen gründen, vermehren und in ihnen alle Persönlichkeiten anlocken, die in der Öffentlichkeit hervorragen können oder es schon tun. Denn diese Logen werden unser hauptsächlichstes Auskunftsbüro und Einflussmittel sein.«

Die Protokolle der Weisen von Zion wurden außerhalb Russlands ignoriert, bis 1920 die ersten Übersetzungen erschienen. Danach wurden sie, trotz überzeugender Beweise, dass es sich dabei um eine Fälschung handelte, international hitzig diskutiert. In den Vereinigten Staaten von Amerika war der Automobiltycoon Henry Ford einer ihrer leidenschaftlichsten Fürsprecher und finanzierte eine große Auflage – obwohl er Freimaurer war.

In Deutschland fielen die *Protokolle* bei der nationalistischen Rechten auf fruchtbaren Boden. Ihr bekanntester Anhänger war der Kriegsheld und General Erich Ludendorff. Nach der Niederlage Deutschlands betrat er die politische Arena und propagierte die sogenannte Dolchstoßlegende. Er glaubte – aus seiner Position nachvollziehbar –, dass Deutschlands Niederlage nicht die Schuld seiner Generäle war. Die Schuld lag vielmehr an der Heimatfront, wo die Armee durch eine lange, buntgemischte Liste hinterhältiger Zivilisten beschädigt worden war: Die Juden waren natürlich die Schlimmsten; aber es gab auch Politiker und Profiteure darunter, Streikende und Drückeberger, Katholiken und Kommunisten, Marxisten und – zu guter Letzt – die Freimaurer. Ludendorff hatte viele Feinde ausgemacht. Und alle waren nun für die Weimarer Republik verantwortlich. Jedenfalls behauptete er das.

Adolf Hitler war während des Krieges bloß ein einfacher Gefreiter gewesen. Er bewunderte General Ludendorff sehr und machte sich die Dolchstoßlegende ganz zu eigen. Es gab äußerst wenig, was die beiden Männer ideologisch trennte: Beide waren Vertreter der rassistischen Version des Nationalismus, bekannt als völkische Ideologie. Sie trafen sich zum ersten Mal 1922 in München. Im Jahr darauf beteiligte sich Ludendorff in Militäruniform und Pickelhaube an einem Putsch der Nationalsozialisten, der vom Münchener Bürgerbräukeller ausging. Der Putsch sollte nach dem Vorbild von Mussolinis »Marsch auf Rom«

einen vergleichbaren »Marsch auf Berlin« auslösen. Als er gescheitert war, wanderte der ehemalige Gefreite Hitler ins Gefängnis; den ehemaligen General Ludendorff hingegen bewahrte seine Reputation vor einem Schuldspruch.

Ludendorff, Deutschlands prominentester Hausierer masonischer Verschwörungsmythen, hatte nun die Möglichkeit, die Führung der völkischen Bewegung zu übernehmen, einschließlich der Nazis. Aber er verspielte diese Möglichkeit. Er geriet in den Bann seiner Geliebten Mathilde von Kemnitz, eine die Natur verehrende »Heidin«, die nicht nur den Kapitalismus, Marxismus und die Freimaurerei für Werkzeuge »des Juden« hielt, sondern auch das Christentum. Das war selbst den meisten Nazis zu viel. Ludendorff musste arg beschränkt sein, da er sich tatsächlich einbildete, seine Botschaft werde auch im katholischen Bayern Zuspruch finden, und darauf bestand, die Jesuiten, den Vatikan und die kirchliche Hierarchie in seinen umfangreichen Katalog von

Adolf Hitler (1889–1945) und Erich Ludendorff (1865–1937), zu seiner Rechten, posieren vor dem Gerichtsverfahren, das dem Bierkeller-Putsch folgte.

Verrätern mit einzubeziehen. Die Nazi-Partei spaltete sich in zerstrittene Fraktionen auf.

Mittlerweile begann Adolf Hitlers Rückhalt in der Bevölkerung zu wachsen. Sein Putschversuch, obwohl er gescheitert war, vor allem aber die mitreißende Rede, die er vor Gericht halten durfte, steigerten sein Ansehen. Sein Prestige nahm weiter zu, als er sich während seiner Haft in der bayerischen Justizvollzugsanstalt Landsberg mit pathetischer Pose aus der Tagespolitik zurückzog. Stattdessen widmete er sich der Ausarbeitung von *Mein Kampf*, dem Memoiren-Manifest, das seine Weltsicht in Worte fasste. Das Buch zeigte ihn als leidenschaftlichen Verfechter der Vorstellung einer jüdisch-masonischen Verschwörung. Die Juden, so Hitler, versuchten »die rassischen und staatsbürgerlichen Schranken einzureißen«, und kämpften für religiöse Toleranz. In der Freimaurerei fänden sie dafür »ein vorzügliches Instrument«: »Die Kreise der Regierenden sowie die höheren Schichten des politischen und wirtschaftlichen Bürgertums gelangen durch maurerische Fäden in seine [des Juden] Schlingen, ohne dass sie es auch nur zu ahnen brauchen.« Für Hitler war die Freimaurerei also ein hinterlistiges Werkzeug der Juden, ein Mittel, um Liberalismus, Pazifismus und jüdische materielle Interessen zu verbreiten.

Als Hitler im Dezember 1924 freikam, lehnte er eine Rückfahrt nach München in Ludendorffs Limousine ab. Wenige Wochen später gründete er mit einer Festrede im Bürgerbräukeller – hier hatte er im November 1923 seinen Putsch begonnen – die NSDAP neu, die nach dem Putschversuch verboten worden war. Um acht Uhr am Abend des 27. Februar 1925, einem Freitag, drängten sich dreitausend Personen unter den schweren Kronleuchtern im großen Saal des Bürgerbräukellers. Die Balkone, behängt mit Hakenkreuz-Bannern, waren voll von seinen Anhängern, und die Anwesenden in den hinteren Reihen standen auf Fässern und Stühlen, um einen Blick zu erhaschen.

In den folgenden zwei Stunden trug Hitler eine Zusammenfassung seines Buches *Mein Kampf* vor. Das deutsche Volk, so behauptete er darin, sei in einen Rassenkampf auf Leben und Tod mit dem Übel des Judentums verstrickt. »Der Jude«, der sowohl durch die Manipulation des internationalen Finanzwesens als auch durch das Entfachen des Marxismus und Bolschewismus operiere, sei eine »Weltpest und Seuche«, ein Parasit im Körper der Nation, ein Bakterium, das eliminiert werden müsse. Hitler sei der vom Schicksal gesalbte Mann, dazu ausersehen, sein Volk in einen kommenden Rassenkampf zu führen, der nur *ein* Ergebnis haben konnte: »Entweder der Feind geht über unsere Leiche oder wir über die seine.«

Die Freimaurer erwähnte der selbsternannte Führer nicht. Das ist aus mehreren Gründen kurios. Mussolini, von dem die Nazis so viel lernten, hatte gerade erst sein sehr erfolgreiches Gesetz gegen die Freimaurerei verkündet. Wie *Mein Kampf* zeigt, war Hitler überzeugter Antifreimaurer. Die Vorstellung einer jüdisch-masonischen Verschwörung war 1925 kaum neu oder ungewöhnlich; sie gehörte zum grundlegenden Weltbild seiner Anhänger. Warum also hatte er das Thema im Bürgerbräukeller ausgespart?

Der Antimasonismus hatte sich seit der Französischen Revolution zum Teil deshalb als eine so virulente Geisteshaltung erwiesen, weil er zu allen Einwänden vorgefertigte Gegenargumente bereithielt. Honorige Freimaurer konnten als leichtgläubig abgetan werden, verblendet von einer Fassade, die von Großmeistern errichtet worden war, um ihre finsteren Pläne zu verbergen. Dass Versuche, in den Logen abgründige Geheimnisse aufzustöbern, wiederholt gescheitert waren, spielte keine Rolle, da die eigentliche Gefahr in den *geheimen* Logen lag. Irgendwie konnte das wahre Gesicht dieses Übels nie gänzlich enttarnt werden. Die Freimaurer erschienen dadurch aber nur umso gerissener und mächtiger.

Für Hitler war diese gut funktionierende Strategie des Antimasonismus auch seine Schwäche: Sie verwischte die Konturen des Feindes. Er musste die phantasmagorische Bedrohung seiner ebenso phantasmagorischen arischen Rasse real und greifbar erscheinen lassen. Es durfte keine Ausflüchte geben, keinen Spielraum für Zweifel, kein zögerliches Abwägen, um die Unschuldigen von den Schuldigen zu trennen. Er hasste die Freimaurerei, aber zuzulassen, dass irgendein Angriff gegen sie den Schlachtruf gegen die Juden übertönte, würde seine Ideologie womöglich ihrer brutalen Einfachheit berauben. Seine politischen Instinkte wogen stärker als sein Fanatismus, und sie sagten ihm, dass der Hass auf die Freimaurerei ein flexibles Instrument sei, das gezielt eingesetzt werden müsse, um Zweifel zu säen und Verwirrung zu stiften. Hitlers Antifreimaurerei ist ein Beispiel für seine Fähigkeit, Fanatismus mit Pragmatismus zu verbinden: Sein übergeordneter, obsessiver Hass auf »den Juden« erlaubte es ihm, andere Komponenten seiner Ideologie, insbesondere den Antikommunismus, gezielt dann einzusetzen, wenn sie gerade auf fruchtbaren Boden fielen und am meisten Eindruck machten.

Anstatt also an diesem Abend im Bürgerbräukeller über die Freimaurerei zu sprechen, legte Hitler in klaren Worten seine Strategie dar. Es sei notwendig, die Dinge für die Massen zu vereinfachen »und nur einen Feind zu wählen, auf dass es jeder sehen kann: Dieser ist der Schuldige allein.« Der eine Feind, den er hatte, waren natürlich die Juden und der »jüdische Bolschewismus«, den er als ihre bevorzugte politische Erscheinung ansah. Aber wie die Nazis im Saal sehr wohl wussten, waren Hitlers Bemerkung zu seiner Strategie und sein Schweigen über die Freimaurerei ein Seitenhieb auf einen ganz bestimmten Mann, der in dieser Nacht abwesend war: Hitlers prominenter Rivale, General Erich Ludendorff, dessen Besessenheit von der Freimaurerei ihn dazu brachte, auf *zu vielen Feinden* herumzuhacken.

Nach der Bürgerbräukeller-Rede verschwendete der Naziführer keine Zeit, bevor er seinen nächsten Schritt ausführte. Wenige Tage später lockte er General Ludendorff in eine Falle, indem er ihn überredete, er solle seine Ideologie doch als Kandidat der Nazis bei den Präsidentschaftswahlen der nationalen Wählerschaft unterbreiten. Das Ergebnis war eine absolute Demütigung: Ludendorff kam nur auf etwas mehr als ein Prozent der Stimmen. Damit war er politisch vernichtet.

Im folgenden Jahr heiratete Ludendorff Mathilde von Kemnitz, und das Paar tauchte tief in einen endlosen Ozean der Rassenmystik und konspirativen Wahnvorstellung ein. Mathilde sollte schließlich zu der Überzeugung gelangen, dass die Freimaurer und auch jene Erz-Intriganten, die Juden, wiederum Marionetten in den Händen des

Dalai-Lama wären, der von einem Laboratorium in Tibet aus die Fäden zog. Ihr Ehemann, der ehemalige Nationalheld, wurde in der Presse zu einer nationalen Peinlichkeit. 1927 veröffentlichte er sein Hauptwerk über die Freimaurerei: *Vernichtung der Freimaurerei durch Enthüllung ihrer Geheimnisse.* Darin behauptete er, die Brüder in den Logen würden mit masonischen Ritualen zu »künstlichen Juden« ausgebildet und trügen nur deshalb Schurze, um die Tatsache zu verschleiern, dass sie beschnitten waren. Das war selbst nach den Maßstäben der gängigen antimasonischen Enthüllungsliteratur blanker Unsinn. Trotzdem verkaufte sich das Buch tausendfach – etwa 180 000 Exemplare bis 1940.

Hitler, der sich zu dieser Zeit bereits stark genug fühlte, seinen geschlagenen politischen Rivalen mit Verachtung zu strafen, reagierte auf das Buch, indem er Ludendorff beschuldigte, ein Freimaurer zu sein.

Freimaurer und Juden

Es versteht sich von selbst, dass die deutsche Freimaurerei bei weitem nicht die Art von Einfluss ausüben konnte, die ihr Ludendorff und Hitler unterstellten.

Im Jahr 1925, als Hitler seine Bürgerbräukeller-Rede hielt, gab es 82 000 Freimaurer in 632 Logen. Die Freimaurer in Deutschland waren üblicherweise Anwälte, Lehrer, Beamte, Geschäftsleute, protestantische Geistliche und dergleichen. Aber sie waren noch gespaltener als ihre italienischen Brüder und arbeiteten unter dem Vorsitz von nicht weniger als *neun* verschiedenen Großlogen – einschließlich der bereits erwähnten Hamburger Großloge. Diese Fraktionierung hatte sich inmitten der polarisierten Politik der 1920er Jahre noch deutlich verschlimmert. Hauptstreitpunkt war die Frage der Mitgliedschaft von Juden.

Im Gegensatz zu dem, was uns eine nostalgische Sicht der masonischen Geschichtsschreibung glauben machen will, stellten sich die meisten deutschen Freimaurer nicht im Namen der Toleranz gegen die Nationalsozialisten. Tatsächlich wurden sie zunehmend zu *Unterstüt-*

zern der völkischen Agenda. Heutige Freimaurer würden zwar gerne glauben, dass ihre Bruderschaft angesichts des Hitlerterrors fest zu ihren Werten stand, doch die traurige Wahrheit dessen, was geschah, beweist das Gegenteil – wie die besten masonischen Historiker mittlerweile mit unparteiischer Sorgfalt dokumentiert haben.

Die Verbindung zwischen Juden und Freimaurerei beginnt im späten 18. Jahrhundert, als Gemeinschaften in verschiedenen europäischen Ländern sich in ersten Schritten den säkularen Werten der Aufklärung näherten. Gleichzeitig räumten die europäischen Staaten den Juden allmählich mehr Bürgerrechte ein. Die Logen waren ein natürlicher Ort der Kontaktaufnahme für assimilationsbereite Juden, aufgrund der toleranten Haltung gegenüber Rasse und Religion, wie sie die britischen Gründerväter der Freimaurerei festgelegt hatten. Freimaurersymbole waren auch Juden zugänglich: Viele davon waren entweder nicht religiös (wie Winkelmaß und Zirkel) oder entstammten dem Alten Testament (wie Salomons Tempel).

Während des 19. Jahrhunderts verlief der Prozess der Integration von Juden in die Freimaurerei in Schüben, zu verschiedenen Zeiten und an verschiedenen Orten. Als Deutschland 1871 vereinigt wurde, fusionierten die Freimaurerorden der einzelnen Vorgängerstaaten mit ihren unterschiedlichen Grundsätzen zur jüdischen Mitgliedschaft nicht miteinander; stattdessen beschritten sie einen ungewöhnlichen Weg der gegenseitigen Anerkennung und des Nebeneinanders unter einem schwachen Dachverband. Der Aufstieg des Antisemitismus und des völkischen Gedankens gegen Ende des Jahrhunderts brachte dieses Nebeneinander erheblich unter Druck.

Auf der einen Seite befanden sich die sechs Humanitären Großlogen. Ihre Mitglieder gehörten politisch eher der Mitte und dem Mitte-links-Spektrum an und waren offen für die Aufnahme von Juden. Die Hamburger Großloge war eine Humanitäre Loge. Eine große Mehrheit der Freimaurer – etwa 70 Prozent – geriet jedoch unter die Schirmherrschaft von den drei Altpreußischen Großlogen, die prestigeträchtiger waren. Die Altpreußen waren bekennende Antisemiten und betrachteten die Humanitären Logen als gefährliche Brutstätten

»pazifistischen und kosmopolitischen« Gedankenguts. Viele Freimaurer in den Altpreußischen Logen sympathisierten mit der völkischen extremen Rechten des politischen Spektrums, wo der jüdisch-masonische Verschwörungsmythos seine natürliche Heimat fand. Im Mai 1923 lud eine Altpreußische Loge in München Ludendorff selbst zu einem öffentlichen »Aufklärungsabend« ein. Der Logenmeister war der Meinung, dass die Freimaurerei eine »rassistische Basis« haben müsste, und wollte daher einen Rassisten wie Ludendorff davon überzeugen, dass die Freimaurerei ein Freund und kein Feind sei. Ludendorff nahm die Einladung an, hielt aber an seinem antimasonischen Wahn fest.

Im Jahr 1924 verwendete eine Altpreußische Loge in Regensburg das Hakenkreuz der Nazis in ihrem Logenabzeichen. Ab 1926 – noch lange bevor Hitler an die Macht kam – gingen zwei der drei Altpreußischen Großlogen daran, ihre Rituale zu reformieren, indem sie verdächtige jüdische alttestamentliche Bezüge entfernten und durch deutlich »arische« Symbole aus der teutonischen Folklore ersetzten. Wenn die Altpreußischen Großlogen Vorwürfe hörten, sie seien ein Werkzeug der Juden, verwiesen sie stolz darauf, dass *sie* kein einziges jüdisches Mitglied hätten – und zeigten so indirekt mit dem Finger auf ihre Brüder in den toleranteren Humanitären Logen.

Die Humanitären Logen hielten ausweichend dagegen, dass »nur« etwa jedes achte ihrer Mitglieder jüdisch sei. (Diese Zahl war, nebenbei bemerkt, etwa viermal größer als der Anteil der Juden an der Gesamtbevölkerung – obwohl natürlich der Anteil der Juden an der oberen Mittelschicht, der die meisten Logenmitglieder entstammten, deutlich höher war.) Zu dieser Zeit wechselten immer mehr Humanitäre Logen die Seiten und schlossen sich den antisemitischen Altpreußischen Großlogen an. Selbst in vielen der verbliebenen Humanitären Logen wurde das Klima nationalistischer. Jüdische Brüder fühlten sich verständlicherweise unter Druck gesetzt; Ende der 1920er Jahre verließen sie die Bruderschaft in Scharen. Im Jahr 1930 – drei Jahre vor Hitlers Machtergreifung – war in den Humanitären Logen nur noch einer von 25 Brüdern jüdisch.

Die Nazis gewannen nun vor dem Hintergrund eines katastrophalen wirtschaftlichen Abschwungs, ausgelöst durch den Crash an der Wall Street, enorm an Popularität. Während sie sich weiterhin auf die Juden und ihre vermeintlichen kommunistischen Marionetten als nationalen Feind konzentrierten, richteten sie ihre einschüchternden Hassparolen nun gelegentlich auch gegen die Freimaurerei. Im Sommer 1931 forderte Hitler die Mitglieder der NSDAP auf, die Freimaurer, denen sie begegneten, unbedingt zu fotografieren und ihre Wohnorte zu notieren.

Daraufhin versuchte eine der Altpreußischen Großlogen, mit der NS-Führung in Person Hermann Görings, dessen Halbbruder ein Freimaurer war, in Kommunikation zu treten. Ziel war es wieder einmal, die Altpreußischen Logen zu retten, indem man die Humanitären Logen als verdächtig denunzierte. Der Versuch scheiterte, und Göring brüskierte den Emissär der Freimaurer.

Trotz dieser Niederlage rückten die Altpreußischen Logen immer näher an Hitler heran. Im Sommer 1932 gab eine von ihnen, die Große Landesloge der Freimaurer von Deutschland, in einem Flugblatt eine Erklärung heraus, die ebenso gut von Hitlers Wahlkampfleiter Joseph Goebbels hätte verfasst sein können. »Unser deutscher Orden ist völkisch«, bekräftigte die Erklärung, bevor sie die »trüben, schlammigen Fluten« der »Humanitätsschwärmerei« anprangerte, die zu einer »Vermischung und Entartung aller Kulturen, Kunstrichtungen, Rassen und Völker« geführt habe.

Wir sollten uns darüber im Klaren sein, was mit der deutschen Freimaurerei gerade geschah. Das Verhalten der Freimaurer lässt sich nicht darauf reduzieren, dass sie das politische Klima innerhalb der Gesellschaft abbildeten. Sie hatten also nicht nur panische Angst vor dem Kommunismus und sehnten sich nach mehr Ordnung, obwohl dies zweifellos auch Teil der Geschichte ist. Tatsächlich spekulierten viele von ihnen für ihre Bruderschaft auf eine führende Rolle bei der Umsetzung völkischer Ideen. Sie wollten die traditionelle ethische Mission der Freimaurerei, die Menschheit zu verbessern, aufgeben und stattdessen eine reinere und aggressivere arische Rasse heranziehen, frei von Juden.

Arisierung

Am 27. Februar 1933, genau acht Jahre nach der Nazi-Kundgebung im Bürgerbräukeller, verhalf ein niederländischer Maurer namens Marinus van der Lubbe dem neu ernannten Kanzler Adolf Hitler dazu, seine Koalitionsregierung in ein totalitäres Regime zu verwandeln. Arbeitslos und obdachlos, machte van der Lubbe seinem Frust Luft, indem er den Reichstag anzündete. Die Nazis präsentierten den Vorfall als Beginn eines kommunistischen Putsches. Unter diesem Vorwand wurde ein Dekret verabschiedet, das die bürgerlichen Freiheiten drastisch einschränkte. Kurz darauf wurde die Verfassung durch ein Ermächtigungsgesetz beschnitten. Hitler konnte von nun an nach Belieben Gesetze verabschieden, ohne den Reichstag oder den Präsidenten zu konsultieren. Die Diktatur hatte begonnen.

Die ersten, die von den Nationalsozialisten ins Visier genommen wurden, waren die Kommunisten, die Opfer einer Lawine von Schlägen, Folter und Mord wurden. Als Nächste bekamen die Sozialdemokraten und Gewerkschaften den Zorn von Hitlers SA zu spüren: Diese »Sturmtruppen« in braunen Hemden waren eine 400 000 Mann starke Nazi-Armee. Man errichtete behelfsmäßige Straflager, parteieigene Nazi-Gefängnisse für politische Häftlinge. Hier galt kein Gesetz: Gefangene konnten ausgeraubt, vergewaltigt, sadistisch gefoltert oder »bei einem Fluchtversuch« erschossen werden. Die katholische Zentrumspartei war die letzte Oppositionspartei, die zerschlagen wurde. Dann kamen Hitlers Koalitionsverbündete an die Reihe – die Nationalisten.

Sobald Hitler die politischen Rivalen der Nazis handlungsunfähig gemacht hatte, wandte er sich gegen alle, die der Schaffung einer Nazi-Gesellschaft im Wege standen: zum Beispiel medizinische Beratungsstellen oder Lobbygruppen, die sich für sexuelle Gesundheit, Empfängnisverhütung oder die Rechte von Homosexuellen einsetzten. Es gab ein hartes Durchgreifen gegen mutmaßliche Berufsverbrecher und Vagabunden. Örtliche Bürgermeister wurden gewaltsam abgesetzt; Krankenhäuser, Gerichte und andere öffentliche Einrichtungen wurden gleichgeschaltet. Vereine, die die Interessen von Bauern, Unternehmern, Frauen, Lehrern, Ärzten, Sportlern und sogar behinderten Kriegsveteranen vertraten, wurden übernommen und in zahme Derivate der NSDAP umgewandelt, bei denen keine Juden erlaubt waren. Synagogen wurden überfallen, geplündert und in Brand gesetzt. Juden wurden auf der Straße angegriffen. Der öffentliche Dienst wurde »arisiert«, was bedeutete, dass Juden ihren Arbeitsplatz verloren. Jüdische und politisch verdächtige Universitätsprofessoren wurden entlassen. Juden wurden aus Orchestern und Kunstakademien, Radiosendern und Filmproduktionen vertrieben. Die Braunhemden stürmten voran, die Gesetzgebung folgte. Im Sommer 1933 war Deutschland ein Einparteienstaat und der Weg zu Hitlers Rassendystopie war frei.

Und die Freimaurer? Sie waren sicherlich nicht in dem Maße den systematischen Angriffen der Braunhemden ausgesetzt wie Hitlers linke Feinde und die jüdische Bevölkerung. Hitler hatte seine Prioritäten, und sie waren nicht die gleichen wie die von Mussolini 1925, in einer ähnlichen Phase der dortigen faschistischen Diktatur. Die Freimaurer standen weit unten auf der Liste der Nazis. Selbst Jazzmusiker galten als größeres Ärgernis. Dennoch gab es in diesen ersten Monaten sporadische Angriffe – wenn auch nicht so gewalttätig wie in Italien. In einer Düsseldorfer Loge klopften am 6. März 1933 fünf uniformierte SS-Männer, gefolgt von einer Bande Zivilisten an die Tür und verlangten, die Dokumente der Loge einzusehen. Auf die Frage nach einem Identitätsnachweis antworteten sie: »Geladene Pistolen sind unsere Ausweise«, und drangen gewaltsam ein. Sie zertrümmerten das Schloss des Schrankes, in dem die Dokumente der Loge aufbewahrt wurden, und gingen daran, alles in einen bereitstehenden Lastwagen zu laden. Als sie jedoch erfuhren, dass die Loge um einen toten Bruder trauerte, zogen sie sich zurück. Im August wurden die Mitglieder einer Loge in Landsberg an der Warthe in Preußen unter Androhung von Gewalt zum einstimmigen Beschluss gedrängt, ihr gesamtes Vermögen an eine örtliche Einheit der Braunhemden zu übergeben.

Eine hinterhältige Bedrohung für die Freimaurerei stellten auch Informanten dar – Freimaurer, die gerne bereit waren, ihren Brudereid zu verraten, um die Gunst des Regimes zu gewinnen. Sie erzählten den Nazis blumige Geschichten über die Vorgänge in den Logen. Ob aus Begeisterung für die NS-Ideologie oder aus Angst: Einzelne Freimaurer verließen die Bruderschaft, und die Tempel verfielen in Schweigen. Im niedersächsischen Hameln überraschte ein Meister vom Stuhl seine Brüder, als er in SS-Uniform zu einem Treffen erschien und die Auflösung der Loge anordnete. Die freimaurerische Führung verlor schnell jegliche Zuversicht. Bereits im Frühjahr 1933 zerfiel die deutsche Freimaurerei.

Als Reaktion auf die Krise schlossen sich alle drei Altpreußischen Großlogen zusammen, um am 21. März 1933 ein Telegramm an Hitler zu schicken – am »Tag von Potsdam«, als das Regime eine nationale Feier zur Machtergreifung inszenierte. In dem Schreiben versicherten sie, sie würden »getreu unseren nationalen und christlichen Überlieferungen … auch weiter unentwegt der nationalen Regierung treueste Gefolgschaft leisten«. Die Hoffnung war, sie könnten politische Loyalität gegen eine Art offizielle Unterstützung eintauschen. Am 7. April gelang es den Großmeistern schließlich, mit Hermann Göring an einem Tisch zu sitzen. Aber die Dinge liefen nicht so, wie sie es sich erhofft hatten – Göring schlug mit der Faust auf den Tisch und brüllte: »Ihr verdammten Schweine. Ich sollte euch und diese jüdische Bande in einen Topf werfen! … In einem nationalsozialistischen Staat ist kein Raum für Freimaurer.«

Das Endspiel hatte begonnen. Früher oder später würden die Nazis es den italienischen Faschisten gleichtun und die Freimaurerei verbieten.

Kurz nach dem Treffen mit Göring übernahm eine der Altpreußischen Logen das Hakenkreuz in ihr Abzeichen. Eine andere Loge versuchte ihre eigene geistreiche Lösung des Problems umzusetzen, indem sie sich kurzerhand umbenannte: Aus der »Großen Landesloge der Freimaurer von Deutschland« wurde der »Deutsch-Christliche Orden«; die neue Ordensregel sah vor, dass »nur Deutsche arischer Abstammung, die christlich getauft sind, Mitglieder werden können«. Alle Verweise auf jüdische und freimaurerische Symbolik und Sprache wurden aus den Statuten gestrichen. »Wir sind keine Freimaurer mehr«, hieß es in einem Rundschreiben. Die anderen Altpreußischen Großlogen schlossen sich bald diesem Schritt an.

Die Humanitären Logen agierten weniger geschlossen. Drei von ihnen, in Darmstadt, Dresden und Leipzig, folgten dem Beispiel der Altpreußischen Logen, indem sie Juden ausschlossen und sich nicht mehr Freimaurer nannten. Eine weitere Humanitäre Großloge, der in Frankfurt ansässige Eklektische Bund, löste sich etwa zur gleichen Zeit auf, bildete sich dann aber sofort in einer arisierten Version neu, wahrscheinlich in der Absicht, ihre Immobilien vor der Beschlagnahme zu retten. Der Großmeister der Bayreuther Großloge zur Sonne verkündete am 12. April 1933, dass der Orden den »Arierparagraphen« in die Satzungen aufnehmen werde, und legte jüdischen Brüdern den freiwilligen Austritt nahe – er dankte ihnen dabei im Voraus für ihre selbstlose Geste. Nur sechs Tage später entschied der Großmeister, dass dies sinnlos sei, und entschied sich für den einzigen realistischen Weg, um unter den gegebenen Umständen die Würde der Freimaurer zu wahren: Er löste die Großloge auf und bat alle untergeordneten Logen, diesem Beispiel zu folgen.

Im Herbst 1933 war die Freimaurerei in Deutschland, obwohl sie vom Regime nicht offiziell verboten worden war, nur noch eine Hülse. Die überlebenden ehemaligen Großlogen, jetzt arisiert und als deutsche christliche Orden wiederhergestellt, waren weiterhin unkoordinierten Angriffen und Beschlagnahmungen ausgesetzt. Dennoch hofften sie weiterhin, dass sie durch ihr katzbuckelndes Verhalten eine Art staatlicher Anerkennung erlangen könnten. Einer der Gründe, warum diese Hoffnung fortwährte und warum die Nazis viel länger brauchten als die italienischen Faschisten, um die Freimaurerei auszumerzen, war genau der Grund, den Hitler schon 1925 im Bürgerbräukeller intuitiv erkannt hatte, als er sich auf einen einzigen Feind konzentrierte: Die Entscheidung zu treffen, wer Freimaurer war und wer nicht, war eine unübersichtliche Angelegenheit.

In den Augen der Nazis konnte die Schaffung der deutschen christlichen Orden nur eine neuerliche hinterhältige Täuschung durch die

Freimaurer sein. Zu verhandeln war nicht nur die Frage, ob die Freimaurerei verboten werden sollte. Was tun mit all den ehemaligen Freimaurern? Viele waren auch Mitglieder von Organisationen, die nun in den NS-Staat eingegliedert worden waren. Sollten sie also ausgeschlossen werden? Oder sollten ihnen Stellen in der Regierung verwehrt werden? Wo sollte die Linie gezogen werden? Zwischen den ehemaligen Altpreußischen und den ehemaligen Humanitären Logen? Oder zwischen Brüdern, die schon *vor* der Machtergreifung der Nazis ihren Status als Freimaurer aufgegeben hatten, und solchen, die sich erst danach dazu entschlossen hatten? An einigen Orten sagte die Gestapo antimasonische Vorträge ab, weil man befürchtete, diese könnten unerwünschte Anhänger des betagten Generals Ludendorff anlocken. Die Verwirrung nahm zu, weil die SA, die SS, die Gestapo und weitere Verbände und Persönlichkeiten innerhalb des NS-Staates um die Kontrolle über die sogenannte Freimaurerfrage buhlten – und damit um das Recht, die Logen zu plündern. Für eine Weile, im Januar 1934, setzte der Führer sogar Maßnahmen gegen die Freimaurerei aus, um die Kontroverse innerhalb der Nazi-Bewegung zu beruhigen. Die ehemaligen Altpreußischen Großlogen interpretierten dies als hoffnungsvolles Zeichen. Auch die Tatsache, dass ein ehemaliger Freimaurer namens Hjalmar Schacht in Hitlers Regierung als Präsident der Zentralbank und dann als Wirtschaftsminister diente, gab ihnen Zuversicht.

In Hitlers Denken überwog zeitweilig das politische Kalkül seine antimasonische Einstellung, so wie es 1925 schon einmal der Fall war. Wenigen Freimaurern an der Basis war bereits bewusst, dass das Ende bevorstand. Wie sein Vater und Großvater vor ihm war Walter Plessing Mitglied einer Altpreußischen Loge in Lübeck an der Ostseeküste. Im September 1933 schied er aus, um der NSDAP beizutreten und bald darauf ein SA-Mann zu werden. Ein paar Monate später, als herauskam, dass er Freimaurer gewesen war, wurde er gezwungen, die Partei zu verlassen. Als er im März 1934 hörte, dass er auch aus der SA ausgeschlossen werden sollte, beging er Selbstmord und vermachte seine gesamten Barschaften Adolf Hitler. In seinem Abschiedsbrief protestierte er dagegen, als Verräter und »Deutscher dritter Klasse« behandelt zu werden: Weder er noch seine ehemalige Loge hätten »Verbindung zu Juden oder zum Judentum« gehabt. Eindeutig wurde die Freimaurerpolitik der Nazis erst nach dem Juli 1934 und der Nacht der langen Messer – der grausamen »Säuberung« der SA und Zerschlagung anderer politischer Feinde. Danach übernahm die SS die Kontrolle über die Freimaurerfrage. Im Oktober 1934 wurde ein neuer Rekrut des SS-Geheimdienstes vor eine erste Bewährungsprobe seiner administrativen Fähigkeiten gestellt: Adolf Eichmann. Er wurde angewiesen, ein zentrales Register aller Freimaurer einzurichten. Nachdem er seine Vorgesetzten von seinen Fähigkeiten überzeugt hatte, wurde er in die für Juden zuständige SS-Abteilung versetzt, wo er eine berüchtigte Rolle bei der logistischen Umsetzung von Hitlers »Endlösung der Judenfrage« spielte.

Im Frühjahr 1935 schließlich wurde den ehemaligen Freimaurerorganisationen gesagt, sie sollten sich freiwillig auflösen oder man würde sie dazu zwingen. So oder so würden ihre Vermögenswerte beschlagnahmt. Die Großmeister stimmten dieser Empfehlung zu unter der Bedingung, dass die Freimaurerei öffentlich von allen Anschuldigungen des Verrats freigesprochen würde, die gegen sie erhoben worden waren. Eine solche Absolution wurde nie gewährt. Die Selbstauflösungen erfolgten dennoch im Sommer.

Dies alles führt uns zurück zu dem traurigen Ereignis, mit dem dieses Kapitel begann: der endgültigen Schließung der Großloge in Hamburg, zum Wehklagen der Brüder und zur Musik von Mozarts *Zauberflöte*.

Hamburg, lange Zentrum einer liberaleren Form der Freimaurerei, war eine Humanitäre Großloge – eine Loge folglich, die Juden aufnahm. Vor der Machtübernahme der Nazis versuchte der Großmeister Richard Bröse Hitlers Angriffe ehrenhaft zu parieren. Seine Waffe war die Transparenz. Im August 1931 schrieb er einen offenen Brief an Hitler, in dem er ihm anbot, jedem Ermittler, dem beide einvernehmlich zustimmten, freien Zugang zum Archiv der Großloge zu gewähren. Darüber hinaus versprach er, die Großloge zu schließen, falls sich herausstellen sollte, dass die Freimaurerei jemals etwas gegen das natio-

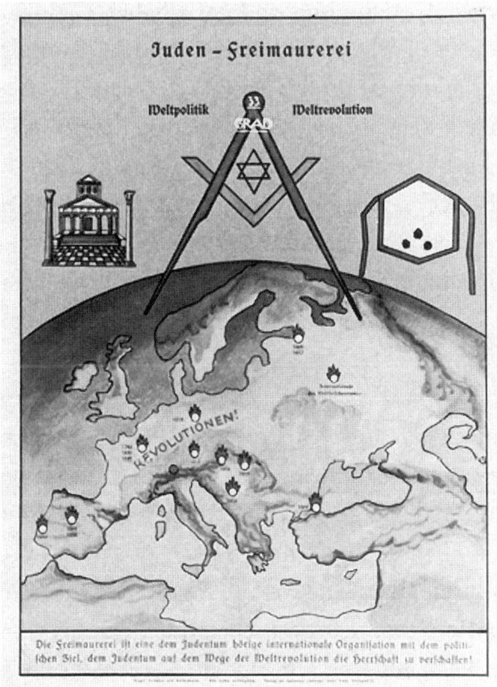

Plakat der Nationalsozialisten (1935): »Juden Freimaurerei. Weltpolitik – Weltrevolution. Die Freimaurerei ist eine dem Judentum hörige internationale Organisation mit dem politischen Ziel, dem Judentum auf dem Wege der Weltrevolution die Herrschaft zu verschaffen.«

nale Interesse getan habe. Bröses Versuch war zum Scheitern verurteilt. Keine noch so große Transparenz vermag einen Verschwörungstheoretiker zu beschwichtigen. Hitler antwortete nicht. Stattdessen wurde die Aufgabe vom hochrangigen Nazi-Ideologen Alfred Rosenberg übernommen, der Bröses Angebot als typische Freimaurertäuschung abwies; die Nazis betrachteten alle Freimaurer als Verräter, spottete er.

Nach Hitlers Machtergreifung verriet Bröse die toleranten Werte seines Ordens ebenso schnell wie alle anderen Humanitären Großmeister. Am 12. April 1933 gab er bekannt, dass die Großloge nur für »deutsche

Männer arischer Abstammung und christlichen Glaubens« offen sei. In dieser arisierten Form wurde die Hamburger Großloge unter den Augen der Gestapo im Sommer 1935 geschlossen. Die Geschichte von der Schließung der Hamburger Großloge, wie Freimaurer sie gerne erzählen, lässt ganz klar ein schmerzliches Detail aus: Die Logenbrüder, die in dieser Nacht im Hamburger Tempel anwesend waren, hatten bereits sämtliche freimaurerischen Werte aufgegeben und in einem vergeblichen Versuch, ihr Überleben als rein christliche Gemeinschaft zu sichern, den Rassismus der Nazis übernommen. Mozart hätte sich in seinem Grab umgedreht.

Kein Historiker wird jemals in der Lage sein, die genaue Gemengelage der Emotionen zu rekonstruieren, die Bröse und seine Brüder dazu veranlassten, an jenem Abend in Hamburg im Juli 1935 so reichlich Tränen zu vergießen. Sicherlich enthielt sie das Gefühl von Verlust und Unrecht – höchstwahrscheinlich auch Angst und Frustration. Es kann aber auch sein, dass eine weitere Empfindung ihre Augen trübte, als die letzten Rituale ihrer Bruderschaft durchgeführt wurden: Scham.

Der einzige Personenkreis, der sich im Namen der Freimaurerwerte gegen Hitler aussprach, war weder eine Humanitäre noch eine Altpreußische Loge. Die Symbolische Großloge von Deutschland wurde 1930 gegründet, als sich einige Freimaurer entschlossen gegen die hereinbrechende antisemitische Flut stellten und sich von den Humanitären Logen loslösten. Auf einsamem Posten unter den Führern der deutschen Freimaurerei, leistete der Großmeister der Symbolischen Großloge, ein Jurist namens Leopold Müffelmann, Widerstand: Selbst nach Hitlers Machtergreifung fuhr er mutig fort, den Nationalsozialismus zu kritisieren. Am 29. März 1933 erklärte er *öffentlich* die Auflösung seiner Großloge, während er zugleich Maßnahmen ergriff, dass sie ihr Werk im Geheimen fortführen konnte. Doch innerhalb weniger Wochen musste Müffelmann einsehen, dass die Situation zu gefährlich war. So beschlossen er und die anderen Oberen der Symbolischen Großloge von Deutschland im Juni 1933 bei einem geheimen Treffen in Frankfurt, ihre Heimat nach Jerusalem zu verlegen und zu versuchen, im Exil zu überleben.

Am 5. September wurde Müffelmann von einem Informanten verraten und in Berlin verhaftet. Er wurde von der Gestapo verhört und in das Konzentrationslager Sonnenburg gebracht. Dort wurde er geschlagen und zu harter Arbeit gezwungen, obwohl er schwer herzkrank war. Er starb im August 1934 an den Folgen seiner Tortur.

Man sollte vielleicht erwähnen, dass Müffelmann und diejenigen, die seine Vision von der Freimaurerei teilten, bestenfalls eine winzige Minderheit von weniger als zweitausend waren. Darüber hinaus waren sie auch insofern eine Minderheit, als die Institutionen der Mainstream-Freimaurerei – sowohl die Altpreußischen als auch die Humanitären Großlogen – es kategorisch ablehnten, sie als rechtmäßige Freimaurer anzuerkennen. So ist es irreführend, wie ein Historiker betonte, wenn Freimaurer die Symbolische Großloge in Deutschland als ein »Aushängeschild der masonischen Opferrolle und des couragierten Widerstands« behandeln.

Großmeister Müffelmann war einer der wenigen Freimaurer, die aufgrund ihres Engagements innerhalb der Freimaurerei verfolgt wurden. Tatsächlich ist eine klare Einordnung der meisten Opfer des Nationalsozialismus, die die Freimaurer für ihre Reihen beanspruchen – ob es sich nun um 80 000, 200 000 oder irgendeine andere Zahl handelt –, sehr schwierig. Nehmen wir den Fall von Bruder Carl von Ossietzky, der wenige Stunden nach dem Reichstagsbrand verhaftet wurde. Bei starker Essensrationierung wurde er zu harter Arbeit gezwungen und von Lagerwächtern geschlagen und getreten, die ihn als »jüdisches Schwein« und »polnisches Schwein« beschimpften. (Tatsächlich war er weder Jude noch Pole.) Im November 1935, als er von einem Inspekteur des Internationalen Komitees vom Roten Kreuz gesehen wurde, war Ossietzky »ein zitterndes, totenblasses Etwas, ein Wesen, das gefühllos zu sein schien, ein Auge verschwollen, die Zähne anscheinend eingeschlagen, er schleppte ein gebrochenes, schlecht ausgeheiltes Bein … ein Mensch, der an der äußersten Grenze des Tragbaren angelangt war«. Es ist ein Beweis seiner unglaublichen Zähigkeit, dass er schließlich erst zweieinhalb Jahre später im Mai 1938 starb.

Ossietzky war sowohl Freimaurer als auch Opfer des Nationalsozialismus. Aber er wurde nicht zum Opfer, weil er ein Freimaurer war. Er wurde getötet, weil er ein linker Intellektueller, ein prominenter Journalist und Kritiker des Nationalsozialismus war – und ein Pazifist, der der internationalen Gemeinschaft das illegale Aufrüstungsprogramm Deutschlands gemeldet hatte. 1936, während seines Aufenthaltes im Konzentrationslager, erhielt er den Friedensnobelpreis zugesprochen.

Wie viele Freimaurer sind durch das Nazi-Regime gestorben? Die Forschung dazu ist noch nicht abgeschlossen. Aber es scheint sehr, sehr unwahrscheinlich, dass insgesamt bis zu 200 000 Freimaurer ermordet wurden. Das wäre ein erstaunlich hoher Prozentsatz der Gesamtzahl der Freimaurer in den von deutschen Truppen im Zweiten Weltkrieg besetzten Ländern. Sicher ist, dass die überwiegende Mehrheit derer, die zu Tode kamen, nicht etwa getötet wurden, weil sie Freimaurer waren, sondern vor allem, weil sie Juden waren. Dies wird besonders deutlich in Österreich, das durch den Anschluss im März 1938 Teil des »Dritten Reiches« wurde. Als die Nazi-Truppen einmarschierten, gab es 800 Freimaurer in Österreich. Die Wiener Großloge wurde geplündert und der Großmeister verhaftet; bereits krank, starb er im Gewahrsam. Die Nazis setzten sich schnell dafür ein, die Freimaurerei in Österreich abzuschaffen, wie es in Deutschland geschehen war. Man nimmt an, dass vor 1945 zwischen 101 und 117 österreichische Brüder ermordet wurden. Weitere 13 begingen Selbstmord, und 561 gingen ins Exil. Aber diese Zahlen ergeben nur dann einen Sinn, wenn wir uns vergegenwärtigen, dass die meisten *katholischen* Freimaurer ausgetreten waren, bevor die Deutschen einmarschierten. Hunderte von ihnen hatten die Freimaurerei bereits nach 1933 verlassen, wegen der Schikanen durch die katholisch-faschistische Regierung, die den Nazis vorausging. Als die Nazis 1938 einmarschierten, waren viele Juden in den Logen zurückgeblieben – zwei Drittel von insgesamt 800.

Obwohl der Nazistaat in Deutschland die Freimaurerei zerschlug, verfolgte er einzelne Freimaurer nicht annähernd mit dem gleichen tödlichen Fanatismus wie andere Gruppen. In den meisten Fällen brauchte ein Bruder nur zu widerrufen, um Schikanen und dem Konzentrationslager zu entgehen. Sogar der Ausschluss von öffentlichen

Ämtern wurde aufgehoben, da viele hochqualifizierte Freimaurer zeigten, dass sie loyale und nützliche Mitglieder der gleichgeschalteten Gesellschaft sein konnten.

Die Gründe, warum die Freimaurer die Darstellung ihrer Opferrolle im »Dritten Reich« überzogen haben, sind nicht schwer auszumachen. Die Nazis sind Hollywoods Lieblings-Bösewichte. Vor dem Hintergrund des pechschwarzen Bösen, das sie repräsentieren, scheint die Freimaurertradition noch edler zu leuchten. Aber das irreführende Narrativ der Freimaurerei zu den Repressionen durch die Nazis beschädigt das Gedenken an jene, die der Nationalsozialismus ungleich rücksichtsloser ins Visier nahm: Man könnte fast meinen, die Freimaurerei versuchte, einen Fuß auf den Sockel der größten Opfer der Geschichte zu bekommen.

Noch vielsagender ist vielleicht, dass diese masonischen Identitäts-Narrative die Aufmerksamkeit von einem Regime abziehen, das in seiner Verfolgung der Freimaurerei viel brutaler und gründlicher war als Mussolini oder Hitler: das Spanien von General Francisco Franco.

14 SALAMANCA

Hyänen und Konkubinen

Lang lebe der Tod!

Der Massenmord an Freimaurern begann wenige Tage nach Beginn des Spanischen Bürgerkriegs.

Am 17. Juli 1936 revoltierten spanische Kolonialtruppen in Marokko gegen eine demokratische Republik; die Revolte breitete sich bald über die Straße von Gibraltar auf Kasernen auf dem Festland aus. Das Land wurde in zwei Teile gespalten. Wo der Militärputsch scheiterte, wie in Madrid und Barcelona, behielt die Republik die Kontrolle – wenn auch in einem chaotischen Zustand, da niemand wusste, welche Elemente der Armee und der Polizei loyal bleiben würden, und Banden revolutionärer Linker vielerorts die Straßen kontrollierten. Wo die Putschisten dagegen erfolgreich waren, wurde durch das Kriegsrecht ein nationalistisches Spanien errichtet. Eine Enklave nationalistischen Einflusses im Südwesten expandierte schnell, als die Afrika-Armee, zusammengesetzt aus Kolonialsoldaten und marokkanischen Söldnern, einen blutigen Vorstoß unternahm. Sie wurde im September 1936 für ihre Erfolge belohnt, denn ihr Kommandant, General Francisco Franco, übernahm die oberste militärische und politische Führung des Putsches. Er sollte bald auch den Titel Caudillo annehmen – das spanische Äquivalent zu Duce beziehungsweise Führer.

Im nationalistischen Spanien errichteten die Armee und rechte Bürgerwehren eine Schreckensherrschaft. Lautstark wurde die Absicht verkündet, man werde das Vaterland von seinen politischen und kulturellen »Schädlingen reinigen«. Jeder, der mit der Republik und ihren Institutionen, mit der politischen Linken und selbst mit der säkularen Moderne in Verbindung gebracht wurde, konnte verhaftet, gefoltert und hingerichtet werden: Gewerkschafter und Politiker, Arbeiter und Bauern, Liberale und Intellektuelle, emanzipierte Frauen und Homosexuelle. Zehntausende starben. Unter ihnen waren viele Freimaurer.

Die meisten masonischen Opfer kamen in den ersten Monaten des Bürgerkriegs zu Tode, als die Gewalt noch nicht zentral gesteuert wurde. Es finden sich dazu nur wenige schriftliche Quellen. Die Nationalisten würden den Bürgerkrieg am Ende für sich entscheiden und damit die Kontrolle über die Archive erlangen, von denen eine präzise historische Rekonstruktion abhängt. Mehr als vier Jahrzehnte nach dem Tod von General Franco sind die Verbrechen, die während des Spanischen Bürgerkriegs gegen Zivilisten begangen wurden, nach wie vor ein aktuelles und strittiges Forschungsthema. Die Unterdrückung der Freimaurer ist ein vernachlässigter Aspekt. Infolgedessen sind wir auch nicht annähernd in der Lage, die Zahl der Todesopfer unter den Freimaurern zu nennen. Die ersten Versuche von Historikern, das Ausmaß der Gräueltaten gegen Freimaurer zu bewerten, waren erst nach Francos Tod 1975 möglich. Der Gesamteindruck der ersten Ergebnisse war bruchstückhaft, aber dennoch schockierend. In Saragossa wurden dreißig Brüder der Loge Constancia ermordet. In der Stadt Ceuta an der afrikanischen Küste verlor die Loge Hijos de La Viuda 17 Brüder. In Algeciras, in der Bucht von Gibraltar, starben 24 Mitglieder der Loge Trafalgar, und von der Loge Vicus in Vigo wurden bis auf eine Handvoll Brüder alle getötet. In Orten wie Tétouan (Marokko), Las Palmas (Kanarische Inseln), La Coruña, Lugo und Zamora wurden die Freimaurer vollständig ausgelöscht.

Die Liste könnte fortgesetzt werden. Aber dieser frühe Überblick über die antimasonischen Gräueltaten entstand noch vor dem Hintergrund eines diffusen Nebels von Hörensagen und Bürgerkriegspropaganda. Wie zuverlässig er war, ließ sich noch nicht absehen. Eines allerdings war schon jetzt klar: Die spanischen Rechten waren in ihrem Kampf gegen die Freimaurerei außergewöhnlich bösartig. Ihre Verfolgung wirft wieder die gleiche schwierige Frage auf, die sich aus den geschätzten Zahlen der masonischen Opfer des Nationalsozialismus ergibt: Wurden diese spanischen Brüder alle ermordet, weil sie Freimaurer waren? Oder wurden sie aus anderen Gründen ins Visier genommen und waren zufällig auch Freimaurer?

Nur an wenigen Orten wurden aktuelle Untersuchungen durchgeführt, um die schockierenden ersten Einschätzungen zu überprüfen. In Granada zum Beispiel kamen 35 Prozent der Freimaurer gewaltsam zu Tode. Die Zeugnisse deuten jedoch darauf hin, dass sie in erster Linie hingerichtet wurden, weil sie Vertreter demokratischer Parteien oder der republikanischen Institutionen waren, und nicht, weil sie einer Freimaurerloge angehörten. Anfang August 1936, als die nationalistischen Behörden Dokumente aus den drei Logen der Stadt erbeuteten, ergaben die anschließenden Untersuchungen, dass viele der aufgeführten Männer bereits aus anderen Gründen getötet worden waren. Die überlebenden Brüder wurden eingesperrt.

In Sevilla wurden Logen durchsucht und Mitgliederlisten in der katholischen und der rechten Presse veröffentlicht: ein Leitfaden für gewaltbereite Bürgerwehren. Freimaurer, die führende Positionen in den Institutionen der Republik einnahmen, liefen am ehesten Gefahr, umgebracht zu werden. Für Gegner der Rebellion konnte die Tatsache, einer Freimaurerloge anzugehören, ein erschwerender Faktor sein, der entschied, ob jemand in ein Konzentrationslager geschickt oder vor ein Erschießungskommando gestellt wurde. Einige, vor allem der regionale Großmeister und sein Sohn, wurden nur deshalb hingerichtet, weil sie in der Bruderschaft eine führende Position innehatten. Im Gegensatz dazu waren viele andere Mitglieder bemüht, sich von der Freimaurerei zu distanzieren und ihren Enthusiasmus für den Militärputsch zu bekunden – und so ihre Freiheit und ihr Leben zu retten. In Sevilla und Granada wütete die nationalistische Gewalt besonders heftig, und dennoch kam es bei keiner Loge zur vollständigen Auslöschung aller Mitglieder.

Nicht jeder Freimaurer, der zu Tode kam, war wegen seiner Freimaurerei ermordet worden, so viel steht fest. Dennoch hielten auf nati-

General Francisco Franco (1892–1975) mit seiner Ehefrau und ihrer gemeinsamen Tochter in Salamanca während des Spanischen Bürgerkriegs.

onalistischer Seite sämtliche Kräfte den konspirativen Einfluss der Freimaurer auf die Republik für so maßgeblich, dass fast jeder im Staat eine Marionette der Logen sein konnte. Die Brutalität war unberechenbar: Viele wurden auf der Grundlage falscher oder überzogener Zeugenaussagen verurteilt. Einige nationalistische Gruppen, wie die Falange (Spaniens faschistische Bewegung), nutzten alle möglichen Quellen, um ihre Todeslisten zu füllen. Das unvermeidliche Ergebnis war, dass viele von denen, die wegen angeblicher freimaurerischer Aktivitäten ermordet wurden, mit der Freimaurerei gar nichts tun hatten.

Eine bekannte Episode aus dem Herzen des nationalistischen Spanien rückt dieses dramatische Chaos in den Fokus. Ende September

1936 traf sich die militärische Elite der Putschisten in Salamanca, um General Francisco Franco zu ihrem obersten Führer zu ernennen. Salamanca war eine gute Wahl als Hauptstadt der nationalistischen Bewegung. Mit seinen konservativen Traditionen und einer der ältesten Universitäten der Welt, die hohes Ansehen genoss, lag es zudem nahe genug an der portugiesischen Grenze, um den putschenden Generälen eine Fluchtmöglichkeit zu bieten, sollten sie den Bürgerkrieg verlieren. Als Zeichen der kirchlichen Gunst bot der Bischof von Salamanca General Franco seinen Palast als Hauptquartier an. Kurze Zeit später, nur wenige hundert Meter entfernt, fand unter den Steinbögen der großen Halle der Universität eine öffentliche Zeremonie statt, im Gedenken an Kolumbus' »Entdeckung« Amerikas und an Spaniens imperiales Erbe. Der Bischof und auch Francos Ehefrau waren anwesend. Hauptredner war der brutalste Befehlshaber des Caudillo, General José Millán Astray, der bei Kämpfen in den Kolonien einen Arm und ein Auge verloren hatte. Millán Astrays unwirsche Tirade erreichte ihren Höhepunkt mit dem Schlachtruf der spanischen Fremdenlegion: »¡Viva la Muerte!« [Lang lebe der Tod!]

Die Parole schockierte und verärgerte den alten Mann, der Schirmherr der Veranstaltung war: Miguel de Unamuno, einer der großen Schriftsteller Spaniens und Rektor der Universität. Unamuno hatte zunächst die Republik unterstützt, war dann aber entsetzt gewesen über das Chaos, das unter ihr zu herrschen schien, und befürwortete daher den Militärputsch – bis er Zeuge seiner ungezügelten Gewalt wurde. Während Millán Astrays Rede griff Unamuno in seine Tasche. Darin befand sich ein Hilferuf, den er von der Frau eines Freundes erhalten hatte, des protestantischen Pfarrers der Stadt. Dieser war verhaftet worden, weil er einer Freimaurerloge angehörte. Unamuno nahm den Brief heraus und kritzelte auf die Rückseite einige Notizen, die Grundlage für seine letzte Rede werden sollten – die denkwürdigste des Bürgerkriegs.

Mit atemberaubendem Mut stand Unamuno auf und nannte Millán Astray einen Krüppel, der auch Spanien verkrüppelt sehen wolle. Die Nationalisten, fuhr er fort, hätten auf ihrer Seite nur rohe Gewalt, aber weder Vernunft noch Recht. »Ihr werdet siegen, aber ihr werdet nicht überzeugen.« Der Slogan sollte durch die langen Jahre der Franco-Diktatur hallen.

Unamuno hatte Glück, lebend aus der Universität herauszukommen. Wegen respektlosen Verhaltens wurde er entlassen und unter Hausarrest gestellt. Im Dezember 1936 schickte er einen gequälten Brief an einen Freund. Hier in Salamanca, schrieb er, habe es »die bestialischste Verfolgung« gegeben und »Morde ohne jede Rechtfertigung«. Was sich als Krieg gegen den Bolschewismus darstelle, sei tatsächlich ein Krieg gegen den Liberalismus. Jeder könne gefangen genommen werden: Freimaurer, Juden, Mitglieder der Liga der Menschenrechte. »Kürzlich haben sie hier den protestantischen Pfarrer getötet, weil er ein Freimaurer war. Und weil er mein Freund war. Offensichtlich haben diese Hunde – und unter ihnen gibt es wahre Hyänen – keine Ahnung, was Freimaurerei überhaupt bedeutet.« Der protestantische Pfarrer hatte also nicht überlebt. Ebenso wenig wie neunundzwanzig seiner Brüder in der Loge Helmántica in Salamanca.

Miguel de Unamuno – sein Geist war gebrochen – starb zweieinhalb Wochen nachdem er den zitierten Brief geschrieben hatte. Wir können nur erahnen, was in ihm vorgegangen wäre, hätte er gewusst, dass die Gräueltaten von 1936 nur der Anfang waren. Der Hass auf die Freimaurerei sollte den Caudillo und seine Anhänger in einen tiefen obsessiven Abgrund ziehen, der in der Geschichte der Bruderschaft ohnegleichen ist. Aber bevor wir den Weg dieses Abstiegs verfolgen, müssen wir einen Schritt zurückgehen und fragen, was Spaniens Rechte dazu bewog, die Freimaurerei ungleich grausamer zu unterdrücken, als es ihre Gesinnungsgenossen in Italien oder Deutschland taten. Die kurze Antwort lautet: die katholische Kirche. Die Kräfte, die im Sommer und Herbst 1936 im Gefolge von Spaniens Militärputsch das Ruder übernahmen, traten das Erbe der katholischen Kirche, bestehend aus antimasonischer Wut und Angst, in vollem Umfang an.

Eine politische Revolution ganz im Geiste der Freimaurerei

Die Freimaurerei hatte in Spanien eine unruhige Frühgeschichte – dafür sorgte die Inquisition. Erst nach dem Einmarsch von Napoleon Bonaparte 1808 wurden Logen erlaubt, aber gleich nach der Wiederherstellung der Monarchie im Jahr 1814 wieder verboten.

Danach war die Geschichte der Freimaurerei in Spanien wie anderenorts im katholischen Europa Teil eines ewigen Kulturkampfes zwischen der Kirche und den Kräften des säkularen Liberalismus. Die spanische Kirche hatte sich tatsächlich recht erfolgreich gegen die Bedrohung durch den Säkularismus verteidigt. Zwar wurde die Freimaurerei 1868 wieder zugelassen, doch der Katholizismus blieb unter der konstitutionellen Monarchie (1876–1923) Staatsreligion: Das Bildungssystem war katholisch und das offene Praktizieren anderer Religionen verboten. Trotz dieser vergleichsweise sehr privilegierten Stellung ärgerte sich die Kirche in Spanien über Etappensiege, die die Säkularisten bereits erzielt hatten – einschließlich der Legalisierung der Freimaurerei. Die Katholiken waren politisch in vielem zerstritten, auch in der leidigen Frage der regionalen Autonomie. Doch in ihrer Abneigung gegenüber den Freimaurern waren sie sich einig. In den 1880er Jahren wurden Léo Taxils vermeintliche Enthüllungen über satanistische Praktiken in den Logen umgehend ins Spanische übersetzt. Zudem gab es Unmengen von lokalen antimasonischen Publikationen.

Die Kirche lag nicht ganz falsch, wenn sie die Freimaurerei mit Säkularismus gleichsetzte. Im letzten Viertel des 19. Jahrhunderts prosperierte die spanische Freimaurerei zum ersten Mal – obwohl sie viel kleiner und weniger mächtig blieb als in anderen katholischen Ländern wie Frankreich oder Italien. Die Mitgliederzahl stieg auf über zehntausend, und es gab acht Freimaurerzeitungen. Die Freimaurer betrachteten sich selbst als aufgeklärte Minderheit, die sich gegen den religiösen Fanatismus der Massen aussprach. Sie waren in antiklerikalen Zeitungen tätig und leiteten laikale Schulen. Aber wie auch andernorts in Europa waren die spanischen Freimaurer in mehrere konkurrierende Großlogen gespalten und daher nicht in der Lage, kollektiv Einfluss zu nehmen.

Ein Wendepunkt kam 1898 mit der traumatischen militärischen Niederlage Spaniens im Spanisch-Amerikanischen Krieg, der für Spanien den Verlust seiner letzten verbliebenen Besitztümer in Amerika bedeutete. Vier Jahrhunderte spanisches Kolonialreich waren zu Ende. Die Katholiken machten für diese nationale Demütigung die Freimaurer verantwortlich – ob in der Heimat, auf Kuba oder den Philippinen. Die Polizei durchsuchte den Madrider Hauptsitz des Gran Oriente Español und des Gran Oriente Nacional de España, die beiden wichtigsten masonischen Führungsgremien des Landes. Die Zahl der Logenmitglieder ging zurück. Nach 1898 entwickelte das Militär seine eigene Ausprägung von Antifreimaurerei. Zwei Generationen von Offizieren wuchsen in dem Glauben auf, eine fünfte Kolonne von Freimaurern habe Spaniens Niederlage verursacht und würde dessen Versuche, in Marokko neue Gebiete abzustecken, aktiv behindern.

Die sich beschleunigenden gesellschaftlichen Veränderungen des frühen 20. Jahrhunderts verhärteten die Positionen zur Frage des Verhältnisses von Kirche und Staat und zu vielen weiteren Themen. Obwohl der Vormarsch der Freimaurerei gebremst worden war, nahm die Angst der Kirche vor ihr zu. Je mehr das System von der durch die Kirchenhierarchie geprägten Vorstellung einer auf Religion, Eigentum, Ordnung und Familie basierenden Gesellschaftsstruktur durchdrungen war, desto weniger war es in der Lage, die Herausforderungen der Moderne zu meistern, und desto mehr Feinde erwuchsen der Kirche. Die Liberalen traten eine Säkularisierungswelle los, und die Gefahr eines atheistischen Sozialismus drohte. Es kam zu einer Reihe von antiklerikalen Randalen. Während gewalttätiger Ausschreitungen der Arbeiterklasse, bekannt als »Tragische Woche« enthaupteten 1909 in Barcelona radikale Sozialisten und Anarchisten religiöse Statuen, schändeten Gräber und zündeten Kirchen an. Es sollte nicht der letzte Angriff auf geistliche Würdenträger und kirchliches Eigentum sein. Am Ende des Ersten Weltkriegs hassten weite Teile der spanischen Gesellschaft die Kirche: insbesondere die städtische Arbeiterklasse und die geknechtete Bauernschaft auf den großen Ländereien des Südens. Das Schicksal der spanischen Freimaurerei war in der Schwebe: Es war eng verbunden mit dem Vorankommen liberaler Ideen – die zunehmend von rechts und links mit Verachtung gestraft wurden.

Im Jahr 1923 setzte eine Militärdiktatur unter Miguel Primo de Rivera – begleitet von Streiks, Unruhen und der internationalen Angst vor der bolschewistischen Revolution – die verfassungsmäßige Regierung aus, sehr zur Zufriedenheit vieler Kirchenleute. Die Freimaurerei wurde behindert, aber nicht verboten. *Die Protokolle der Weisen von Zion* mit ihrer Darstellung einer jüdisch-masonischen Verschwörung wurden während der Diktatur erstmals ins Spanische übersetzt. Die Juden waren fortan die Standardpartner der Freimaurer in einer imaginierten Weltverschwörung. Doch weil es nur eine sehr kleine, fast unsichtbare jüdische Bevölkerung im Lande gab – sie war bekanntlich 1492 vertrieben worden –, war die Bedrohung durch sie eher abstrakt. Die Freimaurer hingegen schienen nur allzu real zu sein.

Die Diktatur von Miguel Primo de Rivera kam zu Fall, weil ihre Anläufe, eine konservative Reform durchzusetzen, den Widerstand gegen sie nur noch verstärkten, selbst innerhalb des Militärs; ihr Niedergang brachte auch den historischen Verbündeten der Kirche, die Monarchie, zu Fall. Als im April 1931 eine demokratische Republik ausgerufen wurde, sahen die Kräfte der säkularen Moderne endlich die Chance, Spanien in die Zukunft zu führen – weg von der Kirche. Viele Freimaurer nahmen, getreu den seit langer Zeit bestehenden Sympathien ihrer Bruderschaft für eine demokratische Verfassung, eine führende Rolle ein. Unter den 468 Mitgliedern der Ständeversammlung, die im Juni 1931 mit der Aufgabe betraut war, die Verfassung der Republik auszuarbeiten, waren angeblich 149 Freimaurer – knapp ein Drittel. Dieser große Anteil war umso bemerkenswerter, als es im ganzen Land nur etwa fünftausend Freimaurer gab. Dennoch betrachteten sie die Republik als ihre ureigene Schöpfung, wie ein Leitartikel in einem Magazin für Mitglieder des Schottischen Ritus deutlich machte: »Eine politische Revolution, die mehr im Geist der Freimaurerei stand als die in Spanien, hat es noch nie gegeben. Alles war Besonnenheit, Gerechtigkeit, Ordnung, Mäßigung, humanitäre Gesinnung, Toleranz und Pietät.«

Für die Katholiken, selbst für diejenigen, die die Republik unterstützten, bestätigten solche Siegeschöre die schlimmsten Ängste vor einer Verschwörung der Freimaurer. Genauso wie die Verfassung der Republik selbst. Es wurden die standesamtliche Ehe und Scheidung eingeführt, zusammen mit der Religionsfreiheit. Mönchs- und Nonnenorden sowie Priester wurden von jeglicher Funktion im Erziehungssektor ausgeschlossen. »Spanien ist nicht mehr katholisch«, triumphierte der berühmte republikanische Minister Manuel Azaña im Oktober 1931. Zur Bestürzung der Katholiken wurde Azaña Ministerpräsident und schließlich Präsident der Republik. Die Regierung erließ provokante Richtlinien, die kirchliche Bestattungen und Prozessionen verboten.

Solche Maßnahmen schürten nur den Widerstand gegen die Republik. Antimasonischer Hass wurde zu einem Kernthema rechter Identität, mit dem sich garantiert der Beifall von Republikfeinden jeglicher Couleur gewinnen ließ. Die Lautstärke der Propaganda wurde nun um mehrere Stufen angehoben. Die katholische Zeitung *El Debate* hegte nicht den geringsten Zweifel, dass hinter den Kulissen »das Gespenst der Logen« agierte. Eine führende Persönlichkeit unter den Karlisten, die zu einer fast theokratischen Monarchieform zurückkehren wollten, sagte bei einer Kundgebung in Palencia: »Wir werden von einer kleinen Gruppe von Freimaurern regiert, und ich sage, dass alle Mittel gegen sie erlaubt sind, wenn sie weiterhin versuchen, uns zu entchristianisieren.« 1932 wurde eine katholische Jugendbewegung mit einem Manifest, das dem Kommunismus und der Freimaurerei »den Krieg erklärte«, ins Leben gerufen. Der katholische Widerstand gegen die Republik sammelte sich in einer neuen Allianz, der CEDA (Confederación Española de Derechas Autónomas, Spanische Konföderation der Autonomen Rechten), die zunehmend die Rhetorik und den Stil des Nationalsozialismus nachahmte. In der Propaganda der CEDA herrschte ein antimasonischer Trommelschlag: »Das Land windet sich in qualvoller Agonie, aufgrund der frevlerischen Verbrechen Wahnsinniger, die von den Freimaurerlogen und dem internationalen Judentum bezahlt und befehligt werden. In Zusammenarbeit mit dem marxistischen Sektierertum haben sie die heiligen Bande von Kirche und Staat zerrissen.«

Im Jahr 1933 bremste ein rechter Wahlsieg kurzzeitig den säkularistischen Vormarsch. Im Oktober 1934 wurde der CEDA-Führer Kriegsminister und erließ sofort ein Verbot von Freimaurern im Militär: Sechs Generäle mussten gehen. Bei den Neuwahlen im Februar 1936 wurde der Antimasonismus erneut zum Schlachtruf der Rechten. »Sie werden nicht siegen! Der Marxismus wird nicht siegen! Die Freimaurerei wird nicht siegen!‹

Trotz dieser Emphase brachte das Wahlergebnis von 1936 erneut die Linke an die Macht und mit ihr die Kräfte des Antiklerikalismus. Die Polarisierung der spanischen Gesellschaft beschleunigte sich dramatisch. Auf beiden Seiten bildeten sich Milizen, und es kam zu einer Reihe von Vergeltungsmorden.

Bald wurden Pläne für einen Putsch der Armee gegen die Republik geschmiedet. Der Mann im Zentrum dieser Pläne, General Emilio Mola, glaubte, das Zustandekommen der Republik sei dem »Hass einer Rasse« geschuldet, »der durch eine geschickt geführte Organisation gestreut wird: Ich beziehe mich speziell auf die Juden und die Freimaurerei«. Am 30. Juni 1936 verteilte Mola eine lange Liste von Handlungsanweisungen an seine Mitverschwörer in Marokko, wo die Revolte beginnen sollte; sie enthielt Folgendes: »Linke Elemente eliminieren: Kommunisten, Anarchisten, Gewerkschafter, Freimaurer usw.«

Als die Kämpfe zwei Wochen später begannen, kam es auf beiden Seiten zu grausamen Racheaktionen. Hass, der sich über Jahrzehnte angesammelt hatte, brach sich Bahn. In der republikanischen Zone gab es eine Welle antiklerikaler Morde: Fast siebentausend Geistliche starben, darunter dreizehn Bischöfe und zweihundertdreiundachtzig Nonnen. Die Form dieser Morde hatte oft rituellen Symbolgehalt. In Torrijos, in der Nähe von Toledo, wurde der Pfarrer seiner Kleider beraubt, ausgepeitscht und dann gezwungen, Essig zu trinken, eine Dornenkrone aufzusetzen und einen Balken auf dem Rücken zu tragen. Am Ende erschossen ihn seine Peiniger, statt ihn ans Kreuz zu nageln. Es gibt wenig beziehungsweise keine Beweise, dass Freimaurer in die vielen Vorfälle antiklerikaler Gewalt verwickelt waren, die Spanien vor und während des Bürgerkriegs erlebt hat. Aber das änderte nicht viel.

Auf nationalistischer Seite begrüßten die Bischöfe den rechten Aufstand als »Kreuzzug«. Die Gewehre von Soldaten und Milizionären wurden als Werkzeuge zur Verteidigung der christlichen Kultur gesegnet. Nach über hundert Jahren antimasonischer Hetze seitens der katholischen Kirche wurden nun die Freimaurer ins Visier genommen, als Teil des »Anti-Spanien«, das es zu zerschlagen galt. In einer Zeitung der Falange hieß es im September 1936: »Ganz Spanien fordert eine exemplarische und rasche Bestrafung der Freimaurer, dieser gerissenen und blutrünstigen Männer.« Aufgrund des britischen Einflusses, der von Gibraltar ausging, konzentrierte sich die Freimaurerei vor allem im Südwesten Spaniens – um Cédiz, Huelva und Sevilla herum – tragischerweise, denn gerade dieses Gebiet war in den ersten Monaten des Krieges am brutalsten von »Säuberungen« betroffen. So kam es, dass die jahrzehntelange religiös gespeiste antimasonische Rhetorik in der brutalen Verfolgung der Freimaurer zu Beginn des Bürgerkriegs gipfelte.

Mussolini hatte eine lange Karriere als Antifreimaurer. Aber seine faschistische Bewegung war keine katholische Kraft, und die Religion spielte, außer wenn es um politisches Taktieren ging, in seiner Gegnerschaft zur Freimaurerei keine Rolle; so wenig wie der Antisemitismus. Hitler war natürlich Antisemit, doch in seiner Gegnerschaft zur Freimaurerei nicht religiöser als Mussolini. Wie der Duce war auch der Führer taktisch flexibel. Seine Feindseligkeit gegen die Freimaurerei war immer seinen strategischen Zielen untergeordnet: Machtgewinn, Zerschlagung aller Quellen tatsächlicher oder potenzieller Opposition und die Führung eines Rassenkriegs. Im Gegensatz dazu war die spanische Ausprägung des Faschismus, wie sie unter General Franco Gestalt annahm, durch und durch katholisch. Antimasonismus und die Verfolgung von Freimaurern waren für die nationalistische Propaganda und Aktion von wesentlicher Bedeutung.

Nachdem das Militär seine Kontrolle über das nationalistische Territorium stabilisiert hatte, blühte den Freimaurern eher das Gefangenenlager oder der Arbeitsdienst als das Erschießungskommando. Während des Spanischen Bürgerkriegs wurden sie jedoch immer wieder grausam schikaniert. Im Oktober 1937 wurden in Málaga Berichten zufolge achtzig Gefangene hingerichtet, nur weil sie Freimaurer waren. Diese ungezügelte Grausamkeit war schon äußerst bemerkenswert. Noch bemerkenswerter aber war der repressive Furor, der während des Krieges einsetzte und weit über sein Ende hinaus andauerte. Weder der Duce noch der Führer legten bei der Verfolgung einzelner ehemaliger Freimaurer besonderen Eifer an den Tag, nachdem sie die Bruderschaft als Organisation zerschlagen hatten. Der Caudillo dagegen war unerbittlich bis zur Besessenheit.

General Francisco Franco war Katholik und hatte als Berufssoldat während der marokkanischen Feldzüge Karriere gemacht. Damit hatte er ein vorhersehbares Maß an Antifreimaurerei verinnerlicht. Möglicherweise hegte er auch einen persönlichen Groll gegen die Freimaurer. Einige Zeugenaussagen weisen darauf hin, dass er in der Hoffnung, seine militärische Karriere voranzubringen, zweimal – 1926 und 1932 – vergeblich versucht hatte, einer Loge beizutreten. Beim zweiten Versuch hatte ihm angeblich sein Bruder Ramón, ein gefeierter Flieger mit republikanischen Sympathien, einen Strich durch die Rechnung gemacht – die beiden hatten ein sehr angespanntes Verhältnis. Wie dem auch sei, Franco beschuldigte seitdem die Freimaurer im Militär, seine Beförderung zu blockieren.

Als der Bürgerkrieg begann, ließ Franco seiner antimasonischen Haltung Taten folgen, noch bevor er die oberste Führung der nationalistischen Seite übernahm. Mitte September 1936 verbot er die Freimaurerei in dem Gebiet, das unter seinem Kommando stand, und erklärte, dass unbelehrbare Mitglieder sich des »Verbrechens der Rebellion« schuldig machen würden. Im Dezember 1938 kündigte er an, dass alle freimaurerischen Bildnisse und Inschriften, die

»als Beleidigung der Kirche aufgefasst werden könnten«, zerstört würden.

Als die franquistischen Truppen mühsam den Sieg errungen hatten, den sie zu einem großen Teil der deutschen und italienischen militärischen Unterstützung zu verdanken hatten, begann der Caudillo mit Maßnahmen, die ganz Spanien von der »Pest« der Freimaurerei befreien sollten. Das berüchtigte Gesetz über politische Verantwortlichkeiten, das im Februar 1939 erlassen wurde, machte es zu einem Verbrechen, die Republik unterstützt zu haben, und verfügte, dass das Eigentum der Schuldigen konfisziert werden sollte. Seine Anordnungen bezogen sich auch auf Freimaurer. Ein neuer Lehrplan, der 1939 veröffentlicht wurde, enthielt Unterrichtseinheiten darüber, wie die jüdisch-masonische Verschwörung unter der Republik das Land dem Kommunismus ausgeliefert hatte.

Franco machte es sich zur Gewohnheit, den sexuell aufgeladenen Begriff »el contubernio« zu verwenden, um die Art und Weise zu beschreiben, wie Freimaurer sich mit allen möglichen subversiven Elementen verschworen hatten: Das Wort bedeutet »Konkubinat« – eine schmutzige Mesalliance wie die einer Konkubine mit ihrem Liebhaber. Dies war das Vokabular einer rasenden Phobie. Es dauerte nicht lange, bis jemand Gefallen daran fand, Francos Phobie zu füttern.

Der Bürgerkrieg endete im April 1939. Der Zweite Weltkrieg, in dem das franquistische Spanien neutral bleiben würde, begann im September. Um diese Zeit gab ein Netzwerk aus Spitzeln brisante Informationen über die internationale Freimaurerverschwörung gegen Spanien direkt an Franco weiter. Das Netzwerk war höchst mysteriös: In offiziellen Mitteilungen wurde es als APIS bezeichnet, aber noch hat kein Historiker herausgefunden, wofür diese Abkürzung stand. Sicher ist, dass der Caudillo im Laufe des nächsten Vierteljahrhunderts an nachrichtendienstliche Informationen von erstaunlicher Qualität gelangte. Zu den Glanzpunkten der APIS-Papiere gehören Briefwechsel von

Roosevelt, Churchill, Montgomery, Eisenhower und dem NATO-Generalsekretär. Aber noch wertvoller waren die umfangreichen Enthüllungen über die andauernden Operationen der Freimaurer in Spanien und ihre Versuche, das franquistische Regime zu infiltrieren.

Die Informationen flossen über drei faszinierende Frauen. Die Hauptinformantin hatte Zugang zur Führungsriege des freimaurerischen Komplotts auf höchster Ebene. Sie bezeichnete sich selbst nur als A. de S.; ihr Mann, bekannt nur als R., war ein hochrangiges Mitglied der Association Maçonnique Internationale – eines Verbands von Großlogen aus vielen verschiedenen Ländern. A. de S.' Verbindung mit der APIS-Basis in Madrid war ihr Kindermädchen namens Elisa. Und die Frau in Madrid, die die Berichte redigierte und sie für den Caudillo aufbereitete, war Marìa Dolores de Naveràn, in ihrem bürgerlichen Leben Professorin an einer Lehrerbildungsanstalt. Der Caudillo gab vor seinen Getreuen häufig an, dass er dank solcher Spione Insiderwissen über freimaurerische Intrigen habe.

Offensichtlich vertraute er seinen Quellen blind. Bedauerlicherweise, denn so ziemlich alle brisanten Informationen über Freimaurerverschwörungen, die ihm APIS zukommen ließ, waren falsch.

Dazu gibt es eine Reihe von Hinweisen. 1950 zerfiel die Association Maçonnique Internationale, aber APIS-Berichte über ihre Gefährlichkeit gelangten bis 1965 auf den Schreibtisch des Caudillo. Es gab nie die Originale der englischsprachigen Dokumente, die APIS-Agenten angeblich gestohlen hatten, nur die spanischen Übersetzungen. Wenn diese Übersetzungen aus Gründen der Dramaturgie das Original zitierten, enthielten diese Zitate oft grobe Schnitzer in englischer Orthographie und Grammatik. Die anonyme Informantin A. de S. war vermutlich eine absolute Fiktion.

APIS war das Spionage-Äquivalent des großen Taxil-Schwindels des späten 19. Jahrhunderts – und Franco fiel darauf herein. Forscher, die derzeit an den Originaldokumenten arbeiten, können nicht sagen, wer tatsächlich dahintersteckte. Man weiß allenfalls, dass eine der Beteiligten möglicherweise Marìa Dolores de Naveràn war, die die Berichte redigiert hatte. Wahrscheinlich ist, dass jemand aus der

Führungsriege der Diktatur den Caudillo dazu bringen wollte, seinen antimasonischen Wahn gegen politische Rivalen zu richten. Den Preis für den APIS-Schwindel, wer auch immer ihn ausgeheckt hatte, würden die Freimaurer zahlen oder jene, die für Freimaurer gehalten wurden.

Salamanca ist heute ein wunderschöner Ort, an dem die Zeit stehengeblieben ist: eine mittelalterliche Stadt, kunstvoll aus weichem Villamayor-Stein gehauen, der zur Freude von Touristen und ausländischen Studenten wie Butter in der frühen Morgensonne leuchtet – ein wunderschöner Hintergrund für Selfies. Der interessiertere Teil der Besucher findet den Weg zu einem Museum, das in einer kleinen Straße hinter der Kathedrale liegt, gegenüber jener Universität, in der Miguel de Unamuno seine letzte Rede hielt. Herzstück des kleinen Museums ist ein fensterloser Logentempel der Freimaurer. Vielmehr ein angeblicher Logentempel. Durch schwere Doppeltüren betritt man einen rechteckigen Raum, von einer Lampe erleuchtet, der um einen Schachbrettboden angeordnet und vollgestopft ist mit freimaurerischen Utensilien: Winkelmaß und Zirkel, Steinblöcke, Säulen und ein Altar, auf dem der doppelköpfige Adler des Schottischen Ritus prangt. Die blutroten Wände tragen Bilder von abgeschlagenen Köpfen, Tierkreiszeichen, hebräischen Inschriften und schwarzen Grabsteinen: »Hier liegt Jubelo: Sein Ehrgeiz machte ihn zum Mörder von Hiram Abiff.« An der hinteren Wand sitzen drei Puppen in schwarzen Gewändern. Auf ihre Kapuzen sind große Augen gemalt, die die Besucher anstarren. Die Gestalt in der Mitte trägt ein Totenkopfsymbol auf der Brust, und auf dem Schreibtisch vor ihr liegt ein Miniaturschädel mit leuchtenden Augen. Alles soll Schauer erregen. Die meisten Touristen reagieren jedoch verdutzt oder belustigt.

Die Salamanca-Loge ist das letzte erhaltene Beispiel ihrer Art in Europa. Sie wurde in den 1940er Jahren von den franquistischen Behörden zu Propagandazwecken eingerichtet. Die Ausstattung besteht aus authentischen Artefakten, die bei Polizeirazzien in Logen beschlagnahmt wurden. Francos Männer schafften allen erdenklichen Kleinkram aus ihrem Fundus herein, um eine möglichst gespenstische Umgebung zu schaffen. Es ist kein schwieriges Unterfangen, die Freimaurerei verschroben aussehen zu lassen.

Die Nazis zeigten ähnliche Ausstellungen in Deutschland und in den besetzten Ländern. Nachdem die SS die Logen geschlossen hatte, stellte sie in den Tempeln teilweise Gerippe aus und lud die Öffentlichkeit ein, einen Blick hineinzuwerfen. Quer durch das faschistische Europa lautete die Botschaft, dass die Retter der Nation nun endlich die masonische Bedrohung besiegt hatten. Die Geheimnisse der Freimaurerei waren gelüftet, damit jedermann sie begaffen konnte.

Die Ausstellung der Salamanca-Loge befindet sich im Erdgeschoss des Generalarchivs des Spanischen Bürgerkriegs. Nur Wissenschaftler dringen bis ins Archiv selbst vor, das sich im ersten Stock befindet. Hier, unter Tonnen von Akten des Regimes zu Francos Feinden, finden sich weitaus abstoßendere Beweise für den obsessiven Hass des Caudillo auf die Freimaurer. An den Wänden eines Raumes reihen sich mehrere Karteischränke aus dunklem Holz aneinander, deren Schubladen von jahrzehntelanger bürokratischer Arbeit abgegriffen sind. Auf den oberen Rand eines jeden Karteischranks sind die Lettern T. E. R. M. C. gedruckt: Tribunal Especial para la Represión de la Masonería y el Comunismo – Sondertribunal zur Unterdrückung der Freimaurerei und des Kommunismus. Das Karteikartensystem ist der manuelle Antrieb einer schwerfälligen Maschinerie bürokratischer Unterjochung.

Der ursprüngliche Kern der Sammlung in Salamanca war das Privatarchiv des fanatischsten der vielen antimasonischen Polemiker der frühen 1930er Jahre, des katalanischen Priesters Juan Tusquets Terrats. Hoch aufgeschossen, blond und hyperaktiv, baute Tusquets Terrats sein eigenes Spionagenetzwerk auf, um die Geheimnisse der Logen auszuschnüffeln und Dokumentationen zusammenzutragen; einmal stahl er eigenhändig Papiere aus einer Loge in Barcelona, nachdem er zur Ablenkung Feuer gelegt hatte. Im Jahr 1932 schrieb Tusquets Terrats einen Bestseller, in dem er Juden und Freimaurer für die Gründung der Republik verantwortlich machte – General Franco war einer seiner begeistertsten Leser.

Nachdem Franco sich in Salamanca niedergelassen hatte, bestimmte er Tusquets Terrats zum Hauslehrer seiner Tochter und übertrug ihm die Leitung der jüdisch-masonischen Abteilung des Geheimdienstes der Putschisten mit dem Auftrag, aus allen erdenklichen Quellen Informationen über Freimaurer zu sammeln.

Für Tusquets Terrats war dies die Lizenz, einem schier maßlosen Wahn zu frönen. Er war überzeugt, dass er die Zugehörigkeit zur Freimaurerei in der Art und Weise erkennen konnte, wie ein Taschentuch in eine Brusttasche gefaltet wurde. So groß war sein Eifer, dass er nicht nur auf republikanischer Seite Nachforschungen anstellte. Wie ein nervöser Falangist bemerkte: »Tusquets sah überall Freimaurer.« Ende 1936 gründete Tusquets Terrats mit Francos Hilfe den Verlag Ediciones Antisectarias, der der Veröffentlichung seiner Erkenntnisse diente. Viele der Titel erreichten große Auflagen. Er tourte durch das nationalistische Spanien, um für seine Ideen zu werben, und behauptete, dass Nudisten, Vegetarier und Esperanto-Sprecher allesamt Teil der Freimaurer-Verschwörung wären. Die Vorträge endeten stets mit dem Aufruf, die Freimaurer müssten ausgerottet werden.

Im Juni 1937 wurden Ermittlungen zur Freimaurerei eingeleitet, als einer von Francos Freunden mit einer militärischen Forschungseinheit betraut wurde, bekannt als Staatliche Delegation für Dokumentenrückgewinnung (DERD). Tusquets Terrats war verbittert darüber, auf diese Weise an den Rand gedrängt zu werden, stimmte aber schließlich der Übergabe seines Archivs zu. Ende 1938 berichtete die Delegation DERD, dass sie in einem Waisenhaus in Salamanca aus dem 17. Jahrhundert fünf Millionen Dokumente zusammengetragen habe – die Sammlung befindet sich noch heute in diesem Gebäude. Die Auswertung dieses wuchernden Papierbergs hatte praktische Konsequenzen. Die franquistischen Behörden »säuberten« den öffentlichen Dienst von »antispanischen« Elementen – darunter die Freimaurer. Selbst loyale Nationalisten verloren ihren Arbeitsplatz. Republikanischen Gefangenen, die an der »roten Rebellion« teilgenommen hatten, drohte die

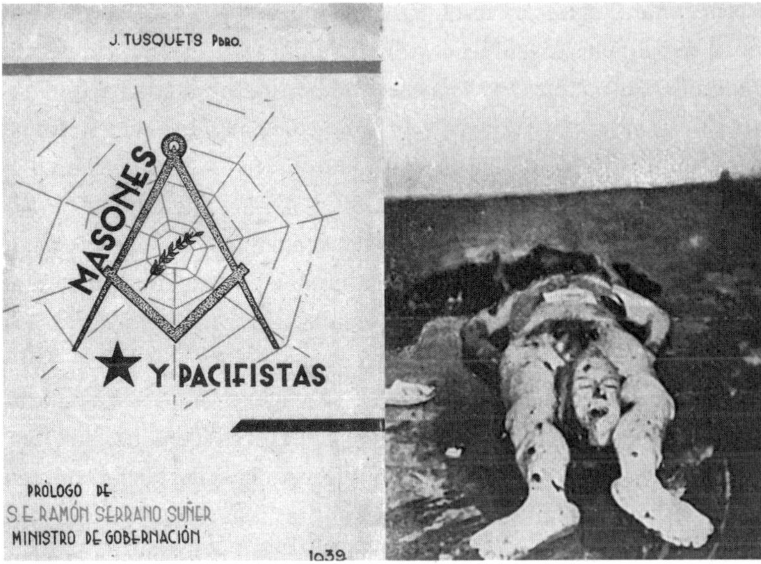

Das Cover von Freimaurer und Pazifisten (1939), ein typisches Werk des katalanischen Priesters Juan Tusquets Terrats (1901–1998). Das entsetzliche Bild aus dem Buch zeigt General Eduardo López Ochoa, der 1936 von einem linken Mob hingerichtet wurde. Tusquets Terrats behauptete, sein Tod sei der Akt masonischer Rache gewesen.

Todesstrafe, wenn sie verdächtigt wurden, der Freimaurerei anzugehören.

Im März 1940, etwa zu der Zeit, als das APIS-Netzwerk begann, den Caudillo mit Geheimdienstinformationen zu versorgen, richtete dieser das »Sondertribunal zur Unterdrückung von Freimaurerei und Kommunismus« ein. Nur eine kleine Minderheit der vor dem Tribunal verhandelten Fälle würde vermeintliche Kommunisten betreffen: Das eigentliche Ziel waren die Freimaurer. Das Archiv in Salamanca, das weiter anwuchs, würde fortan genutzt werden, um alle Mitglieder der Freimaurerei vor ein spezielles Gericht in Madrid zu bringen. In den folgenden zwölf Jahren sollten mehr als 26 000 Urteile gegen Freimaurer gefällt werden.

Die Richter im Sondertribunal zur Unterdrückung der Freimaurerei wurden vom Regime ernannt. Sie gingen davon aus, dass so ziemlich jeder, der ihnen vorgeführt wurde, schuldig war: Freisprüche waren die große Ausnahme. Die Höchststrafe betrug dreißig Jahre Gefängnis, das Minimum harte zwölf Jahre und einen Tag. Um sein Strafmaß zu vermindern, musste ein Freimaurer vollständig der Gemeinschaft abschwören, idealerweise vor einem Bischof. Aber wie sollte er beweisen, dass sein Widerruf aufrichtig war? Schließlich machten Freimaurerrituale alle Männer, die sich ihnen unterzogen, zu Simulanten und notorischen Lügnern – zumindest glaubten das die Richter, die sich die Lektionen aller antimasonischen Propagandisten seit dem Abbé Barruel zu eigen gemacht hatten. Eine Möglichkeit für einen Verdächtigen, seinem Geständnis Glaubwürdigkeit zu verleihen, bestand darin, andere Freimaurer zu belasten. Einige wenige Glückliche konnten auf diese Weise, wenn sie mit besonders drastischen Beschuldigungen aufwarteten, sogar dem Gefängnis entgehen und wurden lediglich aus dem öffentlichen Dienst entlassen. Es überrascht daher nicht, dass die meisten Angeklagten gestanden und so den Papierberg in Salamanca mit noch mehr Beweismitteln wachsen ließen.

Die meisten Freimaurer, die sich vor dem Sondertribunal zu rechtfertigen hatten, waren völlig harmlose Männer aus der Mittelschicht. Nicht wenige waren Anhänger der nationalistischen Sache. Einige waren nur Mitglieder des Rotarier Clubs oder der Liga für Menschenrechte, die vor dem Gesetz als Frontorganisationen der Freimaurer galten. Viele der Angeklagten waren nur sehr kurz mit der Freimaurerei in Berührung gekommen und schnell wieder ausgestiegen, weil sie entweder zu beschäftigt, zu gelangweilt oder zu knapp bei Kasse gewesen waren, um ihre Gebühren zu bezahlen. Das war schon immer so: Nur eine kleine Minderheit derer, die die ersten Rituale durchleben, bleibt und wird zu engagierten Freimaurern. Winston Churchill, von den Freimaurern oft als einer der Ihren hochgehalten, war auch so ein Abbrecher. Doch solche banalen Tatsachen vermochten an der grundlegenden Überzeugung des Sondertribunals, dass Spanien das Ziel einer perfekt organisierten Weltverschwörung sei, nicht zu rütteln. Sie bewiesen allenfalls, dass nur die kleinen Fische ins Netz gegangen waren.

Die Urteile waren entsprechend nicht übermäßig hart – zumindest gemessen an den engen Grenzen, die das Gesetz vorgab. Eine Schätzung geht davon aus, dass 76 Prozent der Angeklagten die Mindeststrafe erhielten. Die längeren Strafen wurden ausschließlich in Abwesenheit auf die ins Ausland geflüchteten ranghohen Freimaurer angewandt. Diese, so glaubte man, hätten wahrscheinlich die finstersten Geheimnisse der Freimaurerei außer Landes gebracht und sich den Köpfen der Weltverschwörung angeschlossen, um die westlichen Demokratien gegen Spanien aufzubringen.

Ein Fall aus vielen tausend soll dazu dienen, die grausame Absurdität des gesamten Prozesses zu beschreiben. Atilano Coco Martín war der protestantische Pfarrer und Freund von Miguel de Unamuno, der im Herbst 1936 in Salamanca ermordet wurde, weil er Freimaurer war. Im antimasonischen Archiv in Salamanca wurde jedoch fälschlicherweise behauptet, dass er nach seiner Freilassung geflüchtet sei, und so häuften sich weiterhin Akten über ihn an. Im März 1940 denunzierten ihn zwei Freimaurer in ihren Geständnissen als Bruder. Die Polizei in Madrid und Salamanca berichtete dem Sondertribunal pflichtgemäß, dass ihre Bemühungen, den Pastor aufzuspüren, erfolglos gewesen seien: Aufenthaltsort unbekannt. Der Tote wurde 1942 in Abwesenheit vor dem Sondertribunal zu sechzehn Jahren Gefängnis verurteilt.

Die Freimaurerei war schwer zu fassen, glitschig wie ein Aal. Die Männer um Franco scheinen ihre Bemühungen, sie festzunageln, als eine Heldentat angesehen zu haben – viel schwieriger als der Krieg der Nazis gegen die Juden. Mauricio Carlavilla, ein auf Antimasonismus spezialisierter Ermittler, bemerkte 1945: »Hitler ist ein Glückspilz! Um jemandem die Staatsangehörigkeit zu gewähren oder zu verweigern, kann er sich an der Hakennase oder dem talmudischen Ritus orientieren. Und wir? Wenn wir jemandem die Staatsangehörigkeit aberkennen wollen, müssen wir uns auf weniger ausgeprägte Beweise verlassen: ein Freimaurergeständnis, das nie wirklich abgelegt wird.«

Je akribischer die Arbeit des Sondertribunals war, desto schrecklicher wurde das Gespenst der Freimaurerverschwörung. Als im Jahr 1945 Harry S. Truman, ein bekannter Freimaurer, Präsident der Vereinigten Staaten wurde, interpretierte der Caudillo diese Entwicklung als einen bedeutenden Schritt der Freimaurerei in Richtung ihres Ziels, der »Vereinigung der höchsten Exekutivgewalt mit der höchsten masonischen Gewalt im Amt des Präsidenten der Vereinigten Staaten«. Unter einem Pseudonym schrieb Franco 1951, dass es diesseits des Jüngsten Gerichts keinen Sieg über die Freimaurerei geben könne: »Sie ist die Tochter des Bösen, ihr dämonischer Geist überlebt die Niederlage und erwacht in neuer Gestalt wieder zum Leben.«

Zu Beginn des Bürgerkriegs gab es in Spanien etwa fünftausend Brüder. Noch vor seinem Ende waren viele Freimaurer, die nicht getötet oder gefangen genommen worden waren, ins Ausland geflüchtet. Niemand weiß, wie viele zur Zeit des Sieges der Nationalisten noch übrig waren. Höchstens tausend? Die Freimaurerei als Organisation war auf spanischem Boden jedenfalls zerstört worden. Die freimaurerische Bedrohung war eine Illusion. Trotzdem würde das Karteikartensystem in Salamanca schließlich die Profile von achtzigtausend mutmaßlichen Brüdern enthalten.

Das Sondertribunal stellte erst 1964 seine Arbeit ein, aber das Archiv in Salamanca wurde weiterhin konsultiert, wenn es um die Entscheidung ging, welche politischen Gefangenen man freilassen und welche Exilanten man wieder nach Hause holen sollte. Franco forderte fortwährende Wachsamkeit gegen seinen imaginären Feind.

1975 war Spanien eine andere Gesellschaft als die, die durch den Bürgerkrieg in den späten 1930er Jahren zerrissen wurde. Ein Zeichen des Wandels waren die vielen nordeuropäischen Touristen, die jeden Sommer die Strände fluteten. Ein weiteres war das Fernsehen, das zum beliebtesten Zeitvertreib der Spanier geworden war. Am 1. Oktober 1975 sahen Millionen die unscharfen Fernsehbilder des Königspalastes in Madrid, von dessen Balkon aus jener Mann eine Rede hielt, der seit nunmehr neununddreißig Jahren Staatsoberhaupt war. General Franco, der an Parkinson litt, war sichtlich gezeichnet. Sein faltiges Gesicht verbarg sich hinter einer übergroßen Ray-Ban-Sonnenbrille. Seine rechte Hand bebte leicht. Seine Stimme, die mit Verstärkern zu den Massen auf der Plaza de Oriente unter ihm übertragen wurde, war dünn und zitternd. Doch die Botschaft, die er verkündete, war nach wie vor unerschütterlich. Er warnte die Nation vor einer »linksgerichteten masonischen Verschwörung inmitten der politischen Klasse, im Konkubinat mit sozialistisch-terroristischer Subversion in der Gesellschaft«.

Der Antimasonismus war fest im Wesen des Caudillo verankert und wurde zum strukturellen Element seiner Diktatur. Während seiner Rede fing er sich eine Erkältung ein, die zu einem gesundheitlichen Zusammenbruch führte. Er würde nie wieder in der Öffentlichkeit erscheinen. Nur die übermenschlichen Bemühungen seiner Ärzte hielten ihn bis zum 20. November desselben Jahres am Leben.

Die Freimaurerei blieb in Spanien bis zur Wiedereinführung der Demokratie ein Verbrechen. Erst seit 2007, mit der Verkündung eines Gesetzes zur historischen Erinnerung, wird die Ausstellung in der Freimaurerloge in Salamanca von einem Video begleitet, in dem klargestellt wird, dass es sich dabei um franquistische Propaganda handelte.

15 NEW YORK

Für Amerika endet ein goldenes Jahrhundert

NOVUS ORDO SECLORUM

In den Vereinigten Staaten begann nach dem Bürgerkrieg der 1860er Jahre ein goldenes Zeitalter der Brüderlichkeit, das bis zum Ende des 19. Jahrhunderts andauern sollte. Abgesehen von einer jähen und vorübergehenden Verdunkelung in den 1930er Jahren würde sein Glanz bis in die späten 1960er Jahre währen.

Erstaunliche 235 Bruderschaften wurden zwischen 1865 und 1900 in den Vereinigten Staaten gegründet, mit sage und schreibe sechs Millionen Mitgliedern – die überwiegende Mehrheit von ihnen waren Männer. Einer Schätzung nach waren damit vierzig Prozent der männlichen Bevölkerung über einundzwanzig erfasst. Der Improved Order of Red Men, die Knights of Pythias, der National Grange of the Order of Patrons of Husbandry, der Benevolent and Protective Order of Elks, der Loyal Order of Moose, die Woodmen of the World. Der Tribe of Ben-Hur wurde 1894 in Indiana gegründet mit Ritualen, die dem 1880 erschienenen Roman von Lew Wallace über das frühe Christentum nachempfunden waren. Vereinigungen wie diese und viele mehr waren nicht masonisch, aber sie hatten zweifellos eine Menge von der Königlichen Kunst gelernt. 1899 erstellte die Cyclopaedia of Fraternities einen Stammbaum für die vielen Bruderschaften in ganz Amerika. An seiner Wurzel stand die Freimaurerei als »Mutterbruderschaft«: »Wer sich mit dem Thema befasst hat, wird wohl kaum bestreiten, dass die masonische Bruderschaft direkt oder indirekt die Stammmutter aller modernen Geheimgesellschaften ist, ob gut, schlecht oder neutral.«

Der Drang zur Brüderlichkeit reichte bis in die unteren Ebenen der gesellschaftlichen Skala. Der Independent Order of Odd Fellows, die sogenannte Freimaurerei für den armen Mann, hatte Mitte der 1890er Jahre bereits mehr Mitglieder als die Königliche Kunst. Die Katholiken taten es ihnen gleich: Die Knights of Columbus fanden sich 1882 in Connecticut zusammen als eine katholische Alternative zur Königlichen Kunst; binnen 25 Jahren umfasste der Bund fast 230 000 Mitglieder. Doch die Freimaurerei, die ebenfalls rapide zunahm, behauptete ihren Platz im Zentrum der brüderlichen Welt. Die masonischen Paraden und Grundsteinlegungen aus der frühen Zeit der Republik wurden wiederaufgenommen. Am 5. August 1884 führte der Großmeister des Staates New York eine solche Zeremonie auf Bedloe's Island in der Upper New York Bay durch – wo die Freiheitsstatue zu stehen käme. Großlogensitze im Maßstab einer Kathedrale wurden in urbaner Bestlage errichtet, wie beispielsweise der Freimaurertempel in Philadelphia, der 1873 direkt gegenüber der City Hall fertiggestellt wurde. Solche Gebäude enthielten typischerweise Versammlungsräume, Büros, Bankettsäle, Bibliotheken, Raucherzimmer und Gesellschaftsräume für Damen. Die Ehemänner dieser Damen waren der Welt stolzeste Mitglieder brüderlicher Organisationen geworden, legten brüderliche Gelübde ab, trugen absonderliche brüderliche Trachten und spendeten – nicht ohne Hintergedanken – für wohltätige Zwecke.

Philanthropie, oder zumindest gegenseitige Unterstützung, erklärt zum großen Teil den unaufhaltsamen Anstieg an brüderlicher Liebe in Amerika. Die Mittelschicht hatte mehr verfügbares Einkommen als jemals zuvor, aber keinerlei soziales Sicherheitsnetz. Die Freimaurer und andere Bruderschaften boten eine gewisse Stabilität und eine Art Wohlfahrtssystem zu einer Zeit umwälzender Veränderungen: Waisenhäuser, Altenheime, Lebensversicherung, Krankenversicherung, Sterbeversicherung. Die Freimaurerei und andere Vereinigungen boten auch ein überregionales Freundschaftsnetzwerk für eine Bevölkerung, die sehr mobil war: Entlang der Eisenbahnschienen, die in den Westen führten, waren Logen entstanden. Jede Einwanderungswelle in die Vereinigten Staaten ging einher mit der Gründung von Wohlfahrtseinrichtungen und Bruderschaften für Schweden, Juden, Polen, Ungarn, Slowaken, Hispanoamerikaner und so weiter.

Die Freimaurerei bot auch Vergnügen. In New York wurde ein Tisch im zweiten Stock von Manhattans Knickerbocker Cottage in der 6th Avenue zum regelmäßigen Treffpunkt für bierselige masonische Zechgelage. Hier ersannen 1870 während eines Mittagessens dreizehn Freimaurer den »Alten Arabischen Orden der Edlen vom mystischen Schrein«. Die Shriners waren gleichsam der »Spielplatz für Freimaurer«. Ihre spaßig überzogenen Rituale beruhten auf einer Tausendundeine-Nacht-Persiflage der Kultur des Nahen Ostens, Pseudostrafen inbegriffen, die vermeintlich dem muslimischen Strafgesetz entstammten. Der rote Fes war die zeremonielle Kopfbedeckung des Ordens, und sein Anführer trug den Titel Imperial Potentate. Die Shriners sind noch heute der sichtbarste der vielen Zweige der Freimaurerei, mit ihren typischen Miniaturautos, die bei allen möglichen Paraden zum Einsatz kommen. Der Humor der Shriners ist nicht jedermanns Sache, aber sie spenden tatsächlich gewaltige Summen an ihr Netzwerk von Kinderkrankenhäusern; das erste wurde 1922 in Louisiana errichtet. Das Shriner-Emblem – eine Ansammlung orientalischer Motive einschließlich eines Krummsäbels, einer Mondsichel, des Hauptes einer Sphinx und eines Sterns – wurde zu einem der Bruderschaftsabzeichen in Amerika mit dem höchsten Wiedererkennungswert.

Der Zuwachs an Freimaurern und anderen Bruderschaften setzte sich zu Beginn des 20. Jahrhunderts fort. Der schottische Ritus, neu erfunden von dem Konföderiertengeneral Albert Pike, erfuhr in den Jahren nach dessen Tod 1891 eine gewaltige Ausweitung. Pike hatte sich den schottischen Ritus als eine moralische Akademie für eine freimaurerische Elite ausgedacht. Aber das mit ihm verbundene Prestige zog unweigerlich eine Menge Emporkömmlinge an, und die Führung gab schon bald dem Druck nach. Die ethischen Lektionen von Pikes 33 grandios ausgeklügelten Graden, bis hinauf zu dem berühmten Grad 33, wurden ursprünglich von jedem Bruder einzeln verinnerlicht, während er sich einem Tempelritual unterzog. Nun wurden dieselben Rituale als ein Schauspiel vor unzähligen Anwärtern in einem Auditorium abgehalten. Die Mitgliederzahlen schnellten in der Folge nach oben.

Auch andere Bruderschaften fanden Mittel und Wege, um den Bedürfnissen eines neuen Publikums entgegenzukommen. Der Rotary Club, gegründet 1905, befreite die masonische Idee von ihren Zeremonien, Insignien und Titeln; seine Mitglieder, ausschließlich aus den hochqualifizierten Berufen, trugen Straßenanzüge und konzentrierten sich auf Zusammenkünfte und gemeinnützige Arbeiten. Im Jahr 1915 entfachte D. W. Griffiths Film *Die Geburt einer Nation* die Neuentstehung des berüchtigten Ku-Klux-Klans. Doch trotz dieser Neuerungen verlangsamte sich die Geschwindigkeit allmählich, mit der neue Gesellschaften entstanden. Die Wachstumskurve masonischer Mitgliedschaften flachte ebenfalls ab. Dies lag zumeist schlicht am Generationenwandel: Auf einige jüngere Männer wirkte ein grauhaariges Führungsgremium etwas angestaubt.

Wie in Europa schnellten nach dem Ersten Weltkrieg auch in den Vereinigten Staaten die Mitgliederzahlen der Bruderschaften wieder nach oben: 1924 überstieg die Anzahl der Freimaurer drei Millionen. Freimaurer zu sein wurde für Amerikas expandierende Legionen von Geschäftsmännern zur Visitenkarte für Glaubwürdigkeit und korrektes Geschäftsgebaren. Die Loge vor Ort sowie das weiter gespannte masonische Netzwerk waren auch eine Möglichkeit, sich positiv ins Gespräch zu bringen, was sich als nützlich erweisen konnte, wenn ein untergeordneter Posten im Gerichtswesen oder der Verwaltung ausgeschrieben war – die unterste Sprosse auf der politischen Leiter. So war es auch bei Harry S. Truman, dem fleißigen Geschäftsmann und Sohn eines ebenso fleißigen Farmers in Missouri gewesen, der später Präsident der Vereinigten Staaten wurde – ein klassisches Beispiel für den Durchschnittsbürger im Präsidentenamt. 1909 im Alter von fünfundzwanzig Jahren initiiert, wurde Truman von der Nachwelt als ein »ausgezeichneter Logenbruder« gewürdigt, der die Freimaurerei mit ihren Ritualen, geistigen Lektionen und Traditionen sein Leben lang zu schätzen wusste. Seine masonische Karriere verlief parallel zu seinen Anfängen als Politiker: 1922 wurde er Vorsitzender Richter im Jackson County Court und im darauffolgenden Jahr Stellvertretender Großmeister des 59. Masonic District, Jackson County. Wie viele Männer seines Formats war Truman ein eifriger Clubgänger: Neben den Freimaurern war er zu Beginn der 1930er Jahre auch Mitglied des Veteranenvereins American Legion, bei den Veterans of Foreign Wars, den Elks, den Eagles und der International Acquaintance League. Die Harry Trumans von Amerika steckten hinter einer neuerlichen Welle von Tempelbauten mit imposanten Gebäuden überall in den Staaten. 1926 verfolgten in St. Louis, Missouri, 50 000 Menschen die Einwei-

Ein junger Harry S. Truman (1884–1972), künftiger Präsident der Vereinigten Staaten, trägt stolz eine masonische Reversnadel. Das Foto entstand kurz nach seiner Initiation.

hung eines zwölfgeschossigen Tempels – mit einem Bankettsaal für 3000 Personen –, der sowohl im Eingangsbereich als auch oben an der Fassade mit großen kolonnadenartigen Säulengängen geschmückt war. Die Freimaurer in St. Louis wurden jedoch von ihren Brüdern in Detroit noch übertroffen: Dort wohnten im selben Jahr 60 000 der Einweihung des größten masonischen Gebäudes der Welt bei; seine 1030 Zimmer erstreckten sich über einen halben Block, und seine Küchen konnten 5000 Personen verköstigen.

Bald darauf jedoch bescherte die Weltwirtschaftskrise dem Wachstum der Freimaurerei vorübergehend rückläufige Mitgliederzahlen: Weil sie Mühe hatten, ihre Gebühren zu entrichten, schieden zwischen 1930 und 1935 über 600 000 Brüder aus der Gesellschaft aus. Anderen Bruderschaften erging es noch schlechter, sie standen bald vor dem endgültigen Aus.

An diesem Tiefpunkt kamen die Vereinigten Staaten zu ihrem bekanntesten masonischen Symbol: dem allsehenden Auge in einem

Dreieck auf der Spitze einer Pyramide, gedruckt auf die Rückseite der Ein-Dollar-Note. Es gibt zwei Versionen davon, wie es auf einem so markanten Platz landen konnte. Die erste schlägt vor, die Illuminaten hätten es dorthin gesetzt, weil sie die Vereinigten Staaten gegründet hätten und bis zum heutigen Tag lenkten. Das lateinische Motto unterhalb der Pyramide, NOVUS ORDO SECLORUM, verkündet angeblich den Plan der Illuminaten, eine »neue Zeitordnung« oder »Neue Weltordnung« zu errichten. Diese Theorie enthält allerdings eine möglicherweise signifikante Schwäche: Es ist schwer zu begreifen, wozu eine okkulte Macht wie der Illuminatenorden seine Intentionen so offen zur Schau tragen sollte. Um jedoch den Verfechtern dieser Theorie Genüge zu tun, sollten wir getrost davon ausgehen, dass alles möglich ist in einer Welt, in der jemand durch Dreiecke Gedankenkontrolle ausüben kann.

Für die zweite Variante zu den Ursprüngen des Symbols gibt es mehr stichhaltige Beweise. Das allsehende Auge ist ein Symbol für die Allgegenwart Gottes und in vielen Kulturen seit Urzeiten bekannt. Das hatten die Gründerväter der Vereinigten Staaten im Sinn, als sie 1782 das Auge der Vorsehung (wie es damals hieß) in den Entwurf des Großen Siegels einbauten. Man wollte zeigen, dass Gott ein wachsames Auge auf die neue Republik hatte, dargestellt durch die Pyramide (ein Symbol für Beständigkeit) mit ihren dreizehn Ebenen (für die dreizehn ursprünglichen Staaten). Zum damaligen Zeitpunkt hatte keine der zahlreichen Ausprägungen masonischer Symbolik dem allsehenden Auge eine spezifisch freimaurerische Bedeutung zugewiesen. Soweit wir wissen – in Anbetracht der etwas zusammengewürfelten Quellen –, war unter den Männern, die die endgültige Version des Großen Siegels entwarfen, nicht ein einziger Freimaurer. Der Entwurf für die Rückseite wurde danach für keinen offiziellen Zweck mehr benutzt und weitgehend ignoriert.

Das Große Siegel, Vorder- wie Rückseite, kam erst 1935 unter der Präsidentschaft Franklin Delano Roosevelts anlässlich eines Neuentwurfs auf die Dollarnote. Die Idee dazu stammte offenbar von Landwirtschaftsminister Henry A. Wallace. Er erwähnte sie Roosevelt gegenüber, der die Neugestaltung der Dollarnote anregte. Beide Männer waren Freimaurer des 32. Grades, und beide wussten, dass das Allsehende Auge als Freimaurersymbol für den Allmächtigen stand. Es war jedoch nicht etwa die masonische Bedeutung des Motivs, die sie am meisten reizte, sondern vielmehr das Motto NOVUS ORDO SECLORUM. Für die Gründerväter im Jahr 1782 verwiesen diese Worte auf das neue amerikanische Zeitalter, das mit der Unabhängigkeitserklärung eingeläutet worden war. Wallace und Roosevelt fanden, es könne frei auch als New Deal übersetzt werden – das Schlagwort, mit dem Roosevelt seine Politik des staatlichen Eingreifens in die Wirtschaft propagierte. Roosevelt wollte mitnichten um jeden Preis ein Freimaurersymbol auf die nationale Währung drucken lassen, sondern hatte im Gegenteil Sorge, das masonische Allsehende Auge könne die katholischen Wähler vergrämen. Er gab dem Entwurf daher erst dann seine Zustimmung, als sein katholischer Generalpostmeister ihm versichert hatte, dass niemand sich an dem Symbol stören werde.

Nach dem Ende des Zweiten Weltkriegs erwachte bei den Soldaten, Matrosen und Fliegern, die von ihren Einsätzen im Pazifik und in Europa heimkehrten, erneut landesweit die Leidenschaft für masonische Gemeinschaften. Nach 1945 stiegen die Mitgliederzahlen der Freimaurer innerhalb von fünfzehn Jahren um eine Million auf insgesamt vier Millionen. Zu Beginn der 1960er Jahre war einer von zwölf erwachsenen Männern Freimaurer. In den Vereinigten Staaten gab es fast doppelt so viele Freimaurer wie im gesamten Rest der Welt, eine zweifellos außergewöhnliche Zahl. Doch sie wird geradezu spektakulär, wenn wir uns erinnern, dass die übrigen amerikanischen Bruderschaften, denen die Königliche Kunst als Blaupause diente, noch gar nicht inbegriffen sind. Überdies lebten nicht wenige Amerikaner noch immer unterhalb der Armutsgrenze und konnten sich die Mitgliedsbeiträge gar nicht leisten. Von den 139,9 Millionen Einwohnern im Jahr 1945 stammten außerdem viele aus den katholischen Ländern Europas – 2,3 Millionen Iren, 2,9 Millionen Polen und 4,5 Millionen Italiener –, in denen man der Freimaurerei seit jeher mit größtem Argwohn begegnet war. Kurzum, im protestantischen Amerika der männlichen Mittelschicht waren die Schurze und der seltsame Händedruck quasi die Norm.

Das Amerika der 1950er und frühen 1960er Jahre fürchtete sich vor nicht wenigen Dingen, vor Kommunisten unter dem Bett zum Beispiel, russischen Atombomben, Marsmenschen und Teenagern. Doch anders als im Rest der Welt erregte die Freimaurerei in den Staaten kein Misstrauen. Sie galt vielmehr als ein Garant der Freiheit. Ihre Grundwerte versicherten den Amerikanern, dass ihre Gesellschaft im Wesentlichen gut sei und ihr Streben Allgemeingültigkeit habe. Roosevelt, Truman, Johnson: Die Leute waren es allmählich gewohnt, einen Freimaurer zum Präsidenten zu haben.

Die Bruderschaft setzte sich im Herzen einer Nation fest, die noch nie so entschlossen in die Zukunft geblickt hatte. Das Unternehmen IBM prophezeite das Heraufdämmern des Computerzeitalters. Mit ihrem Mercury-Projekt, dem bemannten Raumfahrtprogramm, begaben sich die Vereinigten Staaten in das »größte Abenteuer der Menschheit«, wie es im *Life Magazine* hieß. Tag für Tag erreichte ein neues Wunder die blitzsauberen neuen Vorstadteigenheime: Klimaanlagen und Kühlschränke, Kugelschreiber und Tonbandgeräte. Das Amerika der Mittelschicht wurde ein Land der Automatikgetriebe und der vierspurigen Schnellstraßen. Es war die Google-Nation, die in der Zeichentrickserie Familie Feuerstein so liebevoll karikiert wurde: eine Vorstadtfamilie der Steinzeit, in deren Welt es von heiter anachronistischer Technologie nur so wimmelt. Es versteht sich von selbst, dass sich Fred Feuerstein und sein Kumpel Barney Geröllheimer in der örtlichen Loge des Ordens der Wasserbüffel regelmäßig ihren nicht berufstätigen, kaufsüchtigen Ehefrauen entziehen – eine Anspielung auf die Freimaurermanie des amerikanischen Mannes.

Die erstaunliche Popularität der Freimaurerei gebar Selbstbewusstsein und Offenheit. Das Magazin *Empire State Mason* der New Yorker Bruderschaft warb für Statussymbole, die zugleich stolze Zugehörigkeitsbeweise waren: masonische Kreuzfahrten oder goldene Uhren mit Freimaurersymbolen auf dem Ziffernblatt. Die Freimaurerei präsentierte sich der profanen Welt so offen wie niemals zuvor. Eine New

Yorker Loge sponserte eine Jugend-Baseball-Mannschaft, auf deren Trikots das Wort »Freimaurer« prangte. 1957 erschien im *Life Magazine* ein ehrerbietiges Porträt über Freimaurer, das nie gezeigte Fotos von Initiationsritualen beinhaltete. Die Maurer schienen nicht einmal Einwände zu haben, als das Magazin ungezwungen behauptete, der Beitritt zu einer Freimaurerloge sei ein schlauer Karriereschachzug: »Freimaurer sind sehr gesellig, was im Geschäftsleben zuweilen nützlich sein kann und fast unerlässlich im Gesellschaftsleben.« Überall schien es plötzlich berühmte Freimaurer zu geben: Männer wie Gene Autry, Audie Murphy, Douglas MacArthur, J. Edgar Hoover, Roy Rogers und Arnold Palmer. Norman Peale, Autor des millionenfach verkauften Ratgebers von 1952, *Die Kraft des positiven Denkens*, war ein Freimaurer im 33. Grad des Schottischen Ritus. Positives Denken stand im Zentrum von Peales Freimaurerei, wie er seinen Brüdern in einer Vorlesung erklärte, die er anlässlich einer »masonischen Ausstellung« in Ohio hielt. Die Königliche Kunst lehrt: »Probleme seien dazu da, um großartige Menschen hervorzubringen« – »Ein jeder, der sich von den Problemen seines Lebens überwältigt fühlt, wird innerhalb der Freimaurerei jene Zuversicht, Charakterstärke und geistige Widerstandskraft finden, die ihm helfen wird, sich wie ein Mann zu verhalten und stark zu sein. Das ist es, was die Freimaurerei mir bedeutet.«

Das letzte rauschende Zelebrieren von Amerikas Fünfziger-Jahre-Optimismus war die New Yorker Weltausstellung. Mit ihrem Motto »Friede durch Verständnis« war die World's Fair eine kolossale Demonstration von Amerikas Führungsposition in Sachen Technologie und Lebensart. Die Ausstellung im Flushing-Meadows-Park im Stadtteil Queens, die 1964 und 1965 jeweils von April bis Oktober stattfand, zog 51,6 Millionen Menschen an – mehr als ein Viertel der damaligen amerikanischen Bevölkerung. Besucher konnten im RCA-Pavillon den ersten Farbfernseher bewundern. Oder im Ford-Pavillon in einem glänzenden neuen Modell namens Mustang probesitzen. Die Bell Telephone Company stellte ihr »Bildtelefon« vor. Formica errichtete vor Ort ein World's Fair House: Dieses sieben Räume umfassende Heim nutzte Plastik in jeder erdenklichen Form, einschließlich abwischbarer

Innen- und Außenwände. Im Chunky Candy Pavillon wurden Süßigkeiten vor den Augen der Zuschauer maschinell gefertigt. Walt Disneys »Audio-Animatronics« – sprechende Roboter –, die in mehreren Pavillons zum Einsatz kamen, verblüfften die Besucher. General Motors versinnbildlichte den Geist der Ausstellung mit der riesigen und äußerst beliebten »Futurama«-Attraktion, einer Parade aus ehrfurchtgebietenden Technologien aus einer anderen Welt, darunter Mondfahrzeuge, Pendlervororte im Weltall, Unterwasser-Motels und Lasersägen, um die Wälder dieser Welt noch müheloser zu fällen. Die Hall of Magic, gesponsert von General Cigar, brachte die »Magie der Zukunft« mit einer Maschine zum Ausdruck, die Rauchringe von sechs Metern Durchmesser hoch in die Luft blies.

Dutzende Länder auf der ganzen Welt ergriffen die Gelegenheit, ihre Produkte in der Heimat der Moderne vorzuführen: Japan zeigte seine Miniaturelektronik, und aus dem Schweizer Pavillon konnte man auf der innovativen Seilbahn »Sky Ride« über die Ausstellung gondeln.

Auch Kunst und Tradition waren vertreten. Südafrika lockte mit aufregenden Zulu-Tänzern und Thailand mit einem buddhistischen Tempel. Spaniens Pavillon kombinierte Flamencotänzer, Gemälde von Größen wie Velázquez und Picasso mit einer vollmaßstäblichen Replik von dem Schiff, das Christopher Columbus aus Spanien in die Neue Welt gebracht hatte. Der Pavillon war so erfolgreich, dass der Präsident der Weltausstellung sogar nach Europa flog, um den General Francisco Franco mit einer Goldmedaille zu beglückwünschen. Doch der Vatikan stellte selbst die Spanier in den Schatten, indem er Michelangelos *Pietà* aus dem Petersdom nach Amerika geschafft hatte. Der müde Beitrag Großbritanniens war ein »British Lion Pub«, und die Sowjetunion verweigerte gar die Teilnahme.

Die Weltausstellung hatte einen unbestreitbaren Zauber und würde bei der Bevölkerung noch lange in Erinnerung bleiben. In ihrem Zentrum stand die Unisphere – ein 42 Meter hohes stählernes Modell des Planeten Erde, das augenblicklich zur Ikone wurde. Große Stahlschleifen, die es umkreisen, symbolisierten die Flugbahnen von Raketen. Nur einen kurzen Fußweg von der Unisphere entfernt, gegenüber dem

Schweizer Sky Ride und neben dem British Lion Pub, hatte man ein leuchtend weißes, geschwungenes Bauwerk in einen Landschaftsgarten gesetzt: das Masonic Brotherhood Center, Werk der Großloge des Staates New York.

Um sich ihm zu nähern, gingen die Besucher unter einem Bogen aus Fiberglas hindurch, fünf Etagen hoch, der die Form eines gigantischen Winkelmaßes und Zirkels besaß und in dessen Mitte ein goldenes G prangte. (G stand natürlich für Geometrie und den Großen Baumeister aller Welten.) Die Besucher überquerten im Anschluss eine Bogenbrücke über einem ovalen Reflexionsbecken, aus dem Pumpen Wasserfontänen in die Luft sprühten. Sie betraten das Center durch ein hohes Glastor unter einem vergoldeten Gitterwerk. Das klimatisierte Interieur, mit Wandvertäfelungen aus Walnussholz und dicken Teppichen, wurde von einer vier Meter hohen Marmorstatue von George Washington im Freimaurerornat dominiert – dem »Baumeister unseres Landes«. Zu Füßen des großen Mannes hielten sich Brüder mit Brillantine im Haar und himmelblauen Armbinden bereit, ihren Gästen die Exponate in den Vitrinen zu erklären.

Die Geschichte, die im Masonic Brotherhood Center erzählt wurde, handelte von einer über sechshundert Jahre alten Bruderschaft – »deren Wurzeln noch viel weiter zurückreichten«. Zum Beweis gab es mittelalterliche Manuskripte über Steinmetze und Bilder von gotischen Kathedralen zu bestaunen. Ein Modell ließ erahnen, wie – möglicherweise – der Salomonische Tempel ausgesehen hatte. Eine Erstausgabe der *Constitutions* war ausgestellt, dazu Benjamin Franklins Nachdruck aus dem Jahr 1734.

Zahlreiche der gehüteten Artefakte im Brotherhood Center bezeugten die Rolle der Freimaurerei bei der Entstehung und beim Wachstum der Nation. Da waren George Washingtons Schurz, eine Locke von seinem Haar und die Freimaurerbibel, auf die er seinen Amtseid geleistet hatte. Die zeremoniellen Werkzeuge, mit denen der erste Präsident 1793 den Grundstein des Kapitols gesetzt hatte, lagen unter einem Plakat aus, auf dem zu lesen stand: »Freimaurer sind Verfechter der Freiheit. Aus diesem Grund wird kein Tyrann oder Diktator jemals die

Freimaurerei in seinem Land dulden.« Zudem waren Porträts von vierzehn Freimaurerpräsidenten der Vereinigten Staaten zu sehen.

An beiden Stirnseiten des Gebäudes prangte in großen goldenen Lettern das Motto des Centers: »BRUDERSCHAFT: DAS FUNDAMENT DES WELTFRIEDENS«. Wie genau die geschlossene Bruderschaft den Frieden in der Welt praktisch umzusetzen gedachte, blieb unklar. Doch lässt sich nicht leugnen, dass eine solche Botschaft mit einigen von Amerikas tiefsten Hoffnungen und Ängsten im Einklang war. Ihr Urheber war Großmeister Harry Ostrov, ein herausragender Anwalt und der erste Jude, der es im Empire State bis an die Spitze der Freimaurerei geschafft hatte. Er zeichnete den Plan für ein Masonic Brotherhood Center, kurz nachdem die Kubakrise die westliche Welt im Oktober 1962 an den Rand eines Atomkriegs gebracht hatte. Wie er damals seinen Brüdern erklärte: »Die Zivilisation, wie wir sie kennen, wird nicht überleben, es sei denn, die Welt nimmt diese Herausforderung an und erhebt das Brüderliche zu ihrem Lebenskonzept.«

Die Broschüre zum Center fügte der masonischen Freiheitsliebe einen scharfen Unterton hinzu, der an den Kalten Krieg gemahnte: »Unsere Großlogen und Logen sind auf der ganzen Welt zu finden, diesseits der Vorhänge aus Eisen und Bambus.« Diese Behauptung traf im Wesentlichen zu – wie ein kurzer historischer Abstecher vom Masonic Brotherhood Center zeigt.

Innerhalb des Ostblocks war das Licht der Freimaurerei tatsächlich überall gelöscht worden. Vielerorts, wie in Ostdeutschland, der Tschechoslowakei und in Rumänien, hatte sich die Bruderschaft nach der Unterdrückung durch die Nationalsozialisten gerade erholt, als aus Moskau der Befehl erging, sie wieder zu schließen. Als 1950 die Freimaurerei in Ungarn verboten wurde, beging der Großaufseher der neu konstituierten Großloge tragischerweise Selbstmord, um nicht in die Hände der Geheimpolizei zu fallen. Es wird berichtet, dass er und sein Zwillingsbruder, Meister vom Stuhl einer Loge, sich an den Händen fassten und aus dem Fenster sprangen, als sie das gefürchtete Klopfen an der Tür gehört hatten. Die ungarischen Behörden bezeichneten die Logen als »Treffpunkte für die Feinde der kommunistischen Volksrepublik, für kapitalistische Elemente und Anhänger des westlichen Imperialismus«. Dasselbe galt für den gesamten Ostblock.

Auch in Festlandchina gab es keine Freimaurerei. Vor der kommunistischen Machtübernahme 1949 war die Königliche Kunst dort fast ausschließlich auf die britische Kolonialbevölkerung beschränkt. 1950 mussten sich Freimaurerlogen bei den Behörden registrieren und in mühsamer Kleinarbeit ihre Regelwerke und Rituale ins Chinesische übersetzen. Doch anstatt die Bruderschaft aktiv zu zerschlagen, scheint der Vorsitzende Mao sie weitgehend ignoriert zu haben, bis sie von selbst verkümmerte.

Kurioserweise war der einzige kommunistische Ein-Parteien-Staat, der die Freimaurerei nicht verbot, Kuba, wo Fidel Castro die Logen zwar streng überwachte, sie ansonsten aber ihre Arbeiten fortsetzen ließ. Er erkannte, dass die Freimaurerei wichtig war für die Kultur und das historische Gedächtnis der kubanischen Linken. Freimaurerlogen waren Brutstätten der Bewegung für die kubanische Unabhängigkeit von Spanien am Ende des 19. Jahrhunderts gewesen, und viele Freimaurer spielten darin eine führende Rolle. José Martí, der »Apostel« der kubanischen Unabhängigkeit, der zu einem nationalen Märtyrer wurde, als er 1895 im Kampf gegen die Spanier starb, war ein passionierter Freimaurer gewesen. Castros Regime verehrte Martí als Herold seiner eigenen Ideologie.

Zur Zeit des Masonic Brotherhood Center wurde die Freimaurerei auch im Großteil der muslimischen Welt unterdrückt, wie es zeitweise bereits im alten Osmanischen Reich der Fall gewesen war. Antifreimaurerei war ein weitaus erfolgreicherer Import aus dem Westen als die Freimaurerei selbst, die zumeist auf koloniale Enklaven begrenzt blieb. Frankreich war die beherrschende Macht in einem Großteil des Nahen Ostens, und wenn es darum ging, sich innerhalb der Logen mit Einheimischen zu verbrüdern, blieben die französischen Freimaurer dort zurückhaltender, als es die Briten in Indien gewesen waren: Am

Ende, so ihre Befürchtung, könnten die Araber das viele Gerede von brüderlicher Gleichheit allzu wörtlich nehmen. Nur an einigen Orten pflegten westlich gesinnte Intellektuelle und Angehörige der einheimischen Elite die Freimaurerei. Dies war zum Beispiel in den 1860er und 1870er Jahren bei vielen Mitgliedern der Jungosmanen in Istanbul der Fall und bei ihren Nachfolgern, den Jungtürken zu Beginn des 20. Jahrhunderts.

Die masonischen Traditionen in einem Großteil der muslimischen Welt verschwanden, als viele ehemalige Kolonien ihre Eigenständigkeit erhielten. Präsident Sukarno, der Anführer in Indonesiens Kampf um die Unabhängigkeit von Holland, verbot 1961 die Freimaurerei. Präsident Gamal Abdel Nasser von Ägypten tat es ihm 1964 gleich. In den Augen der Nationalisten waren die Freimaurer Agenten des westlichen Imperialismus und Kapitalismus, für Monarchen Agenten des Marxismus, für die Armen Agenten der Reichen, für islamische Geistliche Agenten des Teufels. Und nach der Gründung des Staates Israel 1948 betrachtete so ziemlich jeder, der auch nur den Hauch einer Ahnung zu haben glaubte, wer die Freimaurer waren, sie als Agenten des Zionismus und der jüdischen Weltverschwörung.

Durch das Masonic Brotherhood Center erhob die Freimaurerei also deutlich den Anspruch, ein Emblem der Freiheit und Demokratie zu sein. Neben einem Bild des Kapitols konnten die Besucher ein eindrucksvolles Aufgebot an Freimaurern bewundern, die damals Führungspositionen in der amerikanischen Politik innehatten: 42 Prozent der Kongressabgeordneten und über die Hälfte aller Senatoren und Gouverneure.

Das Center bewahrte natürlich auch die obligatorischen langen Ehrenlisten von herausragenden Brüdern aus Vergangenheit und Gegenwart auf: von Paul Revere und dem Marquis de Lafayette bis hin zu Buffalo Bill, Ty Cobb und Irving Berlin. Die sehr vielen bedeutenden Freimaurer auf der Welt wurden namentlich erwähnt: Robert Burns,

José de San Martín, Franz Joseph Haydn, Edward VII. … Einige wurden sogar mit Büsten geehrt (Sir Walter Scott, Voltaire …) und einige mit Devotionalien (Simón Bolívars Schurz, Garibaldis Testament, ein Hammer, den Rudyard Kipling an seine Mutterloge schickte, und handschriftliche Partituren von Wolfgang Amadeus Mozart und Jean Sibelius). Damit niemand den Verdacht hegen konnte, die Freimaurer seien rückwärtsgewandt, zeigten andere Exponate, dass ihre überlieferten Werte ein Trumpf waren, wenn es galt, die Art Mann zu formen, die für den Wettlauf ins All vonnöten war: Einer der beliebtesten Gegenstände war die Freimaurerfahne, die Bruder Gordon »Gordo« Cooper begleitet hatte, als er im Mai 1963 zweiundzwanzigmal die Erde umrundete – die kühnste Mission des Mercury-Programms.

Mississippi Goddam

Das Center sah es als seine Aufgabe, die Freimaurerei im Herzen des American Way of Life zu verankern, als Inbegriff dessen, was es hieß, ein amerikanischer Mann zu sein. Doch gleichzeitig zeigte es nur allzu deutlich, wie dieser Way of Life etwa 10,6 Prozent der Bevölkerung ausschloss. Denn die Gesichter an den Wänden des Masonic Brotherhood Center waren allesamt so blendend weiß wie die Außenmauern des Gebäudes. Es gab eine Menge bedeutender schwarzer Freimaurer, die man hätte feiern können: Booker T. Washington, Nat King Cole und Sugar Ray Robinson, um nur einige zu nennen. Das Problem war natürlich, dass all diese Größen Prince-Hall-Freimaurer waren – Mitglieder der afroamerikanischen Tradition, die vom weißen Freimaurer-Establishment der Vereinigten Staaten gemieden wurde.

Während des langen goldenen Zeitalters der Brüderlichkeit waren Afroamerikaner ebenso begeistert den Logen beigetreten wie ihre weißen Landsleute. Aufgrund der Diskriminierung und Unsicherheit, die sie im Alltag erfuhren, war bei ihnen der Anreiz, Netzwerke gegenseitiger Unterstützung zu knüpfen, sogar besonders groß. Wie die afroamerikanische Sozialaktivistin Fannie Barrier Williams 1905 schrieb:

> Ebenso wichtig für das soziale Miteinander wie die schwarzen Kirchen sind die Geheimgesellschaften. Sie haben Einfluss auf jede Phase des gesellschaftlichen Lebens und sind die besten Errungenschaften der Rasse im Hinblick auf Vernetzung … In keiner anderen Organisation haben die Begriffe Bruderschaft und wechselseitige Verpflichtung so große Bedeutung.

Weil weiße Versicherungsgesellschaften sich oft weigerten, Policen an Schwarze zu verkaufen, wurden Bruderschaften zu einer wesentlichen Quelle finanzieller Absicherung. Da Schwarze oft keinen Zugang zu weißen Friedhöfen hatten, war die Notwendigkeit, sich zusammenzuschließen, um ein Gelände für den Friedhof zu kaufen, oft der Anlass für die Gründung von Vereinen, Kirchen oder Bruderschaften zur gegenseitigen Unterstützung.

Es gab einige Bruderschaften in ausschließlich afroamerikanischer Ausprägung wie die Knights of Tabor, gegründet 1872. Doch die meisten schwarzen Logen spiegelten ihre weißen Pendants: Entsprechend gab es schwarze Odd Fellows, Knights of Pythias, Woodmen, Elks und Moose. Prince-Hall-Freimaurer entwickelten ihre eigenen Shriners und ihren eigenen Order of the Eastern Star – ein von Männern ersonnener Ableger der Freimaurerei für weibliche Verwandte von Brüdern. Seit seiner Gründung 1874 knüpften die Schwestern des Prince Hall Eastern Star weitaus engere und egalitärere Bande mit ihren Brüdern, als dies in den herkömmlichen Logen der Fall war.

Freimaurer zu sein war für Afroamerikaner ebenso ein Kennzeichen bürgerlicher Identität wie für ihre weißen Landsmänner. Angehende Prince-Hall-Brüder wurden daher auf Herz und Nieren geprüft, um sicherzustellen, dass sie auch respektabel genug waren. So gab es vorgefertigte Fragen, die man den Anwärtern stellen musste: »Ist er ein sauberer, aufrechter Mann, nüchtern und fleißig? Hat er Angewohnheiten, die die Moral gefährden? Lebt er bei seiner Familie und unterstützt sie, wie es sich für einen Ehemann gehört?« Etwa ein Drittel der Männer in der 1950er Ausgabe des *Who's Who in Colored America* waren Prince-Hall-Brüder.

Nirgendwo sonst war der politische Kampf in dem Maße eine natürliche Facette brüderlicher Zugehörigkeit wie im schwarzen Amerika. Afroamerikaner waren nicht nur mit Diskriminierung, Rassentrennung und Entrechtung innerhalb der Gesamtgesellschaft konfrontiert, die ausgrenzenden Mitgliedschaftspraktiken der weißen Freimaurerei waren zudem ein schmerzhafter Verstoß gegen die heiligsten Grundsätze der Königlichen Kunst. Dem Beispiel ihres abolitionistischen Gründers folgend, hatten sich Prince-Hall-Maurer schon immer aktiv für die Rechte der Schwarzen engagiert. Nicht zufällig hatte ein Prince-Hall-Freimaurer, W. E. B. DuBois, mit zwei Gleichgesinnten eine Bürgerrechtsorganisation ins Leben gerufen, die sich mit großem Erfolg für die Grundrechte der schwarzen Bevölkerung einsetzte: die National Association for the Advancement of Colored People (NAACP, 1909). Die NAACP war das beste Beispiel, wie sich die antrainierte Führungskompetenz afroamerikanischer Freimaurer und ihr sorgsam gepflegter Leumund am wirksamsten einsetzen ließen.

In den 1960er Jahren war der Kampf um die Grundrechte zum zentralen politischen Thema geworden. Tief im Süden machten sowohl schwarze wie auch weiße masonische Traditionen ihre Positionen deutlich.

Nehmen wir zum Beispiel Alabama. Die weißen Freimaurer im Staat veranstalteten 1967 ihre Annual Communication in Montgomery in einem nach Jefferson Davis, dem Präsidenten der Konföderierten Staaten im Sezessionskrieg, benannten Hotel. Der Großredner hielt eine flammende Ansprache, in der er die »rassische Integrität« als ein amerikanisches Erbe bezeichnete, das jetzt bedroht sei. Das Bedürfnis nach rassischem Stolz auf beiden Seiten beschwörend, behauptete er, dass die Heilige Schrift eine rassische »Bastardisierung« keinesfalls befürworte, und ermahnte die Eltern, ihre Kinder zu rassischer Integrität zu erziehen. Etwas weniger masonisches als diese Rede ist kaum vorstellbar. Sie war ein scheinheiliges Manifest für die Rassentrennung, indem sie vermeintlich den Grundsatz »separate but equal« (»getrennt, aber gleich«) vertrat, in Wahrheit aber nur die bitter vertraute Legende für ein altes borniertes Dogma war. Die versammelten weißen Brüder aus Alabama zollten dem Redner tosenden Beifall.

Im selben Jahr gab der Großmeister in der Prince Hall Grand Lodge von Alabamas Jahresversammlung in Mobile folgende Erklärung ab:

> Ich sage es in aller Deutlichkeit, meine Brüder, der Schwarze muss zum integralen Bestandteil des amerikanischen Gemeinwesens werden. Er muss sich irgendwie sein Recht auf einen freien, wirkmächtigen und ungehinderten Zugang zu den Wahlurnen zurückerobern, in Mississippi wie in Massachusetts; in Alabama wie in Arizona; in South Carolina wie in New York ... In diesen Zeiten, in denen sich die Regierung (also die Politik) mehr und mehr mit dem wirtschaftlichen Aufbau des Landes befasst, wird der Schwarze, der sein Wahlrecht nicht nutzt, schon bald auch ohne einen rentablen Arbeitsplatz sein, nur noch ein Mündel des gesellschaftlichen Establishments und abhängig für seinen Lebensunterhalt von den Krumen, die von den reichgedeckten Tischen der politisch agierenden Gruppen fallen.

Die jüngste Generation von Prince-Hall-Freimaurern hielt Wort. 1951 hatten sich schwarze Großmeister zusammengefunden, um den Prince Hall Masons Legal Research Fund zu gründen, unter der Kontrolle der NAACP. Der historische Sieg der NAACP über die Rassentrennung an öffentlichen Schulen, Brown vs. Board of Education (1954), war teilweise von Prince-Hall-Spenden finanziert und vor dem Obersten Gerichtshof von einem der größten Männer der Prince-Hall-Freimaurerei durchgefochten worden, Thurgood Marshall. Im Jahr 1958 bedankte sich Marshall, der maßgeblich an der Gründung des Prince Hall Masons Legal Research Fund beteiligt gewesen war, öffentlich bei seinen Freimaurer-Brüdern und betonte, dass viele Bürgerrechtsfälle, die vor dem Obersten Gericht verhandelt worden waren, ohne ihre Hilfe keine Chance gehabt hätten. Während der New Yorker Weltausstellung 1965 wurde Marshall zum Generalstaatsanwalt der Vereinigten Staaten bestellt – als erster Afroamerikaner in dieser Position. Im folgenden Jahr sprach er vor einer Versammlung von Prince-Hall-Großmeistern aus ganz Amerika, die sich anlässlich seiner Ernennung zum Prince-Hall-

Thurgood Marshall (1908–1993): Prince-Hall-Freimaurer und Bürgerrechtsaktivist. (Der Prince-Hall-Bruder mit Hut ist nicht identifiziert.)

Freimaurer des 33. Grades zu einem »feierlichen Bankett« in Washington, D.C., zusammengefunden hatten. Thema des Abends war »Thurgood Marshall: Symbol des Wandels«.

Die Sekretärin der NAACP-Ortsgruppe in Montgomery, Alabama, war ebenfalls Mitglied einer masonischen Organisation. Rosa Parks wird heute als Mutter der Bürgerrechtsbewegung gefeiert und gilt Kindern weit über die Vereinigten Staaten hinaus als Vorbild. Im Dezember 1955 hatte sich die schüchterne, bebrillte Parks geweigert, ihren Platz einem Weißen zu überlassen. Ihre Verhaftung löste bekanntermaßen den Busboykott von Montgomery aus. Sie war die Tochter und Enkelin von Prince-Hall-Freimaurern und ein aktives Mitglied des Eastern

Star – des weiblichen Zweigs der Freimaurerei. Der Eastern Star hatte in seiner Geschichte schon viele schwarze Frauen auf Führungsrollen im Kampf um die Gleichberechtigung der Rassen vorbereitet.

Als das Masonic Brotherhood Center konzipiert wurde, war Medgar Evers der Fachbereichssekretär der NAACP in Mississippi, wo 95 Prozent der Afroamerikaner mit betrügerischen oder gewaltsamen Mitteln das Wahlrecht verweigert wurde und wo Schwarze größere Gefahr liefen als in jedem anderen Staat, zusammengeschlagen, von der Polizei niedergeknüppelt und gelyncht zu werden oder spurlos zu verschwinden. Seit 1954 war Evers durch Mississippi gereist, um rassistisch motivierte Morde zu untersuchen und die Menschen zum kollektiven Widerstand zu ermuntern. In seinem Oldsmobile V8 legte er Tausende Meilen zurück. Den Wagen hatte er sich ausgesucht, weil er zum einen groß genug war, um darin in einer Gegend zu schlafen, in der alle Motels ausschließlich Weißen vorbehalten waren, außerdem genügend Widerstand bot, sollte man ihn von der Straße drängen, und zum Dritten schnell genug war, um rasch abzuhauen. Evers wusste, dass man ihn im Visier hatte.

Evers' Geschichte war typisch für viele Prince-Hall-Freimaurer: Er war ein Veteran der Landung der Alliierten in der Normandie im Zweiten Weltkrieg und später als Versicherungsvertreter tätig gewesen. Sein Fall macht deutlich, wie eng die schwarze Freimaurerei mit der Bürgerrechtsbewegung verflochten war. Sein NAACP-Büro befand sich im örtlichen Prince-Hall-Tempel in Jacksons Lynch Street 1072. Nachdem das Gebäude 1955 von keinem Geringeren als Thurgood Marshall eingeweiht worden war, sollte es Schwarzen einen verhältnismäßig sicheren Ort bieten, um politisch tätig zu sein. Dasselbe galt auch für die Logengebäude in anderen Südstaaten. Die Mississippi NAACP organisierte Veranstaltungen im Masonic Temple der Lynch Street, wie das Lena-Horne-Benefizkonzert, bei dem Evers seine letzte Rede hielt: »Die Freiheit hat immer einen Preis. Ich liebe meine Kinder und meine Frau von ganzem Herzen, und ich würde mit Freuden sterben, wenn sie dadurch ein besseres Leben bekämen.«

Fünf Tage später wurde Evers vor den Augen seiner Familie erschossen. Der Mörder, Byron De La Beckwith junior, war ein weißer Rassist, Klan-Mitglied – und Freimaurer. Mehrere Zeugen am Tatort identifizierten De La Beckwiths Wagen am charakteristischen Shriners-Emblem im Fenster – Krummsäbel, Mondsichel, Sphinxhaupt und Stern. Von einer rein weißen Geschworenenschaft in den 1960er Jahren zweimal freigesprochen, wurde er 1994 schließlich verurteilt.

Nachdem Evers' Leichnam drei Tage lang im Masonic Temple feierlich aufgebahrt gewesen war, begaben sich fünftausend Leute zu Fuß – Polizeihunden und 39 Grad Hitze zum Trotz – zu dem zwei Meilen entfernten Bestattungsinstitut. Zeitungen in ganz Amerika berichteten von der Zeremonie. Nina Simones Song »Mississippi Goddam« ist von Evers inspiriert; ihre Darbietung des Songs in der Carnegie Hall einen Monat vor der Weltausstellung erschien als Single und wurde schon bald zur Hymne der Bürgerrechtsbewegung. Auch Bob Dylans »Only a Pawn in Their Game« handelt von Evers und erschien ebenfalls 1964.

Evers wurde neun Monate vor Eröffnung der Weltausstellung in New York ermordet. Sein Beitrag zur Bürgerrechtsbewegung und zur Prince-Hall-Freimaurerei mochte der Aufmerksamkeit der weißen Brüder entgangen sein, die das Masonic Brotherhood Center planten, nicht aber jener der Prince-Hall-Freimaurer in New York. 1963, unter dem Titel »Martyr to Freedom« (»Märtyrer für die Freiheit«), schmückte Evers' Foto die Titelseite des Magazins der Prince-Hall-Großloge von New York, des *Prince Hall Sentinel*. Die New Yorker Prince-Hall-Brüder übersandten Evers' Witwe 500 Dollar und der Prince-Hall-Großloge von Mississippi ein Kondolenzschreiben; daraufhin gründeten sie den Freedom Now Fund, um den Freiheitskampf zu unterstützen. 1964 wurde bei einer Kundgebung der Stiftung in Harlem, an der auch Martin Luther King teilnahm, die Spendensumme von 10000 Dollar erzielt, die an Bürgerrechtsorganisationen einschließlich der NAACP verteilt wurde. Die Kundgebung lobte zum ersten Mal auch den Evers Memorial Award aus, um Brüder zu ehren, die sich im Kampf für Bürgerrechte hervorgetan hatten.

Der *Prince Hall Sentinel*, der regelmäßig über die Bürgerrechtsbewegung berichtete und den Beitrag der Prince-Hall-Freimaurer, erwähnte das weiße Masonic Brotherhood Center in den zwei Jahren seines Bestehens nicht ein einziges Mal.

Der letzte Atemzug von Amerikas Unschuld

Die New Yorker Weltausstellung wurde als der »letzte Atemzug von Amerikas Unschuld« bezeichnet. Die Bürgerrechtsbewegung war nur eines der Indizien zeitgleich zur Weltausstellung, dass ebendiese Unschuld, die sie verkörpern wollte, ihrem Ende entgegensah. Im August 1964 markierte der Zwischenfall im Golf von Tonkin den ersten Schritt zu einer weitaus direkteren amerikanischen Beteiligung am Vietnamkrieg. 1964 waren 42 Prozent der Amerikaner Raucher – das statistische Maximum. Doch im Januar desselben Jahres erwies sich der Bericht des Sanitätsinspekteurs zu den Gefahren des Zigarettenkonsums als ein Wendepunkt in der Haltung der Öffentlichkeit. Der Tabak war demnach nicht die »Magie der Zukunft«. Im August 1965 brachten heftige Ausschreitungen in Watts, Los Angeles, die Ghettoisierung ans Licht, die einer rassistischen Wohnungsbaupolitik geschuldet war. In ganz Amerika hatte der Bau neuer Straßen zu all den schönen neuen Eigenheimen in den Vororten eine Flucht der Weißen aus den Innenstädten ausgelöst. Entstanden waren »Schokoladen-Städte und Vanille-Vororte« – wie der Funkmusiker George Clinton sie später nennen würde.

Die New Yorker Weltausstellung konnte den Tumult nicht ausblenden, sosehr sie sich auch bemühte. Um auf diskriminierende Einstellungspraktiken hinzuweisen, schwenkten Demonstranten vor dem Gebäude der Vereinten Nationen Schilder, auf denen stand: »Schluss mit der Apartheid bei der Ausstellung« und »Afrikanische Pavillons, errichtet mit schneeweißer Arbeitskraft«. Die Ansprache von Präsident Johnson am Eröffnungstag wurde von Zwischenrufern unterbrochen, die skandierten: »Weg mit Jim Crow!« Eine gnadenlos peinliche Minstrel-Show im Louisiana-Pavillon musste nach zwei Tagen schließen. Zwölf der Zulu-Tänzer im südafrikanischen Pavillon beantragten Asyl aufgrund von Apartheid, und Berühmtheiten wie Harry Belafonte und Martin Luther King nahmen sich ihrer Fälle an. Flüchtlinge aus Francos Spanien protestierten vor dem Pavillon ihres Landes mit dem Slogan: »Amnestie für alle politischen Gefangenen.«

Auch die kommerzielle Dominanz der Ausstellung stieß auf Kritik. Der Kunstkritiker Robert Hughes sprach ärgerlich von einer »Werbeorgie für amerikanische Unternehmen … Kaum hat man den Flushing-Meadows-Park betreten, wird man zu einem Fötus im geschwollenen Leib des Kommerzes und schwimmt im Fruchtwasser von Reklamerummel und Effekthascherei.« Andere Kommentatoren monierten schlicht, die Ausstellung sei nicht mehr zeitgemäß, ein Gefühl, das sich nicht zuletzt in der musikalischen Unterhaltung ausdrückte, die geboten war: Die Beatles waren nur als schlechte Wachsfiguren anwesend; statt der echten waren Guy Lombardo und seine Royal Canadians angereist, die bereits seit 1924 die »sweetest music this side of Heaven« (»lieblichste Musik diesseits des Himmels«) spielten.

Die biederen Exponate im Masonic Brotherhood Center konnten sich nicht mit dem vergleichen, was das *Time Magazine* das »Brimborium« der Weltausstellung nannte, ihren »protzigen Hokuspokus«. Die Freimaurer erreichten auch nicht annähernd die Besucherzahlen der größeren Attraktionen: Die gewaltige Investition von General Motors in »Futurama« wurde von den 29 Millionen Besuchern aufgewogen, und 27 Millionen fuhren auf dem Förderband an Michelangelos Pietà vorbei. Doch 1,25 Millionen Besucher bei den Freimaurern war auch eine durchaus respektable Zahl. Die New Yorker Großloge war zu Recht stolz auf die Ausstellung, die sie auf die Beine gestellt hatte, und auf die 52 875,32 Dollar, die allein in der ersten Saison für wohltätige Zwecke erzielt wurden; sie kämen einem Kinderheim im Hinterland zugute. Während ein Großteil der Weltausstellung eine »billige, plastikmäßige Ex-und-hopp-Optik« hatte, als wäre sie »aus Kreditkarten gebaut«, verstrahlte das Masonic Brotherhood Center kontemplative Beständigkeit. Wer es besuchte, spürte sofort, dass der erhabene, traditionsbewusste Patriotismus, der die Königliche Kunst in ihrem hundertjährigen goldenen Zeitalter aufrechterhalten hatte, sie zu noch größeren Triumphen tragen würde.

Doch die Veränderungen in den 1960er Jahren sollten auf die Freimaurerei ebenso einschneidende Auswirkungen haben wie auf Amerika insgesamt. Das Masonic Brotherhood Center stand auf einem Gipfel, von dem aus Mitgliederzahlen und Einfluss der Freimaurerei einem unerbittlichen Abstieg entgegensahen. Gerald Ford, der bis dato letzte Freimaurer-Präsident, trat 1974 in sein Amt: zu diesem Zeitpunkt gab es nur noch 3,5 Millionen Freimaurer – 1959 waren es noch 4,1 Millionen gewesen. Der Niedergang war stetig, aber unaufhaltsam. 1984 war die Zahl der Mitglieder unter drei Millionen gesunken, 1998 unter zwei Millionen. 2017, im letzten Jahr, für das Zahlen verfügbar sind, gab es insgesamt nur noch knapp über eine Million Brüder – damit war die Anzahl der Mitglieder innerhalb von fünfzig Jahren auf ein Viertel geschrumpft. Die Bruderschaft wirkte zunehmend überaltert. Die Prince-Hall-Freimaurer haben einen vergleichbaren Niedergang erlebt, obwohl sich die genauen Zahlen nur schwer eruieren lassen. Derselbe Trend ist in vielen Ländern zu beobachten. Ein Versuch, die Daten in der Anglosphäre zu deuten, lässt vermuten, dass die größte Schwäche der Bruderschaft darin bestand, ihre Mitglieder nicht dauerhaft binden zu können. Die Freimaurerei wurde immer mehr zu einer Phase im Leben der Männer statt einer bleibenden Verpflichtung. Lebenslange Freimaurer werden grau und sterben, ohne dass sie Nachfolger finden.

Die Probleme, die den Niedergang verursachen, sind vielfältig und tiefgehend – Teil eines Trends, der auch in anderen Bereichen der Gesellschaft zu beobachten ist.

Das strahlende Image des amerikanischen Lebensstils, das die New Yorker Weltausstellung für die Zukunft prophezeite, war falsch. Dieses Image wurde, genau wie die Freimaurerei, von einer still angenommenen Voraussetzung hochgehalten. Ein vieldiskutiertes Buch der damaligen Zeit nannte sie den »Weiblichkeitswahn«. Betty Friedans gleichnamiger feministischer Klassiker, erschienen 1963, war eine eloquente Zerschlagung der Vorstellung, dass das Beste, was das Leben für eine Frau bereithielt, das Dasein einer Vorstadthausfrau wäre, umgeben von

Konsumtand – und an der Seite eines Ehemannes, der ein geachtetes Mitglied der örtlichen Loge ist, möchten wir hinzufügen.

Das Masonic Brotherhood Center trug nicht wenig dazu bei, den »Weiblichkeitswahn« zu propagieren, indem es einen Typen in einem silbernen Raumanzug als Inbegriff der zeitgenössischen amerikanischen Männlichkeit feierte. Gordon »Gordo« Cooper schien wie alle anderen Astronauten ein adretter, verlässlicher Macho und hingebungsvoller Ehemann zu sein. Seine Freimaurerei passte hervorragend zu dem Image, das die NASA sich wünschte. Die Realität war eine andere. Als er die Chance bekam, am Mercury-Programm teilzunehmen, standen er und seine Frau Trudy aufgrund seiner Eskapaden kurz vor der Scheidung. Das Paar beschloss, eine Fassade ehelichen Glücks vorzutäuschen und gemeinsam die Vorteile abzugreifen, die mit der Berühmtheit der Raumfahrt einhergingen. Wie die anderen Astronautenfrauen lächelte Trudy, eine ausgebildete Pilotin, daher charmant in die Kameras, verstrahlte geistlosen Glamour und beteuerte pflichtgemäß, wie stolz sie doch auf ihren Gatten wäre. Unterdessen hatte Gordo etliche Affären mit »Astro-Groupies« – oder »Cape Cookies«, wie die Helden des Wettlaufs ins All ihre Bewunderinnen nannten.

Weit jenseits von Cape Canaveral zahlten die Frauen die Zeche für die Wochenenden und Abendstunden, die Männer damit zubrachten, mit ihren Brüdern an der Selbstveredelung zu basteln – indem sie Rituale memorierten und durchführten und ihre ethischen Lektionen lernten, erörterten, welche Wohlfahrtseinrichtung man unterstützen sollte, aßen, tranken und sich gegenseitig auf die Schultern klopften –, indem sie zusätzliche Zeit am heimischen Herd zubrachten. So konnte es nicht weitergehen. In den folgenden Jahrzehnten setzte der »Weiblichkeitswahn« Schimmel an. Die Frauen kehrten in die Universitäten und an die Arbeitsplätze zurück. Sie heirateten später, bekamen weniger Kinder, ließen sich scheiden. Bezeichnenderweise kam es zu Beginn der 1970er Jahre zu einem Zuwachs an Ehescheidungen unter den NASA-Astronauten. Auch die Männer veränderten sich. Eine Familie großzuziehen wurde mehr und mehr zu einem Unternehmen mit zwei Versorgern. Und das typische Muster eines vom College bis zur Rente abgesicherten Nine-to-five-Bürojobs wurde zunehmend seltener, zusätzliche Arbeitsstunden verschlangen immer mehr der früher der Bruderschaft zugedachten freien Zeit. Die Loge musste auch mit einer wachsenden Freizeitindustrie konkurrieren, die mehr Spaß zu bieten hatte für weniger Geld, weniger Zirkus und mehr Gleichberechtigung: Fernsehen, Restaurants, Fitnessstudios und Sportclubs, Konzerte, Autoreisen und so weiter.

Noch eine Veränderung, die in den frühen 1960er Jahren allmählich einsetzte, war der Generationenkonflikt. Teenager und Twens suchten nach einer eigenen Identität, die sich von der Gesinnung der Älteren klar unterschied und ihr zuweilen sogar entgegenstand. Sie hörten andere Musik, kleideten sich anders, sahen andere Filme und brachten andere Werte zum Ausdruck. Und alles trug dazu bei, den Reiz eines idealen Lebensnarrativs zu mindern, wie es die Freimaurerei pflegte: Der junge Mann, der seinem Vater in die Bruderschaft folgte und sich unter dem wohlwollenden Blick der älteren Brüder auf den Weg zu Reife und Weisheit begab.

Es gab auch sehr praktische Gründe für den Niedergang der Freimaurerei. Das Sicherheitsnetz, ein Hauptanreiz für den Beitritt, wurde überflüssig, wenn Staat und / oder Arbeitgeber solche Zuwendungen übernahmen. Medicare beispielsweise, die Krankenversicherung für ältere Leute, wurde von Präsident Johnson im zweiten Jahr der Weltausstellung eingeführt. Im Privatsektor wurde die finanzielle Absicherung zu einer der größten Wachstumsbranchen unserer Zeit. Die Finanzindustrie setzte sich oft direkt an die Stelle der Brüderlichkeit. Mehrere der Bruderschaften, die im ausgehenden neunzehnten Jahrhundert gegründet worden waren, sind jetzt Finanzdienstleister: Dazu gehören zum Beispiel die Woodmen of the World (alias Woodmen-Life), die Lutheran Brotherhood (alias Thrivent Insurance) und der Tribe of Ben-Hur (alias Ben-Hur Life Association).

All diese Gründe trugen dazu bei, dass die Geschichte der Freimaurerei in Amerika einen Niedergang mit Ansage erfuhr.

16 AREZZO

Berufswunsch: Puppenspieler

Eine Liste von Freunden

Licio Gelli schien dazu geboren, unbemerkt durchzukommen: Von eher kleiner Statur, bieder bebrillt, mit ordentlichem Seitenscheitel im grauen Haar, leitete er eine Bekleidungsfabrik in einer Kleinstadt in der Toskana. Doch in den späten 1970er Jahren hatte dieser farblose Mensch die italienische Presse in einem hypnotischen Griff. »In der Galerie unerreichbarer Persönlichkeiten gehört er zu den unerreichbarsten.«

Gelli lebte in ländlicher Abgeschiedenheit nicht weit von seiner Fabrik entfernt in einer Villa, etwas außerhalb von Arezzo gelegen. Mächtige Freunde kamen zu Besuch auf einen Spaziergang im Park. Er übernachtete oft in einer Suite im Fünf-Sterne-Hotel Excelsior an der gewundenen Steigung von Roms Via Veneto. Dort empfing er die Prominenz zu vertraulichen Gesprächen.

Seine Macht war so offenkundig wie undurchschaubar. Er war bekannt für seine schlechte Bildung und dafür, dass er in jungen Jahren ein leidenschaftlicher Faschist gewesen war. Mit siebzehn Jahren hatte er sich freiwillig gemeldet, um im Spanischen Bürgerkrieg auf der Seite Francos zu kämpfen. Alles Übrige weiß man größtenteils nur aus Gerüchten. Er galt als persönlicher Freund von US-Präsident Jimmy Carter und dem argentinischen Diktator Juan Perón. Doch investigative Journalisten äußerten offenkundig die Vermutung, Gelli sei in alles Mögliche verwickelt gewesen, von Bankbetrug und Entführung bis hin

Licio Gelli (1919–2015), Logenmeister der Loge Propaganda Due (P2).

zu politischer Bestechung und neofaschistischem Terrorismus. Sicher war nur, dass sein Einfluss in irgendeiner Weise mit der Freimaurerloge zusammenhing, die als Propaganda Due oder P2 bekannt wurde, deren ehrwürdiger Meister er war. P2 war so berüchtigt wie unerforscht – eine neue Variante masonischer Geheimniskrämerei.

Am 5. Oktober 1980 landete der *Corriere della Sera*, Italiens renommierteste Tageszeitung, einen Knüller, indem er ein ausführliches Interview mit Gelli veröffentlichte. »Was ist die P2?«, wurde er gefragt – »Ein Zentrum, das nur Menschen aufnimmt und zusammenbringt, die mit Intelligenz, hoher Bildung, Weisheit und vor allem Großzügigkeit ausgestattet sind.« Mit offensichtlicher Genugtuung sagte Gelli dem *Corriere*, dass die negative Publicity um ihn und seine Loge nur dazu geführt habe, dass weitere Beitrittsanträge gestellt wurden. Über seine Brüder in der P2 wollte er jedoch nichts verraten, auch nicht, wie er mit ihnen kommunizierte: »Ein stilvoller Liebhaber verrät nie die Details eines Stelldicheins.« Ob er denn eine ›geheime Macht‹ ausübe? Er habe das nie von sich behauptet, könne aber andere Leute nicht daran hindern, sich dergleichen vorzustellen. »Ich habe zahlreiche Freunde, sowohl in Italien als auch im Ausland. Aber Freunde zu haben ist das eine, Macht auszuüben dagegen etwas ganz anderes.« Jeder klare Blick auf diesen Mann und seine Geheimnisse war verborgen hinter Nebelschwaden aus masonischem Geschwafel, Namedropping und Andeutungen. Erst der letzte Teil des Interviews ließ ein Quäntchen Wahrheit erahnen:

> »Wenn Sie als Kind gefragt wurden, was Sie einmal werden wollen, was haben Sie geantwortet?«
> »Puppenspieler«.

Italien nimmt in den Seiten dieses Buches breiten Raum ein, weil nirgendwo mehr verschiedene Stränge der masonischen Geschichte zusammenlaufen als in diesem Land. Als Heimstätte des Papsttums hat Italien seit der ersten Exkommunikation von Freimaurern im Jahr 1738 eine Tradition an antimasonischer Phobie, die bis heute Bestand hat. Im frühen 19. Jahrhundert, unter napoleonischer Herrschaft, wurde die Freimaurerei in Italien als ein Werkzeug der autoritären Regierung eingesetzt. Mit den *Carbonari* dagegen wurde eine Bruderschaft masonischen Stils zu einem Vehikel revolutionärer Machenschaften. Später degenerierten pseudo-masonische Bruderschaften zur Mafia. Zu Beginn von Italiens Geschichte als geeintem Land entwickelten sich seine Logen auch zum Vorzimmer der Macht. Als Geburtsort des Faschismus war Italien außerdem das erste Land, in dem die Freimaurerei von einem totalitären Regime zerschlagen wurde.

Nach dem Niedergang des Faschismus trat wiederum eine neue Entwicklung ein. In den 1970er Jahren spann ein Bruder ein einflussreiches Netzwerk, das so umfassend war, dass es eine tödliche Bedrohung für die italienische Demokratie darstellte. Es schien alle Bestandteile dessen zu haben, wovor die größten Pessimisten unter den Verschwörungstheoretikern schon immer gewarnt hatten. Der Name des Bruders war Licio Gelli, und seine Loge war die P2.

Im Jahr 1945 tauchte die italienische Freimaurerei nach dem faschistischen Verbot wieder aus der Versenkung auf, um festzustellen, dass das neue Italien fast so unbequem war wie das alte. Die italienische Freimaurerei hatte immer einen Gutteil ihres Ansehens aus einer engen Verbindung zur Politik gewonnen. Aber die politische Bühne der Nachkriegszeit wurde von zwei gegensätzlichen Giganten dominiert, die gemeinsam die Freimaurerei außen vor hielten: die *Democrazia Cristiana* (die DC beziehungsweise die Christdemokraten), die mit dem Vatikan und dem westlichen, kapitalistischen Block verbunden war; und der *Partito Comunista Italiano* (PCI), der die größte kommunistische Partei Westeuropas war und ursprünglich mit der Sowjetunion sympathisierte. Die Christdemokraten sollten bis zum Ende des Kalten Krieges die zentrale Komponente der italienischen Regierungskoalitionen sein. Währenddessen drohten die Kommunisten des PCI in ständiger Opposition. Zwei Generationen lang wurde die italienische Politik von dem vorrangigen Bedürfnis beherrscht und gelähmt, die Kommunisten von der Macht fernzuhalten.

Es waren nur wenige Dinge, die Italiens Christdemokraten und Kommunisten über den Abgrund des Kalten Krieges hinweg vereinten, aber eines davon war der Argwohn gegen die Freimaurerei. Die Christdemokraten erbten den historischen Antimasonismus der Kirche. Für die Kommunisten waren die Freimaurer schon immer eine bürgerliche Clique gewesen. Keine der beiden Parteien duldete Freimaurer in ihren Reihen. Diese Haltung spiegelte sich wider in der italienischen Verfassung, die sowohl Christdemokraten als auch Kommunisten mitgestalteten. Als sie am 1. Januar 1948 in Kraft trat, verbot Artikel 18 alle Geheimbünde. Weder die Christdemokraten noch die Kommunisten hatten sich dazu durchringen können, die Freimaurerei in das Verbot mit einzubeziehen – eine solche Maßnahme hätte unangenehm an den Faschismus erinnert. Aber sie lehnten auch Vorschläge ab, sie explizit davon auszunehmen. Ohne eine gesetzliche Klärung dessen, was als Geheimgesellschaft galt, verblieb die Bruderschaft in einem verfassungsrechtlichen Niemandsland.

Die italienische Freimaurerei hatte nach dem Krieg auch mit einer Vielzahl interner Probleme zu kämpfen. Weil sie nicht auf der Höhe der Zeit zu sein schien, tat sie sich bei der Anwerbung von Rekruten schwer. Schlimmer noch: Gerade *weil* sie Opfer des Faschismus geworden war, zog sie nun zynische ehemalige Faschisten an, die ihre Vergangenheit vertuschen wollten. Die Freimaurerei war außerdem gespalten. Die ältere und größere der beiden Hauptlinien – die in den Sturm um die Loge P2 geraten sollte – war der Grande Oriente d'Italia. Die andere war die Gran Loggia d'Italia. Die doktrinären Fragen, die die beiden Linien der Freimaurerei trennten, brauchen uns nicht aufzuhalten. Es genügt zu sagen, dass es in beiden zu Spaltungen kam und die Unterschiede zwischen ihnen neue Formen annahmen – vor allem 1956, als die Gran Loggia d'Italia eine Frauenloge einrichtete. Beide Zweige der masonischen Hierarchie sehnten sich noch immer nach der Art von Wichtigkeit, wie sie die italienische Freimaurerei im späten 19. Jahrhundert genossen hatte. Einige Anführer setzten ihre Hoffnungen darauf, lediglich die alte Opposition gegen den Katholizismus zu erneuern. Andere suchten die Freundschaft und Gunst von Großbritannien und den Vereinigten Staaten, indem sie sich als Bollwerk gegen die kommunistische Bedrohung gerierten. Aus der Verwirrung erwuchs allerdings keine klare Strategie.

Erst in den frühen 1960er Jahren gewann die Freimaurerei wieder mehr Mitglieder und größere Reichweite. Die Christdemokraten, die zwar ständig in der Regierung waren, dabei aber dauerhaft instabil blieben, öffneten sich zaghaft für Koalitionen mit den Parteien der Mitte und von Mitte-Links, in denen Freimaurer willkommener waren. Unter Papst Johannes XXIII. wurde der Vatikan liberaler, und es begann ein vorsichtiger Dialog zwischen einigen Intellektuellen sowohl aus den Reihen der Freimaurer als auch aus denen der Kirche.

Wie in anderen Ländern, in denen die Freimaurerei mehr Gewicht besaß, hatte auch die italienische Freimaurerei in den 1960er und 1970er Jahren mit bedeutsamen gesellschaftlichen Veränderungen zu kämpfen. Italien war jetzt eine Industriemacht, Zuwanderer aus den ländlichen Gebieten drückten in die Städte, die Häuser der Italiener füllten sich mit Konsumgütern, die Arbeiter gierten nach einem Anteil am wachsenden Reichtum des Landes, Frauen verlangten mehr Rechte, junge Leute experimentierten mit neuen Lebensstilen und politischen Identitäten. Die Situation in Italien hatte aber auch ihre Eigenheiten. Der Staat hatte dringend Reformen nötig, aber die Christdemokraten und ihre Koalitionspartner schienen festzustecken, viel zu sehr beschäftigt mit kompliziertem Taktieren und Postengeschacher, um einen Wandel in Gang zu setzen. Ineffizienz, Vetternwirtschaft, Korruption und Einfluss der Mafia sickerten weiter in die Institutionen ein. Immer wieder kam es zu Skandalen. Teilweise im Fahrwasser solcher Fälle gelang es dem PCI nach und nach, sich den Ruf von Ehrbarkeit zu erarbeiten und eine größere Wählerschaft hinter sich zu vereinen. Bei den Wahlen von 1963 erhielt er ein Viertel der abgegebenen Stimmen. Im Jahr 1976, vor dem Hintergrund einer Wirtschaftskrise, erreichte er gar über ein Drittel der Stimmen. Im italienischen Verhältniswahlrecht reichte dieses Ergebnis leicht aus, um einen Anspruch auf die Macht geltend zu machen.

Unterdessen war die Politik außerhalb des Parlaments viel lebhafter geworden. Ende der 1960er Jahre entluden sich soziale Spannungen in Studentenrevolten und Streiks. Im Dezember 1969 schließlich begann im politischen Leben in Italien eine schreckliche und gewalttätige neue Ära, als vor einer Bank an der Piazza Fontana in Mailand, unweit des Doms, eine Bombe explodierte und sechzehn Todesopfer forderte. Die Versuche der Polizei, Anarchisten die Schuld zu geben, würden sich in den kommenden Wochen und Monaten als haltlos erweisen. Zuvor aber musste noch ein Verdächtiger aus den Reihen der Anarchisten unter höchst mysteriösen Umständen bei einem Sturz aus dem Fenster im vierten Stock des Polizeipräsidiums zu Tode kommen. Investigative Journalisten lieferten bald eine plausiblere Erklärung: Die Polizei hatte vorsätzlich Beweise ignoriert, dass es sich bei den wahren Tätern nicht um Anarchisten, sondern um Rechtsterroristen mit engen Kontakten zum Geheimdienst handelte. Dies roch stark nach der »Strategie der Spannung« – einem geheimen Plan, mit terroristischen Mitteln das Klima zu schaffen für einen entscheidenden Rechtsruck oder sogar einen rechten Putsch. Weitere Gräueltaten folgten.

In den zehn Jahren nach der Bombe auf der Piazza Fontana kam es auch zu Straßenschlachten zwischen militanten Linken und Rechten und vor allem ab 1976 zu Mordanschlägen. Im März 1978 hielt das ganze Land den Atem an, als eine Terrorgruppe namens Rote Brigaden Aldo Moro entführte, einen ehemaligen christdemokratischen Ministerpräsidenten. Nach fünfundfünfzig Tagen, in denen Moro vor einem Scheingericht der Prozess gemacht wurde und Politiker darüber stritten, was zu tun sei, ermordeten die Roten Brigaden Anfang Mai ihre Geisel.

Am 2. August 1980, gerade als die Kommunisten an Stimmen verloren und es schien, als sei die Strategie der Spannung beendet, erfolgte ein heftiger Bombenanschlag auf den Hauptbahnhof der von den Kommunisten geführten Stadt Bologna, bei dem fünfundachtzig Menschen starben.

So erschien Licio Gellis Interview mit dem *Corriere della Sera*, zwei Monate nach dem Anschlag von Bologna, in einem düsteren und überaus heiklen Moment. Seine sibyllinischen Äußerungen zeigten, dass er die Unruhe nur allzu gern befeuerte. Er machte kein Hehl daraus, dass er ein Mann der Rechten sei, aber der Frage nach seinen mutmaßlichen Verbindungen zu den Geheimdiensten wich er aus und verbarg seine genauen Ansichten hinter einer nervigen Anekdote. Auf die Frage, was für ihn Demokratie sei, erzählte er von einem Gespräch mit Aldo Moro, dem früheren Ministerpräsidenten, der zwei Jahre zuvor von den Roten Brigaden ermordet worden war. Moro, bekanntermaßen vorsichtig, wenn es darum ging, Reformen einzuführen, habe angeblich zu Gelli gesagt, dass die Demokratie wie ein Topf voller Bohnen sei: Damit die Bohnen weich würden, müssten sie sehr, sehr langsam kochen. Gelli habe dagegengehalten: »Passen Sie auf, dass Ihre Bohnen nicht zu wenig Wasser haben, sonst besteht die Gefahr, dass sie verbrennen.«

Gerade als Italiens demokratische Institutionen ernsthaft in Gefahr waren und das Vertrauen in diese Institutionen auf einem Tiefpunkt war, entschied sich Gelli, die altehrwürdige Abneigung der Freimaurerei gegen »parteipolitisches Taktieren« und ihre Loyalität gegenüber den Regierungsinstitutionen zu ignorieren und stattdessen finstere Anspielungen auf eine Zündelei mit der Demokratie zu machen. Die Bruderschaft war selten unheimlicher erschienen.

Wenige Monate nach Gellis berüchtigtem Interview im *Corriere della Sera* trat während der Ermittlungen gegen Michele Sindona, einen sizilianischen Steueranwalt, der ein komplexes Netz von Banken und Offshore-Finanzunternehmen besaß, allmählich das wahre Gesicht der P2 zutage. Als Sindonas Imperium im Niedergang begriffen war, unternahm er hochriskante Währungsspekulationen und steigerte seinen Ehrgeiz. 1972 konnte er sich trotz Gerüchten, dass er Verbindungen zur Mafia habe, einen Mehrheitsanteil an der Franklin National Bank sichern, die damals unter den Top-Zwanzig der größten Banken der Vereinigten Staaten war. Zwei Jahre später, als die Franklin National Bank pleitegegangen war, wurde gegen Sindona in den Vereinigten Staaten wegen Betrugs ermittelt. Die italienische Zentralbank ordnete die Abwicklung seiner italienischen Banken an, und es wurde ein Auslieferungsantrag gestellt.

In dem verzweifelten Versuch, sein Imperium zu retten, zahlte Sindona große Summen an die regierende Christdemokratische Partei in der Hoffnung, sie könne einen Rettungsschirm spannen; außerdem wusch und investierte er Unmengen von Mafia-Drogendollars. Im Juli 1979 wurde der von der Banca d'Italia mit der Untersuchung von Sindonas Geschäften beauftragte Liquidator, nachdem er sich verschiedenen Bestechungs- und Korruptionsversuchen widersetzt hatte, in Mailand von einem Auftragskiller ermordet.

Léo Taxil in einer Karikatur aus dem Jahre 1879, als er wegen seiner skurrilen anti-katholischen Polemik exkommuniziert wurde. Nachdem er sich aufgrund eines »übernatürlichen Sinneswandels« 1885 zum Katholizismus bekehrt hatte, veröffentlichte Taxil Enthüllungsberichte über die Freimaurerei. Freimaurer, behauptete er, verehrten den hier abgebildeten ziegenköpfigen Teufel Baphomet.

Prinz Edward, Thronerbe Königin Victorias, wurde 1875 Großmeister der United Grand Lodge of England. Während Victorias Herrschaft sah sich die Freimaurerei sowohl der Monarchie als auch dem British Empire verpflichtet.

1872 überwand Prosonno Coomar Dutt, ein bengalischer Händler für landwirtschaftliche Güter, das freimaurerische Vorurteil gegen die Aufnahme von Hindus.

Freimaurerprozessionen waren ein regelmäßiges Bild während der britischen Kolonialherrschaft. Hier führt der Großmeister der United Grand Lodge of England, der Duke of Connaught, im Jahre 1910 seine Brüder durch Bulawayo in Rhodesien.

Von mehreren faschistischen Regimen wurden zu Propagandazwecken falsche Freimaurerlogen errichtet. Diese hier, in Salamanca, kann noch immer besichtigt werden und zeigt anschaulich die fortwährende Freimaurer-Phobie des spanischen Diktators Francisco Franco.

»Ein Jude zieht die Strippen. Wer hängt wie daran? Die anti-masonische Ausstellung gibt die Antwort.« Ein Plakat, auf dem die Themen Antimasonismus und Antisemitismus miteinander verknüpft werden, wirbt 1941 für eine Ausstellung in dem von Nazi-Deutschland besetzten Serbien.

In der Jim-Crow-Ära mit ihrer strikten Rassentrennung war die Prince-Hall-Freimaurerei eine wichtige Ressource für afroamerikanische Gemeinschaften. Das Foto zeigt Brüder der Carthaginian Lodge no. 47, New York, im Jahre 1907.

Truman war der engagierteste der vierzehn Freimaurerpräsidenten der USA. Dieses Porträt von 1949 zeigt ihn im Ornat des Großmeisters der Großloge von Missouri.

Die Freimaurerei war nie so beliebt – oder so offen in Bezug auf ihre Rituale – wie im Amerika der 1950er Jahre. Hier stellen Freimaurer aus Brooklyn für das *Life Magazine* 1956 die Einweihung des Salomonischen Tempels nach.

1963: Der ermordete Bürgerrechtsaktivist Medgar Evers wird von seiner Frau Myrlie und seinen Kindern betrauert. Evers war exemplarisch für das außerordentlich enge Band zwischen der Prince-Hall-Freimaurerei und dem Kampf für Bürgerrechte.

Unterdessen feierten weiße Freimaurer ihren Beitrag zum amerikanischen Leben im glanzvollen Masonic Brotherhood Center in der New Yorker Weltausstellung.

Licio Gelli, Meister vom Stuhl von Italiens berüchtigter Loge Propaganda Due. Die Terrakottatöpfe in seinem Garten enthielten Goldbarren, wie sich später herausstellte.

Im August 1980 kamen bei einem Bombenanschlag auf den Bahnhof in Bologna 85 Menschen ums Leben. Logenmeister Gelli wurde für schuldig befunden, die Spuren der Täter vertuscht zu haben.

Olivia Chaumont, auf dem Thron eines Logenmeisters in Paris, 2019. Ihre Bemühungen, den Grand Orient de France zu zwingen, auch Frauen als gleichberechtigte Mitglieder aufzunehmen, waren 2010 erfolgreich.

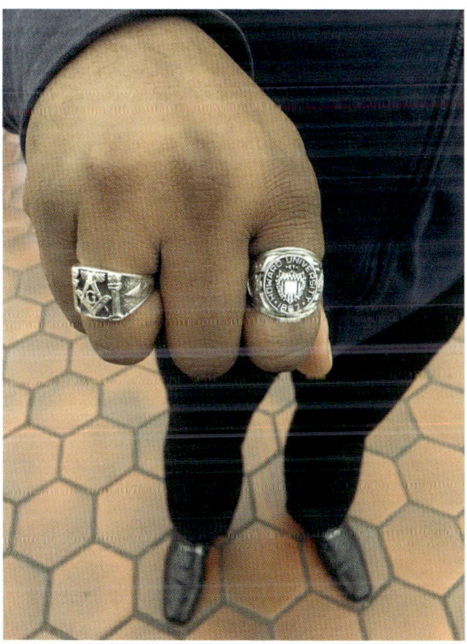

Embleme einer stolzen Tradition: Bruder James R. Morgan III, Großhistoriker der Prince-Hall-Großloge des Bezirks Columbia, trägt die Ringe zur Schau, die ihn als Freimaurer und als Absolvent der Howard University ausweisen. Washington DC, 2019.

»From Rite to Ritual« (2009). Der führende australische Künstler Danie Mellor, ein ehemaliger Freimaurer, hat indigene Wurzeln. Dieses Werk erforscht den gemeinsamen Nenner zwischen Freimaurerei und indigenen Glaubensinhalten, aber auch die Rolle der Bruderschaft bei der Zerstörung der indigenen Kulturen.

Bald darauf verschwand Sindona aus New York und tauchte auf Sizilien wieder auf, als angebliches Opfer einer Entführung durch ein imaginäres »Subversives proletarisches Komitee für mehr Gerechtigkeit«. In Wirklichkeit hatte ein Mafia-Netzwerk, das tief in den transatlantischen Heroinhandel verstrickt war, die Sache eingefädelt. Um die abstruse Scharade noch etwas bunter zu gestalten, hatte Sindona sich von einem willfährigen Arzt betäuben und ins Bein schießen lassen. Es ging darum, anrührende Informationen aus der »Gefangenschaft« herauszugeben und auf diese Weise Politiker dazu zu nötigen, ihn, seine Banken und das Geld der Mafia zu retten. Der Plan funktionierte nicht. Sindona blieb bei seiner Entführungsfiktion und arrangierte, dass er schließlich verwundet und zerrauft in einer Telefonzelle in Manhattan aufgefunden wurde, ganz der Legende entsprechend. Im Jahr 1980 wurde er von einem amerikanischen Gericht wegen Wirtschaftsverbrechen zu 25 Jahren Haft verurteilt.

In Mailand wurden unterdessen die Ermittlungen gegen Sindona fortgesetzt. Einige Hinweise zeigten in Richtung Licio Gelli und Propaganda Due. Gellis private Kontaktdaten fanden sich in Sindonas Terminkalender. Seine Loyalität gegenüber Sindona zeigte sich im Interview mit dem *Corriere della Sera*. Der Logenmeister schrieb auch eine eidesstattliche Erklärung für den in Ungnade gefallenen Bankier in der Hoffnung, die Auslieferung aus den Vereinigten Staaten zu blockieren: Er gab an, dass ein faires Verfahren in Italien unmöglich sei, weil die Justiz von Kommunisten unterwandert sei. Der Arzt, der Sindona betäubt und ins Bein geschossen hatte – ein Mann, der sich selbst als »sentimentalen internationalen Freimaurer« bezeichnete –, war während der Entführungsfarce zwischen Sizilien und Gellis Villa hin- und hergereist. Offensichtlich hatte der Logenmeister bei dem Versuch, Sindona zu retten, viel von seinem geheimnisvollen Fluidum investiert.

So kam es, dass im März 1981, unter größter Geheimhaltung ein kleines Team der Guardia di Finanza (Finanzpolizei) aus Mailand kam, um in Gellis Anwesen in Arezzo eine Razzia durchzuführen. Sie fanden das Gesuchte – und noch viel mehr als das – in den Büros seiner Bekleidungsfabrik. Neben dem Schreibtisch befand sich ein Koffer mit dreiunddreißig Umschlägen voller Dokumente; jeder Umschlag trug quer über dem Papiersiegel Gellis Unterschrift und war jeweils mit einem der Namen gekennzeichnet, die mit den wichtigsten geschäftlichen und politischen Skandalen der letzten Jahre in Verbindung standen. Im Tresor fand sich – nach Beschlagnahme des Schlüssels von Gellis Sekretärin, die versucht hatte, sich damit aus dem Staub zu machen – eine Liste von P2-Mitgliedern. Verständlicherweise erregte ein Ordner mit der Aufschrift GUARDIA DI FINANZA die Aufmerksamkeit der Beamten, die die Razzia durchführten. Sein Inhalt zeigte, dass fünf ihrer obersten Befehlshaber Mitglieder der Loge Propaganda Due waren. Während die Suche noch im Gange war, erhielt der verantwortliche Offizier die dringende Nachricht, er möge seinen Generalkommandanten, den obersten Mann in der gesamten Guardia di Finanza, kontaktieren. Dieser sagte zu ihm: »Ich weiß, dass Sie da sind und einige Listen gefunden haben. Sie sollten wissen, dass mein Name darauf steht. Gehen Sie vorsichtig zu Werke, denn die obersten Repräsentanten [des Staates] stehen auch darauf. Passen Sie auf, der gesamte Machtapparat wird stürzen.« Die Männer, die Gellis Büro durchsucht hatten, waren in einem bescheidenen FIAT Ritmo gekommen. Schnell wurden Vorkehrungen getroffen, sie und ihre explosive Ladung – bestehend aus zahlreichen Dokumenten – von zwei Alfa Romeos, besetzt mit schwerbewaffneten Polizisten, zurück nach Mailand zu eskortieren.

Die beiden zuständigen Untersuchungsrichter waren so beunruhigt über das, was sie lasen, dass sie sich die Zeit nahmen, jede Seite durchzunummerieren und zu kopieren, um sie an verschiedenen sicheren Orten zu deponieren. Anschließend vereinbarten sie einen Termin beim Ministerpräsidenten. Dort wurden sie von dessen Privatsekretär in das Vorzimmer seines Büros geführt; dieser Sekretär empfing sie mit breitem Lächeln und ausgesuchter Höflichkeit – obwohl er einer der 962 Männer auf der P2-Mitgliederliste war und die streng vertraulichen Nachrichten, die die Beamten zu enthüllen gedachten, bereits kannte. Ministerpräsident Arnaldo Forlani linste hinter seiner eckigen Brille hervor und gab sich alle Mühe, Gelassenheit zur Schau zu tragen.

Es wollte ihm nicht so recht gelingen, wie einer der Beamten bemerkte: »Er versuchte, etwas zu sagen, aber für ein paar Minuten brachte er kein anständiges Wort heraus. Aus seinem Mund kamen kehlige Laute, die vermuten ließen, dass er versuchte, das Thema verächtlich abzutun, ohne dabei jedoch seiner Sprache Herr zu werden.« Nach dieser seltsamen Begegnung beschloss Ministerpräsident Forlani, Zeit zu gewinnen, und überließ die Entscheidung, ob P2 im Sinne der italienischen Verfassung als eine Geheimgesellschaft einzuschätzen sei, einem Ausschuss von drei weisen Männern. Unterdessen sickerten Nachrichten und Gerüchte nach draußen.

Erst am 22. Mai 1981, mehr als zwei Monate nach der Durchsuchung von Gellis Fabrik in der Toskana, fiel den Lesern die Kinnlade herunter, als sie die Liste mit den Namen der P2-Mitglieder in der Zeitung vorfanden.

Sie enthielt drei amtierende Minister sowie etwas über vierzig Abgeordnete, von denen einige ein Regierungsamt bekleidet hatten.

Weitaus beunruhigender als die Anzahl der P2-Politiker war die Reichweite der Loge innerhalb des Staatsapparats. Zu den *Piduisti* – wie die Italiener P2-Mitglieder bald nannten – gehörten die Leiter *aller* Abteilungen der zivilen und militärischen Geheimdienste, der Chef des Verteidigungsstabs und nicht weniger als 195 Offiziere der Armee, der Marine und der Luftwaffe, davon waren 92 im Rang eines Generals oder Obersten. Drei der P2-Generäle waren 1970 in einen gescheiterten Militärputsch verwickelt gewesen.

Die oberste Riege der verschiedenen italienischen Strafverfolgungsbehörden war ebenfalls gut vertreten: Neben den fünf Männern aus der Guardia di Finanza standen neun Generäle von den Carabinieri und zwei von der Staatspolizei auf der Liste. Es war zutiefst beunruhigend, dass während der fünfundfünfzig Tage, in denen Ministerpräsident Aldo Moro von den Roten Brigaden gefangen gehalten wurde, die Minister von einem Koordinierungskomitee hochrangiger Offiziere des Strafvollzugs beraten wurden, zu denen sechs *Piduisti* gehörten – die Überzahl. Könnte ihre Anwesenheit den tragischen Ausgang der Entführung erklären?

Über sechzig hochrangige Beamte und neun Spitzendiplomaten waren genannt. Im Finanzministerium, einschließlich der von ihm kontrollierten verstaatlichten Banken, gab es siebenundsechzig *Piduisti*.

Wie im Staatsapparat hatte Gelli auch in der Gesellschaft und der Wirtschaft viele »Freunde«. Zu den Unternehmern gehörten ein Mitglied der Agnesi-Nudeldynastie und, mit der Mitgliedsnummer 1816, ein 45-jähriger Mailänder Baulöwe und Medienunternehmer namens Silvio Berlusconi. Es gab auch Bankiers aus der Privatwirtschaft, wie das falsche Entführungsopfer Michele Sindona, Mitglied Nr. 501. Sindonas Schüler und Rivale Roberto Calvi war ebenfalls in der P2 (und hat über seinen Banco Ambrosiano auch Geld für die Mafia gewaschen, wie sich später erweisen sollte).

Gelli hatte beängstigende internationale Verbindungen, wie zu dem Mann, der bis 1979 Chef der iranischen Geheimpolizei des Schahs war. Mehr als vierzig Mitglieder stammten aus oder lebten in südamerikanischen Ländern. Zur großen Gruppe der Argentinier gehörte Admiral Emilio Eduardo Massera, eine führende Figur des Militärputsches von 1976: Er war derzeit damit beschäftigt, den Schmutzigen Krieg der Junta gegen politische Dissidenten federführend zu planen, in dem vermutlich etwa 30 000 Menschen ermordet wurden.

Unter den vielen prominenten Persönlichkeiten aus den Medien, die der Loge P2 angehörten, stachen die Namen des Inhabers, des Geschäftsführers und des Herausgebers des *Corriere della Sera* hervor sowie der des Journalisten, der das »Puppenspieler«-Interview geführt hatte.

Die Veröffentlichung der P2-Liste erzeugte Schock und Empörung. Die Ereignisse überschlugen sich und hatten nachhaltige Auswirkungen. Die Regierung stürzte, zu Fall gebracht durch Forlanis Zaudern. Unter der bemerkenswerten Christdemokratin Tina Anselmi – eine Heldin des Widerstands gegen die Nazis und Italiens erste Ministerin – wurde eine parlamentarische Untersuchungskommission zur Freimaurerloge

P2 eingerichtet. P2 wurde bald nach dem sogenannten Anselmi-Gesetz verboten, das auf Artikel 18 der Verfassung basierte.

Der Logenmeister setzte sich daraufhin in die Schweiz ab, wo er später verhaftet wurde. Im August 1983 entkam er aus einem Genfer Gefängnis und machte sich mit einem argentinischen Diplomatenpass auf den Weg nach Südamerika. Erst 1988 kehrte er nach Italien zurück, um sich der Justiz zu stellen. Zwischenzeitlich waren zu etlichen Fällen von Korruption und rechter Subversion, in die die P2 mutmaßlich involviert war, weitere Untersuchungen eingeleitet worden; Gerichtsverfahren und öffentliche Debatten sollten noch viele Jahre fortdauern.

Ein nervöses römisches Establishment unternahm früh Gegenmaßnahmen – zumindest behauptete das die Linke. Im September 1981 wurden die Vertreter der Anklage in Mailand, die die Durchsuchung von Gellis Firma durchgeführt hatten, angewiesen, ihr Beweismaterial den Richtern in Rom zu übergeben. Die Staatsanwaltschaft dort stand im Ruf, politisch heikle Fälle auszubremsen und zu entschärfen.

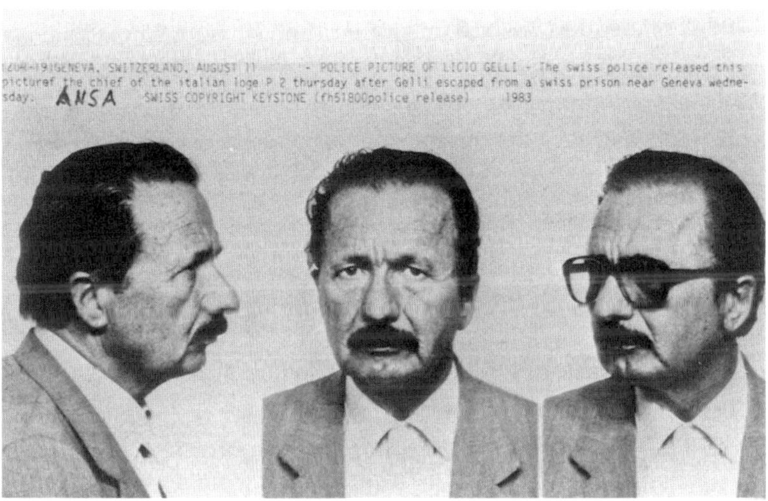

Licio Gelli, auf einem Foto, das die Polizei kurz nach seiner Flucht aus einem Schweizer Gefängnis 1983 veröffentlichte.

Die Entlarvung der P2 zerstörte den Schutz, den Logenmitglied Roberto Calvi bisher genossen hatte. Sein Banco Ambrosiano ging im folgenden Jahr bankrott, und im Juni 1982 fand man ihn erhängt unter der Londoner Blackfriars Bridge. Bis heute ist ungeklärt, ob es sich um Mord oder Selbstmord handelte. 1984 wurde das vermeintliche Entführungsopfer Michele Sindona schließlich nach Italien ausgeliefert; er wurde wegen Wirtschaftsdelikten vor Gericht gestellt und zu einer Gefängnisstrafe verurteilt. Im März 1986 konnte ihm auch die Beauftragung des Mordes am Liquidator seiner Bank nachgewiesen werden. Zwei Tage später starb er im Gefängnis, nachdem er einen Espresso mit einem Schuss Zyanid getrunken hatte. Obwohl es wahrscheinlich ein Selbstmord war, grassierten Spekulationen, dass er zum Schweigen gebracht worden sei.

Bei der Durchsuchung von Gellis Büros in Montevideo, der Hauptstadt Uruguays, wurden unter anderem streng vertrauliche Papiere der italienischen Geheimdienste entdeckt. Nur ein kleiner Teil dieses uruguayischen Funds sollte jemals in die Hände der italienischen Behörden gelangen. Bis heute besteht der Verdacht, dass die Liste der P2-Mitglieder, die in Gellis Firma in Arezzo gefunden wurde, unvollständig war und es Hunderte weitere prominente Mitglieder gab.

Bis heute prägen solche Zweifel die P2-Affäre, die nie wirklich zum Abschluss gekommen ist. Tina Anselmi, die Präsidentin der Parlamentarischen Untersuchungskommission, formulierte es so: »[Die P2-Geschichte] weist ein hohes Maß an Unschärfe und Doppeldeutigkeit auf. Findet man Beweise, die die eine Theorie stützen, … ergeben sich fast immer Umstände, die die entgegengesetzte Theorie rechtfertigen.« Wie zum Beweis von Anselmis Einschätzung kamen die Mitglieder der Kommission zu keiner Einigung. Als sie 1984 ihre Ergebnisse präsentierten, lieferten sie einen Mehrheitsbericht und nicht weniger als fünf abweichende Minderheitsberichte

Noch Jahre später vertreten sowohl direkte Beteiligte des Dramas als auch Historiker immer noch völlig unterschiedliche Positionen zu Gellis Loge. Für die einen war sie eine subversive faschistische Verschwörung. Für die anderen dagegen war die P2 alles andere als sub-

Roberto Calvi (1920–1982), der erhängt unter der Blackfriars Bridge in London gefunden wurde, und Michele Sindona (1920–1986), der einen mit Zyanid versetzten Espresso trank, nachdem er wegen Mordes zu einer lebenslangen Gefängnisstrafe verurteilt worden war. Beide Bankiers waren Mitglieder der Freimaurerloge P2.

versiv, sondern vielmehr ein Versuch, das System von innen heraus zu stützen. Viele sehen im Hintergrund beider Szenarien den Schatten der CIA. Tina Anselmi beschrieb Propaganda Due als Teil einer »Doppelpyramide«: Die untere Pyramide war die Loge P2, mit Licio

Gelli an der Spitze. Dieser saß zugleich auch an der Spitze einer umgekehrten Pyramide, die sich zum größten Teil unsichtbar innerhalb der Strukturen des Staates befand. Die wahren Schuldigen in dieser Geschichte, so Anselmi, seien in der umgekehrten Pyramide verborgen. Viele betrachten die Loge P2 als das wahre Gesicht der Macht und den P2-Skandal als die einzige Gelegenheit für die Bürger in der italienischen Geschichte, einen Blick auf das wirkliche Zentrum der Entscheidungen zu erhaschen. Im Gegensatz dazu argumentierte kürzlich ein bedeutender Historiker der Freimaurerei, dass es überhaupt keine P2-Verschwörung gegeben habe: Die ganze Affäre sei von zynischen Linken aufgekocht worden. Es gibt keinen Konsens darüber, ob Licio Gelli nun der Puppenspieler war oder die Marionette in den Hän-

Tina Anselmi (1927–2016), Leiterin der Parlamentarischen Untersuchungskommission zu P2.

den mächtigerer Männer, ein Gangsterboss oder ein Blender, dessen Macht nicht realer war als die des Zauberers von Oz, ein krimineller Lobbyist oder der letzte in einer langen Reihe missverstandener Freimaurer.

Mehr als drei Jahrzehnte lang wurde gegen Gelli wegen einer langen Liste von Verbrechen ermittelt beziehungsweise Anklage erhoben: Beteiligung an einer subversiven Organisation; Finanzierung von Terroranschlägen; Wirtschaftsdelikte; politische Korruption; Verleumdung; Behinderung der Justiz; Beihilfe zum Mord an Roberto Calvi (der unter der Blackfriars Bridge in London erhängt worden war); Zusammenarbeit sowohl mit der sizilianischen Mafia als auch der neapolitanischen Camorra; Waffen- und Devisenhandel; Steuerhinterziehung. Angesichts des gewaltigen juristischen Arsenals, das gegen ihn in Stellung gebracht wurde, und angesichts der anfänglichen Erwartungen, die P2 sei der Schlüssel zu allen Geheimnissen der damaligen Zeit, war die endgültige Summe der gegen ihn ergangenen Schuldsprüche nicht wirklich überzeugend und zufriedenstellend:

- 1994 wurde Gelli wegen »schwerer Verleumdung in terroristischer Absicht« im Zusammenhang mit dem Bombenanschlag auf den Bahnhof von Bologna im Jahr 1980 zu zehn Jahren Haft verurteilt. Die Gerichte stellten fest, dass Gelli sich mit vier Geheimagenten verschworen hatte, um für die Ermittler der Bluttat falsche Spuren zu legen. Ein Teil des Plans sah vor, einen Koffer mit dem gleichen Sprengstoff, der zuvor in Bologna verwendet worden war, zu deponieren. So wollte man den Verdacht auf ausländische Terroristen lenken, weg von den wahren Schuldigen, den italienischen Neofaschisten.
- 1998 ergriff Gelli die Flucht, nachdem der Oberste Gerichtshof ihn für seine Rolle beim Bankrott von Roberto Calvis Banco Ambrosiano zu zwölf Jahren Haft verurteilt hatte. Der Logenmeister wurde vier Monate später mit Bart und Baskenmütze in Südfrankreich aufgegriffen.
- Gelli wurde auch wegen Verleumdung der Richter, die seinen Fall untersuchten, verurteilt. Doch das Urteil wurde wegen Verjährung

aufgehoben. Er wurde lediglich zur Übernahme der Prozesskosten verpflichtet.

- Der Logenmeister wurde von einem Journalisten erfolgreich wegen Verleumdung verklagt und bekam eine geringfügige Strafe wegen Verunglimpfung des italienischen Präsidenten.

Insgesamt beziehen diese Urteile zu keiner der verschiedenen Thesen zur Loge P2 eindeutig Stellung; ebenso wenig die Tatsache, dass der Oberste Gerichtshof Gelli und die P2-Mitglieder 1996 vom Verdacht der Verschwörung gegen die Verfassung und die staatlichen Institutionen freisprach. Viele sahen in diesem Urteil das Resultat einer Vertuschung durch das Establishment; andere hielten dagegen, dass die Verschwörung gegen den Staat ohnehin nur eine sehr abwegige Theorie dessen war, was die P2 bezweckte.

Die ganze Wahrheit werden wir wohl nie erfahren. Was nun folgt, ist mein vorsichtiger Versuch, in die Jahre vor der Razzia in Gellis Firma bei Arezzo zurückzugehen und die Entstehungsgeschichte der Loge P2 nachzuzeichnen.

Die verdeckte Loge

Propaganda Due war nicht Licio Gellis Schöpfung. Sie wurde ursprünglich fast ein Jahrhundert früher innerhalb des Grande Oriente d'Italia unter dem Namen Propaganda Massonica gegründet. Die ersten Mitglieder waren führende Persönlichkeiten der 1880er Jahre, darunter zwei Ministerpräsidenten und der inoffizielle *Poeta laureatus* Giosuè Carducci. Die Loge Propaganda Massonica genoss einen besonderen Status: Sie hatte ihren Sitz in Rom und entband ihre berühmten, vielbeschäftigten und vielgereisten Mitglieder sämtlicher Pflichten, die ihnen von ihren regionalen Logen auferlegt waren. Sie bot ihren Mitgliedern auch größere Verschwiegenheit, da sie allein vom Großmeister in die Freimaurerei aufgenommen wurden – das Verfahren wurde als »Initiation auf das Schwert« bezeichnet. Der Großmeister behielt auch ihre Identität für sich beziehungsweise »im Ohr«, wie es im Jargon des Grande Oriente hieß. Die Propaganda war also eine »gedeckte Loge« (wieder Freimaurerjargon).

All dies zeigte, wie eifrig die italienische Freimaurerei darum bemüht war, mächtige Freunde aufzunehmen. Einer der Gründe für die Diskretion der Loge war die Wahrung des Rufes ihrer Mitglieder. Kein Opportunist in einer gewöhnlichen Loge sollte sich des vertrauten Umgangs mit den großen Namen innerhalb des Grande Oriente rühmen können.

Einige Aspekte in der Geschichte der Loge Propaganda ließen jedoch spätere Probleme bereits erahnen. Das Schicksal der Loge war eng verknüpft mit Großmeister Adriano Lemmi, der 1877 rekrutiert worden war, und mit seinem guten Freund, dem Ministerpräsidenten Francesco Crispi, der ebenfalls Mitglied war. Wie in einem früheren Kapitel kurz erwähnt, beschädigten sie den Ruf der Freimaurerei mit ihrer politischen Bündelei und ihrer Beteiligung an Skandalen um das staatliche Tabakmonopol und eine bankrotte Bank.

Als Italiens Freimaurerei nach dem Zweiten Weltkrieg wiedererstand, erbte die Loge als Zeichen ihrer Bedeutung den Namen Propaganda, aber mit dem Zusatz Nummer zwei. (Nr. 1 war die älteste Loge im Land.) Im Laufe der Zeit würde die Loge einfach als Propaganda Due oder P2 bekannt werden.

Licio Gelli wurde 1965 in die Freimaurerei initiiert. Zwei Jahre später wechselte er zur P2. Ende der 1960er Jahre war er bereits ein enger Mitarbeiter des Großmeisters. Leuten zufolge, die ihn kannten, besaß Gelli Charme und sogar Charisma; und er brachte eine Reihe tatsächlicher und / oder vorgeblicher Kontakte mit, deren er sich rühmte. Darunter waren einige aussichtsreiche Aspiranten für eine Initiation.

Im Jahr 1970 wurde Gelli die Leitung der P2 übertragen, und er erhielt die Befugnis, neue Mitglieder »auf das Schwert« zu initiieren – bisher das ausschließliche Privileg des Großmeisters. 1971 wurde seine Rolle formalisiert, als man ihm das bis dato inexistente Amt des Organisationssekretärs der P2 übertrug. Ein Verwaltungsrat, der für die Zusammenarbeit mit ihm geschaffen wurde, blieb ohne Einfluss. P2 war auf dem besten Weg, zu Gellis persönlicher Spielwiese zu werden.

Schon allein der Ursprung der Loge Propaganda im 19. Jahrhundert dürfte bei britischen oder amerikanischen Freimaurern, die dieses Buch lesen, gehöriges Stirnrunzeln hervorrufen. So etwas wie eine gedeckte Loge hat es in Großbritannien oder Amerika nie gegeben, denn diese Struktur lud eindeutig zum Missbrauch ein – unter Licio Gelli kam es dann auch dazu. Vor Gelli war die P2 kaum mehr als eine exklusive Liste herausragender Brüder. Unter ihm wurde sie zu einem parasitären Körper innerhalb der Freimaurerei, der vollständig unter seiner Kontrolle war. Aus der *gedeckten* Loge Propaganda wurde die *verdeckte* Loge P2. Für Freimaurer, denen masonische Werte etwas bedeuten, war das eigentlich Schockierende an diesem System, dass Gelli die Grundlagen dazu in Zusammenarbeit mit der Führung des Grande Oriente legte, unter Mitwisserschaft vieler hochrangiger Freimaurer.

Die faszinierende zentrale Figur dabei ist Giordano Gamberini, der Großmeister des Grande Oriente d'Italia in den 1960er Jahren, der auch unter seinen beiden Nachfolgern die geheime Macht im Hintergrund blieb. Gamberini war der Mann, der Gelli unter seine Fittiche nahm, ihm die Verantwortung für die Wiederbelebung der P2 übertrug und ihn dann förderte und beschützte. Gamberini war aber alles andere als dumm oder korrupt. Er war ein gebildeter protestantischer Akademiker mit Kinnbart und aristokratischem Habitus, der seiner adeligen Familie aus Ravenna geschuldet war. Er war auch äußerst aufrichtig hinsichtlich der Schwächen der italienischen Freimaurerei. In seinen Schriften analysierte er die Art und Weise, wie die italienische Geschichte, anders als die Geschichte Englands oder der Vereinigten Staaten, die Freimaurer an der Schaffung einer großen Tradition gehindert hatte, basierend lediglich auf der Fähigkeit der Freimaurerei, bessere Menschen heranzubilden. Er bedaure zwar, könne aber darüber hinwegsehen, schrieb er, wie politisch die italienische Freimaurerei immer gewesen sei – gerade seit Murat und den *Carbonari*. Gamberini vertrat leidenschaftlich die Ansicht, dass die Freimaurerei der

Großmeister Giordano Gamberini (1915 – 2003).

Versuchung widerstehen sollte, »eine politische Kraft, ein Machtzentrum, eine ideologische Schule« zu werden. Sie müsse auch über ihre schlechte alte Angewohnheit der Geheimniskrämerei hinauswachsen und ihre »Neigung zur Günstlingswirtschaft zwischen Brüdern«.

Offensichtlich war Gamberinis Begriff von der Freimaurerei der Organisation diametral entgegengesetzt, zu der sich die Loge P2 entwickeln sollte. Umso befremdlicher ist es, dass dieser ehrliche Mann einen zwielichtigen Charakter wie Gelli mit so viel Macht ausstatten sollte. Die Erklärung liegt in anderen Schwächen der Freimaurerei, die Gamberini nicht zu erkennen vermochte. Wie viele italienische Freimaurer war er ein leidenschaftlicher Antikommunist. Er begrüßte eine offene Auseinandersetzung mit der kommunistischen Intoleranz, da dies dazu beitragen würde, die Freimaurerei von »falschen Brüdern« zu befreien, die sich der Illusion hingäben, neutral bleiben zu können. In

Gamberinis Vorstellung war der Antikommunismus eine masonische Prüfung des Mannes.

Freimaurer neigen seit jeher dazu, sich selbst in ethischen Belangen als die *Crème de la Crème* zu betrachten. Gamberini zeigte diese Tendenz im Übermaß. Er war, um es direkt zu sagen, ein Snob. Seiner Auffassung von Freimaurerei haftete auch ein gewisser edel gesinnter Machismus an. Er glaubte, die Art und Weise, wie die Freimaurerei den Charakter vervollkommne, tauge nicht für Frauen, da sie nun einmal »anders« seien und einen »anderen Weg zu gehen« hätten. Worin genau sich die Frauen unterschieden, behielt er für sich, aber seine Verachtung für den Feminismus gibt wohl einen Hinweis. Für Gamberini war der ideale Freimaurer ein moralisch überlegenes Wesen, stets bereit, sich gegen die rohen Begierden des Pöbels zu stellen: »Die freimaurerische Lehre richtet sich ausschließlich an den Einzelnen und zielt darauf ab, diesem Individuum dabei zu helfen, eine vollumfängliche ›Persönlichkeit‹ zu werden. Wenn die Zeit gekommen ist, da jedes Individuum wirklich zu einer Persönlichkeit herangereift ist, wird es die Massen – mit ihrer Dummheit, ihrer Grausamkeit und ihrer affenhaften Sprunghaftigkeit – nicht mehr geben.« Gamberini mochte auch die profane Presse nicht, weil sie immer nur schädliche Missverständnisse über die Freimaurerei verbreite.

Großmeister Gamberinis Hochmut war durch Licio Gellis Fähigkeit geschmeichelt, sich in gehobene Kreise einzuschleichen. Aus ganz unterschiedlichen Gründen wollten beide dieselben Männer anlocken: nicht Politiker, die zu sehr in Richtungskämpfe verstrickt waren, sondern hochrangige Funktionsträger des Staates. Sie waren in Gamberinis Augen echte Männer mit einem Gefühl für Pflicht und Ordnung sowie unempfänglich für die Launen der Massen. Dieser gemeinsame Nenner zwischen Gamberini und Gelli war die Grundlage des anfänglichen Vertrauens zwischen ihnen. Als das politische Klima in Italien ab 1969 immer angespannter wurde, wusste Gamberini Gellis glühenden Antikommunismus umso mehr zu schätzen. Nach Gamberinis Meinung konnten in einer Gesellschaft, die durch Korruption und die Linke bedroht wurde, die brüderlichen Werte einer wiederbelebten P2 zu einer moralischen Stütze für öffentliches Handeln werden. *Parteipolitik* schwäche die Freimaurerei, dachte er. Aber der *Staat* brauchte dringend, was diese zu bieten hatte. So gesehen stand die italienische Freimaurerei nach wie vor über dem politischen Gerangel, wie es die »Landmarken« immer gefordert hatten.

So übernahm Licio Gelli mit dem Segen von Großmeister Gamberini die Kontrolle über die Loge P2. Gelli lenkte sie schnell in Richtung größerer Geheimhaltung und verlieh ihr eine rechte Ausrichtung. Er gab den Mitgliedern Decknamen, und die Loge erhielt in seinen Briefen die harmlose Tarnbezeichnung »Zentrum für das Studium der Gegenwartsgeschichte«. Er arrangierte Sondersitzungen von P2-Mitgliedern, die leitende Positionen im selben Sektor des Staates innehatten, um die politische Lage zu diskutieren.

Gelli zufolge bestand die Gefahr darin, dass Katholiken und Kommunisten, die Erzfeinde der Freimaurerei, ein unheiliges »kleriko-kommunistisches« Bündnis gebildet hätten. Für die politische Agenda führte er folgende Stichpunkte an: »Die Bedrohung durch die Kommunistische Partei, die im Einklang mit dem Klerikalismus kurz vor der Machtübernahme steht. Die Ohnmacht der Polizei. Die unkontrollierte Ausbreitung von Sittenlosigkeit ... Unsere Position für den Fall, dass die Kleriko-Kommunisten an die Macht kommen. Verhältnis zum italienischen Staat.« In einem Rundschreiben an die Mitglieder der P2 zu diesen Debatten sprach Gelli düster von »Plänen für den Ernstfall«, die notwendig würden, sollten die »Kleriko-Kommunisten« die Oberhand gewinnen.

Etwa zeitgleich zu diesen Debatten traf sich am 29. Dezember 1972 die oberste Riege der P2 – darunter Gamberinis Nachfolger als Großmeister – im Vier-Sterne-Hotel Baglioni in Florenz. Gelli legte einen Plan für die Auswertung von Informationen aus der Loge vor: Wissen über Brüder würde gesammelt, von einem Komitee aus P2-Experten bewertet und dann an eine befreundete Presseagentur weitergeleitet. Zu welchem Zweck, lässt sich denken – Erpressung.

Demokraten und traditionalistische Freimaurer innerhalb der P2 waren zunehmend alarmiert. Gelli hatte sich angeblich damit gebrüstet, über Informationen zu verfügen, die den Großmeister ruinieren könnten. Zeitgleich trieb die »Strategie der Spannung« Italien in eine Situation höchster Gefahr. Im Mai 1974 tötete in Brescia bei einer Demonstration gegen den Rechtsterrorismus eine Bombe auf der Piazza della Loggia acht Menschen, Dutzende weitere wurden verstümmelt. Im August desselben Jahres starben zwölf weitere Menschen bei der Explosion einer Bombe in einem Zug, der gerade einen Tunnel im Apennin passierte. Doch trotz dieses Klimas und des deutlich unseriösen Rufs, der von der P2 ausging, entschieden sich fast alle P2-Mitglieder und hochrangige Vertreter des Grande Oriente dazu, sich nicht an die Behörden zu wenden. Die P2-Affäre sollte nicht an die Öffentlichkeit gelangen und ginge nur Freimaurer etwas an.

Im Dezember 1974 nahm eine Versammlung des Grande Oriente die Bedenken der Demokraten auf und stimmte dafür, die P2 in eine gewöhnliche, reguläre Loge umzuwandeln: Es sollte keine geheimnisumwitterte Freimaurerei mehr geben. Doch im darauffolgenden Frühjahr, als diese Entscheidung ratifiziert werden sollte, wurde sie nach geheimen Absprachen einer Revision unterzogen. Gelli hatte angeblich Dokumente in Umlauf gebracht, die dem Großmeister finanzielle Unregelmäßigkeiten unterstellten. Bald darauf wurde er zum Logenmeister der regulären Loge P2 gesalbt, die lediglich eine Handvoll Mitglieder hatte, während er hinter den Kulissen seine private Variante der P2 weiterführte, mit vielen hundert »geheimen« Mitgliedern. Er erhielt sogar stapelweise leere Mitgliedsausweise, um sie nach Belieben auszufüllen. Der Kuckuck hatte das Nest übernommen.

Die Führung des Grande Oriente war eindeutig der Meinung, dass ihr logenrechtliches Manöver eine Legende erschaffen hatte, die die Großloge vor jedem Risiko schützte, das Gellis P2 für die Freimaurerei insgesamt bedeuten könnte. Nachdem 1977 die Besorgnis der Presse gewachsen war, gab der ehemalige Großmeister Giordano Gamberini ein Interview, in dem er fälschlicherweise behauptete, die P2 sei jetzt nur noch eine normale Freimaurerloge, nicht geheimnisvoller als jede andere.

Unterdessen investierte Gelli viel Zeit in persönliche Treffen entweder in seiner Hotelsuite in Rom, wo er drei Telefone hatte installieren lassen, oder in der Bar Doney nebenan. Er initiierte so viele Mitglieder »auf das Schwert«, dass die Loge umstrukturiert werden musste. Bis zu diesem Zeitpunkt hatte er sich auf einige enge Mitarbeiter aus den Reihen der ersten Rekruten verlassen. Ab 1979, während die mächtigsten Brüder direkt an Gelli und nur an ihn gebunden blieben, verteilte er die übrigen Mitglieder der Loge, etwa die Hälfte, auf lokale Gruppen, deren Anführer Anträge nach oben weiterleiteten.

Diese Zellen formten die Miniaturnetzwerke, die eines der Erfolgsgeheimnisse der P2 waren. Der Logenmeister pflegte eine Person zu rekrutieren, die mit Hilfe ihrer P2-Verbindungen einen unfairen Karrierevorteil oder dergleichen zu erlangen trachtete. Dieser Rekrut würde dann Gelli ein oder zwei weitere empfehlen, die er kannte und die seine Anschauung teilten. Auf diese Weise wurden viele Männerseilschaften in das P2-System eingebaut. Gruppen von vielleicht drei oder vier Personen erhielten Zugang zu einem weitgespannten Universum von Kontakten. Im Gegenzug fand Gelli immer mehr Leute, die – anders als die meisten Freimaurer – wichtige Dienste anzubieten hatten und mit Sicherheit keine Bedenken äußern würden, wenn er sie für ein Mitglied der P2, das sie nicht kannten, um eine Gefälligkeit bat. Der Logenmeister wurde zu einer menschlichen Vermittlungszentrale für Gefälligkeiten.

Als die Beamten der Guardia di Finanza Gellis Firma durchsuchten, fanden sie im P2-Archiv 200 Briefe, von denen zwei Drittel Ersuchen um masonische Solidarität waren. In den meisten Fällen ging es dabei um das, was die Italiener eine *raccomandazione* nennen: ein persönlicher Brief an einen Unternehmer, in dem ein Dritter für einen Job empfohlen werden sollte. Eine *raccomandazione* unterscheidet sich deutlich von einem üblichen Empfehlungsschreiben. Typischerweise in eine freundliche und höfliche Sprache gekleidet, ist die *raccomandazione* ein unausgesprochenes Ersuchen, für die empfohlene Person die Vorschriften zu umgehen: Eine mächtige Figur bittet eine andere mächtige Figur um einen Gefallen und bietet dafür andere Gefälligkeiten. Solche Briefe waren das Tagesgeschäft des Logenmeisters.

Gelli vermochte die Führung des Grande Oriente auch dadurch bei Laune zu halten, dass er einen Teil des reichlich vorhandenen Vorrats der P2 an masonischer Solidarität und an *raccomandazioni* an sie weitergab. Im Frühjahr 1980 konterte der Großmeister (der dritte während Gellis Amtszeit) auf einer Tagung des Grande Oriente vorgebrachte Bedenken im Hinblick auf die Loge P2 mit der Erklärung, er könne »die zahlreichen Solidaritätsanfragen, die ihn von diversen Brüdern erreichten, nur befriedigen, indem er sich an die P2 wende, das heißt an Herrn Gelli«.

Wo es möglich war, griff Gelli zur Stützung seines Systems auch auf das Instrument der Nötigung zurück. Er erstellte ein riesiges privates Archiv über tatsächliche oder potenzielle Mitglieder der P2. Als Tribut forderte Gelli von seinen Männern Informationen: Je kompromittierender das Material, desto wertvoller war es. Einige Mitglieder berichteten später, dass Gelli sie mit der Drohung, er werde ihre Geheimnisse enthüllen, dazu gebracht habe, der Loge beizutreten. Ein hochrangiger Beamter sagte: »[Gelli] machte mir klar, dass er imstande wäre, jede meiner Regelwidrigkeiten in Erfahrung zu bringen, und dass nur er in der Lage sein würde, mich wirklich zu schützen.«

Die P2 bot Gelli alle möglichen Optionen zu taktischen Manövern. Manchmal brauchte er nicht mehr zu tun, als *Piduisti* miteinander in Kontakt zu bringen. In den späten 1970er Jahren gab es einen Skandal um Steuerhinterziehung im Zusammenhang mit einem Öl-Import-Schwindel über eine Summe von mehreren hundert Milliarden Lire. Die norditalienischen Unternehmen, die an dem Schwindel beteiligt waren, fanden Schutz vor Strafverfolgung bei einem Netzwerk aus hochrangigen Finanzpolizisten in der P2. Diese wuschen ihre zusätzlichen Einnahmen ihrerseits über Bankiers in der P2 und schützten sich selbst vor einer Untersuchung mit Hilfe von Geheimagenten in der P2. Dank dem P2-Netzwerk wurde aus einer kriminellen Bewegung ein ganzes System.

Durch seine Männer in den obersten Rängen der Finanzpolizei konnte Gelli jedem Schutz bieten, der Bedenken hegte, dass seine finanziellen Angelegenheiten überprüft werden könnten. Das war wohl auch der Hintergrund für den folgenden Fall: Gelli intervenierte, um einen Streit über einen Geschäftskredit in Höhe von 5 Millionen Dollar zu schlichten, den die Baulöwin Anna Bonomi bei dem berüchtigten Banco Ambrosiano des P2-Mitglieds Roberto Calvi aufgenommen hatte. Gellis Vermittlung war eine schnellere, kostengünstigere und sicherere Option als ein Anrufen der Gerichte, die sicherlich tiefere Einblicke gefordert hätten.

Gelli hatte die Macht, kommerzielle Finanztransaktionen in einen Austausch von Gefälligkeiten zwischen »Freunden« zu verwandeln. Die Rizzoli-Gruppe kaufte 1974 den *Corriere della Sera*. Dafür überschuldete sie sich und erhielt keine weiteren Kredite mehr, um ihre Umstrukturierungspläne über konventionelle Kanäle zu finanzieren. Da trat Gelli auf den Plan. Rizzolis Eigentümer und Top-Manager schlossen sich der P2 an, und der Logenmeister beschaffte das benötigte Kapital von einem kleinen Bankenkonsortium unter der Leitung weiterer P2-Mitglieder: Drei dieser Banken wurden staatlich kontrolliert, und eine weitere war einmal mehr der Banco Ambrosiano unter Roberto Calvi. Laut Aussage des Rizzoli-Geschäftsführers zahlte die Gruppe zwischen 1975 und 1980 eine Provision in Höhe von 6 oder 7 Milliarden Lire (heute grob geschätzt 25 Millionen Euro) an Gelli. Durch den Banco Ambrosiano, der selbst gerade in ernste finanzielle und rechtliche Schwierigkeiten geriet, sollte die P2 hinter den Kulissen nach und nach die Kontrolle über die Rizzoli-Gruppe übernehmen: Gellis rechte Hand in Finanzsachen, Umberto Ortolani, wurde Mitglied des Vorstands und Gelli selbst der Repräsentant des Unternehmens für Südamerika.

All dies führt uns zu dem Rätsel der politischen Absichten der P2. Im Gegensatz zu dem, was man erwarten könnte, führte Gellis Einfluss auf den *Corriere della Sera* nicht zu einem eklatanten Wechsel in der redaktionellen Linie. Selbst Gellis Bohneninterview wirkte nicht fehl am Platz, als es im Oktober 1980 veröffentlicht wurde, weil es Teil einer Serie über Italiens verborgene Quellen der Macht war. Viele zeigten sich besorgt über Gellis Äußerungen, aber niemand machte es dem *Corriere* damals zum Vorwurf, ihm eine Plattform geboten zu haben. Was man auch immer von Italiens größter Tageszeitung halten mochte, sie war zwischen 1975 und 1981 kein Sprachrohr der P2. Um Gellis subtiles politisches Spiel zu verstehen, müssen wir uns anderswo umsehen.

Demokratische Erneuerung

Im Sommer 1981, kurz nachdem die P2-Liste in der Toskana entdeckt worden war, kam Licio Gellis Tochter Maria Grazia mit einem Flug aus Brasilien in Rom an. Sie trug einen Koffer bei sich, dessen Nähte geöffnet und wieder grob zusammengeheftet worden waren. Im Inneren entdeckten die Zollbeamten unter einem rudimentären falschen Boden zwei Sätze von Dokumenten: zum einen Material zu Schweizer Bankkonten, das in gefälschten Anschuldigungen die Untersuchungsrichter, die im Fall P2 ermittelten, diskreditieren sollte; zum anderen den *Plan zur demokratischen Erneuerung* – das P2-Programm für eine autoritäre Wende in der italienischen Politik. Wahrscheinlich *wollte* Gelli, dass der Inhalt des Koffers gefunden wurde, wenn auch möglicherweise nicht alles auf einmal.

Die Frage nach der Politik der P2 bleibt der umstrittenste und rätselhafteste Aspekt der ganzen Affäre. Ein Blick in den *Plan zur demokratischen Erneuerung* ist der beste Weg, um die politischen Ziele zu eruieren, auf die Gelli seine Loge fokussierte. Wir sollten nicht vergessen, dass dieser *Plan* gar nicht sonderlich geheim war: Es war nicht irgendein chiffriertes Handbuch, das von einem bösen Strippenzieher an seine unterwürfigen Mitverschwörer verschickt worden war. Gelli hatte diese Ideen zuvor schon öffentlich verbreitet; und 1975 hatte er dem Präsidenten der Italienischen Republik bereits eine frühe Version davon gezeigt, »Schema R«. Der *Plan* brauchte auch gar nicht besonders geheim zu sein, denn es gab viele Leute – nicht nur innerhalb der P2, sondern auch in den italienischen Institutionen –, die womöglich gleicher Gesinnung waren. Es ging auch nicht darum, die Demokratie zu zerstören. Auf eine Formel gebracht, könnte der *Plan* eher als autoritär-konservativ denn als faschistisch definiert werden.

Er sieht eine Politik vor, deren höchste Werte die Familie, die Nation und die wirtschaftliche Freiheit sind. Es müsse eine forsche »Säuberung« von »gewöhnlichen und pseudopolitischen Schurken« geben; die Sicherheitskräfte müssten wieder schärfere Verhörmethoden anwenden als die derzeit erlaubten. Die Justiz würde stärker der staatlichen Kontrolle unterworfen werden. Die Nachrichtenmedien müssten über eine staatliche Presseagentur verwaltet werden. Und so weiter.

Die auffälligsten Teile des *Plans* drehen sich nicht um Politik, sondern finden sich in Gellis Diagnose zu den politischen Versäumnissen Italiens. Nach seiner Vorstellung sind seine Feinde Teil einer Verschwörung. Es ist eine Binsenweisheit, dass alle Verschwörer auch Verschwörungstheoretiker sind.

Die Kommunistische Partei Italiens war der schlimmste Feind der P2. Gelli porträtiert die KPI als zynische Organisation, die vorgibt, eine respektable, demokratische, aufgeklärte Partei zu sein, die so auch für die Mittelschicht wählbar ist – ihr »wahres Gesicht« sei dagegen brutal »ungarisch oder tschechoslowakisch«. (Das ist eine Anspielung auf die Niederschlagung des Aufstandes gegen die von der Sowjetunion unterstützte Kommunistische Partei in Ungarn 1956 und auf die Niederschlagung des »Prager Frühlings« durch den Einmarsch sowjetischer Truppen im Jahr 1968.) Gelli zufolge betrieben kleine militante linke Gruppen, die die Kommunistische Partei Italiens öffentlich kritisierten, weil sie nicht links genug sei, mit ihr heimlich eine koordinierte Strategie. Schlimmer noch, der sowjetische Geheimdienst, der KGB, war im Begriff, »grausame Massaker« auf italienischem Boden vorzubereiten, um die KPI an die Macht zu bringen. Die Strategie der Spannung sei, mit anderen Worten, ein Projekt der Mainstream-Linken und nicht der extremen Rechten.

Das vorrangige Ziel des *Plans* war folglich, der KPI Einhalt zu gebieten. Die Christdemokraten waren dieser Aufgabe nicht gewachsen: Sie waren zu eng mit dem Vatikan verbunden, zu zerstritten, zu korrupt und zu wenig zugänglich für die wirklichen Bedürfnisse der Wirtschaft, um von großem Nutzen zu sein.

Nach dieser Logik war die P2, da bereits eine linke Verschwörung im Gange war, durchaus berechtigt, an einer rechten Gegenverschwörung zu stricken. Gellis erster Schritt in Richtung einer Lösung sollte die Gründung eines Clubs sein – nach Art der Rotarier und mit engen Verbindungen zur »internationalen Freimaurerei«. Die Mitglieder sollten eine dreißig bis vierzig Mann starke Gruppe bilden, ausgewählt aus den Spitzen der Wirtschaft, des Finanzwesens, der akademischen Berufe, der Justiz und des öffentlichen Dienstes. Nur sehr wenige, sorgfältig überprüfte Politiker würden Teil des Teams sein. Gelli sagt uns, seine auserwählten Männer sollten sich »einig sein in ihrer Urteilskraft, Unparteilichkeit, Ehrlichkeit und strengen Moral«. Dieser »Rotarier Club« wäre – wie wir es ausdrücken könnten – eine Elitetruppe *innerhalb* der P2, ein Komitee von »Gewährsmännern«, das über die Politiker wachen würde, die mit der Umsetzung des *Plans zur demokratischen Erneuerung* befasst sind.

Der nächste Schritt wäre, die regierende Partei der Christdemokraten zu infiltrieren und zu »verjüngen«, indem man mindestens 80 Prozent ihres Führungspersonals ersetzte. Eine Legion junger Beamter und Akademiker würde in örtlichen christdemokratischen Parteiclubs oder in Instituten ausgebildet, die vom Rotarier Club angeleitet würden. Sie würden daraufhin in den Ämtern installiert, um diese in die richtige Richtung zu lenken. So könnte, behauptet Gelli, Italien ein Land werden, in dem »eine rechtschaffene politische Macht klare Richtlinien vorgibt«, die dann von staatlichen Funktionsträgern aus patriotischem Pflichtgefühl und »im Geist rotarischer Reinheit« umgesetzt würden.

Gellis *Plan* ist ebenso bizarr wie unheilvoll. Seine Ansicht, der Rotarier Club wäre ein gutes Vorbild für die Helden einer heimlichen rechten Übernahme, ist ausgesprochen merkwürdig. Dasselbe gilt für die unantastbaren ethischen Standards, die er von seinen Mitverschwörern verlangen wollte. Sie sollten ein gewaltiges Budget für das Erkaufen von Einfluss erhalten. Vermutlich können nur Männer mit eher durchwachsener Moral sich mit reinem Gewissen ihren Weg zur Macht durch Bestechung ebnen.

Kurz gesagt, etliche Abschnitte des *Plans zur demokratischen Erneuerung* sind eine kindliche »Puppenspieler«-Phantasie, wie sie der

Logenmeister in seinem berüchtigten Interview im *Corriere della Sera* angedeutet hat.

Der *Plan zur demokratischen Erneuerung* hat auch einen ausgeprägten masonischen Beigeschmack – oder zumindest die Art von Beigeschmack, die jemanden wie den ehemaligen Großmeister Gamberini angesprochen hätte. Die Rotarier des *Plans* erinnern stark an Gamberinis Vorstellung von einem aufrechten Freimaurer. Gelli ist bestrebt, die Führung des Grande Oriente bei der Stange zu halten. Außerdem will er Männer innerhalb der Institutionen anlocken, die sich für Gamberinis Vorstellungen begeistern, wozu die Freimaurerei mit Hilfe der P2 in der Lage wäre. Der *Plan* würde sogar einige aufrichtige Antikommunisten überzeugen und all jene, die mit Großmeister Gamberinis Vision übereinstimmten, wie die Freimaurerei dem Staat neue ethische Energie einflößen könnte.

Aber das war nicht die eigentliche Mission der P2. Gelli schürte stattdessen geschickt die Angst vor einer kommunistischen Verschwörung und evozierte die freimaurerische Gegenverschwörung der P2 als Tarnung für das wahre, unausgesprochene Ziel.

Wenn wir dem *Plan zur demokratischen Erneuerung* und der P2-Affäre einen Sinn zusprechen wollen, hängt viel davon ab, für wie echt wir die »rote Gefahr« halten. In den 1970er Jahren fürchteten und verabscheuten viele Menschen in Italien zutiefst alles, was mit dem Kommunismus zu tun hatte. Die Kommunistische Partei Italiens hatte jedoch immer wieder ihre demokratische Legitimation unter Beweis gestellt: nicht zuletzt durch die Mitgestaltung der italienischen Verfassung. In den 1970er Jahren war die KPI ganz gewiss keine »ungarische« oder »tschechoslowakische« Bedrohung für liberale Werte mehr oder für Italiens Platz im westlichen Bündnis gegen das Sowjetreich.

Dennoch wurde im italienischen Nachkriegssystem ein großer Teil der Wählerschaft, indem er die Kommunisten wählte, faktisch aus dem nationalen Machtspiel ausgeschlossen. Ein kleinerer, aber immer noch erheblicher Teil wurde durch die Wahl des MSI, der neofaschistischen Partei, ebenfalls ausgeschlossen. Damit wurde automatisch einer organischen Mitte, dominiert von den Christdemokraten, die Macht überlassen. Die kommunistische Bedrohung, die nötigenfalls übertrieben wurde, kam den Zielen vieler Politiker und ihrer Geschäftsfreunde zupass, die in dieser Mitte operierten. Ein Historiker der P2-Affäre formulierte es wie folgt: »Fünfzig Jahre lang haben sich Leute im Windschatten dieses Kampfes gegen den Kommunismus blendende politische und wirtschaftliche Karrieren aufgebaut.« Die große Gefahr, die die Kommunisten in sich bargen, war, dass sie – sollten sie an die Macht kommen – auf die Durchführung von Reformen und die Bekämpfung der Korruption bestehen könnten.

Ein weiteres zentrales Thema im Zusammenhang mit der P2-Affäre war die *Strategie der Spannung*. Zweifellos gab es in den 1970er Jahren ein Element innerhalb der italienischen Geheimdienste, das versuchte, das Schreckgespenst eines gewaltsamen Umsturzes zu bemühen, um die Wähler zurück in Richtung der organischen Mitte zu treiben und dieser Mitte einen Rechtsdrall zu versetzen. Mehrere hochrangige Geheimdienstmitarbeiter wurden für etwas verurteilt, was die Italiener *depistaggio* – Irreführung nennen: das absichtliche Legen falscher Spuren für Ermittler, um rechte Terroristen zu schützen.

Viele der in die *Strategie der Spannung* involvierten Geheimdienstler waren Mitglieder der P2. Aber die genaue Art der Beziehung zwischen ihnen und Gelli gehört zu den nebulösesten Aspekten der P2-Affäre. Tina Anselmis parlamentarische Untersuchungskommission entdeckte Anzeichen dafür, dass Gelli ein sehr angespanntes Verhältnis zu den Geheimdiensten hatte, weil diese im Besitz umfangreicher Akten zu seiner Vergangenheit waren. Im Laufe der Ermittlungen der Kommission stellte sich heraus, dass Gelli im Zweiten Weltkrieg als Verbindungsoffizier zwischen den italienischen Faschisten und der SS fungiert und sich aktiv an »Säuberungsaktionen« gegen antifaschistische Kämpfer beteiligt hatte, die später hingerichtet wurden. Aber er hatte auch Informationen an den kommunistischen Widerstand weitergegeben und anschließend für den alliierten Geheimdienst gearbeitet, wodurch er einen Fuß in jedes Lager bekam. Er ging auf Nummer sicher. 1950 behauptete ein Bericht, Gelli sei seit 1947 ein Agent des osteuropäischen kommunistischen Geheimdienstes gewesen. Seltsamerweise wurde diese Spur nicht weiterverfolgt. Noch seltsamer ist, dass die Geheimdienste auf Gellis Akte saßen und sie nicht an die Ermittler weitergaben, die Mitte der 1970er Jahre zum ersten Mal um die P2 herum Nachforschungen anstellten. Benutzten Geheimagenten Gellis Vergangenheit, um ihn zu kontrollieren? Wollten sie ihren Mann schützen, indem sie ihr Wissen nicht weitergaben?

Im Jahr 1979, als Gellis Akte einem Journalisten übergeben wurde, den er zuvor benutzt hatte, um kompromittierende Informationen über bestimmte Leute zu verbreiten, wurde die Sache interessant. Der Journalist Mino Pecorelli ließ Teile dessen, was die Geheimdienste über den Logenmeister wussten, in kleinen Dosen nach außen durchsickern. Das vollständige Dossier hätte Gellis Glaubwürdigkeit als Antikommunist ruinieren können, aber Pecorelli wurde ermordet, bevor er es veröffentlichen konnte. Waren die Geheimdienste des Logenmeisters überdrüssig geworden und hatten beschlossen, ihn zu Fall zu bringen, indem sie Dokumente an Pecorelli übergaben? Warum wurde Pecorelli ermordet? (Gelli, das sollte man festhalten, war bei weitem nicht der Einzige, der plausible Gründe hatte, ihn aus dem Weg zu räumen.) Tina Anselmi konnte nur mit den Schultern zucken: »Wir können alle möglichen abstrakten Hypothesen formulieren, und keine Schlussfolgerung wäre gänzlich absurd.«

Die plausibelste Schlussfolgerung lautet in etwa so: Licio Gelli hatte offensichtlich keine Skrupel bei der Umsetzung der *Strategie der Spannung*, wie seine Verurteilung im Zusammenhang mit dem Anschlag auf den Bahnhof von Bologna zeigt. Durch den *Plan zur demokratischen Erneuerung* wie durch seine Anspielungen auf das Anbrennen von Bohnen ließ Gelli wissen, dass er keinerlei Bedenken hinsichtlich der schmutzigen Arbeit hatte, die mit dem Kreuzzug gegen die Kommunisten einherging. Aber die *Strategie der Spannung* war weder eine P2-Verschwörung noch Gellis ultimatives Ziel. Die Geheimdienstleute, die diese verabscheuungswürdigen Perversionen von Gerechtigkeit inszenierten, ob sie nun P2-Mitglieder waren oder nicht, taten das, was sie ohnehin getan hätten: Sie sahen es als ihre Aufgabe, dem Kommunismus Einhalt zu gebieten. Gelli half ihnen dabei, aber er war nicht ihr Kopf.

Stattdessen war es Gellis Ziel, bei mächtigen Männern innerhalb der organischen Mitte Eindruck zu machen. Um dies zu erreichen, musste er antikommunistisch genug sein, um glaubwürdig zu erscheinen, und zynisch genug, um nützlich zu sein. Der *Plan zur demokratischen Erneuerung* wurde zu diesem Zweck ersonnen: Er war eine Visitenkarte, um Freunde zu gewinnen, die in der organischen Mitte »blendende politische und wirtschaftliche Karrieren« aufgebaut hatten. Solche Männer kümmerten sich nicht um Kleinigkeiten wie den Rotarier Club und dergleichen. Für sie zählte, dass sie auf Gellis Dienste als Mittelsmann für schmierige Geschäfte vertrauen konnten.

So stellte der Logenmeister das subversive Ränkespiel in den Dienst des Netzwerks. Ziel war es, eine genügend große Glaubwürdigkeit aufzubauen, um durch die Organisation gegenseitiger Gefälligkeiten Geld und Macht anzuhäufen. Am einträglichsten waren Gefälligkeiten zwischen Politikern und zwielichtigen Bankiers wie Michele Sindona und Roberto Calvi oder zwischen Bankiers und strauchelnden Unternehmen wie der Rizzoli-Gruppe.

Terrakotta-Töpfe

Das System P2 fußte auf der gründlichen Demontage all jener systemimmanenten Antikorruptionsmaßnahmen, die es schwerer machen, die Freimaurerei für unehrliche Zwecke zu missbrauchen, als man annehmen würde; solche Schutzmaßnahmen sind zwar mitnichten narrensicher, aber dennoch wesentlich. Neue Mitglieder müssen beispielsweise schwören, dass sie sich *nicht* aus egoistischen Gründen anschließen und dass sie *nicht* gegen das Gesetz verstoßen. Entschlossene Verbrecher werden solche Eide nicht abschrecken. Aber sie schaffen doch eine Erwartung von ehrlichem Handeln innerhalb der Freimaurerei, wodurch es einem unehrlichen Maurer schwerfallen wird auszumachen, ob einer seiner Brüder genauso unehrlich ist wie er selbst oder zumindest diskret.

Die Freimaurerei hat andere Antikorruptionsmechanismen. Da Freimaurertreffen hinter den verschlossenen Türen eines Logenraums stattfinden, vermuten viele, dass dies heimlichem Fehlverhalten Tür und Tor öffne. Es stimmt natürlich, dass eine Loge, indem sie unliebsame Aspiranten ablehnt, ihre eigene Ausprägung formen kann. Theoretisch könnte diese Ausprägung verderbt sein. Logen *sind* jedoch in einer wichtigen Hinsicht offen und transparent: Sie müssen den Besuch von Brüdern aus anderen Logen im gleichen Zweig der Freimaurerei zulassen. Die meisten Besuche machen ältere Freimaurer, deren Aufgabe es ist, die Einhaltung der bewährten Regeln und ein solides Finanzmanagement zu gewährleisten. Es wäre schon allein deshalb schwierig, eine verderbte Kultur innerhalb einer Loge aufrechtzuerhalten, weil nach dem Prinzip der Gleichheit zwischen den Brüdern die Führungspositionen regelmäßig wechseln. Die Beamten werden jeweils nur für ein Jahr bestimmt, und bevor ein Bruder zum Meister vom Stuhl ernannt werden kann, muss er fünf oder sechs andere Aufgaben erledigt haben.

Womit die Freimaurerei zu guter Letzt jeden abschreckt, der unlautere Absichten hat, ist die schiere Menge an Zeit, die für Rituale, masonische Rechtsprechung, Einwerbung von Geld für wohltätige Zwecke und einfach nur für das Gespräch miteinander aufgewendet wird. Ein Gutteil der Logenarbeit wäre damit für jemanden, der nur daran interessiert ist, sich die Taschen zu füllen, eine extravagante Zeitverschwendung.

Gelli befreite die P2 von allen rituellen, moralischen und esoterischen Aspekten der Freimaurerei. Mit der Abschaffung des Initiationsrituals verschwand das letzte Zeremoniell der P2. Auch die lange masonische Tradition der inneren Demokratie wurde ausgelöscht: In der P2 gab es keine Wahlen und keine Satzung. Es gab auch keine Mitgliederlisten: Nur Gelli kannte alle Namen. Darüber hinaus gab es nach circa 1974 überhaupt keine Logentreffen mehr, damit einzelne Mitglieder andere P2-Brüder nur über den Logenmeister kennenlernen konnten. Gelli verwandelte das zentrumslose Geflecht brüderlicher Kontakte innerhalb der konventionellen Bruderschaft in eine hochgradig zentralisierte Informationsbörse.

Der ideale P2-Rekrut war ein Mann, dessen Ambitionen seine Prinzipien ausstachen, der vorankommen und an seinen Feinden Rache nehmen wollte. Die Bewerber erhielten ein Formular, in dem nach Informationen über »Ungerechtigkeiten (falls vorhanden) während Ihrer beruflichen Laufbahn« gefragt wurde …, nach »dem daraus entstandenen Schaden« und nach den »Personen, Institutionen oder dem Milieu, denen Ihrer Meinung nach besagter Schaden zugeschrieben werden kann«. Gelli schickte neuen Mitgliedern eine »Zusammenfassung der Regeln«, die nur mit einer homöopathischen Dosis masonischen Anstands versetzt waren wie dem »Bemühen, die ganze Menschheit zu verbessern«. Der Rest vermischte die Ermahnung zur strikten Geheimhaltung mit einer unverblümten Beschreibung der Ziele von Propaganda Due: »Freunden dabei helfen, ein immer höheres Maß an Autorität und Einfluss zu gewinnen, denn je stärker jeder Einzelne von ihnen wird, desto mehr Macht wird der Organisation insgesamt zufallen.« Macht potenziert durch Geheimhaltung – das war die Mission der P2. Gellis Methoden verwandelten das vage und subtile masonische Prinzip der Geheimhaltung in etwas, was dem Mafia-Code der *Omertà* glich.

Mit all diesen Mitteln verkehrte der Logenmeister die ethische Polarität des Vertrauens unter den Freimaurern ins Gegenteil. Beim Aufbau einer Karriere innerhalb der Freimaurerei sollte es eigentlich darum gehen, sich einen guten Ruf zu erarbeiten, indem man dem Leben der Loge selbstlos Zeit und Mühe widmet, von Männern lernt, die man respektiert, um wiederum von jüngeren Freimaurern respektiert zu werden. Die Karriere in der P2 dagegen bedeutete, sich einen Ruf als zuverlässiger Lieferant von Gefälligkeiten und heiklen Informationen aufzubauen.

Als Gelli die P2 zu seinem Geschöpf machte, nutzte er genau die historischen Schwächen der italienischen Freimaurerei, die Großmeister Gamberini auf den Punkt gebracht hatte: ihre ewige Einmischung in die Politik und ihre Vorliebe für mächtige Freunde; ihre Angst vor Repressionen und ihr unsicherer verfassungsrechtlicher Status; dazu ein System der Vetternwirtschaft, das in Italiens zunehmend vergifteter politischer Kultur immer schlimmer wurde.

Zusammengefasst: Gelli war kein Bond-Bösewicht. Wie alle Mittelsmänner hatte auch der Logenmeister ein großes Interesse daran, bei der Darstellung seiner Verbindungen und seines Einflusses zu übertreiben, wie im Interview des *Corriere della Sera*, als er sich als Puppenspieler stilisierte. Dazu kommen unzählige weitere Prahlereien im privaten Kreis gegenüber seinen *Piduisti*. Der Ruf der italienischen Freimaurerei als Club für gerissene Geschäftemacher kam ihm zusätzlich zugute. Letztendlich war Gelli auch gar nichts anderes: ein gerissener Geschäftemacher mit einem teuflischen Instinkt dafür, wie er die Loge *Propaganda* so umbauen konnte, dass sie seinen Zwecken dienlich war.

Als Reaktion auf die P2-Krise versuchte der Grande Oriente, die Wunde in seinem Ansehen dadurch auszubrennen, dass er Gelli ausschloss. Zu gegebener Zeit würde man auch den ehemaligen Großmeister Giordano Gamberini ausschließen. Doch vergeblich. Den meisten Italienern waren die Zwischentöne in der Beziehung des Logenmeisters zur Mainstream-Freimaurerei völlig gleichgültig. Ihr Urteil stand schon lange fest, bevor die vielen Prozesse gegen Gelli endgültig entschieden waren. Eine ebenso starre wie vereinfachende Gleichung setzte sich im öffentlichen Bewusstsein fest: P2 = Verschwörung = Freimaurerei. Der Schaden für die Freimaurerei in Italien dürfte irreparabel sein.

Im Dezember 2015 verschied Licio Gelli im Alter von 96 Jahren in seiner toskanischen Villa, nachdem er die letzten vierzehn Jahre im Hausarrest zugebracht hatte. Juristische Winkelzüge und sein fortgeschrittenes Alter sorgten dafür, dass er nie länger als ein paar Tage in einem italienischen Gefängnis einsitzen musste. Sein aussagekräftigstes Epitaph ist vielleicht die Liste seiner Vermögenswerte, die 1990 für einen seiner vielen Prozesse erstellt worden war. Neben seinen verschiedenen Immobilien in Italien und Frankreich im Wert von 5,5 Millionen Euro (im Jahr 2019) hatte er Einlagen bei verschiedenen

Schweizer Banken, dazu 250 kg Goldbarren, 8,5 Millionen US-Dollar und 117 Millionen Schweizer Franken. Wir können zum Inventar noch die 165 kg Goldbarren hinzufügen, die man acht Jahre später versteckt in sechs Terrakotta-Blumentöpfen auf der Terrasse seiner Villa in Arezzo fand. Insgesamt weitaus mehr Geld, als eine mittelgroße Bekleidungsfabrik abwerfen würde.

17 DAS ERBE

In achtzig Logen um die Welt

Wie steht es heute um die Freimaurerei? Mittlerweile dürfte klargeworden sein, dass niemand diese Frage erschöpfend beantworten kann. Eine fortwährend auf den neuesten Stand gebrachte Enzyklopädie mit mehreren Dutzend Bänden wäre wohl dazu nötig, da sich die masonische Idee auf der ganzen Welt auf so vielfältige Weise manifestiert und auch bekennende Freimaurer unzähligen widersprüchlichen Regeln und übergeordneten Instanzen gehorchen.

Nichtsdestotrotz hat sich der belgische Dokumentarfilmer Tristan Bourlard in der heroischen Suche nach einer Antwort unlängst auf eine zweijährige Weltreise begeben. Das Ergebnis war 2017 ein beeindruckender Film mit dem Titel *Terra Masonica: Around the World in Eighty Lodges*, ein Porträt der »masonischen Erde«.

Ich habe die Freimaurerei in Südamerika kaum erwähnt, wogegen Bourlard durch Brasilien und Argentinien tourte und sogar die Loge Fin del Mundo aufsuchte, die in einem ehemaligen Gefängnis in Ushuaia auf Tierra del Fuego gegründet wurde – nur 1238 Kilometer nördlich der antarktischen Halbinsel. Aus Platzgründen musste ich schweigend über Skandinaviens rein christlich geprägte freimaurerische Tradition hinweggehen. Der unerschrockene Bourlard schleppte seine Kamera in die nördlichste Loge der Welt, in das norwegische Hammerfest, tief im Polarkreis gelegen. Auch der Großteil Afrikas taucht auf meiner Landkarte der masonischen Geschichte nicht auf, auf der von Bourlard dagegen schon. Südlich der Sahara, in der Republik Mali, entdeckte er eine kleine masonische Enklave, in der Mitglieder

der muslimischen Mehrheit brüderlichen Umgang mit Protestanten, Katholiken und Juden pflegen.

Bourlard gesteht die Enttäuschung über sein Scheitern ein, auch die entlegenste Loge von allen zu besuchen, 384 400 Kilometer von der Erde entfernt. Die Tranquility Lodge Nr. 2000 wurde dort eingerichtet, als Bruder Buzz Aldrin im Juli 1969 auf dem Mond landete und eine Stiftungsurkunde aus der Großloge von Texas bei sich trug.

Bourlard ist Freimaurer und daher nicht ganz unparteiisch. Doch aufgrund der weltweit unternommenen Reisen hat dieser etwas sentimentale Film durchaus seine Berechtigung. Als Historiker verfolge ich in diesem letzten Kapitel, wie überhaupt in diesem Buch etwas objektivere Ziele. Es ist mir daran gelegen, die Freimaurerei in verschiedenen Teilen der Welt an ihren aufklärerischen Werten der Anfangszeit zu messen. Dabei möchte ich einige der irrigen Vorstellungen aufgreifen, die sich »Profane« von der Freimaurerei machen, und auch die Art und Weise einer kritischen Prüfung unterziehen, wie Freimaurer ihre kollektive Vergangenheit gern darstellen. Zu diesem Zweck statte ich den Ländern, die die masonische Geschichte in den vergangenen dreihundert Jahren am meisten geprägt haben, noch einmal einen kurzen Besuch ab: Großbritannien und sein ehemaliges Empire, Frankreich, die Vereinigten Staaten und Italien.

»Die Mafia der Mittelmäßigen«

Dieses Buch begann mit einer Geschichte aus dem Jahr 1743 über die masonische Verschwiegenheit und das sich daraus ergebende tiefe Misstrauen der Inquisition. Heutzutage hat die katholische Kirche zwar die Streckbank und das Pfahlhängen als Mittel theologischer Überredungskunst aufgegeben, das alte Dogma zur Freimaurerei ist jedoch nach wie vor gültig. Im Jahr 1983 gab Kardinal Ratzinger (der spätere Papst Benedikt XVI.) in seiner Funktion als Oberhaupt der Glaubenskongregation (wie die Inquisition heute heißt) die folgende Erklärung ab: »Das negative Urteil der Kirche über die freimaurerischen Vereinigungen bleibt also unverändert …, der Beitritt zu ihnen bleibt verboten. Die Gläubigen, die freimaurerischen Vereinigungen angehören, befinden sich im Stand der schweren Sünde und können nicht die heilige Kommunion empfangen.« Die Exkommunikation besteht nach wie vor. 2013 raunte Papst Franziskus, der liberalste Papst seit Jahrzehnten, in einem Interview düster über eine mysteriöse »masonische Lobby«, die sich gegen die Kirche verschworen habe. Der eine oder andere Geistliche verweist gar noch immer auf satanistische Rituale und auf Praktiken sexueller Perversion innerhalb der Logen. Vielen dürfte angesichts solcher Anschuldigungen der Gedanke kommen, dass die Kirche in puncto »sexueller Perversion« eventuell im Glashaus sitzt.

Der Katholizismus ist allerdings nicht die einzige Heimat für religiös inspirierten Antimasonismus. Zu Beginn der 1990er Jahre äußerten einige evangelikale Gruppen in den Vereinigten Staaten einen geradezu phobischen Antimasonismus, wie man ihn seit dem Taxil-Schwindel der 1890er Jahre nicht mehr erlebt hatte. Ihre Propaganda unterstellte, dass Freimaurer in den höchsten Graden allesamt Baphomet anbeteten, die ziegenköpfige Inkarnation des Teufels, die angeblich von den Templern im vierzehnten Jahrhundert verehrt wurde, wie auch in Taxils fiktivem Palladianismus-Ritual im neunzehnten Jahrhundert. Albert Pike, Konföderiertengeneral und Guru des Schottischen Ritus während der Zeit des Sezessionskriegs, galt als der Antipapst der masonischen Antikirche.

Obwohl die Southern Baptist Convention 1993 beschlossen hatte, dass jeder Christ die Mitgliedschaft in einer Loge mit dem eigenen Gewissen ausmachen müsse, schuf die Verbreitung des Internets in den folgenden Jahren die Basis, auf der solch irre Ideen immer eine Heimat fanden. Albert Pikes merkwürdiges Nachleben als Vorreiter der Verschwörungstheorien scheint sich fortzusetzen. Pike machte erst unlängst Schlagzeilen, weil er 1871 angeblich einen dritten Weltkrieg zwischen dem christlichen Westen und dem Islam prophezeit haben soll. Britische Boulevardblätter wie *Sun* und *Star* berichteten zum ersten Mal 2016 darüber. Mittlerweile wissen wir aus einer langen Liste von Webseiten, dass die Illuminaten heimlich darauf abzielen, Pikes

Prophezeiung wahr werden zu lassen. Was in der Tat »schaurig« ist, wie die *Sun* es betitelte. Aber nur, wenn man extrem naiv ist und über keinerlei geschichtliches Bewusstsein verfügt.

Es gibt viele Winkel der Erde, in denen der Antimasonismus eine ungleich dunklere Macht ist. Seit den 1960er Jahren ist die Freimaurerei aus nahezu der gesamten muslimischen Welt verschwunden. Als Britisch-Indien 1947 abgelöst wurde, überlebte die Freimaurerei die Spaltung Indiens. In Pakistan jedoch ging die Anzahl von Logen und Mitgliedern mit der Abwanderung des Großteils der weißen Bevölkerung dramatisch zurück. Es gab nur noch etwa tausend Freimaurer, viele von ihnen Muslime, als 1968 eine ominöse Serie von Angriffen durch die Presse begann: Die Bruderschaft wurde beschuldigt, ein zionistischer Stoßtrupp zu sein, finanziert von der CIA. 1972 wurde sie von Präsident Zulfikar Ali Bhutto verboten. Der masonische Tempel in Lahore, wo Rudyard Kipling initiiert wurde, ist heute ein Regierungsgebäude.

Im Iran, um noch ein weiteres Beispiel zu nennen, tauchte die Freimaurerei 1951 unter dem neuen Schah, Mohammad Reza Pahlavi, als aristokratischer Club wieder auf, der sie nutzte, um unter den Eliten und der Mittelschicht die Treue zu seinem Regime zu fördern. Die Islamische Revolution von 1979 fegte die Logen fort, und viele Brüder, vor allem jene, die dem abgesetzten Schah nahegestanden hatten, wurden hingerichtet.

Seit 2019 ist die Freimaurerei überall in der muslimischen Welt verboten, außer im Libanon und in Marokko. Die Islamische Widerstandsbewegung Hamas beschreibt die Freimaurer, wie auch die Lions und Rotarier als »Spionagenetzwerke«, von den Juden geschaffen, um »Gesellschaften zu zerstören und den Zionismus voranzutreiben«

In westlichen Demokratien stellt die berüchtigte Verschwiegenheit der Freimaurer die Toleranz der Menschen auch weiterhin auf eine seltsame Probe. Freimaurer betrachten sich gewissermaßen zu Recht als Seismographen der Vereinigungsfreiheit und der Rechtsstaatlichkeit. Sogar Großbritannien, die Wiege der Königlichen Kunst, ist ein Beweis dafür.

1976 behauptete ein junger Provinzjournalist namens Stephen Knight, dass 1888 eine masonische Verschwörung für eine Reihe von ungelösten Morden verantwortlich war. Knights Buch, *Jack the Ripper: The Final Solution* wurde als lächerlich abgetan. Dennoch regte es die Phantasie so sehr an, dass zwanzig Auflagen davon in Druck gingen. Sein Widerhall klingt immer noch nach: Die herrlich schaurige Graphic Novel *From Hell* (1989) und ein gleichnamiger Slasher-Film mit Johnny Depp in der Hauptrolle (2001) wurden beide von Knight inspiriert.

Als *Jack the Ripper: The Final Solution* erschien, hatte die Vereinigte Großloge von England seit langem die Strategie verfolgt, dergleichen Verschwörungsanwürfe mit dezentem Schweigen zu übergehen. Stephen Knights zweites Buch, *The Brotherhood* (1983), sollte die Grenzen dieser Strategie offenlegen.

The Brotherhood war eine eigenartige Mischung. Es enthielt gewissenhafte und ermüdende Beteuerungen guten Glaubens (»man sollte die Freimaurerei nicht an den Handlungen einiger weniger beurteilen«), dazu verschwommene Hinweise auf alltägliche Vergehen durch Freimaurer im Polizeidienst. Daneben konnte man aber auch die völlig falsche Behauptung lesen, Knight habe höhere Grade der Freimaurerei entlarvt, die so geheim waren, dass selbst die große Mehrheit der Brüder nicht die geringste Ahnung von ihrer Existenz hatte. Basierend auf einer von Fehlern nur so strotzenden Zusammenfassung der P2-Geschichte, behauptete Knight, hinter Gellis Intrige stecke der sowjetische Geheimdienst mit dem Ziel, eine feindliche Regierung zu diskreditieren. In Großbritannien, schloss er, bediente sich der KGB »fast sicher« der Freimaurerei, »um Agenten in verantwortliche Positionen zu bringen«.

Im Erscheinungsjahr der *Brotherhood* wurde Knight ein Anhänger des indischen Kultführers Bhagwan Shree Rajneesh. Er verstarb zwei Jahre später, nachdem er eine konventionelle Tumorbehandlung abgelehnt hatte. Trotz seiner mangelnden Autorität und der eklatanten Defizite seines Buches hatte *The Brotherhood* eine gewaltige Wirkung. Als Verschwörungstheorien über Knights Tod zirkulierten, griff ein anderer Journalist seine Recherche zu masonischen Mauscheleien innerhalb der Polizei auf. Und wieder kam dieselbe Leier: Wenn die Freimaurer so unschuldig sind, wie sie behaupten, warum dann die Geheimniskrämerei? Im Juni 1988 erklärte der ehemalige Labour-Parteichef Jeremy Corbyn, damals noch ein einfacher Abgeordneter, im Parlament:

> Viele von uns sind überaus misstrauisch, was den Einfluss der Freimaurerei angeht. Ich bin völlig dagegen und auch gegen den Einfluss anderer Geheimbünde, weil ich glaube, dass sie einen zutiefst verderblichen Einfluss auf die Gesellschaft haben … der Einfluss der Freimaurer ist ernst zu nehmen … die Freimaurerei ist unvereinbar mit dem Polizeidienst … Ich möchte damit andeuten, dass die Macht einer Freimaurerloge auf jede Organisation unheilvoll und heimtückisch ist.

Die britische Öffentlichkeit war bereit, die eigene Gutgläubigkeit bis zum Äußersten zu strapazieren, wenn von Polizeikräften mit fragwürdigem Ruf die Rede war, die irische Bürger für Bombenanschläge durch die IRA verantwortlich machten. Es waren die Jahre der berüchtigten Strafprozesse gegen die Guildford Four, die Maguire Seven und die Birmingham Six, wie auch der Operation Countryman (eine Untersuchung geheimer Absprachen zwischen der City of London Police und Berufsverbrechern). Dieses Misstrauen gegen die Polizei ergab in Kombination mit dem jahrhundertealten Verdacht gegen die Geheimniskrämerei der Freimaurer ein explosives Gemisch. Fortan hielten sämtliche Zeitungsredakteure unentwegt Ausschau nach einer masonischen Perspektive, wenn von Fehlverhalten die Rede war.

Der stichhaltigste Beweis für masonisches Falschspiel, den Knight zu bieten hatte, war die Weigerung der United Grand Lodge, seine Anschuldigungen mit einer Antwort zu würdigen. Stattdessen reagierte die Führung der englischen Freimaurerei, indem sie die eigene Verschwiegenheit unter die Lupe nahm. Wie sich herausstellte, glaubten sogar die gewöhnlichen Mitglieder, dass sie über ihre Mitgliedschaft zu schweigen hätten, obwohl es keine entsprechende Regel gab; einige hatten es nicht einmal ihren Familien verraten. Künftig sollten sie offen darüber sprechen. Man richtete den Posten eines Kommunikationsbeauftragten ein. Die Freemasons Hall in Covent Garden öffnete 1985 zum ersten Mal ihre Türen für Besucher. Die laxen Disziplinarverfahren der englischen Freimaurerei wurden ebenfalls verschärft, und die Anzahl von Ausschlüssen schnellte gewaltig in die Höhe: von zwölf zwischen 1934 und 1986 auf 277 zwischen 1987 und 1996. Zu Beginn der 1990er Jahre erlaubte man Historikern, die keine Freimaurer waren, im Archiv der Großloge zu recherchieren.

Doch dieses masonische *Glasnost* vermochte des Argwohns nicht Herr zu werden, der sich 1992 in einem parteiübergreifenden Sonderausschuss des Inneren parlamentarisch manifestierte, der untersuchen sollte, wie groß der Einfluss der Bruderschaft innerhalb des Strafjustizsystems war. Jede denkbare Unterstellung gegen Freimaurer und die Freimaurerei wurde an die Öffentlichkeit gebracht – mit enttäuschenden Ergebnissen, die im Bericht des Sonderausschusses dargelegt wurden: Ja, einzelne Freimaurer hatten Verbrechen begangen, und einige dieser Freimaurer waren Polizisten. Aber nein, diese Einzelpersonen waren weder repräsentativ für die Freimaurerei insgesamt, noch spielte die Freimaurerei bei dem, was sie getan hatten, eine Rolle. Die überwältigende Mehrheit der Zeugen, die behaupteten, dass Freimaurer illegale Netzwerke unterhielten, konnte keinerlei Beweise vorlegen. Die Anzahl der Freimaurer in Polizei und Justiz war weitaus geringer als angenommen und außerdem im Sinken begriffen. Ein gewisses Maß an Geheimhaltung gehörte zu den Ritualen der Freimaurer, doch die Organisation selbst war nicht geheimer als ein Sportverein oder ein Berufsverband.

Am Ende wurde alles auf ein Imageproblem zurückgeführt. Der weitverbreitete Argwohn gegen die britische Freimaurerei, so unbegründet er auch sein mochte, beschädigte dennoch das Vertrauen der

Öffentlichkeit in die Institutionen. Die Lösung war daher, dass alle Freimaurer in der Justiz eine Interessenkonflikterklärung abgeben mussten, riet der Sonderausschuss 1997.

Diese letzte Empfehlung klang durchaus vernünftig, und die Labour Party, die 1997 an die Macht kam, versuchte sie durchzusetzen. Das Schwert der Transparenz gegen eine verstaubte Institution wie die Freimaurerei zu schwingen würde helfen, das »Neue« an New Labour sichtbar zu machen, wie ihr Vorsitzender Tony Blair die Partei umbenannt hatte. Ab 1998 waren Richteranwärter deshalb verpflichtet anzugeben, ob sie Freimaurer waren.

Doch die Strategie verfing sich in einem Gestrüpp aus praktischen Fragen und juristischen Einwänden. Wenn es keinen Hinweis darauf gab, dass die Bruderschaft eine Quelle von Problemen war, warum sie dann aufs Korn nehmen? Würde die Erklärung eines Interessenkonflikts nicht zu Vorurteilen gegen die Freimaurer führen, zu einer Vorverurteilung? Wenn sie auf die Freimaurerei angewendet wurde, warum dann nicht auch auf andere Formen der Mitgliedschaft, die doch ebenfalls zu Voreingenommenheit führen könnten wie Glaubensgemeinschaften oder Oxford-Colleges? Anfang der Nullerjahre entschied der Europäische Gerichtshof für Menschenrechte über zwei Fälle in Italien, wo die örtliche Regierung mit einer ähnlichen Strategie gegen die Freimaurer vorgegangen war. Der Europäische Gerichtshof kam zu dem Schluss, dass die Maßnahme diskriminierend war und dem Vereinigungsrecht zuwiderging. 2009, als die Labour-Regierung an Macht zu verlieren drohte, ließ sie still und leise von ihrem Plan ab und räumte ein, nicht das Geringste erreicht zu haben.

Unterdessen hatte sich im öffentlichen Bewusstsein längst eine Mutmaßung eingenistet: Die Freimaurerei sei »die Mafia der Mittelmäßigen«, eine Clique von Dickwänsten, die nach Beförderungen schielten und sich in ihren Belangen nicht auf die Finger schauen lassen wollten. Wir Briten sind noch immer wild auf urbane Legenden von masonischer Heimtücke. Jüngste Schlagzeilen in der Presse haben angedeutet, dass sowohl die Vertuschung bei den Ermittlungen zum Sinken der *Titanic* im April 1912 als auch das Reinwaschen des entsetzlichen Fehlverhaltens der Polizei, das die Katastrophe von Hillsborough ausgelöst und 1989 zum Tod von sechsundneunzig Fußballfans des FC Liverpool geführt hatte, auf das Konto der Freimaurer gingen. »Enthüllungen« wie diese bringen typischerweise kaum einen belastbaren Beweis und überleben allenfalls die erste Schlagzeile. In beiden oben genannten Fällen steht die Verschwörungstheorie auf wackeligen Beinen, spätestens auf den zweiten flüchtigen Blick. Die britische Marine von 1912 wie auch die Polizei von South Yorkshire hatten zwingende Motive, ihre eigenen Unzulänglichkeiten zu vertuschen und den Kapitän der *Titanic* respektive eine Schar Fußballfans zu Sündenböcken zu stempeln. Es gibt keine ungeklärten Zusammenhänge, die die masonische Verschwörungstheorie erhellen könnte. Und doch schaffen es solche Geschichten regelmäßig an den Blödsinn-Detektoren seriöser Zeitungen vorbei.

Gotha

Nirgendwo unter den westlichen Demokratien ist die Feindseligkeit gegen die Freimaurerei weiter verbreitet als in Italien. Und nirgendwo sonst ist die Freimaurerei so sehr von Korruption zerfressen wie in Italien. Jetzt hat sich in Italiens ärmster Region die Überzeugung festgesetzt, die Freimaurer seien mit der Mafia im Bunde, jenem Bastard bruderschaftlicher Tradition.

Die Region Kalabrien, am Zeh des italienischen Stiefels, ist die Heimat der 'Ndrangheta. Von allen kriminellen Vereinigungen der Welt kann sich die 'Ndrangheta am ehesten als global bezeichnen: Sie verfügt über Kolonien in Norditalien, Nordeuropa, Nordamerika und Australien. Regionale und kommunale Regierungen stehen seit Jahrzehnten unter dem Einfluss des organisierten Verbrechens, und die heruntergekommenen ländlichen Gemeinden in Kalabrien beheimaten einige der größten Drogenbosse Europas. Die 'Ndrangheta ist keine unbedeutende Mafia.

Im Oktober 2011, in einem landwirtschaftlichen Gebäude in einer dieser ländlichen Gemeinden zeichneten Abhörgeräte der Polizei den örtlichen Boss der 'Ndrangheta auf, Pantaleone Mancuso, genannt »Onkel Luni«: »Die 'Ndrangheta gibt es nicht mehr! … Sie ist jetzt Teil der Freimaurerei … Sagen wir es so: Sie untersteht der Freimaurerei, hat aber dieselben Regeln und so … Früher gehörte die 'Ndrangheta den Reichen! Später haben sie sie den armen Schweinen überlassen, den Bauerntölpeln, und stattdessen die Freimaurerei gegründet!« Immerhin bezeugen Onkel Lunis Worte die Tatsache, dass die Geschichte der masonischen Idee noch immer in Kalabrien geschrieben wird. Der Ort Limbadi, in dem die Aufnahme entstanden ist, liegt etwa 25 Kilometer Luftlinie von Pizzo entfernt, wo Joachim Murat seine berühmten letzten Worte äußerte: »Zielt auf das Herz. Verschont mein Gesicht.«

Unlängst ist in Kalabrien viel die Rede von Verbindungen zwischen der Freimaurerei und der 'Ndrangheta. Nicht alles davon ist einfach zu deuten, aber insgesamt ist es doch sehr beunruhigend. Nehmen wir das Zeugnis von Giuliano Di Bernardo, dem Universitätsprofessor, der von 1990 bis 1993 der Großmeister von Italiens größtem und angesehenstem Freimaurerorden war, dem Grande Oriente. Im Juni 2019 sagte Bernardo, der mit seinem Bart wie ein Karl Marx im Armanianzug aussah, vor einem kalabrischen Gericht aus. Er erzählte von seinem Schrecken, als er sich als Großmeister den Zustand der Freimaurerei in Kalabrien ansah: »Ich entdeckte, dass 28 von 32 Logen von der 'Ndrangheta bestimmt wurden. In diesem Augenblick beschloss ich daher, den Grande Oriente zu verlassen.«

Kalabrien lieferte eine Menge Zündstoff für verschwörungstheoretische Schlagzeilen, die ebenso verwirrend sind wie explosiv – von der Art: »Mafiaboss sagt, Freimaurer von 'Ndrangheta gesteuert!« – »Ehemaliger Großmeister gesteht: Die 'Ndrangheta lenkt die Freimaurer!«

Am 1. März 2017, auf Anweisung der permanenten parlamentarischen Untersuchungskommission in Sachen Mafia, unternahm die Polizei im Morgengrauen Razzien in den Büros der vier größten masonischen Orden und konfiszierte die Mitgliederlisten. Ihre Suche konzentrierte sich auf die Freimaurerei in Kalabrien und Sizilien, Italiens berüchtigtste Mafiabrutstätten. Die Razzien durch die parlamentarische Untersuchungskommission riefen den Freimaurern ähnliche Razzien 25 Jahre zuvor in Erinnerung. Zu dieser Zeit hatte eine umfangreiche Ermittlung versucht, über das undurchdringliche Geflecht aus unterschiedlichen masonischen Orden, Logen und Riten – regulären wie regelwidrigen, offenen wie geheimen – Hunderte groß- und kleinkrimineller Netzwerke nachzuzeichnen. 1993 wurden die konfiszierten Mitgliederlisten abgefangen und Italiens Freimaurer in vielen Zeitungen namentlich genannt. Einige Brüder berichteten, sie hätten daraufhin anonyme Drohungen erhalten; andere sagten, Freunde hätten ihnen die kalte Schulter gezeigt. (Seltsamerweise schlossen die Listen in der Presse bis auf eine kleine Anzahl die Frauen aus den gemischten Orden aus.) Im Jahr 2000 ließ ein Gericht in Rom die Ermittlungen einstellen mit der Begründung, die Vermutung, dass die Freimaurer die öffentlichen Institutionen für illegale Zwecke infiltrierten, sei mehr der kollektiven Phantasie zum Thema Freimaurerei geschuldet als irgendeinem konkreten Hinweis. Viele taten diese Entscheidung als Vertuschung ab. Die Freimaurer blieben verbittert zurück.

Aufgrund dieser Geschichte war 2017 das Vertrauen zwischen den Mitgliedern der Parlamentarischen Untersuchungskommission und der masonischen Führung auf dem Tiefststand. Der Bericht der Kommission beschuldigte die obere Riege der Freimaurer, sie leugneten die Unterwanderung durch die Mafia und seien alles andere als transparent und kooperativ – alle vier Großmeister hatten es abgelehnt, ihre Mitgliederlisten auszuhändigen. Bald danach veröffentlichte der Großmeister des Grande Oriente ein Pamphlet, das die parlamentarische Kommission mit der Inquisition gleichstellte. (Wie es der Zufall wollte, fanden die Ankündigungen der Kommission im selben römischen Palazzo statt, in dem Galileo aufgefordert worden war, seine wissenschaftlichen Thesen zu widerrufen.)

Weil ich über fünf Jahre zur Geschichte der Freimaurerei recherchiert habe und sogar noch länger zur Geschichte der ’Ndrangheta ist es mir vielleicht möglich, durch den Nebel dieser Polemik einige sinnhafte Gestalten zu erkennen. Im Sommer 2018 nahm ich die Einladung an, in einem auf achthundert Metern Höhe gelegenen Ort in den kalabrischen Bergen vor einer Freimaurerversammlung zu sprechen. Der Treffpunkt war ein höhlenartiges eingeschossiges Hotel im Wald, dessen Wände mit einem Übelkeit erregenden Muster in den Farben Orangerot, Terrakotta und Schweinchenrosa getüncht waren. Doch wie in den Logen auf der ganzen Welt wurde ich auch hier mit großer Offenheit und Wärme empfangen. Ich empfehle jedem, der auf die Bruderschaft automatisch mit einem verächtlichen Grinsen reagiert, sich mit einem Freimaurer zusammenzusetzen und ihn schlicht zu fragen, worum es dabei geht. Wann immer ich das getan habe, bin ich nie auf Schweigen gestoßen. Überdies kommt es häufig vor, dass ein Bruder nicht weit kommt in seinen Ausführungen, bevor ihm die Augen feucht werden und seine Unterlippe anfängt zu zittern.

An einem Tresen unterhielt ich mich einmal mit einem nervösen Mann Mitte zwanzig mit vor Ehrlichkeit leuchtenden Augen. Mehrere Jahre zuvor war er um ein Haar an einem Hodgkin-Lymphom gestorben – einer Form von Blutkrebs. Die bedrohliche Krankheit hatte alles in Frage gestellt, was er im Leben erreichen wollte. Als sie besiegt war, begab er sich auf die Suche nach existenziellen Antworten, die erst ein Ende hatte, als er Freimaurer wurde. In der Freimaurerei fand er die Gemeinschaft mit älteren, weiseren Männern und eine einzigartige Umgebung, in der er seine Geschichte erzählen und ihre Lebenserfahrungen teilen durfte. Gemeinsam mit ihnen konnte er sein Streben wieder auf die Welt richten.

Die masonische Mischung aus ritueller, moralischer Unterweisung und männlichem Zusammenhalt kann noch immer Würde vermitteln und einen Plan zur Selbstveredelung, der nicht nur das Ego stärkt. Nur ein eingefleischter Zyniker würde sich über den Anspruch der Freimaurerei lustig machen, aus »guten Männern bessere« machen zu wollen – zumal in Kalabrien, einer Region, die dringend zivilgesellschaftliche Organisationen wie die Freimaurer braucht.

Abgesehen vom Dekor des Hotels und der herzlichen Begrüßung, fiel mir der kollektive Ärger auf – zumindest bei den lautesten der Anwesenden. Einer warf der parlamentarischen Kommission vor, sinnlos öffentliche Gelder zu verschwenden bei dem Unterfangen, die Freimaurerei zu zerstören. Die Episode ließ »eine Alarmglocke für Freiheit und Demokratie schrillen«.

Meine Reise nach Kalabrien vermittelte mir das starke Gefühl, dass die Auseinandersetzung der Freimaurer mit der Untersuchungskommission auf beiden Seiten von politischer Selbstdarstellung befeuert war. Nur zur Erinnerung: Die ranghöchsten Freimaurer sind gewählt: Sie sind die Premierminister und Präsidenten ihrer kleinen Demokratien. Antimasonische Vorurteile zu beklagen und die Erinnerung an masonische Märtyrer zu beschwören, sind immer schon Schlachtrufe unter den Brüdern gewesen und daher im Wahlkampf ein nützlicher Schachzug. Auf der anderen Seite hätte es eines willensstarken Parlamentariers in der Untersuchungskommission bedurft, um sich mit der öffentlichen Feindseligkeit gegen die Bruderschaft auseinanderzusetzen. Im Februar 2017 zum Beispiel trug Italiens wichtigstes Nachrichtenmagazin auf der Titelseite die Schlagzeile: »Schluss mit der Freimaurerei«. Die populistische Fünf-Sterne-Bewegung, die im Juni 2018 an die Macht kam, entfernt systematisch Freimaurer aus ihren Reihen und zählt sie nicht selten zu ihren erklärten Feinden im »Establishment«.

Bei so viel Missverständnis und Selbstdarstellung hoffen wir die Wahrheit bei den Richtern zu finden: Sie führen den Vorsitz über einen gewaltigen Fall, den »Prozess Gotha«, der gerade die kalabrischen Gerichte durchläuft. Er hat bereits abertausend Seiten von Beweismitteln produziert und juristische Debatten losgetreten bei dem Versuch, Licht ins Dunkel zu bringen.

Bei meiner Rückkehr aus Kalabrien erwartete mich eine anstrengende Lektüre: das 2500 Seiten umfassende Dossier der Richter zu ihrem Urteil über einen kleinen, aber signifikanten Abschnitt im Gotha-Prozess. Gegen das Urteil ist Berufung eingelegt worden, daher sind wir noch ein gutes Stück von der endgültigen juristischen Wahrheit entfernt. Doch lässt man die Schuld oder Unschuld der involvierten Personen beiseite (ich will sie hier auch nicht namentlich erwähnen), bietet das Urteil immerhin eine plausible Beschreibung dessen, was tatsächlich im Gange ist. Wie wir sehen werden, birgt es verblüffende Echos aus der Geschichte der Freimaurerei.

Die 'Ndrangheta ist eine kuriose Organisation mit mehr als doppelt so vielen Mitgliedern wie die sizilianische Cosa Nostra und einer weitaus komplizierteren Struktur; zum Beispiel ist jede Sprosse auf der Karriereleiter eines *'Ndranghetista* von einem neuen Rang mit einem eigenen komplizierten Initiationsritual gekennzeichnet. Die kalabrische Mafia ist gleichsam ein Unterweltzwilling der Bruderschaft, die lokale Autonomie für die Logen mit nationaler und internationaler »Marken«-Kontrolle kombiniert. Was wir als 'Ndrangetha-Marke oder -Franchise bezeichnen könnten – also ihre Regeln, Ränge und Rituale –, wird zentral gesteuert von einem Gremium mit Namen *il Crimine* (das Verbrechen). Auch wenn sie außerhalb Kalabriens stationiert sind, ersuchen *'Ndranghetisti* »das Verbrechen« um die Erlaubnis, neue Zellen zu gründen. Doch die 'Ndrangetha ist insoweit auch dezentral, als ihre einzelnen Clans und Zellen den möglichen kriminellen Aktivitäten auf eigene Initiative nachgehen. Sie sind dem Verbrechen keine Rechenschaft schuldig, wenn sie zum Beispiel eine Schiffsladung Drogen ins Land schmuggeln.

In den 1970er Jahren geriet die Struktur ins Wanken, als die 'Ndrangheta durch die Erlöse aus Entführungen, Drogen und Aufträgen der öffentlichen Hand immensen Reichtum erlangte. Je mehr Geld hereinströmte, desto mehr veränderte sich die Struktur der kriminellen Vereinigung. Ohne das Wissen der großen Mehrheit der Mitglieder wurden immer höhere Ränge erfunden. Mit dieser List versuchten die Oberbosse, den Geldstrom an sich zu reißen, der aus der Übernahme öffentlicher Bauaufträge stammte, und gleichzeitig den Frieden in ihren Reihen zu bewahren. Doch sie konnten sich auf keine endgültige Formel einigen, genau wie mehrmals in der Geschichte der Freimaurerei die Anzahl der Grade und Rituale ins Kraut geschossen war und man sich in Debatten darüber erging, wer sie autorisieren sollte. Solche internen Streitigkeiten waren eine der Ursachen hinter den wütenden Bandenkriegen in den 1970er und 1980er Jahren.

Um das Jahr 2001 schließlich gründeten die mächtigsten Bosse eine völlig separate und höchst verschwiegene Gruppe innerhalb der 'Ndrangheta – glauben zumindest die Ermittler. Zu den Mitgliedern der Gruppe gehören Männer mit dem notwendigen ökonomischen und politischen Knowhow, um weiterhin korrupte Deals mit Wirtschaft und Staat auszuhandeln, während die *Crimine*-Bosse in aller Ruhe ihre eigenen weniger fein entwickelten Fähigkeiten zum Einsatz brachten. Einige Bosse, die über diese Gruppe Bescheid wussten, benutzten in abgehörten Gesprächen verschiedene Namen, um sie zu beschreiben: »die Unsichtbaren« zum Beispiel. Und weil auch kalabrische Gangster, genau wie alle anderen, die Freimaurer für das Angesagteste in Sachen okkulte Macht hielten, bezeichneten sie die neue Gruppe, einem Informanten zufolge, auch als »etwas, das mit der Freimaurerei zu vergleichen« ist.

Das war es auch, was der 'Ndrangheta-Boss Pantaleone Mancuso alias Onkel Luni meinte, als er 2011 laut eines Abhörprotokolls sagte, die Freimaurer hätten die 'Ndrangheta übernommen. Er hatte eine *Metapher* benutzt – was fast niemand erklärte, als Mancusos Worte von den Zeitungen verbreitet wurden.

Doch jetzt ist nicht der richtige Zeitpunkt für die Freimaurer Italiens, ihrer Entrüstung darüber Luft zu machen, wie ihre Reputation aufgrund einer bloßen Metapher beschmutzt wird. Der Gotha-Prozess könnte noch unangenehme Überraschungen bereithalten. Man muss auch wissen, dass die *'Ndranghetisti*, wenn sie sich auf die Freimaurerei beziehen, dies nicht *nur* metaphorisch tun. Freimaurerlogen – richtige Freimaurerlogen – gehören zum umfassenden Netzwerk der kalabrischen Mafia.

Nach Meinung der Richter funktioniert die Sache wie folgt: Die 'Ndrangheta verschafft sich gerne staatliche Aufträge für das Sammeln und Deponieren von Müll oder den Bau und Erhalt von Straßen und Krankenhäusern etc. *'Ndranghetisti* nutzen Strohmänner, um an diese Aufträge heranzukommen: Politiker, Verwaltungsbeamte, Unternehmer und Anwälte. Tatsächlich sind Mafiaorganisationen nur so stark wie die Strohmänner, auf die sie zurückgreifen; sie sind daher unentwegt auf der Suche nach Nachschub und nutzen dafür eine wilde Mischung aus Bestechung, Erpressung und Einschüchterung. An diesem Punkt kommen die Freimaurerlogen ins Spiel.

Vor allem seit dem Skandal um die Loge *Propaganda Due* zieht die Freimaurerei skrupellose Männer aus demselben beruflichen Umfeld an wie dem der ehrlichen Freimaurer, denen ich in Kalabrien begegnet bin, die meisten davon Ärzte und Anwälte. Viele der skrupellosen Neuankömmlinge langweilen sich bald und verlassen die Loge, sobald sie erkennen, was die ehrlichen Maurer dort tatsächlich tun. Doch innerhalb der konfusen Welt der kalabrischen Freimaurerei gibt es eine Menge Nischen, in denen solche Gruppen eine Basis finden. Die meisten Logen, die im Dossier der Richter des Gotha-Prozesses genannt werden, sind die Art von »geheimen, nicht-regulären« Logen, die von den wichtigsten regulären Orden nicht autorisiert sind. Sie agieren wie Partnervermittlungen, indem sie *'Ndranghetisti* an Strohmänner aus qualifizierten Berufen vermitteln und einen Weg bis an die Spitze der Grauzone bieten, in der die kriminelle Unterwelt die Oberwelt aus Politik und Wirtschaft trifft. Doch auch reguläre Logen sind gefährdet: Sobald er von einem Bruder, der insgeheim mit der *'Ndrangheta* im Bunde ist, irgendeinen banalen Gefallen annimmt, kann selbst ein ehrbarer Freimaurer in ein Netz aus Erpressung gezogen werden.

Sollte das erste Urteil im Gotha-Prozess zutreffen, könnte der Kampf gegen die Mafia durchaus im Interesse der Freimaurer liegen. Die wichtigsten Freimaurerorden könnten die Hilfe des Gesetzes in Anspruch nehmen, um zwischen den regulären und den regelwidrigen Formen der Freimaurerei die Grenze zu ziehen. Doch solch ein Ansatz wird sich leider nicht so schnell durchsetzen. Es gibt auf beiden Seiten zu wenig Interesse an einer Zusammenarbeit. Freimaurerei und Antifreimaurerei scheinen dazu verdammt, ihre jahrhundertealte Schlammschlacht fortzuführen.

Eine Schwester mit fünfzigtausend Brüdern

Die Erfahrung der Frauen mit der Freimaurerei ist facettenreich und erzählt eindringlich von den Graden der Selbstbestimmung, die sie innerhalb der erheblichen Beschränkungen ihrer Zeit und ihrer Umgebung erreichen konnten – wie ich es in meiner Darstellung der Adoptionslogen im Frankreich des 18. Jahrhunderts aufzuzeigen versucht habe. Seit Ende des Zweiten Weltkriegs, angeregt zum Teil durch das Beispiel der Adoptionslogen, sind weitere gemischte und rein weibliche Stränge der Freimaurerei in Erscheinung getreten.

Doch wenn ich in diesem Buch nicht intensiver auf die Geschichte der weiblichen Freimaurerei seit dem 18. Jahrhundert eingegangen bin, liegt es daran, dass Frauen in der Bruderschaft immer schon die Ausnahme waren, die die historische Regel bestätigte: Um einer Loge beizutreten, musste man ein Mann sein. Ob in Adoptionslogen oder den diversen Organisationen in Frauenhand wie dem Order of the Eastern Star in den Vereinigten Staaten (für den nur Frauen in Frage kommen, die mit einem Freimaurer verwandt sind), Frauen wurden fast immer nur in den untergeordneten Zweigen zugelassen, mit einer eng definierten Rolle im masonischen Leben. Die Logen, die den Frauen zu verschiedenen Zeiten der Geschichte *tatsächlich* den vollen masonischen Status zuerkannt haben, gehören zu Ablegern, die von den maßgeblichen freimaurerischen Institutionen nicht anerkannt sind.

Überdies sind die Rollen, die die meisten Formen der Freimaurerei den Frauen zuweisen, klischeehaft sexistisch. Pflichtbewusste Ehefrauen. Totems männlicher Ehrbarkeit. Mitleidige Engel. Witwen, die der Fürsorge bedürfen. Zuschauerinnen bei kostümierten männlichen Spektakeln. Männer erheben weiterhin den Anspruch auf ein Machtmonopol innerhalb der Freimaurerei als Institution. Sofern die Freimaurerei Einfluss nimmt auf die Gesellschaft, haben die Männer auch hier das alleinige Sagen.

Weil die Freimaurerei eine in überwältigendem Maße exklusiv männliche Gesellschaft war und ist, erzählt uns ihre Geschichte wichtige und zuweilen auch wenig schmeichelhafte Dinge über die männliche Identität. Es erscheint doch äußerst unwahrscheinlich, dass eine tatsächlich gemischte Form der Freimaurerei diesen Grad an Selbstgefälligkeit in den imperialen britischen Bruderschaften hervorgebracht hätte oder die hässliche Perversion masonischer Ideale der Loge P2. Es wäre auch eine Überlegung wert, warum es fast immer Männer sind, die sich in paranoiden Phantasien über masonische Verschwörungen ergehen. Wie eine jüngere Studie spekuliert, könnten »Verschwörungstheorien die Hysterien der Männer« sein. Meine Geschichte der Freimaurerei hätte vielleicht den provokanten Untertitel »Vier Jahrhunderte männlicher Überspanntheit« verdient.

Es war daher ein außerordentlicher Moment, als 2010 zum ersten Mal in zweieinhalb Jahrhunderten der Grand Orient in Frankreich endlich Schwestern willkommen hieß und ihnen denselben Status zuerkannte wie ihren Brüdern. In der kleinen Welt der Freimaurer war dies eine Revolution – und eine Revolution in Gestalt einer einzigen Frau. Im September 2019 reiste ich zum Sitz des Grand Orient, um mit ihr zu sprechen.

Das Restaurant in der siebten Etage des Grand Orient bietet eine herrliche Aussicht über Paris und dazu eine Speisekarte mit französischen Klassikern: Ich ließ mir eine Portion Andouillette mit Bratkartoffeln schmecken. In den geheiligten Hallen der Freemasons' Hall in London gibt es keine derartigen Zugeständnisse an fleischliche Gelüste. Ich genoss ein ausgiebiges und gesprächiges Mittagessen mit Olivia Chaumont, einer Architektin Ende sechzig, die jugendlich wirkt, sich sichtlich wohlfühlt in ihrer Haut und begeisterte Freimaurerin ist. Ihre Loge pflegt eine fortschrittliche laikale Version der Königlichen Kunst, die frei von jedem religiösen Dogma ganz auf die republikanischen Werte des französischen Grand Orient zugeschnitten ist. (Er schaffte 1877 bekanntermaßen die masonische Pflicht ab, an einen Großen Baumeister aller Welten zu glauben.) »Ich bin ziemlich libertär, was meine Weltsicht anbelangt«, sagt Olivia; sie engagiert sich auch schon seit Jahren für die Rechte von LGBT-Personen. Die Logen bieten ihren Mitgliedern den nötigen Spielraum, untereinander die universellen Werte von *Freiheit*, *Gleichheit* und *Brüderlichkeit* zu pflegen und sie dann in die Gesamtgesellschaft zu tragen.

Als der Grand Orient sie im Februar 2010 zu seiner ersten Schwester ernannte, mit vollem masonischen Status, wurde er daher in Olivias Augen zum ersten Mal seinen Grundsätzen gerecht. Nur wenige Monate später, im September 2010, hoben die Brüder ihrer Loge L'Université Maçonnique sie als erste Frau auf den Thron eines Logenmeisters. Schon viele andere Frauen sind seitdem in ihre Fußstapfen getreten. »Es gibt jetzt vierundfünfzigtausend Mitglieder und davon zweitausend, vielleicht auch zweieinhalbtausend Frauen – genau weiß ich es nicht. Das ist noch nicht viel, aber schon gar nicht so schlecht.« Einige dieser neuen Schwestern sahen es als ihre Pflicht, sich bei Olivia zu bedanken. »Manche Frauen träumten zwar von der Freimaurerei, doch weil sie nur dem Grand Orient beitreten wollten, waren sie unentschlossen. Ich habe sehr emotionale, bewegende Briefe von Schwestern erhalten, die mir sagten, ich hätte ihr Leben verändert.« Nicht zuletzt wegen dieser Veränderung, sagt Olivia, habe die französische Grand-Orient-Freimaurerei im Gegensatz zu Großbritannien und den Vereinigten Staaten keine Probleme, auch für jüngere Rekruten interessant zu sein. In der Eingangshalle, in der ich Olivia traf, waren die Fotos der Anwärterinnen und Anwärter ausgestellt. Etwa zwanzig Prozent waren Frauen. Olivia meinte, die Probleme der Freimaurerei in der englischsprachigen Welt würden zwangsläufig noch schlimmer:

> Je gleichberechtigter in der Gesellschaft die Beziehungen zwischen Männern und Frauen werden, desto mehr Männerclubs wird es geben. Sie verschanzen sich hinter Mauern und erlauben ihren Mitgliedern, das Privileg zu wahren, nur unter Männern zu sein. So ist das mit der englischen Freimaurerei … Sie wollen Eva nicht in ihr Paradies lassen.

Einige meiner eigenen Begegnungen bestätigen Olivias Pessimismus. Ein hochrangiger Freimaurer in den Vereinigten Staaten erklärte mir, er sei überzeugt, dass die Freimaurerei ein Bollwerk gegen die »Verweiblichung der Kultur« und die »extrem weibliche« Überbehütetheit sei. Je länger die Freimaurerei Frauen ausschließt, desto mehr läuft sie in manchen Ländern Gefahr, immer noch weiter zu schrumpfen mit dem Ergebnis, dass ihr Sexismus noch hochprozentiger wird. Nachdem sie die längste Zeit ihrer Geschichte ausschließlich den Männern vorbehalten war, könnte eine schrumpfende Freimaurerei jetzt zu einem Club für Frauenhasser werden.

Olivia ist Feministin und glaubt, dass eine männliche Geschlechtsidentität oft in schädlicher Weise aufgebaut werde; Frauen und Homosexuelle würden so auf eine niedrigere Stufe innerhalb der Gesellschaft verbannt. Die gemischte Freimaurerei könne hier Abhilfe schaffen, argumentiert Olivia, indem sie andere Verhaltensmuster in den kontrollierten Raum der Loge bringe und den männlichen Freimaurern dabei helfe, sich vom Mythos des männlichen Helden zu befreien. Damit wäre die ursprüngliche masonische Mission, bessere Männer hervorzubringen, im Sinne einer Gleichstellung der Geschlechter auf den neuesten Stand gebracht.

Olivia kennt sich mit der Ausbildung männlicher Identitäten aus, weil sie fast fünfzig Jahre damit zugebracht hat, sich selbst eine zurechtzuschneidern. Als sie 1992 in die Freimaurerei initiiert wurde, war sie nach biologischen Gesichtspunkten ein Mann. Und sie blieb auch einer, weil Transfrauen in der damaligen Gesellschaft nur sie selbst sein durften, wenn sie entweder zum Variété gingen oder sich prostituierten. Also verbarg sie ihre wahre Identität, bis sie sich 2002, mit einundfünfzig Jahren, bereit fühlte für eine Geschlechtsangleichung. Der Prozess wurde 2007 abgeschlossen mit einer Operation in Thailand und mit dem Gerichtsverfahren, das 2009 ihren zivilrechtlichen Status von männlich zu weiblich veränderte. Ich fragte sie, was sie als Transfrau eigentlich dazu bewogen habe, sich einer ausschließlich Männern vorbehaltenen Bruderschaft anzuschließen. Sie erklärte mir, dass sie vor ihrer Umwandlung wie andere Frauen vom Ethos der Grand-Orient-Freimaurerei fasziniert gewesen sei, als diese noch ein reiner Männerbund war – mit dem Unterschied, dass sie biologisch dazu berechtigt war, ihm beizutreten: »In diesem Fall war es ausnahmsweise hilfreich, einen Männerkörper zu haben.« So nimmt es nicht wunder, dass Olivia lächelt, als ich die Chevalière d'Éon erwähne, die transvestitische Spionin aus dem achtzehnten Jahrhundert: Sie ist stolz, dass »eine der ersten dokumentierten Transfrauen der Geschichte« eine Freimaurerin war.

Der bewegendste Moment in Olivias Autobiographie *D'un corps à l'autre* beschreibt, als sie 2007 vor den Brüdern ihrer Loge ihr Coming-out hatte. Nach einem verdutzten Schweigen brachten diese ihr ausschließlich warmherzige Unterstützung entgegen – obwohl viele der Anwesenden nicht einmal wussten, was Transsexualität bedeutete. »Sie hatten mich als Bruder akzeptiert, und nun akzeptierten sie mich als Schwester. Und es war ihnen ziemlich gleichgültig, dass die Loge, die ja nun gemischtgeschlechtlich war, damit illegal wurde [nach den Statuten des Grand Orient].« Die Mitglieder von Olivias Loge beschlossen sogar einhellig, ihr bei dem Disput beizustehen, der unweigerlich folgen musste, sobald die Nachricht dem Rat des Grand Orient zu Ohren käme. Drei Jahre lang verhandelten Olivia und der Grand Orient miteinander und kämpften sich durch ein Labyrinth von Fragen. Die Oberen versuchten sie zu überreden, doch lieber einen Orden zu wählen, der auch Frauen zuließ – sie lehnte ab. Obwohl sie dem Gesetz nach verpflichtet waren, ihren neuen zivilrechtlichen Status als Frau neben ihrem Status als Freimaurer anzuerkennen, hofften sie, ihren Fall als Ausnahme von der Regel behandeln zu können. Es bedürfe keiner Änderung der masonischen Statuten, um sie zu behalten, rechtfertigten sie sich, weil sie als Mann initiiert worden und genetisch schließlich immer noch ein Mann sei. Der Streit erreichte seinen Höhepunkt 2010, als Olivias Loge sie zu ihrer Vertreterin im jährlichen Konvent des Grand Orient in Vichy wählte. Obwohl man mit Ärger oder gar physischer Gewalt gerechnet hatte, wurde sie freundlich angenommen, als sie vor den anderen 1200 Delegierten ihre Ansprache hielt. Kurz danach entschied der Konvent, es sollte fortan jeder Loge erlaubt sein, Frauen zu initiieren, wenn sie dies wolle.

Olivia empfindet ihren Erfolg noch nicht als ungetrübten Triumph. In vielen Provinzlogen gibt es immer noch Widerstand gegen die Zulassung von Frauen und die Tendenz, Frauen in der Hierarchie des Ordens nicht nach oben steigen zu lassen; »Die Gläserne Decke ist dort schlimmer als in der profanen Gesellschaft.«

Das eindrucksvolle Freimaurermuseum im Erdgeschoss des Grand-Orient-Gebäudes verrät eine kollektive Scham zu Olivias Entscheidung. Den Adoptionslogen des achtzehnten Jahrhunderts wurde eine Menge Platz eingeräumt. So gibt es zum Beispiel einen schönen Frauenschurz, in dessen hauchzarter, verblichener Seide der Baum der Erkenntnis und die Schlange eingestickt sind. Es gibt auch einen Schaukasten, der die Entscheidung aus dem Jahr 1877 zeigt, Atheisten aufzunehmen. Die einschneidendere Entscheidung von 2010, Frauen zu initiieren, wird dagegen in zwei Sätzen abgehandelt, die zudem nackt, ohne Illustration und ohne Erklärung daherkommen. Nur die aufmerksamsten Besucher des Museums werden sie entdecken. Olivia wird mit keinem Wort erwähnt, geschweige denn ein Foto von ihr gezeigt. Auch wenn sich die Freimaurerei selbst verändert, ändert sie nur ungern ihre Geschichtsschreibung, möchte man meinen.

Denkmäler

2009 befanden sich Großlogen überall in den Vereinigten Staaten in hellem Aufruhr. Sechs Jahre zuvor hatte Dan Browns *Da Vinci Code*, ein Mantel-und-Degen-Thriller über weltbewegende Wahrheiten, die vermeintlich von der katholischen Kirche unter Verschluss gehalten wurden, sich in Harry-Potter-Größenordnung verkauft und war äußerst erfolgreich verfilmt worden. Jetzt stand die Veröffentlichung von Browns Folgeroman *Das verlorene Symbol* unmittelbar bevor. Die Geschichte spielte in Washington, D. C., und sollte die Geheimnisse der Freimaurerei thematisieren. Die erste Auflage belief sich auf rekordverdächtige 6,5 Millionen Exemplare. Die Befürchtung war, dass die etablierten Freimaurer für jeden ominösen Schwachsinn zur Rechenschaft gezogen würden, den sich Dan Brown diesmal ausgedacht hatte, genau wie der Vatikan in der Folge des *Da Vinci Code* von Spinnern belagert worden war. Noch vor dem *Verlorenen Symbol* musste der Sitz des Schottischen Ritus in Washington, D. C., regelmäßig Drohbriefe zur Anzeige bringen. (Mittlerweile lenkte die Freemasons' Hall in London ihre Flut von Spinner-Mails in einen Ordner mit dem Titel »Geisteskranke«.)

Das verlorene Symbol verkaufte bereits am ersten Tag eine Million Exemplare. Doch der Aufruhr im Vorfeld erwies sich als falscher Alarm. Binnen weniger Wochen hatte sich das Interesse an der Freimaurerei wieder gelegt. Eine Erklärung für diese Antiklimax liegt in dem Roman selbst. Auch wenn er Schwächen aufweist, die damals von Rezensenten genüsslich vorgeführt wurden, füttert er doch auf kluge Weise unser hartnäckiges Interesse an freimaurerischer Geheimniskrämerei, ohne dabei den albernsten Mythen allzu viel Raum zu lassen. Am Ende glaubt nur der verblendete, psychopathische Bösewicht, dass die Freimaurer denkwürdige Geheimnisse hüten. Der Held dagegen, Symbologe Professor Robert Langdon, stellt den Brüdern ein glühendes Zeugnis aus: »Eines will ich mal ganz deutlich sagen, Ma'am, die gesamte freimaurerische Philosophie beruht auf Ehrlichkeit und Integrität. Freimaurer gehören zu den vertrauenswürdigsten Menschen, denen Sie begegnen können.« Der eigentliche Star des Buches ist Washington, D.C., das als ein masonisches Labyrinth aus unbekannten Tunneln, Hochsicherheitslaboren, unterirdischen Heiligtümern und verschlüsselten Inschriften neu erfunden wird.

In der wirklichen Welt hat das freimaurerische Washington zweifellos eine lange Geschichte. Nur liegt sie nicht im Verborgenen, sondern könnte kaum augenfälliger sein. Ein Großteil besteht aus gewaltigen Denkmälern der goldenen Ära, als die Freimaurerei in den Staaten zentraler Bestandteil eines Männerlebens war. Mehr als irgendwo sonst in der westlichen Welt haben die Freimaurer in den Vereinigten Staaten ein gewaltiges architektonisches Erbe zu verwalten.

Das eindrucksvollste masonische Gebäude in der Hauptstadt ist das House of the Temple (1915), der Sitz des Schottischen Ritus (Südliche Jurisdiktion). Mit einem mesopotamischen Zikkurat-Dach und der von zwei Sphingen bewachten Säulenfassade ist es dem Mausoleum in Halikarnassos nachempfunden, einem der sieben Weltwunder der Antike, das einem persischen Satrap gottgleichen Status verleihen sollte. Der Mann, der im House of the Temple verewigt wird, ist der Konföderiertengeneral Albert Pike: Seine Urne ist dort neben einem Schrein eingelassen, der großzügigen Spendern gewidmet ist. Herz des Gebäudes ist die Tempelkammer, das Allerheiligste der Schottischen-Ritus-

Freimaurerei: ein prächtiger rechteckiger Saal von schwarzem Marmor, purpurnem Samt, russischem Walnussholz und Bronze – dramatisch beleuchtet von hohen Fenstern und einem Oberlicht. Er steht Besuchern offen.

Auf einem Hügel am Ufer des Potomac, eine U-Bahn-Fahrt entfernt in Alexandria, Virginia, erhebt sich das George Washington Masonic National Memorial (1932). Hier war der große Mann Mitglied der örtlichen Loge. Auch dieses Denkmal ist einem der sieben Weltwunder der Antike nachempfunden: dem Leuchtturm von Alexandria in Ägypten. In seinem Atrium steht eine gigantische, über fünf Meter hohe Bronzestatue des ersten Präsidenten, des Bruders George Washington in seinem Schurz; sie wurde 1950 durch den dreiunddreißigsten Präsidenten feierlich enthüllt, Bruder Harry S. Truman.

Die Freimaurer von heute sind in weniger heroischer Position als die Denkmäler, die ihnen von früheren Generationen hinterlassen wurden. Da die Bruderschaft im Niedergang begriffen ist, scheint sie heute die Pracht, die sie umgibt, fast zu verunsichern. Das House of the Temple ist eine gewaltige finanzielle Belastung für den Schottischen Ritus: 45 Millionen Dollar sind in zehn Jahren gesammelt worden, um eine Renovierung zu finanzieren, doch es bedarf weitaus größerer Mittel, um die anstehenden Reparaturarbeiten zu stemmen. Das George Washington Masonic National Memorial steht auf verlorenem Posten und kämpft um seine Berechtigung. Zwar beherbergt es einige echte Artefakte aus dem Leben des großen Mannes, doch den Rest bestreitet zum Großteil der Plunder von Washingtons posthumem masonischem Personenkult. Der Direktor sagte mir bei meinem Besuch, neunzig Prozent von all den Ausstellungsobjekten im Gebäude seien schlicht »nicht authentisch«.

Ironischerweise ist das Kino wichtig für das Überleben dieser Gebäude: Sie geben stimmungsvolle Kulissen für Filme und Werbespots, und die daraus resultierenden Einkünfte helfen dabei, die Instandhaltungskosten abzudecken. Obwohl die Verfilmung des *Verlorenen Symbols* derzeit auf Eis liegt, scheint schwer vorstellbar, dass sie anderswo als im House of the Temple stattfinden könnte: die zentrale Szene des

Buches – ein typisch Brown'scher Nebel aus Chiffren, berstendem Glas und Helikopterrotoren – spielt in der Tempelkammer.

Das freimaurerische Denkmal, auf das ich mich am meisten gefreut hatte, als ich unlängst nach Washington reiste, war weit weniger eindrucksvoll als das House of the Temple oder das George Washington Masonic Memorial. Niemand käme wohl auf die Idee, in der Prince Hall Grand Lodge des District of Columbia (1929) einen Werbespot zu drehen: Es ist ein fünfgeschossiger grauer Kasten mit einer Reihe masonischer Symbole im umlaufenden Fries; eine Apotheke belegt den Großteil des Erdgeschosses. Wie ihre Architektur anschaulich zeigt, hatten afroamerikanische Freimaurer nicht dieselben Mittel zur Verfügung wie ihre weißen Brüder.

Die Prince Hall Grand Lodge zeugt von einer völlig anderen Auffassung von Sinn und Zweck der Freimaurerei. Sie steht im Zentrum der U Street, im Herzen der schwarzen Community, für die diese Straße Synonym war. Nach dem Bürgerkrieg zunächst ein Lagerplatz für befreite Sklaven, war die Gegend um die U-Street in der Ära der Rassentrennung eine Stadt innerhalb der Stadt. Zu einer Zeit, als man afroamerikanischen Unternehmen weißes Kapital verweigerte, wurden sie von der Industrial Bank unterstützt: 1934 von Most Worshipful Past Grand Master Jessie H. Mitchell gegründet, befindet sie sich auch heute noch direkt gegenüber der Grand Lodge. Die U Street war einmal als der »Black Broadway« bekannt, wo Größen wie Bruder Cab Calloway auftraten. Auch Bruder Duke Ellington war hier zu Hause: Er war Mitglied der Social Lodge Nr. 1, die sich im Grand-Lodge-Gebäude traf (und dies auch heute noch tut). Einige Straßen entfernt bildete die Howard University eine schwarze geistige Elite aus: Bruder Thurgood Marshall machte hier 1933 seinen Juraabschluss. Die Bürgerrechte sind Teil der Statik des Logengebäudes in der U Street. Der Plan für das Gebäude wurde von Bruder Booker T. Washington vorgeschlagen, als er 1912 hier eine Rede hielt. Die unteren Etagen sollten einen großen Speisesaal enthalten und Geschäftsflächen, die vermietet werden konnten, um den masonischen Aktivitäten in den oberen Etagen ausreichend Mittel bereitzustellen – daher die Apotheke. Auch heute noch befindet sich am Ende des Korridors innerhalb des Grand-Lodge-Gebäudes eine von kannelierten Säulen flankierte Tür, verkleidet mit einem Kunststoffspiegel, auf dem zu lesen steht: »Washington DC Branch NAACP«.

Und doch hat die U Street nicht mehr die Bedeutung, die sie einmal hatte. 1968 wurde der Community durch die verzweifelte Revolte infolge der Ermordung Martin Luther Kings das Herz herausgerissen. Im Leben der Afroamerikaner hat sich seither vieles verändert. Die U Street hat sich langsam wieder erholt, nicht zuletzt durch die Gentrifizierung der letzten Jahre, und lebt heute von ihrem Erbe. Auch die Prince Hall-Freimaurerei hat schon bessere Tage erlebt: in den Vereinigten Staaten hat sowohl die weiße als auch die schwarze Freimaurerei eine ergrauende Mitgliedschaft.

Ich war vor allem deshalb in Washington, um etwas über die andauernde Rassentrennung innerhalb der amerikanischen Freimaurerei herauszufinden. Bruder Alton G. Roundtree, der betagte frühere Historiker und Archivar der Prince-Hall-Großloge von D.C., hat einiges dazu beigetragen, ihre Geschichte aufzuzeichnen. Er ist ein Howard-Absolvent und wie viele Freimaurer, die ich in den Vereinigten Staaten kennengelernt habe, ein ehemaliger Militär. Sein Klingelton, der gelegentlich unser Gespräch inmitten der verstaubten Akten des Großlogenarchivs unterbricht, ist der Soundtrack aus dem Kinofilm *Shaft und das Drogenkartell.*

Alton erklärt mir, dass ein Zusammenschluss von weißer und schwarzer Freimaurerei derzeit »nicht auf der Agenda« stehe: Der Traum, dass man eines Tages eine einzige multiethnische Bruderschaft bilde, wie es die masonischen Werte vorsehen, ist gestorben. Die beiden Zweige haben viel zu lange unabhängig voneinander existiert, um an einen Zusammenschluss zu denken. Es gibt viel zu viele Kapitalinteressen auf beiden Seiten, und die weniger zahlreichen Prince-Hall-Freimaurer sind nicht erpicht darauf, in einer Mehrheit weißer Brüder unterzugehen. Das derzeitige Thema ist weniger die Vereinigung als die Anerkennung – die gegenseitige Wertschätzung als legitime Freimaurer, in anderen Worten. Und im Zuge dieser Anerkennung könnte man sich sogar gegenseitige Besuche vorstellen – Brüder des einen Ordens dürfen an Zusammenkünften teilnehmen, die unter der Ägide des anderen stattfinden. Diese Art von Beziehung ist weltweit Gegenstand masonischer Diplomatie. Nur in den Vereinigten Staaten ist sie von der tiefsitzenden unterschwelligen Dynamik der Rassenbeziehungen und dem langen Schatten der Sklaverei geprägt. Einige amerikanische Kirchen, vor allem die Methodisten, haben eine ganz ähnliche Geschichte der Rassentrennung.

Sowohl die Prince-Hall- als auch die Mainstream-Freimaurerei (d. h. überwiegend weiß) sind auf Landesebene organisiert, und so werden alle Schritte in Richtung Anerkennung notgedrungen in jedem Staat von den jeweiligen Großlogen einzeln unternommen. Erst 1989, über zweihundert Jahre nach der ursprünglichen Spaltung, erfolgte die erste wechselseitige Anerkennung, in Connecticut. Seitdem ging es schleppend weiter. 2006 gab es immer noch elf Staaten, in denen die weiße Freimaurerei ihr schwarzes Pendant noch nicht anerkannt hatte. Nicht zufällig waren es dieselben elf Staaten, die während des Bürgerkriegs die Konföderation bildeten. Im Jahr 2019 verweigerten sich nach wie vor sieben weiße Großlogen. Alton schlägt am Ende einen resignierten Ton an:

> Die Situation ist eine Schande. Die früheren Sklavenstaaten lassen sich Zeit mit der Anerkennung der Prince-Hall-Freimaurerei. Ich bin in der Ära der Rassentrennung aufgewachsen und, schlimmer noch, in einer Familie aus Pächtern, ohne eigenes Land, da habe ich keine großen Erwartungen. Erst als einige von den älteren weißen Freimaurern aus den ehemaligen Sklavenstaaten gestorben waren, hat sich was getan. Die weißen Brüder, die nach dem Integrationsgesetz (1965) aufgewachsen sind, sehen die Anerkennung der Prince-Hall-Freimaurerei anders. Trotzdem ist es ein harter Kampf.

Die Oberen der weißen Freimaurer, die ich in Washington, D.C., und Charleston, South Carolina (hier gibt es noch keine gegenseitige Anerkennung), gesprochen habe, empfinden dies ähnlich. Sie räumen ein, dass die »technischen« Gründe, die Albert Mackey ins Feld führte, um die Prince-Hall-Freimaurerei nicht anerkennen zu müssen, lediglich ein Deckmantel für Rassismus waren. Doch sie sehen auch, dass es keinen Sinn hätte, die alten Männer zu überreden, die in den ehemaligen Sklavenstaaten die Basis der Freimaurerei bilden. Ein hochrangiger weißer Freimaurer, der die gegenseitige Anerkennung gern ausweiten würde, witzelte: »Wir brauchen einfach noch ein paar Freimaurerbegräbnisse.«

Es gibt auch positive Zeichen. Als ich den Logenmeister Quincy G. Grant in der Großloge der U Street traf, war er kurz zuvor als Ehrengast bei einem Konzert von Mozarts Freimaurermusik eingeladen gewesen, organisiert von Mainstream-Maurern. Die zwei Großlogen, weiß und schwarz, hatten eine Partnerschaft geschlossen, um die Special Olympics in Washington finanziell zu unterstützen. »Wir sind hier in D.C. an einem guten Ort«, sagte er mir.

Während meines Aufenthaltes in Washington war ich thailändisch essen mit Oscar Alleyne, einem Epidemiologen, der Programme für das öffentliche Gesundheitswesen ausarbeitet. Er ist ein Freimaurerhistoriker, hält charismatische Vorträge und ist seit Gründung der Mainstream-Großloge von New York im Jahr 1782 der erste Schwarze, der darin eine führende Rolle einnimmt – er ist derzeit Junior Grand Warden. Mit ein wenig Glück könnte dieselbe Großloge, die das strahlend weiße Masonic Brotherhood Center in der New Yorker Weltausstellung von 1964/65 errichten ließ, schon bald einen schwarzen Großmeister haben. Oscar beschrieb den ergreifenden Moment, als er mit überwältigender Mehrheit ins Amt gewählt wurde, als »Tumult … Es gab Tränen. Alle Anwesenden im Saal schienen schlicht zu denken: ›Es war auch höchste Zeit.‹«

Schachbrettartig

Keine andere Macht trug mehr dazu bei, die masonische Welt zu schaffen, wie sie in Bourlards Dokumentarfilm gefeiert wird, als das Britische Empire. So sollten wir vielleicht mit dem Erbe des Empire in der Freimaurerei abschließen.

Im Herbst 2019, bei einem Lunch unweit der Freemason's Hall in London, sprach ich über den gegenwärtigen Zustand der Bruderschaft in Indien mit einem älteren Bruder, der gerade in London zu Besuch war. Bharat V. Epur verstrahlt eine innere Ruhe, die jemandem gut ansteht, der eine Reihe hoher Ämter innerhalb der Großloge von Indien innehat, wie das des Regionalgroßmeisters für Ostindien. Aus Chennai stammend (dem imperialen Madras) und 1998 in die Bruderschaft initiiert, verkaufte Bharat vor einigen Jahren sein Versicherungsunternehmen und reist jetzt im Dienst der Freimaurerei um die Welt. Zusätzlich fand er noch die Zeit, das *Penguin India Quiz Book* zu schreiben. Er betrachtet die Freimaurerei als die »destillierte Weisheit aller Zeitalter, in vielschichtiger Form dargeboten«. Ihre Rituale, die er als »Amateurtheater« abtut, entstammen der westlichen Erfahrung, doch ihre tiefgründigsten Wahrheiten sind ursprünglich indisch.

Bharat hat eine hohe Meinung von seiner Freimaurerei, zieht aber zum Zustand der Bruderschaft in seiner Heimat ein ernüchterndes Fazit: »Wir wursteln vor uns hin.« Im Vergleich zu den frühen Tagen der Großloge von Indien würden die Logen nun nicht mehr »die höchsten Gesellschaftsschichten« anziehen. Zum Teil auch deshalb habe man nun mit Geldproblemen zu kämpfen. Indische Logengebäude stammen oft noch aus der Zeit des Empire und stehen auf Grundstücken, die von der Eisenbahn oder dem Militär gepachtet sind. Viele dieser Parzellen sind im Wert mächtig gestiegen, seit Indien floriert. Mit den erhöhten Mieten haben die Brüder eine schwere Last zu stemmen, um in ihren angestammten Logen bleiben zu können.

Auch Rekrutierungsprobleme zeichnen sich ab. Viele gut ausgebildete junge Männer finden schlicht keine Zeit für die Logenarbeit; Angestellte in der boomenden IT-Industrie haben extrem lange Arbeitstage, oft angepasst an die amerikanische oder europäische Zeitzone, in Gebäuden, die von den historischen Stadtzentren, in denen die Tempel sich befinden, weit entfernt sind.

Was aber ganz entschieden kein Problem für die indische Freimaurerei darstellt, ist Intoleranz. Der allererste Großmeister, der 1961 bei der Gründung der Großloge von Indien gewählt wurde, war ein Moslem; unter den nachfolgenden Großmeistern waren ein Sikh und ein Parse; und das derzeitige Oberhaupt der Southern Region ist ein syrischer Christ. Indische Logen lassen nicht weniger als fünf verschiedene heilige Gesetzbücher zu: die Bhagavad Gita, den Koran, die Bibel, Guru Granth Sahib (für Sikhs) und das Zend-Avesta (für Zoroastrier). Bharat hat sogar verständnisvolle Worte übrig für Rudyard Kipling, den Autor der »Mutterloge«, dessen Rassismus lediglich »die damalige Zeit spiegeln« würde. Kiplings Porträt schmückt sogar die Homepage der *Grand Lodge of India*-Webseite, gleich neben dem Bild seines Bruders aus den Allahabad-Tagen, Motilal Nehru.

So ist zumindest in Indien das Erbe der Freimaurerei im britischen Empire weitgehend positiv. Anderswo haben Freimaurer eine schwierigere Aufgabe zu bewältigen beim Kampf mit den Schatten in ihrer Vergangenheit. Australien ist so ein Fall. Einer der vielen verstörenden Aspekte des unmenschlichen Umgangs mit den australischen Ureinwohnern, seit 1788 die ersten Weißen dort ankamen, ist die Schändung der Begräbnisstätten von Eingeborenen. Alle Eingeborenenvölker erachten diese als wesentlich für ihre Verbindung zur Heimaterde. Die sterblichen Überreste zu identifizieren und wieder zu begraben ist eine Aufgabe, die von Eingeborenengruppen mit Leidenschaft betrieben wird. Im Jahr 2002, infolge einer Amnestie, überreichten die Freimaurer dem Melbourne Museum eine große, aber nicht katalogisierte Sammlung indigener Überreste – »üblicherweise Schädel sowie Arm- oder Schenkelknochen«. Viele Jahre lang hatten die Logen des Staates Victoria Sterblichkeitsembleme benutzt, die sie aus Eingeborenengräbern gestohlen hatten. Ein Mitglied des indigenen Beratungskomitees des Museums war entsetzt:

> Dieses Material ist ohne Information zu der Quelle dieser Überreste aufgetaucht. Man weiß weder, warum sie gesammelt wurden, noch woher sie stammen. Es ist ein Skandal, dass die Freimaurer so viele Überreste unserer Vorfahren in ihrem Besitz hatten, aber noch schlimmer ist die Tatsache, dass sie uns nicht sagen können, woher sie stammen. Wie sollen wir unsere Vorfahren begraben, wenn wir nicht wissen, woher sie kommen?

Kein Wunder, dass die Bruderschaft unlängst von einem der führenden Künstler Australiens wegen ihrer Rolle in der Kolonisierung in einem preisgekrönten Werk angeklagt wurde, das jetzt in Australiens National Gallery hängt. Danie Mellors Gemälde *From Rite to Ritual* beschreibt eine Freimaurerloge und ihre zugehörigen Symbole: Säulen, Schachbrettboden, Sarg, dazu Totenschädel mit gekreuzten Knochen. Die Szene ist im selben Blau gemalt wie das mit kitschigen chinesischen Motiven verzierte Willow-Pattern-Porzellan, das im ausgehenden achtzehnten Jahrhundert in Großbritannien produziert wurde – ein typischer Konsumartikel der imperialen Wirtschaft zu einer Zeit, als die Bruderschaft über den ganzen Erdball agierte. Von diesem Hintergrund heben sich in Kontrastfarben die Darstellungen australischer Tiere ab – Koalas, Kängurus und Rotflügelsittiche. Im Zentrum des Tempelbodens vollführen geisterhafte indigene Männer einen zeremoniellen Tanz. Das Bild erinnert uns daran, wie die Bruderschaft eine feierliche, harmonische Legende ersann für das todbringende, gierige Geschäft der Kolonisierung.

Doch Danie Mellor weiß um die beharrlichen Widersprüche der Bruderschaft. Er ist nicht nur selbst ein ehemaliger Freimaurer, sondern auch gemischter Abstammung, mit europäischen und indigenen Vorfahren. Wie er mir sagte: »Es stimmt, es gibt in der Freimaurerei Inklusivität, und als ich der Bruderschaft angehörte, hatte ich das Gefühl, dass im Kern die Vorstellung, wir alle gehörten in Toleranz und gegenseitiger Anerkennung zu derselben ›Familie von Menschen‹, durchaus aufrichtig war.« *From Rite to Ritual* befasst sich auch mit der fragilen Schnittmenge zwischen westlicher Freimaurerei und indigenen australischen Kulturen, besonders die Art und Weise, wie Wissen in Zeremonien eingebettet ist und der Tod als zentrale Erfahrung des Menschseins angesehen wird.

Australische Freimaurer verweisen auf einige indigene Gemeindevorsteher, die der Bruderschaft angehörten, wie Sir Douglas Nicholls, der in den 1970er Jahren Spitzenspieler der Australian Football League, Aborigine-Aktivist und Gouverneur von Südaustralien war. Ein Blick in die Aborigine-Presse zeigt, dass Nicholls kein Einzelfall ist. Historisch gesehen mag die Freimaurerei weltweit Symbole aus anderen Kulturen gestohlen haben, um sie in ihre Zeremonien einzubauen, aber die Logen haben immer wieder bewiesen, dass sie auch Wiegen des kulturellen Dialogs sind.

Ein geschichtliches Bewusstsein war immer schon wesentlich für die Freimaurerei. Doch allzu oft haben die Freimaurer, wie ich herauszustellen versucht habe, ihre Geschichte in rosafarbene Identitätsnarrative gepresst. Wie Danie Mellor bin auch ich der Meinung, dass sie ihren Werten besser gerecht würden, wenn sie versuchten, ihre eigene Geschichte weniger geschönt darzustellen, sondern auch die sozialen Konflikte zu erwähnen. Die Vergangenheit der Freimaurerei ist ebenso schwarz-weiß wie ein Logenboden.

Selbst diejenigen unter uns, die nicht im Traum daran denken würden, einer Loge beizutreten, können einiges lernen, wenn sie die Geschichte aus der Sicht der Freimaurer betrachten. Globalisierung und Internet zwingen uns, ein fundamentales menschliches Bedürfnis neu zu denken und neu zu definieren: Gemeinschaft. Dieser Tage stünde es uns in unserem Streben nach Wohlstand vielleicht gut zu Gesicht, nachzusinnen über die tragikomische Geschichte einer Gemeinschaft, entstanden in einer anderen Zeit, die einige unserer kostbarsten Ideale zu leben versuchte.

NACHBEMERKUNG UND DANK

Ich hoffe sehr, die Leser dieses Buches können die Freude teilen, die ich empfand, als ich für dieses Buch recherchierte. An vorderster Stelle stand das Vergnügen, den Freimaurern in Zeiten und an Orte zu folgen, die für mich als Historiker und Autor völliges Neuland waren. Sich von der Neugier leiten zu lassen, ist ebenso spannend wie risikoreich. Die Spuren dieser Risiken, dessen bin ich sicher, zeigen sich in den Schwächen im Buch, für die allein ich die Verantwortung trage. Ich kann meine Leser, wenn sie auf die Fehler stoßen, die mir unterlaufen sind, nur bitten, sich das Risiko vor Augen zu führen, das ich auf mich nahm. Doch so viele Menschen haben mir während meinen Recherchen dabei geholfen, Möglichkeiten zu erkennen und Stolperfallen zu vermeiden. Ohne ihre großzügige Unterstützung wäre dieses Buch schlicht nicht zustande gekommen. Den Freimaurern, Universitätskollegen und alten wie neuen Freunden schulde ich weitaus mehr, als sich mit der einzigen Dankesgeste, die mir der Platz hier gestattet, zurückzahlen lässt – der Erwähnung ihrer Namen. Zwei Personen jedoch möchte ich besonders hervorheben, weil sie mehr dazu beigetragen haben als irgendjemand sonst, mir meine Forschung zu ermöglichen: Martin Cherry und Susan Snell am Museum of Freemasonry in London sind die Art von BibliothekarInnen / ArchivistInnen, von denen Wissenschaftler nur träumen können. Ihre KollegInnen am Museum of Freemasonry und die MitarbeiterInnen der British Library und der anderen Bibliotheken und Archive, in denen ich gearbeitet habe, verdienen ebenfalls besonderes Lob.

Oscar Alleyne
Gioia Avvantaggiato
Franco Benigno
Stephen Bennetts
Michael Berkowitz
Stefano Bisi
Thomas K. Byrd
Roger H. Bullard
Alessia Candito
Jim Carroll
Olivia Chaumont
Lloyd ›Curly‹ Christopher
Catherine Clarke
Ken Collins
Claudio Cordova
Nicholas Cronk
Enrico Dal Lago
Simon Deschamps
Bharat V. Epur
Tehuti Evans
Adrian Fleming
John Foot
Vahid Fozdar
Quincy G. Gant
Emilio Gin
Christian Goeschel
Andrew Hadfield
Rick Halpern
Jessica L. Harland-Jacobs
Peter Hinks
Stephen Hiott
Stephen Katrowitz
Deirdre Leask
George Lucas
José Luis Hernández Luis
Bob James
Prue James
Andy Jameson
Dilwyn Knox
Rupert Lancaster
Carl Levy
Giuseppe Lombardo
Olivia Loperfido
George Lucas
Giuseppe Lumia
Mario Maritan
Giuseppe Maviglia
Danie Mellor
Peter Mellor
Thomas R. Metcalf
Radojka Miljevic
Guillermo Mira
Lucio Mollica
James R. Morgan III
Brent Morris
Stefano Musolino
Florian Mussgnug
Kerry Nicholls
Gaetano Paci Benigno
Salvo Palazzolo
Giovanni Pandolfo
Ghanshyam M. Patel
Sarah Penny
Thad Peterson
Clive Priddle
Jackie Ranston
Alton G. Roundtree
Francesco Ruis
Julius Ruiz
Ivan Scott
Gajendra Singh
Simon Southerton
David Stevenson
Mark Tabbert
Doug Taylor
Benedetta Tobagi
Fabio Truzzolillo
James Van Zyl
Fabio Venzi
Gareth Wood

KOMMENTIERTE BIBLIOGRAPHIE

In einem Versuch, dieses Buch möglichst gut lesbar zu gestalten, habe ich auf Fußnoten oder Endnoten verzichtet. Wir Universitätsdozenten, die wir das Glück haben, mit Lesen unseren Lebensunterhalt zu verdienen, vergessen nur allzu leicht, wie schwer es vielen Menschen fällt, genügend Zeit für die Lektüre aufzubringen – zumal von Sachliteratur. Das mindeste, was wir tun können, um diesen Lesern auf halbem Wege entgegenzukommen, ist vielleicht, ein Narrativ zu schaffen, das nicht von Literaturhinweisen oder Anspielungen auf obskure akademische Debatten belastet wird, und das auf namentliche Erwähnungen akademischer Verbündeter und Gegner verzichtet.

Abgesehen davon erfüllen Fußnoten viele Pflichten und bieten eine Menge erfreulicher Fakten. Die folgenden Seiten können nur ein armseliger Ersatz für sie sein. Bleibt zu hoffen, dass sie zumindest als Anreiz für weiterführende Lektüren dienen, als Anerkennung meiner vielen geistigen Anleihen, als Hinweis darauf, welche Quellen ich benutzt habe, um meine Argumente zu formulieren und zu belegen, und als Tipp für die Leser, interessante Themengebiete zu erkunden, die ich aus Zeitgründen nicht umfänglich behandeln konnte. Jeder Wissenschaftler, der gern mehr erfahren möchte über meine Quellen, darf mich gern per E-Mail kontaktieren.

Übersetzungen ins Englische stammen von mir, wenn nicht anders angegeben.

Ich habe die folgende Abkürzung benutzt: AQC = Ars Quatuor Coronatorum.

Urheberrechtliche Anmerkungen

Der Autor hat sich sehr bemüht, die Rechte der Urheber der im Buch enthaltenen geschützten Texte zu wahren. Sollten ihm dennoch – unabsichtlich – Fehler unterlaufen sein, so werden sie in nachfolgenden Ausgaben korrigiert, vorausgesetzt, man setzt den Autor darüber in Kenntnis. Der Autor möchte den nachfolgenden Personen und Institutionen für ihre Zustimmung danken, aus veröffentlichten Quellen zu zitieren:

Der Quatuor Coronati Lodge Nr. 2076 / QC Correspondence Circle Ltd für die Erlaubnis, diverse Zitate aus S. Vatcher, »John Coustos and the Portuguese Inquisition« zu verwenden, AQC, 81, 1968.

Der Verlagsgruppe Taylor & Francis für die Erlaubnis, aus folgendem Werk zu zitieren: J. M. Burke, »Freemasonry, Friendship and Noblewomen: The Role of the Secret Society in Bringing Enlightenment Thought to Pre-revolutionary Women Elites«, *History of European Ideas*, 10 (3), S. 283 – 293, (S. 289).

Dem National Trust for Places of Historic Interest or Natural Beauty für die Erlaubnis, aus folgendem Werk zu zitieren: T. Pinney (Hg.), *The Letters of Rudyard Kipling*, Bd. 2, 1890 – 1899, London, Cape, 1990.

Der Most Worshipful Prince Hall Grand Lodge F&AM of Alabama für die Erlaubnis, aus folgendem Dokument zu zitieren: Prince Hall Grand Lodge, Jurisdiction of the State of Alabama, 97th Annual Communication, Mobile, Alabama, 25. – 27. Juli 1967.

Der Masonic Service Association für die Erlaubnis, aus folgendem Werk zu zitieren: N. V. Peale, »What Masonry Means to Me«, *The Short Talk Bulletin*, Februar 1973.

Avv. Giorgio Assumma, dem gesetzlichen Vertreter von Dr. Maurizio Costanzo für die Erlaubnis, mehrere Passagen aus dem Interview mit Licio Gelli im *Corriere della Sera* vom 5. Oktober 1980 zu zitieren.

Giangiacomo Feltrinelli Editore, Milano, für die Erlaubnis, aus G. Colombo, *Il vizio della memoria*, zu zitieren, Mailand, Feltrinelli, 1991. Prima edizione in »Serie Bianca«, November 1996. Prima Edizione in »Universale Economica«, Oktober 1998.

Angelo Longo Editore für die Erlaubnis, aus folgendem Werk zu zitieren: Giordano Gamberini, *Attualità della Massoneria. Contenti gli operai*, Ravenna, Longo, 1978.

Parlamentarische Information lizenziert unter der Open Parliament Licence v3.0 für Jeremy Corbyns Rede im Parlament im Juni 1988, https://www.parliament.uk/site-information/copyright-parliament/open-parliament-licence/.

The Koori Mail für die Erlaubnis, aus folgendem Artikel zu zitieren: »Remains ›are not trophies‹«, *Koori Mail*, 13. November 2002. Er enthält ein Interview mit einem Mitglied im Indigenous Advisory Committee des Victoria Museum.

Für die Rede über »rassische Integrität«, die der Großredner der Grand Lodge of Alabama 1967 anlässlich der Annual Communication hielt, bat ich um die Erlaubnis, einige Sätze aus der Ansprache wörtlich zu zitieren, doch die Grand Lodge of Alabama lehnte ab. Die Rede findet sich auf den Seiten 131–135 der Protokolle der Grand Lodge of F. & A. M. of Alabama der 147. Annual Communication, 21.–22. November 1967, Montgomery, Alabama.

Kapitel 1: Lissabon: John Coustos' Geheimnisse

R. Beachy, »Club Culture and Social Authority: Freemasonry in Leipzig, 1741–1830«, in F. Trentmann (Hg.), *Paradoxes of Civil Society: New Perspectives on Modern German and British History*, 2. Aufl., New York 2003.

F. Braggion, »Managers and (Secret) Social Networks: The Influence of the Freemasonry«, *Journal of the European Economic Association*, 9 (6), 2011.

R. Burt, »Freemasonry and Business Networking during the Victorian Period«, *The Economic History Review*, 56 (4), 2003.

G. M. Cazzaniga, »Il complotto: metamorfosi di un mito«, in Cazzaniga (Hg.), *Storia d'Italia. Annali, 21. La Massoneria*, Turin 2006.

J. Coustos, *The Sufferings of John Coustos, for Free-Masonry, and for His refusing to torn Roman Catholic, in the Inquisition at Lisbon*, London 1746 (dt.: Die grausamen Martern des Johann Coustos 1743–44, Teil 1: Curieuses Verfahren der Inquisition in Portugal wider die Freymäurer, ihr Geheimniß zu entdecken. Breslau 1756, Vgl. Freimaurer-Wikipedia), ›Ich hätte die Befehle des Papstes übertreten‹, engl. Ausgabe S. 52. › … daß das Geheimniß die Neugierigkeit anreitzte‹, engl.Ausgabe S. 33. ›Er selbst lasse es sich zur Ehre gereichen, dieser

Gesellschaft anzugehören‹, engl. Ausgabe S. 27. ›Mildtätigkeit und brüderliche Liebe‹, engl. Ausg. S. 25–31. ›Wenn diese Freimaurergesellschaft wirklich so tugendhaft wäre‹, engl. Ausg. S. 33.

J. A. Ferrer Benimeli, *Masoneria, Iglesia e Ilustracio. Un conflicto ideologico-politico-religioso*, Madrid 1976, Bd. 2. Zu den Inquisitionstribunalen in Lissabon vgl. S. 133–194, zu Coustos insb. S. 183–191.

J. A. Ferrer Benimeli, »Origini, motivazioni ed effetti della condanna vaticana«, in G. M. Cazzaniga (Hg.), *Storia d'Italia. Annali, 21. La Massoneria*, Turin 2006.

J.-C. Flachat, *Observations sur le commerce et sur les arts d'une partie de l'Europe, de l'Asie, de l'Afrique, et même des Indes Orientale*, Bd. 1, Lyon 1766, S. 420; zum Hass auf Freimaurer im Osmanischen Reich.

W. McLeod, »John Coustos: His Lodges and His book«, *AQC*, 92, 1979.

G. Simmel, »The Sociology of Secrecy and of Secret Societies«, *American Journal of Sociology*, 11 (4), 1906.

G. Tarantino, »The mysteries of popery unveiled: Affective language in John Coustos's and Anthony Gavin's accounts of the Inquisition«, in S. Broomhall (Hg.), *Spaces for Feeling: Emotions and Sociabilities in Britain 1650–1850*, London 2015.

S. Vatcher, »John Coustos and the Portuguese Inquisition«, *AQC*, 81, 1968. Enthält eine Übersetzung von Coustos' Verhör und andere Schriften. ›In der Loge sei es den Mitgliedern bei Strafe untersagt …, religiöse Themen abzuhandeln‹, S. 56.

Kapitel 2: Nirgendwo: Der merkwürdige Tod von Hiram Abiff

Anon., *The Scottish Ritual of Craft Freemasonry: With Tracing Boards*, Edinburgh (keine Angabe zum Erscheinungsjahr). In meiner Beschreibung der freimaurerischen Zeremonien dienten mir die Rituale als Vorlage, die 1919 mein Großvater durchlief.

L. Corsi, *Tommaso Crudeli, Il calamaio del Padre Inquisitore*, Udine-Florenz 2003. Masturbationsritual, S. 121.

M. C. Duncan, *Duncan's Masonic Ritual and Monitor*, New York 1966. Die Quelle aller Abbildungen in diesem Kapitel.

S. Vatcher, »John Coustos and the Portuguese Inquisition«, *AQC*, 81, 1968: ›Denn wie die Sonne den Tag … erhelle‹, S. 71. ›überall auf der Welt … erkannt zu werden‹, S. 48. ›Indem er seinen Daumen auf das erste Zeigefingergelenk des Initiierten legt‹, S. 62. ›[Coustos] sagte, dass der einzige Zweck der Rituale …, S. 54. ›Allzu kurz, ausweichend und verlogen‹, S. 73.

M. Vigilante, »Crudeli, Tommaso«, *Dizionario Biografico degli Italiani*, 31, Rom 1985.

Kapitel 3: Edinburgh: Ars Memoriae

D. Allan, »Moray, Sir Robert (1608 / 9?–1673)«, *Oxford Dictionary of National Biography*, Oxford University Press, 2004, Online-Edition, Oktober 2007 [http://www.oxforddnb.com/view/article/19645, Stand 23. Februar 2017].

P. Beal, »Dicsone [Dickson], Alexander (Taufe 1558, Tod 1603 / 4)«, Autor philosophischer Schriften und politischer Aktivist, *Oxford Dictionary of National Biography*, Online-Ausgabe konsultiert am 21. Februar 2017.

I. Campbell und A. MacKechnie, »The ›Great Temple of Solomon‹ at Stirling«, *Architectural History*, 54, 2011. Frühestes Renaissancegebäude dieser Art in Großbritannien, S. 91.

H. Carr und J. R. Dashwood, *The Minutes of the Lodge of Edinburgh, Mary's Chapel, no. 1, 1598–1738*, Masonic Reprints, Bd. XIII, London 1962. Initiation von Bürgerkriegsoffizieren in Edinburgh, S. 118 f.

I. B. Cowan und D. Shaw (Hgg.), *The Renaissance and Reformation in Scotland*, Edinburgh 1983.

P. Croft, *King James*, Basingstoke 2003.

T. De Moor, »The Silent Revolution: A New Perspective on the Emergence of Commons, Guilds, and Other Forms of Corporate Collective Action in Western Europe«, *International Review of Social History*, 53 (S16), 2008.

S. Epstein, »Guilds and Metiers«, in J. R. Strayer (Hg.), *Dictionary of the Middle Ages*, New York, Bd. 6, 1985.

W. Fraser, *Memorials of the Montgomeries, Earls of Eglinton*, Bd. 2, Edinburgh 1859, S. 239–244. Enthält den Text der Schaw-Statuten. ›Gedächtnisprüfung‹, S. 243.

D. Harrison, *The Genesis of Freemasonry*, Addlestone 2014.

M. Hunter, »Ashmole, Elias (1617–1692)«, *Oxford Dictionary of National Biography*, Oxford University Press, 2004, Online-Ausgabe, Mai 2006 [http://www.oxforddnb.com/view/article/764, Stand 23. Februar 2017].

G. P. Jones, »Building in stone in medieval Western Europe«, in M. M. Postan und E. Miller (Hgg.), *The Cambridge Economic History of Europe*, Bd. II: *Trade and Industry in the Middle Ages*, 2. Aufl., Cambridge 1987.

C. H. Josten, »Elias Ashmole, FRS (1617–1692)«, *Notes and Records of the Royal Society of London*, Bd. 15, Juli 1960.

C. H. Josten (Hg.), *Elias Ashmole (1617–1692): His Autobiographical and Historical Notes, his Correspondence, and Other Contemporary Sources Relating to his Life and Work.* Oxford: Clarendon Press, Bd. IV, 1966. ›Ich war der Älteste Geselle unter ihnen‹, S. 1701.

A. L. Julhala, »The Household and Court of King James VI of Scotland«, Dissertation, University of Edinburgh 2000.

D. Knoop und G. P. Jones, *The Genesis of Freemasonry*, Manchester 1947.

D. Knoop und G. P. Jones, *The Mediaeval Mason: An Economic History of English Stone Building in the Later Middle Ages and Early Modern Times*, Manchester 1967.

D. Knoop und G. P. Jones (Hgg.), *The Early Masonic Catechisms*, Manchester 1963. ›Geheimnisse, die niemals aufgeschrieben werden durften‹, vgl. S. 5. ›Bei niedrigem Wasserstande begraben werden‹, vgl. S. 36. Die ›Schwesternschaft Freier Näherinnen‹, vgl. S. 226 ff.

M. Lynche (Hg.), *Oxford Companion to Scottish History*, Oxford 2001. Vgl. Eintrag zum Königshof, ›Royal court‹.

D. MacCulloch, *Reformation: Europe's House Divided, 1490–1700*, London 2003. Zum Thema Reformation in Schottland siehe u. a. S. 291–295. ›Großer Tempel Salomons‹, vgl. S. 110.

E. Miller und J. Hatcher, *Medieval England: Towns, Commerce and Crafts 1086–1348*, London 1995.

R. Plot, *Natural History of Staffordshire*, Oxford, 1686. Zur Erklärung des Begriffs *Acception* vgl. S. 316 ff.

L. F. Salzman, *Building in England Down to 1540: A Documentary History*, Oxford 1967.

M. D. J. Scanlan, »Freemasonry and the mystery of the Acception, 1630 to 1723 – a fatal flaw«, in R. W. Weisberger et al. (Hgg.), *Freemasonry on Both Sides of the Atlantic*, New York 2002. Diese bedeutende Arbeit enthält auch die beste Erklärung des Begriffs Freimaurer.

M. D. J. Scanlan, »The origins of Freemasonry: England«, in H. Bogdan und J. Snoek (Hgg.), *Handbook of Freemasonry*, Leiden 2014.

M. K. Schuchard, *Restoring the Temple of Vision: Cabalistic Freemasonry and Stuart Culture*, Leiden 2002. Zur Hermetik und zum schottischen Königshof siehe S. 200–206.

D. Stevenson, *The Origins of Freemasonry: Scotland's Century, 1590–1710*, Cambridge 1988. Viele Informationen in diesem Kapitel habe ich Stevenson entnommen, so zum Beispiel die Tatsache, dass 80 Prozent der Schaw-Logen bis heute existieren, vgl. dazu S. 216. Zur Tatsache, dass es 1710 bereits dreißig Schaw-Logen gab, siehe S. 213. Zu ›Übermittlung gewisser geheimer Zeichen‹ siehe S. 143.

D. Stevenson, ›Schaw, William (1549/50–1602)‹, *Oxford Dictionary of National Biography*, Oxford University Press, 2004 http://www.oxforddnb.com/view/article/24799, konsultiert am 21. Februar 2017.

D. Stevenson, »Four Hundred Years of Freemasonry in Scotland«, *The Scottish Historical Review*, XC (2), 2011, S. 230.

H. Swanson, *Medieval Artisans: An Urban Class in Late Medieval England*, Oxford 1989.

S. L. Thrupp, »The gilds«, in M. M. Postan, E. E. Rich und E. Miller (Hgg.), *The Cambridge Economic History of Europe*, Bd. III. *Economic Organization and Policies in the Middle Ages*, Cambridge 1963.

E. M. Veale, »Craftsmen and the economy of London in the 14th century«, in R. Holt und G. Rosser (Hgg.), *The Medieval Town, 1200–1540*, London 1990.

F. A. Yates, *The Art of Memory*, London 1966. Die klassische Abhandlung zur Gedächtniskunst und ihren Ausprägungen in der Renaissance.

Text und Übersetzung des Regius-Poems sind verfügbar auf http://www.freemasons-freemasonry.com/regius.html, konsultiert am 3. April 2017. (Für die dt. Fassung vgl. Freimaurer-Wikipedia)

Kapitel 4: London: Unter dem Schild von Gans und Bratrost

J. Anderson, *The constitutions of the Freemasons: Containing the history, charges, regulations, etc. of that … fraternity*, London 1723.

J. Anderson, *The New Book of Constitutions of the … Fraternity of Free and Accepted Masons … collected and digested, by order of the Grand Lodge, from their old records … and lodge-books*, London 1738.

Anon, »Cunningham, James, fourteenth Earl of Glencairn (1749–91)«, *The Burns Encyclopedia*, online verfügbar: http://www.robertburns.org/encyclopedia/CunninghamJamesfourteenthEarlofGlencairn174915191.255.shtml, Stand 14. April 2017. ›Mein erster und teuerster Gönner‹.

R. Beachy, »Masonic apologetic writings«, in M. Fedelma Cross (Hg.), *Gender and Fraternal Orders in Europe, 1300–2000*, Basingstoke 2010.

F. Benigno, »Assolutezza del potere e nascita della sfera pubblica: critica di un modello«, in M. Rospocher (Hg.), *Oltre la sfera pubblica: Lo spazio della politica nell'Europa moderna*, Bologna 2013.

R. A. Berman, »The Architects of Eighteenth Century English Freemasonry, 1720–1740«, University of Exeter, Dissertation, 2010. Vor allem zu Desaguliers und zu Netzwerken der Whigs. ›Viele Londoner Freimaurer stellten just den Typus Mensch dar, den die Whig-Regierung … bevorzugt haben dürfte‹, S. 155.

R. A. Berman, *The Foundations of Modern Freemasonry: The Grand Architects, Political Change and the Scientific Enlightenment, 1714–1740*, Brighton 2012.

J. Black, *Eighteenth-Century Britain, 1688–1783*, 2. Aufl., Basingstoke 2008.

M. Blackett-Ord, *Hell-Fire Duke: The Life of the Duke of Wharton*, Shooter's Lodge 1982.

›Boniface Oinophilus‹ (Pseudonym von A.-H. de Sallengre), *Ebreitatis Encomium, or The Praise of Drunkenness*, London 1812. Deutsch: *Bacchus auf seinem Thron, das ist: Des Herrn von sallengre Lob der Trunkenheit*, 1724. ›Trinkt Wein, so werdet ihr bereits …‹, Kap. XV.

A. T. Carpenter, *John Theophilus Desaguliers: A Natural Philosopher, Engineer and Freemason in Newtonian England*, London 2011. Walpole als Freimaurer, S. 104.

W. J. Chetwode Crawley, »Notes on Irish Freemasonry, no. VI, The Wesleys and Irish Freemasonry«, *AQC*, 15, 1902.

J. C.D. Clark, *English Society 1660–1832*, Cambridge 2000.

P. Clark, *British Clubs and Societies 1580–1800*, Oxford 2000. Eine sehr wichtige Quelle zu diesem Gebiet. Zu Burns' Netzwerk siehe S. 230 f. Zweitausend Kaffeehäuser: S. 163.

R. Clutterbuck, *The History and Antiquities of the County of Hertford; compiled from the best printed authorities and original records preserved in public repositories and private collections: Embellished with views of the most curious monuments of antiquity, and illustrated with a map of the County*, Bd. 1, London 1815. Informationen über die Strongs finden sich auf den Seiten 166–170.

H. T. Dickinson, »Whiggism in the eighteenth century«, in J. Cannon (Hg.), *The Whig Ascendancy: Colloquies on Hanoverian England*, London 1981.

K. Downes, *Christopher Wren*, London 1971. Zum Nachruf, der die Freimaurerei erwähnt, siehe S. 182.

P. Elliott und S. Daniels, »The ›school of true, useful and universal science‹? Freemasonry, Natural Philosophy and Scientific Culture in Eighteenth-Century England«, *The British Journal for the History of Science*, 39 (2), 2006.

A. Everitt, »The English Urban Inn, 1560–1760«, in A. Everitt (Hg.), *Perspectives in English Urban History*, London 1973.

M. Goldie, »The English system of liberty«, in M. Goldie und R. Wokler (Hgg.), *The Cambridge History of Eighteenth-Century Political Thought*, Cambridge 2006.

J. Habermas, *The Structural Transformation of the Public Sphere: An Inquiry into a Category of Bourgeois Society*, Cambridge, MA 1989. (dt.: *Strukturwandel der Öffentlichkeit: Untersuchungen zu einer Kategorie der bürgerlichen Gesellschaft*, Frankfurt / Main 1962.)

D. G. Hackett, *That Religion in Which All Men Agree: Freemasonry and American Culture*, Berkeley, Kalifornien, 2014. Noch eine wichtige Analyse. Schilderung der freimaurerischen Parade in Charleston, vgl. S. 19. Das Buch beinhaltet auch ein sehr aufschlussreiches Kapitel über die Freimaurerei der amerikanischen Ureinwohner.

E. Hatton, *New View of London: or an Ample account of that City*, London 1708. Eine ›Bruderschaft vieler Persönlichkeiten aus der Welt der Aristokratie und des Landadels‹, S. 611.

J. Herron Lepper, »The Earl of Middlesex and the English Lodge in Florence«, *AQC*, 58, 1945.

C. Hobson, »Valentine Strong – Cotswold Stonemason«, *Fairford History Society Occasional Paper*, 3, 2006.

M. C. Jacob, *Living the Enlightenment: Freemasonry and Politics in Eighteenth-Century Europe*, Oxford 1991. Eine bahnbrechende Studie, die mir in den Kapiteln zu London und Paris aufschlussreiche Fakten lieferte.

M. C. Jacob, *The Origins of Freemasonry: Facts & Fictions*, Philadelphia, Pennsylvania, 2006.

L. Jardine, *On a Grander Scale: The Outstanding Career of Sir Christopher Wren*, London 2002.

D. Knoop und G. P. Jones, *The London Mason in the Seventeenth Century*, Manchester 1935.

B. Krysmanski, »Lust in Hogarth's *Sleeping Congregation* – Or, How to Waste Time in Post-Puritan England«, *Art History*, 21, 3. September 1998; auf einer Karikatur von Desaguliers, der eine langweilige Predigt hält.

J. M. Landau, »Muslim Opposition to Freemasonry«, *Die Welt des Islams*, 36 (2), 1996.

J. Lane, *Masonic Records 1717–1894* (2. Aufl.), London 1895.

J. Lang, *Rebuilding St Paul's after the Great Fire of London*, Oxford 1956.

N. Leask, »Robert Burns«, in G. Carruthers und L. McIlvanney (Hgg.), *The Cambridge Companion to Scottish Literature*, Cambridge 2012.

J. Macky, *A Journey Through England in Familiar Letters from a Gentleman Here, to his Friend Abroad*, 2. Aufl., London 1722, i. ›zahllose CLUBS oder SOCIETIES‹, S. 287.

R. K. Marshall, »Davison [Davidson], Jeremiah (c. 1695–1745)« *Oxford Dictionary of National Biography*, Oxford, 2008. Online-Version konsultiert am 23. April 2017.

H. Morrison, »›Making Degenerates into Men‹ by Doing Shots, Breaking Plates, and Embracing Brothers in Eighteenth-Century Freemasonry«, *Journal of Social History*, 46 (1), 2012. Zu Mozart und Haydn, die in ihren Logen vergnügte Feste feiern.

M. Mulvey Roberts, *British Poets and Secret Societies*, London 1986; zu Burns.

A. Newman, »Politics and Freemasonry in the Eighteenth Century«, *AQC*, 104, 1991.

R. Péter, »The ›Fair Sex‹ in a ›Male Sect‹: Gendering the Role of Women in Eighteenth-Century English Freemasonry«, in M. Fedelma Cross (Hg.), *Gender and Fraternal Orders in Europe, 1300–2000*, Basingstoke 2010.

A. Pink, »Robin Hood and Her Merry Women: Modern Masons in an Early Eighteenth-Century London Pleasure Garden«, *Journal for Research into Freemasonry and Fraternalism*, 4 (1–2; Einzelheft), 2013.

M. G.H. Pittock, *Inventing and Resisting Britain: Cultural Identities in Britain and Ireland, 1685–1789*, Basingstoke 1997.

W. Read, »Let a man's religion … be what it may«, *AQC*, 98, 1985. Schildert den Fall des ersten katholischen Großmeisters in der englischen Freimaurerei.

C. Révauger, »Les femmes et la franc-maçonnerie, des origines à nos jours«, *REHMLAC: Revista de Estudios Históricos de la Masonería Latinoamericana y Caribeña*, 4 (2), Dezember 2012 bis April 2013. Einige bemerkenswerte Beispiele aus der Vergangenheit für Frauen in der Freimaurerei.

S. Schaffer, »The Show That Never Ends: Perpetual Motion in the Early Eighteenth Century«, *The British Journal for the History of Science*, 28 (2), 1995. Sehr aufschlussreich im Hinblick auf Desaguliers.

M. D. J. Scanlan, »Freemasonry and the mystery of the Acception, 1630 to 1723 – a fatal flaw«, in R. W. Weisberger et al. (Hgg.), *Freemasonry on Both Sides of the*

Atlantic, New York 2002, ›eine große Zusammenkunft der Bruderschaft Angenommener Maurer in der St.-Pauls-Kathedrale‹, siehe S. 171.
J. M. Shaftesley und M. Rosenbaum, »Jews in English Regular Freemasonry, 1717–1860«, *Transactions & Miscellanies (Jewish Historical Society of England)*, 25, 1973–1975.
J. M. Shaftesley, »Jews in English Freemasonry in the 18th and 19th Centuries«, *AQC*, 92, 1979.
D. S. Shields, »Franklin and the republic of letters«, in C. Mulford (Hg.), *The Cambridge Companion to Benjamin Franklin*, Cambridge 2008.
Ev. Ph. Shirley, »Remarkable Clubs and Societies, 1748«, *Notes and Queries*, 27. Juli 1878. Was die Namen seltsamer Clubs anbelangt, vgl. S. 65.
L. B. Smith, »Wharton, Philip James, duke of Wharton and Jacobite duke of Northumberland (1698–1731)«, *Oxford Dictionary of National Biography*, Oxford 2008. Online-Version konsultiert am 3. Mai 2017.
W. Speck, »Whigs and Tories dim their glories: English political parties under the first two Georges«, in J. Cannon (Hg.), *The Whig Ascendancy: Colloquies on Hanoverian England*, London 1981.
D. Stevenson, *The Origins of Freemasonry: Scotland's Century, 1590–1710*, Cambridge 1988. ›eine exklusive Zelle innerhalb der London Company‹, S. 281. ›eintausend lächerliche Posen und Grimassen‹, siehe S. 137.
D. Stevenson, »James Anderson, Man and Mason«, *Heredom: Transactions of the Scottish Rite Research Society*, 10, 2002.
P. Sugden, »Veil, Sir Thomas de (1684–1746)«, *Oxford Dictionary of National Biography*, Oxford 2004. Online-Version konsultiert am 1. Mai 2017.
A. Tinniswood, *His Invention So Fertile: A Life of Christopher Wren*, London 2001.
A. Vickery, *The Gentleman's Daughter: Women's Lives in Georgian England*, New Haven, Connecticut 1998.
E. Ward, *A Compleat and Humorous Account of All the Remarkable Clubs and Societies in the Cities of London and Westminster*, London 1756. ›Geräuschlichkeiten‹, siehe S. 31.
S. Wren (Hg.), *Parentalia Or Memoirs of the Family of the Wrens Viz. of Mathew Bishop of Ely, Christopher Dean of Windsor … But Chiefly of Sir Christopher Wren, Late Surveyor-General of the Royal Buildings … Now Published by Stephen Wren*, London 1750. Zur Schilderung des Richtfestes, vgl. S. 293.
J. Wright, *Phoenix Paolina: A Poem on the New Fabrick of St Paul's Cathedral*, London 1709.

Kapitel 5: Paris: Krieg dem Christ und seiner Verehrung; Krieg den Königen und ihren Thronen

L. Aimable, *Une Loge Maçonnique d'avant 1789: les Neuf Soeurs*, Paris 1897.

Anon., *L'adoption ou La maçonnerie des femmes*, Paris(?) 1775.

P. Barbier und F. Vernillat, *Histoire de France par les Chansons*, Bd. 4, *La Révolution*, Paris 1957. ›Wir Maurer haben einen eifrigen Bruder‹, S. 20 f.

A. Barruel, *Denkwürdigkeiten zur Geschichte des Jakobinismus*, 5 Bde., Münster, Leipzig 1800. ›In der französischen Revolution … ist alles, bis auf ihre entsetzlichsten Verbrechen‹, Bd. 1, Vorrede S. 6. ›Sobald der Jakobinismus siegt‹, Bd. 1, S. 16. ›Krieg dem Christ und seiner Verehrung‹, Bd. 2, S. 273. Endphase der Verschwörung in Bd. 4, Kap. XI. Über den Verlust verfänglicher Briefe vgl. Bd. 2, S. 465. ›Engel des Todes‹, Bd. 2, S. 317.

P.-Y. Beaurepaire, *L'autre et le frère: L‹étranger et la Franc-Maçonnerie en France au XVIII siècle*, Paris 1998; ›all jene Profanen [d. h. Nicht-Freimaurer], die das Pech haben, Juden … zu sein‹, vgl. S. 566.

Berman, *The Foundations of Modern Freemasonry: The Grand Architects, Political Change and the Scientific Enlightenment, 1714–1740*, Brighton 2012.

J. H. Bloch, »Women and the reform of the Nation«, in E. Jacobs et al. (Hgg.), *Woman and Society in Eighteenth-Century France*, London 1979.

C. Brinton, »Revolutionary Symbolism in the Jacobin Clubs«, *The American Historical Review*, 32 (4), 1927.

J. M. Burke, »Through Friendship to Feminism: The Growth in Self-Awareness Among Eighteenth-Century Women Freemasons«, *Proceedings of the Annual Meeting of the Western Society for French History*, 14, 1987.

J. M. Burke, »Freemasonry, Friendship and Noblewomen: The Role of the Secret Society in Bringing Enlightenment Thought to Pre-revolutionary Women Elites«, *History of European Ideas*, 10 (3), 1989. ›Sie wurde inhaftiert und … exekutiert‹, S. 289.

J. M. Burke, »Leaving the Enlightenment: Women Freemasons after the Revolution«, *Eighteenth-Century Studies*, 33 (2), *Colonial Encounters* (Winter 2000). ›Es steht außer Frage, dass … feministische Ideen aufkeimten‹, S. 256.

J. M. Burke and M. C. Jacob, »French Freemasonry, Women, and Feminist Scholarship«, *The Journal of Modern History*, 68 (3), 1996.

S. Burrows, J. Conlin, R. Goulbourne, V. Mainz (Hgg.), *The Chevalier D'Eon and his Worlds: Gender, Espionage and Politics in the Eighteenth Century*, London 2010.

J. Casanova de Seingalt, *Histoire de ma vie. Suivie de textes inédits*, Paris 1993. ›In diesen Zeiten sollte sich jeder junge Reisende …‹, Bd. I, Teil 3, Kap. VII, S. 553. ›Köstliche Diners in Gesellschaft hübscher Mädchen‹, Bd. III, Teil 12, Kap. VI, S. 957.

R. Chartier, *The Cultural Origins of the French Revolution*, London 1991. Freimaurerei und Säkularisierung, S. 92–110.

E. Chaussin, »D'Éon and Tonnerre«, in S. Burrows, J. Conlin, R. Goulbourne, und V. Mainz 2010, op cit. ›Trotz ihrer Verwandlung‹, S. 78.

W. J. Chetwode Crawley, »The Chevalier d'Éon«, *AQC*, 16, 1903. ›Einmal angenommen, dass der Chevalier d'Eon …‹, S. 251.

P. Chevallier, *Les Ducs sous l'Acacia. Les premiers pas de la Franc-Maçonnerie française, 1725–1743*, Paris 1964.

P. Chevallier, *Histoire de la Franc-Maçonnerie Française. Tome I. La Maçonnerie: École de l'*Égalité, *1725–1799*, Paris 1974. ›Das unentwirrbare schottische Durcheinander‹, Gaston Martin, siehe S. 185.

L. F. Cody, »Sex, Civility, and the Self: Du Coudray, D'Eon, and Eighteenth-Century Conceptions of Gendered, National, and Psychological Identity«, *French Historical Studies*, 24 (3), 2001.

R. Darnton, *Mesmerism and the End of the Enlightenment in France*, London 1968.

R. Darnton, »Cherchez la Femme«, *New York Review of Books*, 10. August 1995. Rezension zu *Monsieur d'Eon is a Woman: A Tale of Political Intrigue and Sexual Masquerade* von G. Kates.

S. Desan, »What's After Political Culture? Recent French Revolutionary Historiography«, *French Historical Studies*, 23 (1), 2000.

C. Francovich, »Balsamo, Giuseppe«, *Dizionario biografico degli Italiani*, Bd. 5, Rom 1963.

P. Friedland, *Seeing Justice Done: The Age of Spectacular Capital Punishment in France*, Oxford 2012.

G. Giarrizzo, *Massoneria e illuminismo*, Venedig 1994.

D. Goodman, *The Republic of Letters: A Cultural History of the French Enlightenment*, Ithaca, New York, 1994. Enthält diverse Hinweise auf Guillotins Freimaurerei.

R. F. Gould, *The Concise History of Freemasonry*, überarbeitet von F. J. W. Crowe, New York 2007 (1920).

R. Halévi, »Les origins intellectuelles de la Révolution française: de la Maçonnerie au Jacobinisme«, in É. François (Hg.), *Sociabilité et société bourgeoise en France, en Allemagne et en Suisse, 1750–1850*, Paris 1986.

G. Hivert-Messeca und Y. Hivert-Messeca, *Comment la Franc-Maçonnerie vint aux femmes: Deux siècles de Franc-Maçonnerie d'adoption féminine et mixte en France, 1740–1940*, Paris 1997. Zweiundachtzig Prozent der Frauen in den Adoptionslogen entstammten dem Adel, S. 115–121.

R. Hofstadter, »The Paranoid Style in American Politics«, *Harper's Magazine*, November 1964.

O. Homberg und F. Jousselin, *Un aventurier au XVIIIe siècle. Le Chevalier d‹Éon (1728–1810)*, Paris 1904. ›Anbei sende ich Ihnen eine Einladung zu dieser Zeremonie‹: aus d'Éons unveröffentlichten Schriften, siehe S. 279. ›Sein – oder ihr – Kinn ziert‹, vgl. S. 206.

S. J. Horowitz, »What's Behind Hip Hop's Illuminati Music Obsession?«, http://www.complex.com/music/hip-hop-illuminati-obsession; konsultiert am 2. März 2017.

J. I. Israel, *Democratic Enlightenment: Philosophy, Revolution, and Human Rights 1750–1790*, Oxford 2011. ›Verräterisch und der Religion feindlich gesinnt‹, siehe S. 842.

A. Joly, *Un mystique Lyonnais et les secrets de la Franc-Maçonnerie, 1730–1824*, Macon 1938. Zu Willermoz.

C. Jones, *The Great Nation: France from Louis XV to Napoleon, 1715–99*, London 2002.

F. Jupeau Réquillard, *L'initiation des femmes, ou, Le souci permanent des francs-maçons français*, Monaco 2000. ›Liebe Schwestern! Welche Freude ist es für mich‹, siehe S. 300.

G. Kates, ›The Transgendered World of the Chevalier / Chevalière d'Eon‹, *The Journal of Modern History*, 67 (3), 1995.

M. L. Kennedy, *The Jacobin Clubs in the French Revolution: The First Years*, Princeton, New Jersey, 1982.

R. Le Forestier, *Les Illuminés de Bavière et la Franc-Maçonnerie Allemande*, Paris 1914.

R. Le Forestier, *La Franc-Maçonnerie templière et occultiste aux XVIIIe et XIXe siècles*, Paris 1970.

E. Lever, *Philippe Égalité*, Paris 1996.

D. Ligou (Hg.), *Chanson Maçonniques 18e et 19e siècles*, Paris 1972.

D. Ligou, *Dictionnaire universel de la Franc-Maçonnerie*, Paris, Bd. 2, 1974. Eine meiner Quellen, was die seltsame Vielfalt an Graden und Riten anbelangt: S. 1105–1131.

D. Ligou (Hg.), *Dictionnaire de la Franc-maçonnerie*, Paris 1987. Zu Chaillon de Jonville, vgl. S. 209 f. Zu Orléans alias Bürger Philippe Égalite vgl. S. 874 f. Zu Condorcet siehe S. 289. Zu Guillotin, S. 550. Zu Égalités Ehefrau und Schwester S. 154.

D. Ligou (et al.), *Histoire des francs-maçons en France 1725–1815*, Toulouse 2000.

K. Loiselle, *Brotherly Love: Freemasonry and Male Friendship in Enlightenment France*, Ithaca 2014. Zum vorherrschenden Sodomieverdacht gegen französische Freimaurer vgl. S. 94 f. Zum Gebrauch freimaurerischer Codewörter in der schwulen Subkultur S. 94–98; 1777, Adoptionsverfahren als Vorwand, um Prostituierte in die Logen einzuladen, siehe S. 99.

S. Mandelbrote, »Ramsay, Andrew Michael [Jakobit Sir Andrew Ramsay, Baronet] (1686–1743)«, *Oxford Dictionary of National Biography*, Oxford 2004, Online-Edition, konsultiert am 21. Juli 2017.

D. M. McMahon, *Enemies of the Enlightenment: The French Counter-Enlightenment and the Making of Modernity*, Oxford 2001. ›Die Gesamtheit dieses wundervollen Narrativs‹, siehe S. 113.

P. McPhee, *The French Revolution, 1789–1799*, Oxford 2002.

D. Menozzi, »Cattolicesimo e massoneria nell'età della Rivoluzione francese«, in Cazzaniga (Hg.), *Storia d'Italia. Annali, 21. La Massoneria*, Turin 2006.

P. Négrier (Hg.), *Textes fondateurs de la tradition maçonnique 1390–1760: Introduction à la pensée de la franc-maçonnerie primitive*, Paris 1995. Zu Ramsays Rede vgl. die Seiten 303–335.

C. Porset, »Cagliostro e la massoneria«, in Cazzaniga (Hg.), *Storia d'Italia. Annali, 21. La Massoneria*, Turin 2006.

J. Quéniart, *Culture et Société Urbaines dans la France de l'Ouest au XVIIIe siècle*, Paris 1978. Zu Priestern und Kuraten als Freimaurer in Angers und Le Mans, S. 450.

M. Rapport, »The international repercussions of the French Revolution«, in P. McPhee (Hg.), *A Companion to the French Revolution*, Oxford 2013.

M. Riquet, *Augustin De Barruel: Un jésuite face aux Jacobins francs-maçons, 1741–1820*, Paris 1989.

H. G. Riqueti, comte de Mirabeau, *De la monarchie Prussienne sous Frederic le Grand*, Bd. 5, London 1788. ›Absonderlichkeiten, Widersprüche und Rätsel‹, und andere Zitate zum Thema der deutschen Freimaurerei, S. 64–69.

J. M. Roberts, *The Mythology of the Secret Societies*, London 1972. Das klassische Geschichtswerk, auf das ich in den Kapiteln, die das achtzehnte und das neunzehnte Jahrhundert beschreiben, wiederholt Bezug nehme. Zu Shelley und Barruel, vgl. S. 211 ff.

J. Robison, *Proofs of a Conspiracy against all the Religions and Governments of Europe, carried on in the secret meetings of Freemasons, Illuminati and Reading Societies*, New York 1798 (1797).

D. Roche, »Sociabilitiés et politique de l'Ancien Régime à la Révolution«, *French Politics and Society*, 7 (3), ›Jahrestag der Französischen Revolution‹ (Sommer 1989).

J. M. J. Rogister, »D'Éon de Beaumont, Charles Geneviève Louis Auguste André Timothée, Chevalier D'Éon in the French nobility (1728–1810)«, *Oxford Dictionary of National Biography*. Online-Version Stand 4. Oktober 2012, konsultiert am 4. August 2017.

J. Smith Allen, »Sisters of Another Sort: Freemason Women in Modern France, 1725–1940«, *The Journal of Modern History*, 75 (4), Dezember 2003. Zur Schwierigkeit, die Anzahl der weiblichen Freimaurer zu errechnen, vgl. S. 803.

J. Snoek, *Initiating Women in Freemasonry: The Adoption Rite*, Leiden 2012.

J. Snoek, »The Adoption Rite, its Origins, Opening up for Women, and its ›Craft‹ Rituals«, *REHMLAC: Revista de Estudios Históricos de la Masonería Latinoamericana y Caribeña*, 4 (2), Dezember 2012 bis April 2013.

W. R.H. Trowbridge, *The Splendour and Misery of a Master of Magic*, London 1910. Zu Cagliostros Initiation, S. 111 ff.

R. Van Dülmen, *The Society of the Enlightenment: The Rise of the Middle Class and Enlightenment Culture in Germany*, Cambridge 1992. Vierundsechzig der 454 Mitglieder waren Geistliche oder Theologen, S. 109. ›Fürsten und Nationen … verschwinden‹, vgl. S. 113.

J. Van Horn Melton, *The Rise of the Public in Enlightenment Europe*, Cambridge 2001.
R. W. Weisberger, *Speculative Freemasonry and the Enlightenment: A study of the Craft in London, Paris, Prague, and Vienna*, New York 1993.
R. A. Wells, *The Rise and Development of Organised Freemasonry*, London 1986.
W. D. Wilson, »Weimar Politics in the Age of the French Revolution: Goethe and the Spectre of Illuminati Conspiracy«, *Goethe Yearbook*, 5, 1990.
G. S. Wood, »Conspiracy and the Paranoid Style: Causality and Deceit in the Eighteenth Century«, *The William and Mary Quarterly*, 39 (3), 1982. https://vigilantcitizen.com/ ›Symbols Rule the World‹, konsultiert am 4. August 2019.

Kapitel 6: Neapel: Eine wütende Seuche

J.-C. Bésuchet de Saunois, *Précis historique de l'ordre de la franc-maçonnerie: depuis son introduction en France jusqu'en 1829*, Paris 1829, Bd. 2. ›Vielleicht gab es niemals zuvor eine so glanzvolle Adoptionsloge‹, S. 153.
J. H. Billington, *Fire in the Minds of Men: Origins of the Revolutionary Faith*, London 1980. ›Die moderne revolutionäre Tradition‹, S. 87.
D. Bocchini, »Breve storia filosoficha delle sette del Regno di Napoli«, Staatsarchiv von Neapel, Archivio Tommasi, Busta XI. Jetzt neu aufgelegt in Gin, *L'aquila, il giglio e il compasso.* 23 000 Trinitarier, siehe S. 204.
M. A. Caffio, *Il gioco delle appartenenze. Strategie associative e pratiche del potere in Terra d'Otranto (1760–1821)*, Bari 2007.
A. Capece Minutolo (Duke of Canosa), *Abbozzo riservato di un piano politico-morale onde neutralizzare il Sistema massonico, paralizzarne i progressi e farlo divenire utile ai sovrani, alla religione cattolica ed ai stati*, in Carte Canosa, Archivio di Stato di Napoli, Archivio Borbone, Bd. 729, »Memorie ed opuscoli antirivoluzionari ed anti liberali (1797–1832)«.
›*Career*‹, Eintrag in *The New Shorter Oxford English Dictionary*, Oxford 1993.
C. Cassani, »De Attellis, Orazio«, in *Dizionario Biografico degli Italiani*, Bd. 33, 1987.
N. Castagna, *La sollevazione d'Abruzzo nell'anno 1814*, Rom 1884.
G. M. Cazzaniga, »Origini ed evoluzioni dei rituali carbonari italiani«, in Cazzaniga (Hg.), *Storia d'Italia. Annali, 21. La Massoneria*, Turin 2006.
E. M. Church, *Chapters in an Adventurous Life: Sir Richard Church in Italy and Greece*, London 1895.
Z. Ciuffoletti, »La Massoneria napoleonica in Italia«, in Z. Ciuffoletti und S. Moravia, *La Massoneria. La storia, gli uomini, le idee*, 2nd edn, Milan 2016.
F. Collaveri, *La franc-maçonnerie des Bonaparte*, Paris 1982.
P. Colletta, *Storia del Reame di Napoli dal 1734 al 1823*, tomo III, Capolago 1834. Murats Einzug in Neapel 1808, S. 93. ›Zielt auf das Herz. Verschont mein Gesicht‹, S. 53. ›Handelt es sich bei den Angeklagten um Köhler‹, S. 63 f.

F. Conti, »La Massoneria e la costruzione della nazione italiana dal Risorgimento al fascismo«, in Z. Ciuffoletti und S. Moravia, *La Massoneria. La storia, gli uomini, le idee*, 2. Aufl., Mailand 2016.

N. Cortese, »Le prima condanne murattiane della Carboneria«, *Archivio Storico per le Province Napoletane*, 34, 1955. ›Geheime Köhler-Treffen‹, die ›demokratischen Prinzipien huldigten‹, siehe S. 234. ›Diese heimlichen Verbindungen bedienen sich der brüderlichen Liebe‹, siehe S. 306.

N. Cortese, »Il Murat e la Carboneria napoletana nella prima metà del 1814«, *Studi Storici in onore di Gioacchino Volpe*, Bd. 1, Florenz 1958.

J. A. Davis, *Naples and Napoleon: Southern Italy and the European Revolutions (1780–1860)*, Oxford 2006.

M. Dayet, ›Pierre-Joseph Briot. Lucien Bonaparte et les Carbonari‹, *Annales Historiques de la Révolution Française*, 1, 1953.

A. De Francesco, *Vincenzo Cuoco. Una vita politica*, Rom / Bari 1997. Caroline Bonaparte hatte Maghella im Verdacht, hinter der Entstehung der *Carbonari* zu stecken, S. 115.

A. De Francesco, »La Carboneria in Sicilia: notabilato politico o politica notabilare«, in G. Berti und F. Della Peruta (Hgg.), *La Carboneria. Intrecci veneti, nazionali e internazionali*, Rovigo 2004.

C. De Nicola, *Diario napoletano dal 1799 al 1825, Archivio Storico per le Province Napoletane*, 1903.

J. Dickie, *Cosa Nostra: A History of the Sicilian Mafia*, London 2003. ›Eine unentwirrbare Sekte, deren Organisation‹, vgl. S. 69.

O. Dito, *Massoneria, Carboneria e altre società segrete nella storia del Risorgimento italiano*, Turin / Rom 1905.

J.-P. Garnier, *Murat. Roi de Naples*, Paris 1959.

F. Giampietri, »Rapporti Giampietri al Re«, Archivio di Stato di Napoli, Ministero di Grazia e Giustizia, busta 2083. ›Rapporti su carbonari fra popolani e carcerati, e massoni‹, ibid., busta 2080. ›Verroht auf dem Pfad des Verbrechens‹, Giampietri an den König, 8. Juni 1818 busta 2083.

J.-C. Gillet, *Murat 1767–1815*, Paris 2008.

E. Gin, *Sanfedisti, Carbonari, Magistrati del Re. Il Regno delle Due Sicilie tra Restaurazione e Rivoluzione*, Neapel 2003. ›Vor keiner Grausamkeit zurückschrecken‹, Zitat S. 53.

E. Gin, *L'aquila, il giglio e il compasso. Profili di lotta politica ed associazionismo settario nelle Due Sicilie (1806–1821)*, Salerno 2007. ›Ich sage es Ihnen noch einmal, Sire‹, siehe S, 67. Murats Erwägung, die Anführer beseitigen zu lassen, S. 75.

V. Haegele, *Murat. La solitude du cavalier*, Paris 2015.

Y. Hivert-Messeca, *L'Europe sous l'Acacia. Histoire des franc-maçonneries européennes du XVIIIe siècle à nos* jours, 2 *Le XIXe* siècle, Paris 2014.

R. Lansdown, »Byron and the Carbonari«, *History Today*, Bd. 41, 1991. › … dass die C[*arbonari*] augenscheinlich keinerlei Plan haben‹, siehe S. 24.

D. Laven und R. Riall (Hgg.), *Napoleon's Legacy: Problems of Government in Restoration Europe*, Oxford 2000.
F. M. Lo Faro, »Maghella, Antonio«, *Dizionario biografico degli Italiani*, Bd. 67, Rom 2006. Das Buch enthält diverse Textstellen, in denen Maghella als ›undurchsichtig‹ beschrieben wird.
A. Lucarelli, *Il brigantaggio politico del Mezzogiorno d'Italia*, Bari 1942. ›Eine wütende Seuche‹, vgl. S. 153. Beschreibungen von Ciro Annicchiarico, siehe S. 107. Sechstausend Kesselschmiede im Jahr 1815, S. 24.
B. Marcolongo, »Le origini della Carboneria e le Società segrete nell'Italia Meridionale dal 1810 al 1820«, *Studi Storici*, Pavia, Bd. XX, nuova serie vol. II, Pavia 1911–1912.
G. Masi, »Federici, Vincenzo, detto Capobianco«, in *Dizionario biografico degli Italiani*, Bd. 45, Rom 1995.
F. Mastroberti, *Pierre Joseph Briot. Un giacobino tra amministrazione e politica (1771–1827)*, Neapel 1998.
W. Maturi, *Il principe di Canosa*, Florenz 1944. ›Durch diverse Sekten und eine perverse Philosophie‹, siehe S. 3.
C. Porset und C. Révauger (Hgg.), *Le Monde maçonnique des Lumières*, Bd. 1, Paris 2013. Zu Josephine und die Freimaurerei, S. 289–293.
A. Postigliola, »Capece Minutolo, Antonio, principe di Canosa«, *Dizionario Biografico degli Italiani*, Bd. 18, Rom 1975.
A. M. Rao, »La massoneria nel Regno di Napoli«, in Cazzaniga (Hg.), *Storia d'Italia. Annali, 21. La Massoneria*, Turin 2006.
R. J. Rath, »The Carbonari: Their Origins, Initiation Rites, and Aims«, *The American Historical Review*, 69 (2), 1964; was die geschätzte Anzahl der Carbonari zu ihrer Blutezeit angeht vgl. G. Rota, »Società politica e rivoluzione nel Mezzogiorno: la Carboneria palermitana, 1820–22«, *Rivista Italiana di Studi Napoleonici*, 1991.
A. Scirocco, *L'Italia del Risorgimento*, Bologna 1990.
J. Smyth, »Freemasonry and the United Irishmen«, in *The United Irishmen: Republicanism, Radicalism and Rebellion*, D. Dickson et al. (Hgg.), Dublin 1993.
R. Sòriga, »Gli inizi della Carboneria in Italia secondo un rapporto segreto del Generale Giuseppe Rossetti«, in *Le società segrete, l'emigrazione politica e i primi moti per l'indipendenza*, Modena 1942.
R. Sòriga, »Le società segrete e i moti del 1820 a Napoli«, in *Le società segrete, l'emigrazione politica e i primi moti per l'indipendenza*, Modena 1942.
J. Tulard, *Murat. Ou l'éveil des nations*, Paris 1983.
A. Valente, *Gioacchino Murat e l'Italia meridionale*, Turin 1965.
A. Zazo, »Il principe Canosa e le sette nel Regno di Napoli (1815–1818)«, *Samnium*, VIII, 3–4, 1935.

Kapitel 7: Washington: Eine Loge für die Tugenden

C. L. Albanese, *Sons of the Fathers: The Civil Religion of the American Revolution*, Philadelphia, Pennsylvania, 1976.

A. Allyn, *Ritual of Freemasonry*, Philadelphia, Pennsylvania, 1831. Version einer Royal-Arch-Zeremonie, S. 127 f.

Anon., *An account of the reception of General Lafayette in Savannah*, Savannah, Georgia, 1825.

G. J. Baldasty, »The New York State Political Press and Antimasonry«, *New York History*, 64 (3), 1983. Ende 1827 gab es bereits zweiundzwanzig antimasonische Zeitungen im Staat New York, S. 266.

D. Bernard, *Light on Masonry*, Utica, New York 1829. Version einer Royal-Arch-Zeremonie, S. 130. ›Ich schwöre bei allem, was mir heilig ist … dass ich die politische Bevorzugung eines Royal-Arch-Bruders … voranbringen werde‹, ibid. *Das Buch Mormon*, https://www.churchofjesuschrist.org/study/scriptures/bofm/, konsultiert am 15. November 2017. ›Und es begab sich, dass [die Gadianton-Räuber] ihre Zeichen erhielten‹: Das Buch Helaman, Kap. 6, Verse 22 und 24. › … belegen die Richterposten – nachdem sie die Macht und Autorität im Lande an sich gebracht haben‹: Das Buch Helaman, Kap. 7, Vers 4. ›Ein Lammfell um ihre Lenden‹, 3 Nephi, Kap. 4, Vers 7.

K. R. Bowling, *The Creation of Washington, DC: The Idea and Location of the American Capital*, Fairfax, Virginia 1991.

F. M. Brodie, *No Man Knows My History: The Life of Joseph Smith*, 2. Aufl., New York 1995. Zweitausend Wiederholungen der Wendung ›es begab sich‹, vgl. S. 63. Anzahl von Smiths Ehefrauen, vgl. S. 334–347. ›Zu mir, ihr Söhne der Witwe!‹, vgl. S. 393 f.

J. L. Brooke, *The Refiner's Fire: The Making of Mormon Cosmology, 1644–1844*, Cambridge 1996. Die Verbindung der Familie Smith zu den Freimaurern und andere Hinweise auf seine frühen Anhänger, vgl. S. 140–144 und S. 157–159. Über masonische und andere Einflüsse auf die Darstellung der Gadianton-Räuber S. 149–183.

H. Brown, *A Narrative of the anti-Masonick Excitement*, Batavia, New York, 1829. ›Beim Anblick der in königlichen Roben gewandeten Freimaurer‹, vgl. S. 151.

S. M. Brown, *In Heaven as it is on Earth: Joseph Smith and the Early Mormon Conquest of Death*, Oxford 2012. Smiths Ehe mit Morgans Witwe, siehe S. 11.

D. J. Buerger, »The Development of the Mormon Temple Endowment Ceremony«, *Dialogue: A Journal of Mormon Thought*, 20 (4), 1987. Zu den masonischen Zeremonien, die vermeintlich jene der Mormonen kopieren‹, S. 92.

S. C. Bullock, *Revolutionary Brotherhood: Freemasonry and the Transformation of the American Social Order, 1730–1840*, Chapel Hill, North Carolina, 1996. Eine wesentliche Studie, der ich viele Informationen für dieses Kapitel entnommen habe. › … als den ersten der Souveränität des Volkes geweihten Tempel‹, vgl.

S. 137 f. Es gab in Amerika mehr Logen als in allen anderen Ländern der Welt, S. 138. Zahlen zur Ausweitung der Freimaurerei im Staat New York vor 1825, S. 187 f.
R. L. Bushman, *Joseph Smith: Rough Stone Rolling*, New York 2006.
E. Bussiere, »Trial by Jury as ›Mockery of Justice‹: Party Contention, Courtroom Corruption, and the Ironic Judicial Legacy of Antimasonry«, *Law and History. Review*, 34 (1), 2016.
J. A. Carroll und M. W. Ashworth, *George Washington*, Bd. VII, *First in Peace*, London 1957. Zu George Washingtons Begräbnis vgl. S. 627 – 631.
J. J. Ellis, *His Excellency George Washington*, New York 2004. Was Washingtons religiöse Ansichten angeht, vgl. S. 45.
R. P. Formisano and K. Smith Kutolowski, »Antimasonry and Masonry: The Genesis of Protest, 1826 – 1827«, *American Quarterly*, 29 (2), 1977.
K. W. Godfrey, »Joseph Smith and the Masons«, *Journal of the Illinois State Historical Society*, 64 (1), 1971. Bis 1843 mehr mormonische als nicht-mormonische Freimaurer, S. 89.
P. Goodman, *Towards a Christian Republic: Antimasonry and the Great Transition in New England, 1826 – 1836*, Oxford 1988. Zu den religiösen Wurzeln der Anti-Freimaurerei vgl. S. 54 – 79. Zur Entwicklung anti-masonischer Politik vgl. S. 105 – 119.
D. G. Hackett, *That Religion in which All Men Agree: Freemasonry in American Culture*, Berkeley, Kalifornien, 2014. Eine grundlegende Studie, die ich wiederholt zu Rate gezogen habe für dieses Kapitel. ›Zweiundvierzig Prozent von George Washingtons Generälen‹, S. 287. Im ersten Viertel des neunzehnten Jahrhunderts hat sich die Zahl der Mitglieder mehr als verdreifacht, vgl. S. 72.
C. M. Harris, »Washington's Gamble, L'Enfant's Dream: Politics, Design, and the Founding of the National Capital«, *The William and Mary Quarterly*, 56 (3), 1999.
S. Hayden, *Washington and His Masonic Compeers*, New York 1869. ›Seht WASHINGTON, den Zug er führt‹, Zitat S. 51. ›Mit unsäglicher Freude beglückwünschen wir Sie‹, vgl. S. 132. ›Das Gefüge unserer Freiheit‹, S. 135. ›Ein Zufluchtsort für Brüder, und eine Loge für die Tugenden‹, vgl. S. 165. Zu George Washingtons Begräbnis vgl. S. 197 – 208.
M. W. Homer, *Joseph's Temples: The Dynamic Relationship between Freemasonry and Mormonism*, Salt Lake City, Utah, 2014.
H. B. Hopkins, *Renunciation of Freemasonry*, Boston, Massachusetts, 1830. ›Zu jeder Zeit … von den klügsten und tüchtigsten Männern‹, und Hopkins' Royal Arch Exaltation, S. 5 – 8.
G. E. Kahler, *The Long Farewell: Americans Mourn the Death of George Washington*, Charlottesville, Virginia, 2008. ›Genius der Freimaurerei‹, S. 86 – 104.
O. Lohrenz, »Thomas Davis, Jr.: Officiating Clergyman at the Funeral and Burial of President George Washington«, *Anglican and Episcopal History*, 73 (2), 2004.

P. K. Longmore, »The Enigma of George Washington: How Did the Man Become the Myth?«, *Reviews in American History*, Juni 1985.

P. K. Longmore, *The Invention of George Washington*, Berkeley, Kalifornien, 1988.

W. D. Moore und J. D. Hamilton, »Washington as the Master of his Lodge: History and Symbolism of a Masonic Icon«, in B. J. Mitnick (Hg.), *George Washington: American Symbol*, New York 1999.

S. P. Newman, *Parades and the Politics of the Street: Festive Culture in the Early American Republic*, Philadelphia, Pennsylvania, 1997.

B. E. Park, »Joseph Smith's Kingdom of God: The Council of Fifty and the Mormon Challenge to American Democratic Politics«, *Church History*, 87 (4), 2018. ›Dass diese ehrenwerte Versammlung von nun an und für alle Zeit‹: Zitat S. 1048.

D. Persuitte, *Joseph Smith and the Origins of the Book of Mormon*, Jefferson, North Carolina, 2000. Informationen zur Morgan-Affäre, vgl. S. 192–198.

J. H. Pratt, *An authentic account of all the proceedings on the fourth of July, 1815, with regard to laying the corner stone of Washington monument*, Baltimore, Maryland, 1815. ›Verehrter Anwesender, im Namen der freien und angenommenen Maurer‹, S. 15.

S. Pruitt, »Contents of Boston Time Capsule Buried by Samuel Adams and Paul Revere Unveiled«, 7. Januar 2015, http://www.history.com/news/contents-of-boston-time-capsule-buried-by-samuel-adams-and-paul-revere-unveiled, konsultiert am 7. August 2017.

S. J. Purcell, *Sealed with Blood: War, Sacrifice, and Memory in Revolutionary America*, Philadelphia, Pennsylvania, 2002. Zu Lafayettes Reise vgl. S. 171–209.

E. L. Queen II, et al. (Hgg.), *The Encyclopedia of American Religious History*, Boston, 2009. Eintrag zur Kirche Jesu Christi der Heiligen der letzten Tage, S. 127 f; hier ist u. a. auch von 16 Millionen Mitgliedern die Rede.

D. M. Quinn, *Early Mormonism and the Magic World View*, Salt Lake City, Utah, 1998.

C. Raible, »›The threat of being Morganized will not deter us‹: William Lyon MacKenzie, Freemasonry, and the Morgan Affair«, *Ontario History*, Frühjahr 2008. ›Mit wilder Grausamkeit hingerichtet‹, Zitat S. 18.

K. L. Riley, *Lockport: Historic Jewel of the Erie Canal*, Charleston, South Carolina, 2005. Zur Zeremonie an den Schleusen vgl. S. 46.

K. Smith Kutolowski, »Freemasonry and Community in the Early Republic: The Case for Antimasonic Anxieties«, *American Quarterly*, 34 (5), 1982.

K. Smith Kutolowski, »Antimasonry Reexamined: Social Bases of the Grass-Roots Party«, *The Journal of American History*, 71 (2), 1984.

K. Smith Kutolowski, »Freemasonry revisited: Another look at the grassroots bases of antimasonic anxieties«, in R. W. Weisberger et al. (Hgg.), *Freemasonry on Both Sides of the Atlantic*, New York 2002. Zum gesellschaftlichen und religiösen Profil von Freimaurern in Genesee County vgl. S. 589–592.

F. Somkin, *Unquiet Eagle: Memory and Desire in the Idea of American Freedom, 1815–1860*, Ithaca, New York, 1967. Zu Lafayettes Reise, S. 131–174.

H. G. Spafford, *A Gazetteer of the State of New York*, Albany, New York, 1824. ›Amerikanisches Mittelmeer‹, S. 102.

W. L. Stone, *Letters on Masonry and Anti-Masonry*, New York 1832. Wichtigster zeitgenössischer Bericht. ›Morgan gilt als Schwindler‹, siehe S. 133. ›Zwei Drehbassen, fünfzehn oder zwanzig Gewehre und mehrere Pistolen‹, zit. S. 153. Richter Enos T. Throops Bemerkungen, vgl. S. 201. ›Marktschreierische antimasonische Freimaurerexperten‹, S. 294. ›Ebensogut könnte man … daran denken, den Mohammedanismus zu etablieren‹, S. 563. Alle Angeklagten bis auf zwei waren Royal-Arch-Maurer, vgl. S. 414.

L. Travers, »›In the greatest solemn dignity‹: the Capitol cornerstone and ceremony in the early Republic«, in D. R. Kennon (Hg.), *A Republic for the Ages: The United States Capitol and the Political Culture of the Early Republic*, Charlottesville, Virginia, 1999. Beste Schilderung der Zeremonie.

M. Twain, *Roughing It*, Hartford, Connecticut, 1873. Seine Schilderung von Mormonismus, S. 127–135. ›gedrucktes Chloroform‹, S. 127.

W. P. Vaughn, *The Antimasonic Party in the United States, 1826–1843*, Lexington, Kentucky, 1983. ›Auf dem Orden der Freimaurer klebt Blut‹; und zum religiösen Antimasonismus‹, vgl. S. 14–24. Zum Rückgang der Mitgliederzahlen, vgl. u. a. S. 52.

D. Vogel, »Mormonism's ›Anti-Masonick Bible‹«, *The John Whitmer Historical Association Journal*, Bd. 9, 1989.

Watch Tower, Cooperstown, New York. Informationen zu anti-masonischen Zeitungsberichten zur Morgan-Affäre. ›Eine Entweihung und Verhöhnung der heiligen Riten‹, vgl. Artikel über anti-masonischen Konvent in Cooperstown, in Otsego County, vom 14. Juli 1828. ›Fingerzeig Gottes‹, 29. Oktober 1927.

T. S. Webb, *The Freemason's Monitor; or, Illustrations of Masonry*, Salem, Massachusetts, 1818. ›Ungleich erhabener, sublimer, und bedeutender‹, S. 127.

G. S. Wood, *The Creation of the American Republic, 1776–1787*, New York 1993 (1969).

G. S. Wood, *Empire of Liberty: A History of the Early Republic, 1789–1815*, Oxford 2009.

http://www.mormonthink.com/temple.htm#didthemasons, Stand 16. November 2017: detaillierte Auflistung der Parallelen zwischen Mormonentum und Freimaurerei und der Veränderungen an der Tempelzeremonie seit 1990.

Kapitel 8: Charleston: Die Gründer dieses schönen mysteriösen Ordens waren Afrikaner

T. Adeleke, »Martin R. Delany's Philosophy of Education: A Neglected Aspect of African American Liberation Thought«, *The Journal of Negro Education*, 63 (2), 1994.

T. Adeleke, »Race and Ethnicity in Martin R. Delany's Struggle«, *Journal of Thought*, 29 (1), 1994.

T. Adeleke, »›Much learning makes men mad‹: Classical Education and Black Empowerment in Martin R. Delany's Philosophy of Education«, *Journal of Thought*, 49 (1–2), 2015.

K. Allerfeldt, »Murderous Mumbo-Jumbo: The Significance of Fraternity to Three Criminal Organizations in Late Nineteenth-Century America«, *Journal of American Studies*, 50 (4), 2016.

T. Anbinder, *Nativism and Slavery: The Northern Know Nothings and the Politics of the 1850's*, New York 1992.

N. L. Bailey et al. (Hgg.), *Biographical Directory of the South Carolina Senate, 1776–1985*, Columbia, South Carolina, 1986, Bd. I. Eintrag zu Gleaves.

R. Blackett, »In Search of International Support for African Colonization: Martin R. Delany's Visit to England, 1860«, *Canadian Journal of History / Annales Canadiennes d'Histoire*, 10 (3), 1975.

W. L. Brown, *A Life of Albert Pike*, Fayetteville, AR, 1997.

The Builder, Dezember 1922, nachzulesen bei: http://www.masonicdictionary.com/mackey.html, konsultiert am 29. April 2018. Zu Mackey, der sich Feinde machte, und unversöhnlich war.

M. C. Carnes, *Secret Ritual and Manhood in Victorian America*, New Haven, Connecticut, 1989.

G. M. Cazzaniga, »Nascita del Grande Oriente d'Italia«, in G. M. Cazzaniga (Hg.), *Storia d'Italia. Annali, 21. La Massoneria*, Turin 2006.

M. R. Delany, *The Condition, Elevation, Emigration, and Destiny of the Colored People of the United States* (1852), New York 1968.

M. R. Delany, *The Origin and Objects of Ancient Freemasonry: Its Introduction into the United States, and Legitimacy among Colored Men: A Treatise Delivered Before St. Cyprian Lodge No. 13 June 24th AD 1853–AL 5853*, in R. S. Levine, *Martin R. Delany: A Documentary Reader*, Chapel Hill, North Carolina, 2003. ›Die Urheber dieses mysteriösen und schönen Ordens waren Afrikaner‹, S. 55. ›dass Moses in aller Weisheit der Ägypter ausgebildet war‹, S. 53. ›Ungeachtet seiner Herkunft, seiner Hautfarbe und seiner Stellung‹, S. 57. ›Will man bestreiten, dass der Mann, der vor den Pharao hintrat‹, S. 64.

M. R. Delany, *Blake; or, The Huts of America* (ed. J. McGann), Cambridge, Massachusetts, 2017 (1861–2).

P. L. Dunbar, »Hidden in Plain Sight: African American Secret Societies and Black Freemasonry«, *Journal of African American Studies*, 16 (4), 2012.

R. L. Duncan, *Reluctant General: The Life and Times of Albert Pike*, New York 1961.

L. F. Emilio, *A Brave Black Regiment: The History of the 54th Massachusetts, 1863–1865*, Boston, Massachusetts, 1894. Zur Schilderung des Logentreffens nach dem Angriff auf Fort Wagner, vgl. S. 129, 313. ›Das erste im Norden organisierte farbige Regiment‹, vgl. S. xi. ›Fort Wagner wurde zu einem Feuerhügel‹, S. 80. ›Ihr habt euch noch nicht als Soldaten bewährt, vergesst das nicht‹, vgl. S. 130. Beschreibung von Montgomery, S. 40.

M. W. Fitzgerald, *Splendid Failure: Postwar Reconstruction in the American South*, Chicago 2007.

E. Foner, *Reconstruction: America's Unfinished Revolution, 1863–1877*, New York 1988. ›Anhäufung schwarzer Barbarei‹, siehe J. S. Pike, *The Prostrate State*, Zitat S. 525.

E. Foner, »South Carolina's black elected officials during Reconstruction«, in J. L. Underwood und W. L. Burke Jr. (Hgg.), *At Freedom's Door: African American Founding Fathers and Lawyers in Reconstruction South Carolina*, Columbia, South Carolina, 2000.

W. L. Fox, *Lodge of the Double-Headed Eagle: Two Centuries of Scottish Rite Freemasonry in America's Southern Jurisdiction*, Fayetteville, Arkansas, 1997. Zur Nördlichen bzw. Südlichen Jurisdiktion des Schottischen Ritus vgl. S. 30 f. Freimaurerische Offiziere bei Fort Sumter, S. 70. ›Wir sind der Meinung, dass die weiße Rasse, und nur sie, dieses Land regieren soll‹, vgl. S. 439. Zu Pike und den Ku-Klux-Klan vgl. S. 81 ff. Zu Pikes Umzug nach Washington DC vgl. S. 99–103.

R. Freke Gould, *A Concise History of Freemasonry*, London 1904. Informationen zu Port-au-Prince, vgl. S. 507; an diversen Stellen Hinweise zur Verbreitung des Schottischen Ritus auf der ganzen Welt.

P. Gilroy, *The Black Atlantic: Modernity and Double Consciousness*, Cambridge, Massachusetts, 1993.

C. E. Griffith, *The African Dream: Martin R. Delany and the Emergence of Pan-African Thought*, University Park, Pennsylvania, 1975.

R. B. Harris, *Eleven Gentlemen of Charleston: Founders of the Supreme Council, Mother Council of the World, Ancient and Accepted Scottish Rite Freemasonry*, Washington DC, 1959.

W. C. Hine, »Black Politicians in Reconstruction Charleston, South Carolina: A Collective Study«, *Journal of Southern History*, 49 (4), 1983.

T. Holt, *Black over White: Negro Political Leadership in South Carolina during Reconstruction*, Urbana, Illinois, 1977. Zu Mackeys Stellung als Collector of the Port S. 117 f.

W. L. Jenkins, *Seizing the New Day: African Americans in Post-Civil War Charleston*, Bloomington, Indiana, 1998. Zu Delanys beschwichtigender Rolle nach Lincolns Ermordung vgl. S. 40.

R. M. Kahn, »The Political Ideology of Martin Delany«, *Journal of Black Studies*, 14 (4), 1984.

S. Kantrowitz, »›Intended for the better government of man‹: The Political History of African American Freemasonry in the Era of Emancipation«, *The Journal of American History*, 96 (4), 2010.

S. Kantrowitz, *More than Freedom: Fighting for Black Citizenship in a White Republic, 1829–1889*, New York 2012. Informationen zu Gleaves und der National Grand Lodge finden sich auf den Seiten 376–382.

S. Kantrowitz, »Brotherhood denied: black freemasonry and the limits of reconstruction«, in P. Hinks und S. Kantrowitz (Hgg.), *All Men Free and Brethren: Essays on the History of Africa American Freemasonry*, Ithaca, New York, 2013. Vorwürfe gegen Gleaves, vgl. S. 1019 f.

S. Kaplan und E. Nogrady Kaplan, *The Black Presence in the Era of the American Revolution*, überarbeitete Ausgabe, Amherst, Massachusetts, 1989. Eine Biographie zu Prince Hall findet sich auf den Seiten, 202–214. ›Inmitten eines freien, christlichen Landes‹, vgl. S. 202. ›Sie schämen sich, mit Schwarzen gleichgestellt zu werden‹, siehe S. 212. ›uns als friedfertige Bürger der Zivilmacht des Landes zu fügen‹, siehe S. 205.

A. M. Kass, »Dr Thomas Hodgkin, Dr Martin Delany, and the ›return to Africa‹«, *Medical History*, 27, 1983.

E. J. Kytle, »African dreams, American realities: Martin Robison Delany and the emigration question«, in *Romantic Reformers and the Antislavery Struggle in the Civil War Era*, New York 2014.

P. D. Lack, »An Urban Slave Community: Little Rock, 1831–1862«, *The Arkansas Historical Quarterly*, 41 (3), 1982.

R. S. Levine, *Martin Delany, Frederick Douglass, and the Politics of Representative Identity*, Chapel Hill, North Carolina, 1997.

R. S. Levine, *Martin R. Delany: A Documentary Reader*, Chapel Hill, North Carolina, 2003. ›Nahezu mystischer Glaube an sein Potential als schwarzer Anführer‹, S. 9.

D. Ligou, *Histoire des francs-maçons en France*, Bd. 1, *1725–1815*, Toulouse 2000. Zu de Grasse-Tilly vgl. S. 230 ff.

A. Mackey, *The Principles of Masonic Law: A Treatise on the Constitutional Laws, Usages and Landmarks of Freemasonry*, New York 1856. ›Der Sklave beziehungsweise der in Knechtschaft geborene Mann‹, vgl. Kap. I: »Of the Qualifications of Candidates«.

A. Mackey, *The Voice of Masonry*, Debatte über ›Die Frage der Hautfarbe‹, moderiert von Mackey, Januar – Juni 1876. ›Schließlich erkenne die Freimaurerei keinerlei Unterschied bezüglich der Rasse oder Hautfarbe‹, ›Nun gut, ich lege den Fall nieder und sage dem Thema Lebewohl‹, Juni 1876, S. 424 f.

A. Mackey, An *Encyclopedia of Freemasonry and Its Kindred Sciences: Comprising the Whole Range of Arts, Sciences and Literature as Connected with the Institution*, neue und überarbeitete Ausgabe, Philadelphia, Pennsylvania, 1884.

The News and Herald, Winnsboro, South Carolina, »In the toils«, 11. Juni 1877. Eine der vielen Zeitungen, die über den Gleaves-Prozess berichteten.

[A. Pike], *Thoughts on Certain Political Questions by A Looker On*, Washington, DC, 1859. ›Auch der kultivierteste Neger‹, S. 31 f.

A. Pike, ›The Ku-Klux Klan‹, *Memphis Daily Appeal*, 16. April 1868.

A. Pike, *Morals and dogma of the Ancient and accepted Scottish rite of freemasonry: Prepared for the Supreme council of the thirty-third degree, for the Southern Jurisdiction of the United States, and published by its authority*, Charleston, South Carolina, 1871. ›Die bedeutenden Dokumente der Geheimüberlieferung sind im Zeitraum der Templerkatastrophe entstanden‹, S. 823.

[A. Pike], *Liturgy of the Ancient and Accepted Scottish Rite of Freemasonry for the Southern Jurisdiction of the United States*, Teil IV, Charleston, South Carolina, 1878. ›Was auf dieser Welt wert ist, getan zu werden, das sei *wohl* getan‹, S. 247. ›Wahrhaftig, gerecht und aufrecht zu sein, ist die Basis aller Tugend‹, S. 243. Der Ritter-Kadosch-Grad, bei dessen Zeremonie ›kein Schurz getragen‹ wird, vgl. S. 231.

A. Pike, *Foulhouzeism and Cerneauism scourged: dissection of a manifesto*, New York 1884.

A. Pike, *Indo-Aryan Deities and Worship as Contained in the Rig Veda* (1872), Washington DC, 1930.

J. Porter, *Native American Freemasonry: Associationalism and Performance in America*, Lincoln, Nebraska, 2011. Zu den Gemeinsamkeiten zwischen Freimaurerei und indianischen Glaubenssystemen, vgl. S. 140 – 152. ›Als Speerspitze einer historischen Bewegung‹, S. 179.

B. E. Powers Jr., *Black Charlestonians: A Social History, 1822 – 1885*, Fayetteville, Arkansas, 1994. Das 54. Infanterieregiment, stationiert im Militärcollege Citadel, bezog dort seinen Sold, S. 139. Delanys Arztpraxis, S. 171.

L. Reece, »Righteous lives: a comparative study of the South Carolina scalawag leadership during Reconstruction«, in M. B. Bonner und F. Hamer (Hgg.), *Southern Carolina in the Civil War and Reconstruction Eras*, Columbia, South Carolina, 2016.

F. A. Rollin, *The Life and Public Services of Martin R. Delany*, Boston 1883. ›Ich betrat die Stadt, die ich von frühester Kindheit an …‹, vgl. S. 197 f.

A. G. Roundtree und P. M. Bessel, *Out of the Shadows: The Emergence of Prince Hall Freemasonry in America – Over 225 Years of Endurance*, Camp Springs, Maryland, 2006.

A. G. Roundtree, »Richard Howell Gleaves«, *The Phylaxis*, XLV (1), 2018.

H. Rubin III, *South Carolina Scalawags*, Columbia, South Carolina, 2006. Über den ›Negerverein‹ und Mackey als geldgierigen Betrüger, S. 26 – 30.

T. Shelby, »Two Conceptions of Black Nationalism: Martin Delany on the Meaning of Black Political Solidarity«, *Political Theory*, 31 (5), 2003.

T. D. Smith, »Indian territory and Oklahoma«, in F. E. Hoxie (Hg.), *The Oxford Handbook of American Indian History*, Oxford 2016.

D. Sterling, *The Making of an Afro-American: Martin Robison Delany – African Explorer, Civil War Major, & Father of Black Nationalism*, New York 1971. Zur ›sittlichen Veredelung der afroamerikanischen und afrikanischen Rasse‹, vgl. S. 81. ›Verfluchter Nigger-Demokrat‹, siehe S. 312.

W. H. Upton, *Negro Masonry: Being a Critical Examination of Objections to the Legitimacy of the Masonry Existing Among the Negroes of America*, Cambridge, Massachusetts, 1902. Zu Pikes Ansichten über die ›schwarze Freimaurerei‹ von 1875 vgl. S. 214 f.

W. C. Wade, *The Fiery Cross: The Ku Klux Klan in America*, New York 1987. Zum Gerücht, dass Pike ein Anführer des KKK in Arkansas gewesen sein soll, vgl. S. 58.

C. D. B. Walker, *A Noble Fight: African American Freemasonry and the Struggle for Democracy in America*, Chicago, Illinois, 2008. Zum Roman *Blake* und dem Einfluss des masonischen Vorbilds darauf, siehe S. 107–115.

J. A. Walkes Jr., *Black Square and Compass: 200 Years of Prince Hall Freemasonry*, Eigenverlag, 1979. Zu Vogelsangs Biographie, siehe S. 46–49.

M. O. Wallace, »›Are we men?‹: Prince Hall, Martin Delany, and the black masculine ideal in black Freemasonry, 1775–1865«, in *Constructing the Black Masculine: Identity and Ideality in African American Men's Literature and Culture, 1775–1995*, Durham, North Carolina, 2002.

C. H. Wesley, *The History of the Prince Hall Grand Lodge of the State of Ohio 1849 to 1971*, Columbus, Ohio, 1972.

Kapitel 9: Rom – Paris: Der Teufel im 19. Jahrhundert

J. Bernauer und R. A. Maryks (Hgg.), ›*The Tragic Couple*‹: *Encounters Between Jews and Jesuits*, Leiden / Boston 2014.

M. Borutta, »Anti-Catholicism and the culture war in Risorgimento Italy«, in: S. Patriarca und L. Riall (Hgg)., *The Risorgimento Revisited: Nationalism and Culture in Nineteenth-Century Italy*, Basingstoke / New York 2012.

A. Bresciani, *Della Repubblica Romana. Appendice a L'Ebreo di Verona*, 2 Bde., Mailand 1855.

A. Bresciani, *L'Ebreo di Verona*, 2 Bde., Neapel 1861. ›Das Pandemonium der Geheimgesellschaften‹, Bd. 1, S. 74. Zum Tod der Babette von Interlaken, Bd. 2, S. 52. ›In seiner falschen Kirche‹, Bd. 1, S. 84.

A. Bresciani, *Lionello*, 3 Bde., Mailand 1877.

The Catholic Times and Catholic Opinion, »Leo Taxil interviewed«, 31. Juli 1885. ›Der übernatürliche Sinneswandel‹, S. 5.

La Civiltà Cattolica, Rom. »Le logge israelitiche segrete pienamente illustrate«, 1896: ›Arbeit, die dem gelehrtesten Historiker Ehre machen würde‹, S. 160. »Le mopse. Origini, riti, gradi, educazione ritual«, 1896: Diana als Werkzeug der Vorsehung,

S. 684. Leugnung, auf den Schwindel hereingefallen zu sein, und die ›große Gelassenheit‹ des Papstes, »Cronaca«, 8. Mai 1897, S. 30 ff.

C. Clark und W. Kaiser (Hgg.), *Culture Wars: Secular-Catholic Conflict in Nineteenth-Century Europe*, Cambridge 2004.

F. Conti, *Storia della massoneria italiana: Dal Risorgimento al fascismo*, Bologna 2003. ›Pfaffenpest‹, Adriano Lemmi, Zitat S. 143.

F. Conti, »Massoneria e sfera pubblica nell'Italia liberale, 1859–1914«, in: Cazzaniga (Hg.), *Storia d'Italia. Annali, 21. La Massoneria*, Turin 2006.

J. Dickie, »Antonio Bresciani and the Sects: Conspiracy Myths in an Intransigent Catholic Response to the Risorgimento«, in: *Modern Italy*, 22 (1), 2017.

R. Gildea, *Children of the Revolution: The French, 1799–1914*, London 2008.

The Glasgow Herald, 26. Juli 1870: ›Der … drohende Sturm …, und viele dürfte ihr Aberglaube auf den Gedanken gebracht haben …‹.

Humanum genus. Vgl. http://www.vatican.va/content/leo-xiii/en/encyclicals/documents/hf_l-xiii_enc_18840420_humanum-genus.html. Stand 25. November 2019. Deutsch: http://www.kathpedia.com/index.php/Humanum_genus.

A. Halpern, »Freemasonry and Party Building in Late Nineteenth-Century France«, in: *Modern & Contemporary France*, 10 (2), 2002.

D. Harvey, »Lucifer in the City of Light: The Palladium Hoax and ›Diabolical Causality‹ in Fin de Siècle France«, in: *Magic, Ritual, and Witchcraft*, 1, 2008.

M. Jarrige, *L'Église et les Francs-maçons dans la tourmente. Croisade de la revue La Franc-maçonnerie démasquée*, Paris 1999.

W. R. A. Jones, »Palladism and the Papacy: an Episode of French Anticlericalism in the Nineteenth Century«, in: *Journal of Church and State*, 12 (3), 1970.

D. Kertzer, »Religion and society, 1789–1892«, in: J. A. Davis (Hg.), *Italy in the Nineteenth Century*, Oxford 2000.

D. Kertzer, *Prisoner of the Vatican: The Popes' Secret Plot to Capture Rome from the New Italian State*, Boston, Massachusetts 2004.

H.-C. Lea, *Léo Taxil, Diana Vaughan et L'église romaine. Histoire d'une mystification*, Paris 1901.

O. Logan, »A journal. *La Civiltà Cattolica* from Pius IX to Pius XII (1850–1958)«, in: R. N. Swanson (Hg.), *The Church and the Book*, Woodbridge 2004 (Studies in Church History 38).

G. Miccoli, »Leo XIII e la massoneria«, in: G. M. Cazzaniga (Hg.), *Storia d'Italia. Annali, 21. La Massoneria*, Turin 2006. Zum Verdacht, dass Taxil und Vaughan vor der Pressekonferenz ermordet wurden, vgl. S. 236.

A. Mola, »Muratori del Belpaese«, in: *Storia e Dossier*, August 1994. Anzahl von Logen, S. 94.

P. Nord, *The Republican Moment: Struggles for Democracy in 19th Century France*, Cambridge, Massachusetts, 1995. ›Rund 40 Prozent der zivilen Minister der Dritten Republik gehörten zum Winkelmaß‹, S. 15–30.

A. Pike, *A Reply for the Ancient and Accepted Scottish Rite of Free-Masonry to the*

Letter ›Humanum Genus‹ of Pope Leo XIII, Charleston, South Carolina, 1884. ›Kriegserklärung gegen die Menschheit‹, S. 28.

J. F. Pollard, *Money and the Rise of the Modern Papacy: Financing the Vatican, 1850–1950*, Cambridge 2005.

J. F. Pollard, *Catholicism in Modern Italy: Religion, Society and Politics since 1861*, London 2008.

T. Rouault, *Léo Taxil et la Franc Maçonnerie satanique: analyse d'une mystification littéraire*, Rosières-en-Haye 2011. Gibt Zeitungsberichte von der letzten Pressekonferenz in der Taxil-Geschichte wieder, die ich für meine Darstellung herangezogen habe.

La Semaine religieuse du diocèse de Rouen, 15. März 1887.

Syllabus of Errors, Text konsultiert am 25. November 2019 auf http://www.papalencyclicals.net/pius09/p9syll.htm. Deutsch: *Syllabus errorum*, »Syllabus Pius' IX. bzw. Sammlung von Irrtümern, die in verschiedenen Verlautbarungen Pius' IX. geächtet wurden, herausgegeben am 8. Dez. 1864«, in: Denzinger-Hünermann, *Kompendium der Glaubensbekenntnisse und kirchlichen Lehrentscheidungen*, 37. Aufl., 1991, Nr. 2901–2980.

L. Taxil, *La chasse aux corbeaux*, Paris 1879. Eine Sammlung seiner journalistischen Beiträge.

L. Taxil, *Les soutanes grotesques*, Paris 1879.

L. Taxil, *Le Fils du Jésuite, précédé de Pensées Anti-Cléricales*, 2 Bde., mit einer Einleitung von G. Garibaldi, Paris 1879.

L. Taxil, *Les amours secrètes de Pie IX*, Paris 1881.

L. Taxil, *La Bible amusante. Pour les grands et les petits enfants*, Paris 1881.

L. Taxil, *La vie de Jésus*, Paris 1882.

L. Taxil, *Un Pape femelle (Roman historique)*, Paris 1882.

L. Taxil, *Calotte et Calotins. Histoire illustrée du clergé et des congregations*, Bd. 1, Paris 1885

L. Taxil, *Révélations complètes sur la Franc-Maçonnerie*, Bd. 1, *Les Frères Trois-Points*, Paris 1885. ›Groteske und verhasste Rituale‹, S. 4. Zur Zahl von insgesamt 1 060 005 Brüdern siehe S. 119. ›Lachen Sie nicht. Glauben Sie nicht, dass die Freimaurerei scherzt‹, S. 254.

L. Taxil, *Les soeurs maçonnes*, Paris 1886.

L. Taxil, *Confessions d'un ex-libre penseur*, Paris 1887. ›Das unentwirrbare Labyrinth des Bösen‹, S. 8.

L. Taxil, *Les Assassinats maçonniques*, Paris 1890.

L. Taxil, *Y a-t-il des femmes dans la Franc-Maçonnerie?*, Paris 1891. ›Die Inkarnation des Satanismus, als würde Luzifers Blut in ihren Adern fließen‹, S. 390.

L. Taxil, *Révélations complètes sur la Franc-Maçonnerie*, Bd. 3, *Les Sœurs maçonnes*, Paris 1895. ›Französische Mütter! Schließt Eure Töchter weg!‹, S. 9.

L. Taxil (unter dem Pseudonym ›Dr. Bataille‹), *Le diable au XIXe siècle ou les mystères su spiritisme*, 2 Bde., Paris 1896. ›Der Teufel hat sich jetzt in einen Bakteriologen verwandelt‹, Bd. 1, S. 543. ›Die *Arcula Mystica* ist nichts anderes als ein diabolisches Telefon‹, Bd. 1, S. 392. ›Verblüffende Leichtgläubigkeit‹, Bd. 1, S. 710.

L. Taxil (unter dem Pseudonym ›Miss Diana Vaughan‹), *Le 33e Crispi. Un Palladiste Homme d'État Démasqué*, Paris 1896.

L. Taxil (unter dem Pseudonym ›Miss Diana Vaughan), *Mémoires d'une ex-Palladiste, parfaite Initiée, Indépendante*, Paris 1895–97. ›Die Urgroßmutter des Antichrist‹, S. 284.

L. Taxil und K. Milo, *Les débauches d'un confesseur*, Paris 1883.

L. Taxil und K. Milo, *Les Maîtresses du Pape. Roman historique anti-clérical*, Paris 1884.

R. Tombs, *The Paris Commune 1871*, Harlow 1999.

L'Univers, »Léo Taxil«, 14. Juli 1885 und 25. Juli 1885.

I. Vatikanisches Konzil, Dogmatische Konstitution *Pastor aeternus*, 18. Juli 1870, zur Unfehlbarkeit des Papstes, siehe http://www.kathpedia.com/index.php/Pastor_aeternus, Kap. 4: ›besitzt … jene Unfehlbarkeit‹.

E. Weber, *Satan Franc maçon. La mystification de Leo Taxil*, Paris 1964. Die klassische Darstellung, auf die ich mich hauptsächlich stütze. Sie enthält viele Schlüsseldokumente des Falls, so auch die Rede, in der Taxil seinen Schwindel enthüllt.

E. Weber, »Religion and Superstition in Nineteenth-Century France«, in: *The Historical Journal*, 31 (2), 1988.

Kapitel 10: Allahabad: Mutterlogen des britischen Weltreichs

(Was Rudyard Kiplings Schriften anbelangt, habe ich zumeist die Online-Editionen der Kipling Society zu Rate gezogen, die sehr viele hilfreiche Anmerkungen enthalten. Beispiel: »Die Mutterloge« (http://www.kiplingsociety.co.uk/poems_motherlodge.htm) oder »Städte und Throne und Mächte«, http://www.kiplingsociety.co.uk/poems_cities.htm.)

Anon., *Resumé of the History of the District Grand Lodge of Barbados 1740–1936*, Bridgetown, Barbados, 1937.

Anon., »Chronicle«. Kurze Schilderung des Treffens der Loge Rising Star in Bloemfontein: *AQC*, 14, 1901. ›Wir tun mit Freude kund, dass nicht nur viele burische Brüder anwesend waren‹, S. 95 f.

S. R. Bakshi, *Indian Freedom Fighters: Struggle for Independence – Vol. 10: Motilal Nehru*, Neu-Delhi 1990.

S. Basu, *For King and Another Country: Indian Soldiers on the Western Front*, 1914–18, Neu-Delhi 2015.

C. A. Bayly, *The Local Roots of Indian Politics: Allahabad 1880–1920*, (1975), in *The C. A. Bayly Omnibus*, Oxford, 2009. Drei Prozent der Bevölkerung, vgl. S. 52. Die Freimaurerloge als eine der wenigen gemischtrassigen Institutionen, S. 56.

J. Beamish Saul, *Historical Sketch of the Lodge of Antiquity*, Montreal 1912.

Lord Birkenhead, *Rudyard Kipling*, London 1980. Kiplings Begeisterung für die Freimaurerei war so groß, dass er während seines Aufenthalts in Bloemfontein seine Journalistenkollegen zu überreden versuchte, eine Bruderschaft zu gründen, deren Rituale denen der Freimaurer gleichen sollten, vgl. hierzu die Seiten 209 f.

M. Brown, »India«, in J. Brown und W. R. Louis (Hgg.), *The Oxford History of the British Empire – Volume IV: The Twentieth Century*, Oxford 1999. Caribbean Disaster Emergency Response Agency (2005), »NEMO remembers the great hurricane of 1780«, nachgelesen am 1. August 2018 auf https://web.archive.org/web/20131004223823/ http://www.cdera.org/cunews/news/saint_lucia/article_1314.php.

G. Chakravarty, *The Indian Mutiny and the British Imagination*, Cambridge 2005.

A. Conan Doyle, *Memories and Adventures* (1924), Oxford 1989.

K. R. Cramp und G. Mackaness, *A History of the United Grand Lodge of Ancient, Free and Accepted Masons of New South Wales*, vol. 1, Sydney, NSW, 1938.

G. H. Cumming, *The Foundations of Freemasonry in Australia*, Sydney, New South Wales, 1992.

G. H. Cumming, *Freemasonry and the Emancipists in New South Wales*, Sydney, New South Wales, 2015.

S. Deschamps, *Franc-maconnerie et pouvoir colonial dans l'Inde britannique (1730–1921)*, Dissertation, Université Bordeaux Montaigne, 2014. Umdat-ul-Umrah Bahadur, S. 178–181. ›Unsere Rasse unterscheidet sich in jedem wesentlichen Punkt von der asiatischen‹, siehe S. 374.

S. Deschamps, »Freemasonry and the Indian Parsi Community: A Late Meeting on the Level«, *Journal for Research into Freemasonry and Fraternalism*, 3 (1), 2012.

S. Deschamps, »Looking to the East: Freemasonry and British Orientalism«, *Journal for Research into Freemasonry and Fraternalism*, 5 (2), 2014.

S. Deschamps, »From Britain to India: Freemasonry as a Connective Force of Empire«, *E-rea*, 14. Februar 2017, aufgerufen am 12. Juli 2018.

J. Fingard, »Race and Respectability in Victorian Halifax«, *The Journal of Imperial and Commonwealth History*, 20 (2), 1992.

J. Fingard, J. Guildford und D. Sutherland, *Halifax: The First 250 Years*, Halifax, Nova Scotia, 1999.

W. K. Firminger, *The Early History of Freemasonry in Bengal and the Punjab*, Kalkutta 1906.

V. J. Fozdar, »Constructing the ›Brother‹: Freemasonry, Empire and Nationalism in India, 1840–1925«, Dissertation, University of California, Berkeley 2001. Maßgebliches Werk zur Freimaurerei in Indien, vor allem in Bombay. »*Jadughar*, oder ›magisches Haus‹ … *Bhutkhana*, oder ›Dämonenhaus‹«, S. 332. ›Ein Parsi, ein muslimischer Bauzeichner, ein Sikh‹, S. 285. Zwischen 1885 und 1907 waren 43 Prozent aller Vorsitzenden des Nationalkongresses Freimaurer, vgl. S. 450.

V. J. Fozdar, »Imperial brothers, imperial partners: Indian Freemasons, race, kinship, and networking in the British empire and beyond«, in D. Ghosh und D. Kennedy

(Hgg.), *Decentring Empire: Britain, India, and the transcolonial world*, London 2006.

V. J. Fozdar, »›That Grand Primeval and Fundamental Religion‹: The Transformation of Freemasonry into a British Imperial Cult«, *Journal of World History*, 22 (3), 2011.

The Freemasons' Quarterly Review, »Nova Scotia«, 31. März 1854, S. 171.

P. Fussell, Jr., »Irony, Freemasonry, and Humane Ethics in Kipling's ›The Man Who Would be King‹ «, *ELH*, 25 (3), 1958.

D. Gilmour, *The Long Recessional: The Imperial Life of Rudyard Kipling*, London 2002. ›Die finsteren Winkel der Erde‹, Zitat S. 126. Zu Kiplings Abneigungen vgl. S. 212 und *passim*. Kipling über Babus, S. 64. Die Episode mit Andrew Hearsey, S. 73. Kipling als *Poeta Laureatus* des Empire, S. 119–124. Der ›Große Krieg‹ und ›der Hunne‹, S. 117.

D. Griffiths, *Fleet Street: Five Hundred Years of the Press*, London 2006. Auflagenstärke der *Daily Mail*, S. 132 f.

I. H. Haarburger, *›Charity‹: A Masonic Analysis. An address delivered in the Lodge Rising Star, no. 1022, at Bloemfontein, by W. Bro ... Ivan H. Haarburger and read in the Lodge »Star of Africa«, Jagersfontein, by W. Bro ... Chas. Palmer, on 18th April, 1900*, Jagersfontein 1900.

I. H. Haarburger, *A Mourning Lodge Convened by the Rising Star Lodge no. 1,022, Bloemfontein*, Bloemfontein 1901.

J. L. Harland-Jacobs, »All in the Family: Freemasonry and the British Empire in the Mid–Nineteenth Century«, *Journal of British Studies*, 2 (4), 2003.

J. L. Harland-Jacobs, *Builders of Empire: Freemasons and British Imperialism, 1717–1927*, Chapel Hill, North Carolina, 2007. Eine bahnbrechende Studie zu diesem Thema. Mein Abschnitt über die Freimaurertätigkeit auf Barbados, in Sydney etc. ist eine Zusammenfassung ihrer Erkenntnisse und stützt sich zum Teil auf ihre Arbeit. ›Passierschein in jeden Winkel der Erde‹, Zitat S. 246. ›Die Gesellschaft der Freimaurer wächst und gedeiht‹: Protokoll der United Grand Lodge of England vom 7. September 1887, Zitat S. 254. Die Bande, ›welche die Kronkolonien mit dem Mutterland vereinen‹, Zitat S. 11.

J. B. Harrison, »Allahabad: a sanitary history«, in K. Ballhatchet und J. Harrison (Hgg.), *The City in South Asia: Pre-modern and Modern*, London 1980. ›Ein widerlicher Graben mit krabbelndem, stinkendem Inhalt‹, Hygienebericht 1879, Zitat S. 186. ›Wenn die Einheimischen gern in dieser ungesunden Umgebung lebten, sei das ihre Sache‹, S. 167.

W. Henley, *History of Lodge Australian Social Mother no. 1, 1820–1920*, Sydney 1920.

R. Holland, »The British Empire and the Great War, 1914–1918«, in J. Brown und W. R. Louis (Hgg.), *The Oxford History of the British Empire – Volume IV: The Twentieth Century*, Oxford, 1999.

T. Hunt, *Ten Cities that Made an Empire*, London 2014. Vgl. vor allem das Kapitel zu Bridgetowns Kolonialwirtschaft und -gesellschaft.

B. L. Huskins, *Public Celebrations in Victorian Saint John and Halifax*, Dissertation, Dalhousie University, Halifax, Nova Scotia, 1991.

A. Jackson, *The British Empire: A Very Short History*, Oxford, 2013. Angaben zur Größe des British Empire S. 5.

R. Jaffa, *Man and Mason: Rudyard Kipling*, Milton Keynes 2011.

D. Judd und K. Surridge, *The Boer War: A History*, London 2013.

H. G. Keene, *A hand-book for visitors to Lucknow: with preliminary notes on Allahabad and Cawnpore*, London 1875.

G. Kendall, ›Die Freimaurer zur Zeit des Zweiten Burenkrieges 1899–2002‹, *AQC*, 97, 1984. Enthält eine irreführende Darstellung masonischer Tätigkeit in Bloemfontein während des Krieges.

R. Kipling [anonym], »A Study of the Congress«, *The Pioneer*, 1. Januar 1889. Enthalten in: Sussex University Kipling Papers collection, Printed Material, 1. Press-Cuttings, a. Bound Volumes, 28/4, *Stories, Poems, Articles*, 1887–91.

R. Kipling, *Something of Myself: An Autobiography* (1937), London 2007. ›grobknochige, gebirgige, bewaldete Landschaft Vermonts‹, S. 75. ›Hier traf ich Muslime, Hindus, Sikhs‹, S. 38.

R. Kipling, *The Complete Barrack-Room Ballads of Rudyard Kipling*, hg. C. Carrington, London 1974.

R. Kumar und D. N. Panigrahi, *Selected Works of Motilal Nehru, vol. 1 (1899–1918)*, Neu-Delhi 1982.

R. Lethbridge, *The Golden Book of India*, London 1893. Zum Maharadscha von Kapurthala, vgl. S. 233.

The London Gazette, 28. Mai 1886. Sir John Edge wird Mitglied der Loge ›Independence with Philanthropy‹, S. 2572.

R. S. Longley, *A Short History of Freemasonry in Nova Scotia*, Halifax, Nova Scotia, 1966.

P. Longworth, *The Unending Vigil: A History of the Commonwealth War Graves Commission*, Barnsley 2010. Kanadische Einheiten schaufeln sich die eigenen Gräber, S. 22. ›Um die Ideale am Leben zu erhalten‹, siehe S. 28.

A. Lycett, *Rudyard Kipling*, London 2015.

P. Mason, *Kipling: The Glass, the Shadow and the Fire*, London 1975. ›Seelenreinigende Routine‹, S. 25. ›Einem inneren Zirkel mit geheimen Losungswörtern anzugehören‹, S. 84.

The Masonic Illustrated, Juli 1901. ›Es rührt das Herz eines jeden Maurers‹, S. 214.

J. McBratney, »India and Empire«, in H. J. Booth (Hg.), *The Cambridge Companion to Rudyard Kipling*, Cambridge 2011.

B. Metcalf und T. Metcalf, *A Concise History of Modern India*, Cambridge 2002. Zu Allahabad in dieser Zeit vgl. S. 108 f.

R. J. Moore, »Imperial India, 1858–1914«, in A. Porter (Hg.), *The Oxford History of the British Empire: Volume III: The Nineteenth Century*, Oxford 1999.

M. Mukherjee, *India in the Shadows of Empire: A Legal and Political History, 1774–1950*, Neu-Delhi 2010. Zu *Vakils* und Anwälten in der Kongresspartei vgl. S. 105–149.

Museum of Freemasonry, London, *English Freemasonry and the First World War*, Hersham 2014. Anzahl englischer Constitution Lodges 1914: S. 10 f. Zum Zuwachs an Logenmitgliedern nach dem Krieg und zur Aufhebung der Regel, die körperbehinderte Menschen von der Freimaurerei ausschließt, vgl. S. 93 f.

B. R. Nanda, *The Nehrus: Motilal and Jawaharlal*, Bombay 1962.

B. R. Nanda, *Motilal Nehru*, Neu-Delhi 1964.

T. Pakenham, *The Boer War*, London 1979.

A. Pershad und P. Suri, *Motilal Nehru: A Short Political Biography*, Delhi 1961. ›Ein allmählich zur Nation heranreifendes Volk‹, Zitat S. 17.

B. Phillips, »Rudyard Kipling's war, Freemasonry and misogyny« in D. Owen und M. C. Pividori (Hgg.), *Writings of Persuasion and Dissonance in the Great War: That Better Whiles May Follow Worse*, DQR Studies in Literature, Bd. 61, 2016.

T. Pinney (Hg.), *The Letters of Rudyard Kipling*, Bd. 2, *1890–99*, London 1990. ›Meine Liebe zu England‹, S. 155 f. ›Natürlich glaube ich, dass es … noch kein Zivilisierungsexperiment gegeben hat‹, S. 235.

T. H. Raddall, *Halifax: Warden of the North*, Toronto 1948.

J. Ralph, *War's Brighter Side: The story of The Friend newspaper edited by the correspondents with Lord Roberts's Forces, March–April 1900*, London 1901. Datum, an dem Kipling aus Bloemfontein abreiste, S. 258.

J. Ranston, *Masonic Jamaica and the Cayman Islands*, Kingston, Jamaica, 2017. Der einzig mögliche Einwand gegen die Behauptung, die Loge ›Im Interesse der Brüder‹ bestehe ausschließlich aus weißen Mitgliedern, ist Kiplings Aussage, einer der Brüder stamme aus Jamaica. Ranstons Recherche und ein Gespräch mit ihm lassen darauf schließen, dass der jamaikanische Bruder möglicherweise einer der weißen Pflanzer war.

Rising Star Lodge no. 1,022, *Minutes of a Mourning Lodge held 31st January 1901 in Memory of her Late Most Gracious Majesty Queen Victoria*, Bloemfontein 1901.

M. Roberts, *British Poets and Secret Societies*, London 1986. Zu Kipling vgl. S. 102–125.

B. Russell, *Unpopular Essays*, Oxford 2009 (1950). ›Die kultiviertesten Religionen befassen sich mit …‹, S. 105.

R. Sohrabji Sidhwa, *District Grand Lodge of Pakistan (1869–1969)*, Lahore 1969. ›Die Lösung des Rätsels um Rudyard Kiplings Sohn‹, 18. Januar 2016, https://www.bbc.co.uk/news/magazine-35321716.

Statistical, Descriptive and Historical Account of the North-Western Provinces of India, Bd. VIII, Teil II, *Allahabad*, Allahabad, 1884.

J. Summers, *Remembered: The History of the Commonwealth War Graves Commission*, London 2007.

Thacker's Indian Directory, Kalkutta 1890, Teil 1. Zu Logentreffen in Allahabad vgl. S. 227.

United Indian Patriotic Association, *Pamphlets issued by the United Indian Patriotic Association no. 2, Showing the Seditious Character of the Indian National Congress*, Allahabad, 1888. Insb. zum Thema *Pioneer* gegen ›aufwieglerischen‹ Kongress, S. 79–91.

G. E. Walker, »250 Years of Masonry in India«, *AQC*, 92, 1979. ›Nicht verpflichtet …, an der Initiation eines Türken teilzunehmen‹, Zitat S. 177.

F. Ware, *The Immortal Heritage: An Account of the Work and Policy of the Imperial War Graves Commission during twenty years, 1917–1937*, Cambridge 1937.

K. Watson, *The Civilized Island: Barbados – A Social History 1750–1816*, Barbados 1979.

L. H. Wienand, *The First Eighty-One Years: A Brief History of the Rising Star Lodge from 1864 to 1945*, Bloemfontein 1955. Enthält Presseberichte und andere Dokumente, die mir bei den Logentreffen in Bloemfontein als Quelle dienten. ›Sie sind ewig. Wenn unsere Generation sie weiter in Ehren hält‹, S. 50.

C. G. Wyndham Parker, *Thirty-Five Masters: The Story of the Builders of the Silent Cities Lodge*, London 1962.

C. Wynne, *The Colonial Conan Doyle: British Imperialism, Irish Nationalism, and the Gothic*, London 2002.

A. M. Zaidi und S. Zaidi (Hgg.), *The Encyclopedia of Indian National Congress, vol. 1, 1885–1890, The Founding Fathers*, Neu-Delhi 1976. Zum Indischen Nationalkongress in Allahabad vgl. S. 233 ff.

Archivmaterial aus dem Museum of Freemasonry in London:

Brief von John Seed, Sekretär der Union Lodge, No. 362 [gelöscht], Bridgetown, Barbados, 28. Dezember 1795, GBR 1991 AR / 1273 / 3. ›In brüderlicher Liebe um das künftige Wohlergehen und Weiterbestehen … bemühen‹.

Kopie des Sitzungsprotokolls der Johannisfeier in der Union Lodge, No. 362, Bridgetown, Barbados, 28. Dezember 1795, GBR 1991 AR / 1273 / 4.

Freemason Membership Registers, 1751–1921, verfügbar auf Ancestry.com. Untersucht auf verschiedene indische Logen, besonders auf jene von Kipling und Nehru.

Loyal Address from several Lodges in Bengal, India to Queen Victoria, 1887. GBR 1991 LA 1 / 2 / 179.

Kapitel 11: Hamburg: De Profundis

F. J. Böttner, *Aus der Geschichte der Großen Loge von Hamburg 1914–1935: Cäsar Wolf zum Gedächtnis*, Bayreuth 1988.

N. Cohn, *Warrant for Genocide*, London 1996 (1967).

A. Di Fant, »Stampa cattolica italiana e antisemitismo alla fine dell'Ottocento«, in: C. Brice und G. Miccoli, (Hgg.), *Le racines chrétiennes de l'antisémitisme politique (fin XIXe–XXe siècle)*, Collection de l'Ecole française de Rome, Bd. 306, 2003.

R. Esposito, *Chiesa e Massoneria*, Fiesole 1999. Erzählt auf S. 148 die Geschichte der Hamburger Großloge.

R. Freke Gould, *A Concise History of Freemasonry*, London, 1904. Zu den Anfängen der deutschen Freimaurerei, S. 455 ff.

B. Hamann, *Hitler's Vienna: A Portrait of the Tyrant as a Young Man*, London, 2010. Deutsch: *Hitlers Wien. Lehrjahre eines Diktators*, München: Piper, 1996, 5. Aufl. 2002. Zu Hitler als Leser Guido von Lists, vgl. S. 293–308.

Hamburg, Deportationsbahnhof Hannoverscher Bahnhof, https://hannoverscher-bahnhof.hamburg.de/

J. Holtorf, *Die verschwiegene Bruderschaft: Freimaurer-Logen: Legende und Wirklichkeit*, München 1984.

J. Katz, *Jews and Freemasons in Europe, 1723–1939*, Cambridge, Massachusetts, 1970.

E. Levi, *Mozart and the Nazis: How the Third Reich Abused a Cultural Icon*, New Haven, Connecticut, 2010.

J. MacPherson, »The Magic Flute and Freemasonry«, in: *University of Toronto Quarterly*, 76 (4), 2007.

G. Miccoli, »Santa Sede, questione ebraica e antisemitismo fra Otto e Novecento«, in: C. Vivanti (Hg.), *Gli ebrei in Italia*. Bd. II. *Dall'emancipazione a oggi*, Turin 1997.

G. L. Mosse, *The Crisis of German Ideology: Intellectual Origins of the Third Reich*, London 1964. Zu Guido von List, S. 72–75.

G. L. Mosse, *Germans and Jews: The Right, the Left, and the Search for a ›Third Force‹ in Pre-Nazi Germany*, London 1970. Zur völkischen Ideologie, S. 8–26.

J. Rogalla von Bieberstein, »The Story of the Jewish-Masonic Conspiracy, 1776–1945«, in: *Patterns of Prejudice*, 11 (6), 1977.

K. Thomson, »Mozart and Freemasonry«, in: *Music & Letters*, 57 (1), 1976.

F. Venzi, *Massoneria e Fascismo*, Rom 2008. Enthält auf S. 23 eine Version der Geschichte der Schließung von Hamburgs Großloge.

Kapitel 12: Rom: Das gerupfte Huhn braten

Avanti!, 28. April 1914. Abdruck der Rede Mussolinis in Ancona.

C. Baldoli, »L'ossimoro cremonese. Storia e memoria di una comunità fra Bissolati e Farinacci«, in: *Italia Contemporanea*, Juni 1997. Zu Farinacci als Freimaurer.

R. J. B. Bosworth, *Mussolini's Italy: Life under the Dictatorship, 1915–1945*, London 2005. Zur Schlägerei in der Toilette des Parlaments, S. 173.

Camera dei Deputati, *Atti Parlamentari*, XXVII Legislatura del Regno d'Italia, 16. Mai 1925. ›Camorra‹, aus einer Rede von Gioacchino Volpe, S. 3645. ›parasitäre Vergiftung‹, aus einer Rede von Egilberto Martire, S. 3655. Gramscis Rede, S. 3658–61.

F. Conti, »Massoneria e sfera pubblica nell'Italia liberale, 1859–1914«, in: Cazzaniga (Hg.), *Storia d'Italia. Annali, 21. La Massoneria*, Turin 2006, bes. S. 606–610.

F. Conti, *Storia della massoneria italiana. Dal Risorgimento al fascismo*, Bologna 2006. Zur Großmeisterschaft von Adriano Lemmi, S. 115–147. Zur Evaluation der masonischen Finanzierung des »Marsches auf Rom«, S. 289 f. Zerstörung der Landvilla Torrigianis, S. 317.

F. Conti, »From Universalism to Nationalism: Italian Freemasonry and the Great War«, in: *Journal of Modern Italian Studies*, 20 (5), 2015.

Corriere della Sera, 17. Mai 1925; Gramsci wird als ›kleiner Buckliger‹ beschrieben.

R. De Felice, *Mussolini il rivoluzionario 1883–1920*, Turin 1965. Zum Kontext der Rede in Ancona, siehe S. 177–95.

M. Di Figlia, *Farinacci. Il radicalismo fascista al potere*, Rom 2007; zu Farinaccis Karriere; zu Farinacci als Freimaurer, S. 98 f.

Fascio e compasso. RAI 3 Dokumentation, Erstausstrahlung 2018, die Domizio Torrigianis Glückwunschtelegramm zitiert.

M. A. Finocchiaro, *Beyond Right and Left: Democratic Elitism in Mosca and Gramsci*, New Haven, Connecticut, 1999. Eine Analyse von Gramscis Rede, S. 179–200.

D. Forgacs, »Gramsci Undisabled«, in: *Modern Italy*, 21 (4), 2016.

A. M. Isastia, »Massoneria e fascismo: la grande repressione«, in: Z. Ciuffoletti und S. Moravia (Hgg.), *La Massoneria. La storia, gli uomini, le idee*, 2. Aufl. 2004. Zur Gewalt der Squadristen gegen Freimaurer i. J. 1923, S. 202 f. Teilnahme von Freimaurern an Gewaltaktionen gegen rivalisierende Logen, siehe S. 235.

A. Lyttelton, *The Seizure of Power: Fascism in Italy, 1919–1929*, London 1973. Zur antimasonischen Kampagne als Instrument gegen die Bürokratie, S. 177. Farinacci und Freimaurerei, S. 281. Zur Gewalt in Florenz, S. 282.

P. Mattera, *Storia del PSI, 1892–1994*, Rom 2010. Presseberichte zu Mussolinis Ancona-Rede, zitiert S. 56–59.

A. A. Mola, *Storia della Massoneria dall'Unità alla Repubblica*, Mailand 1976. Freimaurer verlassen den Saal, so dass die Kammer beschlussunfähig wird, S. 476 ff. Zu Farinaccis Meinung, Vaterlandsverräter sollten kurzerhand erschossen werden, siehe S. 503. Aktionen gegen Freimaurer nach dem Attentatsversuch von Tito Zaniboni auf Mussolini, S. 509–10. Zitat ›Gerupftes Huhn‹ von F. Ruffini, S. 513.

C. Palmieri, *Mussolini e la Massoneria*, Mailand 2017.

Rivista Massonica. Folgende Ausgaben dokumentieren faschistische Überfälle auf Logen: Januar 1924; September 1924; Dezember 1924. Das Heft September / Oktober 1925 enthält Torrigianis Anordnung, alle Logen in Florenz zu schließen.

G. Salvemini, »Il ›Non Mollare‹«, in: G. Salvemini, E. Rossi und P. Calamandrei,

Non Mollare (1925), Florenz 1955, als Bericht über die Gewalt in Florenz. ›Die Freimaurerei muss zerstört werden‹, zitiert S. 23.

G. Sircana, »Farinacci, Roberto«, in: *Dizionario Biografico degli Italiani*, Rom 1995.

La Stampa. Die Turiner Zeitung blickt zurück auf ihre Berichterstattung über die Freimaurerei, und insbesondere auf ihre ›Wahlchoreographie‹ in der Ausgabe vom 21. Juni 1896. In der Ausgabe vom 17. Mai 1925: Bericht zur Debatte über die Freimaurerei, in dem erwähnt wird, dass Faschisten Gramsci aufmerksam zuhörten, und dass Gramsci sich auf einen Faschisten (Italo Balbo) stützte, um seine Rede zu Ende bringen zu können.

G. Vannoni, *Massoneria, fascismo e Chiesa Cattolica*, Rom / Bari 1979. Zum Verdacht, dass Farinacci angeblich Teil einer masonischen Verschwörung war, die darauf abzielte, Mussolini zu ersetzen, vgl. S. 234–241.

Kapitel 13: München: Die Bierkeller-Strategie

I. Abrams, »The multinational campaign for Carl von Ossietzky«. Vortrag anlässlich der International Conference on Peace Movements in National Societies von 1919–39 im österreichischen Stadtschlaining, 25.–29. September 1991, http://www.irwinabrams.com/articles/ossietzky.html (16 / 1 / 20).

H. Arendt, *Eichmann in Jerusalem*, London 1963. Arendt erwähnt (S. 28 f.), Eichmann habe Anfang 1932 der »Freimaurerloge Schlaraffia« in Wien beitreten wollen, bevor er zur SS ging. Die Schlaraffia war aber keine masonische Organisation, sondern ein Männerbund zur Pflege von Freundschaft, Kunst und Humor.

M. Berenbaum (Hg.), *A Mosaic of Victims, Non-Jews Persecuted and Murdered by the Nazis*, New York 1990.

D. L. Bergen, *War and Genocide: A Concise History of the Holocaust*, New York 2003.

C. Campbell Thomas, *Compass, Square and Swastika: Freemasonry in the Third Reich*, Dissertation, Texas A&M University, 2011. Freimaurer als Informanten, S. 76. Zu Leopold Müffelmanns Loge und deren 2000 Mitgliedern, vgl. S. 48. Die Symbolische Großloge: kein ›Aushängeschild der masonischen Opferrolle und des couragierten Widerstands‹, S. 17.

R. J. Evans, *The Coming of the Third Reich*, London 2003. Dem meisten Schrifttum von Freimaurern über die Unterdrückung durch die Nazis mangelt es grundsätzlich am Verstehen des Kontextes. Für die Darstellung des Kontextes habe ich mich hauptsächlich auf Evans und Kershaw (s. unten) gestützt.

R. J. Evans, *The Third Reich in Power, 1933–1939: How the Nazis Won Over the Hearts and Minds of a Nation*, London 2006. Zu Carl von Ossietzky, *passim*.

R. J. Evans, *The Third Reich at War: How the Nazis Led Germany from Conquest to Disaster*, London 2008.

A. Hitler, *Mein Kampf*, 851.–855. Auflage, München 1943. Über Freimaurerei, S. 345.

A. Hitler, »Rede Hitlers zur Neugründung der NSDAP am 27. Februar 1925 in München«: http://www.kurt-bauer-geschichte.at/lehrveranstaltung_ws_08_09.htm (Abruf 31. Januar 2019). ›Entweder der Feind geht über unsere Leiche‹, S. 6. Notwendig, ›nur einen Feind zu wählen‹, S. 7.

C. Hodapp, *Freemasons for Dummies*, Hoboken, New Jersey, 2013. (Dt.: *Freimaurer für Dummies)*, 2015. Die unglaubwürdige Behauptung, es seien bis zu 200 000 Freimaurer den Nazis zum Opfer gefallen, findet sich auf S. xx. Dazu sollte man wissen, dass Hodapp ein engagierter und unvoreingenommener masonischer Autor ist und diese Einführung empfohlen wird.

E. Howe, »The Collapse of Freemasonry in Nazi Germany, 1933–5«, in: *AQC*, 95, 1982. Verkaufszahlen des Buchs von Ludendorff, S. 26. Angriffe auf Logen in Düsseldorf und Landsberg an der Warthe, S. 29 und 32. Selbstmord von Walter Plessing, S. 33.

J. Katz, *Jews and Freemasons in Europe, 1723–1939*, Cambridge, Massachusetts, 1970. Zu den *Protokollen* [der Weisen von Zion], S. 180–194. Zur Anzahl von Juden in deutschen Logen, S. 189 f.

I. Kershaw, *Hitler: 1889–1936: Hubris*, London 1998. Zu Hitlers Rede im Bürgerbräukeller 1925 vgl. S. 266 f. Hitler bezichtigt Ludendorff, ein Freimaurer zu sein, S. 269. Zu Hjalmar Schacht vgl. S. 356 und *passim*.

I. Kershaw, *Hitler 1936–45: Nemesis*, London 2000.

R. S. Levy (Hg.), *Antisemitism: A Historical Encyclopedia of Prejudice and Persecution*, Santa Barbara, Kalifornien, 2005, Bd. 2. Eintrag zu *The Protocols of the Elders of Zion*, S. 567–570.

E. Ludendorff, *Destruction of Freemasonry Through Revelation of Their Secrets* (übers. von J. Elisabeth Koester), Los Angeles 1977. (Deutsch: *Vernichtung der Freimaurerei durch Enthüllung ihrer Geheimnisse.* Ludendorffs Verlag, München 1927, 1940.)

Masonic Encyclopedia, »Österreich 1938–1945:692 Freimaurer wurden Opfer des Nazi-Terrors«: https://freimaurer-wiki.de/index.php/%C3%96sterreich_1938–1945:_692_Freimaurer_wurden_Opfer_des_NaziTerrors (Abruf 12. Februar 2019).

R. Melzer, »In the Eye of a Hurricane: German Freemasonry in the Weimar Republic and the Third Reich«, in: *Totalitarian Movements and Political Religions*, 4 (2), 2003. Zur Anzahl von Freimaurern und Logen i. J. 1925, vgl. S. 114.

R. Melzer, *Between Conflict and Conformity: Freemasonry during the Weimar Republic and the »Third Reich«*, Washington DC 2014. Die bei weitem systematischste und maßgeblichste Studie zum Thema; ich habe ihr viele wertvolle Informationen entnommen, sowohl im Hinblick auf meinen Deutungsversuch als auch in vielen Details.

Deutsche Ausgabe: *Konflikt und Anpassung: Freimaurerei in der Weimarer Republik und im »Dritten Reich«*, Wien 1999. Die Seitenangaben im Folgenden verweisen auf diese deutsche Ausgabe: Im Mai 1923 lädt die Altpreußische Loge ›Empor‹ in

München Ludendorff zu einem ›Aufklärungsabend‹ ein, S. 67. Die Regensburger Loge ›Drei Schlüssel zur treudeutschen Bruderschaft‹ verwendet das Hakenkreuz in ihrem Logenabzeichen, S. 116. Seit 1926 Bestrebungen in zwei der drei Altpreußischen Logen, das Ritual auf germanisch-»arisches« Brauchtum umzustellen, S. 64. Göring brüskiert die Emissäre der Freimaurer, S. 113. Flugblatt der Großen Landesloge, 1932: ›Unser Deutscher Orden ist völkisch‹, S. 74. In Hameln erscheint der Meister der Loge in SS-Uniform S. 130. Telegramm an Hitler, mit der Versicherung der Logen, sie würden treu zu ihren ›nationalen und christlichen Überlieferungen‹ stehen, S. 112. Selbst das Hakenkreuz findet Eingang in die Symbolik der Logen, S. 116. Die ›Große Landesloge der Freimaurer von Deutschland‹ wird zum ›Deutsch-Christlichen Orden‹, S. 113 f. ›Wir sind keine Freimaurer mehr‹, S. 115. Arisierung der Humanitären Logen, S. 123–29. Verwirrung und Unschlüssigkeit in der Politik der Nazis in der ›Freimaurerfrage‹, S. 136–48. Zu Adolf Eichmann vgl. S. 180 f. Der ›Deutsche Orden Hamburg‹ besteht laut Satzung ›aus deutschen Männern arischer Abstammung und christlichen Glaubens‹, S. 125. Zur Biografie Leopold Müffelmanns vgl. S. 167 ff.

S. T. Naftzger, »›Heil Ludendorff‹: Erich Ludendorff and Nazism, 1925–1937«, Dissertation, City University New York 2002. Zu Mathilde von Kemnitz, S. 23–30 und *passim.*

R. M. Piazza, »Ludendorff: The Totalitarian and *Völkisch* Politics of a Military Specialist«, Dissertation, Northwestern University, 1969.

L. L. Snyder, *Encyclopedia of the Third Reich*, London 1976. Zur SA und ihrer Stärke, S. 304.

R. Steigmann-Gall, *The Holy Reich: Nazi Conceptions of Christianity, 1919–1945*, Cambridge 2003. Zu Ludendorff vgl. S. 87–91.

C. Thomas, »Defining ›Freemason‹: Compromise, Pragmatism, and German Lodge Members in the NSDAP«, in: *German Studies Review*, 35 (3), 2012.

P. Viereck, *Metapolitics: The Roots of the Nazi Mind*, New York 1961 (1941). Zu Mathilde von Kemnitz vgl. S. 297.

Kapitel 14: Salamanca: Hyänen und Konkubinen

G. Álvarez Chillida, *El Antisemitismo en España*, Madrid 2002. General Emilio Mola: ›Hass einer Rasse, der durch eine geschickt geführte Organisation gestreut wird‹, S. 320.

V. M. Arbeloa Muru, »La masonería y la legislación de la II República«, in: *Revista Española de Derecho Canónico*, 37 (108), 1981. Freimaurer sind an der Ausarbeitung der Verfassung der Republik beteiligt, S. 369. ›Es gab keine vollkommenere masonische politische Revolution als die Spaniens‹, zitiert aus dem *Boletín Oficial del Supremo Consejo del Grado 33 para España y sus dependencias*, S. 374. Zitat aus *El Debate*: ›das Gespenst der Logen‹, S. 380.

J. Blazquez Miguel, *Introduccion a la historia de la Masonería española*, Madrid 1989. Insbesondere zur Mitgliederzahl und zu Zeitungen im späten 19. Jahrhundert, S. 92–105.

R. Carr, *Spain: 1808–1975*, 2. Aufl., Oxford 1982. Zur Freimaurerei und zu den Anfängen des »Kulturkampfes« in Spanien, S. 127 f.

J. de la Cueva, »The assault on the city of Levites: Spain«, in: C. Clark und W. Kaiser (Hgg.), *Culture Wars: Secular-Catholic Conflict in Nineteenth-Century Europe*, Cambridge 2004.

J. Domínguez Arribas, *L'ennemi judéo-maçonnique dans la propagande franquiste (1936–1945)*, Paris 2016. Zu den Anfängen von Francos Anti-Masonismus S. 93–118. Man lese die brillanten Ausführungen über APIS, S. 119–145, auf die sich meine Darstellung stützt. Zu Tusquets Terrats S. 221–273.

J. Dronda Martínez, *Con Cristo o contra Cristo. Religión e movilización antirrepublicana en Navarra (1931–1936)*, Villatuerta 2013. ›Wir werden von einer kleinen Gruppe von Freimaurern regiert‹, zitiert S. 285.

J. A. Ferrer Benimeli, *Masonería española contemporánea. Vol. 2. Desde 1868 has nuestros días*, Madrid 1980. Der wesentliche Ausgangspunkt zu diesem Thema. Zu den vielzitierten frühen Schätzungen der Anzahl masonischer Opfer der nationalistischen Unterdrückung, siehe S. 144–150. Propaganda der CEDA: ›Das Land windet sich in qualvoller Agonie‹, zitiert S. 122. Der CEDA-Führer erließ als Kriegsminister ein Verbot von Freimauerern im Militär, S. 287 ff. ›Die Freimaurerei wird nicht siegen‹, zitiert S. 278. *Falange* Sept. 1936: ›Ganz Spanien fordert eine exemplarische und rasche Bestrafung der Freimaurer‹, S. 143. Im Oktober 1937 wurden in Málaga 80 Gefangene hingerichtet, weil sie Freimaurer waren, vgl. S. 146. Zu Francos angeblichen Versuchen, Freimaurer zu werden, S. 169 f. Franco verbietet im September 1936 die Freimaurerei in dem Gebiet unter seinem Kommando; ›Verbrechen der Rebellion‹, ›Beleidigung der Kirche‹, S. 140 f. Mauricio Karl (alias Carlavilla): ›Hitler ist ein Glückspilz!‹, siehe S. 141. Das Karteikartensystem in Salamanca enthält Daten von geschätzt 80 000 mutmaßlichen Freimaurern, vgl. S. 157.

J. A. Ferrer Benimeli, *El contubernio judeo-masónico-comunista*, Madrid 1982. Manifest der katholischen Jugendbewegung, das der Freimaurerei »den Krieg erklärte«, S. 274.

J. A. Ferrer Benimeli (Hg.), *Masoneria, politica y sociedad*, Bd. II, Saragossa 1989. Siehe besonders die folgenden wichtigen Beiträge: J.-C. Usó i Arnal, »Nuoevas aportaciones sobre la repression de la masonería Española tras la Guerra Civil«; J. Ortiz Villalba, »La persecución contra la Masonería durante la Guerra Civil y la Post-guerra«; R. Gil Bracero, MN López Martínez, »La repression antimasónica en Granada durante la guerra civil y la postguerra«; F. Espinosa Maestre, »La represión de la Masonería en la Provincia de Huelva (1936–1941)«.

N. Folch-Serra, »Propaganda in Franco's time«, in: *Bulletin of Spanish Studies*,

89 (7–8), 2012. Richter beim Sondertribunal wurden vom Regime ernannt, S. 235. Weitere Konsultation des Salamanca-Archivs nach 1964, S. 234–37.

R. G. Jensen, »Jose Millan-Astray and the Nationalist ›Crusade‹ in Spain«, in: *Journal of Contemporary History*, 27 (3), 1992.

F. Lannon, »The Church's crusade against the Republic«, in: P. Preston (Hg.), *Revolution and War in Spain 1931–1939*, London 1984.

F. Lannon, *Privilege, Persecution, and Prophecy: The Catholic Church in Spain, 1875–1975*, Oxford 1987. Zur Zahl der ermordeten Kleriker im Bürgerkrieg vgl. S. 201.

F. Lannon, *The Spanish Civil War*, Oxford 2002.

D. Manuel Palacio, »Early Spanish Television and the Paradoxes of a Dictator General«, in: *Historical Journal of Film, Radio and Television*, 25 (4), 2005: zum Hintergrund von Francos letzter Rede.

P. Preston, »Juan Tusquets: a Catalan contribution to the myth of the Jewish–Bolshevik–Masonic conspiracy«, in: A. Quiroga und M. Ángel del Arco (Hgg.), *Right-Wing Spain in the Civil War Era*, London 2012. ›Tusquets sah überall Freimaurer‹, zitiert S. 183.

P. Preston, *The Spanish Holocaust: Inquisition and Extermination in Twentieth-Century Spain*, London 2012. ›Linke Elemente eliminieren‹, zitiert auf S. 133 aus: Mohammad Ibn Azzuz Hakim, *La Actitud de los moros ante el alzamiento: Marruecos 1936*, Málaga 1997. Tusquets Terrats legt Feuer, um abzulenken, S. 35–37. Zur Entstehung des Salamanca-Archivs, S. 487–490.

P. Preston, *Franco: A Biography*, London 1993. Zu Francos Anti-Masonismus, S. 4 und *passim*.

J. Ruiz, »A Spanish Genocide? Reflections on the Francoist Repression after the Spanish Civil War«, in: *Contemporary European History*, 14 (2), 2005. Alles, was Ruiz zu diesem Thema geschrieben hat, ist grundlegend, und ich stütze mich in diesem Kapitel sehr auf ihn, und auch in Bezug auf die Darstellung der Arbeitsweise des antimasonischen Tribunals.

J. Ruiz, *Franco's Justice: Repression in Madrid after the Spanish Civil War*, Oxford 2005. Teilnehmern an der ›roten Rebellion‹ drohte die Todesstrafe, wenn sie verdächtigt wurden, Freimaurer zu sein, S. 200. Rotary Club und Liga für Menschenrechte als masonische Frontorganisationen, S. 202.

J. Ruiz, »Fighting the International Conspiracy: The Francoist Persecution of Freemasonry, 1936–1945«, in: *Politics, Religion & Ideology*, 12 (2), 2011. Dieser Aufsatz enthält auch eine nützliche kurze Geschichte der spanischen Freimaurerei. Zur angeblichen jüdisch-masonischen Verschwörung im Lehrplan von 1939 vgl. S. 181. 76 Prozent der vor dem Sondertribunal Angeklagten erhielten die Mindeststrafe, S. 191. Zitat Franco: ›Vereinigung der höchsten Exekutivgewalt mit der höchsten masonischen Gewalt im Amt des Präsidenten der Vereinigten Staaten‹, S. 194. Zitat ›Tochter des Bösen‹, S. 195

H. Thomas, *The Spanish Civil War*, London 2003 (1961). Zur Rede von Unamuno,

S. 486 – 489. Zum Pfarrer, der in der Nähe von Toledo entkleidet und ausgepeitscht wurde, S. 260.
J. Treglown, *Franco's Crypt: Spanish Culture and Memory since 1936*, London 2013. Zum Archiv in Salamanca, S. 57 – 84.
M. De Unamuno, *Epistolario inédito II (1915 – 1936)*, Madrid 1991. ›Kürzlich haben sie hier den protestantischen Pfarrer getötet‹, S. 353 – 355.
Die archivalische Dokumentation der posthumen Gerichtsverfahren gegen Atilano Coco Martin findet sich in den Akten des Tribunal Especial para la Represión de la Masonería y el Comunismo in Ministerio de Educación, Cultura y Deporte – Centro Documental de la Memoria Histórica, Salamanca.
Ein Film von Francos letzter Rede – Plaza de Oriente, 1. 10. 1975 – ist hier zu sehen: https://www.youtube.com/watch?v=qCpQ0cHBRFk (Abruf am 11. März 2019).

Das Video im Museum von Salamanca, das den Kontext der Ausstellung erläutert, ist hier zu sehen: http://www.culturaydeporte.gob.es/cultura/areas/archivos/mc/archivos/cdmh/exposiciones-y-actividades/audiovisuales.html (Abruf am 16. Mai 2019).

Kapitel 15: New York: Für Amerika endet ein goldenes Jahrhundert

Anon., *Freemasonry among Men of Color in New York State*, New York 1954.
J. L. Belton, »The missing Master Mason«, http://www.themasonictrowel.com/leader-ship/management/membership_files/the_missing_master_mason_by_belton.htm, (Stand 30. Mai 2019). Eine nützliche Analyse des Niedergangs der Freimaurerei in Amerika.
B. C. Cooper, »›They are nevertheless our Brethren‹: The Order of the Eastern Star and the Battle for Women's Leadership, 1874 – 1926«, in P. P. Hinks und S. Kantrowitz (Hgg.), *All Men Free and Brethren: Essays on the History of African American Freemasonry*, London 2013.
M. A. Clawson, »Masculinity, Consumption and the Transformation of Scottish Rite Freemasonry in the Turn-of-the-century United States«, *Gender & History*, 19 (1), 2007.
S. Cordery, »Fraternal orders in the United States: a quest for protection and identity«, in M. van der Linden (Hg.), *Social Security Mutualism: The Comparative History of Mutual Benefit Societies*, Bern 1996. Bes. zur Bedeutung der Bruderschaften für neue Einwanderer. Zur Notwendigkeit für Afroamerikaner, sich zusammenzuschließen, um ein Gelände für den Friedhof zu kaufen, vgl. S. 87 f.
V. Danacu, *Partial Study about ›the Occult‹: The Oppression of Freemasonry by the Security of the Communist Regime in Romania*, Bukarest 2010.
R. V. Denslow, *Freemasonry in the Eastern Hemisphere*, Trenton, Missouri, 1954.

Zum Doppelselbstmord von Freimaurern in Ungarn siehe S. 193. Zitat ›Treffpunkte für die Feinde der kommunistischen Volksrepublik‹, S. 195. Zur Freimaurerei in der Volksrepublik China vgl. S. 312–23.

B. Elkin, ›Attempts to Revive Freemasonry in Russia‹, *The Slavonic and East European Review*, 44 (103), 1966.

The Empire State Mason, September–Oktober 1964, »Reports of our Masonic Center at the World's Fair«; November–Dezember 1964, »Our Masonic Brotherhood Center«; zur Besucherzahl siehe Ausgabe Januar–Februar 1966, »Our Masonic Brotherhood Center: It's gone … But is it?«.

B. Friedan, *The Feminine Mystique*, New York 1963. (Deutsch: *Der Weiblichkeitswahn*, Hamburg 1966)

Grand Lodge of F. & A. M. of Alabama, *Proceedings of the Grand Lodge of F. & A. M. of Alabama at the 147th Annual Communication*, 21.–22. November 1967, Montgomery, Alabama. »I feel that there is something very valuable in preserving the racial integrity«, S. 131–135.

C. Haffner, *The Craft in the East*, Hong Kong 1977.

W. S. Harwood, »Secret Societies in America«, *The North American Review*, 164 (486), 1897.

C. Hodapp, *Solomon's Builders: Freemasons, Founding Fathers, and the Secrets of Washington DC*, Berkeley, Kalifornien, 2007. Eine bewundernswert geduldige Demontage diverser Verschwörungstheorien um die masonischen Symbole auf dem Großen Siegel, in Washington DC etc., findet sich in Kap. 8.

R. L. Huish, »Made of Paper and Stone: The Place of José Martí in Cuban National Identity«, Masterarbeit, Queen's University, Kingston, Ontario, 2003.

J. Huyghebaert und W. E. Parker, »History of Freemasonry in the Czech Republic«, 2010, verfügbar auf https://u3h.webnode.cz/news/history-of-freemasonry-in-the-czech-republic/, Stand 29. Mai 2019.

R. Khambatta, »The District Grand Lodge of the Punjab«, *AQC*, 103, 1990.

L. Koppel, *The Astronaut Wives Club*, London 2013. Gordon ›Gordo‹ Cooper und seine Frau, S. 18–21. Cape-Cookies, S. 47 ff.

J. M. Landau, »Muslim Opposition to Freemasonry«, *Die Welt des Islams*, 36 (2), 1996. *Life*: »The US Masons«, 8. Oktober 1956; 4. Februar 1957, ›Freimaurer sind sehr gesellig, was im Geschäftsleben zuweilen nützlich sein kann‹, S. 25.

M. Mazzucato, *The Value of Everything: Making and Taking in the Global Economy*, London 2018. Finanzielle Absicherung als Wachstumsbranche, S. 143.

D. McCullough, *Truman*, New York 1992. Zu Truman als Freimaurer siehe S. 78 und *passim*.

S. B. Morris, »The Public Image of Freemasonry: A Survey of the Literature Describing American Freemasonry«, Vortrag anlässlich der Tagung The August Scene, 7. August 1982, Deep Creek Lake, Maryland. Vom Autor freundlicherweise zur Verfügung gestellt.

S. B. Morris, »Boom to Bust in the Twentieth Century: Freemasonry and American

Fraternities«, Anson Jones Lecture, Texas Lodge of Research, 19. März 1988. Eine aufschlussreiche Studie zum Rückgang der Freimaurerei.

S. B. Morris, »Masonic Membership Myths«, *The Scottish Rite Journal*, 97 (11), 1990.

G. Moshinsky, *Behind the Masonic Curtain: The Soviet Attack on Masonry*, Denver, Colorado, 1986.

W. A. Muraskin, *Middle-Class Blacks in a White Society: Prince Hall Freemasonry in America*, Berkeley, Kalifornien, 1975. Zitat ›Ist er ein sauberer, aufrechter Mann, nüchtern und fleißig?‹, siehe S. 44. Prince-Hall-Brüder in *Who's Who in Colored America*, S. 56. Zum Thema der Prince-Hall-Freimaurerei und der Bürgerrechtsbewegung vgl. Kap. 10 und 11. Medgar Evers Memorial Award, S. 234 f.

W. H. Murphy, »A History of Freemasonry in Cuba«, *Walter F. Meier Lodge of Research no. 281 Masonic Papers*, Bd. 4, 1974.

The New Age Magazine, April 1964, LXXII, 4, ›Masonry only fraternity at 1964 World's Fair‹; Juli 1964, LXXIII, 7, ›A Masonic image at the New York World's Fair‹.

M. Novarino, »Dalle ›scominiche‹ dell'Internazionale Comunista alle repressioni in Unione Sovietica e nelle Repubbliche democratiche popolari«, in M. Cuzzi et al. (Hgg.), *Massoneria e totalitarismi nell'Europa tra le due guerre*, Mailand 2018.

M. J. O'Brien, *We Shall Not Be Moved: The Jackson Woolworth's Sit-In and the Movement it Inspired*, Jackson, Mississippi, 2013; zu Medgar Evers. Zitat ›Die Freiheit hat immer einen Preis‹, siehe S. 189. Evers' Begräbnis, S. 214 f.

J. T. Patterson, *Grand Expectations: The United States, 1945–1974*, Oxford 1996. Wichtig für den gesamten Kontext dieser Zeit. Zur Anzahl der Amerikaner, die aus katholischen Ländern mit anti-masonischer Tradition eingewandert waren, vgl. S. 15. Von der US-Bevölkerung sind (1960) 10,6 Prozent Afroamerikaner, S. 380; 95 Prozent der Afroamerikaner wurde in Mississippi das Wahlrecht verweigert, S. 413. Zum Bericht des Sanitätsinspekteurs zu den Gefahren des Zigarettenkonsums vgl. S. 445. Pattersons Zitat ›Schokoladen-Städte und Vanille-Vororte‹ entstammt dem Titelsong *Chocolate City* des 1975er Albums der Musikgruppe ›Parliament‹.

R. S Patterson und R. Dougall, *The Eagle and the Shield: A History of the Great Seal of the United States*, Washington DC, 1976. Zur Pyramide auf dem Großen Siegel und dann der Eindollarnote siehe S. 402–407 und S. 529–532.

N. V. Peale, »What Masonry Means to Me«, *The Short Talk Bulletin*, Februar 1973. (Text aus einer Vorlesung, gehalten 1970.) Das Zitat findet sich auf S. 8.

Prince Hall Sentinel, 16 (3), 1963, ›Märtyrer für die Freiheit‹, mit Evers' Foto auf der Titelseite.

Prince Hall Grand Lodge, Jurisdiction of the State of Alabama, *97th Annual Communication*, Mobile, Alabama, 25.–27 Juli 1967. ›Ich sage es in aller Deutlichkeit, meine Brüder‹, S. 46.

D. Richter, ›Fidel Castro & the Curious Case of Freemasonry in Cuba‹, http://www.

thebohemianblog.com/2016/12/fidel-castro-the-curious-case-of-freemasonry-in-cuba.html, Stand 30. Mai 2019.

J. L. Romeu, »Characteristics and Challenges of Cuban Freemasons in the Twentieth Century: A Demographic Approach«, *Revista de Estudios Históricos de la Masonería*, 2015.

L. R. Samuel, *The End of the Innocence: The 1964–1965 New York World's Fair*, New York 2007. ›Der letzte Atemzug von Amerikas Unschuld‹, S. xviii. Bei meiner Schilderung der New Yorker Weltausstellung und ihren Problemen stütze ich mich weitgehend auf dieses Buch. ›Werbeorgie für amerikanische Unternehmen‹, vgl. S. 95. Zu ›Brimborium‹ und Besucherzahlen der größten Attraktionen S. 83.

T. Skocpol, A. Liazos, M. Ganz, *What a Mighty Power We Can Be: African American Fraternal Groups and the Struggle for Racial Equality*, Princeton, New Jersey, 2006. ›Ebenso wichtig für das soziale Miteinander wie die schwarzen Kirchen sind die Geheimgesellschaften. Sie haben Einfluss …‹, Zitat S. 8.

A. C. Stevens, *The Cyclopaedia of Fraternities*, New York 1899. ›Wer sich mit dem Thema befasst hat, wird wohl kaum bestreiten‹, S. v–vii, xv.

M. A. Tabbert, *American Freemasons: Three Centuries of Building Communities*, New York, 2005. Eines der besten Beispiele für eine von einem Freimaurer verfasste Geschichte der Freimaurerei, die sowohl die Prince-Hall-Tradition als auch die herkömmliche Freimaurerei beinhaltet. Für meine Beschreibung des ›Goldenen Zeitalters‹ der Brüderlichkeit und des frühen 20. Jahrhunderts habe ich immer wieder auf sie zurückgegriffen. Wenn Tabbert vom ›Goldenen Zeitalter der Brüderlichkeit‹ spricht, meint er wie alle Historiker die zweite Hälfte des neunzehnten Jahrhunderts. Aus Gründen, die ich im Text erläutert habe, weite ich diese Zeitspanne ein wenig aus. Zwischen 1865 und 1900 wurden 235 Bruderschaften gegründet, mit sechs Millionen Mitgliedern, S. 87. Der ›Independent Order of Odd Fellows‹, S. 87, S. 112. ›Knights of Columbus‹, S. 100. ›Shriners‹, S. 127–131. ›Rotary Club‹, S. 162 ff. Zum Maßstab neuer Großlogensitze im ausgehenden neunzehnten Jahrhundert, einschließlich des Freimaurertempels in Philadelphia, S. 135. Zur Bedeutung der Freimaurerei für eine zunehmend mobilere Bevölkerung vgl. S. 124. Und zu ihrer Bedeutung für die wachsende Geschäftswelt S. 166. Beschreibung der Freimaurertempel in St Louis und Detroit, S. 172.

N. Thompson, *Light this Candle: The Life and Times of Alan Shepard – America's First Spaceman*, New York 2004. ›Das größte Abenteuer der Menschheit‹, siehe S. 175. Ehescheidungen bei Astronauten, S. 370.

Time, »The World's Fair«, 5. Juni 1964, ›eine billige, plastikmäßige Ex-und-hopp-Optik‹, S. 46.

C. D. B. Walker, *A Noble Fight: African American Freemasonry and the Struggle for Democracy in America*, Chicago, Illinois, 2008.

J. Williams, *Eyes on the Prize: America's Civil Rights Years, 1954–1965*, New York 1987. Zu Evers' Oldsmobile, vgl. S. 209.

T. Zarcone, *Le Croissant et le Compas. Islam et franc-maçonnerie de la fascination à la detestation*, Paris 2015. Zur Zurückhaltung der Franzosen, die Freimaurerei in ihren Kolonien zu verbreiten vgl. S. 64. Jungosmanen und Jungtürken, S. 71–81. Präsident Sukarno verbot 1961 die Freimaurerei, S. 112.

Zur Anzahl der Logenmitglieder in den USA siehe https://www.msana.com/msastats.asp, Stand 28. Mai 2019.

Die Dauerausstellung ›The Golden Age of Masonic Architecture‹ im George Washington Masonic National Memorial, Alexandria, Virginia, ist eine äußerst wertvolle Quelle im Hinblick auf Amerikas großartige Freimaurertempel. Besuch am 14. April 2019.

Die Dokumentation zu Entwurf, Bau und Verwaltung des Masonic Brotherhood Center, einschließlich seiner Broschüre, findet sich im Archiv der Chancellor Robert R Livingston Masonic Library, 71 West 23rd Street, 14th floor, New York.

Ich habe außerdem zahlreiche Dokumente über das Masonic Brotherhood Center im Museum of Freemasonry in London eingesehen.

›Feierliches Bankett‹ in Washington DC, 1966, anlässlich Thurgood Marshalls Ernennung zum Prince-Hall-Freimaurer des 33. Grades. Programm des Abends wurde dem Autor freundlicherweise von Ken Collins zur Verfügung gestellt.

Die Dokumentation zu Rosa Parks' Eastern-Star-Mitgliedschaft ist online verfügbar über die Webseite der Library of Congress: https://www.loc.gov/resource/mss85943.001520/?sp=1, Stand 24. Mai 2019. Ich möchte mich bei James R. Morgan III bedanken, einem Verwandten von Rosa Parks, der mir in einem persönlichen Gespräch Informationen über ihren Vater zukommen ließ, auch er ein Freimaurer.

Informationen zum Prince Hall Temple in Jackson: https://issuu.com/visitjacksonms/docs/2014_civilrightsdrivingtourweb, Stand 24. Mai 2019.

Zum Gerichtsprozess gegen Medgar Evers' Mörder: https://caselaw.findlaw.com/ms-supreme-court/1046038.html, Stand 20. August 2019.

Kapitel 16: Arezzo: Berufswunsch: Puppenspieler

Camera dei Deputati / Senato della Repubblica, VIII Legislatura, *Commissione parlamentare d'inchiesta sul caso Sindona e sulle responsabilità politiche ed amministrative ad esso eventualmente connesse, Relazione conclusiva* (Referent G. Azzaro), 24. März 1982. Bes. S. 60–75 und 161–178.

Camera dei Deputati / Senato della Repubblica, VIII Legislatura, *Commissione parlamentare d'inchiesta sulla Loggia massonica P2*. Die umfangreiche und sperrige Dokumentation zur Untersuchung der P2 kann hier eingesehen werden: http://www.fontitaliarepubblicana.it/DocTrace/. Daraus habe ich insbesondere folgende Dokumente konsultiert: *Relazione Anselmi*: http://www.fontitaliarepubblicana.it/documents/121–000relazione-anselmi.html:
›[Die P2-Geschichte] weist ein hohes Maß an Unschärfe und Doppeldeutigkeit auf‹, S. 145. Zitat Gelli: ›Die Bedrohung durch die Kommunistische Partei, die im Einklang mit dem Klerikalimus kurz vor der Machtübernahme steht‹, S. 16–17. Die ›Doppelpyramide‹, S. 154. Zu Gellis Vergangenheit und seinen Verbindungen zu Geheimdiensten vgl. S. 60 ff. ›Wir können alle möglichen abstrakten Hypothesen formulieren, und keine Schlussfolgerung wäre gänzlich absurd‹, S. 76. Formular mit der Frage nach ›Ungerechtigkeiten [falls vorhanden] während Ihrer beruflichen Laufbahn‹, siehe S. 53. Piano di Rinascita democratica: 09-leg-doc-xxiii-n-2–4quater-3-tomo-7-bis-ocr.pdf A. Corona, ›Libro bianco sulla Loggia Massonica P2‹, in: Allegati alla relazione, Serie II: Documentazione raccolta dalla Commissione, vol. VI Loggia P2 e Massoneria, Tomo XV, Rom 1987, S. 155–193. Audizione Rosseti: 09-leg-doc-xxiii-n-2–3ter-03-ocr.pdf; Audizione Bozzo: http://www.fontitaliarepubblicana.it/documents/257–09-leg-doc-xxiii-n-2–4quater-3-tomo-3-ocr.html; Audizione Tassan: Din 09-leg-doc-xxiii-n-2–3ter-01-ocr.pdf S. 294.

G. Colombo, *Il vizio della memoria*, Mailand. Bericht aus erster Hand von einem der beiden Beamten, die die P2-Dokumentation entdeckt haben. ›[Forlani] versuchte etwas zu sagen, aber für ein paar Minuten brachte er kein anständiges Wort heraus‹, S. 58.

A. Comba, »I volti della Massoneria nel secondo dopoguerra«, in: Z. Ciuffoletti und S. Moravia (Hg.), *La Massoneria. La storia, gli uomini, le idee*, 2. Aufl., Mailand 2004.

F. Cordova, »Ricostituzione della massoneria italiana e riconoscimenti internazionali (1943–48)«, in: Cazzaniga (Hg.), *Storia d'Italia. Annali, 21. La Massoneria*, Turin 2006.

Corriere della Sera, 5. Oktober 1980, »Il fascino discreto del potere nascosto. Parla, per la prima volta, il signor P2«. Maurizio Costanzos berühmtes Interview mit Licio Gelli.

Costituzione della Repubblica Italiana, Articolo 18: https://www.mondadorieducation.it/media/contenuti/pagine/campus_economico_giuridico/02_discipl_giuridiche/2_biennio/10_costituzione_commentata/articoli/art18.html (Abruf am 19. Juni 2019).

M. della Campa, »Da Garibaldi al dopo Gelli«, in: M. della Campa und G. Galli, *La Massoneria Italiana. Grande Oriente: più luce. Due opinioni a confronto*, Mailand 1998.

N. M. Di Luca, *La Massoneria. Storia, miti e riti*, Rom 2000.

R. Fabiani, *I Massoni in Italia*, Rom 1978. Details aus Gellis Biografie, S. 8–12.
S. Flamigni, *Trame atlantiche. Storia della Loggia massonica segreta P2*, Mailand 1996.
G. Galli, *La venerabile trama. La vera storia di Licio Gelli e della P2*, Turin 2007. Der überzeugendste unter den vielen Wissenschaftlern, die sich mit der Loge P2 befassen: Ich übernehme seine Schlussfolgerungen. Die Geldsummen, die man von Gelli konfiszierte: siehe loc. 1791 der Kindle Edition. ›Fünfzig Jahre lang haben sich Leute im Windschatten dieses Kampfes gegen den Kommunismus blendende politische und wirtschaftliche Karrieren aufgebaut‹, loc. 1228 der Kindle Edition.
G. Gamberini, *Attualità della Massoneria. Contenti gli operai*, Ravenna 1978. Die Freimaurerei solle der Versuchung widerstehen, ›eine politische Kraft, ein Machtzentrum, eine ideologische Schule‹ zu werden, S. 11. ›Falsche Brüder‹: S. 189. Über den ›anderen Weg‹ der Frauen. Über Feminismus, S. 138 f. ›Die freimaurerische Lehre richtet sich ausschließlich an den Einzelnen‹, S. 182. Zur Behauptung, die P2 sei jetzt eine normale Freimaurerloge, siehe S. 252.
L. Magnolfi, *Networks di potere e mercati illeciti. Il caso della loggia massonica P2*, Soveria Mannelli 1996. Ein äußerst interessanter Bericht über die Struktur der P2 unter Gelli, auf den ich mich hier stütze. Analyse der *raccomandazioni* in der P2, S. 61–66. Der Großmeister könne ›die zahlreichen Solidaritätsanfragen … nur befriedigen, indem er sich an die P2 wende, das heißt an Herrn Gelli‹, S. 25. Mitglieder berichten, Gelli habe sie mit Drohungen dazu gebracht, der Loge beizutreten, S. 54. Aussage eines hochrangigen Beamten: ›[Gelli] machte mir klar, dass er imstande wäre, jede meiner Regelwidrigkeiten in Erfahrung zu bringen‹, S. 54. Über die P2 und Steuerhinterziehung im Zusammenhang mit einem Öl-Import-Schwindel S. 110–113. Zu Anna Bonomi S. 92 ff. Zu Rizzoli S. 89 ff.
F. Martelli, »La Massoneria italiana nel periodo repubblicano (1948–2005)«, in: Cazzaniga (Hg.), *Storia d'Italia. Annali, 21. La Massoneria*, Turin 2006.
A. A. Mola, *Storia della Massoneria italiana. Dalle origini ai nostri giorni*, Mailand 2001. Zur Vermutung, Gelli habe über den Großmeister kompromittierende Dokumente in Umlauf gebracht, S. 749 ff.
A. A. Mola, *Gelli e la P2. Fra cronaca e storia*, Foggia 2008.
La Repubblica, »Licio Gelli, al centro di innumerevoli casi giudiziari«, 16. Dezember 2015 (Zusammenfassung der Prozesse gegen Gelli). »La P2 non cospirò contro lo Stato«, 28. März 1996; »Gelli e la P2, capitolo chiuso«, 22. November 1996.
D. Speroni, *L'intrigo saudita. La strana storia della maxitangente Eni-Petromin*, Rom 2015.
La Stampa, »Gelli riacciuffato a due passi dalla Croisette«, 11. September 1998 (über seine Flucht und Wiederergreifung) »Gelli e la P2. Assoluzione definitiva«, 22. November 1996 (zu den Gerichtskosten); »›Diffamò Montanelli‹ Gelli è condannato«, 14. November 1992.
G. Turone, *Italia Occulta*, Mailand 2019. Dieser wichtige Beitrag zur P2-Affäre

stützt sich beispielsweise auf Berichte aus erster Hand von *Finanzieri*, die Gellis Anwesen durchsuchten, und von einem der Beamten, der die Nachforschungen leitete; loc. 4027 der Kindle Edition.

»Pots of gold«, BBC News online, 14. September 1998: http://news.bbc.co.uk/1/hi/world/europe/170679.stm (Abruf am 8.August 2019): zu den Goldbarren, die in Blumentöpfen auf der Terrasse seiner Villa gefunden wurden.

Zu Gellis Gesamtvermögen nach heutigem Wert vgl. https://inflationhistory.com/, Stand 15. August 2019.

Kapitel 17: Das Erbe: In achtzig Logen um die Welt

G. Baldessarro, »›Affiliazioni irregolari e inquinamento malavitoso‹. E il Grande Oriente d'Italia sospende la loggia«, *La Repubblica*, 17. November 2013.

C. Blank, »For Freemasons, Is Banning Gays or Being Gay un-Masonic?«, NPR, 22. März 2016, https://www.npr.org/2016/03/22/471414979/for-freemasons-is-banning-gays-or-being-gay-un-masonic?t=1580893580748, Stand 14. August 2019.

D. Brown, *The Lost Symbol*, New York 2010. ›Eines will ich mal ganz deutlich sagen, Ma'am, die gesamte freimaurerische Philosophie‹: Vgl. *Das verlorene Symbol*, S. 156, Kindle-Edition.

A. Brown-Peroy, »La franc-maçonnerie et la notion de secret dans l'Angleterre du XXe siècle«, Dissertation, University of Bordeaux Montaigne, 2016; zur Knight-Affäre in Großbritannien. Die Anzahl von Ausschlüssen schnellte in die Höhe: von zwölf zwischen 1934 und 1986 auf 277 zwischen 1987 und 1996, vgl. S. 289.

P. Calderwood, *Freemasonry and the Press in the Twentieth Century: A National Newspaper Study of England and Wales*, London 2013.

M. W. Chapman, »Pope Francis: ›Masonic Lobbies … This Is the Most Serious Problem for Me‹«, CNS News, 2. August 2013, https://www.cnsnews.com/news/article/pope-francis-masonic-lobbies-most-serious-problem-me, Stand 20. Januar 2020.

O. Chaumont, *D'un corps à l'autre*, Paris 2013.

O. Chaumont und A. Pink, »A Sister with Fifty Thousand Brothers«, *Journal for Research into Freemasonry and Fraternalism*, 4 (1–2; Einzelheft), 2013.

J. T. Chick, *The Curse of Baphomet*, Dubuque, Iowa, 1990.

Commissione parlamentare d'inchiesta sul fenomeno delle mafie e sulle altre associazioni criminali, anche straniere, »Relazione sulle infiltrazioni di Cosa Nostra e della 'ndrangheta nella Massoneria in Sicilia e Calabria«, Referent R. Bindi, 27. Dezember 2017.

C. Cordova, *Gotha. Il legame indicibile tra 'ndrangheta, massoneria e servizi deviati*, Rom 2019. Ein wertvoller Überblick über die Vorwürfe im Zusammenhang mit dem Gotha-Prozess.

Il Dispaccio, »Masso-'ndrangheta, parla l'ex Maestro Di Bernardo: ›La situazione in Calabria mi spinse a dimettermi dal GOI‹«, http://ildispaccio.it/reggio-calabria/216683-masso-ndrangheta-parla-l-ex-maestro-di-bernardola-situazione-in-calabria-mi-spinse-a-dimettermi-dal-goi, Stand 12. September 2019.

F. Forgione, *Oltre la cupola, massoneria, mafia e politica*, Milan 1994.

A. Heidle und J. A. M. Snoek (Hgg.), *Women's Agency and Rituals in Mixed and Female Masonic Orders*, Leiden 2008.

C. Hodapp, »The Moon, the Masons, and Tranquility Lodge«, 16. Juli 2019, http://freemasonsfordummies.blogspot.com/2019/07/the-moon-masons-and-tranquility-lodge.html, konsultiert am 26. August 2019.

S. Knight, *The Brotherhood: The Secret World of the Freemasons*, mit einem neuen Vorwort von M. Short, London 2007. Shorts Vorwort enthält biographische Informationen zu Knight.

Kongregation für die Glaubenslehre (J. A. Ratzinger), »Erklärung zur Freimaurerei«, 26. November 1983. Abrufbar auf http://www.vatican.va/roman_curia/congregations/cfaith/documents/rc_con_cfaith_doc_19831126_declaration-masonic_en.html.

G. Leazer, *Fundamentalism and Freemasonry: The Southern Baptist Investigation of the Fraternal Order*, New York 1995.

L. Mahmud, »The Name of Transparency: Gender, Terrorism, and Masonic Conspiracies in Italy«, *Anthropological Quarterly*, 85 (4), 2012.

L. Mahmud, »›The world is a forest of symbols‹: Italian Freemasonry and the Practice of Discretion«, *American Ethnologist*, 39 (2), 2012.

M. Maqdsi, »Charter of the Islamic Resistance Movement (Hamas) of Palestine«, *Journal of Palestine Studies*, 22 (4), 1993.

R. Mckeown, »Mystery 200-year-old letter revealed World War 3 plans – and final battle against Islam«, *Daily Star*, 7. März 2016.

R. McWilliams, »Resting Places: A History of Australian Indigenous Ancestral Remains at Museum Victoria«, heruntergeladen von https://museumsvictoria.com.au/about-us/staff/robert-mcwilliams/, konsultiert am 5. Februar 2020.

A. A. Mola, *Storia della massoneria in Italia. Dal 1717 al 2018: tre secoli di un ordine iniziatico*, Mailand 2018. Einen Überblick über neuere Positionen der Kirche zur Freimaurerei, S. 643–650.

L. Musolino, »Calabria, Grande Oriente chiude 3 logge massoniche: ›Infiltrate dalla 'ndrangheta‹«, *Il Fatto Quotidiano*, 18. März 2015, https://www.ilfattoquotidiano.it/2015/03/18/musolino-logge-massoniche/1508927/, konsultiert am 2. August 2019.

H. Richardson, »Chilling letter written almost 150 years ago predicted both world wars and a THIRD battle against Islamic leaders«, the *Sun*, 7. März 2016.

R. S. Sidhwa, *District Grand Lodge of Pakistan (1869–1969)*, Lahore 1969.
M. A. Tabbert, *American Freemasons*, New York 2005. Zur Haltung fundamentalistischer Christen gegenüber der Freimaurerei, siehe S. 213 f.
Tribunale Ordinario di Roma, Sezione dei giudici per le indagini preliminari Ufficio 22, Decreto di archiviazione, 3. Juli 2000.
Tribunale di Reggio Calabria, Sezione G. I. P. – G. U. P., Ordinanza su richiesta di applicazione di misure cautelari, De Stefano, Giorgio + 7., 12. Juli 2016 (›Inchiesta Mammasantissima‹).
Tribunale di Reggio Calabria, Processo Gotha. Rito abbreviato. Motivazioni della sentenza, 1, März 2018.
United Grand Lodge of England, ›Gender reassignment policy‹, https://www.ugle.org.uk/gender-reassignment-policy, Stand 25. August 2019.
T. Zarcone, *Le Croissant et le Compas. Islam et franc-maçonnerie de la fascination à la detestation*, Paris 2015. Zum Schicksal der Freimaurerei und zu Kiplings Mutterloge in Pakistan, S. 113. Zum Iran, S. 115.

Den Ausdruck ›Mafia der Mittelmäßigen‹ habe ich der BBC-Serie *Line of Duty* entnommen, 4. Staffel, Folge 4. Interessanterweise versucht die Person, die ihn benutzt (Thandie Newton als Detective Chief Inspector Roz Huntley), sich gegen Korruptionsvorwürfe zu verteidigen, indem sie ihren Beschuldigern ihrerseits Beschuldigungen an den Kopf wirft. Sie erweist sich am Ende als schuldig. Abrufbar hier: https://subsaga.com/bbc/drama/line-of-duty/series-4/episode-4.html, Stand 20. Januar 2020.

BILDNACHWEIS

Symbol Kelle: © British Library Board. All Rights Reserved/Bridgeman Images
S. 9 : © British Library Board. All Rights Reserved/Bridgeman Images
S. 10: © The Trustees of the British Museum
S. 23, 26, 27, 28, 30, 31: © British Library Board. All Rights Reserved/Bridgeman Images
S. 42: © Hulton Archive/Getty Images
S. 51: Wellcome Collection. Attribution 4.0 International (CC BY 4.0)
S. 56: © British Library Board. All Rights Reserved/Bridgeman Images
S. 65: © SSPL/Getty Images
S. 75: Christophe Dioux/ CC BY-SA 3.0
S. 82: © Lebrecht Music & Arts/Alamy Stock Photo
S. 87: © The Trustees of the British Museum
S. 89: © Heritage Image Partnership Ltd/Alamy Stock Photo
S. 95: © World Archive/Alamy Stock Photo
S. 111: © The Trustees of the British Museum
S. 113: © Archiv Gerstenberg/ullstein bild via Getty Images
S. 121: © The History Collection/Alamy Stock Photo
S. 127: © INTERFOTO/Alamy Stock Photo
S. 133: © Hulton Archive/Getty Images
S. 146 Briot: © bpk/RMN-Grand Palais/image Château de Versailles
S. 146 Maghella: © Archivah/Alamy Stock Photo
S. 154: © akg-images/Fototeca Gilardi
S. 178: Courtesy of NYPL/The Miriam and Ira D. Wallach Division of Art, Prints and Photographs: Print Collection, The New York Public Library. »Washington« by John A O'Neill Image ID: 1583821
S. 193: © Granger Historical Picture Archive/Alamy Stock Photo
S. 200: Library of Congress, Prints & Photographs Division/ LC-USZ62-3657
S. 207: © The History Collection/Alamy Stock Photo
S. 209: Library of Congress, Prints & Photographs Division/ LC-DIG-cwpbh-05100
S. 216: © Bridgeman Images
S. 220: © Corbis via Getty Images
S. 235: © Oklahoma Historical Society
S. 237: Library of Congress, Prints & Photographs Division/LC-USZ62-49988
S. 246: © Granger Historical Picture Archive/Alamy Stock Photo
S. 251: Bibliothèque nationale de France, département Estampes et photographie, 4-NA-109 (7)
S. 262: © British Library Board. All Rights Reserved/Bridgeman Images
S. 265: © Bridgeman Images

S. 292 Kipling: © Lebrecht Music & Arts/Alamy Stock Photo
S. 292 Nehru: © The History Collection/Alamy Stock Photo
S. 297: © Universal History Archive/Universal Images Group via Getty Images
S. 300: Wellcome Collection. Attribution 4.0 International (CC BY 4.0)
S. 304: © Museum of Freemasonry, London
S. 324: © Laski Diffusion/Getty Images
S. 330: © Sueddeutsche Zeitung Photo/Alamy Stock Photo
S. 337: © Hulton-Deutsch Collection/CORBIS/Corbis via Getty Images
S. 351: © ART Collection/Alamy Stock Photo
S. 360: © Albert Harlingue/Roger Viollet via Getty Images
S. 375: Autor – von Juan Tusquets Terrats, Masones y Pacifistas (Burgos, 1939)
S. 385: © Harry S. Truman Library
S. 386: Public domain
S. 400: © J.B. Anderson Collection, Kenneth Spencer Research Library, University of Kansas
S. 410: © The History Collection/Alamy Stock Photo
S. 421: © action press
S. 423 Calvi: © TopFoto/PA Images
S. 423 Sindona: © action press
S. 424: © Keystone-France/Gamma-Keystone via Getty Images
S. 429: Mit freundlicher Genehmigung der Grande Oriente d'Italia und von Großmeister Stefano Bisi

Bildteil 1

S. 1: © Bridgeman Images
S. 2 oben: © Balfore Archive Images/Alamy Stock Photo
S. 2 unten: © RIEGER/Hemis/ Superstock
S. 3 oben: © National Galleries Of Scotland/Getty Images
S. 3 unten: © Universal History Archive/Getty Images
S. 4 oben links: © The Picture Art Collection/Alamy Stock Photo
S. 4 oben rechts: © Bridgeman Images
S. 4 unten: © Abbus Archive Images/Alamy Stock Photo
S. 5 oben: © akg-images/Elie Bernager
S. 5 unten links: © Museum of Freemasonry, London
S. 5 unten rechts: © Photo 12/Alamy Stock Photo
S. 6 oben: © Bridgeman Images
S. 6 unten: © Chronicle/Alamy Stock Photo
S. 7: © Chronicle/Alamy Stock Photo
S. 8 oben: Library of Congress, Prints & Photographs Division/LC-DIG-pga-01949
S. 8 unten: © The History Collection/Alamy Stock Photo

Bildteil 2

S. 1 oben: © Leonard de Selva/Bridgeman Images
S. 1 unten: © The Picture Art Collection/Alamy Stock Photo
S. 2 oben links: © Bridgeman Images
S. 2 oben rechts und unten: © Museum of Freemasonry, London
S. 3 oben: Privatbesitz: Autor
S. 3 unten: © Swim Ink 2, LLC/CORBIS/Corbis via Getty Images
S. 4 oben: Mit freundlicher Genehmigung der NYPL/ Harry A. Williamson Photograph Collection/ Schomburg Center for Research in Black Culture, Photographs and Prints Division/b11922867/image ID 06SCHAW
S. 4 unten links: © Greta Kempton. Harry S. Truman Library
S. 4 unten rechts: © Ralph Morse/The LIFE Picture Collection via Getty Images
S. 5 oben: © Bettmann/Getty images
S. 5 unten: Privatbesitz: Autor
S. 6 oben: © Giulio Broglio/AP/Shutterstock
S. 6 unten: © Anonymous/AP/Shutterstock
S. 7 oben: Privatbesitz: Autor. Mit freundlicher Genehmigung von Olivia Chaumont
S. 7 unten: Privatbesitz: Autor. Mit freundlicher Genehmigung von James R. Morgan III
S. 8: © Danie Mellor From Rite to Ritual 2009. Wachspastell mit Ölpigmenten, Wasserfarben und Bleistift auf Papier, 178 x 133,5 cm. Sammlung: National Gallery of Australia (akquiriert 2009). Mit freundlicher Genehmigung des Künstlers und der Tolarno Galleries, Melbourne. Foto: National Gallery of Australia, 2009. Der Autor dankt besonders Danie Mellor für die großzügige Erlaubnis, das Bild zu verwenden.

REGISTER